HISTÓRIA
ECONÔMICA
GERAL

www.editorasaraiva.com.br

HISTÓRIA ECONÔMICA GERAL

Flávio Azevedo Marques de Saes
Professor Titular do Departamento de Economia – FEA/USP

Alexandre Macchione Saes
Professor do Departamento de Economia – FEA/USP

- Os autores deste livro e a editora empenharam seus melhores esforços para assegurar que as informações e os procedimentos apresentados no texto estejam em acordo com os padrões aceitos à época da publicação. Entretanto, tendo em conta a evolução das ciências, as atualizações legislativas, as mudanças regulamentares governamentais e o constante fluxo de novas informações sobre os temas que constam do livro, recomendamos enfaticamente que os leitores consultem sempre outras fontes fidedignas, de modo a se certificarem de que as informações contidas no texto estão corretas e de que não houve alterações nas recomendações ou na legislação regulamentadora.

- Os autores e a editora se empenharam para citar adequadamente e dar o devido crédito a todos os detentores de direitos autorais de qualquer material utilizado neste livro, dispondo-se a possíveis acertos posteriores caso, inadvertida e involuntariamente, a identificação de algum deles tenha sido omitida.

- **Atendimento ao cliente: (11) 5080-0751 | faleconosco@grupogen.com.br**

- Direitos exclusivos para a língua portuguesa
  Copyright © 2013 by
  Saraiva Uni, um selo da SRV Editora Ltda.
  Uma editora integrante do GEN | Grupo Editorial Nacional
  Travessa do Ouvidor, 11
  Rio de Janeiro – RJ – 20040-040
  www.grupogen.com.br

- Reservados todos os direitos. É proibida a duplicação ou reprodução deste volume, no todo ou em parte, em quaisquer formas ou por quaisquer meios (eletrônico, mecânico, gravação, fotocópia, distribuição pela Internet ou outros), sem permissão, por escrito, da SRV Editora Ltda.

- Capa: Negrito Produção Editorial

- Editoração eletrônica: Negrito Produção Editorial

- **1ª edição**
  1ª tiragem: 2013
  2ª tiragem: 2014
  3ª tiragem: 2017
  4ª tiragem: 2019
  5ª tiragem: 2020
  6ª tiragem: 2025

- Ficha catalográfica

- **CIP-BRASIL. CATALOGAÇÃO NA FONTE**
  SINDICATO NACIONAL DOS EDITORES DE LIVROS, RJ.

  S133h
  Saes, Flávio Azevedo Marques de, 1948-
  História econômica geral / Flávio A. M. de Saes; Alexandre Macchione Saes. – 1. ed. – [6. Reimp.] – São Paulo: Saraiva, 2025.
  664 p.

  Bibliografia
  ISBN 978-85-02-21254-1

  1. Economia - História. I. Saes, Alexandre Macchione, 1982-. II. Título.

  13-04172　　　　　　　CDD: 330.09
  　　　　　　　　　　　CDU: 330(09)

SOBRE OS AUTORES

FLÁVIO AZEVEDO MARQUES DE SAES

Doutor em Ciências Sociais pela Faculdade de Filosofia, Letras e Ciências Humanas da Universidade de São Paulo (FFLCH/USP) e Livre Docente do Departamento de Economia da Faculdade de Economia, Administração da Universidade de São Paulo (FEA/USP). Professor titular do Departamento de Economia da Faculdade de Economia, Administração e Contabilidade da Universidade de São Paulo (FEA/USP). É autor dos livros: *As ferrovias de São Paulo: 1870-1940*, *A grande empresa de serviços públicos na economia cafeeira: 1850-1930*, *Crédito e bancos no desenvolvimento da economia paulista: 1850-1930* e coautor de *Formação econômica do brasil.*

ALEXANDRE MACCHIONE SAES

Doutor em História Econômica no Instituto de Economia da Unicamp e Cientista Social pela Unesp de Araraquara. Professor do Departamento de Economia da Faculdade de Economia, Administração e Contabilidade da Universidade de São Paulo (FEA/USP) e do Programa de Pós-Graduação de História Econômica da Faculdade de Filosofia, Letras e Ciências Humanas da Universidade de São Paulo (FFLCH/USP). É autor do livro *Conflitos do capital* e co-organizador de *Sul de Minas em transição.*

APRESENTAÇÃO

Na introdução à sua obra *História da análise econômica*, Joseph A. Schumpeter definiu os três campos que caracterizam o estudo científico da economia: história, estatística e teoria. E concluiu de modo enfático: "Desses ramos fundamentais, a história econômica – que inclui os fatos presentes e o que deles deriva – é o mais importante. Quero estabelecer de antemão que, se iniciasse novamente meus estudos de economia e me dissessem que deveria escolher apenas um dos três ramos mencionados, minha preferência teria recaído sobre a história econômica".[1]

Essa declaração de Schumpeter, um dos mais importantes teóricos da economia do século XX, é muito apreciada pelos historiadores econômicos, especialmente porque muitos economistas não dão a devida importância ao estudo da história. No entanto, mesmo entre os historiadores e economistas que aceitam a definição de Schumpeter – a história econômica é um dos ramos de estudo da economia – há diferentes concepções quanto ao que é a disciplina. Desse modo, a elaboração de um texto sobre "história econômica geral" impõe escolhas entre muitas alternativas. Procuramos, a seguir, justificar algumas de nossas escolhas na elaboração deste livro, tema que é explorado de modo mais específico na Introdução.

Começamos pelo marco cronológico: são cerca de 10 séculos, a partir aproximadamente do ano 1.000 d. C. até o limiar do século XXI. Como justificar um período de tempo tão longo, mas que, ao mesmo tempo, não abrange, entre outras, as economias da Antiguidade?

O marco cronológico refere-se ao objeto central do texto: o desenvolvimento do capitalismo desde seu surgimento até os dias atuais. Por mais polêmica que seja a concepção desse sistema econômico, pode-se dizer que há um consenso de que se trata de uma forma particular de organização da economia e da sociedade hoje predominante em escala mundial e que, dependendo da concepção adotada, teve origem ou se afirmou entre o século XII e o XVIII.

---

1. SCHUMPETER, Joseph A. *História da análise econômica. volume 1.* Rio de Janeiro: Fundo de Cultura, 1964, p. 34.

Sendo esse o objeto central de estudo, além do marco cronológico também se define o espaço que ocupa a maior parte da exposição: trata-se do "mundo ocidental", ou seja, a Europa e suas projeções na América, na Ásia, na África e na Oceania. Desse modo, não nos dedicamos a estudos sistemáticos das "civilizações orientais", o que nos afasta de um tema bastante em voga, a "grande divergência", ou seja, a análise das razões que fizeram a Europa se adiantar economicamente em relação aos antigos impérios orientais no período em foco.

Outra escolha importante diz respeito à forma de abordagem. Não se trata de uma descrição dos "fatos econômicos passados", embora consideremos necessário passar ao leitor informações factuais essenciais para a compreensão dos processos em pauta; por outro lado, não se trata de um ensaio de interpretação que defina uma variável como crucial (por exemplo, instituições, cultura, inovação tecnológica etc.) e que explique as transformações do capitalismo a partir dessa variável. O que fizemos foi tentar estabelecer um equilíbrio entre informação e interpretação de modo que o leitor disponha, na medida do possível, do conhecimento dos fatos essenciais em que se fundamentam as interpretações expostas.

Pelo fato de não se tratar de um ensaio de interpretação da história econômica, procuramos apresentar ao leitor diferentes interpretações dos processos em discussão, especialmente aquelas que deram margem a polêmicas importantes. Evidentemente, para cada processo histórico há uma ampla variedade de interpretações, e nossas escolhas envolveram algum grau de subjetividade. É inevitável que nem todos concordem que tais escolhas tenham sido as mais relevantes, mas esse é um risco que tivemos de assumir diante da amplitude do objeto e da dimensão da literatura referente a cada um dos temas em foco.

Este livro foi planejado com o objetivo de servir de leitura para os alunos de disciplinas de história econômica geral, principalmente dos cursos de graduação em economia, mas também para outros cursos em que essa disciplina seja obrigatória ou eletiva. De modo geral, procuramos fornecer as noções necessárias ao entendimento do texto, não exigindo do leitor maior conhecimento prévio nem de história, nem de economia. Acreditamos que o texto também seja acessível ao público não especializado, mas que tenha interesse em conhecer ou estudar a história da economia mundial.

Dada a abrangência e a extensão do texto, procuramos tornar as seis partes do livro (e, em certa medida, os capítulos dentro das partes) razoavelmente independentes. Assim, a leitura de uma parte não pressupõe o domínio das discussões realizadas nas partes anteriores. Por exemplo, um professor que prefira se concentrar no século XX poderá selecionar as partes e os capítulos que julgar mais pertinentes, sem que isso gere maior dificuldade para os alunos.

A exposição segue uma cronologia consagrada em estudos de história econômica geral e abrange, do ponto de vista temporal, desde aproximadamente o ano 1.000 até o limiar do século XXI. A opção de trazer o texto até a época atual reflete a percepção de que a turbulência da primeira década do século XXI pode ser mais bem compreendida quando confrontada com a relativa estabilidade da chamada "Era de Ouro" do capitalismo, ou seja, que a perspectiva histórica traz elementos explicativos normalmente ausentes nos tratamentos estritamente econômicos da época atual.

Na Introdução, discutimos algumas concepções de história econômica especialmente influentes, de modo a situar o leitor diante das grandes polêmicas sobre a dinâmica da história. A Primeira Parte, dedicada à transição do feudalismo ao capitalismo, procura ressaltar os fundamentos da economia e da sociedade capitalista a partir de seu processo histórico de constituição. A Segunda Parte tem seu foco na Revolução Industrial – aquela iniciada na Grã-Bretanha no século XVIII – como um período fundamental na história econômica mundial. A Terceira Parte trata das expressivas mudanças ocorridas no capitalismo no final do século XIX: a primeira grande crise do capitalismo (a chamada Grande Depressão do século XIX), a Segunda Revolução Industrial, o Imperialismo. A Quarta Parte é dedicada ao período entre as duas guerras mundiais (a Primeira de 1914 a 1918; e a Segunda, de 1940 a 1945) que Hobsbawm denominou de "A Era da Catástrofe": fascismo, nazismo, Grande Depressão da década de 1930, além das próprias guerras, justificariam o rótulo aplicado pelo historiador ao período. A Quinta Parte tem seu foco na expansão da Era de Ouro do capitalismo, marcada por políticas keynesianas, pelo "estado do bem -estar", pela preocupação com o subdesenvolvimento e, por outro lado, com a expansão das economias socialistas e a emergência da chamada Guerra Fria. Por fim, a Sexta Parte procura situar as profundas transformações do final do século XX: a crise do capitalismo na década de 1970, as mudanças que visavam se contrapor à crise associadas, em certa medida, às novas tecnologias (informática, telecomunicações etc.). Igualmente importante no período foi a derrocada das economias socialistas, em especial a desagregação da União Soviética, e a ascensão da China como uma nova potência econômica. Essa breve síntese sugere os temas principais tratados em cada parte do livro aos quais se somam outros tantos que compõem o quadro econômico de cada período.

A versão final de nosso trabalho resultou de longos anos de ensino da disciplina e se beneficiou do convívio, das conversas e das discussões temáticas com inúmeros colegas e, também, com os estudantes cujas questões instigam a busca de explicações mais rigorosas para os processos em foco. Nossos agradecimentos a todos eles. Um agradecimento especial é devido a Marcelo Milan, que colaborou com a pesquisa para a Sexta Parte deste livro, e a Gustavo Barros, que leu com rigor os originais, indicou erros e omissões, questionou argumentos pouco precisos, livrando o texto de inúmeros defeitos. À época estudantes de pós-gradução, Marcelo e Gustavo concluíram seus doutorados e hoje são docentes, o primeiro na Universidade Federal do Rio Grande do Sul e segundo, na Universidade Federal de Juiz de Fora. Evidentemente, os equívocos remanescentes são de exclusiva responsabilidade dos autores, que receberão de bom grado comentários sobre erros, omissões e, também, sobre divergências com relação às interpretações propostas no texto.

SUMÁRIO

INTRODUÇÃO *1*

A história econômica como disciplina acadêmica: origens e principais correntes *3*

Fundamentos teóricos e metodológicos de algumas correntes de história econômica *10*

Teoria Econômica e História Econômica: John Hicks, Douglass North e a "New Economic History" *10*

A Escola dos Annales: predomínio da História Econômica e Social na França (1929-1969) *19*

Marxismo e História Econômica *21*

Uma nota sobre Marx e Weber *29*

História econômica geral: objeto e método *31*

PRIMEIRA PARTE *A Transição do Feudalismo ao Capitalismo* *37*

CAPÍTULO 1. SOCIEDADE FEUDAL: DAS ORIGENS À CRISE DO SÉCULO XIV *43*

1.1 Feudalismo: concepções *43*

1.2 Origens do Feudalismo *45*

1.3 A organização econômica do feudo: o senhorio *48*

1.4 Expansão do sistema feudal da Europa Ocidental *51*

1.5 O ressurgimento do comércio na Europa Ocidental e seu impacto sobre a sociedade feudal . . . *53*

1.6 A crise feudal *55*

CAPÍTULO 2. A EXPANSÃO COMERCIAL E MARÍTIMA, O MERCANTILISMO E O ESTADO ABSOLUTISTA *61*

2.1 A cidade medieval: a organização do comércio e do artesanato *62*

2.2 Expansão marítima, comercial e colonial *67*

2.3 O Mercantilismo *73*

2.4 O Estado absolutista *82*

CAPÍTULO 3. TRANSFORMAÇÕES DA PROPRIEDADE FUNDIÁRIA E DA PRODUÇÃO ARTESANAL E MANUFATUREIRA (SÉCULOS XVI-XVIII) *91*

3.1 A transformação da propriedade fundiária na Inglaterra *92*

3.2 As transformações da produção industrial *98*

XI

HISTÓRIA ECONÔMICA GERAL

3.3 Outros caminhos de transformação da propriedade fundiária e da produção industrial *103*
3.4 A acumulação primitiva de capital. *105*

CAPÍTULO 4. A POLÊMICA SOBRE A TRANSIÇÃO DO FEUDALISMO AO CAPITALISMO:
ALGUMAS INTERPRETAÇÕES *109*
4.1 Um modelo demográfico do desenvolvimento do Feudalismo *109*
4.2 Henri Pirenne como referência para o debate a respeito da transição *111*
4.3 Maurice Dobb: um ensaio de interpretação marxista da transição. *113*
4.4 A economia neoclássica como fundamento para a interpretação da transição do Feudalismo ao
Capitalismo: J.r. Hicks e D. North *122*
4.5 Wallerstein, Braudel, Arrighi e a economia-mundo capitalista *128*
4.6 A transição do Feudalismo ao Capitalismo: um esboço de conclusão *133*

Segunda Parte *A Revolução Industrial Britânica e a Expansão do Capitalismo (1760-1870)* *139*

CAPÍTULO 5. A REVOLUÇÃO INDUSTRIAL BRITÂNICA: AS INOVAÇÕES TÉCNICAS (1760-1850) *147*
5.1 As inovações técnicas: vapor, indústria do ferro e indústria têxtil. *151*
5.2 Origens da Revolução Industrial *155*

CAPÍTULO 6. POPULAÇÃO, AGRICULTURA E REVOLUÇÃO INDUSTRIAL *161*
6.2 A revolução demográfica. *162*
6.3 A revolução agrícola *168*
6.4 A derrogação da lei dos cereais em 1846. .... *172*

CAPÍTULO 7. A ECONOMIA INTERNACIONAL À ÉPOCA DA REVOLUÇÃO INDUSTRIAL *177*
7.1 Migrações internacionais. *177*
7.2 Comércio internacional e fluxos de capitais *179*
7.3 Transportes e comunicações *184*
7.4 A integração mundial e o Imperialismo do livre comércio *187*

CAPÍTULO 8. O CRESCIMENTO DAS CIDADES E O PADRÃO DE VIDA DOS TRABALHADORES.... *195*
8.1 Urbanização e condições de vida nas cidades industriais *195*
8.2 Padrão de vida e modo de vida do trabalhador industrial britânico. *198*
8.3 A mobilização social na Grã-Bretanha. *204*

Terceira Parte *As Transformações do Capitalismo da Grande Depressão do Século XIX à Primeira Guerra Mundial (1870-1918)* *209*

CAPÍTULO 9. A GRANDE DEPRESSÃO DO SÉCULO XIX, A SEGUNDA REVOLUÇÃO INDUSTRIAL E
AS RELAÇÕES ENTRE CAPITAL E TRABALHO (1870-1913) *213*
9.1 As causas da Grande Depressão. *215*
9.2 Expansão e transformações do capitalismo: 1896-1913. .... *218*
9.3 Transformações do capitalismo no fim do século XIX: concentração do capital e segunda
revolução industrial *221*

XII

SUMÁRIO

9.4 Condições de vida e mobilização dos trabalhadores (1870-1913) 226

9.4.1 *Condições de vida do trabalhador industrial (1870-1913)* 227

9.4.2 *A mobilização do trabalhador industrial: sindicatos e partidos políticos* 229

CAPÍTULO 10. AS INDUSTRIALIZAÇÕES RETARDATÁRIAS DO SÉCULO XIX: EUROPA,
ESTADOS UNIDOS, JAPÃO 237

10.1 A polêmica entre Walt W. Rostow e Alexander Gerschenkron: etapas do desenvolvimento ou
grau de atraso como determinantes das características das industrializações retardatárias 238

10.2 Industrializações retardatárias na Europa Continental 243

10.2.1 *França* 243

10.2.2 *Alemanha* 248

10.2.3 *Rússia* 253

10.3 As industrializações fora da Europa 258

10.3.1 *Japão: industrialização na Ásia* 258

10.3.2 *Estados Unidos: industrialização na América* 263

10.4 Industrializações retardatárias: um balanço 268

CAPÍTULO 11. RELAÇÕES INTERNACIONAIS: PADRÃO-OURO, COMÉRCIO E FLUXO
DE CAPITAIS 273

11.1 A Grã-Bretanha na economia mundial 273

11.2 O sistema monetário internacional: padrão-ouro 278

11.3. O comércio e o fluxo internacional de capitais entre 1870 e 1913 285

CAPÍTULO 12. O IMPERIALISMO E A PRIMEIRA GUERRA MUNDIAL 293

12.1 O Imperialismo e a expansão colonial europeia de fins do século XIX 293

12.2 Polêmicas a respeito do Imperialismo no começo do século XX 299

12.3 A Primeira Guerra Mundial (1914-1918) 306

QUARTA PARTE *O Entre Guerras (1918-1939) e a Segunda Guerra Mundial
(1940-1945): "A Era da Catástrofe"* 315

CAPÍTULO 13. A RECONSTRUÇÃO EUROPEIA NO PÓS-GUERRA E A ECONOMIA MUNDIAL
NA DÉCADA DE 1920 (1918-1929) 321

13.1 Reconstrução e reparações de guerra: Europa (1919-1925) 322

13.1.1 *A herança da Primeira Guerra Mundial* 322

13.1.2 *Expansão, inflação, recessão: 1919-1921* 325

13.1.3 *Reparações de guerra e hiperinflação: o caso da Alemanha* 329

13.2 Os Estados Unidos e a expansão econômica dos anos 1920 333

13.3 Recuperação econômica europeia e restabelecimento do padrão-ouro 339

CAPÍTULO 14. A GRANDE DEPRESSÃO (1929-1933) 347

14.1 O *crash* da bolsa de Nova Iorque 350

14.2 Da quebra da bolsa de Nova Iorque à Grande Depressão nos estados unidos 356

14.3 A disseminação da Grande Depressão pelo mundo 359

14.4 O debate sobre a Grande Depressão 363

XIII

CAPÍTULO 15. AS TRANSFORMAÇÕES POLÍTICAS E ECONÔMICAS NA DÉCADA DE 1930
(*NEW DEAL*, FASCISMO, NAZISMO) E A SEGUNDA GUERRA MUNDIAL *373*
15.1 O *New Deal* nos Estados Unidos *374*
    15.1.1 *Uma nota: New Deal, Roosevelt e Keynes* *384*
15.2 Nazismo e fascismo (Itália, Alemanha e Japão). *386*
    15.2.1 *Itália* *386*
    15.2.2 *Alemanha*. *388*
    15.2.3 *Japão* *395*
15.3 A Segunda Guerra Mundial (1939-1945) *402*

CAPÍTULO 16. A REVOLUÇÃO RUSSA E A CONSTITUIÇÃO DA ECONOMIA SOVIÉTICA
(1917-1945) *411*
16.1 Rússia: a revolução de outubro de 1917 . . . . *412*
16.2 O comunismo de guerra: a economia russa durante a guerra civil (1918-1920). *419*
16.3 A nova política econômica – NEP (1921-1927) *420*
16.4 Stalin e os Planos Quinquenais *423*

QUINTA PARTE *A Era de Ouro do Capitalismo e a Expansão das Economias Socialistas (1946-1973)* *429*

CAPÍTULO 17. A HEGEMONIA AMERICANA E A RECONSTRUÇÃO DA PROSPERIDADE
DA EUROPA OCIDENTAL E DO JAPÃO (1945-1973) *435*
17.1 O pós-guerra (1945-1950). *435*
17.2 Estados Unidos, Europa e Japão na era de ouro (1950-1973) *441*
17.3 O Estado do Bem-estar *450*

CAPÍTULO 18. O SISTEMA MONETÁRIO INTERNACIONAL (1946-1973) *455*
18.1 A escassez de dólares no sistema monetário internacional (1946-1949) *458*
18.2 O desequilíbrio benéfico (1949-1958) *462*
18.3 Recuperação europeia e superabundância de dólares (1958-1967) *465*
18.4 Desintegração do sistema monetário internacional de Bretton Woods (1967-1973) *469*

CAPÍTULO 19. A ECONOMIA MUNDIAL NA ERA DO OURO *473*
19.1 O comércio mundial e as finanças internacionais *473*
19.2 A descolonização *480*
19.3 O desenvolvimento das nações do terceiro mundo na era de ouro *486*
19.4 Algumas características das industrializações periféricas: América Latina, Brasil, Coreia Do Sul . . *491*

CAPÍTULO 20. EXPANSÃO, CRISES E REFORMAS DAS ECONOMIAS SOCIALISTAS NA ERA
DE OURO DO CAPITALISMO: A GUERRA FRIA (1945-1973) *501*
20.1 A Guerra Fria *502*
20.2 Expansão, crises e reformas na economia soviética e nos seus satélites *508*
    20.2.1 *O planejamento econômico na União Soviética*. *508*
    20.2.2 *Crise e reformas na economia soviética* *510*
    20.2.3 *As economias socialistas do Leste Europeu: uma breve nota* *513*
20.3 China: outro "modelo" de construção do socialismo. *515*

XIV

20.3.1 *Do Império à Revolução Chinesa* *515*

20.3.2 *A construção do socialismo na China: o "caminho" chinês* *520*

Sexta Parte *O Capitalismo no Final do Século xx e a Crise do Socialismo (1973-2000)* *529*

Capítulo 21. Da crise do capitalismo nos anos 1970 à "nova economia" da década de 1990 . . . . *533*

21.1 A crise dos anos 1970 no núcleo do capitalismo mundial *534*

21.2 Transformações do capitalismo na década de 1980: política econômica, instituições, relações internacionais e relações de trabalho. *540*

21.3 Crescimento e crises na década de 1990: uma "nova economia"?. *545*

Capítulo 22. A economia mundial no final do século xx *553*

21.1 O sistema monetário internacional: o fim de Bretton Woods e a "administração" de um sistema com taxas de câmbio flutuantes. *555*

22.2 Globalização: comércio e produção *560*

22.3 A globalização (mundialização) financeira. *566*

22.4 A periferia da economia mundial no final do século xx *572*

22.5 A economia da América Latina no final do século xx. *576*

Capítulo 23. A crise do socialismo no final do século xx: a desagregação da União Soviética e as transformações da economia chinesa *587*

23.1 A desagregação da União Soviética e o fim do socialismo nos países do Leste Europeu *588*

23.2 As transformações da economia chinesa e a persistência do comando do Partido Comunista . . . *600*

Capítulo 24. Aonde vai o capitalismo? *607*

24.1 Duas respostas otimistas às questões de Tsuru *608*

24.2 Do fordismo ao regime de acumulação predominantemente financeiro *611*

24.3 Ciclos sistêmicos de acumulação na história e no futuro do capitalismo *625*

24.4 Aonde vai o capitalismo? *632*

24.5 Temas críticos para o século xxi *641*

INTRODUÇÃO

*A*o abrir este livro, é provável que o leitor tenha alguma expectativa quanto ao seu conteúdo. Afinal, o título – História Econômica Geral – aparentemente não envolve nenhuma noção complexa e parece, por si só, definir o objeto do texto. No entanto, entre os pesquisadores de História Econômica há várias correntes com divergências mais ou menos profundas em relação aos seus fundamentos teóricos e metodológicos os quais, com frequência, apresentam implicações políticas e/ou ideológicas. Portanto, é possível elaborar diferentes "histórias econômicas gerais", ainda que os processos históricos observados sejam os mesmos. Assim, convém apresentar ao leitor, mesmo brevemente, algumas concepções distintas de História Econômica que, esperamos, facilite a compreensão das polêmicas presentes nos estudos de História Econômica Geral, já que procuramos incorporar várias dessas polêmicas ao texto.

Podemos começar com uma definição muito geral de História Econômica proposta por Herbert Heaton, para quem a história econômica "descreve os esforços que o homem faz ao longo dos séculos para satisfazer suas necessidades materiais" (citado por IGLÉSIAS, 1959, p.27). Embora bastante sintética, essa definição oferece oportunidade para explorar algumas questões particularmente importantes.

O que a História Econômica tem em comum com uma concepção clássica de História? Marc Bloch definiu a História como a "ciência dos homens no tempo" (BLOCH, 1965, p.29), ou seja, trata-se do estudo da atividade humana, em suas múltiplas dimensões, na perspectiva da mudança ao longo do tempo. Em linhas gerais, não é diferente a definição de Heaton para a História Econômica, apenas especifica que o foco da pesquisa é a atividade voltada à satisfação das necessidades materiais; ou seja, seria uma das "especialidades" da História.[1]

---

1. Hobsbawm, assim como muitos outros historiadores, entende que a História deve ser conduzida na direção de uma "História Total"; as especializações – História Política, História Econômica, História Social, História Cultural, História das Mentalidades, História Diplomática, História Eclesiástica etc. – atenderiam à conveniência do pesquisador ou a uma necessidade técnica inerente à pesquisa (HOBSBAWM, 1998, p.122-123).

Ao longo dos séculos, a forma pela qual os homens satisfazem suas necessidades materiais se altera, assim como aquilo que é considerado "necessário" em cada época. Em determinadas épocas e locais, as necessidades materiais das pessoas podem ser supridas por seu próprio esforço: numa comunidade estritamente rural, aquele que cultiva a terra e cria alguns animais pode produzir tudo (ou quase tudo) o que necessita para sua sobrevivência (levando em conta o que é considerado necessário naquele momento, como alimento, vestuário, habitação). Na sociedade atual, as necessidades materiais comportam muito mais do que alimentos, vestuário e habitação, pois bens duráveis, como os eletroeletrônicos, meios de transporte, lazer, cultura etc. passaram a fazer parte do dia a dia de grande parte da população. A obtenção desses produtos, que se tornaram necessários à vida quotidiana, envolve complexas redes produtivas, comerciais e financeiras: um operador financeiro no Brasil, ao almoçar em um restaurante, certamente está consumindo algum alimento produzido em outro país, talvez da América Latina, e cuja preparação exigiu o uso de utensílios importados provavelmente da América do Norte, da Europa ou da Ásia. Assim, da origem desses produtos à mesa do restaurante, há um vasto conjunto de empresas e trabalhadores, na maior parte das vezes desconhecidos daquele que é o consumidor final desses produtos. Portanto, a História Econômica deve dar conta tanto de identificar as formas pelas quais os homens satisfazem suas necessidades materiais, como também de investigar de que maneira essas formas se alteram ao longo do tempo por meio de diferentes relações entre os homens que participam desse processo (trabalhadores, empresários, consumidores) e de técnicas em constante alteração.

Em sua definição, Heaton emprega a palavra "descrever", termo que sugere uma postura externa do historiador em relação ao objeto da investigação, uma certa neutralidade diante dos fatos observados. Na verdade, o historiador econômico, por mais isento que seja, faz uma seleção dos fatos que julga relevantes (diante de uma infinidade de fatos) para "descrever" o processo histórico em questão. Essa seleção já pode envolver algumas noções ou conceitos prévios do próprio investigador de modo que a "descrição", aparentemente neutra, acaba por conduzir a certa "explicação" dos eventos em foco. Evidentemente, outro historiador econômico poderá selecionar, em relação ao mesmo processo, fatos diferentes e chegar a resultados distintos. Em suma, é inerente à História Econômica – assim como à História e à Economia – a existência de explicações ou interpretações diferentes para um mesmo evento. Tais divergências podem refletir posturas subjetivas de cada investigador; porém, mais importante e frequente, decorrem de perspectivas teóricas e metodológicas distintas que orientam o próprio processo de investigação. Essas distintas perspectivas definem as principais correntes da História Econômica: explicitar o foco de suas divergências é importante para que possamos identificar suas implicações sobre a interpretação dos processos históricos.

Portanto, nesta Introdução procuramos indicar algumas das principais correntes teóricas e metodológicas presentes nos estudos de História Econômica dentro do quadro mais geral do desenvolvimento dessa disciplina.

INTRODUÇÃO

A HISTÓRIA ECONÔMICA COMO DISCIPLINA ACADÊMICA: ORIGENS E PRINCIPAIS CORRENTES

A História Econômica, como área de pesquisa e como disciplina dos cursos universitários, é relativamente recente e se afirmou bem depois da Economia e da História. A Economia adquiriu progressivamente *status* de ciência depois da publicação, em 1776, de *A Riqueza das Nações*, de Adam Smith. No século XIX, uma vasta produção de estudos da então chamada Economia Política consolidou-a como uma disciplina socialmente reconhecida: Thomas Malthus, David Ricardo, Jean Baptiste Say, John Stuart Mill são alguns dos chamados economistas clássicos aos quais se agrega, em vertente distinta, crítica, Karl Marx. A partir de 1870, houve uma mudança substancial no pensamento econômico dominante: a chamada *revolução marginalista* alterou o foco da análise econômica, sendo sintomática a troca do nome da disciplina de Economia Política para Economia: o austríaco Karl Menger, o suíço Leon Walras e o inglês Stanley Jevons foram pioneiros dessa nova corrente, que se consolidou como principal paradigma da teoria econômica (e que, ao menos em parte, se mantém até hoje).

Já a História tem um longo passado: há, desde a Antiguidade, registros que narram eventos relevantes (como guerras, feitos de seus reis e sacerdotes etc). Desde então, a História foi objeto dos escritos de cronistas (que narravam fatos, em geral a mando de seus superiores), de filósofos (que buscavam algum "sentido" na História), mas também de escritores que se aproximavam do trabalho que seria, mais tarde, típico do historiador (ou seja, com base em documentos). No século XIX, houve significativas mudanças que definiram de modo mais preciso o ofício de historiador. Por um lado, técnicas de pesquisa aprimoradas permitiram a crítica rigorosa das fontes fornecendo base empírica mais sólida para os estudos históricos; por outro, o foco dos historiadores se tornou, por influência do positivismo e do historicismo, o relato ou a narração cronológica dos fatos históricos, em que predominava a história política e diplomática centrada nos "grandes homens" da época. Entendida como o estudo do passado, a história não poderia aspirar à condição de ciência. O objeto da História era constituído pelos fatos pretéritos: estes eram únicos, singulares, não passíveis de repetição e experimentação. Assim, os fatos históricos não atendiam às condições necessárias para que se pudesse formular uma explicação científica. Desse modo, ao historiador cabia apenas relatar os fatos em sua ordem cronológica, de modo que a "explicação" possível na História era dada pela simples sequência desses fatos no tempo (como se, no encadeamento deles, o anterior fosse suficiente para "explicar" o seguinte).[2]

Desse modo, ao fim do século XIX, na Economia e na História predominavam, na primeira, o marginalismo e, na segunda, o positivismo e o historicismo. Curiosamente, a

---

2. Sobre o positivismo e o historicismo, ver CARDOSO (1982, p.30-34).

História Econômica emergiu como disciplina acadêmica e como área de pesquisa autônoma a partir do fim do século XIX, não em associação aos desenvolvimentos da Economia e da História, e sim como uma reação às tendências dominantes nessas duas disciplinas. Vejamos por quê.

Adam Smith, embora seja o "fundador" da Economia (Política), era herdeiro de uma corrente de pensamento por vezes chamada de "escola escocesa" que preservava uma perspectiva histórica em suas reflexões (FONTANA, 1998, Cap. 4). O próprio Smith via a história da economia como uma sequência de formas de atividade econômica: caça e coleta, pastoreio, agricultura, comércio. Essa seria a "ordem natural" como deveria ter acontecido ou acontecer em cada sociedade (SMITH, 1985, Livro Terceiro). Os economistas clássicos, de modo geral, mantiveram a preocupação com o "desenvolvimento" da economia, ou seja, com as tendências a mudanças da economia no tempo. Em Marx, além de sua vasta construção teórica sobre o capitalismo, encontramos inúmeras reflexões sobre a História em geral e, em particular, sobre o surgimento e o desenvolvimento do capitalismo. Na Alemanha, a Economia, como disciplina, esteve associada à chamada "Escola Histórica": "o que constitui a essência desta Escola é a importância que ela deu aos trabalhos históricos e, de forma geral, à descrição dos detalhes: para ela, este é o trabalho mais importante ou, pelo menos, o que em primeiro lugar se impõe às Ciências Sociais" (SCHUMPETER, 1968, p.164).[3]

Nenhum dos pensadores da Economia Política poderia ser classificado como um típico "historiador econômico"; no entanto, é inegável que havia em suas obras elementos, ou ao menos preocupações, comuns ao que se tornaria, mais tarde, a História Econômica como disciplina.

Como já referido, na segunda metade do século XIX, a Economia Política passou por profunda transformação que pode ser identificada com a chamada Revolução Marginalista: produzido principalmente (porém não exclusivamente) por economistas austríacos, o marginalismo deslocava radicalmente o foco do pensamento econômico. A preocupação com o "desenvolvimento" (ou seja, com as transformações no tempo), presente nos

---

3. Sobre estas correntes, convém reproduzir a observação de Hobsbawm: "[...] os pensadores escoceses, que tanto contribuíram para a disciplina [Economia], se recusaram especificamente a isolar a economia das demais transformações históricas da sociedade na qual se viam engajados. Homens como Adam Smith viam a si mesmos vivendo na transição do 'sistema feudal' de sociedade – conforme o chamavam os escoceses, provavelmente mais cedo que ninguém – para outro tipo de sociedade. Desejavam apressar e racionalizar essa transição, no mínimo para evitar as consequências danosas de deixar o 'progresso natural da opulência' atuar livremente, quando poderia se converter em uma 'ordem antinatural e retrógrada'. Poder-se-ia dizer que, se os marxistas reconheciam a barbárie como uma decorrência alternativa possível do desenvolvimento capitalista, Smith a reconhece como uma decorrência alternativa possível do desenvolvimento feudal. Consequentemente, é tão equivocado abstrair a economia política clássica da sociologia histórica à qual Smith dedicou o terceiro livro da *Riqueza das Nações*, quanto isolá-la de sua filosofia moral. Similarmente, história e análise permaneceram integradas em Marx, o último dos grandes economistas políticos clássicos. De modo um pouco diferente e analiticamente menos satisfatório, permaneceram integradas à economia entre os alemães" (HOBSBAWM, 1998, p.110-111).

economistas clássicos, foi ofuscada por uma visão estática: tratava-se de entender o processo de formação dos preços dos bens e a alocação dos recursos com base nas preferências dos indivíduos em determinado momento do tempo. Na perspectiva dos marginalistas, na Economia não havia espaço para a História: aliás, essa perspectiva foi formulada na polêmica sobre o Método entre os marginalistas (em especial pelo austríaco Karl Menger) e a Escola Histórica alemã representada por G. Schmoller (SCHUMPETER, 1968, p.177-185). Mas o afastamento entre Economia (agora não mais Economia Política) e História não ocorreu apenas com os marginalistas austríacos; esse foi um movimento mais geral que, talvez contraditoriamente, fortaleceu a História Econômica. Sem espaço para integrar seus estudos à teoria econômica, aqueles que, de algum modo, se dedicavam à análise da história de economias nacionais, buscaram um espaço específico para a sua atividade. Daí o surgimento da História Econômica como disciplina acadêmica nos países anglo-saxões no final do século XIX e começo do século XX.[4]

A primeira cadeira de História Econômica foi estabelecida nos Estados Unidos, em 1892, na Universidade de Harvard. Assumiu-a o inglês William Ashley, antigo professor de Oxford e autor de *Introduction to English Economic History and Theory* (HARTE, 2001).

Na Grã-Bretanha, foi fundada em 1926, na London School of Economics, a Economic History Society (sendo Ashley seu primeiro presidente), a qual, no ano seguinte, iniciou a publicação de *The Economic History Review*. Convém lembrar que a London School foi criada em 1895 por quatro membros do movimento fabiano (Sidney e Beatrice Webb, Graham Wallas e George Bernard Shaw)[5] como um núcleo de oposição ao predomínio de Alfred Marshall no ensino de Economia na Grã-Bretanha. William Cunningham, que havia polemizado com Marshall, foi convidado para ministrar cursos de História Econômica na London School.[6] Outras universidades britânicas, como Oxford, Manchester e Cambridge, também introduziram disciplinas de História Econômica em seu

---

4. Devemos lembrar dois historiadores econômicos britânicos do último quarto do século XIX, notórios por sua atividade: Arnold Toynbee (1852-1883), tio do historiador homônimo, talvez o primeiro a utilizar o termo Revolução Industrial, cujas conferências sobre o tema foram publicadas como livro após sua morte; e William Cunningham (1849-1919), economista cujas propostas eram semelhantes às da Escola Histórica alemã e, como tal, opositor da economia neoclássica. Cabe mencionar ainda Paul Mantoux, historiador francês, mas que também lecionou na Grã-Bretanha e que publicou, em 1906, importante obra sobre a Revolução Industrial. São alguns exemplos (e haveria muitos outros) de como a História Econômica, embora à margem da corrente dominante em Economia, era objeto da reflexão de economistas e historiadores do século XIX, antes mesmo de sua introdução como disciplina dos cursos universitários.

5. A Sociedade Fabiana foi fundada em 1884 por um grupo de intelectuais britânicos como George Bernard Shaw, Sidney e Beatrice Webb. Defendiam o socialismo, porém advogavam uma transição gradual, não revolucionária, reformista do capitalismo para um novo sistema.

6. A Marshall se atribui papel fundamental no desenvolvimento da teoria econômica na vertente neoclássica. Na polêmica com Cunningham, este defendia uma posição próxima da Escola Histórica alemã, contestada por Marshall o que lhe valeu a identificação como adversário do historicismo. No entanto, há indicações de que Marshall tinha alguma simpatia pela Escola Histórica alemã, embora não aceitasse a possibilidade de elaboração de uma teoria econômica exclusivamente indutiva a partir dos elementos históricos (HODGSON, 2005).

currículo no início do século XX. Desse modo, na Grã-Bretanha a História Econômica consolidou sua posição como disciplina autônoma, inserida nos cursos de Economia, porém com escassa integração com os estudos teóricos dessa ciência; ou, como sugere Hicks, uma História Econômica "que faz uso de alguns tópicos desconexos da teoria como hipóteses para a elucidação de algum processo histórico particular" (HICKS, 1969, p.2). Sob essa forma institucional, a História Econômica abrigou, nas universidades britânicas, importantes pesquisadores, como M. Postan, G. Unwin, E. Lipson, H. Heaton, J. Clapham, T. Ashton, E. Carus-Wilson, Eileen Power, R. Tawney entre tantos outros que tipicamente produziram histórias econômicas nacionais, regionais ou sobre setores específicos da economia.

Se na Grã-Bretanha a História Econômica se integrou, ainda que marginalmente, aos cursos de Economia, na França, o percurso para a afirmação da disciplina foi distinto. Aí a História Econômica – mais propriamente a História Econômica e Social – emergiu em oposição às correntes dominantes nos estudos de História no século XIX: a "história positivista", como indicamos acima, privilegiava a história política com foco na atuação das minorias dirigentes. O que os historiadores mais jovens desejavam era, antes de mais nada, mudar o foco da história: das elites para as massas, para o trabalho, para a produção, para as trocas. Vários historiadores romperam com o domínio acadêmico do positivismo e produziram obras que incorporavam as novas preocupações: Jean Jaurés (*História Socialista da Revolução Francesa*, 1901-1904); François Simiand que, em conferência realizada em 1903 (*Método Histórico de Ciência Social*) combatia a história positivista (uma "história historizante"); Ernest Labrousse com sua tese, de 1933, sobre o movimento dos preços e das rendas na França do século XVIII. A *Revue de Synthèse*, de Henri Berr, também abrigava estudos de história que iam além do relato dos fatos; e, na Bélgica, Henri Pirenne publicava estudos sobre a história econômica e social da Idade Média, rompendo também com a tradição da historiografia europeia. Esse movimento culminou com a publicação, a partir de 1929, da revista *Annales d'Histoire Économique et Sociale*, dirigida por Lucien Febvre e Marc Bloch (dois professores da Universidade de Estrasburgo). Além de recusar a História "acontecimental" (o mero relato de eventos), Febvre e Bloch propunham a aproximação com as ciências sociais (Sociologia, Antropologia, Geografia), o que permitia a busca de explicações para os processos históricos a partir da proposição de problemas. A vida da revista foi vítima de eventos relacionados à Segunda Guerra Mundial. De 1939 a 1941, mudou seu título para *Annales d'Histoire Sociale* e de 1942 a 1944 para *Mélanges d'Histoire Sociale*. Mais importante, Marc Bloch, por ser judeu, foi destituído de seu cargo na Sorbonne (pois ele e Febvre haviam conseguido sua transferência de Estrasburgo para universidades em Paris) e deslocado para outras universidades. Depois, integrou-se ao movimento francês de resistência contra a ocupação alemã. Preso pela Gestapo, Bloch foi executado em 1944. Assim, ao ter reiniciada sua publicação, a revista passou a ser dirigida apenas por Febvre. Finda a guerra, a revista voltou com novo título – *Annales, Economies Sociétés Civilisations* – sob a direção de Febvre e como veículo de difusão das pesquisas identificadas com a Escola dos Annales. Após a morte de Febvre em 1956, Fernand Braudel assumiu a direção da revista e tornou-se um dos mais conhecidos historiadores da segunda metade do século XX. Em 1968, Braudel deixou a direção da revista, numa mudança que expressa também sua nova orientação, com menor ênfase na história econômica e social (FONTANA, 1998, Cap. 11; HOBSBAWM, 1998, Cap. 13).

A História Econômica também foi objeto de pesquisas sob outra ótica: a do marxismo. Assim como Marx e Engels, vários de seus seguidores adotaram, mesmo em textos com objetivos políticos mais imediatos, a perspectiva histórica. Um exemplo típico é a obra de Lenin, *O Desenvolvimento do Capitalismo na Rússia*: sua análise das transformações da economia e da sociedade russa no século XIX sustentava uma proposta de ação política. Nas polêmicas a respeito do Imperialismo, que envolveram marxistas como Lenin, Rosa Luxemburgo, Bukharin, Hilferding, Kautsky, a história do capitalismo não é apenas ilustrativa, ela é fundamental para a defesa de determinado tipo de orientação política. Embora não sejam obras típicas de História Econômica, algumas delas apresentam o rigor de trabalhos acadêmicos.

Em geral, admite-se que o estudo de História na União Soviética foi restringido pela adoção, como posição oficial do Partido Comunista, da sequência de modos de produção: comunidade primitiva, escravismo, feudalismo, capitalismo e socialismo.[7] A rigor, os historiadores não poderiam fugir, em suas interpretações, a esse esquema preestabelecido. Apesar dessa restrição, importantes pesquisas foram desenvolvidas em várias áreas, principalmente Arqueologia, Pré-História, História antiga e medieval. Além da revelação e publicação de fontes primárias, muitos historiadores da União Soviética se tornaram referências em suas áreas de pesquisa (FONTANA, 2004, Cap. 11; CARDOSO & BRIGNOLI, 2002, Cap. 3).

Depois do fim da Segunda Guerra Mundial, o estudo da História na perspectiva marxista teve amplo desenvolvimento na Europa Ocidental. Um marco foi a publicação, em 1946, do livro do economista inglês Maurice Dobb (1983), *Studies in the Development of Capitalism* (traduzido no Brasil sob o título *A Evolução do Capitalismo*). Ele deu origem a uma ampla polêmica que mobilizou, de início, economistas e historiadores da Grã-Bretanha (Rodney Hilton, Christopher Hill), dos Estados Unidos (Paul Sweezy) e do Japão (H.K. Takahashi). Mais tarde, outros pesquisadores participaram de discussões suscitadas pelo debate inicial, como E. Hobsbawm, H. Trevor-Hoper, A. Soboul, G. Lebfevre, G. Procacci, P. Vilar, C. Parain. Em suma, a transição do feudalismo ao

---

7. Essa noção foi sedimentada por Stalin no texto *Materialismo Dialético e Materialismo Histórico* em que afirmava: "A história conhece cinco tipos fundamentais de relações de produção: a comunidade primitiva, a escravidão, o regime feudal, o regime capitalista e o regime socialista" (cf. FONTANA, 2004, p.312).

capitalismo e a constituição e o desenvolvimento do capitalismo até o século XX eram os temas centrais da obra de Dobb, temas que suscitaram amplas discussões durante mais de duas décadas, em parte motivadas pela perspectiva, entre os marxistas, de uma futura transição do capitalismo para o socialismo. Esses temas atraíram, na Grã-Bretanha, um amplo grupo de pesquisadores marxistas: além dos já citados Dobb, Hilton, Hill, Hobsbawm, Trevor-Hoper, devemos lembrar George Rudé, Perry Anderson e Edward Thompson.

Outros pensadores marxistas, embora não fossem historiadores, tiveram influência sobre algumas correntes de historiadores, caso de G. Lukacs e A. Gramsci. Uma concepção de História peculiar foi desenvolvida, na França, pelo filósofo L. Althusser. A partir de uma leitura da obra de Marx (que ficou conhecida como estruturalista), Althusser e seus seguidores (como E. Balibar, R. Establet, J. Rancière e na esfera da ciência política, N. Poulantzas) propuseram uma teoria da História com grande influência sobre cientistas sociais, mas também objeto de fortes polêmicas.

Na França, o marxismo também se fez presente em estudos históricos por meio de vários pesquisadores, como os já citados Soboul, Vilar, Parain, Lebfevre. Admite-se que, embora não se caracterizasse como marxista, havia pontos de aproximação entre a Escola dos *Annales* e o pensamento marxista. É interessante notar que, na Grã-Bretanha, um importante grupo de historiadores marxistas tinha alguma identidade com a Escola dos *Annales*, acompanhava suas pesquisas e mantinha contatos com os historiadores franceses (HOBSBAWM, 1998, Cap.13).

Nos Estados Unidos, a influência marxista sobre a História parece ter sido menor: na New School of Social Research, em New York, havia um grupo de cientistas sociais marxistas, ligados também à *Monthly Review*, cujos estudos econômicos adotavam, com frequência, uma perspectiva histórica. Leo Huberman, um dos membros do grupo, publicou o livro *História da Riqueza do Homem*, muito divulgado por longo tempo. Podemos nos referir ainda a alguns historiadores marxistas norte-americanos, como Eugene Genovese, Herbert Aptheker e, mais recentemente, Robert Brenner que, no entanto, não chegam a constituir um grupo mais integrado como no caso da Grã-Bretanha.[8]

Convém registrar ainda o surgimento, a partir de 1960, de duas correntes cujo berço foi o ambiente universitário norte-americano: a New Economic History (mais tarde chamada também de Cliometria) e a História Econômica Institucional. A New Economic History nasceu com a elaboração de estudos históricos que, com forte utilização de noções de teoria econômica e estimações econométricas, propôs a análise de algumas

---

8. A influência marxista sobre a historiografia foi intensa em regiões da periferia da economia mundial, como a América Latina e a África, na reflexão sobre os processos históricos dos países dessas regiões. Fazemos o registro da importância dessa historiografia, porém não a especificamos, pois levaria a nos alongar demasiadamente. Um roteiro bibliográfico para a historiografia latino-americana é encontrado em CARDOSO e BRIGNOLI, 2002, Cap. 5.

questões clássicas da economia norte-americana, como a rentabilidade da escravidão e o impacto das ferrovias no desenvolvimento econômico. Alguns dos primeiros estudos foram produzidos por R. Fogel, S. Engerman, A. Conrad, J. Meyer e A. Fishlow. Seu desenvolvimento se deu principalmente em departamentos de economia de universidades americanas, mas tem também se difundido, com menor ímpeto em ambientes acadêmicos de outros países.

Outra corrente, que pode ser identificada como História Econômica Institucional, está associada fundamentalmente ao nome de Douglass North. Ao considerar que "as instituições importam", North propôs, de início, estudar a ascensão do mundo ocidental com base numa teoria da inovação institucional. Sua vasta produção tem sido dedicada ao estudo da relação entre instituições e desenvolvimento, em especial na perspectiva histórica, e motivou inúmeros historiadores e economistas a realizarem pesquisas a partir dessas formulações.

Uma tendência recente em estudos de História Econômica tem seu foco na divergência dos níveis de desenvolvimento entre regiões e países. Como a New Economic History e a História Econômica Institucional, seus fundamentos teóricos básicos são os da economia neoclássica, porém sua preocupação se dirige às tendências de longo prazo e à identificação das fontes de crescimento econômico. Uma coletânea sugere o nome de New Comparative Economic History a essa tendência (HATTON, O'ROURKE & TAYLOR, 2007). Geografia, inovação tecnológica, cultura, política econômica, instituições são alguns dos elementos aventados para explicar a riqueza e a pobreza das nações em obras que podemos incluir nessa tendência. Alguns exemplos dessa tendência podem ser encontrados em obras de David Landes, Jeffrey Williamson, Kenneth Pomeranz, Gregory Clark, Robert C. Allen e Daron Acemoglu & James A. Robinson (LANDES, 1998; WILLIAMSON, 1998; POMERANZ, 2001; CLARK, 2007; ALLEN, 2011; ACEMOGLU & ROBINSON, 2012).

Finalmente, podemos nos referir a uma História Quantitativa. Em alguma medida, sempre se fez uso de dados quantitativos em estudos de História Econômica. A coleta e elaboração sistemática desses dados é o elemento que poderia caracterizar a emergência de uma História Quantitativa; não se trata, porém, de uma corrente perfeitamente definida em termos teóricos e metodológicos, mas de uma série de pesquisadores que se propuseram a tratar temas de História Econômica por meio da elaboração de dados quantitativos de diversas ordens. Esta é uma tendência cada vez mais forte, sobretudo porque os recursos computacionais facilitam sobremaneira a coleta e o tratamento de dados quantitativos. Há economistas e historiadores pioneiros em estudos quantitativos que procuraram abarcar o conjunto de economias nacionais, como Simon Kusnetz nos Estados Unidos, Jean Marczewsky na França, Phyllis Deane e William A. Cole na Grã-Bretanha (CHAUNU, 1976, Capítulo Segundo; CARDOSO & BRIGNOLI, 2002, Caps. I e VI). Nas últimas décadas, os estudos quantitativos se multiplicaram gerando polêmicas sobre temas clássicos da

História Econômica: um deles, dos mais controvertidos, é a Revolução Industrial (FON-TANA, 2004, p.297-308).

O amplo panorama acima delineado, de caráter estritamente descritivo, procurou apenas situar algumas das principais correntes de estudo da História Econômica. Certamente, o leitor pode identificar lacunas quanto a uma ou outra vertente aqui omitida e, mais ainda, a historiadores e economistas que considere fundamentais e que não foram lembrados neste texto. Em parte, isto deve ser creditado à vasta produção de estudos de História Econômica que impõe a escolha, por vezes arbitrária, do que registrar em algumas páginas introdutórias ao estudo de História Econômica Geral. Cabe agora explorar mais cuidadosamente os fundamentos que sustentam as análises de algumas correntes cujas contribuições serão lembradas com razoável frequência no corpo do texto deste livro.

FUNDAMENTOS TEÓRICOS E METODOLÓGICOS DE ALGUMAS CORRENTES DE HISTÓRIA ECONÔMICA

Neste tópico procuramos explorar alguns aspectos de três vertentes da historiografia econômica: a que se alinha com a teoria econômica neoclássica; a da Escola dos *Annales* e a derivada do marxismo.

Teoria Econômica e História Econômica: John Hicks, Douglass North e a "New Economic History"

A Teoria Econômica neoclássica, por sua própria natureza, não estimula o estudo da História Econômica: a discussão das transformações da economia no tempo é, de certo modo, estranha à proposta neoclássica de análise estática. Desse modo, os elementos da economia neoclássica não foram muito utilizados para estudos de História Econômica, salvo para a explicação de situações muito específicas. No entanto, o economista inglês John Hicks (que também assinava J.R. Hicks) se propôs a elaborar uma "teoria de História Econômica" em que os recursos teóricos e a visão geral da economia neoclássica têm papel fundamental, embora não único:

> Parece razoável supor que podemos delinear a partir das ciências sociais, e não só da economia, algumas ideias gerais que possam ser utilizadas pelos historiadores como um instrumento para ordenar seu material. Eu acredito que a maior parte dos historiadores tende a concordar com isso. O que permanece como questão aberta é se isso só pode ser feito em escala limitada, para finalidades específicas, ou se pode ser feito em perspectiva ampla, de

modo que o curso geral da história, ao menos em alguns aspectos importantes, possa ser colocado em questão.

E, após reconhecer que a obra de Marx permite essa abordagem, Hicks sugere ser possível uma alternativa já que, apesar do enorme desenvolvimento das ciências sociais, muito pouco foi feito nessa direção:

Certamente, é possível que Marx estivesse correto na sua visão do processo lógico em ação na história, mas também que nós, com um conhecimento da realidade e da lógica social que ele não dispunha, e com outro século de experiência à nossa disposição, possamos conceber a natureza desses processos de uma forma completamente distinta. (HICKS, 1969, p.2-3)

Embora proponha, para a sua "teoria da História", a incorporação das ciências sociais (e não só da economia), o elemento central é econômico, ao indicar como vê o fundamento de estudos de história econômica:

A História Econômica é frequentemente exposta, e corretamente exposta, como um processo de especialização; mas a especialização não é somente a especialização entre atividades econômicas, é também a especialização de atividades econômicas (as quais estão se tornando atividades econômicas) a partir de atividades de outro tipo. (HICKS, 1969, p.1)

A especialização seria o resultado da expansão do processo de troca, a justificar o ponto de partida teórico/histórico da História Econômica de Hicks:

De onde partiremos? Há uma transformação que é antecedente à Ascensão do Capitalismo de Marx, e que, em termos da economia mais recente, parece ter sido mesmo mais fundamental. É a Ascensão do Mercado, a Ascensão da Economia de Troca. (HICKS, 1969, p.7)

Embora incorpore elementos extraeconômicos (políticos, sociais) em sua "teoria", o argumento central se situa na expansão do mercado que propicia a especialização e, consequentemente, o aumento da produtividade (argumento clássico presente na obra de Adam Smith). Hicks recusa um esquema linear de ascensão na direção do "progresso", mas, ao fim, não pode evitar a noção de que a história caminha para estágios superiores de desenvolvimento. Isso fica evidente ao expor as linhas gerais de sua teoria:

A tarefa que se coloca diante de nós pode ser agora descrita. É uma investigação teórica, que deve ser conduzida em termos gerais – quanto mais geral, melhor. Vamos classificar estados das sociedades, estados econômicos das sociedades; vamos procurar razões inteligíveis pelas quais um estado daria lugar a outro. Será uma sequência não completamente diferente de "Feudalismo,

Capitalismo, Socialismo" de Marx, ou dos estágios de desenvolvimento econômico da Escola Histórica Alemã. Mas nossos pressupostos são menos determinísticos, menos evolucionários que os deles, e isto fará a diferença. [...] Embora nós identifiquemos uma tendência subjacente à qual podemos desejar dar o nome de "progresso" ou "crescimento" ou "desenvolvimento", é um progresso frequentemente interrompido, e que frequentemente assume formas desagradáveis e até mesmo terríveis. (HICKS, 1969, p.6-7)

A recusa de Hicks a um movimento linear da história em direção ao progresso não exclui a hipótese central de sua teoria da história econômica: a expansão do mercado (que, mesmo que não seja contínua, se afirma como uma tendência na história) permite a crescente especialização das atividades econômicas que induz o aumento da produtividade e, portanto, o progresso (ou crescimento ou desenvolvimento). Ou seja, a troca, cada vez mais ampla e complexa, aparece como o elemento dinâmico da História Econômica.

Embora evite a imagem de um progresso contínuo e linear na história, a mensagem final da obra aponta nessa direção e nos obstáculos que podem se antepor à sua plena realização. Ao comentar os resultados da industrialização, Hicks afirma que ela permitiu a "Absorção" (com maiúscula) do proletariado numa classe trabalhadora industrial, a qual ocorreu de forma plena na Grã-Bretanha e quase completa em outros países avançados. E pergunta se seria possível essa Absorção em todo o mundo, considerando -a desejável por propiciar a elevação do padrão de vida da população em geral. Julga a tarefa enorme diante dos números daqueles que deveriam ser absorvidos (lembrando, em especial, a dimensão da população chinesa e da indiana, ambas em estágios muito baixos de desenvolvimento à época em que escrevia), porém não impossível: a taxa de crescimento necessária para tanto não seria maior do que a verificada até então. Mas quais os obstáculos para que isso se completasse?

Se não existissem nações – se cada um pudesse ir aonde desejasse, sendo aceito onde quer que fosse, e quisesse ir para onde se sentisse mais desejado – a Absorção de toda a raça humana entre as fileiras dos desenvolvidos seria relativamente simples. (HICKS, 1969, p.160)

A hipótese de ausência de nações, admite Hicks, é inviável já que os grupos que as formam adquirem um valor próprio e sua dissolução implicaria perdas importantes. Mas, mesmo mantidas as nações, seria possível caminhar na direção de suprimir as barreiras entre elas; e isso já teria acontecido:

Houve um tempo em que o movimento nessa direção (muito mais claramente do que hoje) parecia ser dominante; no século XIX, na era do (mais ou menos) Livre Comércio. O que se poderia esperar acontecer, se aquele movimento tivesse continuado sem interrupção, seria o gradual aumento do número de países desenvolvidos, e o consequente declínio gradual no número daqueles que ainda permaneciam atrás, ou "de fora". Não seria mais do que um movimento gradual – não suficientemente rápido para satisfazer as expectativas que teria gerado; e também estaria sujeito a flutuações, flutuações gerais e flutuações que afetassem determinados países, o que poderia fazer crer que a direção geral pareceria estar perdida. No entanto, se garantíssemos o contínuo avanço da ciência e a acumulação de capital subsequente, se não houvesse obstáculos, o processo teria continuado rumo à sua conclusão. (HICKS, 1969, p.161)

Desse modo, indicamos, ainda que brevemente, a lógica que Hicks atribui à História Econômica: a ampliação do mercado permite a especialização das atividades econômicas e induz o aumento da produtividade. Não havendo obstáculos para o livre funcionamento do mercado, a tendência subjacente à História Econômica é de "progresso": um progresso que se disseminaria por todas as nações promovendo a "Absorção" da população pela economia industrial, o aumento dos salários e a elevação do padrão de vida para todos. Essa "Absorção" parece ser, para o economista, o final desejável da História. Se isso não ocorreu, o que fica implícito em sua análise, foi pelas distorções que impediram o livre funcionamento do mercado. Uma conclusão consistente com os fundamentos da teoria econômica que inspira a obra de Hicks, ou seja, de que o livre funcionamento dos mercados conduziria ao máximo bem-estar potencial das populações.

Assim como Hicks, Douglass North não descarta a economia neoclássica como fundamento para construir a História Econômica (ou seja, um relato coerente do aspecto econômico da condição humana ao longo do tempo). No entanto, entende que, para essa construção, a economia neoclássica, por si só, é insuficiente. Vejamos por quê.

O problema que orienta a pesquisa de North é a busca das razões do desempenho diferencial das economias no tempo; em outras palavras, o porquê de haver sociedades ricas e sociedades pobres. A lógica inerente ao modelo neoclássico, com competição perfeita nos mercados e ausência de distorções, conduziria à convergência de todas as economias para um mesmo padrão de desenvolvimento (como o próprio Hicks sugere). Desse modo, nos termos estritos do modelo neoclássico não há espaço para os diferentes desempenhos das economias. North aponta, então, a insuficiência do modelo neoclássico para tratar da questão em pauta:

O mundo no qual ele [o modelo neoclássico] está interessado é um mundo sem fricções no qual instituições não existem e toda mudança ocorre por meio de mercados que funcionam perfeitamente. Em suma, os custos de adquirir informação, incerteza e custos de transação não existem. Mas precisamente por causa dessa não existência, a fórmula neoclássica revela as hipóteses subjacentes que devem ser exploradas a fim de desenvolver um corpo útil de teoria sobre estrutura e mudança das economias. (NORTH, 1981, p.5)

Embora North trate de inúmeros aspectos relacionados ao tema, o foco de seu estudo se dirige para uma teoria das instituições e da mudança institucional, pois as instituições permitem reduzir os custos de transação (embora possam também evitar sua redução). Mas, como ele próprio sugere, ao longo do tempo sua abordagem do problema foi redirecionada. Em *The Rise of the Western World* (obra publicada em 1973 em coautoria com Robert Thomas), afirmava-se que as instituições eram determinantes do desempenho econômico e que as mudanças nos preços relativos eram a fonte da mudança institucional, pois criavam incentivos para a construção de instituições mais eficientes. No entanto, a teoria elaborada não permitia entender a persistência de instituições ineficientes.[9]

Em *Structure and Change in Economic History* (NORTH, 1981), a hipótese de instituições (sempre) eficientes foi abandonada: admitia-se agora que os governantes podiam estabelecer direitos de propriedade (instituição fundamental para North) em função de seus próprios interesses, os quais, se ineficientes, não produziam crescimento econômico. Mas ainda restava uma questão: por que a pressão competitiva não eliminava as instituições ineficientes?

Em *Institutions, Institutional Change and Economic Performance*, obra publicada em 1990, North enfrenta essa questão. Há uma longa argumentação, da qual selecionamos apenas alguns pontos de maior interesse para a História Econômica.

A noção central é a de *instituições*: com frequência, repete-se a "definição" de North de que "instituições são as regras do jogo em uma sociedade" (NORTH, 1990, p.3); mas cabe explicitar o que se entende por "regras do jogo".

> As instituições provêm a estrutura dentro da qual os seres humanos interagem. Elas estabelecem as relações cooperativas e competitivas que constituem a sociedade e mais especificamente uma ordem econômica.[...] Instituições são um conjunto de regras, procedimentos consensuais e normas de comportamento moral e ético que limitam o comportamento dos indivíduos [...]. (NORTH, 1981, p.201-202)

As instituições podem ser formais (como leis) e informais (como códigos de conduta); podem ser criadas com objetivos específicos (por exemplo, as constituições políticas dos Estados) ou evoluir no tempo (como o direito consuetudinário). Em qualquer caso, as instituições impõem limites à ação dos homens e, ao mesmo tempo, reduzem a incerteza nas relações entre os homens por proporcionarem uma estrutura para a vida cotidiana (NORTH, 1990, p.4). Na ausência de instituições (como leis, normas etc.), os custos de transação (por exemplo, na compra e venda de um imóvel) seriam elevados: como o comprador teria garantida a propriedade do imóvel e como o vendedor poderia

---

9. Uma síntese dos argumentos expostos nesse livro foi apresentado em artigo de NORTH & THOMAS (1970).

exigir o pagamento combinado? Seria preciso incorrer em custos (talvez o uso privado da força) para concluir efetivamente a transação.

Para compreender a dinâmica da mudança institucional, North traz à luz a noção de organizações, ou seja, grupos de indivíduos com alguma identidade de objetivos. Incluem corpos políticos (partidos, assembleias), corpos econômicos (empresas, sindicatos), corpos sociais (igrejas, clubes) e órgãos educacionais (escolas, universidades). A forma das organizações é determinada pelas instituições, mas as organizações também influem na forma pela qual as instituições evoluem. Ou seja, a mudança institucional resulta da interação entre instituições e organizações, uma vez que estas são criadas com o objetivo de aproveitar oportunidades geradas pelo movimento da economia no quadro das instituições vigentes.

Para North, "Dificilmente há controvérsias quanto ao fato de as instituições afetarem o desempenho da economia. Também não há controvérsias quanto ao fato de que o desempenho diferencial das economias ao longo do tempo sofre a influência fundamental do modo pelo qual as instituições evoluem" (NORTH, 1990, p.3). Desse modo, entender como se processa a mudança institucional se torna essencial para a discussão das diferenças de desempenho das economias na história.

Num passado remoto, grupos enfrentaram problemas diferentes dispondo de recursos substancialmente distintos (clima, recursos naturais, habilidades humanas etc.). Desse modo, dado o elevado custo de informação (sobre instituições e tecnologias eficientes disponíveis em outras comunidades), desempenhos diferentes são esperados, alguns mais eficientes do que outros (no sentido de promoverem o crescimento econômico). Com a redução do custo de informação ao longo do tempo, seria de se esperar a convergência entre as economias (como sugere o modelo neoclássico). Como essa convergência não ocorreu, North propõe a seguinte questão: "O que explica a sobrevivência de sociedades e economias caracterizadas por um pobre e persistente desempenho?" (NORTH, 1990, p.92).

Se o custo de transação fosse nulo, prevaleceria a solução eficiente que produz o crescimento da economia. Mas se os custos de transação são positivos, o desempenho será mais ou menos eficiente dependendo do sucesso (ou insucesso) das instituições adotadas em reduzir os custos de transação. Mas por que persistem instituições ineficientes?

O argumento central se fixa na noção de que instituições têm rendimentos crescentes; desse modo, organizações podem se beneficiar da manutenção dessas instituições mesmo quando mudanças nos preços relativos indicam a oportunidade de criar instituições mais eficientes. Essa situação pode levar, inclusive, a produzir uma ideologia que racionalize a estrutura dessa sociedade sem ser capaz de explicar seu mau desempenho. Portanto, uma mudança institucional que aumentaria a eficiência da economia pode ficar bloqueada: daí a noção de *path dependence* (dependência da trajetória) que leva North a afirmar que a história importa (NORTH, 1990, p.100). Em síntese, North expõe a dinâmica da mudança institucional que justifica a existência de diferentes percursos, alguns mais eficientes do que outros:

> Por que uma mudança fundamental nos preços relativos afeta duas sociedades de maneira diferente? Em cada sociedade a mudança dará como resultado adaptações marginais e as margens afetadas serão aquelas em que os problemas imediatos requerem solução, e a solução será determinada pelo poder relativo de barganha dos participantes, ou seja, as organizações que evoluíram num contexto institucional geral e específico. Mas observe-se que será um ajuste marginal, construído sobre os acordos institucionais precedentes. Devido ao fato de que o poder de barganha dos grupos em uma sociedade difere claramente do poder em outra sociedade, os ajustes marginais de cada uma serão também particularmente diferentes. Além disso, com distintas histórias e com a retroalimentação incompleta sobre as consequências, os atores terão modelos subjetivos diferentes e consequentemente farão eleições políticas também diferentes. Nesses casos, o ajuste marginal não conduz a uma convergência. (NORTH, 1990, p.101)[10]

Em suma, para North o destino das sociedades não aponta necessariamente na direção do crescimento, pois determinadas instituições podem mostrar-se ineficientes e, apesar disso, serem preservadas ao longo do tempo.

Assim, diversamente de Hicks, para quem a história econômica caminha na direção do "progresso" (apesar de crises, declínios etc.), a teoria de North não permite esse tipo de conclusão. Dessa forma, as instituições podem determinar tanto o "desenvolvimento" quanto a "decadência" de uma sociedade. Desse modo, na perspectiva de North não há um "sentido" claro no desenvolvimento da história; seu rumo ficaria na dependência da natureza das instituições vigentes em cada sociedade.

A noção geral inerente à teoria de North – de que as instituições importam – tem sido muito utilizada em estudos de história e de desenvolvimento econômico: por exemplo, algumas explicações do atraso de determinadas economias têm como foco suas instituições e não sua base material, suas relações sociais ou sua forma de inserção no mercado mundial, como era frequente em estudos dos anos 1950 e 1960. A crescente presença de análises institucionais em estudos de História Econômica certamente foi favorecida pela consolidação de uma corrente em teoria econômica – a Nova Economia Institucional – para a qual North também deu importantes contribuições. Na verdade, não se trata de uma ruptura radical com a economia neoclássica e sim de explorar as implicações de suprimir do modelo algumas hipóteses menos realistas (como a ausência de custos de transação) e de incluir explicitamente as instituições nesse modelo.

---

10. North ressalta a importância das mudanças marginais nas instituições, porém também considera as descontinuidades institucionais presentes, por exemplo, em movimentos revolucionários. No entanto, entende que, mesmo nesse caso, não se altera a lógica básica da mudança institucional.

Uma terceira vertente da História Econômica vinculada à Teoria Econômica é a chamada "New Economic History" (ou Cliometria, como a identificamos daqui em diante) desenvolvida nos Estados Unidos a partir dos anos 1960. Robert Fogel registra artigos de John R. Meyer e Alfred H. Conrad (publicados em 1957 e 1958) como os pioneiros na definição e na utilização da nova metodologia. A questão do escravismo no sul dos Estados Unidos antes da Guerra de Secessão inspirou esses e outros estudos produzidos a partir de 1960. O que havia de novo na Cliometria? Tratava-se de realizar uma estimativa mais precisa da rentabilidade da economia escravista tendo em vista teses usualmente aceitas de que a escravidão já apresentava acentuado declínio antes da Guerra, prenunciando seu próximo desaparecimento por não mais ostentar rentabilidade compensadora. Vários estudos, na linha proposta por Meyer e Conrad, concluíram que a economia escravista em seu conjunto (ou seja, considerando tanto a produção agrícola como a de criação e venda de escravos) era bastante rentável; e mais, que a economia do sul apresentava, antes da Guerra, apreciável ritmo de crescimento. Daí suas conclusões, em oposição às teses anteriores, de que o atraso do sul dos Estados Unidos (particularmente visível no fim do século XIX e boa parte do século XX) não resultara da estagnação da economia escravista e sim da devastação causada pela própria Guerra. Além disso, a abolição do escravismo não era mais vista como fruto da incapacidade do sistema de gerar altos rendimentos; ela estaria relacionada com questões referentes à moralidade e à equidade (FOGEL, 1966, p.647).

Outro tema que inspirou trabalhos típicos da metodologia cliométrica foi o da contribuição das ferrovias para o crescimento da economia americana na segunda metade do século XIX. A tese usual era de que as ferrovias foram indispensáveis para permitir a expansão da economia norte-americana para o Oeste. Os próprios Robert Fogel e Albert Fishlow colocaram em questão essa tese por meio de elaboradas estimativas quantitativas e hipóteses teóricas. Para demonstrar a indispensabilidade (ou não) das ferrovias era preciso estabelecer uma comparação com uma situação (hipotética) em que elas não tivessem sido construídas. Essa é a chamada hipótese contrafactual que se tornou frequente nos estudos fundados na cliometria. Como seria esse mundo contrafactual sem as ferrovias? Como já havia um sistema de canais fluviais estabelecido, Fogel passou a estimar o produto provável considerando a expansão agrícola possível com esse sistema de canais (que, na ausência das ferrovias, teria estímulos para ser estendido por milhares de milhas). Para essa estimativa, fez uso da teoria da renda da terra sob hipóteses relativas a preços dos produtos e condições do transporte sem as ferrovias (custos, fretes, rapidez, perdas etc.). Estimativas econométricas (principalmente por meio de regressões) levaram Fogel a concluir que a "poupança social" derivada do estabelecimento de ferrovias (frente ao hipotético desenvolvimento do sistema de canais) teria sido de apenas 1,8% do Produto Nacional Bruto. Ou seja, as ferrovias não se mostraram indispensáveis à expansão da agricultura norte-americana, pois meios alternativos também permitiriam essa expansão, embora em ritmo ligeiramente inferior.

Estes exemplos de pesquisas identificadas com a cliometria permitem situar o que havia de novo em suas propostas. Como afirma Fogel: "os marcos metodológicos da *New Economic History* são sua ênfase na mensuração e seu reconhecimento da íntima relação entre mensuração e teoria econômica" (FOGEL, 1966, p.651). Nesta relação estaria a distinção fundamental entre a cliometria e a História Econômica que faz uso, mesmo que intenso, de dados quantitativos. Além do recurso a modelos econométricos (que não era usual na história quantitativa), a teoria econômica se torna essencial, em particular na construção das hipóteses contrafactuais.

Como se tem avaliado o potencial e as limitações da cliometria?

Douglass North, em 1974 (ou seja, quase vinte anos após o surgimento da cliometria), reconhecia "a contribuição significativa da *New Economic History* para revitalizar o campo [da História Econômica] e avançar as fronteiras do conhecimento" (NORTH, 1974, p.1), pelo uso sistemático de teoria e métodos quantitativos no estudo da História. No entanto, afirmava que o uso da teoria econômica neoclássica padrão, ao mesmo tempo que propiciou novos e incisivos *insights* sobre o passado humano, também serviu para limitar a amplitude da pesquisa. Citava entre as limitações: 1) a pesquisa foi mais destrutiva do que construtiva (ou seja, procurou destruir velhas explicações, porém não as substituiu por outras que sistematicamente explicassem como ocorreu a mudança econômica); 2) A ênfase da pesquisa era sobre questões específicas sem que se esclarecessem as transformações de longo prazo dos sistemas econômicos; 3) Não há nenhum papel para o governo nas análises; 4) As explicações não tratam das decisões que se dão fora do mercado, limitando a compreensão do passado da economia (NORTH, 1974, p.2).

Em texto posterior, de 1997 ("Cliometrics – 40 years later"), North admite que houve avanços nas pesquisas cliométricas pela ampliação de seus horizontes, porém ainda vê limitações: "[...] enquanto as revistas exibem sempre o aumento da proficiência técnica dos novos historiadores econômicos, a maior parte ainda permanece confinada à camisa de força da teoria neoclássica" (NORTH, 1997, p.412).

Não é muito diferente a avaliação feita por Eric Hobsbawm, um historiador com postura teórica e ideológica claramente distinta daquela assumida por Douglass North. Quais são, para Hobsbawm, os méritos da cliometria? Primeiro, ressalta "a notável contribuição dos cliometristas à mensuração na história e, certamente no caso de Robert Fogel, sua impressionante engenhosidade e originalidade na busca e utilização de fontes e técnicas matemáticas" (HOBSBAWM, 1998, p.126). Em seguida, observa que a cliometria propôs uma série de revisões sobre questões de história econômica, formulando proposições de modo mais rigoroso e buscando evidências estatísticas para testá-las. Hobsbawm, contrariamente a alguns críticos da cliometria, não recusa a utilização de hipóteses contrafactuais, pois, a rigor, tais hipóteses estão frequentemente implícitas nos argumentos de muitos historiadores. Explicitá-las torna o argumento mais claro e as conclusões mais rigorosas. No entanto, Hobsbawm, como North, entende que a cliometria apresenta limitações. Como seu fundamento teórico é a economia neoclássica – cuja natureza é essencialmente estática, a-histórica – sua utilidade é limitada para tratar de questões em que a mudança no tempo é o que importa:

> Afinal, a tendência do equilíbrio de ser desestabilizado é o que importa ao estudo da mudança e transformação histórica. [...] Se aplicarmos a análise do equilíbrio retrospectivamente, correremos o risco de esvaziar os grandes problemas dos historiadores. (HOBSBAWM, 1998, p.128)

Outras limitações dizem respeito ao possível anacronismo de avaliar ações do passado com base em critérios da economia neoclássica assim como a necessidade de "fabricar" dados quando estes não estão disponíveis nas fontes.

Mas as principais limitações da Cliometria são: de um lado sua incapacidade de construir modelos que expliquem grandes mudanças econômicas e sociais e ainda o fato de que "pode criticar e modificar a história produzida por outros, mas não pode produzir respostas próprias" (HOBSBAWM, 1998, p.131).

Desse modo, parece consensual, mesmo entre historiadores econômicos alinhados à economia neoclássica, que a Cliometria não responde às grandes questões propostas pela História Econômica. Isso não impede que ela se desenvolva amplamente em vários centros acadêmicos, produzindo resultados de interesse para temas específicos, em geral motivada pela crítica a interpretações históricas mais ou menos consolidadas. No entanto, ela ainda está longe de oferecer uma alternativa de interpretação para um longo processo histórico como o que procuramos abarcar neste livro.

A Escola dos Annales: predomínio da História Econômica e Social na França (1929-1969)

Na revista *Annales*, seus fundadores, Lucien Febvre e Marc Bloch, consolidaram a insatisfação latente entre historiadores e cientistas sociais das primeiras décadas do século XX em relação à historiografia dominante no século XIX. Tratava-se da crítica à História estritamente factual ("acontecimental") que, sem propor explicações para o processo histórico, induzia certa visão da história ao se concentrar nos fatos políticos cujos protagonistas eram os "grandes homens" (reis, diplomatas, militares etc.) e não o povo, as massas, em suma o homem comum.

Desse modo, a Escola dos *Annales* propôs o deslocamento do foco desse tipo de História Política para uma História "Total".

Ciro Cardoso nos apresenta uma síntese da proposta dos *Annales*:

> 1) a passagem da "História-narração" para a "História-problema", implicando o uso de hipóteses explícitas pelos historiadores; 2) a crença no caráter científico da História, mesmo tratando-se

19

de uma ciência em processo de constituição; 3) o contato e o debate permanentes com outras ciências sociais, promovendo a importação de problemáticas, métodos e técnicas de tais ciências para uso dos historiadores (inclusive grande número de técnicas de quantificação); 4) ampliação dos horizontes da ciência histórica, que tem a pretensão de abarcar numa síntese estrutural global todos os aspectos da vida social: "civilização material", poder e mentalidades coletivas; 5) a insistência nos aspectos sociais, coletivos e repetitivos de preferência aos biográficos, individuais e "episódicos"; daí a ênfase na História demográfica, econômica e social; 6) a utilização de todos os tipos de documentos disponíveis – vestígios arqueológicos, tradição oral, restos de sistemas agrários ainda visíveis na paisagem contemporânea, etc. – , acabando com a excessiva fixação só em fontes escritas; 7) a construção de temporalidades múltiplas em lugar de limitar-se o historiador ao tempo simples e linear característico da historiografia tradicional; 8) o reconhecimento da ligação indissolúvel e necessária entre o presente e o passado no conhecimento histórico, contra qualquer concepção que negue as responsabilidades sociais do historiador. (CARDOSO, 1982, p.37-38)

Embora a proposta da Escola dos *Annales* envolvesse a construção de uma "síntese estrutural global", não havia uma teoria que estabelecesse a relação entre os diferentes níveis da sociedade. Assim, a unidade da escola se manifestava mais na orientação geral do processo de pesquisa do que numa concepção homogênea da história e da sociedade. Talvez por isso, a escola seja mais conhecida pelas contribuições individuais de seus principais representantes: Lucien Febvre, Marc Bloch, Fernand Braudel e Ernest Labrousse foram, até o final da década de 1960, alguns dos mais expressivos membros da Escola dos *Annales*. No final da década de 1960, com a saída de Braudel da direção da revista, houve substancial mudança na orientação das pesquisas, com a redução do espaço para a História Econômica e Social.[11]

Mas, apesar da ausência de uma unidade teórica, não se pode negar o impacto que os *Annales* tiveram entre os historiadores de diversos países. Em particular, o depoimento de Hobsbawm é bastante expressivo:

Imagino que alguns de nós, pelo menos em Cambridge, líamos os *Annales* já nos anos 30. Além do mais, quando Marc Bloch veio e conversou conosco em Cambridge – ainda me lembro disso como o grande momento que então parecia ser e foi –, foi-nos apresentado como o maior medievalista vivo, a meu ver, com toda justiça. Talvez isso se devesse especificamente a um fenômeno local, a existência em Cambridge de Michael Postan, que então ocupava a cadeira de história econômica, um homem de raras afinidades cosmopolitas e vasto conhecimento.

---

11. A Escola dos *Annales* foi objeto de inúmeros estudos. Para o leitor interessado em conhecê-la mais profundamente, lembramos as obras de Peter Burke (1991) e de João Carlos Reis (2000) em que, além da visão geral sobre a escola, há informações sobre os demais pesquisadores do grupo e também sobre a nova orientação da revista a partir de 1969.

INTRODUÇÃO

Mas também se devia a outro fenômeno já mencionado por outros participantes deste colóquio, ou seja, a curiosa confluência, via história econômica, entre o marxismo e a escola francesa. Foi no terreno da história econômica e social, evidente no título-insígnia da *Annales* original, que nos encontramos. Os jovens marxistas daqueles tempos descobriam que a única parte da história oficial que fazia algum sentido para eles, ou pelo menos que podiam utilizar, era a história econômica, ou a história econômica e social. Dessa forma, foi por meio dela que a junção foi feita. (HOBSBAWM, 1998, p.194)

O depoimento de Hobsbawm traz à luz uma questão frequentemente colocada: a da relação entre o marxismo e a escola dos *Annales*: embora não houvesse identificação teórica, política e ideológica dos historiadores dos *Annales* com os historiadores marxistas, algumas concepções os aproximavam. Ciro Cardoso, por exemplo, indica: 1) o reconhecimento da necessidade de uma síntese global que explique ao mesmo tempo as articulações entre os níveis que fazem da sociedade humana uma totalidade estruturada, e as especificidades no desenvolvimento de cada nível; 2) a convicção de que a consciência que os homens de determinada época têm da sociedade em que vivem não coincide com a realidade social de tal época; 3) o respeito pelas especificidades históricas de cada época e sociedade (por exemplo, as leis econômicas só têm validade necessária para o sistema econômico em função do qual forem descobertas); 4) alguns dos membros do grupo dos *Annales* – mas certamente não todos – coincidem em atribuir uma grande importância explicativa à base econômica, aproximando-se em certos casos à noção marxista da determinação em última instância: 5) a aceitação da inexistência de fronteiras estritas entre as ciências sociais, embora o marxismo seja muito mais radical quanto à sua *unidade*; 6) a vinculação da pesquisa histórica com as preocupações e responsabilidades do presente (CARDOSO, 1982, p.39-40).[12]

Se efetivamente há uma aproximação entre os *Annales* e o marxismo, cabe, agora, expor alguns pontos da concepção que Marx tinha da História.

Marxismo e História Econômica

Qualquer tentativa de sintetizar a concepção de história de Marx em algumas páginas – e ainda mais, de estabelecer sua relação com a História Econômica – é temerária. A vasta obra de Marx, suas inúmeras, porém não sistemáticas, referências à história, as polêmicas entre as diferentes correntes marxistas e também os argumentos dos antimarxistas

---

12. Numa perspectiva marxista, FONTANA (1998, Cap. 11) procura expor as diferenças entre o marxismo e a Escola dos *Annales*, principalmente em relação à postura político-ideológica.

constituem, por si só, um campo de pesquisa inesgotável.[13] De nossa parte, procuramos apenas indicar, na obra de Marx, referências bastante conhecidas sobre sua concepção de História. A leitura isolada de algumas dessas referências pode levar a uma concepção de História que Hobsbawm denomina de "marxismo vulgar" (HOBSBAWM, 1998, p.159). Ainda assim, é importante reproduzi-las para expor sua interpretação na ótica do "marxismo vulgar", assim como as críticas a essa interpretação com base em análise mais cuidadosa desses e de outros textos de Marx. Advertimos, mesmo entre os críticos do "marxismo vulgar" não há um consenso quanto à concepção de História em Marx, pois a exegese do conjunto de seus textos pode sugerir várias visões sobre cada tema em pauta.

A crítica de Marx e Engels à filosofia – idealista – da História de Hegel, exposta na obra *A Sagrada Família* (de 1844), já sugeria outra concepção – materialista – da História:

A concepção hegeliana de História pressupõe um espírito *abstrato ou absoluto* que se desenvolve mostrando que a humanidade apenas é uma *massa* que, consciente ou inconscientemente, lhe serve de suporte. Por isso ele faz com que, dentro da história *empírica*, exotérica, se antecipe uma história *especulativa*, esotérica. A História da humanidade se transforma na História do *espírito abstrato* da humanidade, que por ser *abstrato*, fica *além* das possibilidades do homem real. (MARX & ENGELS, 2003, p.102)

Não é difícil perceber o quanto a concepção da História de Marx – conhecida como *materialismo histórico* – se distancia, ou mesmo se opõe, à de Hegel. Neste breve trecho de *A Ideologia Alemã* (obra escrita com F. Engels em 1845-1846), o contraste com a filosofia da história de Hegel é nítido:

A história nada mais é do que o suceder-se de gerações distintas, em que cada uma delas explora os materiais, os capitais e as forças de produção a ela transmitidas pelas gerações anteriores; portanto, por um lado ela continua a atividade anterior sob condições totalmente alteradas e, por outro, modifica com uma atividade completamente diferente as antigas condições [...]. Essa concepção de história consiste, portanto, em desenvolver o processo real de produção a partir da produção material da vida imediata e em conceber a forma de intercâmbio conectada a esse modo de produção e por ele engendrada, quer dizer, a sociedade civil em seus diferentes estágios, como o fundamento de toda a história [...]. (MARX & ENGELS, 2007, p.40 e 42)

Em longa citação de *A Ideologia Alemã*, Marx e Engels aprofundam a noção de fundamento da história humana:

---

13. A concepção de História em Marx e o materialismo histórico foram objeto de inúmeras obras. Uma síntese de algumas questões relacionadas ao tema pode ser encontrada em FONTANA (2004, Caps. 7 e 11).

INTRODUÇÃO

> Os pressupostos de que partimos não são pressupostos arbitrários, dogmas, mas pressupostos reais, de que só se pode abstrair na imaginação. São os indivíduos reais, sua ação e suas condições materiais de vida, tanto aquelas por eles já encontradas como as produzidas por sua própria ação. Esses pressupostos são, portanto, constatáveis, por via puramente empírica.
>
> O primeiro pressuposto de toda a história humana é, naturalmente, a existência de indivíduos humanos vivos. O primeiro fato a constatar é, pois, a organização corporal desses indivíduos e, por meio dela, sua relação dada com o restante da natureza. Naturalmente não podemos abordar, aqui, nem a constituição física dos homens nem as condições naturais, geológicas, oro-hidrográficas, climáticas e outras já encontradas pelos homens. Toda historiografia deve partir desses fundamentos naturais e de sua modificação pela ação dos homens no decorrer da história.
>
> Pode-se distinguir os homens dos animais pela consciência, pela religião ou pelo que se queira. Mas eles mesmos começam a se distinguir dos animais tão logo começam a *produzir* seus meios de vida, passo que é condicionado por sua organização corporal. Ao produzir seus meios de vida, os homens produzem, indiretamente, sua própria vida material.
>
> O modo pelo qual os homens produzem seus meios de vida depende, antes de tudo, da própria constituição dos meios de vida já encontrados e que eles têm de reproduzir. Esse modo de produção não deve ser considerado meramente sob o aspecto de ser a reprodução da existência física dos indivíduos. Ele é muito mais, uma forma determinada de sua atividade, uma forma determinada de exteriorizar sua vida, um determinado *modo de vida* desses indivíduos. Tal como os indivíduos exteriorizam sua vida, assim são eles. O que eles são coincide, pois, com sua produção, tanto com *o que* produzem como também com o *modo como* produzem. O que os indivíduos são, portanto, depende das condições materiais de sua produção. (MARX & ENGELS, 2007, p.86-87)

Desse modo, Marx e Engels situam a produção material da vida como fundamento da história humana, noção que se tornou consensual entre os pensadores marxistas. Hobsbawm, por exemplo, não inclui essa noção básica entre os equívocos do "marxismo vulgar":

> Deixemos de lado a questão de saber se Marx abstrai ou não a cultura (minha própria opinião é de que em seus escritos efetivamente históricos ele é o oposto exato de um reducionista econômico). Fica o fato básico de que a análise de uma sociedade a qualquer momento de seu desenvolvimento histórico deve começar pela análise de seu modo de produção; em outras palavras, (a) a forma tecno-econômica do "metabolismo entre homem e natureza" (Marx), o modo pelo qual o homem se adapta à natureza e a transforma pelo trabalho; e (b) os arranjos sociais pelos quais o trabalho é mobilizado, distribuído e alocado. (HOBSBAWM, 1998, p.176-177)

Mas essa concepção básica de Marx se desdobra em outros planos; um conhecido trecho do Prefácio da *Contribuição à Crítica da Economia Política* introduz as noções de base (estrutura econômica) e superestrutura (instituições jurídicas e políticas e formas de consciência):

O resultado geral a que cheguei e que, uma vez obtido, serviu-me de fio condutor aos meus estudos, pode ser formulado em poucas palavras: na produção social da própria vida, os homens contraem relações determinadas, necessárias e independentes de sua vontade, relações de produção estas que correspondem a uma etapa determinada de desenvolvimento das suas forças produtivas materiais. A totalidade dessas relações de produção forma a estrutura econômica da sociedade, a base real sobre a qual se levanta uma superestrutura jurídica e política, e à qual correspondem formas sociais determinadas de consciência. O modo de produção da vida material condiciona o processo em geral da vida social, política e espiritual. Não é a consciência dos homens que determina o seu ser, mas ao contrário, é o seu ser social que determina sua consciência. (MARX, 1986, p.25)

A relação entre base e superestrutura aí indicada levou, frequentemente, à afirmação de que essa relação era de dominância e dependência, ou seja, de que a base econômica determinaria a superestrutura (ou seja, as instituições jurídicas e políticas e as ideias seriam condicionadas pela infraestrutura econômica). Essa relação estaria associada a noções como "determinismo econômico" e "interpretação econômica da história" (que afirmariam que o econômico é que tudo determina nas sociedades e na história). No entanto, o exame mais acurado da obra de Marx e de Engels evidenciou que essas concepções estavam longe de corresponder ao seu pensamento. Marx, em conhecida nota inserida em *O Capital*, definia um quadro distinto daquele que corresponderia ao "determinismo econômico":

Deve ser claro que a Idade Média não podia viver do catolicismo nem o mundo antigo da política. A forma e o modo como eles ganhavam a vida explica, ao contrário, por que lá a política, aqui o catolicismo, desempenhava o papel principal. (MARX, 1985, p.77, nota 33)

Esta nota sugere uma articulação entre base e superestrutura bem mais complexa do que a delineada na versão do "marxismo vulgar": em certas épocas, elementos da superestrutura podem assumir o papel principal na história das sociedades. Se no capitalismo o econômico assume o papel principal, o mesmo não ocorreria na Idade Média, em que esse lugar seria ocupado pela religião, ou na Antiguidade, em que o lugar caberia à política. Assim, seria impossível entender a sociedade medieval sem considerar o papel da religião e a antiga, sem a política.[14]

---

14. Engels também contestou o "determinismo econômico": "Segundo a concepção materialista da história, o fator que em *última instância* determina a história é a produção e a reprodução da vida real. Nem Marx nem eu afirmamos, nunca, mais do que isso. Se alguém tergiversá-lo, dizendo que o fator econômico é o único determinante, converterá aquela tese em uma frase vazia, abstrata, absurda" (Engels, carta a K.Schmidt, 27/2/1890, citada por CARDOSO & BRIGNOLI, 2002, p.456-457)

INTRODUÇÃO

Diante dessa relativização do econômico como determinante da história, outra questão é proposta: qual a relação entre a base econômica e os elementos da superestrutura? Engels apresenta uma resposta à questão:

> O desenvolvimento político, jurídico, filosófico, religioso, literário, artístico, etc., apoia-se no desenvolvimento econômico. Mas todos eles, também, repercutem uns sobre os outros e sobre sua base econômica. Não é que a situação econômica seja a *causa, o único ativo*, e tudo o mais efeitos puramente passivos. Há um jogo de ações e reações, com base na necessidade econômica, que se impõe sempre em *última instância*. (Engels, carta a Starkenburg, 25/1/1894, citada por CARDOSO & BRIGNOLI, 2002, p.458)

Por essa e por outras referências, admite-se que a noção de que a base econômica determine univocamente (ou seja, de forma direta e em direção única) a superestrutura político-jurídica e ideológica deva ser superada por outra que aceite a possibilidade de os elementos superestruturais interagirem com a base econômica, induzindo alguma mudança sobre ela. De qualquer modo, permanece a noção de que a "necessidade econômica [...] se impõe sempre em *última instância*".[15]

Entre a base econômica e a superestrutura deve haver uma "correspondência" que permita a reprodução do modo de produção. Explicando melhor: o modo de produção (da vida material) pressupõe um certo nível de desenvolvimento das forças produtivas (recursos naturais, população, habilidade da força de trabalho, conhecimento técnico, meios de produção acumulados etc.) e determinadas relações de produção (as relações entre os homens que derivam de sua inserção diferenciada no processo de produção). A superestrutura jurídico-política e ideológica "adequada" emerge como condição para que o modo de produção (em especial, as relações de produção) se reproduza. Por exemplo: o trabalho assalariado – como relação de produção típica do capitalismo – exige o instrumento jurídico correspondente – o contrato – que estabelece formalmente a relação entre duas pessoas juridicamente livres e iguais. Além disso, a ideologia dominante deve tornar aceitável para os trabalhadores essa relação. Assim, o conflito potencial entre classes antagônicas não impede que o modo de produção se reproduza.

Mas como se processa a transição de um modo de produção para outro; ou seja, quando as condições para a reprodução do modo de produção são colocadas em questão? Perry Anderson entende que, na obra de Marx, a transformação – ou o "motor" da história – pode ser vista sob dois prismas:

---

15. O significado preciso de "determinação em última instância" também é objeto de polêmicas entre os pensadores marxistas, inclusive quanto à sua pertinência. Para uma discussão sobre o tema, ver: CARDOSO & BRIGNOLI, 2002, p.459-462 e também SAES, 1994, p.44-50.

[...] a potencial disjunção nos próprios textos de Marx entre sua atribuição do papel do motor primário de transformação histórica à contradição entre as forças produtivas e as relações de produção, de um lado – pense-se na famosa "Introdução" de 1859 à *Contribuição à Crítica da Economia Política* – e, de outro, à luta de classes – pense-se no *Manifesto Comunista*. (ANDERSON, 1984, p.39)

Engels, no Prefácio de 1883 à edição alemã do *Manifesto Comunista*, ressaltava o papel da luta de classes:

A ideia fundamental que atravessa todo o Manifesto – a saber, que em cada época histórica a produção econômica e a estrutura social que dela necessariamente decorre constituem a base da história política e intelectual dessa época; que, consequentemente (desde a dissolução da antiga posse em comum da terra), toda a história tem sido uma história de luta de classes, de lutas entre classes exploradas e classes exploradoras, entre classes dominadas e classes dominantes, nos diferentes estágios do desenvolvimento social [...] – essa ideia fundamental pertence única e exclusivamente a Marx. (MARX & ENGELS, 1998, p.45-46)

E no texto de Marx, citado por Anderson, se tem a outra perspectiva:

Em uma certa etapa de seu desenvolvimento, as forças produtivas materiais da sociedade entram em contradição com as relações de produção existentes ou, o que nada mais é do que a sua expressão jurídica, com as relações de propriedade dentro das quais aquelas até então tinham se movido. De formas de desenvolvimento das forças produtivas essas relações se transformam em seus grilhões. Sobrevém então uma época de revolução social. Com a transformação da base econômica, toda a enorme superestrutura se transforma com maior ou menor rapidez. (MARX, 1986, p.25)

A forma pela qual Marx e Engels expõem a ascensão da burguesia sugere uma possível articulação entre os dois "motores" da história:

[...] a própria burguesia moderna é o produto de um longo processo de desenvolvimento, de uma série de revoluções nos modos de produção e de troca.

Cada uma dessas etapas de desenvolvimento da burguesia foi acompanhada por um progresso político correspondente. [...] A burguesia desempenhou na história um papel extremamente revolucionário.

Onde quer que tenha chegado ao poder, a burguesia destruiu todas as relações feudais, patriarcais, idílicas. Dilacerou impiedosamente os variegados laços feudais que ligavam o ser humano a seus superiores naturais, e não deixou subsistir entre homem e homem outro vínculo que não o interesse nu e cru, o insensível "pagamento em dinheiro". Afogou nas águas gélidas do cálculo egoísta os sagrados frêmitos da exaltação religiosa, do entusiasmo cavalheiresco, do sentimentalismo pequeno-burguês. Fez da dignidade pessoal um simples valor de troca e no lugar das inúmeras liberdades já reconhecidas e duramente conquistadas colocou unicamente a liberdade de comércio sem escrúpulos. Numa palavra, no lugar da exploração mascarada por ilusões políticas e religiosas colocou a exploração aberta, despudorada, direta e árida. (MARX & ENGELS, 1998, p.68-69)

Nesse breve trecho, revoluções nos modos de produção e de troca (ou seja, nas forças produtivas e nas relações de produção) e luta de classes (da burguesia contra a classe feudal) estão presentes. No entanto, ao desenvolvimento das forças produtivas parece caber o papel de desestabilizar o modo de produção ao promover mudanças nas relações de produção e a emergência de novas classes que promoverão a luta de classes e a revolução política.

Assim delineada, a dinâmica da história conduziu à noção de uma sequência de modos de produção, como sugeriam as próprias palavras de Marx:

Em grandes traços, podem ser caracterizados, como épocas progressivas da formação econômica da sociedade, os modos de produção: asiático, antigo, feudal e burguês moderno. As relações burguesas de produção constituem a última forma antagônica do processo social de produção, antagônicas não em um sentido individual, mas de um antagonismo nascente das condições sociais de vida dos indivíduos; contudo, as forças produtivas que se encontram em desenvolvimento no seio da sociedade burguesa criam ao mesmo tempo as condições materiais para a solução desse antagonismo. Daí que com essa formação social se encerra a pré-história da sociedade humana. (MARX, 1986, p.26)

Esse trecho da obra de Marx levou à formulação de que a história (de todas as sociedades) seguiria uma mesma sequência de modos de produção: comunidade primitiva – escravismo – feudalismo – capitalismo – comunismo. Embora muito influente, esse paradigma foi objeto de críticas e polêmicas entre os marxistas. O comentário de Hobsbawm situa os pontos dessa polêmica:

Acreditava-se, acertadamente, que Marx insistira sobre um desenvolvimento sistemático e necessário da sociedade humana na história, a partir do qual o contingente era em grande parte excluído, de qualquer maneira, ao nível de generalização sobre os movimentos de longo prazo. Daí a constante preocupação dos primeiros marxistas com problemas como o papel do indivíduo ou do acidente na história. Por outro lado, isso podia ser – e em grande parte era – interpretado como uma regularidade rígida e imposta, como por exemplo, na sucessão das formações socioeconômicas, ou mesmo como um determinismo mecânico que às vezes se aproximava da sugestão de que não havia alternativas na história (HOBSBAWM, 1998, p.159-160).

Embora a maior parte das proposições identificadas com o materialismo histórico esteja sujeita a polêmicas – como observamos acima – é possível indicar algumas diretrizes gerais sugeridas pelo marxismo para o trabalho do historiador econômico. Apesar do risco de sermos excessivamente esquemáticos e superficiais e, ainda mais, de assumirmos proposições não aceitas por parte dos adeptos do materialismo histórico, vale reafirmar alguns pontos importantes:

1) O ponto de partida para a análise das sociedades numa perspectiva histórica deve ser a forma pela qual ela realiza a produção de sua vida material. Em outras palavras, a base econômica é fundamental para entendermos a sociedade e suas transformações no tempo.

2) No entanto, para Marx não haveria uma história econômica autônoma, independente dos outros níveis da sociedade; assim como a Escola dos *Annales*, para o marxismo cabe buscar a compreensão da "história total".

3) A imagem da sociedade constituída por uma base (econômica) e uma superestrutura (jurídico-política e ideológica) não deve levar o historiador à tentação de cair no "determinismo econômico", seja em sua forma mais tosca que busca no econômico a causa de todo e qualquer evento, seja numa forma mais sofisticada que atribui exclusivamente ao econômico a determinação dos demais níveis da sociedade.

4) Assim, a relação entre base e superestrutura deve ser vista não como uma relação de dominação (da base) e de dependência (da superestrutura) e sim como de interação ou condicionamento recíproco. Convém lembrar que, para a reprodução da sociedade, os elementos da superestrutura são essenciais, pois sua adequação à base econômica permite que as relações sociais se reproduzam regularmente ao longo do tempo.

5) No entanto, em certos momentos históricos, essa reprodução é colocada em xeque: trata-se da transição de um modo de produção a outro. O desenvolvimento das forças produtivas coloca em questão a correspondência com as relações de produção vigentes, abrindo um período de transição em que a luta de classes conduz à revolução.[16]

6) Embora a noção de que à história corresponde uma sequência de modos de produção seja consensual, não se trata de impor, *a priori*, o paradigma inspirado na história europeia (comunidade primitiva – escravismo – feudalismo – capitalismo, admitindo-se que em seguida se instauraria o socialismo ou o comunismo) a cada situação histórica. O estudo das condições concretas de uma sociedade e de suas mudanças no tempo pode sugerir percursos distintos daquela sequência.

Cabem ainda duas observações finais que, extrapolando as referências anteriormente feitas aos textos de Marx e Engels, se inserem na temática geral aqui discutida.

---

16. A exata articulação entre desenvolvimento de forças produtivas, mudanças nas relações de produção e luta de classes é um dos temas mais controversos entre os marxistas.

Primeira: situamos a luta de classes como um componente agudo dos processos de transição de um modo de produção a outro. No entanto, há outro conflito entre classes ou grupos sociais que, em certo sentido, está presente no quotidiano das sociedades (com maior ou menor intensidade em algumas delas e em momentos particulares): trata-se do conflito pela apropriação do excedente (ou seja, da diferença entre o que é produzido e o que é consumido).[17] E, nesse caso, não se trata apenas do conflito entre classe dominante e classe dominada. Esse conflito pode ocorrer no interior da classe dominante (entre diferentes grupos: por exemplo: industriais que querem proteção aos seus produtos *versus* exportadores de produtos primários que preferem tarifas alfandegárias baixas para suas importações; produtores *versus* banqueiros em torno do nível da taxa de juros, etc.); ou ainda entre diferentes segmentos da classe trabalhadora (sindicalizados *versus* trabalhadores informais na disputa por benefícios dos governos). A disputa pela apropriação do excedente gerado também define qual será sua utilização (consumo ou investimento), o que, de certo modo, estabelece os rumos do desenvolvimento de uma sociedade, sendo essencial para a compreensão de sua história.

Segunda: admitimos que o modo como se realiza a produção da vida material é fundamental na determinação da história das sociedades. No entanto, convém ressaltar que a esfera da circulação, em certa medida integrada à da produção, não pode ser ignorada: a circulação das mercadorias e a do dinheiro (ou seja, o comércio e as finanças) acompanham o desenvolvimento da produção, mas também podem exercer forte impacto sobre a produção em determinadas circunstâncias históricas. Ao historiador econômico cabe avaliar as formas de integração dessas esferas e sua interação recíproca em cada época estudada. Ou seja, embora a esfera da produção seja a fundamental, não pode o historiador econômico ignorar as outras esferas da economia em sua reconstituição da história de uma sociedade.

Estes são alguns elementos que a visão de Marx sobre a História pode fornecer ao historiador econômico na elaboração de sua pesquisa, em confronto com muitas outras propostas teóricas e metodológicas.

Uma nota sobre Marx e Weber

O materialismo histórico de Marx foi objeto de inúmeras críticas. É usual atribuir-se a Max Weber, por sua obra *A Ética Protestante e o Espírito do Capitalismo*, a mais sólida

---

17. Paul Baran (BARAN, 1986, p.51-52) explora com rigor a noção de excedente. Distingue o excedente econômico efetivo (diferença entre o produto social efetivo de uma comunidade e o seu efetivo consumo) do excedente econômico potencial (diferença entre o produto social que pode ser obtido em um dado meio natural e tecnológico, com o auxílio dos recursos produtivos realmente disponíveis, e o que se pode considerar como consumo indispensável)

refutação das teses de Marx. Michel Lowy indica como essa crítica é formulada em relação ao surgimento do capitalismo:[18]

> As posições de Marx e de Weber são frequentemente resumidas nos seguintes termos: para Marx, toda tentativa de explicar o racionalismo ocidental deverá admitir a importância fundamental da economia, e levar em consideração, antes de tudo, condições econômicas; para Weber, em compensação, o espírito do capitalismo só seria o resultado de algumas influências da Reforma. (LOWY, 1978, p.35)

Lowy procura mostrar que essa fórmula resumida não corresponde nem ao pensamento de Marx nem ao de Weber. Como nos referimos anteriormente, Marx não recusa a influência das ideias (inclusive as religiosas) sobre a sociedade: ele afirma, por exemplo, que na Idade Média, o catolicismo exerce o papel principal e a economia seria apenas o determinante em "última instância" (LOWY, 1978, p.47). Por outro lado, a obra de Weber inclui referências inequívocas sobre o papel das condições econômicas na origem do racionalismo ocidental (ou seja, do "espírito do capitalismo"). É o próprio Weber que afirma ao tratar do caráter específico e peculiar do "racionalismo" na cultura ocidental:

> Para caracterizar sua diferença do ponto de vista da história da cultura, deve-se ver primeiro em que esfera e direção elas ocorreram. Por isso, surge novamente o problema de reconhecer a peculiaridade específica do racionalismo ocidental, e, dentro deste moderno racionalismo ocidental, o de esclarecer a sua origem. Cada uma dessas tentativas, tendo em conta a importância fundamental da economia, deverá, antes de mais nada, analisar as condições econômicas. (WEBER, 1967, p.11)

A afirmação é absolutamente clara quanto ao fato de a economia ser fundamental para esclarecer a origem do racionalismo capitalista, o que o aproximaria daquilo que se atribui a Marx. Porém, a sequência dessa frase permite entender o que afasta Weber de Marx, pois:

> Ao mesmo tempo, porém, não se deve omitir correlação inversa. Isto porque, o racionalismo econômico, embora dependa parcialmente da técnica e do direito racional, é ao mesmo tempo determinado pela capacidade e disposição dos homens em adotar certos tipos de conduta racional. Onde elas foram obstruídas por obstáculos espirituais, o desenvolvimento de uma conduta econômica também tem encontrado uma séria resistência interna. (WEBER, 1967, p.11)

---

18. Max Weber admite a existência de capitalismo em diversas épocas históricas: "Chamaremos de ação econômica 'capitalista' aquela que se basear na expectativa de lucro através da utilização das oportunidades de troca, isto é, nas possibilidades (formalmente) pacíficas de lucro" (WEBER, 1967, p.4). Mas o capitalismo moderno estaria associado ao racionalismo específico e peculiar da cultura ocidental (WEBER, 1967, p.11).

Esta divergência é reafirmada por Weber nas páginas finais de *A Ética Protestante e o Espírito do Capitalismo*. A conclusão substantiva de sua obra é de que a conduta racional baseada na ideia de vocação (um dos componentes fundamentais do espírito do moderno capitalismo) nasceu do espírito da ascese cristã (WEBER, 1967, p.130) e acrescenta:

> Aqui apenas se tratou do fato e da direção de sua influência em apenas um, se bem que importante, ponto de seus motivos. Seria, todavia, necessário investigar mais adiante, a maneira pela qual a ascese protestante foi por sua vez influenciada em seu desenvolvimento e caráter pela totalidade das condições sociais, especialmente pelas econômicas. Isto porque, [...] não se pode pensar em substituir uma interpretação materialista unilateral por uma igualmente unilateral interpretação causal espiritualista da cultura e da história. Ambas são igualmente viáveis, mas qualquer uma delas, se não servir de introdução, mas sim de conclusão, de muito pouco serve no interesse da verdade histórica. (WEBER, 1967, p.132)

Desse modo, fica evidente que Weber aceita a influência dos fatores econômicos na formação do espírito capitalista; porém, em sua concepção, o espírito capitalista (assim como outros fenômenos históricos) é resultado da ação de múltiplos fatores. Qualquer explicação monocausal (seja pela economia, seja pela religião) seria inadequada para Weber. Embora esta concepção de Weber não seja compatível com a visão de Marx, não se pode atribuir a Marx a determinação simplista de fenômenos históricos, como naquilo que Hobsbawm denominou o marxismo vulgar.

Com esta breve nota, pretendemos apenas indicar o ponto central da divergência entre Marx e Weber, a fim de evitar as interpretações apressadas da crítica weberiana ao marxismo. É claro, o tema comporta discussões bem mais profundas do que a feita acima.

HISTÓRIA ECONÔMICA GERAL: OBJETO E MÉTODO

O título do livro – *História Econômica Geral* – pode sugerir ao leitor uma revisão de todo o passado do homem em relação às formas de "satisfazer suas necessidades materiais". Na verdade, o objeto deste livro, do ponto de vista cronológico, é bem mais restrito. Seu ponto de partida se situa em breve estudo da sociedade feudal a fim de discutir como se processou a transição do feudalismo ao capitalismo. O interesse especial desse tema é poder confrontar algumas teses sobre a transformação de um sistema a outro, situação em que se evidenciam de modo agudo as diferenças teóricas e metodológicas na análise da história econômica. Desse modo, do ponto de vista cronológico, iniciamos nosso estudo em torno do ano 1000 quando o sistema feudal está estabelecido. A partir de 1100, observamos as mudanças que se processam no sistema.

No plano espacial, nosso objeto é a Europa Ocidental (ou, de modo geral, a civilização ocidental: as áreas do mundo que foram ocupadas sob a influência dos países da Europa Ocidental). Evidentemente, esta opção deixa de lado importantes aspectos da história econômica mundial: por exemplo, porque as "civilizações orientais" ficaram "para trás" da Europa Ocidental no segundo milênio da era cristã. Pela complexidade e abrangência do tema, seria difícil incluir observações que não fossem superficiais e imprecisas.[19]

Concluída a transição do feudalismo ao capitalismo, passamos a discutir as mudanças que se processaram no próprio capitalismo ao longo dos séculos. Como há várias concepções do que seja o capitalismo (e, portanto, de qual deva ser o foco na análise dessas mudanças), procuramos, sempre que possível, expor as divergências interpretativas mais influentes na historiografia econômica.

Desse modo, estabelecemos os limites cronológicos e espaciais deste livro: trata-se da história econômica do mundo ocidental (ou seja, a Europa Ocidental e as regiões ocupadas sob sua influência ou que caíram em sua esfera de influência) num período de cerca de 1000 anos (ou seja, desde o ano 1000 até o final do século XX). Um tema tão vasto (apesar de ser uma pequena parte da História Econômica do mundo) cria algumas dificuldades.

Primeira, a de alcançar o equilíbrio entre informação sobre os fatos econômicos das épocas em foco com análise e interpretação desses fatos. Um mínimo de informação factual é necessário não só para justificar as interpretações em pauta, mas também para situar historicamente o leitor em relação aos processos em discussão.

Segunda, a de "escolher" os fatos mais relevantes para compor o quadro de análise e interpretação. Optamos por uma exposição organizada em torno de marcos cronológicos usuais na historiografia econômica: transição do feudalismo ao capitalismo, revolução industrial britânica, segunda revolução industrial e imperialismo, período entre as guerras mundiais, era de ouro do capitalismo, crise dos anos 1970 e o final do século XX. Em cada período, sempre que cabível, nosso foco inicial foi a transformação na esfera da produção, tanto no plano das novas tecnologias e formas de organização, quanto no das relações de trabalho. Os temas relacionados ao comércio e a finanças são discutidos principalmente nos tópicos dedicados ao estudo da economia internacional em cada período. A ascensão e o declínio das economias socialistas no século XX é objeto de capítulos específicos.

Embora privilegiemos a esfera da produção como ponto de partida para a exposição, procuramos evidenciar as relações entre a produção e a esfera da circulação (comércio e finanças) em cada período considerado. Em certas épocas, a esfera da circulação (em especial, as finanças) pode assumir tal importância a ponto de ofuscar a esfera da produção. Mesmo nestes casos, não de pode perder de vista a articulação entre produção e circulação,

---

19. O interesse pelo tema, aliás crescente com a ascensão de economias como a da China e de outros países asiáticos, se manifesta em livros como o de E. L. Jones (1987) e o de K. Pomeranz (2001). São apenas dois exemplos aos quais se pode agregar muitos outros títulos.

sob pena de permanecermos na superfície dos processos históricos. Além disso, outros aspectos da sociedade serão eventualmente levantados, embora não se tenha a pretensão de realizar uma "história total" (abrangendo não só a economia, mas também os demais níveis da sociedade, como a política e a ideologia).

Dada a vasta abrangência histórica do livro – ou seja, no tempo e no espaço –, não se pretende adotar de forma estrita uma única orientação teórico-metodológica. Como não se trata de propor um ensaio interpretativo, procuramos apresentar um quadro, o mais amplo possível, das diferentes interpretações a respeito de determinados processos históricos a fim de permitir ao leitor uma reflexão própria sobre tais processos. Ainda assim, é inevitável que algumas preferências interpretativas dos autores se façam presentes em vários tópicos.

Esperamos que o exposto nesta Introdução facilite a leitura do livro e a compreensão de sua proposta. Dividido em seis partes, além desta Introdução, *História Econômica Geral* aborda os seguintes períodos históricos e temáticos.

A Primeira Parte cobre temporalmente o período mais longo estudado neste livro: cerca de 200 anos da transição do feudalismo ao capitalismo que, entretanto, para alguns autores, podem ser esgarçados para outros tantos séculos. Trata-se de uma longa fase de transformações profundas nas estruturas da sociedade ocidental, de alterações das relações de produção e da natureza da propriedade fundiária, de emergência e crise do mercantilismo como política econômica nacional e do absolutismo como estrutura política e ainda da expansão marítima e descoberta do chamado Novo Mundo. Esses são temas fundamentais desta parte que culmina com o debate historiográfico sobre a transição.

A Segunda Parte avança para outro tema essencial – a Revolução Industrial – igualmente objeto de controvérsias: uma efetiva revolução técnica e das relações sociais ou uma lenta e gradual evolução econômica? Esse é o debate que inicia a Segunda Parte do livro, buscando compreender o significado e a trajetória das inovações técnicas. Mas as inovações técnicas se inscrevem num quadro profundo de transformações da economia e da sociedade britânicas: crescimento da população, mudanças na produção agrícola, emergência de um mundo urbano industrial e novas relações econômicas com o resto do mundo são temas que se articulam com o das inovações e que exigem atenção.

Se a Grã-Bretanha foi a primeira nação industrial, outros processos de industrialização, nem sempre semelhantes ao britânico, se sucedem ao longo do século XIX. Esse é o objeto central da Terceira Parte deste livro. França, Alemanha, Estados Unidos, Rússia e Japão são os principais países que passaram a fazer parte do seleto grupo de nações industriais. Isso levou a uma nova configuração da economia mundial em que o predomínio econômico britânico se viu confrontado com a presença de novas potências industriais. A segunda metade do século XIX foi um período marcado por fortes tensões, em grande parte associadas à crescente competição entre os países industrializados: a Grande Depressão do século XIX (1873-1896), o fortalecimento de trustes e cartéis, o retorno do protecionismo,

33

a expansão do imperialismo como prenúncio da Primeira Guerra Mundial, tudo isso num ambiente em que as autoridades nacionais desconstruíram o discurso liberal que predominara durante os três primeiros quartos do século XIX.

A Quarta Parte é dedicada à fase conhecida como "entreguerras", cerca de trinta difíceis anos para as economias ocidentais: duas guerras mundiais que provocaram destruição na Europa, a Grande Depressão da década de 1930 que colocava em questão as condições para a continuidade do capitalismo. Nesse quadro se inscreve o deslocamento do centro do capitalismo da Europa para os Estados Unidos no lado ocidental e, como resultado da Revolução de 1917, a constituição da União Soviética no lado oriental, como alternativa econômica e social ao capitalismo. O multilateralismo econômico e militar de fins do século XIX tomou outro rumo – em direção a um mundo bipolar – ao fim da Segunda Guerra Mundial.

Foi neste mundo bipolar que se travou a chamada Guerra Fria que confrontava o capitalismo liderado pelos Estados Unidos e o socialismo identificado com a União Soviética. Mas este período, tratado na Quinta Parte do livro, abarca outros aspectos fundamentais da história econômica mundial. No Ocidente, a reorganização da economia mundial capitalista por meio dos acordos de Bretton Woods que instituíram um novo sistema monetário internacional e da criação de organismos internacionais como FMI e Banco Mundial (BIRD). Foi uma época de grande expansão das economias ocidentais no que ficou conhecido com a Era de Ouro do capitalismo. Do outro lado, constituiu-se na Europa Oriental, em torno da União Soviética, um bloco de economias socialistas que até os anos de 1970 passaram por forte expansão. Além disso, o comunismo também se expandiu para outros continentes: a China, na Ásia, e Cuba na América são exemplares desse processo que, de certo modo, também alimentava a Guerra Fria.

O final do século XX, objeto da Sexta e última parte do livro, apresenta mudanças fundamentais na economia mundial. Do lado capitalista, a crise dos anos 1970 induziu profundas transformações que podem ser sintetizadas na ascensão do neoliberalismo e na crescente força do financeiro na dinâmica da economia. Não pudemos nos furtar à referência à crise da economia na primeira década do século XXI, procurando situar a polêmica a respeito de suas causas e de seus desdobramentos. Mais radical foi a transformação que atingiu as economias socialistas: a queda do Muro de Berlin e a dissolução da União Soviética são os símbolos mais expressivos dessa transformação que procuramos tratar apenas em seus aspectos econômicos, embora saibamos das complexas raízes políticas e sociais envolvidas no desaparecimento da experiência socialista que ocupou, para usarmos a noção de Hobsbawm, o breve século XX.

Embora as seis partes do livro estejam articuladas a partir da sequência cronológica, as partes e mesmo os capítulos dentro de cada parte são dotados de relativa independência. Acreditamos que o leitor interessado em um período ou em uma temática específica não tenha dificuldade para apreender o conteúdo de uma parte ou um capítulo sem se dedicar à leitura integral do livro. E esperamos que a leitura não indique a "palavra final" sobre cada tema e sim estimule a reflexão com base nas diferentes interpretações que procuramos apresentar ao longo do livro.

REFERÊNCIAS

ACEMOGLU, D. & ROBINSON, J.A. (2012). *Why Nations Fail: The Origins of Power, Prosperity and Poverty*. New York: Crown Business.

ALLEN, R.C. (2011). *Global Economic History: A Very Short Introduction*. Oxford: Oxford University Press.

ANDERSON, P. (1984). *A Crise da Crise do Marxismo*. São Paulo: Brasiliense.

BARAN, P. (1986). *A Economia Política do Desenvolvimento*. 2ª ed., São Paulo: Nova Cultural.

BLOCH, M. (1965). *Introdução à História*. Lisboa: Publicações Europa-América.

BURKE, P. (1991). *A Escola dos Annales (1929-1989). A Revolução Francesa da Historiografia*. São Paulo: Editora UNESP.

CARDOSO, C.F.S. (1982). *Uma Introdução à História*. São Paulo: Brasiliense.

CARDOSO, C.F.S. & BRIGNOLI, H.P. (2002). *Os Métodos da História*. 6ª ed., Rio de Janeiro: Edições Graal.

CHAUNU, P. (1976). *A História como Ciência Social*. Rio de Janeiro: Zahar Editores.

CLARK, G. (2007). *A Farewell to Alms: A Brief Economic History of the World*. Princeton & Oxford: Princeton University Press.

DOBB, M. (1983). *A Evolução do Capitalismo*. São Paulo: Abril Cultural.

FOGEL, R. (1966). "The New Economic History: Its Findings and Methods". *The Economic History Review*, 2ª série, Vol. 19, p.642-656.

FONTANA, J. (1998). *História: Análise do Passado e Projeto Social*. Bauru, SP: Edusc.

FONTANA, J. (2004). *A História dos Homens*. Bauru, SP: Edusc.

HARTE, N. (2001). "The Economic History Society, 1926-2001" in HUDSON, P. *Living Economic and Social History*. Glasgow: Economic History Society; Cambridge (Mass.): The MIT Press.

HATTON, T., O'ROURKE, K. & TAYLOR, A. (2007). *The New Comparative Economic History*. Cambridge: The MIT Press.

HICKS, J. (1969). *A Theory of Economic History*. Oxford: Oxford University Press.

HOBSBAWM, E. (1998). *Sobre História*. São Paulo: Companhia das Letras.

HODGSON, G.M. (2005). "Alfred Marshall versus the Historical School". *Journal of Economic Studies*, Vol. 32, n. 4. p. 331-348.

IGLÉSIAS, F. (1959). *Introdução à Historiografia Econômica*. Belo Horizonte: Faculdade de Ciências Econômicas da Universidade de Minas Gerais.

JONES, E. (1987). *O Milagre Europeu (1400-1800)*. Lisboa: Gradiva Publicações.

LANDES, D. (1998). *A Riqueza e a Pobreza das Nações*. Rio de Janeiro: Campus.

LOWY, M. (1978). *Método Dialético e Teoria Política*. 2ª ed., Rio de Janeiro: Paz e Terra.

MARX, K. (1985). *O Capital. Crítica da Economia Política. Volume I. Livro Primeiro. O Processo de Produção do Capital. Tomo I*. 2ª ed., São Paulo: Nova Cultural.

MARX, K. (1986). *Para a Crítica da Economia Política*. 2ª ed., São Paulo: Nova Cultural.

MARX, K. & ENGELS, F. (1998). *Manifesto do Partido Comunista*. 8ª ed., Petrópolis. Editora Vozes.

MARX, K. & ENGELS, F. (2003). *A Sagrada Família*. São Paulo: Boitempo Editorial.

MARX, K. & ENGELS, F. (2007). *A Ideologia Alemã*. São Paulo: Boitempo.

NORTH, D. (1974). "Beyond The New Economic History". *The Journal of Economic History*, Vol. 34, p.1-7.

NORTH, D. (1981). *Structure and Change in Economic History*. New York: W.W. Norton.

NORTH, D. (1990). *Institutions, Institutional Change and Economic Performance*. Cambridge (UK): Cambridge University Press.

NORTH. D. (1997). "Cliometrics – 40 years later". *The American Economic Review*, Vol. 87, p.412-414.

NORTH, D. & THOMAS, R. (1973). *The Rise of the Western World: A New Economic History*. Cambridge: Cambridge University Press.

NORTH, D. & THOMAS, R. (1970). "An Economic Theory of the Growth of the Western World". *The Economc History Review*, 2ª série, Vol. 23, p.1-17.

POMERANZ, K. (2001). *The Great Divergence: China, Europe, and the Making of the Modern World Economy*. Princeton: Princeton University Press.

REIS, J.C. (2000). *Escola dos Annales: A Inovação em História*. São Paulo: Paz e Terra.

SCHUMPETER, J. (1968). *Fundamentos do Pensamento Econômico*. Rio de Janeiro: Zahar Editores.

SMITH, A. (1985). *A Riqueza das Nações*. Volume I. 2ª ed., São Paulo: Nova Cultural.

WEBER, M. (1967). *A Ética Protestante e o Espírito do Capitalismo*. São Paulo: Pioneira.

WILLIAMSON, J. (1998). *Growth, Inequality and Globalization: Theory, History and Policy*. Cambridge: Cambridge University Press.

PRIMEIRA PARTE

---

*A Transição do Feudalismo
ao Capitalismo*

*P*or que iniciar um livro de História Econômica Geral com o tema da transição do feudalismo ao capitalismo e não com um período histórico anterior? Afinal, uma definição muito geral de História Econômica apresentada na Introdução deste livro dizia que essa disciplina "descreve os esforços que o homem faz ao longo dos séculos para satisfazer suas necessidades materiais". É claro, muito antes de ser estabelecido o feudalismo, o homem já tinha de encontrar os meios de satisfazer suas necessidades materiais: a rigor, esse problema foi colocado desde o surgimento do ser humano sobre a Terra. No entanto, ao aumentarmos a amplitude da investigação, inevitavelmente perderíamos em profundidade e rigor, correndo o risco de propor uma exposição esquemática e superficial.

Ademais, nosso objetivo central é o estudo das origens e do desenvolvimento do capitalismo, tendo em vista a compreensão de aspectos importantes da economia atual. Desse modo, o exame das formas de organização de sistemas anteriores ao capitalismo deve ser feito de modo a atender a esse objetivo. Por isso, em nosso retorno ao passado, detemo-nos na época feudal, em particular no feudalismo da Europa Ocidental, pois aí começam a se constituir as formas típicas de organização capitalista da economia. A recuperação histórica da transição do feudalismo ao capitalismo permite identificar algumas das principais características deste último – o capitalismo – ao evidenciar suas diferenças com a forma de organização anterior – o feudalismo. E permite também discutir as diferentes interpretações de como se processou a passagem de uma forma de organização a outra.

Igualmente importante é poder lembrar que, ao longo da história, as sociedades se organizaram sob formas muito variadas. Escravismo, feudalismo e capitalismo, por exemplo, são três denominações para caracterizar diferentes formas de organização das sociedades. Essas formas estão longe de esgotar as inúmeras alternativas verificadas na história da humanidade. No entanto, o apelo à imagem de binômios típicos dessas sociedades – senhor/escravo; senhor feudal/servo; industrial/operário – é útil para reafirmar as profundas mudanças ocorridas na organização das sociedades ao longo da história. Evidentemente, da perspectiva humana, ser escravo em Roma não é o mesmo que ser um servo na França medieval ou operário à época da Revolução Industrial inglesa. E mesmo do ponto de vista estritamente econômico, há razões para acreditar que a dinâmica de uma economia escravista é substancialmente distinta da dinâmica de uma economia feudal ou capitalista. Assim, a história econômica deve mostrar o caráter histórico das diferentes formas de organização econômica e social e ressaltar suas diferenças.

É usual identificar-se o feudalismo com a chamada Idade Média. Frequentemente, feudal e medieval são usados quase como sinônimos. Na verdade, a Idade Média foi assim denominada por ser o período intermediário entre a Antiguidade (associada às civilizações clássicas de Grécia e de Roma) e a Época Moderna (cujas origens remontam às Grandes Navegações, às Descobertas, ao Renascimento). Embora, do ponto de vista temporal, o feudalismo europeu – qualquer que seja a concepção que se tenha dele – se situe historicamente no interior da Idade Média, os termos feudal e medieval não podem ser tomados como sinônimos, pois medieval se limita a identificar uma certa época na história e feudal aponta na direção de fenômenos políticos, econômicos, sociais, jurídicos, culturais.

Um marco cronológico usual para o início da Idade Média é 476, ano em que o imperador romano Rômulo Augústulo foi deposto por Odoacro, chefe militar de várias tribos bárbaras. Com a queda de Roma, o Império Romano do Ocidente deixou de existir. Este não foi um episódio isolado, pois os povos germânicos já vinham ocupando áreas do Império Romano desde o fim do século IV. Aliás, o próprio exército romano empregava muitos soldados bárbaros. Assim, embora o ano de 476 seja um marco importante do declínio do Império Romano do Ocidente diante dos povos bárbaros, não é um evento único desse processo. Por isso, há historiadores que preferem identificar o início da Idade Média com outros eventos; mas, qualquer que seja o critério para datar o início da Idade Média, é inegável que o avanço dos povos germânicos sobre o Império Romano representa, em termos da organização política da Europa, uma ruptura fundamental em relação ao passado. Para nós, é importante reconhecer que, paralelamente, ocorreram transformações no plano econômico e social.

Admite-se que do século V até cerca do ano 1000, há um longo processo de constituição do feudalismo em seus vários aspectos, num período marcado por guerras e invasões do território anteriormente ocupado pelo Império Romano do Ocidente. É usual chamar-se esse período de Alta Idade Média. A partir do ano 1000, observa-se uma fase de expansão do sistema feudal – a Baixa Idade Média – cujo indicador mais nítido é o crescimento populacional que se estendeu até meados do Século XIV, quando se tornou evidente a emergência de uma crise feudal. A redução da população europeia, devida em grande parte à Peste Negra, era um indício da crise do sistema feudal. Essa crise durou cerca de um século e só lentamente a população retornou aos níveis anteriores a 1350. A superação da crise envolveu profundas mudanças num processo usualmente denominado de transição do feudalismo ao capitalismo.

Portanto, convém insistir na distinção entre medieval e feudal: a Alta Idade Média (cujos marcos cronológicos são o ano de 476 – ano da queda do Império Romano do Ocidente – e o ano 1000), como uma fase de lenta constituição das formas típicas do feudalismo; e a Baixa Idade Média (do ano 1000 até a crise do século XIV) como a fase de expansão e de declínio do feudalismo, agora já estabelecido em suas formas características de organização econômica e social.

Esta Primeira Parte é dedicada ao processo de formação, expansão e declínio do feudalismo e de ascensão de novas formas de organização econômica e social na Europa Ocidental.

Capítulo 1

A SOCIEDADE FEUDAL: DAS ORIGENS À CRISE DO SÉCULO XIV

1.1 FEUDALISMO: CONCEPÇÕES

É provável que, ao se mencionar a palavra feudalismo, a primeira imagem lembrada seja a dos castelos medievais: ali se abrigavam os nobres, ostentando o luxo típico da época, e também os cavaleiros com as armaduras que usavam para competir em torneios de cavalaria ou para lutar no campo de batalha. Alguns ainda se lembrarão das aldeias habitadas por camponeses pobres que cultivavam a terra próxima do castelo. Essas imagens não apresentam uma descrição completa do feudalismo, mas trazem à luz alguns dados essenciais para sua compreensão, pois abrangem elementos centrais de concepções de feudalismo que têm predominado nos estudos da época medieval. Entre as várias concepções, há uma distinção importante: alguns historiadores concentram sua atenção nas relações entre os nobres; e outros têm seu foco na relação entre os nobres e os camponeses. Embora se trate da mesma situação histórica, os autores dirigem seu olhar para diferentes aspectos daquela sociedade.

O "feudo", enquanto instituição jurídica, tem um significado geral: "uma concessão feita gratuitamente por um senhor ao seu vassalo para que este último pudesse dispor de sustento legítimo e ficasse em condições de fornecer ao seu senhor o serviço exigido" (GANSHOF, 1968, p.141). O objeto dessa concessão podia ser dos mais diversos tipos, como um castelo, o direito de cobrar um imposto ou o pedágio pela passagem em uma ponte; mas, de modo mais frequente, esteve associado à concessão de uma área de terra cuja exploração garantia ao vassalo os recursos necessários para fornecer ao seu senhor o serviço exigido (em geral de natureza militar). É claro que, em séculos de existência do feudalismo europeu, as instituições que regulavam as relações entre senhores e vassalos não existiram necessariamente como normas jurídicas perfeitamente definidas. No entanto, pode-se admitir que a hierarquia de reis, príncipes, condes, barões e cavaleiros, que esquematicamente simboliza as relações entre suseranos (ou senhores) e vassalos, tenha sido bastante geral. Talvez por isso alguns historiadores procurem definir o feudalismo a partir do significado específico da palavra feudo. Por exemplo:

> O feudalismo pode ser definido como um conjunto de instituições que criam e regulam obrigações de obediência e de serviço – sobretudo militar – da parte de um homem livre, chamado *vassalo*, para com outro homem livre, chamado *senhor*, e obrigações de proteção e sustento da parte do *senhor* para com o *vassalo*. (GANSHOF, 1968, p.10-11)

Essa concepção, embora trate de característica peculiar do feudalismo, abrange apenas um aspecto restrito da sociedade feudal – a relação entre senhor (ou suserano) e vassalo; ou seja, nela não há referência às pessoas que trabalham nessa sociedade.

Há historiadores que ressaltam outros aspectos relevantes dessa época. Uma noção bastante frequente entende que a esfera política é central à definição do feudalismo. Neste caso, o feudalismo seria visto como uma forma de governo ou de dominação em que o poder político está profundamente fragmentado do ponto de vista espacial. Com a desagregação do Império Romano, houve a constituição de vários Estados Bárbaros de dimensões menores, cuja autoridade se viu progressivamente reduzida do ponto de vista geográfico. Em contrapartida, o "feudo" – uma área territorial de dimensão relativamente reduzida e sob domínio de um senhor – assumiu crescentemente o papel de unidade política fundamental. Assim, a autoridade passou a ser exercida de pessoa para pessoa ou, em outras palavras, o poder político passou a ser detido sob forma privada; a justiça é exercida pelo suserano sobre seus vassalos e pelo senhor sobre os camponeses. Essa é, por exemplo, a concepção de feudalismo implícita na obra do historiador belga Henri Pirenne: "O sistema feudal é tão só a desintegração do poder público entre as mãos de seus agentes, que pelo mesmo fato de possuir cada um parte do solo, tornaram-se independentes e consideravam as atribuições de que se achavam investidos como parte de seu patrimônio" (PIRENNE, 1963, p.14). Em suma, não há um Estado centralizado capaz de impor sua autoridade sobre os senhores feudais; e estes, em função de seu domínio sobre uma área de terra, têm plenos poderes sobre aqueles que vivem em seu feudo. Nesta definição, também não se identifica a posição do trabalhador no feudalismo.

Uma terceira concepção de feudalismo dirige seu olhar para as formas de organização social e econômica típicas da época. Sociedade predominantemente rural, o feudalismo teria a servidão como relação fundamental na esfera produtiva. Para Maurice Dobb, a definição de feudalismo é "virtualmente idêntica ao que geralmente queremos dizer por servidão: uma obrigação imposta ao produtor pela força e independentemente de sua vontade para satisfazer certas exigências econômicas de um senhor, quer tais exigências tomem a forma de serviços a prestar ou de taxas a pagar em dinheiro ou espécie. Essa força coercitiva pode ser a militar, possuída pelo superior feudal, a do costume apoiado por algum tipo de procedimento jurídico ou a força da lei". (DOBB, 1983, p.27)

Neste caso, o núcleo da concepção de feudalismo está na relação entre o senhor feudal e o trabalhador que vive no feudo e cuja condição social o define como um servo.

Essas concepções não são incompatíveis entre si: Robert Brenner, por exemplo, as vê não só como complementares, mas como intimamente relacionadas entre si. Por exemplo, se a renda (e a própria existência) dos senhores era fundada na apropriação, pela força (ou por coerção extraeconômica), de parte do produto gerado pelos camponeses (sob a forma de trabalho, em espécie ou em dinheiro), a capacidade dos senhores de exercer essa coerção dependia de sua habilidade para construir e manter os laços entre senhores e cavaleiros, de modo a constituir os grupos feudais e a força militar que eram a fonte final do poder dos senhores. Assim, as relações entre os nobres e os cavaleiros não estão dissociadas da relação que se estabelecia entre os senhores e os camponeses (BRENNER, 1987, p.309).

Portanto, os aspectos destacados em cada uma das definições de feudalismo não só coexistiram historicamente, mas também estão logicamente articulados na forma de organização da sociedade feudal. Apesar disso, muitos historiadores, ao discutirem a origem e o desenvolvimento do feudalismo, tendem a se limitar ao aspecto que privilegiaram em sua definição. Por isso, convém reter as diferentes concepções de feudalismo a fim de compreender como elas estão presentes nas interpretações da própria história da sociedade feudal.

1.2 ORIGENS DO FEUDALISMO

Como já notamos, é frequente o uso de "medieval" e de "feudal" quase como sinônimos. No entanto, qualquer que seja a concepção de feudalismo adotada, não é plausível afirmar que ao longo de toda a Idade Média tenha havido o predomínio das instituições feudais. A periodização tradicional, como já lembramos anteriormente, define como marco inicial da Idade Média o ano de 476 em que várias tribos bárbaras[1] destituíram o imperador romano, determinando o fim do Império Romano do Ocidente. O marco final da Idade Média situa-se no Século XV, definido, entre outros fatos, pela queda, em 1453, do Império Romano do Oriente (Império Bizantino) diante do Império Turco, pela expansão marítima e as descobertas na segunda metade desse século ou ainda por mudanças culturais (como o Renascimento). Ao longo desses mil anos, houve profundas mudanças nas instituições econômicas, políticas e sociais; havia também grandes diferenças entre as instituições vigentes nas várias partes da Europa. É usual a divisão do período em Alta

---

1. Os gregos denominavam "bárbaros" todos os que não adotassem os costumes gregos; e os romanos, o estrangeiro não assimilado pela cultura greco-latina. É nesse sentido que as tribos germânicas e eslavas eram chamadas de bárbaras. Elas viviam ao norte e ao leste do Império Romano e desde o século IV penetraram no território do Império, provavelmente em busca de terras mais amplas para sua população constituída por homens livres e alguns poucos escravos (aprisionados em guerras). Francos, godos, visigodos, ostrogodos, vândalos, lombardos, alamanos eram algumas dessas tribos.

Idade Média (até cerca do ano 1000) e Baixa Idade Média (do ano 1000 em diante). Ainda assim, é possível, correndo o risco de excessiva simplificação, traçar um quadro geral do desenvolvimento feudal.

Em que sentido a queda do Império Romano, marco tradicional de início da Idade Média, pode definir também o ponto de partida para a constituição do feudalismo?

O declínio do Império Romano levou à formação de vários reinos bárbaros ao longo do Século V.[2] Essa divisão do território romano não se fez definitiva: as disputas entre os novos reinos bárbaros mantiveram a Europa em estado de guerra. O mais importante desses reinos – o dos francos – buscou crescer por meio da guerra, alcançando sua máxima extensão sob Carlos Magno (768-814): com núcleo no território que hoje constitui a França, o Império Carolíngio – como ficou conhecido o Estado dos francos dessa época – estendeu seus domínios sobre boa parte da Europa Ocidental (desde territórios da Espanha até a Alemanha e o norte da Itália, tendo por base a atual configuração do mapa da Europa). Após a morte de Carlos Magno, o Império Carolíngio sofreu divisões, enfraquecendo-se pelo conflito entre os novos Estados. Ao longo do Século IX enfrentou também várias incursões de povos vizinhos: eslavos, árabes, magiares (húngaros) e normandos (escandinavos) praticavam saques e, em alguns casos, acabaram por se estabelecer em territórios do Império Carolíngio em desagregação. Desse modo, pode-se afirmar, talvez com algum exagero, que a partir do século V, a Europa viveu num estado de guerra recorrente que se estendeu até aproximadamente o ano 1000. A manutenção do esforço de guerra exigiu a mobilização de recursos humanos e materiais, a qual se situa na origem de algumas das características do feudalismo antes descritas.

O próprio feudo, como definido anteriormente, é entendido sob essa ótica: para contar com os serviços – principalmente militares – de cavaleiros, o rei concedia áreas de terras que permitiam a eles, cavaleiros, obter os recursos para seu sustento e, assim, poder se dedicar à guerra. Desse modo, definia-se a relação suserano-vassalo como uma das características do feudalismo. É importante precisar alguns aspectos dessa relação: ao conceder um feudo (na forma de uma área de terra), o suserano não está "doando uma propriedade" como seria entendida nos dias de hoje. Na verdade, a noção de propriedade plena (que pode ser comprada, vendida, usada de acordo com a vontade de seu detentor) não corresponde ao que existia na época feudal: aí se estabelecia uma "hierarquia de proprietários" que indicava tanto os direitos de cada um sobre o fruto do uso da terra, como também as relações pessoais (as obrigações mútuas) que emergiam do vínculo com aquela terra. Do rei ao cavaleiro, havia uma hierarquia de suseranos e vassalos, em que nenhum tinha

---

2. Anderson (1982) identifica duas ondas de invasões bárbaras: a primeira, no século V, promoveu a desarticulação do Império Romano de modo a garantir a sua ocupação; a segunda, nos séculos seguintes (cujos episódios principais foram a conquista da Gália pelos francos, da Inglaterra pelos anglo-saxões e a descida dos lombardos sobre a Itália) deu início a um lento processo de fusão de elementos germânicos e romanos, ponto de partida para uma síntese que está na origem das instituições do feudalismo (ANDERSON, 1982, Parte II, Cap. 2 – As Invasões).

CAPÍTULO 1 – A SOCIEDADE FEUDAL: DAS ORIGENS À CRISE DO SÉCULO XIV

a propriedade plena da terra. E, mais importante, que impunha ao vassalo uma série de obrigações (efetivas, como o serviço militar, ou formais, como a fidelidade e a homenagem) em relação ao seu suserano.[3]

A guerra recorrente entre o século V e o X também responde pela desagregação do poder dos Estados Bárbaros. Enfraquecidos pelo desgaste econômico e físico da guerra, os reis perdiam seu poder para os duques e condes; mas esse enfraquecimento do poder centralizado também atingiu, a seguir, o poder de duques e condes, caracterizando progressivamente a destruição de qualquer vestígio de um "Estado" e cedendo lugar às relações pessoais, privadas, entre senhores e vassalos. O ano 1000 pode ser indicado como o marco de consolidação do feudo como unidade política fundamental.

Paralelamente, tem-se a constituição da servidão. Embora de forma esquemática, pode-se identificar duas origens da população servil: a antiga população escrava do Império Romano e o campesinato livre dos povos germânicos.

De um lado, como herança do escravismo romano, já decadente, foi criada, ainda dentro do Império, uma camada de colonos: a impossibilidade de manter as explorações escravistas fez com que muitos escravos conquistassem o direito de uso de uma área de terra, libertando-se também de sua condição de escravos. Porém estavam presos a essa terra, devendo obrigações aos antigos senhores. Chamados de "colonos", passaram a constituir camada importante em territórios do antigo Império Romano. Mas as invasões bárbaras trouxeram um novo elemento à sociedade rural: um campesinato livre característico das comunidades germânicas. A continuidade das guerras e invasões promoveu a progressiva perda da independência tanto dos colonos quanto dos camponeses germânicos, pois, ao se abrigarem sob a proteção de um chefe militar (e em torno de seu domínio territorial) aceitavam obrigações de ordem econômica, militar e mesmo social inerentes à servidão.

Esta explicação esquemática das origens das relações entre suseranos e vassalos e entre senhores e servos sugere uma espécie de troca entre pessoas livres: o vassalo recebe um feudo e se obriga a prestar serviços a seu suserano; o camponês livre e independente, em troca da proteção dada pelo senhor, compromete-se com uma série de obrigações para com o senhor. No entanto, neste caso, é difícil admitir que se trate de uma troca entre iguais (já que aos camponeses faltavam os meios de defesa diante da ameaça da guerra). Além disso, as instituições se consolidaram e continuaram a existir independentemente das condições que a originaram, deixando de aparecer como uma "troca" e adquirindo o caráter de imposição, em especial no caso de senhores e servos.[4]

---

3. Trata-se de uma forma peculiar de propriedade: no Império Romano já se consolidara a noção de propriedade privada sem restrições (a propriedade quiritária). Entre os povos germânicos, por sua vez, a propriedade privada era desconhecida; a terra era propriedade comunitária, embora o cultivo de cada lote pudesse ser atribuído a um indivíduo ou a um clã dentro da tribo (ANDERSON, 1982, p.71-2 e 117-118)

4. O longo processo histórico de constituição das instituições feudais é muito mais complexo do que a exposição apresentada

Há outra interpretação, muito influente, sobre a origem do feudalismo: a de Henri Pirenne. Concebendo o feudalismo como o fenômeno político da fragmentação do poder, Pirenne afirma que "o aparecimento do feudalismo, na Europa Ocidental no decorrer do Século IX, nada mais é do que a repercussão, na ordem política, do retorno da sociedade a uma civilização puramente rural" (PIRENNE, 1963, p.14). É frequente atribuir-se às invasões bárbaras o desaparecimento das cidades romanas e da atividade comercial ali desenvolvida. Pirenne discorda, afirmando que, mesmo após a queda de Roma, o comércio pelo Mar Mediterrâneo se manteve (e com isso também alguma atividade urbana). O declínio do comércio e das cidades teria ocorrido com o progressivo controle dos muçulmanos sobre a navegação do Mediterrâneo, cujo marco é o ano de 711.[5] Sem a navegação mediterrânea, o comércio da Europa ocidental e as antigas cidades do Império Romano sofreram forte impacto, obrigando a economia a se fechar. Como resultado, as atividades econômicas teriam praticamente se restringido à área rural, com fluxos de comércio reduzidos ao essencial e acentuada decadência dos núcleos urbanos. Nessa nova configuração da economia, centrada na produção rural para o próprio consumo da comunidade, o poder centralizado perdeu eficácia, fragmentou-se e passou a ser exercido localmente. Portanto, na visão de Pirenne, a origem do feudalismo é atribuída a outras razões e com base em cronologia distinta daquela que a relaciona com a queda do Império Romano.

Qualquer que seja a explicação para a origem do feudalismo, pode-se afirmar que em torno do ano 1000 estavam consolidadas, na Europa Ocidental, as características indicadas como definidoras do sistema: a relação suserano-vassalo, a fragmentação do poder e o estabelecimento da servidão como relação social fundamental no campo.

1.3 A ORGANIZAÇÃO ECONÔMICA DO FEUDO: O SENHORIO

Apesar da diversidade das experiências históricas no feudalismo, é possível propor um "modelo" de organização da economia feudal que sintetize as principais relações presentes no sistema.[6] Consideremos um feudo como uma área de terra, não necessariamente contínua: essa área é denominada comumente de senhorio, já que o termo feudo (que

---

acima. Perry Anderson procura mostrar como elas resultaram da confluência das heranças das comunidades bárbaras e da civilização romana, numa síntese de seus elementos originais (ANDERSON, 1982, Parte II, Cap. 3 – Síntese).

5. Maomé, fundador do islamismo, iniciou sua pregação em torno do ano 610; a religião teve rápida difusão entre as tribos árabes sendo um elemento de unificação religiosa e política. Os muçulmanos – como eram chamados os adeptos do islamismo – iniciaram ainda no século VII amplo processo de expansão: Síria, Irã, Egito, ilhas do Mediterrâneo e norte da África. No ano de 711, os muçulmanos atravessaram o estreito de Gibraltar e iniciaram a conquista da Península Ibérica.

6. O "modelo" exposto não corresponde a nenhuma realidade histórica específica, porém procura estabelecer os principais elementos da organização econômica feudal de modo a permitir entender seu desenvolvimento. Para uma exposição das variações no tempo e no espaço das formas de organização: ANTONETTI (1977, Cap. III).

CAPÍTULO 1 – A SOCIEDADE FEUDAL: DAS ORIGENS À CRISE DO SÉCULO XIV

utilizamos imprecisamente até agora) tem conotação principalmente jurídica e política.[7] Um senhorio de grandes dimensões em regiões da França atual podia ter até 4.000 hectares e abrigar 300 famílias de camponeses. Senhorios de menores dimensões também eram viáveis e mesmo mais frequentes em várias áreas da Europa.

Vejamos como estava distribuída a terra do senhorio.

I. *Reserva Senhorial:* eram as áreas de uso exclusivo do senhor. Comportavam:

a) *Centro do domínio:* a área destinada à residência do senhor, de sua família e daqueles que lhe prestavam serviços (servos domésticos, cavaleiros). Podia ter como núcleo um castelo ou um mosteiro (no caso de feudos eclesiásticos). Havia ainda outras instalações como estábulos, ferrarias, moinho de cereais, forno para assar o pão, lagar para produzir cerveja e algumas oficinas artesanais.

b) *Terras cultiváveis,* também de uso exclusivo do senhor, podiam estar consolidadas num único lote de grandes dimensões ou dispersas no senhorio, no chamado sistema de campo aberto (que definimos algumas linhas abaixo).

II. *Lotes dos camponeses:* chamados de *mansos (do latim mansus/mansi)* ou de *tenências* (do francês *tenance*) eram os lotes, dentro do senhorio, que estavam na posse dos camponeses e que eram cultivados por ele e por sua família. Próximo à área das tenências se localizava a aldeia com as habitações dos camponeses. Os lotes dos camponeses não estavam consolidados num único pedaço de terra. Divididos em três ou mais áreas, estavam dispersos ao longo dessa faixa de tenências, constituindo, cada uma delas, um pequeno pedaço de terra. Isso impunha o chamado sistema de campo aberto: dadas as reduzidas dimensões dos lotes (em geral compridos e estreitos), cercá-los (com pedras ou sebes) tornaria inviável seu cultivo.[8] Desse modo, havia tendência a alguma forma de utilização coletiva dessas áreas (embora sua posse fosse perfeitamente individualizada): mesmas culturas, mesma época de plantio e de colheita e, com frequência, trabalho conjunto em algumas dessas atividades. Como afirmamos acima, por vezes a própria reserva senhorial era constituída por faixas intercaladas às tenências dos camponeses.

---

7. Por vezes, faz-se uma distinção entre o regime dominial (anterior ao ano 1000) e senhorial (posterior a essa época), em que se verificam diferenças quanto às formas de obrigação do camponês em relação ao senhor, com suas implicações jurídicas. O termo senhorio corresponde ao francês *seigneurie*; em inglês, utiliza-se a palavra *manor*. ANTONETTI (1977, Cap. III), trata com rigor dos termos utilizados para definir as instituições feudais.

8. Usualmente se justifica essa forma de divisão da terra com base num princípio de igualdade entre os camponeses, talvez presente em sua origem comunitária. Como as áreas de terra dentro do senhorio teriam diferentes fertilidades, ao dispersar os lotes dos camponeses pelas diversas áreas evitava-se que um camponês dispusesse de terras muito férteis e outro tivesse seu lote em área de difícil cultivo. O sistema de campo aberto seria uma consequência dessa forma de distribuição da terra.

III. *Terras de uso comum*: dentro do senhorio havia ainda certas áreas que, embora formalmente pertencessem ao senhor, podiam ser utilizadas por todos os seus habitantes.

Eram pastos, florestas (que forneciam a madeira para construção e aquecimento), campos, pântanos, áreas pouco propícias à lavoura etc. Serviam como importante apoio para a subsistência dos camponeses.

Cabe agora indagar como se fazia a utilização econômica do senhorio.

No centro do domínio, as atividades eram realizadas sob o controle do senhor (diretamente ou representado por um preposto) e com o trabalho de servos (e, em certas épocas, também de escravos) que viviam no próprio centro do domínio. Eram os servos dedicados aos serviços domésticos e também aos outros ofícios (ferreiros, cervejeiros, moageiros, padeiros e outros artesãos).

Mais importante era a forma de cultivo das terras aráveis da reserva senhorial. Na sua forma típica, esse cultivo era realizado pelos camponeses, obrigados a trabalhar nas terras do senhor (em geral, de dois a três dias por semana). Essa obrigação, denominada na França de *corveia*, era o elemento mais característico da servidão: se, originalmente, um camponês livre podia ter trocado sua independência pela proteção do senhor diante do perigo da guerra (daí as obrigações que ele assume em relação ao senhor, em suma, a servidão), essas obrigações, ao longo do tempo, passaram a ser impostas aos camponeses pelo costume, por normas legais ou simplesmente pela força dos senhores (independentemente da necessidade de proteção ao camponês).

Além da corveia, o camponês, submetido à servidão, tinha outras obrigações em relação ao senhor. Por exemplo:

- *Banalidades*: para moer o trigo, para assar o pão ou para fazer cerveja ou vinho, o camponês era obrigado a usar as instalações do centro do domínio. Por seu uso, deixava ao senhor, em geral, metade do produto daquilo que havia levado para ser processado (por exemplo, entregavam metade da farinha produzida com o trigo).
- *Talha*: tributo imposto pelos senhores com base na obrigação de um vassalo sustentar seu chefe (e que se estendia aos servos).
- *Capitação*: pagamento anual justificado como doação aos senhores em troca de sua proteção (e cobrado por pessoa ou *per capita*).
- *Mão morta*: quando da morte do servo, seus herdeiros deviam entregar ao senhor o melhor animal que tivessem.

Outras obrigações também foram frequentes como o dízimo para a Igreja, pagamentos em troca da permissão para casar uma filha ou para um filho ingressar em ordens religiosas.

Se a obrigação da corveia era cumprida pelo trabalho direto do camponês na reserva senhorial, para fazer frente às outras obrigações, o camponês dispunha do produto de seu trabalho – e de sua família – em seus lotes de terra. Por vezes, essas obrigações eram pagas em espécie (caso típico da banalidade ou da mão morta), mas em algumas épocas e lugares também podiam ser exigidas em dinheiro. Desse modo, o produto do trabalho do camponês e da família na tenência devia dar conta da subsistência familiar e ainda produzir um excedente para cumprir com certas obrigações em relação ao senhor.

Como nota um historiador da Idade Média, "Onde o senhorio foi estabelecido, ele possibilitou a uma proporção relativamente pequena da população, seus senhores, viver na ociosidade e abundância, dedicando seu tempo às guerras e ao exercício do poder sobre seus semelhantes" (HODGETT, 1975, p.46).

Ociosidade e abundância dos senhores só eram possíveis porque uma parcela do trabalho dos servos, pelo excedente do necessário à sua subsistência, era desviada para suprir as necessidades do senhor e de sua corte. Isso era especialmente claro porque o camponês tinha a obrigação da corveia: tratava-se de uma obrigação de caráter extraeconômico já que não havia nenhuma "troca" econômica por trás dela (mesmo que na origem houvesse uma troca por proteção). Esse caráter da obrigação transparece no próprio vínculo das pessoas com a terra: não há a propriedade como entendemos hoje, uma propriedade absoluta que permita, por exemplo, a compra e a venda da terra. Ao servo cabia o direito de ocupação e de uso da terra, direito que ele não podia ceder a terceiros. Usualmente, esse era um direito hereditário que se transferia aos seus descendentes. Já o senhor feudal tinha o direito de usufruir de parte do produto dessa terra por meio das obrigações que o servo lhe devia. Assim, diz-se que há uma "hierarquia de proprietários", em que o camponês tem o direito de uso ou a posse da terra e os senhores, um direito eminente sobre a terra (que garante a apropriação de parte do produto da terra).

Qual a dinâmica dessa forma de organização econômica? Ou seja, qual a capacidade de crescimento e de aumento da produtividade do sistema feudal?

1.4 EXPANSÃO DO SISTEMA FEUDAL DA EUROPA OCIDENTAL

À Idade Média associou-se o rótulo de Idade das Trevas, um rótulo aplicado por seus adversários históricos na época do Renascimento, os quais contrastavam a cultura medieval com a da antiguidade clássica da Grécia e de Roma. Essa noção, de certo modo, foi transposta para a forma de organização econômica: a economia feudal seria caracterizada pela estagnação, pelo reduzido dinamismo tecnológico, por uma produtividade muito baixa e estável.

É certo que a inovação tecnológica acentuada não foi uma característica da época feudal (pelo menos em comparação com os períodos posteriores); no entanto, não se pode

PRIMEIRA PARTE – A TRANSIÇÃO DO FEUDALISMO AO CAPITALISMO

ignorar que houve períodos de expansão da economia, em parte sustentados por inovações com razoável impacto sobre a produtividade da época.

A expansão feudal se manifestou, em primeiro lugar, por meio do aumento populacional. Este não foi expressivo durante a Alta Idade Média: embora as estimativas não sejam precisas, admite-se que do século V ao VII houve mesmo declínio da população europeia. À expansão do Império Carolíngio, no século VIII, teria correspondido fase de crescimento da população cujos indícios seriam os novos arroteamentos verificados na época. Os registros são menos conclusivos quanto aos séculos IX e X. É certo, porém, que a partir do ano 1000 há indícios de razoável crescimento da população. Os registros mais seguros dizem respeito à evolução demográfica da Inglaterra: em 1086 acusava-se uma população de 1.100.000 habitantes; em 1348, este número havia se elevado para 3.750.000 habitantes, praticamente triplicando seu número num período de 250 anos. Para o restante da Europa não há dados precisos, porém, admite-se que, entre 1000 e 1300, a população tenha duplicado. Assim, o ano 1000, já indicado como marco entre a Alta e a Baixa Idade Média, define também um novo padrão demográfico.[9]

O crescimento populacional também é atestado, indiretamente, pela expansão das áreas colonizadas da Europa. Admite-se que "até o fim do Primeiro Milênio a Europa Ocidental permaneceu um mundo da floresta" (ANTONETTI, 1977, p.33). De 1000 a 1300, houve a derrubada e o arroteamento de florestas e a drenagem de pântanos, ampliando a área agrícola da Europa. Em parte, isso se deu em áreas já povoadas, pela incorporação de faixas de terras incultas. Mas houve também expressiva ocupação de áreas vazias, com a fundação de novas aldeias, expandindo a abrangência da organização feudal. Até o século X, a Europa feudal – herdeira do Império Carolíngio – se limitava, grosso modo, às terras da França até a Alemanha (a oeste do rio Elba) e à Itália peninsular. A partir do século XI, a expansão se deu em várias direções: conquista da Inglaterra pelos normandos, expansão a leste do Elba (até regiões eslavas e o mar Báltico), reconquista da Península Ibérica e também na direção do Mediterrâneo com as cruzadas.

É certo que o crescimento populacional e a expansão territorial da Europa feudal respondem, em parte, ao fim das guerras e invasões que se repetiram do século V ao século X. As mortes em combates, os saques, a destruição de colheitas atuavam contrariamente ao crescimento da população. Porém, é preciso reconhecer que algumas inovações tiveram expressivo impacto na produtividade do sistema: por exemplo, a carroça de quatro rodas, o uso do cavalo no lugar dos bois e a rotação de três campos em vez de dois (reduzindo a área que ficava em descanso a cada ano). Estas inovações, pouco expressivas aos olhos de hoje, podiam apresentar resultados apreciáveis à época: com maior produção e

---

9. Algumas estimativas para o conjunto da população europeia indicam, para o ano 1000, um total de 42 milhões de habitantes e, para 1300, 73 milhões de habitantes. Evidentemente, estes dados não podem ser considerados precisos; apenas servem como indicação do total da população europeia e de seu crescimento no período (ROMANO & TENENTI, 1972, p.7).

52

produtividade agrícola, uma população, bem alimentada e menos sujeita a crises de fome, tendia a crescer mais rapidamente.

Ao avaliar a possibilidade de inovação e aumento da produtividade no regime servil, historiadores apresentam argumentos em direções opostas. Alguns afirmam a vitalidade da exploração das tenências pelos próprios camponeses: ao organizarem a produção, esses camponeses poderiam identificar a possibilidade de introduzir inovações e se beneficiar do aumento da produção daí decorrente. Outros preferem ressaltar a dificuldade de introduzir inovações no sistema de campo aberto (pois todos os camponeses que aí tinham suas terras deveriam aceitar as mudanças). Além disso, admitem o risco de os ganhos de produtividade obtidos pelos camponeses na exploração das tenências serem absorvidos pelos senhores feudais por meio de novas obrigações impostas sobre os servos. Estas tendências opostas provavelmente estiveram presentes em diferentes épocas: se não houve um bloqueio absoluto à inovação e ao crescimento do sistema, também não se trata de um sistema dinâmico em que a inovação seja algo inerente ao seu quotidiano.

Essas considerações sobre a vitalidade do regime feudal de exploração permitem entender por que, entre os anos 1000 e 1350, houve uma significativa expansão do sistema, sem alteração muito expressiva de sua estrutura. Mas, paralelamente, outro fenômeno vinha se articular à expansão feudal, induzindo algumas mudanças na forma das obrigações dos servos para com os senhores.

1.5 O RESSURGIMENTO DO COMÉRCIO NA EUROPA OCIDENTAL E SEU IMPACTO SOBRE A SOCIEDADE FEUDAL

Uma noção usualmente associada ao feudalismo é a de economia fechada ou, até mesmo, de economia natural. Esta – a economia natural – é definida em oposição à economia monetária, ou seja, seria uma economia em que não só não circula moeda, mas em que os produtos não são objeto de qualquer tipo de avaliação monetária. Neste sentido, parece exagero considerar a economia feudal como natural, pois, embora a circulação monetária fosse reduzida, havia alguma troca de produtos os quais eram avaliados monetariamente. Já a noção de economia fechada é mais adequada, pois diz respeito a uma economia em que a troca inexiste ou é muito limitada; ou seja, em que o comércio é inexpressivo. Assim, embora mesmo nas épocas mais agudas algum comércio se tenha mantido, é inegável que na Alta Idade Média o nível de atividade comercial foi bastante reduzido.

Relembramos, era usual atribuir-se o declínio das cidades e do comércio às invasões bárbaras do Império Romano. Assim, a queda de Roma, em 476, seria um marco fundamental para explicar essa mudança em relação à intensa atividade comercial do Império Romano (seja no interior de suas fronteiras, seja com o Oriente). Estudos mais recentes têm matizado essa interpretação, pois algum declínio econômico já se verificava no Império Romano a partir do fim do século II (tendo o ano de 275 como um marco provável). Revoltas políticas, tendências demográficas depressivas e também as invasões parecem se somar na definição desse declínio econômico cujo impacto se observava no comércio e nas cidades. No entanto, não parece plausível atribuir às invasões germânicas o abrupto desaparecimento do comércio e das cidades, os quais teriam sobrevivido à queda de Roma em 476.[10]

Henri Pirenne também afirma que o comércio não desapareceu no Século V como resultado do domínio germânico sobre Roma. Por situar o Mediterrâneo como via essencial para o comércio da época, Pirenne entende que o comércio da Europa Ocidental foi brutalmente reduzido no início do Século VIII, quando os muçulmanos atravessaram o estreito de Gibraltar (no ano de 711), iniciaram a rápida conquista da Península Ibérica e consolidaram seu domínio sobre o Mediterrâneo, impedindo aí o fluxo de navios europeus (PIRENNE, 1963, Cap. 1).

Estudos recentes também recusam as visões de um radical declínio do comércio e das cidades: entre o fim do século IV e o fim do século IX teriam ocorrido amplas flutuações no nível da atividade comercial. Ou seja, o comércio não chegou a desaparecer, embora se mantivesse, muitas vezes, em níveis muito reduzidos.

Por outro lado há certo consenso entre os historiadores de que, a partir do ano 1000, observaram-se sinais de aumento do movimento comercial na Europa Ocidental, ocorrendo, paralelamente, a recuperação da atividade urbana. Já quanto às explicações para esse ressurgimento do comércio não há o mesmo consenso.

Uma hipótese é de que a expansão feudal houvesse criado excedentes que induziram a troca. É certo que algum comércio sempre existiu: cidades italianas, como Veneza, mantiveram sua atividade com base em produtos orientais que eram vendidos na Europa Ocidental. Esses fluxos comerciais, relativamente limitados, foram incrementados à medida que a população e a produção cresciam no ocidente medieval. Admite-se que o excedente disponível para aquisição de mercadorias, em sua maior parte apropriado pela classe feudal, teria viabilizado a ampliação do comércio. Em suma, nesta perspectiva o renascimento comercial responderia a uma transformação "interna" à própria Europa feudal.

Já Henri Pirenne (1963), consistentemente com sua tese sobre a origem do feudalismo, entende que a liberação do Mediterrâneo para a navegação europeia (com o progressivo

---

10. Perry Anderson sugere mesmo que, em algumas épocas, a opinião sobre o impacto das invasões germânicas dependeu do "patriotismo do cronista". A. Dopsch, escrevendo na Áustria, após a Primeira Guerra Mundial, sugeria que o colapso do Império Romano foi o resultado de sua longa e progressiva absorção pelos povos germânicos, pois estes teriam penetrado pacificamente no Império por séculos. Os germânicos não teriam destruído a cultura romana; pelo contrário, preservaram-na e a desenvolveram. Já F. Lot, escrevendo na França à mesma época de Dopsch, dizia que o fim da Antiguidade (e do Império Romano) foi um desastre, "o holocausto da própria civilização" (ANDERSON, 1982, p.140-141). Embora colocada no plano mais geral – do impacto das invasões germânicas sobre a civilização da Antiguidade, essa divergência entre Dopsch e Lot pode ser transposta para o impacto sobre o comércio e as cidades.

deslocamento dos muçulmanos) levou ao renascimento do comércio. O marco cronológico inicial desse processo, como indicado por Pirenne, teria sido a primeira cruzada, no ano de 1096.

Em qualquer das hipóteses, é certo que no século XII já se registra intenso movimento comercial na Europa. Os fluxos de mercadorias e de moedas voltaram a irrigar o território europeu. Desse modo, a característica usualmente atribuída à economia feudal – de uma economia fechada, sem trocas – foi superada por uma nova situação em que o comércio e a circulação monetária passaram a fazer parte da vida quotidiana da sociedade.

Um dos temas mais controvertidos na historiografia diz respeito ao impacto do comércio sobre a sociedade feudal. Aí prevalecia a produção para a subsistência dos próprios trabalhadores e a extração do excedente diretamente sob a forma de trabalho (caso da corveia na reserva senhorial) ou ainda em espécie (no caso de outras obrigações impostas aos camponeses e cumpridas com parte da produção de seus lotes de terra). No limite, podemos afirmar que o comércio e a circulação monetária eram dispensáveis nessa forma de organização (mesmo que historicamente tenham subsistido em dimensões limitadas). Por esse motivo, o renascimento comercial e a reativação da circulação monetária deveriam provocar alguma mudança na forma de organização da sociedade feudal.

O comércio e a circulação monetária abriam uma possibilidade de inegável importância: as obrigações em trabalho ou em espécie poderiam ser substituídas por pagamentos em dinheiro. Em particular, no caso da corveia era possível haver a comutação (ou seja, a troca) da obrigação em trabalho na reserva senhorial por um pagamento em dinheiro. Para alguns historiadores, o fim da obrigação sob a forma de trabalho implicava também o fim da servidão; para outros, enquanto o pagamento tivesse o caráter de uma obrigação imposta por coerção extraeconômica (independentemente de ser cumprida em trabalho ou paga em dinheiro), a condição servil do camponês se manteria. Esta é uma das divergências presentes na discussão do impacto do renascimento comercial sobre a sociedade feudal, divergências centrais na análise da transição do feudalismo ao capitalismo. Por isso, essa e outras questões interpretativas serão analisadas mais à frente, no quarto capítulo desta parte do livro.

1.6 A CRISE FEUDAL

Até aqui centramos nossa atenção nos eventos que ocupam os séculos XI, XII e XIII, os quais caracterizam a fase de expansão feudal (por meio do crescimento da população, da colonização de novas áreas e também pelo crescente volume de comércio). No entanto, em meados do século XIV a expansão foi interrompida e vários eventos indicam a emergência de uma crise do sistema feudal (a qual ocupa também a primeira metade do século XV). Qual é o sentido dessa crise e quais as evidências relevantes para caracterizá-la?

PRIMEIRA PARTE - A TRANSIÇÃO DO FEUDALISMO AO CAPITALISMO

A primeira evidência da crise aparece nas estimativas demográficas: o impacto do declínio da população europeia verificado no século XIV se estende por cerca de duzentos anos, como indicam os dados da Tabela 1.

TABELA 1.1
População europeia: 1200-1500 (em milhões de habitantes)

ANO	POPULAÇÃO
1200	61
1300	73
1350	51
1400	45
1450	60
1500	69

Fonte: BENNET, M.K. (1954). *The World's Food*, New York, Harper & Row, p.9 apud MISKIMIN (1984), p.210.

O declínio populacional, particularmente acentuado na Europa após 1300, é forte evidência da crise dessa sociedade, pois mostra sua incapacidade para garantir a reprodução de sua população. Usualmente atribui-se o acentuado declínio populacional entre 1300 e 1350 aos efeitos destrutivos de uma epidemia de peste – a Peste Negra – que atingiu as principais regiões europeias em 1348. Admite-se mesmo que, em certas regiões, um terço da população foi dizimado pela epidemia. Por mais precárias que sejam as estimativas acima apresentadas, nesses números está refletida uma tendência geral do movimento demográfico. O ano de 1350 já registra substancial declínio da população que se acentuou até o fim do século XIV. A recuperação do nível populacional de 1300 só se deu em torno de 1500. Seria adequado atribuir o início desse movimento demográfico apenas à Peste Negra?

Em estudos recentes, a peste não tem sido mais vista como um evento único e sim como um acontecimento inserido no processo mais amplo de crise feudal.

Tudo indica que, já no começo do século XIV, havia sinais dessa crise. Em 1315-1317, verificou-se uma grande fome na Europa – do Atlântico até a Rússia – associada a colheitas medíocres, alta abrupta dos preços dos grãos e elevada mortalidade. Embora atribuída a fatores climáticos, essa fome sugere a existência de algum desequilíbrio entre população e recursos. Admite-se mesmo que a tendência ao declínio da população em amplas áreas da Europa tenha se iniciado nessa época. Desse modo, a Peste Negra e outras epidemias que se seguiram (em especial as verificadas em 1360 e 1371) mostraram-se particularmente deletérias ao atingirem uma população debilitada por condições precárias de alimentação.[11]

---

11. Outro fator com algum impacto sobre a população foi a sequência de guerras entre 1330 e 1450, em especial a Guerra dos Cem Anos entre França e Inglaterra que se estendeu, de forma intermitente, de 1337 a 1453.

CAPÍTULO 1 – A SOCIEDADE FEUDAL: DAS ORIGENS À CRISE DO SÉCULO XIV

Aliás, as fomes, ao induzirem as migrações em busca de alimentos, eram um fator para alastrar as epidemias por disseminarem no território os agentes causadores da doença. Em suma, fomes e epidemias seriam indícios de uma crise da economia feudal.

Uma hipótese para explicar essa crise afirma ter ocorrido certo esgotamento das áreas disponíveis para colonização. Com o crescimento populacional, novas áreas foram sendo incorporadas ao sistema feudal, porém com o crescente risco de se caminhar para terras menos férteis e, possivelmente, aumentar excessivamente a densidade nas áreas mais antigas. Desse modo, as condições de subsistência do conjunto da população teriam se tornado precárias. Assim, nas áreas de povoamento antigo, o aumento da população deve ter ocorrido em proporção superior ao da produção; e em algumas áreas de colonização recente, a reduzida fertilidade da terra limitava as condições de subsistência de seus habitantes. É provável que o ônus maior do declínio da produtividade daí decorrente recaísse sobre os camponeses que, devendo desviar parte de sua produção para o sustento dos senhores, passavam a contar com parcela decrescente do produto.[12]

Sob essa perspectiva, o declínio da produtividade aparece como o resultado "natural" da ocupação de terras menos férteis. No entanto, é possível que o declínio da produtividade decorresse da própria forma de organização econômica e social que desestimulava a adoção de inovações. Como notamos, a possibilidade de os senhores feudais ampliarem a extração do excedente camponês por meio de novas obrigações desestimularia o esforço de inovar para aumentar a produtividade.

É provável que várias revoltas ocorridas no Século XIV refletissem a existência de forte pressão sobre os camponeses. Revoltas bastante amplas se verificaram, por exemplo, em Flandres (1310), na França (a chamada *Jacquerie*, em 1358) e na Inglaterra (1381). Evidentemente, uma época em que os senhores tentavam impor novas obrigações aos servos não era propícia para iniciativas que aumentassem a produtividade e a produção de alimentos.

É certo que a Peste Negra não vitimou apenas as camadas mais pobres da população, nem só a população rural. No entanto, sua rápida disseminação pode ser atribuída ao fato de que uma grande parcela da população encontrava-se em precárias condições de subsistência, resultado de produtividade estagnada com crescente extração do excedente. Isso deveria facilitar o contágio entre a população pobre e também na direção dos segmentos mais ricos da sociedade.

Quais foram as mudanças da sociedade feudal induzidas pelo declínio populacional?

É difícil exagerar o impacto da queda da população: além dos números já indicados, podemos lembrar que na Inglaterra cerca de 1500 aldeias foram abandonadas a partir de meados do século XIV e que, na Alemanha, 25% das localidades habitadas em 1300 haviam

---

12. O financiamento da guerra também implicou em redução do produto disponível: por um lado, houve aumento da tributação real e, de outro, aumento das despesas da classe senhorial com armas, absorvendo parte crescente do produto.

PRIMEIRA PARTE – A TRANSIÇÃO DO FEUDALISMO AO CAPITALISMO

desaparecido em 1500. Houve, em amplas áreas da Europa, um verdadeiro despovoamento do campo causado pela redução do número de habitantes (HODGETT, 1975, p.238).

Evidentemente, um movimento demográfico com tal dimensão teria de provocar mudanças substanciais na sociedade. Há dois resultados imediatos e passíveis de observação empírica: a redução do preço dos cereais e o aumento dos salários, o que provocava enormes problemas para o funcionamento da propriedade feudal.

Para muitos senhores, a exploração do senhorio nos moldes vigentes tornou-se quase inviável. Em muitos casos, o número de servos se reduziu tanto que comprometeu a exploração da reserva senhorial; por vezes, até mesmo alguns lotes de servos perderam seus ocupantes. Além disso, com a queda do preço dos cereais, a renda obtida com a venda do excedente de produção da reserva senhorial também declinou. Desse modo, a renda da classe feudal, que derivava do produto do trabalho servil, sofreu enorme impacto com a brutal queda da população. Os senhores esboçaram algumas reações para compensar o declínio de suas rendas: tentaram ampliar a carga de serviços sobre os servos que permaneceram no senhorio e pressionaram o Estado, quando este já era forte, para impor limites legais aos salários: é o que ocorreu na Inglaterra em 1351, com a aprovação do Estatuto dos Trabalhadores que proibia o pagamento de salários superiores aos vigentes em 1346. No entanto, a escassez extrema de trabalhadores impediu que essas ações tivessem maior eficácia.[13]

A alternativa possível foi alguma mudança na forma de exploração do senhorio. Uma tendência importante foi no sentido de promover o arrendamento da reserva senhorial e, paralelamente, a comutação da corveia – obrigação servil de trabalho na reserva senhorial – por um pagamento em dinheiro. Ao arrendar a reserva senhorial, o senhor não necessitava mais do trabalho servil sob a forma da corveia; e ao comutar a corveia, obtinha uma renda em dinheiro que correspondia, em essência, ao velho direito feudal. Desse modo, os senhores feudais procuravam recompor sua renda afetada pela crise do século XIV.

Evidentemente, essa solução não era tão simples e rentável quanto a descrição acima pode sugerir: nem sempre havia camponeses dispostos e com condições de arrendar a terra; além disso, numa situação em que havia excedente de terra e escassez de trabalhadores para cultivá-la (portanto, salários elevados), a renda da terra tendia a se reduzir. Esses efeitos, conjugados, foram responsáveis por significativa redução da renda da classe feudal em amplas áreas da Europa.

Outro resultado da crise do século XIV foi a mudança na composição da produção rural. A redução dos preços dos cereais – trigo em especial – induziu a substituição de sua

---

13. Evidentemente, o trabalho assalariado não é a forma típica da relação entre senhores e trabalhadores numa sociedade em que predomina a servidão. No entanto, uma parcela dos trabalhadores – que não tinha acesso à terra ou cujos lotes eram muito reduzidos – podia trabalhar em troca de salários em tarefas realizadas nos senhorios. Eram os chamados "jornaleiros" e a referência a salários no Estatuto dos Trabalhadores de 1346 atesta a importância desses trabalhadores.

cultura por outros tipos de produção. Por um lado, observou-se a disseminação de novas culturas, por exemplo, da cevada, da vinha, do linho. Por outro, já em meados do século XV, iniciou-se certa conversão de áreas de lavoura em pastos para a criação de gado bovino e ovino (este para a produção de lã), antecipando um movimento que se ampliou no século XVI. Neste caso, acentuou-se o despovoamento do campo pela reduzida necessidade de mão de obra para a pecuária.

Esta nova composição do produto da atividade rural estava associada também a uma mudança no perfil da demanda: já indicamos que o declínio brutal da população reduzira a demanda de cereais básicos da alimentação, como o trigo. Mas a redução abrupta da população teve outro efeito: uma certa concentração da riqueza nas mãos dos que sobreviveram, definindo um novo padrão de consumo que incluía outros produtos (como o vinho, a cerveja, a carne, os tecidos mais finos etc.). Portanto, a reestruturação da atividade rural respondia também a mudanças na distribuição da renda decorrentes do movimento demográfico dos séculos XIV e XV.

Por todas essas razões, o século XIV é definido como o século da crise feudal. Crise, antes de mais nada, porque foi rompido o processo de expansão que vinha se efetivando desde o ano 1000; mas crise, principalmente, porque começaram a ser colocadas em questão algumas das relações fundamentais do feudalismo. A substituição da corveia por um pagamento em dinheiro é uma dessas mudanças, pois expressa um certo alívio da relação servil, ao menos em sua forma (embora muitos direitos feudais tenham sobrevivido e muitas restrições aos camponeses, principalmente seu vínculo com o distrito ou a paróquia de origem, continuassem a existir). Por outro lado, a ampliação dos arrendamentos da reserva senhorial deu margem ao surgimento de novos agentes sociais: o camponês que deixa a condição de trabalhador servil para se tornar um arrendatário ou mesmo o burguês que se interessa em investir na agricultura. Evidentemente, nem todos os camponeses se tornaram arrendatários: no bojo da crise feudal, muitos acabam por perder seu acesso à terra, restando-lhes apenas o seu próprio trabalho para sua sobrevivência.

Em suma, ao fim do século XV, o campo na Europa Ocidental apresenta um panorama completamente distinto, do ponto de vista social, daquele de dois séculos antes: uma classe feudal substancialmente enfraquecida (embora mantivesse alguns de seus velhos direitos), uma camada de arrendatários que tendia (ao menos uma parte) a se tornar relativamente próspera e os camponeses mais livres, no plano jurídico, embora nem sempre em melhores condições de vida.

Este panorama geral, que apresenta nuances regionais, não se aplicava à Europa Oriental (especialmente à Polônia) que, ao longo do século XV se transformou numa área exportadora de cereais para o ocidente: lá, ao contrário, as relações de servidão se tornaram mais rígidas num movimento inverso ao acima delineado (conhecido como "segunda servidão"). E numa história que se prolongou, no caso da Rússia, até a segunda metade do século XIX quando a servidão foi legalmente abolida.

Observada a Europa de meados do século XV, era escassa a perspectiva de recuperação da crise que se iniciara no século anterior. E, no entanto, na segunda metade do século XV a Europa retomou seu processo de expansão, não mais nos velhos moldes feudais, porém em novas bases. É o que procuramos delinear no próximo capítulo.

REFERÊNCIAS

ANDERSON, P. (1982). *Passagens da Antiguidade ao Feudalismo*. 2ª ed., Porto: Edições Afrontamento.

ANTONETTI, G. (1977). *A Economia Medieval*. São Paulo: Atlas.

BRENNER, R. (1987). "Feudalism" in EATWELL, J.; MILGATE, M. & NEWMAN, P. (ed.). *The New Palgrave: A Dictionary of Economics*. Volume 2. London: The MacMillan Press, p.309-316.

DOBB, M.H. (1983). *A Evolução do Capitalismo*. São Paulo: Abril Cultural.

GANSHOF, F.L. (1968). *Que é o Feudalismo?* Lisboa: Publicações Europa-América.

HODGETT, G.A. (1975). *História Social e Econômica da Idade Média*. Rio de Janeiro, Zahar Editores.

MISKIMIN, H.A. (1984). *A Economia do Renascimento Europeu (1300-1600)*. Lisboa: Editorial Estampa.

PIRENNE, H. (1963). *História Econômica e Social da Idade Média*. São Paulo: Mestre Jou.

ROMANO, R. & TENENTI, A. (1972). *Los Fundamentos del Mundo Moderno*. Madrid/México: Siglo XXI.

Capítulo 2

A EXPANSÃO COMERCIAL E MARÍTIMA, O MERCANTILISMO E O ESTADO ABSOLUTISTA

A crise do século XIV havia se manifestado de forma aguda pelo declínio abrupto da população. Ao perder cerca de um terço de seus habitantes, a Europa também viu muitas áreas rurais despovoadas e cidades abandonadas. Embora esse resultado possa ser atribuído de modo imediato à Peste Negra, na verdade ele reflete uma crise do sistema feudal: seja por uma pressão crescente da população sobre os recursos naturais (especialmente a terra), seja pela insuficiência do produto gerado para sustentar a população, dada a forma de organização social da produção, o sistema feudal mostrava-se incapaz de manter a expansão que o havia caracterizado desde o ano 1000, expansão que se manifestara pela ocupação e colonização de áreas até então vazias.

O impacto do declínio populacional foi particularmente forte sobre a agricultura feudal. De um lado, houve redução do número de trabalhadores rurais o que provocou o abandono de vastas áreas e deixou muitos senhores com reduzida mão de obra para o cultivo de suas terras. Por um lado, isso elevou a pressão dos senhores sobre os servos, a justificar um período marcado por revoltas camponesas. Mas, por outro, a escassez de trabalhadores podia, em algumas situações, favorecer os trabalhadores, pois aumentava o seu poder de barganha por melhores salários (quando se tratasse de trabalho assalariado) ou por melhores condições em suas relações com os senhores. Paralelamente, a redução da população diminuiu a demanda por cereais básicos, como o trigo. Admite-se que a produção não se reduziu tanto quanto a população porque as áreas que continuaram a ser cultivadas eram as mais férteis. Desse modo, entende-se a sensível redução dos preços desses cereais, com forte impacto sobre a renda daqueles que vendiam seus excedentes no mercado, em especial, os senhores feudais. Portanto, a crise do século XIV marca o início de um enfraquecimento relativo da classe feudal.

A redução do preço dos alimentos básicos teve outro efeito relevante: ao reduzir esses gastos essenciais permitiu a uma parte da população o aumento de seus gastos com outros tipos de alimentos como carne, peixe, vinho, cerveja e especiarias (MISKIMIN, 1984, p.210). Em consequência, permitiu alguma diversificação da agricultura da Europa Ocidental.

A produção de manufaturados também se beneficiou da redução dos gastos com alimentos básicos: a maior procura dirigida aos produtos do artesanato urbano e aos bens de luxo (estes, provenientes, em geral, do Oriente: especiarias, sedas, marfim, coral, pérolas, diamantes etc.), favoreceu a atividade urbana (de artesãos e de comerciantes) em detrimento do campo.

Desse modo, embora seja difícil exagerar o impacto da crise do século XIV, é necessário qualificá-la, pois nem todas as atividades foram afetadas igualmente. Cidades ligadas ao comércio ou à produção de bens de luxo não sofreram os efeitos profundos da crise, embora tenham passado por dificuldades. Um dos aspectos da crise do século XIV ilustra seu impacto desigual sobre a economia europeia: o comércio com o Oriente, mesmo com a crise, era deficitário, o que exigia constantes remessas de metal para cobrir o excesso de importações sobre as exportações. Isso teria levado à escassez de moeda na Europa Ocidental e à adoção de medidas que limitavam o fluxo de metal para o Oriente (como restrições à exportação de moeda, leis suntuárias que restringiam o consumo de bens de luxo, adulteração da moeda por meio da redução da quantidade de metal por unidade monetária). Assim, este lado da crise do século XIV sugere a preservação de alguns componentes da renda, pois expressa a demanda de bens de luxo que a crise feudal não extinguira.

A partir de 1460, observa-se a retomada do crescimento populacional e também o alívio da crise monetária pelo uso de novas técnicas que permitiam a exploração das minas em maiores profundidades (ou mesmo pela descoberta de novas minas).

Se a expansão feudal entre 1000 e 1300 chamava a atenção pela colonização de novas e extensas áreas em moldes tipicamente feudais, a partir da segunda metade do século XV as fontes da expansão revelam uma nova dinâmica da economia europeia, que se projeta para fora de seu espaço geográfico. Em certo sentido, a expansão comercial e marítima da Europa a partir de meados do século XV expressou a reação da sociedade europeia ao impacto da crise feudal do século XIV. Embora se dirigisse a novas rotas e mercados, esta expansão tinha como referência o comércio que se realizava na Europa medieval, em especial a partir do século XII. Assim, convém observar, de início, como se caracterizava esse comércio e como se organizava a cidade medieval.

2.1 A CIDADE MEDIEVAL: A ORGANIZAÇÃO DO COMÉRCIO E DO ARTESANATO

O renascimento do comércio na Europa Ocidental, especialmente a partir de 1100, propiciou o ressurgimento da atividade urbana. Algumas antigas cidades do Império Romano, que não haviam desaparecido durante a Alta Idade Média, atraíram novos elementos populacionais. Outras foram criadas a partir de alguma base de caráter feudal. Henri Pirenne sugere que essas novas cidades foram estabelecidas a partir da reunião de comerciantes em torno das muralhas de castelos feudais: após algum tempo, uma segunda muralha seria construída a fim de proteger esse núcleo comercial, o que explicaria o fato de muitas antigas cidades europeias serem dotadas de duas muralhas em seu entorno (PIRENNE, 1963, p.47-48). Maurice Dobb avalia várias hipóteses sobre o surgimento das cidades, entre elas a de que os próprios senhores feudais, em algumas circunstâncias, concederam privilégios a comerciantes que se estabelecessem nos seus domínios para servir às necessidades do feudo (DOBB, 1983, p.55-56). Independente da origem das cidades, a maior parte delas se manteve, durante algum tempo, sob a jurisdição de um senhor, pois haviam sido formadas em terras de domínio feudal. No entanto, seus habitantes já não estavam submetidos à condição servil (ou seja, eram homens livres). Com o crescimento da população e da riqueza urbana, as cidades puderam conquistar autonomia em relação à autoridade feudal.

No quadro geral das cidades medievais, há uma clara distinção econômica entre os núcleos cuja atividade se restringia ao âmbito local e aqueles ligados ao grande comércio de exportação e importação e a alguma atividade industrial.

Veneza é um exemplo típico de cidade ligada ao comércio de longa distância. Em torno do ano 900, Veneza já comerciava com Constantinopla, sede do Império Bizantino (o Império Romano do Oriente que subsistira à queda de Roma). Os venezianos, não afetados pelas invasões germânicas e islâmicas, mantiveram-se como cidadãos bizantinos, o que lhes facilitava o acesso ao comércio de Constantinopla. Além do próprio mercado bizantino – Constantinopla chegou a ter um milhão de habitantes – ali se encontravam mercadorias orientais de grande interesse para os comerciantes italianos. Outras cidades da Itália (como Amalfi, Salerno, Gaeta) também mantiveram relações com Constantinopla, consolidando, já no século X, uma das rotas mais importantes do comércio europeu.

Nessa mesma época foi estabelecida outra corrente de comércio, esta ao norte da Europa Ocidental. Os povos escandinavos – em geral identificados com os *vikings,* conhecidos por seu ímpeto guerreiro – também tiveram papel importante para a criação de uma rota comercial no norte da Europa Ocidental até a Rússia. Por via marítima e fluvial atingiam o interior russo, onde obtinham mercadorias da própria Rússia e também do Oriente. A rota da Rússia foi explorada principalmente pelos suecos; na outra direção – da Inglaterra, da Escócia e da Irlanda – dirigiram-se dinamarqueses e noruegueses.

Desse modo, no século X já estavam definidas as duas principais rotas marítimas que orientaram o renascimento comercial da Idade Média, o qual reflete, em parte, o crescimento populacional e a expansão da área colonizada na Europa Ocidental. No entanto, há alguns eventos que merecem referência. É o caso das Cruzadas.

Veneza, Pisa e Gênova associaram-se ao movimento das Cruzadas, desde a primeira, em 1096, especialmente fornecendo o transporte marítimo para os combatentes. Em contrapartida, os comerciantes dessas cidades obtiveram benefícios sob a forma de concessões comerciais nas áreas conquistadas. Puderam estabelecer "feitorias" em terras do Oriente Próximo e, assim, eliminar alguns intermediários na compra de produtos orientais (em especial da Índia e da China). Apesar de a presença cristã no Oriente ter sido efêmera, os comerciantes italianos teriam sedimentado posições que não foram destruídas. Pirenne é enfático ao afirmar que "o resultado duradouro e essencial das Cruzadas foi ter dado às cidades italianas, e em menor grau, às da Provença e da Catalunha, o domínio do Mediterrâneo" (PIRENNE, 1963, p.38). Embora o acesso direto às fontes de produtos orientais tenha sido bloqueada (por árabes e, mais tarde, por turcos), Veneza e Gênova puderam obter grandes frutos desse comércio.

Outra região de importância no comércio europeu foi a de Flandres (que hoje é parte da Bélgica). Ali se desenvolveu – desde cedo e em várias localidades – a indústria de tecidos de lã. A cidade portuária de Bruges concentrou durante algum tempo o comércio exterior desses tecidos com os mercadores escandinavos e alemães. A fama dos tecidos flamengos atraiu também os comerciantes italianos que podiam trocá-los pelas mercadorias que traziam do Oriente. Desse modo, processou-se a crescente integração do comércio do sul com o do norte: uma rota terrestre unia o norte da Itália à região de Flandres. E nessa rota foram criadas feiras que tinham o objetivo de promover a distribuição das mercadorias pelos comerciantes europeus. As mais importantes situaram-se na região da Champanha (na França, a meio caminho entre Veneza e Flandres): desde cerca de 1100 até 1300, essas feiras reuniram comerciantes de toda a Europa Ocidental. Os italianos levavam mercadorias de fora da Europa (especiarias, açúcar, madeiras corantes); o comércio mais importante era o de tecidos (sedas e outros produzidos em cidades italianas como Luca e Florença, tecidos de lã de Flandres e do norte da França, linhos da Champanha e da Alemanha), além de várias outras mercadorias (couro da Espanha, peles da Alemanha, cereais, vinhos, cavalos). Além disso, também foram centros de atividade financeira, na negociação de letras de câmbio e de moedas. Na Champanha, realizavam-se seis feiras por ano, de janeiro a outubro, com duração de cerca de seis semanas cada uma. Outras regiões da Europa – como Flandres – também abrigaram feiras durante longo tempo, indicando a importância dessa forma de comércio.

Os mercadores do norte da Europa também estavam presentes nessas feiras. As rotas do norte da Europa, abertas pelos escandinavos, foram dominadas, no século XIII, pelos mercadores alemães. Voltados principalmente à Rússia, de onde traziam peles, mel, madeiras e centeio, integraram os tecidos de Flandres a esse comércio. Os mercadores alemães dessas diversas cidades organizaram-se, no século XIV, na chamada Liga Hanseática (ou Hansa Teutônica), que tinha feitorias em vários locais (inclusive em Flandres e na Inglaterra), a indicar sua forte penetração em mercados europeus. As cidades alemãs da Liga Hanseática (principalmente Colônia e Lübeck) tiveram, no comércio do norte da Europa, o mesmo domínio de Veneza e Gênova em relação ao comércio do sul.

Esse é um quadro muito geral do renascimento comercial europeu: se já em torno do ano 900 observam-se sinais de recuperação a partir de um nível mínimo registrado no século IX, a partir de 1100 se deu a grande expansão tanto no sul (comandada por Veneza e Gênova) como no norte (com a produção de Flandres e o comércio da Liga Hanseática). Ao lado das cidades vinculadas ao grande comércio, também se observava a consolidação de núcleos urbanos mais ligados ao comércio local ou regional.

Como se organizava a atividade econômica e a administração dessas cidades?

Diferentemente do campo, nas cidades não existia a servidão. E, embora muitas cidades tivessem se formado em terras de senhores feudais (devendo obrigações em relação a eles), a grande maioria tornou-se autônoma com base em uma carta de franquia concedida pelo senhor territorial (ou obtida por compra ou pela força das cidades).

A organização da atividade econômica nas cidades seguia um padrão geral que comportava desvios em função das características peculiares de algumas delas. O artesanato e o comércio estruturavam-se nas chamadas corporações de ofício (ou guildas). A corporação tinha o monopólio do exercício do ofício no âmbito municipal. Assim, para cada ofício havia uma corporação que definia as regras de acesso ao ofício. Em cada ofício, havia uma hierarquia: mestres, companheiros e aprendizes. Os mestres eram os únicos autorizados a manter uma oficina ou loja na cidade. Para ser considerado mestre do ofício, era preciso, antes de mais nada, ter completado o aprendizado do ofício e demonstrá-lo perante o governo da corporação. Em certas circunstâncias, a corporação poderia fazer outras exigências, inclusive de natureza econômica, se houvesse interesse em restringir o número de mestres naquele ofício. Portanto, ao controlar o número de mestres do ofício, a corporação também controlava o volume de produção, estabelecendo o monopólio da corporação sobre aquele tipo de produto. Além disso, a corporação também podia impor normas sobre o preço e a qualidade do produto, evitando qualquer tipo de concorrência entre os mestres vinculados à corporação.

Os aprendizes eram jovens, em geral filhos ou familiares dos mestres, que viviam em suas casas e trabalhavam em suas oficinas com o objetivo de aprender o ofício. Concluído o aprendizado – e não sendo admitidos à condição de mestre – caracterizavam-se como companheiros: artesãos já qualificados para o ofício, mas que deviam trabalhar para um mestre em troca de remuneração (e, muitas vezes, vivendo na própria casa do mestre).

O quadro típico da produção e do comércio em uma cidade medieval é o de pequenos donos de oficinas e lojas – os mestres – que realizam sua atividade com o auxílio de alguns companheiros e aprendizes, a indicar reduzida diferenciação social entre eles.

Nas cidades em que se desenvolvia a produção para o comércio de exportação, esse quadro se modificava. Formalmente, a organização em corporações era mantida, porém os mestres já não ostentavam a independência típica do artesanato corporativo, pois os grandes comerciantes, na prática, dominavam a produção. Controlando a oferta de matéria-prima e o acesso aos mercados externos, os grandes comerciantes estabeleciam uma relação de clientela com os mestres: como cada mestre negociava com apenas um comerciante (recebendo a matéria-prima e entregando o produto pronto), sua autonomia era muito limitada. Ao mesmo tempo, observa-se a existência de grande número de trabalhadores que buscava o trabalho semanalmente, numa condição bastante distinta daquela que caracterizava a cidade medieval típica.[1]

Também em relação ao governo das cidades, estabeleceu-se uma distinção entre os núcleos urbanos menores e as grandes cidades ligadas ao comércio a longa distância. Ao conquistarem sua autonomia diante dos senhores territoriais, as cidades tenderam a organizar governos em que estavam presentes membros associados às corporações urbanas. Outros habitantes urbanos, como os nobres e os assalariados, não tinham qualquer tipo de participação nos governos.

O governo municipal tipicamente reafirmava, na sua esfera de competência, a mesma preocupação das corporações. Tratava-se, antes de mais nada, de uma política de defesa dos mestres da cidade diante da concorrência entre eles próprios (assegurando as normas restritivas das corporações) e também diante do eventual concorrente estrangeiro. Os comerciantes estrangeiros só tinham acesso à cidade em espaço e tempo perfeitamente delimitados, atendendo às necessidades da própria cidade. O mesmo ocorria em relação ao camponês vizinho à cidade que vinha oferecer seus produtos: neste caso, o objetivo era aumentar a competição entre os ofertantes, reunidos num mesmo local. Em suma, a regulamentação do governo municipal procurava elevar o preço de venda das mercadorias das corporações da cidade e reduzir o preço pelo qual a população urbana comprava as mercadorias que vinham do campo vizinho ou de outras cidades. Assim, havia uma plena concordância entre a política das corporações e a política municipal.

Esse quadro se modificava quando a cidade ganhava maior importância comercial ou como centro produtor para exportação. Nestas se formava uma rica burguesia comercial que tendia a dominar o governo e a alterar as normas municipais de modo a favorecer seu interesse diante do conjunto dos artesãos.

Um exemplo dessa tendência se verificou na região de Flandres: ali, desde cedo, se desenvolveu a indústria de tecidos de lã, cuja produção se voltou progressivamente à exportação. A produção, embora de caráter artesanal e formalmente organizada sob a forma de corporações, foi dominada pelos grandes comerciantes que buscavam meios de rebaixar o pagamento aos artesãos a fim de aumentarem seus lucros. Ao controlar o governo das

---

1. Pirenne descreve a situação dos companheiros empregados na indústria de exportação: "Estes [os companheiros] viviam em alguma habitação alugada, por uma semana, em ruelas estreitas, e possuíam apenas a roupa de uso. Iam de cidade em cidade procurando emprego. Segunda-feira pela manhã reuniam-se nas praças, em torno das igrejas, esperando ansiosamente que um mestre os contratasse por oito dias. A jornada de trabalho começava ao amanhecer e terminava ao cair da noite. [...] Assim, os operários da grande indústria formavam uma classe à parte, no meio de outros artesãos, muito semelhantes aos proletários modernos. Eram reconhecidos pelas 'unhas azuis', pela indumentária e pela brutalidade dos seus costumes" (PIRENNE, 1963, p.195).

corporações ou das cidades, os comerciantes geraram profunda insatisfação na massa da população urbana. No século XIV, essa insatisfação se manifestou sob a forma do que Pirenne chamou de "revoluções democráticas": em várias cidades, revoltas populares conseguiram destituir os governantes e, durante algum tempo, assumir o controle municipal. Isso ocorreu também em Florença na segunda metade do século XIV: os grandes comerciantes (ligados à produção e exportação de tecidos de seda e de lã) e os banqueiros controlaram o governo municipal, excluindo dele os mestres das corporações artesanais, além da massa popular de trabalhadores assalariados. Em 1378, estourou uma revolta, conhecida como o Tumulto dos Ciompi (o "povo miúdo") cujo objetivo era obter algum tipo de participação no poder municipal. Seu sucesso, como no caso das revoluções democráticas de Flandres, foi efêmero, mas seu significado é importante por marcar uma clara mudança na estrutura de poder das grandes cidades do fim da Idade Média.

Portanto, na segunda metade do século XIV, em muitas cidades da Europa Ocidental, o caráter relativamente democrático do poder já havia sido substituído por formas tipicamente oligárquicas, expressando a ascensão e consolidação de um capital comercial e financeiro ligado às operações internacionais.

A prosperidade e a riqueza ostentadas por algumas cidades italianas (como Veneza, Gênova, Florença) atestam a importância do comércio ali realizado. Grandes fortunas foram acumuladas nas atividades comerciais e financeiras. No entanto, o principal ramo desse comércio – a importação de produtos de luxo do Oriente – se defrontava com as limitações impostas pelos povos que ocupavam as rotas terrestres até a Índia e a China.

A expansão europeia a partir da segunda metade do século XV teve a busca de novas rotas – agora marítimas – como uma de suas diretrizes; tais rotas deviam permitir o acesso direto às fontes das mercadorias orientais integradas ao comércio europeu. Seu resultado foi muito além desse objetivo, pois culminou com a descoberta de novos territórios e com o colonialismo mercantilista.

2.2 EXPANSÃO MARÍTIMA, COMERCIAL E COLONIAL

A crise do século XIV interrompeu a expansão territorial do sistema feudal e reduziu o ímpeto que o comércio europeu havia adquirido desde 1100. Assim, nos três níveis – demográfico, geográfico e comercial – se passou de uma expansão secular para uma longa contração (cerca de 150 anos, entre 1300 e 1450). Apesar disso, ainda no século XIV, avanços nos meios de navegação permitiram ultrapassar o estreito de Gibraltar, de modo que o comércio intraeuropeu, antes apenas terrestre, deslocou-se em parte para o Atlântico. Consequentemente, houve o estímulo para o desenvolvimento de centros comerciais em Portugal, Espanha, Inglaterra, Holanda e França, os quais começaram a rivalizar com os antigos núcleos do norte da Itália, de Flandres e do norte da Alemanha.

PRIMEIRA PARTE – A TRANSIÇÃO DO FEUDALISMO AO CAPITALISMO

A partir de meados do século XV, surgiram pressões no sentido de uma nova fase de expansão. É certo que o início da recuperação demográfica (passados os efeitos mais drásticos da peste) apontava nessa direção. Frequentemente se atribui a expansão comercial e marítima – as grandes navegações do século XV – à busca do ouro (dada a escassez de metais para a circulação monetária) e de especiarias, pois o comércio com o Oriente continuava controlado pelas cidades italianas – especialmente Veneza – e pelos mercadores muçulmanos que tinham acesso direto às fontes desses produtos de luxo e especiarias. Assim, os preços pagos aos produtores orientais multiplicavam-se dezenas ou centenas de vezes até chegar aos mercados da Europa Ocidental. O progressivo avanço do Império Turco, que culminou com a tomada de Constantinopla em 1453, ampliou a dificuldade de acesso ao Oriente, estimulando a busca de novas rotas que escapassem desse gargalo. Certamente, essas razões não foram irrelevantes para o impulso europeu em direção ao Oriente e ao Novo Mundo. Porém, é possível situar a necessidade de expansão num plano mais geral, como faz Wallerstein:

> A expansão territorial da Europa era teoricamente um pré-requisito chave para uma solução para a "crise do feudalismo". Sem ela, a situação europeia poderia ter entrado em colapso, em uma anarquia constante e em contração adicional. (WALLERSTEIN, 1974, p.38)

A expansão permitiria compensar a nobreza pela queda de sua renda e riqueza e também ocupar os trabalhadores que, pressionados pelos senhores, ameaçavam a ordem com revoltas.

Quais os motivos que induziam a expansão territorial?

Sem negar a importância da busca do ouro e das especiarias, Wallerstein entende que necessidades de alimentos, matérias-primas e combustíveis foram, no longo prazo, mais importantes. Um exemplo típico é o do trigo: se a Europa Ocidental era autossuficiente até o século XIV, mais tarde passou a importar trigo, em especial da Europa Oriental, pois parte de suas terras foram desviadas para outros tipos de produção (como uvas para vinho, cevada para cerveja e pastos para a criação de ovelhas). Igualmente importante foi a busca de novas fontes de madeira: a devastação das florestas locais exigiu a importação de madeira, principalmente dos países bálticos, para seu uso como combustível, como material de construção e como matéria-prima para a indústria naval. Ou seja, havia, na segunda metade do século XV, pressões para que a Europa Ocidental retomasse a expansão que a caracterizara nos séculos XII e XIII, porém agora em outras bases.

Portugal foi pioneiro nesse novo movimento de expansão. Embora a natureza das pressões sobre Portugal fosse semelhante às do resto da Europa, havia algumas circunstâncias que favoreciam sua projeção para fora do continente europeu. Uma linha de expansão indica que os portugueses buscaram terras para obter alimentos: a ocupação das ilhas da Madeira, Canárias, Açores e Cabo Verde, no Atlântico, já na primeira metade

CAPÍTULO 2 - A EXPANSÃO COMERCIAL E MARÍTIMA, O MERCANTILISMO E O ESTADO ABSOLUTISTA

do século XV, teve como estímulo encontrar novas fontes de cereais (um problema particularmente agudo para Portugal) e outros alimentos. Nessas ilhas, além de trigo, produziram açúcar e vinho que eram destinados a Portugal e a outros mercados. Em suma, desde cedo se manifestou, na expansão portuguesa, o interesse pela incorporação de terras para a produção de alimentos. Mas paralelamente também aparece a preocupação com o acesso às fontes de especiarias e de ouro, primeiro no norte da África, depois na costa desse continente e, já no século XVI, em direção à Índia e ao Extremo Oriente.

Na expansão portuguesa parecem confluir três ordens de motivações: dos nobres, atingidos pela crise feudal, em busca de terras; dos comerciantes, interessados em ampliar o comércio de mercadorias para o aumento de seus lucros; e da monarquia portuguesa, desejando incorporar mais terras aos seus domínios para reforçar seu poder e riqueza.[2] E Portugal se viu particularmente favorecido para essa tarefa de liderar a expansão marítima e comercial europeia em direção ao Oriente: por um lado, o impulso para a projeção externa era mais forte da parte dos nobres portugueses (do que os de outras nações), pois não tinham a possibilidade de incorporar terras nas vizinhanças; de outro, os portugueses já acumulavam alguma experiência no comércio de longa distância e na navegação oceânica e ainda puderam dispor de capitais dos comerciantes italianos. Deve-se considerar também a importância da precoce centralização da monarquia portuguesa, a qual se envolveu diretamente com a expansão marítima e comercial.

Alguns episódios da expansão portuguesa expressam esses múltiplos interesses. É o caso da conquista de Ceuta, no norte da África, em 1415: para os nobres, era o ponto de partida para a conquista territorial no Marrocos; para os comerciantes, o acesso a uma praça considerada o grande empório de artigos orientais e do ouro africano. Além disso, Ceuta, por dominar o estreito de Gibraltar, fora a base de invasões muçulmanas e também lhes permitia extorquir taxas dos navios que levavam mercadorias do Mediterrâneo para o Atlântico. No episódio da conquista de Ceuta, a confluência de interesses da nobreza (por mais terras), da burguesia comercial (por acesso a mercadorias e ao ouro) e da própria monarquia (pelo fortalecimento de seu poder) era nítida. Em outras circunstâncias, prevaleceu um ou outro interesse: por exemplo, a fracassada tentativa de conquista de Tânger (no Marrocos), em 1437, respondeu às pressões da nobreza sobre o monarca, pois aí a promessa era de posse de mais terras (e não de novas fontes de comércio). Já a progressiva exploração da costa da África apontava na direção comercial: de um lado, a possibilidade de acesso a portos em que se realizava o comércio permitia, por exemplo, a troca de panos feitos em Portugal por ouro, marfim e escravos; de outro, a expectativa de se encontrar o

---

2. Em *A expansão quatrocentista portuguesa*, Vitorino Magalhães Godinho identifica os impulsos que levaram à expansão do século XIV ("convergência das necessidades de dilatação territorial da nobreza e de conquista de mercados da burguesia") e indica também as razões que moveram os dirigentes e a população em geral e também os sistemas de ideias que impregnaram a sua conduta. Desse modo, pôde superar a oposição existente na literatura entre a tese religiosa e a tese econômica de explicação da expansão quatrocentista ao integrar os diferentes planos desse processo histórico (GODINHO, 1944).

caminho para as Índias, fonte das valiosas especiarias (em especial, a pimenta), até então comerciadas pelos venezianos. O marco decisivo desta última etapa foi a viagem de Vasco da Gama que, em 1498, chegou a Calicut, na Índia. Com o estabelecimento de feitorias na Índia e na China, os portugueses praticamente se tornaram monopolistas do comércio de especiarias e outros produtos orientais, gerando grandes lucros pela diferença entre preço de compra e preço de venda dessas mercadorias. Dobb aponta referências que afirmam ter a primeira viagem de Vasco da Gama gerado um lucro de 6.000% sobre os recursos investidos (DOBB, 1983, p.137).

Se a viagem de Pedro Álvares Cabral se insere no mesmo movimento da expansão marítima e comercial portuguesa, sua descoberta trouxe um novo problema, pois, não havendo na América, produtos de alto valor para o comércio europeu, foi necessária a constituição de sistemas produtivos pelos próprios portugueses. O açúcar, que já era produzido nas ilhas do Atlântico, foi o principal produto da fase inicial da colonização, permitindo a ocupação do território português na América. Desse modo, o lucro não resultava mais, como no comércio com o Oriente, da diferença entre preço de venda e preço de compra; ele passava a depender da produção de mercadorias e, para tanto, da organização dos "fatores" de produção (terra, mão de obra, capital). A produção de açúcar na colônia portuguesa na América (ou seja, o que viria a ser o Brasil) é exemplar: a coroa portuguesa distribuiu a terra que havia conquistado aos seus súditos (nobres ou fidalgos que viam na América a possibilidade de obterem terras que não mais estavam disponíveis em Portugal); o tráfico de escravos, já existente, foi intensificado para suprir a mão de obra para as plantações de cana-de-açúcar e o capital necessário para a implantação dos engenhos foi obtido, em geral, com os comerciantes. Também aqui se nota a confluência dos interesses da nobreza (ou de parte dela), da burguesia comercial e da monarquia portuguesa.

Espanha seguiu Portugal em sua expansão marítima e comercial. A descoberta da América lhe deu a possibilidade de se apropriar, já no século XVI, dos tesouros acumulados pelas populações nativas. Além disso, pôde explorar as minas de metais por meio da utilização de mão de obra das próprias colônias (que foi submetida a um regime – o da *encomienda* – com alguma semelhança com o da servidão). O risco de conquista dessas minas por outras potências fez com que a Espanha concentrasse seus esforços na defesa das regiões mineradoras, relegando ao segundo plano a agricultura de exportação. Assim, definiu-se um padrão de colonização distinto do português, mas cujo objetivo final era semelhante, ou seja, a geração de riqueza para a metrópole.

As outras potências europeias também participaram desse movimento de expansão marítima e comercial, porém chegaram mais tarde do que Portugal e Espanha. No entanto, ao longo do século XVII, os países ibéricos foram superados por Holanda, Inglaterra e, em menor grau, França como grandes potências mercantilistas.

O comércio medieval teve, em Bruges (na Bélgica atual) um importante núcleo de articulação com as cidades italianas e com o norte da Europa. No século XVI, Antuérpia (também na Bélgica atual) absorveu o comércio de Bruges (em parte porque este porto não permitia a atracação de navios de maior porte) e se tornou a maior praça comercial do norte da Europa e um grande centro financeiro. Comerciantes portugueses, espanhóis, italianos, ingleses e alemães ali iam realizar a compra e venda de mercadorias e também operações de crédito e câmbio. Além disso, a região era tradicional produtora de tecidos de lã, dedicava-se também à pesca e iniciara importantes transformações em sua agricultura.

Na segunda metade do século XVI, a região dos Países Baixos viu rompida, por razões políticas, a normalidade de seus negócios. No processo de constituição dos Estados Nacionais europeus, os Países Baixos ficaram submetidos ao domínio espanhol, porém dotados de relativa autonomia. Com a ascensão de Felipe II ao trono espanhol, procurou-se aumentar o domínio sobre as províncias dos Países Baixos, tanto por meio de tributos mais pesados como pelo estabelecimento da Inquisição (o que era particularmente grave, pois boa parte da população era protestante, especialmente os comerciantes). A crescente pressão espanhola gerou reações nos Países Baixos que foram brutalmente reprimidas pelos exércitos espanhóis. Esse conflito levou à união entre diversas de suas províncias que, em 1579, selaram uma aliança contra os espanhóis na chamada União de Utrecht. As Províncias Unidas declararam-se independentes da Espanha, o que só foi reconhecido em 1609 quando da assinatura de um armistício entre ambas as partes. Durante o conflito de várias décadas, uma das províncias – a Holanda – foi beneficiada e Amsterdã assumiu a posição ocupada por Antuérpia durante a maior parte do século XVI.

À ascensão da Holanda como a principal potência comercial e financeira do século XVII corresponde o declínio de Portugal e Espanha. O reino de Portugal, em meio a disputas sucessórias, foi absorvido pela Espanha em 1580. O conflito entre os Países Baixos e a Espanha acabou por atingir Portugal, pois a Holanda conquistou várias de suas possessões. Como os comerciantes portugueses levavam suas mercadorias a Amsterdã para a distribuição pela Europa, o conflito entre Espanha e Países Baixos impediu a continuidade desse comércio. Para não perder o lucro que obtinha com essas mercadorias, a Holanda procurou conquistar militarmente as colônias portuguesas em que se obtinham aquelas mercadorias. A presença holandesa no nordeste brasileiro faz parte desse momento das relações entre Holanda e Espanha (pois Portugal, entre 1580 e 1640, integrava o Império Espanhol no período chamado de União Ibérica).[3] Quando Portugal recuperou sua autonomia (em 1640), já tinha perdido muitas de suas possessões, em especial aquelas que lhe haviam garantido praticamente o monopólio do acesso às fontes de mercadorias orientais. Restava-lhe a colônia americana produtora

---

3. A Companhia das Índias Ocidentais, que detinha o monopólio do comércio holandês na costa ocidental da África e na América, foi fundada em 1621. Essa Companhia organizou o ataque à Bahia e a ocupou entre 1624 e 1625. Dali expulsos, planejaram novo ataque, agora a Pernambuco, o que ocorreu em 1630. A presença holandesa se espalhou por outras áreas do Nordeste brasileiro e se manteve até sua expulsão em 1654 (embora desde 1648 seus domínios se reduzissem pela insurreição pernambucana).

PRIMEIRA PARTE – A TRANSIÇÃO DO FEUDALISMO AO CAPITALISMO

de açúcar (o Brasil), e algumas possessões na África (importantes apenas para o tráfico de escravos) e no Oriente (secundárias como fontes de mercadorias). A época áurea do Império português do século XVI havia se esgotado.

O poderio espanhol também foi abalado nesse período. O marco histórico do declínio do poderio espanhol foi a derrota, em 1588, de sua "Invencível Armada" na guerra naval contra a Inglaterra. Mais importante foi a redução de seu império colonial com a conquista por holandeses, ingleses e franceses de vários de seus territórios americanos. Isso ocorreu, em especial, nas Antilhas onde se estabeleceu uma nova área açucareira (rompendo o monopólio português da produção de açúcar) na segunda metade do século XVII. Inglaterra e França também estabeleceram colônias na costa leste da América do Norte, limitando a eventual expansão do Império espanhol naquela direção.

Em suma, se no século XVI coube a Portugal e Espanha a liderança na expansão marítima e comercial, no século XVII, Holanda, Inglaterra e França ofuscaram o papel exercido pelas potências ibéricas.

A expansão holandesa se fez principalmente por meio de grandes companhias comerciais. A mais importante delas – a Companhia das Índias Orientais, fundada em 1602 – concentrou o monopólio do comércio com a Índia. Mais do que uma empresa, a companhia tinha sua própria moeda, seu próprio exército, construía cidades e fortalezas. O comércio holandês atingiu ampla área: Índia, China, Japão, Rússia, Báltico, América. Controlou as fontes de especiarias no Oriente (como pimenta, cravo, canela, noz-moscada); organizou a produção de café em Java; levou o chá da China para a Europa, promovendo sua difusão. Ao saírem do Brasil, os holandeses introduziram a cana-de-açúcar nas Antilhas (não só nas holandesas, mas também nas francesas e inglesas) a fim de continuarem a promover sua comercialização na Europa. E Amsterdã, além de centro comercial, abrigou os maiores banqueiros europeus do século XVII.

No entanto, no final do século, a Holanda passou a sentir a rivalidade de uma outra potência: a Inglaterra. Desde o século XVI, a coroa inglesa implementava uma política de apoio ao comércio. Também ali, companhias comerciais desfrutavam do monopólio para o comércio com determinadas regiões: Companhia dos Mercadores Aventureiros, Companhia das Índias Orientais, Companhia da Rússia, Companhia do Báltico são exemplos de como a Inglaterra organizou sua investida no comércio internacional a partir do século XVI. A rainha Isabel (1558-1603) adotou medidas protecionistas do comércio e da indústria, chegando mesmo a apoiar piratas nos saques realizados em embarcações espanholas. No século XVII, as Leis de Navegação protegeram também as embarcações inglesas impondo restrições ao transporte por embarcações de outros países. Nesse século, a Inglaterra constituiu colônias nas Antilhas e na Nova Inglaterra.

Em suma, a expansão marítima e comercial, iniciada por Portugal ainda no século XV, levou à constituição de uma economia mundial integrada por fluxos comerciais e mesmo à difusão de novas formas de produção na América. Essa expansão não se fez

CAPÍTULO 2 – A EXPANSÃO COMERCIAL E MARÍTIMA, O MERCANTILISMO E O ESTADO ABSOLUTISTA

espontaneamente, mas contou com a participação decisiva dos novos Estados Nacionais que se consolidavam nos séculos XVI e XVII. O complemento da expansão marítima e comercial, intimamente relacionada a ela, foi a política econômica dos Estados Nacionais – o Mercantilismo – que passamos a analisar a seguir.

2.3 O MERCANTILISMO

A expansão comercial e marítima da Europa a partir de meados do século XV não resultou apenas das ações de uma burguesia mercantil ou mesmo de parcelas da nobreza que procuravam compensar a redução de sua riqueza com o aumento da posse de terras em outros espaços. Na verdade, o suporte do Estado foi essencial para essa expansão: em parte pelo apoio material a certos empreendimentos (como o das coroas espanhola e portuguesa para as expedições de Colombo e de Cabral em direção ao Novo Mundo e para a expansão marítima em geral); mas principalmente pela adoção de medidas de política econômica que sustentaram a expansão das economias europeias rumo à constituição de uma economia mundial. Essas medidas de política econômica foram, mais tarde, rotuladas de "Mercantilismo". Embora, aquilo que se denomina Mercantilismo esteja longe de constituir um corpo único e consistente de medidas de política econômica, é inegável que há certos traços da política econômica das maiores potências europeias nos séculos XVI e XVII que permitem, com o devido cuidado, caracterizar uma política mercantilista. Além da própria política econômica exercida pelos Estados europeus, há inúmeras obras da época que defendem determinadas orientações identificadas com um "pensamento mercantilista": também aqui há significativas variações de acordo com a época e a nacionalidade dos autores, embora permaneçam certas noções comuns a todos eles.

Em um dos mais alentados estudos sobre o tema, o economista e historiador sueco Eli Heckscher propôs entender o Mercantilismo como "uma fase na história da política econômica" (HECKSCHER, 1983, p.3); para ele o Mercantilismo não constituiu uma forma específica de organização da produção ou da sociedade (ou seja, não foi um "sistema econômico", como o feudalismo ou o capitalismo). Como indicamos acima, a ideia de Mercantilismo está associada à da política econômica – para Heckscher uma fase da história de política econômica, em que o Estado é o **sujeito** e o **objeto** dessa política: quer dizer, que a política mercantilista foi implementada pelo Estado (daí ser o **sujeito**), tendo em vista aumentar a riqueza e o poder do próprio Estado e não a riqueza ou o poder de seus súditos (e, por isso, o Estado é o **objeto** da política).[4] Em seu estudo sistemático

---

4. Esta concepção do Estado da época mercantilista (o Estado absolutista) sugere a autonomia do Estado em relação à sociedade, pois entende que essa política tem o Estado como seu sujeito e objeto. Como veremos, a noção de autonomia

73

PRIMEIRA PARTE - A TRANSIÇÃO DO FEUDALISMO AO CAPITALISMO

do Mercantilismo, Heckscher o analisa primeiro por seus **fins** e a seguir pelos **meios** que utilizou para alcançar aqueles fins.

Em relação aos fins, Heckscher caracteriza o Mercantilismo como um sistema unificador e como um sistema de poder. Unificador porque, ao propor a consolidação do Estado, o mercantilismo lutava contra o universalismo e o particularismo medieval. O universalismo se fazia presente principalmente pela força da Igreja Católica (e, com menor expressão, por algumas heranças da noção de Império, cuja origem remota era o Império Romano). A Igreja, pela uniformidade de suas instituições e por sua influência sobre as populações, era uma força "universal" contrária à segmentação territorial em unidades políticas autônomas, as quais poderiam se contrapor ao poder da Igreja. O exemplo típico desse conflito potencial – e no caso efetivo – foi a reforma religiosa na Inglaterra em 1534, sob Henrique VIII,[5] com o rompimento em relação à Igreja Católica e a constituição da Igreja Anglicana. Porém, para o Mercantilismo, era mais importante combater o particularismo do que o universalismo. O particularismo obstava a integração econômica de territórios mais amplos pela enorme subdivisão territorial em unidades políticas autônomas, cada uma com suas "particularidades": alfândegas, pedágios, sistemas de pesos e medidas, regimes monetários, regulamentações municipais referentes à produção industrial e ao comércio. O particularismo restringia a possibilidade de constituir uma unidade política de grandes dimensões, sujeita às mesmas normas e, consequentemente, um mercado integrado do qual o monarca pudesse extrair recursos, mantendo sua capacidade de domínio sobre uma ampla área territorial. Em suma, na luta contra o universalismo e contra o particularismo, o Mercantilismo se afirmava como um "sistema unificador".

Mas Heckscher vê também o Mercantilismo, em relação a seus fins, como um sistema de poder, e o vê sob dois prismas. O interno, que é um dos aspectos de seu caráter unificador e que se harmoniza plenamente com ele: trata-se de afirmar o poder do Estado diante de seus súditos. O externo, mais importante, que consiste em garantir o poder do Estado diante dos outros Estados. Admitindo que a ideologia mercantilista tinha uma concepção estática da riqueza, Heckscher deduz de imediato o caráter bélico do período. Entendendo que a riqueza do mundo era dada – ou seja, que os recursos econômicos não podiam ser acrescidos por qualquer ação dentro do país – o aumento de poder de um Estado só poderia se fazer às custas dos recursos de outros países. E, para tanto, o meio usual era a guerra, em especial a guerra de conquista que agregava novos territórios e recursos ao Estado vencedor. Para tanto, cabia ao próprio Estado (enquanto sujeito da política mercantilista)

---

do Estado não é consensual entre os estudiosos do Estado absoluto. No entanto, como uma primeira aproximação para o estudo do Mercantilismo, esta concepção de Heckscher parece-nos útil, embora precise ser qualificada posteriormente.

5. Henrique VIII, rei inglês (1509-1547) da dinastia Tudor, promoveu a total separação da Inglaterra com a Igreja Católica ao criar a Igreja Anglicana, da qual ele próprio se tornou o chefe supremo. Embora seja usual referir-se ao conflito entre Henrique VIII e o papado em torno do pedido de anulação de seu casamento com Catarina de Aragão, é inegável que há razões políticas mais amplas para essa ruptura.

CAPÍTULO 2 – A EXPANSÃO COMERCIAL E MARÍTIMA, O MERCANTILISMO E O ESTADO ABSOLUTISTA

definir as ações necessárias para garantir o poder: defesa terrestre, navegação, abastecimento dos gêneros essenciais por seus próprios meios são algumas dessas ações, que exigiam recursos materiais para implementá-las. Como obtê-los?

Essa a questão que Heckscher propõe a seguir, ou seja, uma vez definidos os fins da política mercantilista (unificação e poder do Estado), cabe investigar os meios utilizados para alcançar os fins estabelecidos: o Mercantilismo como sistema protecionista e como sistema monetário. Nessas categorias cabem as políticas usualmente associadas ao Mercantilismo, tais como: metalismo, balança comercial favorável, protecionismo (em alguns casos com ação industrialista) e colonialismo.

Embora no "pensamento mercantilista" a defesa dessas políticas apareça, em geral, isoladamente, há uma forte relação entre elas, como bem mostra Maurice Dobb (DOBB, 1983, Cap.V). E indo além de Heckscher, Dobb evidencia que, além do poder do Estado, a política mercantilista respondia também a certos (e variáveis) interesses privados. Embora trate principalmente do pensamento mercantilista inglês, os argumentos de Dobb parecem adequados para a compreensão do Mercantilismo como a política econômica dos Estados europeus nos séculos XVI e XVII.

A noção geral comum aos vários autores e às várias épocas do mercantilismo é a do *metalismo*. Poderia ela ser admitida como fundamento do Mercantilismo? Ou seja, até que ponto, a noção de que metal é riqueza e de que quanto mais metal (ou moeda) um país acumular, mais rico (e poderoso) ele é, pode ser entendida como a base do pensamento e da política mercantilista?[6]

É provável que os mais antigos mercantilistas efetivamente advogassem que o acúmulo de metal representasse, por si, uma vantagem para o país, talvez por meio de uma analogia entre a riqueza do monarca e a riqueza do Estado.[7] No entanto, o fato de o metalismo estar presente em autores posteriores pode ser entendido como uma forma de justificar determinadas políticas a partir de uma noção – de que metal é riqueza – aceita à época (e talvez até hoje) sem maior contestação. Porém como um país poderia aumentar a quantidade de metal que tinha em suas reservas se não dispunha, em seu território ou no de suas colônias, de minas de metais (ouro ou prata)?

Isto nos leva ao segundo elemento característico do mercantilismo: a *balança comercial favorável*. Assim, o objetivo de se obter um saldo favorável na balança comercial poderia ser associado ao desejo de aumentar as reservas metálicas do país por meio do comércio

---

6. O tema, como tal, foi objeto de apreciações famosas na literatura econômica: Adam Smith tratou essa relação entre moeda (metal) e riqueza da nação como um absurdo (entre outras críticas que fazia ao mercantilismo), ao passo que Keynes admitiu que ela podia conter alguma verdade pois a abundância de moeda podia levar à redução da taxa de juros e ao estímulo ao investimento.

7. Por vezes, identifica-se, entre os mercantilistas, uma corrente chamada de bulhonista (palavra derivada do espanhol *bullión* ou barra de metal), cujo foco é a relação entre metal e riqueza da nação. Essa corrente teria expressão maior na Espanha que, graças ao metal de suas colônias americanas, viu sua "riqueza" crescer no século XVI.

75

internacional. Ao excesso de exportações sobre as importações corresponderia a entrada de moeda/metal (os pagamentos pelas exportações, feitos em metal ou moeda metálica, superariam os pagamentos pelas importações, gerando um saldo metálico líquido que aumentaria as reservas do país). Desse modo, o aumento da riqueza, atribuído ao aumento da quantidade de metal no país, justificava uma política que promovesse o excesso de exportações sobre as importações – a balança comercial favorável.[8] Se em certas épocas (especialmente no século XVI), a "obsessão metalista" podia ser a justificativa para a balança comercial favorável, é provável que, mais tarde o "metalismo" (ou seja, um certo consenso ideológico de que o aumento das reservas metálicas ampliasse a riqueza do Estado) fosse o pretexto para se obter uma balança comercial favorável que era desejável por outras razões. Lembra Dobb, o saldo favorável na balança comercial representava um acréscimo das vendas em relação ao mercado doméstico, um mercado razoavelmente limitado à época. Assim, ao exportar mais do que importar era possível ampliar a produção além daquilo que o mercado interno era capaz de absorver, atendendo a interesses do comércio e da produção.

Outra implicação da entrada de metais e da balança comercial favorável era a possibilidade de comprar barato e vender caro: a entrada de metal no país superavitário tenderia a elevar os preços internos (e, portanto, os preços dos produtos exportáveis) e a deprimir os dos países deficitários (portanto, os preços dos produtos importados pelo país superavitário), favorecendo as relações de troca no comércio internacional para o país superavitário.

Muitos mercantilistas já tinham a percepção de que o aumento da quantidade de metal (e da moeda em circulação) provocava um aumento nos preços, como mais tarde foi formalizado na Teoria Quantitativa da Moeda. Aos mercantilistas escapavam as críticas que os economistas posteriores fariam a esse argumento: de um lado, que o aumento dos preços internos poderia elevar os custos de matérias-primas e os salários, anulando os ganhos do aumento do preço dos exportáveis; de outro, que o aumento desses preços provocaria a redução da procura do exterior, podendo neutralizar os ganhos decorrentes da elevação dos preços.

Esses problemas não eram propostos pelos mercantilistas porque, por um lado, acreditavam que a regulamentação do Estado era capaz de impedir o aumento de preços de matérias-primas e dos salários; por outro, que a demanda externa se mostrava substancialmente inelástica, principalmente no que se referia ao comércio com as próprias colônias. Ou seja, a impossibilidade de acesso a mercados alternativos, garantiria à metrópole o poder de impor preços elevados para seus produtos de exportação e reduzidos para aquilo que importava da colônia.

---

8. Embora a referência usual seja à balança comercial (comércio de mercadorias), para muitos autores estava claro que o importante era o montante dos recursos provenientes das transações internacionais como, por exemplo, os derivados dos fretes do transporte marítimo.

Em suma, os mercantilistas acreditavam firmemente que a regulamentação do Estado era capaz de interferir adequadamente no mercado, induzindo movimentos de preços nas direções desejadas. Não é estranho que o monopólio fosse um instrumento típico do Estado absolutista, aplicado tanto na esfera do comércio como em certas atividades produtivas.

Dobb observa que algumas diferenças nas políticas ao longo do tempo podem ser entendidas pelas mudanças na própria economia. Nos séculos XIV e XV, o metalismo podia ser combinado a uma política de aprovisionamento, uma forma de *protecionismo* típica do predomínio da visão dos consumidores: proibir exportações, estimular importações essenciais a fim de garantir abundância e barateza das mercadorias. Era a política das cidades transposta para o plano do Estado. No entanto, é claro que havia um conflito entre a política de aprovisionamento e o metalismo: aquela limitando o ingresso de metais e impondo seu gasto com importações e este valorizando o aumento do volume de metais no país. Esse conflito se resolvia, em parte, pela proibição da exportação de metais. Por outro lado, o estabelecimento dos *monopólios de comércio* – em especial sob a forma de concessões às companhias privilegiadas – parece corresponder ao desejo de comprar barato e vender caro, típico do capital comercial. Aqui importa menos o volume de comércio do que a diferença entre preço de venda e preço de compra, fonte do lucro comercial. Mas já no século XVI, e de modo mais evidente no século XVII, surgem manifestações favoráveis ao estímulo às exportações e à proibição de importações (exceto as de matérias-primas necessárias às manufaturas locais que pudessem gerar exportações). Esta *política protecionista*, claramente favorável ao interesse manufatureiro em ascensão, não se chocava com o metalismo; pelo contrário, ajustava-se a ele ao favorecer o aumento do saldo da balança comercial.

Apesar de seu esquematismo, a explicação acima permite entender algumas variações da política e do pensamento mercantilista no tempo e no espaço. Se o metalismo permaneceu como pano de fundo, o que dá unidade às políticas e ao pensamento mercantilista é a confiança na intervenção do Estado como controlador do mercado por meio de concessões, monopólios, regulamentos. Tal crença responde, em parte, ao desenvolvimento limitado dos mercados, mas também à necessidade de criar mecanismos institucionais para a geração de lucros substanciais para o capital. Numa época em que a produção agrícola e manufatureira ainda apresenta reduzida produtividade (ou seja, gera um excedente pequeno), o lucro na produção é relativamente restrito. Daí a necessidade de monopólios, privilégios, regulamentações que permitissem a elevação do preço de venda do produto e a redução dos custos (na compra de matérias-primas ou no pagamento de salários), atendendo, em especial, ao interesse da produção manufatureira. Mas esse objetivo não poderia ser formulado de modo explícito, como bem nota Maurice Dobb:

PRIMEIRA PARTE – A TRANSIÇÃO DO FEUDALISMO AO CAPITALISMO

A ideologia desse período de capital industrial nascente dificilmente poderia basear-se na suposição explícita de que o maior bem consistia em elevar ao máximo o lucro de determinada classe. Daí essa ideologia aparecer sob o disfarce do princípio de que o comércio deve subordinar-se aos interesses gerais do Estado, e, como o poder soberano se personalizava na Coroa, parecia razoável aplicar às transações econômicas do Soberano a analogia do comerciante individual, cujo lucro se media pelo saldo em dinheiro restante, após completadas todas as operações de compra e venda. Quanto mais realista seu pensamento, tanto mais o autor percebia que não era esse o objetivo real da política. (DOBB, 1983, p.153)

Desse modo, o Mercantilismo não se limitaria a fortalecer o poder do Estado; ele seria um instrumento para promover a acumulação de capital – em especial, porém não exclusivamente, de uma burguesia mercantil e financeira – por meio da intervenção do Estado na esfera econômica. O outro componente do Mercantilismo – o *colonialismo* – se ajustava claramente a esse sentido geral. As relações entre metrópoles e colônias não estavam pré-concebidas; elas foram construídas à medida que a ocupação das terras conquistadas colocava o problema de ajustar a exploração das áreas coloniais às necessidades e aos interesses metropolitanos. Apesar das diferenças entre essas áreas, há alguns elementos comuns à colonização dos séculos XVI, XVII e XVIII: o monopólio de comércio (ou o exclusivo metropolitano) e o trabalho compulsório.[9]

A colonização espanhola na América foi marcada pelo encontro precoce de metais preciosos. As riquezas metálicas acumuladas pelas populações nativas propiciaram, de início, o puro e simples saque dessas riquezas. A seguir, a exploração das minas, com a mão de obra local, submetida ao regime de *encomienda* (uma espécie de servidão), gerou um fluxo contínuo de metais preciosos para a metrópole por cerca de um século. Este fato condicionou o regime colonial espanhol da América, sem afastá-lo das características gerais indicadas, pois além do trabalho compulsório (implícito na *encomienda*), o regime de comércio pressupunha o monopólio metropolitano. A peculiaridade da colonização espanhola – voltada à extração da riqueza em metais – levou a um regime particularmente restritivo: o comércio só podia ser feito pelo porto de Sevilha (sob o controle da Casa de Contratação de Sevilha). A crescente pressão de outras potências, inclusive com o ataque de piratas às embarcações espanholas para saqueá-las, levou durante certo período ao regime de frotas: o comércio com as colônias só podia ser feito a partir de Sevilha e por meio de embarcações que vinham à América em comboios. Estes comboios partiam em épocas pré-determinadas e se dirigiam apenas a alguns portos da América Espanhola. Desse modo, o comércio com as colônias era completamente controlado e monopolizado pelos mercadores metropolitanos. Além disso, o regime de frotas restringia a oferta de

---

9. Sobre o "Antigo Sistema Colonial": NOVAIS, Fernando A. (1979). *Portugal e Brasil na Crise do Antigo Sistema Colonial (1777--1808)*. São Paulo: Editora Hucitec, especialmente o Capítulo II.

78

produtos nas colônias, com o efeito de elevar seus preços. Em suma, a metrópole não só absorvia as riquezas metálicas das colônias, mas também lucrava pela imposição de preços elevados às mercadorias enviadas às colônias, graças a um rígido exercício do monopólio de comércio (ou do exclusivo metropolitano).

Já Portugal se defrontou, no século XVI, com um problema distinto na América portuguesa: não tendo descoberto, de início, metais preciosos, nem havendo produtos locais de alto valor para o comércio europeu, foi preciso estabelecer uma produção que atendesse às exigências do comércio metropolitano. O açúcar, mercadoria de alto valor no comércio europeu, já era produzido nas ilhas portuguesas do Atlântico. Sua introdução na América foi a solução para a ocupação do território e, ao mesmo tempo, cumpriu com o objetivo de gerar lucros para a metrópole. As características gerais do regime colonial também estão presentes na América Portuguesa: o monopólio de comércio, sob a forma da permissão apenas para navios portugueses aportarem no Brasil, se estabelece tão logo a produção e os preços do açúcar se elevam; após a Restauração em 1640, algumas licenças foram concedidas à Inglaterra e à Holanda para o comércio direto para a colônia, mas isso num quadro político em que o apoio daqueles países a Portugal era importante para sua luta contra a dominação espanhola. Desse modo, o exclusivo metropolitano também apareceu nas relações entre Portugal e sua colônia na América. Quanto à mão de obra, a presença da escravidão, de início dos próprios nativos e depois dos africanos, reafirma o caráter compulsório do trabalho na colonização americana.

Inglaterra e França só ingressaram na fase de colonização no século XVII (antes disso dedicaram-se mais à pirataria), mas o fizeram seguindo as características gerais do regime colonial. Os Atos de Navegação ingleses (o primeiro editado em 1651) definiam o monopólio de comércio ao estabelecer que os produtos das colônias inglesas só poderiam chegar à Inglaterra em navios ingleses ou das colônias. Na Inglaterra, como na França, foram criadas companhias que detinham o monopólio do comércio desses países com várias regiões do mundo, ou seja, uma forma de estabelecer o monopólio de grupos mercantis metropolitanos também nas relações com áreas não coloniais. E as colônias desses países nas Antilhas não fugiram à regra: também ali, o trabalho escravo foi a fonte da mão de obra para as plantações de cana-de-açúcar. Em suma, monopólio de comércio e trabalho compulsório mais uma vez delineando os fundamentos da exploração colonial.

Apenas nas colônias do norte da América do Norte – a Nova Inglaterra – haverá algo distinto: região temperada, não oferecia nada ao comércio europeu. As companhias de comércio que tentaram sua colonização fracassaram. Os imigrantes (uma parte, espontâneos; outra, de contratados pelas companhias de comércio, juridicamente livres, porém frequentemente submetidos à servidão temporária) permaneceram em atividades mais voltadas à própria subsistência do que ao mercado. Quando a produção de açúcar nas Antilhas se ampliou, esta região temperada encontrou um mercado para seus produtos (madeiras, cereais, algumas manufaturas simples) e iniciou um ciclo de prosperidade fora

PRIMEIRA PARTE – A TRANSIÇÃO DO FEUDALISMO AO CAPITALISMO

dos padrões típicos das áreas coloniais. A metrópole não impediu o comércio entre as duas áreas coloniais nem o desenvolvimento de algumas manufaturas concorrentes com as da metrópole. Na Nova Inglaterra prosperou a pequena propriedade de trabalhadores livres, fugindo também ao padrão típico do trabalho compulsório. Em suma, era uma área submetida ao estatuto político colonial, porém constituiu uma exceção quanto às suas características econômicas e sociais. Razões de ordem política (os conflitos na Inglaterra no século XVII) e sociais (a natureza da emigração para a Nova Inglaterra, em geral de refugiados da perseguição religiosa) ajudam a entender esta exceção.

Se analisarmos as características do regime colonial num plano mais geral, sua aderência aos objetivos do Mercantilismo se torna mais clara. O monopólio de comércio garantia, ao capital comercial metropolitano, ganhos extraordinários por meio do próprio efeito do monopólio: ao comprar as mercadorias coloniais podia exercer uma pressão para reduzir seus preços (em relação ao preço que vigoraria se comerciantes de vários países competissem por esse produto); ao mesmo tempo, ao vender produtos metropolitanos na colônia podia pressionar seus preços para cima. Assim, os comerciantes metropolitanos podiam praticar preços de monopólio tanto na compra como na venda dos produtos na colônia, o que estimulava o lucro comercial e, portanto, a acumulação de capital na metrópole. De certo modo, a metrópole "explorava" a colônia pelo exercício do poder de monopólio.[10]

Por outro lado, a adoção de formas variadas de trabalho compulsório sugere a existência de razões de ordem geral, acima das peculiaridades de cada forma. Certamente, seria difícil imaginar a simples transposição das formas de trabalho vigentes na Europa para a América: trata-se de um momento de progressiva, porém não completa, desagregação da servidão feudal e em que o trabalho livre tem amplitude restrita. A mobilização de parcelas da população europeia enfrentaria resistência, a menos que houvesse significativa abundância de mão de obra (o que não ocorria nos séculos XVI e XVII). Os europeus que vieram para a América como trabalhadores (em geral na condição de servidão temporária) o fizeram, quase sempre por razões de ordem política ou religiosa. Assim, a colonização americana com base em parcelas da população europeia se mostrava inviável, seja sob a forma servil, seja sob a forma de trabalho livre.

Ainda no plano geral, há mais razões para explicar o caráter compulsório da força de trabalho colonial. A abundância de terras não apropriadas na América permitiria que um trabalhador livre se apossasse de uma área de terra e ali produzisse para a sua subsistência; desse modo, o objetivo da colonização – de produzir mercadorias para o comércio europeu – seria inviabilizado.

---

10. Essa exploração pelo comércio se daria diante de uma situação hipotética de livre comércio em que prevalecessem preços de concorrência. Evidentemente, na perspectiva da metrópole, tratava-se simplesmente de ajustar a colônia aos seus interesses, uma vez que a colônia era uma dependência da metrópole.

Outro argumento parte da hipótese da existência de um modo de produção escravista colonial: nesse caso, o trabalho escravo corresponderia às forças produtivas inerentes à *plantation*: uma produção tropical em larga escala visando a exportação (GORENDER, 1978).

Além disso, o trabalho colonial também deveria ser um trabalho barato que, ao favorecer baixos custos de produção, viabilizava o pagamento de preços reduzidos pelos produtos coloniais e, logo, lucros elevados para o comércio metropolitano. Quando se generaliza a utilização do escravo africano, outra fonte de lucro se afirma: o próprio tráfico de escravos da África para a América também gerou grandes lucros para o capital comercial metropolitano. Em suma, as formas de trabalho nas colônias também se adequaram aos objetivos metropolitanos.

Em suma, todos esses argumentos procuram explicar a prevalência de formas de trabalho compulsório nas colônias da época mercantilista, sugerindo não se tratar de algo casual e sim de uma imposição inerente ao sistema colonial (embora as explicações possam apontar em diferentes direções).

Outra característica do sistema colonial – a proibição às manufaturas nas colônias – fechava esse círculo de restrições conhecido como Pacto Colonial: expressa um momento em que alguma produção manufatureira já se desenvolveu nas metrópoles, mas também o interesse comercial de que as colônias não subtraíssem às metrópoles os ganhos decorrentes da venda de mercadorias nas colônias.

Mesmo que historicamente essas condições não estivessem presentes em todas as relações entre metrópoles e colônias, parece haver suficiente evidência para afirmar que elas constituíram o arcabouço geral do sistema colonial. E mais, que essas condições aderem perfeitamente aos propósitos do Mercantilismo.

Metalismo, balança comercial favorável, protecionismo, regulamentação e monopólios, colonialismo – práticas típicas do Mercantilismo enquanto política econômica do Estado absolutista – formam um conjunto bastante consistente. Nesse sentido, a conclusão de Dobb parece sintetizar o discutido até aqui e, ao mesmo tempo, lançar uma hipótese a ser desenvolvida adiante:

Em suma, o Sistema Mercantil foi um sistema de exploração regulamentado pelo Estado e executado por meio do comércio, que desempenhou papel importante na adolescência da indústria capitalista: foi essencialmente a política econômica de uma era de acumulação primitiva. (DOBB, 1983, p.149)

Esta conclusão de Dobb exige um esclarecimento: afinal, o que se entende por acumulação primitiva (tema que será tratado no próximo capítulo)? Antes disso, cabe situar a polêmica a respeito da natureza do Estado absolutista.

2.4 O ESTADO ABSOLUTISTA

A constituição de Estados centralizados na Europa sobre a fragmentação política feudal não pode ser datada por meio de um evento específico em cada nação. Na verdade, trata-se de um processo prolongado; Wallerstein, por exemplo, admite que já nos séculos XII e XIII se iniciara o fortalecimento de um poder central que viabilizou a emergência de monarcas absolutistas no século XV:

> O século XV viu o advento dos grandes restauradores da ordem interna na Europa ocidental: Luís XI na França, Henrique VII na Inglaterra e Fernando de Aragão e Isabel de Castela na Espanha. O principal mecanismo à sua disposição nessa tarefa, assim como para seus mais bem-sucedidos predecessores, foi financeiro: por meio da árdua criação de uma burocracia (civil e militar) forte o suficiente para taxar e portanto para financiar uma ainda mais forte estrutura burocrática. Este processo começou já nos séculos XII e XIII. (WALLERSTEIN, 1974, p.29)

A citação acima já nos traz algumas informações importantes: de um lado, a formação de Estados absolutos centralizados só se tornou efetiva em algumas regiões da Europa Ocidental, em especial França, Inglaterra e Espanha (e com menor expressão, Portugal). Itália e Alemanha continuaram fragmentadas, constituindo um Estado unificado apenas no século XIX. A Holanda, submetida até o fim do século XVI ao domínio espanhol, ao se tornar independente, não adotou um regime monárquico. O exemplo mais acabado de Absolutismo é o reinado de Luís XIV (1661-1715), na França. Conhecido como o Rei Sol, ele próprio dizia "O Estado sou eu". Numa época em que o Estado já se encontrava centralizado, acumulou no poder central a instância política e a administrativa. Foi essa a época mais característica do Mercantilismo francês, com uma política de apoio às manufaturas, dirigida pelo ministro Colbert. Na Inglaterra, o período Tudor (1485-1603), especialmente com Henrique VIII e Isabel, também é considerado como o auge do Absolutismo.

Se é possível situar momentos históricos importantes na consolidação do Estado absolutista, mais difícil é identificar a natureza desse Estado, questão, de resto, bastante polêmica. Essa dificuldade está associada ao fato de o Estado absolutista fazer parte do processo de transição do feudalismo ao capitalismo, não sendo possível identificá-lo de imediato como feudal ou capitalista. De nossa parte, mais do que defini-lo como feudal ou capitalista, pretendemos expor algumas visões sobre o Estado absolutista e indicar de que modo o Estado se insere no processo de transição.

Uma das proposições mais frequentes, embora superficial, sobre o tema é de que a burguesia comercial aliou-se aos monarcas para promover a constituição dos Estados Nacionais. Tal aliança se justificava pela oposição que existiria entre burguesia comercial e nobreza feudal. A fragmentação política típica da época feudal havia criado unidades autônomas em grande número, o que dificultava a circulação mercantil (em suma, o particularismo apontado por Hecksher). Por exemplo, o transporte de mercadorias entre dois pontos da Europa exigia a passagem por várias unidades políticas autônomas (principados, ducados, condados etc.), com a cobrança, em cada uma delas, de pedágios e outros tributos. Além disso, a diversidade de moedas também tornava mais difícil o comércio entre as várias regiões. A unificação de uma área mais ou menos vasta num Estado centralizado, reduziria os problemas decorrentes da excessiva fragmentação política. Nesse sentido, é plausível afirmar que havia alguma oposição de interesses entre nobreza feudal e burguesia comercial em certas esferas da atividade econômica, justificando a ligação entre monarcas absolutos emergentes e burguesia comercial. Ou seja, a burguesia daria seu apoio a um nobre pertencente a uma velha dinastia monárquica (ou a qualquer nobre com a pretensão de se tornar rei) na luta contra a nobreza feudal. Por seu turno, o rei (ou aquele que pretendia se tornar rei) dependia de recursos, em grande parte fornecidos pela burguesia comercial. Leo Huberman indica algumas razões para essa aliança:

> Era a presença de senhores diferentes em diferentes lugares ao longo das estradas comerciais que tornava os negócios tão difíceis. Necessitava-se de uma autoridade central, um Estado nacional. Um poder supremo que pudesse colocar em ordem o caos feudal. [...] O rei fora um aliado forte das cidades na luta contra os senhores. Tudo o que reduzisse a força dos barões fortalecia o poder real. Em recompensa pela sua ajuda, os cidadãos estavam prontos a auxiliá-lo com empréstimos de dinheiro. [...] O rei foi grato aos grupos comerciais e industriais que lhe possibilitaram contratar e pagar um exército permanente, bem equipado com as últimas armas. Repetidas vezes recorreu à nascente classe de homens de dinheiro para empréstimos e doações. (HUBERMAN, 1980, p.80-81)

Assim, evidencia-se que, na ótica de Huberman (e de muitos outros historiadores), o Estado absolutista envolvia uma aliança entre o rei e os comerciantes (ou os homens de dinheiro) contra os senhores feudais.

No entanto, o argumento parece insuficiente para justificar plenamente a formação do Estado absolutista. Por um lado, não se deve levar ao extremo a oposição entre nobreza feudal e burguesia comercial, pois, em certa medida, os lucros da burguesia provinham das vendas que realizavam para a nobreza, não havendo interesse em destruir os fundamentos sobre os quais se assentava a riqueza aristocrática. Não se trata, portanto, de uma oposição radical, mas sim de um conflito localizado em torno dos direitos cobrados pela autoridade feudal. Por outro lado, não se deve esquecer que os Estados Nacionais também reduziam a autonomia das cidades (e da burguesia mercantil na gestão dos negócios municipais) ao estabelecerem um poder centralizado. Ou seja, a hipótese de aliança entre monarca absoluto e a burguesia mercantil, com base apenas nas vantagens comerciais de um território unificado, se funda num aspecto específico, embora importante, da época.

Desse modo, essa forma simplificada de ver o Estado absolutista deixou de ser considerada em estudos mais recentes e aprofundados do tema.

Uma conhecida referência de F. Engels a respeito da monarquia absoluta nos séculos XVII e XVIII sugere entendimento distinto do anterior, a partir do confronto de sua concepção geral de Estado com o que observa no Absolutismo:

> Como o Estado nasceu da necessidade de conter o antagonismo das classes, e como, ao mesmo tempo, nasceu em meio ao conflito delas, é, por regra geral, o Estado da classe dominante, classe que por intermédio dele, se converte também em classe politicamente dominante e adquire novos meios para a repressão e exploração da classe oprimida. [...] Entretanto, por exceção, há períodos em que as lutas de classes se equilibram de tal modo que o Poder do Estado, como mediador aparente, adquire certa independência momentânea em face das classes. Nesta situação achava-se a monarquia absoluta dos séculos XVII e XVIII, que controlava a balança entre a nobreza e os cidadãos [...]. (ENGELS, 1987, p.193-194)

Sob essa perspectiva, o equilíbrio de forças entre nobreza feudal e burguesia mercantil daria relativa autonomia aos monarcas e era, de certo modo, a fonte de seu absolutismo. Assim, as monarquias absolutas poderiam se situar acima dos interesses de classes, podendo desenvolver uma política de fortalecimento do Estado (ou seja, em função dos interesses do próprio Estado – o monarca, sua corte, a burocracia, o aparato militar – diante da necessidade de sua afirmação perante a sociedade).

Também aqui convém ter algum cuidado pois, embora não se possa negar certa autonomia ao Estado absoluto, a afirmação cabal dessa autonomia não permite compreender aspectos importantes de sua ação, claramente referidos a interesses específicos dentro dessa sociedade.

Para entender a natureza do Estado absoluto, parece importante retomar o problema a partir da situação histórica do século XIV – ou seja, da crise feudal. O historiador britânico, Perry Anderson, explorou essa perspectiva de um modo que o levou a caracterizar a monarquia absoluta como um Estado feudal (ANDERSON, 1985). Vejamos como Anderson defende essa tese.

É certo que a crise feudal conduziu ao enfraquecimento da nobreza feudal, condição para a ascensão de um monarca que absorveu algumas das prerrogativas daquela nobreza. Porém, para Anderson, esse fato não implica uma oposição radical entre nobreza e monarquia. Pelo contrário, ele vê o Estado absoluto como um instrumento para a manutenção da ordem feudal. A crise feudal foi marcada por revoltas que induziram algumas mudanças, como a transformação da corveia – obrigação de trabalho na terra do senhor – em pagamentos em dinheiro. Anderson entende que essa mudança reduzia a capacidade de controle do senhor feudal sobre o camponês, pois enfraquecia a unidade entre a exploração econômica e a coerção político-legal que era, até então, exercida ao nível do

CAPÍTULO 2 – A EXPANSÃO COMERCIAL E MARÍTIMA, O MERCANTILISMO E O ESTADO ABSOLUTISTA

próprio feudo. Em outras palavras, a relação entre senhor feudal e servo comportava, ao mesmo tempo, a extração do excedente de trabalho camponês (em que a corveia aparecia de modo mais evidente) e a submissão do camponês a uma ordem político-legal em que o senhor era absoluto (pois, em seu domínio, ele detinha, numa analogia imprecisa, o poder executivo, o judiciário e, em certa medida, o legislativo).

Com a comutação da corveia por pagamentos em dinheiro, essa unidade foi enfraquecida, colocando o poder dos senhores feudais em risco. Embora não se tratasse ainda de uma relação tipicamente contratual (entre duas pessoas juridicamente livres e iguais), o pagamento em dinheiro tornava mais tênue o vínculo que unia o camponês ao senhor. Como o camponês não trabalhava mais na terra do senhor feudal, o poder de coerção do senhor se enfraquecia. Nessa situação, ao Estado absolutista, centralizado e militarizado, cabia assumir a coerção político-legal, garantindo aos senhores feudais a continuidade de sua dominação sobre o campesinato.

De forma sintética e contundente, afirma Anderson que o Estado absolutista foi "[...] um aparelho reforçado de poder real, cuja função política permanente era a repressão das massas camponesas e plebeias na base da hierarquia social" (ANDERSON, 1985, p.19).[11]

É evidente que, para Anderson, o Estado absolutista é um estado feudal, diferente, em sua forma, do "estado" feudal típico, exatamente porque a forma da relação entre servo e senhor também se modificou (envolvendo agora o pagamento de obrigações feudais em dinheiro).[12]

Apesar de feudal, o Estado absolutista provocou conflitos com a aristocracia, pois sua consolidação exigia a absorção de atribuições e recursos antes sob domínio da classe feudal. Em contrapartida, a nobreza obtinha ganhos econômicos especialmente sob a forma da liberação de suas terras das restrições típicas da vassalagem medieval. Assim, a propriedade da terra, antes sujeita a uma hierarquia de proprietários e de deveres, foi substituída progressivamente por uma propriedade plena da terra, paralelamente à eliminação das restrições antes existentes.

Porém, a aristocracia ainda enfrentava, na época do Absolutismo, um segundo antagonista: a burguesia mercantil urbana. As cidades medievais e a burguesia mercantil foram um contrapeso à dominação da aristocracia feudal, seja em sua luta pela autonomia municipal, seja como um refúgio de homens livres no meio da população servil. No entanto, apesar de Anderson considerá-lo feudal, ou seja, destinado primeiramente à manutenção

---

11. Igualmente expressiva é a seguinte proposição: "Os Estados monárquicos da Renascença foram em primeiro lugar e antes de tudo instrumentos modernizados para a manutenção do domínio da nobreza sobre as massas rurais" (ANDERSON, 1985, p.20).

12. Nesta forma de entender o Estado absolutista há o pressuposto de que ao fim da corveia e sua troca por um pagamento em dinheiro (que muitos entendem como o fim da servidão) não corresponde o fim da coerção extraeconômica do senhor sobre o camponês. Em suma, permaneceria o caráter feudal da relação entre senhor da terra e camponês. Voltaremos mais detidamente a esta questão quando tratarmos da polêmica a respeito da transição do feudalismo ao capitalismo.

PRIMEIRA PARTE – A TRANSIÇÃO DO FEUDALISMO AO CAPITALISMO

da dominação feudal e a conter a revolta camponesa, entende que o Estado absolutista não entrava em conflito com o capital mercantil. Mais do que isso,

> [...] o Estado feudal absolutista era, no entanto, contínua e profundamente sobredeterminado pela expansão do capitalismo no seio das formações sociais compósitas do período moderno inicial. Tais formações eram, naturalmente, uma combinação de diferentes modos de produção sob a dominância – em declínio – de um deles: o feudalismo. Todas as estruturas do Estado absolutista revelam, portanto, a influência à distância da nova economia em ação no quadro de um sistema mais antigo [...]. (ANDERSON, 1985, p.39)

Como o Estado absolutista conseguia a conciliação da aristocracia feudal e da burguesia mercantil diante de suas profundas diferenças e mesmo de um certo antagonismo? Anderson sugere uma resposta para a questão:

> Com efeito, o paradoxo aparente do absolutismo na Europa ocidental era que ele representava fundamentalmente um aparelho para a proteção da propriedade e dos privilégios aristocráticos, embora, ao mesmo tempo, os meios através dos quais tal proteção era promovida pudessem *simultaneamente* assegurar os interesses básicos das classes mercantis e manufatureiras emergentes. (ANDERSON, 1985, p.39)

E indica a seguir vários exemplos de como isso ocorria:

- aboliu grande número de barreiras internas ao comércio e patrocinou tarifas externas contra os concorrentes estrangeiros;
- proporcionou investimentos lucrativos ao capital usurário nas finanças públicas, ainda que arriscados;
- mobilizou a propriedade rural por meio de confisco de terras da igreja (caso da Inglaterra);
- propiciou rendimentos em sinecuras à burocracia (principalmente na França);
- patrocinou empreendimentos coloniais e companhias de comércio.

E conclui: "Em outras palavras, cumpriu certas funções parciais na acumulação primitiva necessária ao triunfo ulterior do próprio modo capitalista de produção" (ANDERSON, 1985, p.39-40).

Essas ações não eram incompatíveis com a natureza feudal do Estado absolutista, pois o fortaleciam ao mesmo tempo que beneficiavam a burguesia. No entanto, permanecia o caráter feudal do Estado: garantia a supremacia social da aristocracia e sua dominação sobre as massas. Em suma:

O domínio do Estado absolutista era o da nobreza feudal, na época de transição para o capitalismo. O seu fim assinalaria a crise do poder de sua classe: o advento das revoluções burguesas e a emergência do Estado capitalista. (ANDERSON, 1985, p.41)[13]

À tese de que o Estado absolutista é um estado feudal se contrapõe aquela que o define como um estado capitalista, tese defendida, por exemplo, por Nicos Poulantzas (POULANTZAS, 1971). Tendo também como ponto de partida a noção de transição do feudalismo para o capitalismo, Poulantzas reconhece no Estado absolutista características de um estado capitalista:[14]

[...] durante o período de transição do feudalismo para o capitalismo na área da Europa Ocidental, o Estado apresenta já características que permitem considerá-lo, do ponto de vista tipológico, como pertencente ao tipo capitalista de Estado – embora apresentando numerosas características do tipo feudal de Estado [...]. (POULANTZAS, 1971, p.187)

Poulantzas apresenta algumas dessas características capitalistas do Estado absolutista:[15]

- *soberania do Estado*: com a centralização, foram suprimidos os privilégios feudais que atribuíam poderes exclusivos dos senhores feudais sobre a terra de que era proprietário e sobre os homens a ela ligados; institui-se a dominação pública sobre um espaço territorial-nacional sem as restrições que caracterizavam o Estado feudal;
- *sistema jurídico escrito com regras de direito público* que substituiu os privilégios medievais pois apresenta as características de abstração, generalidade e formalidade do sistema jurídico moderno;
- *exército*: não tem mais por base os laços feudais; é um exército mercenário ao serviço do poder central; a infantaria e não mais a cavalaria (típica da nobreza) tem o papel principal nesse exército;

---

13. Anderson parece aceitar a tese de que, ao longo da transição para o capitalismo, a burguesia se torna economicamente dominante e, com as revoluções burguesas, assume a dominação política. As revoluções burguesas típicas foram a Inglesa (1640-1688) e a Francesa (final do século XVIII).

14. Poulantzas se filia ao chamado estruturalismo, cujo principal representante é Louis Althusser. Para essa corrente, a fase de transição apresenta peculiaridades com importantes implicações teóricas. Em nosso texto, nos limitamos a apontar alguns resultados da análise de Poulantzas, sem explorar os aspectos teóricos mais complexos de sua interpretação. Para esse tema, POULANTZAS (1971, p.187-192).

15. Anderson, embora reconheça características capitalistas no Estado absolutista, reafirma seu caráter feudal. Assim, os exércitos são compostos por mercenários; entre seus objetivos está a ampliação territorial no interesse da nobreza; as funções públicas, em particular a arrecadação de impostos, eram "vendidas" a nobres e burgueses e não geridas por uma burocracia meritocrática; a codificação do direito conciliou necessidades da aristocracia (em relação à propriedade da terra) e da burguesia (em relação às atividades comerciais). Em suma, para Anderson, as características capitalistas do Estado absoluto não negam seu caráter feudal.

PRIMEIRA PARTE - A TRANSIÇÃO DO FEUDALISMO AO CAPITALISMO

- *burocracia*: os cargos públicos não estão ligados à qualidade de seus titulares enquanto membros de classe; o exercício das funções públicas não realiza os interesses econômicos e políticos de seus titulares, mas funções de Estado representando o interesse geral.

Mas para Poulantzas, além dessas características de um Estado capitalista, o Estado absolutista teve uma função no processo de transição do feudalismo ao capitalismo:

> A função do Estado absolutista não é precisamente a de operar nos limites fixados por um modo de produção, mas a de produzir relações *não-ainda-dadas* de produção – as relações capitalistas – e liquidar as relações feudais de produção: a sua função é de transformar e fixar os limites do modo de produção. (POULANTZAS, 1971, p.192)

Essa função, diz Poulantzas, envolve a expropriação dos pequenos proprietários, fornecimento de fundos para o início da industrialização, ataque ao poder senhorial, ruptura das barreiras comerciais no interior do território nacional, etc. E acrescenta: essa função só pode ser preenchida "por um Estado com caráter capitalista, por um poder público centralizado com caráter propriamente político" (POULANTZAS, 1971, p.198).

A concepção de Poulantzas sobre a transição é substancialmente distinta da usual: nesta, a burguesia se torna economicamente dominante e, por meio da Revolução Burguesa, assume a dominação política. Para Poulantzas,

> Do ponto de vista do Estado, o estágio inicial da transição do feudalismo para o capitalismo consiste no fato de comportar um Estado com traços marcadamente capitalistas, num momento em que a burguesia não é a classe politicamente dominante e, mesmo frequentemente, não é a classe economicamente dominante: esse estágio inicial não corresponde, a maior parte das vezes, a um equilíbrio de forças entre a burguesia e a nobreza. Após a elevação da burguesia ao poder político, [...] a transição continuará até a consolidação do modo de produção capitalista [...]. (POULANTZAS, 1971, p.199-200)

O caráter polêmico da natureza do Estado absoluto se revela claramente no confronto das teses de Anderson e de Poulantzas. Não se trata, no nosso caso, de aderir a uma ou outra interpretação, mas convém reter, da discussão, alguns pontos de interesse. Primeiro, o Estado absoluto foi dotado de alguma autonomia em relação à aristocracia feudal e à burguesia mercantil, embora não haja consenso quanto ao grau dessa autonomia. Segundo, com o Estado absoluto se teve a centralização do poder em detrimento da aristocracia feudal, porém essa centralização foi essencial para sufocar a revolta camponesa que colocava em risco as relações feudais. Terceiro, ações do Estado absoluto (sintetizadas pelo Mercantilismo) beneficiaram a burguesia pela expansão do comércio e das finanças de modo a ampliar as possibilidades de lucro. Quarto, o Estado absoluto promoveu mudanças em direção a instituições típicas do capitalismo, ou seja, o Estado absoluto foi um agente ativo do processo de transição do feudalismo ao capitalismo. Estes pontos não são suficientes para resolver a polêmica – o Estado absolutista era feudal ou capitalista? – porém indicam a importância desse Estado na transição do feudalismo ao capitalismo.

REFERÊNCIAS

ANDERSON, P. (1985). *Linhagens do Estado Absolutista*. São Paulo: Brasiliense.

DOBB, M. (1983). *A Evolução do Capitalismo*. São Paulo: Abril Cultural.

ENGELS, F. (1987). *A Origem da Família, da Propriedade e do Estado*. 11ª ed., Rio de Janeiro: Civilização Brasileira.

GODINHO, V.M. (1944). *A Expansão quatrocentista portuguesa*. Lisboa: Empresa Contemporânea de Edições.

GORENDER, J. (1978). *O Escravismo Colonial*. São Paulo: Editora Ática.

HECKSHER, E. (1983). *La Época Mercantilista*. México: Fondo de Cultura Económica.

HUBERMAN, L. (1980). *História da Riqueza do Homem*. 16ª ed., Rio de Janeiro: Zahar Editores.

MISKIMIN, H. (1984). *A Economia do Renascimento Europeu*. Lisboa: Editorial Estampa.

NOVAIS, F. (1979). *Portugal e Brasil na Crise do Antigo Sistema Colonial (1777-1808)*. São Paulo: Editora Hucitec.

PIRENNE, H. (1963). *História Econômica e Social da Idade Média*. São Paulo: Mestre Jou.

POULANTZAS, N. (1971). *Poder Político e Classes Sociais*. Volume I. Porto: Portucalense Editora.

WALLERSTEIN, I. (1974). *The Modern World System: Capitalist Agriculture and the Origins of the European World-Economy in the Sixteenth Century*. New York: Academic Press.

Capítulo 3

TRANSFORMAÇÕES DA PROPRIEDADE FUNDIÁRIA E DA PRODUÇÃO ARTESANAL E MANUFATUREIRA (SÉCULOS XVI-XVIII)

*P*or mais divergentes que sejam as concepções de capitalismo, há algumas características que, explícita ou implicitamente, estão presentes qualquer que seja essa concepção. De um lado, o predomínio da propriedade privada dos meios de produção em geral, e em particular da terra; de outro, na esfera da produção, principalmente industrial, a existência de uma clara distinção entre patrões e empregados, ou seja, entre os capitalistas – proprietários dos meios de produção – e os trabalhadores. Mas essas não são características universais das sociedades, ou seja, que estejam presentes em qualquer época ou lugar da história. Pelo contrário, são características cuja origem pode ser situada historicamente.

A terra, na sociedade feudal, não tinha um proprietário pleno, ou seja, alguém com o direito absoluto de vendê-la, arrendá-la ou utilizá-la da forma que melhor lhe aprouvesse. Como já indicamos, havia uma "hierarquia" de proprietários feudais, cada um com diferentes direitos de apropriação sobre o produto da terra; por outro lado, e mais importante, os camponeses tinham a posse de lotes de terra – ou seja, o direito de ocupação e de uso desses lotes – dentro do domínio feudal, direitos muitas vezes hereditários, embora a esses direitos correspondessem vários tipos de obrigações, inerentes à servidão. Desse modo, a "venda" de um domínio feudal, se fosse possível, implicava o reconhecimento de todos esses direitos de terceiros sobre aquela terra. Como e quando se processou a mudança na forma de propriedade da terra de modo a torná-la livre de todos os direitos feudais que pesavam sobre ela? Em outras palavras, quando e como se constituiu historicamente a propriedade privada da terra como a conhecemos hoje? E mais, quando e como os camponeses perderam seu vínculo com a terra, restando-lhes apenas seu trabalho como meio para sua subsistência?

Paralelamente, as formas de produção industrial também se modificaram: da corporação de ofício, com a regulamentação que a caracterizava, inclusive a hierarquia de

PRIMEIRA PARTE – A TRANSIÇÃO DO FEUDALISMO AO CAPITALISMO

mestres, companheiros e aprendizes, caminhou-se para uma forma em que predomina a relação entre um patrão e um trabalhador assalariado, antecipando a relação típica da fábrica que emerge com a Revolução Industrial no Século XVIII. Como e quando ocorreu essa mudança?

Historicamente, essas transformações se processaram primeiramente na Inglaterra, o que, por vezes, sugere a existência de uma espécie de "modelo" de constituição de algumas condições típicas do capitalismo (como a propriedade da terra e a relação patrão-operário na indústria).[1] Na verdade, o "modelo" inglês não é o único caminho para a constituição das condições sociais do capitalismo, como procuramos indicar brevemente neste capítulo. Na Terceira Parte do livro, ao tratarmos dos outros processos de industrialização (que não o inglês) voltaremos ao tema com mais cuidado.

3.1 A TRANSFORMAÇÃO DA PROPRIEDADE FUNDIÁRIA NA INGLATERRA

A crise do século XIV acelerou algumas mudanças iniciadas anteriormente em várias partes da Europa Ocidental. A mais frequente era a substituição de uma obrigação pela qual o servo tinha de trabalhar na reserva senhorial alguns dias por semana – a chamada corveia – por uma obrigação paga em dinheiro. Assim, os camponeses podiam dedicar todo o tempo de trabalho ao cultivo de seus lotes de terra.

A condição para que essa mudança ocorresse era algum grau de expansão do comércio e da circulação monetária que possibilitasse um pagamento em dinheiro no lugar da obrigação em trabalho. Desse modo, já no século XII se observa, em algumas partes da Europa Ocidental, a troca da corveia por um pagamento em dinheiro. Do ponto de vista do senhor feudal, o interesse estaria em ter imediatamente uma renda sob forma monetária que poderia ser gasta na compra das mercadorias oferecidas pelo comércio. Porém, sem a corveia, o cultivo da reserva senhorial não mais podia ser feito com o trabalho compulsório dos servos. Assim, restava ao senhor feudal o problema de como cultivar a reserva senhorial: isto poderia ser feito pela contratação de trabalhadores dispostos a receber um salário (se estes existissem naquela região) ou por meio de arrendamento da reserva (se houvesse camponeses com recursos para o pagamento de uma renda). Percebe-se assim que, para o senhor feudal, a "vantagem" econômica da troca da corveia por um pagamento em dinheiro envolvia um conjunto complexo de dados: valeria mais a pena obter o produto do trabalho dos camponeses – por meio da corveia – na reserva senhorial (e vender o

---

1. A abordagem clássica dos temas deste capítulo é a de Karl Marx, em *O Capital*, Volume I, Livro Primeiro, Seção IV: A produção de Mais-Valia Relativa; e Capítulo XXIV – A Assim Chamada Acumulação Primitiva (MARX, 1985). Uma obra bastante esclarecedora é a de Paul Mantoux, *A Revolução Industrial no Século XVIII* (MANTOUX, s/d), Primeira Parte, Capítulos I e III. Nossa exposição segue, em linhas gerais, argumentos e evidências apresentados por Marx e Mantoux.

CAPÍTULO 3 – TRANSFORMAÇÕES DA PROPRIEDADE FUNDIÁRIA E DA PRODUÇÃO ARTESANAL E MANUFATUREIRA

excedente de suas necessidades no mercado) ou receber um pagamento em dinheiro dos camponeses (fruto da comutação da corveia), mais o produto líquido do cultivo da terra com trabalho assalariado ou a receita do arrendamento da terra? Evidentemente, essa resposta só poderia ser dada para cada situação histórica específica.

Para o camponês, a comutação da corveia apresenta uma atração imediata que é a supressão do trabalho direto na terra do senhor a lhe dar a sensação de maior liberdade. Porém, no plano econômico, o pagamento em dinheiro a que o camponês se obrigava deveria ser garantido pelo aumento da produção em seu próprio lote: por poder dedicar todo o tempo ao trabalho em seu lote de terra, o camponês deveria ser mais produtivo e obter um produto cujo excedente pudesse vender no mercado a fim de obter o dinheiro para pagar a sua nova obrigação.

Na verdade, estas considerações de ordem econômica nem sempre estiveram presentes na comutação da corveia por uma obrigação em dinheiro. Talvez a comutação tenha sido mais frequentemente concedida em meio a conflitos agudos entre senhores e servos.

De qualquer modo, é certo que a tendência, numa perspectiva secular, foi a da progressiva substituição da corveia por pagamentos em dinheiro. Embora isto não representasse de imediato a ruptura da relação feudal ou servil (enquanto expressão de coerção extraeconômica), ela introduzia nas relações entre senhores e servos alguns dados novos. Por um lado, ao trabalhar exclusivamente em sua própria terra, o camponês tinha maior estímulo – e também mais tempo – para dedicar-se com afinco ao cultivo, aumentando sua produtividade. Daí a possibilidade de "enriquecimento" de alguns camponeses e do surgimento de uma camada diferenciada de camponeses no seio da sociedade feudal em declínio.[2]

Esta transformação na forma de exploração da terra não implicou, de imediato, qualquer mudança radical na propriedade fundiária: a terra continuou sendo objeto de uma hierarquia de proprietários e sujeita, portanto, a inúmeras limitações à sua transformação em mercadoria. No entanto, essas mudanças, e os fatores que as induziram, tenderam a pressionar por mudanças mais amplas na estrutura fundiária.

De um lado, a crise feudal (meados do século XIV-meados do século XV) tornara bastante frágil a situação de muitos senhores feudais: o declínio populacional levara à redução do número de servos (muitos feudos foram despovoados) e, consequentemente, do produto dos feudos; e a queda dos preços dos principais produtos da agricultura

---

2. O declínio do feudalismo na Inglaterra deu margem ao surgimento de vários estratos sociais na área rural pela decomposição da estrutura típica senhor feudal-servo. Entre os que tinham acesso à propriedade da terra, havia os grandes proprietários rurais (cujas origens estão na velha classe feudal e na burguesia que buscou aristocratizar-se pela compra de terras) e uma pequena nobreza provincial, a *gentry* (cujos membros eram denominados *esquires*). Havia ainda os *yeomen*, pequenos proprietários ou arrendatários prósperos, considerados o elemento mais dinâmico na área rural inglesa. Entre os trabalhadores, alguns se mantiveram durante algum tempo presos à terra como os antigos servos; e havia um número crescente de trabalhadores sem acesso à terra e que sobreviviam do emprego como assalariados e pelo direito de uso das terras comuns.

PRIMEIRA PARTE – A TRANSIÇÃO DO FEUDALISMO AO CAPITALISMO

(também resultado da menor população) afetara a renda feudal. No século XVI, a inflação[3] também atingiu a renda feudal: ela reduziu o valor real das obrigações dos camponeses e dos arrendamentos (pois muitos pagamentos eram fixados em termos monetários e perdiam valor real com a inflação acelerada do período). Assim, a fim de manterem seu nível de gastos, os senhores frequentemente se endividaram com a burguesia comercial e financeira, porém nem sempre puderam arcar com os compromissos que assumiram, transferindo bens para saldar sua dívida. Bens móveis (como prataria ou outros objetos de valor) passaram por esse processo, porém a própria terra foi, em última instância, objeto dessa transferência. Evidentemente, a transferência do domínio feudal para um elemento burguês envolvia problemas de várias ordens: de um lado, questões de ordem jurídica que ocuparam os tribunais da época (por vezes a favor dos interesses feudais, mas crescentemente a favor da burguesia); de outro, uma questão de ordem social (porém também jurídica) que dizia respeito à inserção de um elemento burguês no interior da hierarquia de obrigações feudais. Ou seja, em que medida as obrigações entre vassalos e suseranos, implícita na hierarquia de propriedade fundiária feudal, eram transferidas para os elementos burgueses? Obviamente, nenhuma solução jurídica simples se colocava para essa questão que tendeu a se resolver num longo processo de disputa social. No entanto, prevaleceu a tendência à progressiva eliminação das restrições impostas sobre a propriedade da terra, ou seja, sobre o direito pleno de compra e venda das terras do domínio, isentas de qualquer obrigação de caráter feudal.

Se isso podia se aplicar mais imediatamente ao centro do domínio e à reserva senhorial, mais complexa era a situação referente aos lotes dos camponeses e às terras de uso comum. Sobre os lotes dos camponeses pesavam direitos hereditários e mesmo os arrendamentos estavam gravados por contratos seculares. Além disso, embora as terras de uso comum fossem, formalmente, de propriedade do senhor do domínio, o costume garantia sua utilização por todos os moradores, mesmo aqueles que não tinham qualquer posse de terra. Desse modo, a sua venda envolvia tanto uma questão jurídica como uma questão social.

No entanto, a crescente mercantilização do produto agrícola criou uma forte pressão para a transformação da estrutura fundiária com a radical mudança dos direitos associados à estrutura herdada da época feudal. O marco clássico dessa mudança foi o conhecido processo de cercamentos iniciado na Inglaterra no século XVI.

O crescimento da produção de tecidos de lã na Inglaterra estimulou a criação de ovelhas para atender à necessidade da matéria-prima. No entanto, a forma de propriedade e

---

3. A inflação do século XVI é atribuída ao ingresso dos metais da América Espanhola na circulação monetária europeia. Os metais, apropriados ou extraídos na América, foram levados à Espanha, mas posteriormente permitiram a compra de mercadorias em outros países europeus. Por isso, o metal americano teve um impacto inflacionário não só na Espanha, mas em toda a Europa ocidental. Essa tese ficou associada ao historiador americano Earl J. Hamilton, autor do artigo "American Treasure and the Rise of Capitalism" (HAMILTON, 1929. A tese central do artigo foi posteriormente objeto de um livro, *American Treasure and Price Revolution in Spain, 1501-1650*, publicado em 1934.

CAPÍTULO 3 – TRANSFORMAÇÕES DA PROPRIEDADE FUNDIÁRIA E DA PRODUÇÃO ARTESANAL E MANUFATUREIRA

o sistema de exploração – de campo aberto – dificultavam a formação de grandes fazendas para a criação de ovelhas. Enquanto os camponeses mantivessem seus direitos sobre os lotes de terras explorados no sistema de campo aberto, a criação de ovelhas ficava bloqueada, pois era inviável transformar pequenos lotes em pastos, ao lado de terras de cultivo não cercadas.

Desse modo, surgiram pressões da parte dos maiores proprietários – senhores do domínio – e mesmo de arrendatários mais ricos no sentido de alterar a distribuição da terra no domínio. O termo "cercamento" indica o aspecto físico dessa transformação: as terras, antes cultivadas no sistema de campo aberto – ou seja, sem qualquer tipo de separação física entre os lotes – foram cercadas, em geral por meio de muros de pedras ou por sebes. Mas para que isso fosse viável foi necessário consolidar os pequenos lotes em unidades maiores que tivessem uma dimensão minimamente econômica. Em particular, a criação de ovelhas demandava pastos relativamente extensos. Embora o cercamento das terras pudesse aparecer como algo "racional" no sentido de viabilizar novas e mais produtivas atividades, seu resultado não foi equitativo do ponto de vista social: o processo de consolidação dos antigos lotes dispersos no sistema de campo aberto se deu de modo a provocar intensa redistribuição da riqueza fundiária.

Cabe lembrar que, em sua primeira fase, no século XVI, os cercamentos, destinados à criação de ovelhas, foram feitos por mecanismos privados: alguns proprietários ou arrendatários de um domínio convenciam os demais camponeses a promover o cercamento das terras. Esse convencimento nem sempre se fazia por "mecanismos de mercado", sendo frequente a pressão "social" ou mesmo o uso da força e da violência. Mas uma vez decidido o cercamento, sua mecânica acabava por envolver profunda desigualdade.

Embora as terras de uso comum fossem, formalmente, de propriedade do senhor do domínio, elas entravam no processo de cercamento com duplo efeito. Primeiro, deixavam de ser passíveis de utilização pelos habitantes do domínio, pois agora fariam parte de um lote de algum morador, deixando de ter o uso coletivo ou comunitário a que antes estavam destinadas. Assim, a parcela dos camponeses – alguns mesmo sem qualquer tipo de vínculo com a terra, mas que podiam morar em choças nas terras comuns – que obtinha daquelas terras parte de sua subsistência, perdeu o acesso a esse recurso. Por outro lado, a inclusão das terras de uso comum no processo de cercamento tinha outro impacto redistributivo. Como se sabe, estas terras eram as menos férteis ou menos propícias ao cultivo. Como o cercamento era um processo privado em que o poder de pressão dos mais fortes tinha grande eficácia, os camponeses mais pobres, na consolidação de seus lotes, tenderam a ficar com as terras menos férteis, muitas vezes nas áreas de terras de uso comum (como pântanos, charnecas ou florestas). Além disso, o custo do cercamento era dividido compulsoriamente entre todos os "proprietários" do domínio. Desse modo, aos mais pobres se impunha também esse custo (na proporção de sua área), custo que teria de ser coberto com o produto de seu trabalho na nova terra, em geral de reduzida fertilidade ou mesmo

PRIMEIRA PARTE – A TRANSIÇÃO DO FEUDALISMO AO CAPITALISMO

de difícil cultivo. Muitos camponeses de poucos recursos endividaram-se para pagar o custo do cercamento e não obtiveram, do cultivo em terras pouco propícias à agricultura, o suficiente para saldar sua dívida. Assim, foram obrigados a vender sua terra. Além disso, aqueles que não tinham um lote, mas que viviam nas terras comuns tirando dela parte de seu sustento e obtendo alguma renda como jornaleiros, também foram expulsos do domínio, passando a vagar pelos campos em busca de algum meio de subsistência (daí se transformarem em vagabundos)[4]. É conhecida a referência de Tomas More, autor da obra *A Utopia*, ao dizer que "[...] as ovelhas, em geral tão mansas e que se alimentam tão pouco, estão se tornando, dizem, tão indomáveis e tão vorazes que devoram os próprios homens, despovoam e devastam o campo, as casas e as cidades" (apud MANTOUX, s/d, p.140). Ou seja, os cercamentos realizados com o objetivo de constituir pastos para ovelhas, acabaram por retirar os meios de subsistência de uma parcela da população inglesa do século XVI. Evidentemente, os beneficiários eram os grandes proprietários (velhos senhores ou burgueses aristocratizados) que não só ganhavam condições mais propícias para a exploração de suas terras mas também conseguiam libertar suas terras de todos os vínculos originários da época feudal.[5] Agora, a terra cercada era plenamente passível de compra e venda sem que sobre ela pesasse qualquer tipo de restrição (como os direitos hereditários de posse ou de arrendamento).

É certo que os cercamentos do século XVI foram relativamente limitados quanto à sua extensão. Estima-se que cerca de 5% a 10% das terras próprias para agricultura e pecuária foram objeto desses cercamentos. No entanto, pelo fato de as terras terem sido destinadas a pastos, com reduzida necessidade de mão de obra, seu impacto em termos de população destituída foi bastante forte.

O processo de cercamentos arrefeceu no século XVII, porém teve outra forte onda no século XVIII, onda essa que praticamente concluiu a mudança da estrutura fundiária na Inglaterra. Algumas diferenças marcam esta segunda onda de cercamentos em relação

---

4. Nos reinados de Henrique VII e Henrique VIII, várias leis procuraram evitar os efeitos dos cercamentos, por exemplo ao ordenar a reparação de casas abandonadas para servirem de moradia, ao limitar o número de carneiros que um proprietário poderia ter ou pela tributação sobre terras transformadas em pastos. Mantoux (s/d) se refere a várias dessas leis editadas desde 1488 até 1535. Mas a ineficácia das leis em conter os efeitos dos cercamentos pode ser vista por outro tipo de legislação que se repete nos reinados de Henrique VIII e seus sucessores: a legislação contra os "vagabundos", exposta por Marx no capítulo "A assim chamada Acumulação Primitiva". Por exemplo: vagabundos válidos seriam amarrados a um carro e açoitados até o sangue correr de seu corpo; se reincidente, teria metade da orelha cortada e, na terceira vez, seria executado (lei do 27° ano do reinado de Henrique VIII); ou, em 1547, no reinado de Eduardo VI, quem se recusasse a trabalhar se tornaria escravo de quem o denunciara como vadio, podendo colocar um anel de ferro no pescoço para identificá-lo como escravo; e seria executado se tentasse algo contra o senhor. Em suma, a vagabundagem era condenada, no limite, com a execução dos "vadios", os quais nada mais eram do que vítimas dos cercamentos (MARX, 1985, p.275-276).

5. Na Inglaterra, os direitos feudais foram abolidos em 1646 como parte das transformações promovidas pela Revolução Inglesa do século XVII. No entanto, mesmo onde as terras foram cercadas, permaneceu o vínculo do trabalhador com seu distrito ou sua paróquia de origem, da qual não poderia se retirar. Sem a mobilidade dos trabalhadores, não se constituiu um mercado de trabalho.

àquela do século XVI: a do século XVIII foi feita com base em atos do parlamento inglês e não por meios privados. O ritmo dessa nova onda de cercamentos pode ser indicado pelo número de atos aprovados pelo Parlamento no período, de acordo com os dados levantados por Mantoux (s/d., p.127-128):

TABELA 3.1
Atos aprovados no Parlamento Inglês para cercamentos (1701-1810)

PERÍODO	ATOS APROVADOS	PERÍODO	ATOS APROVADOS
1701-1713	3	1760-1770	424
1714-1720	7	1770-1780	642
1720-1730	33	1780-1790	287
1730-1740	35	1790-1800	506
1740-1750	38	1800-1810	906
1750-1760	56		

Fonte: Mantoux (s/d.), p. 127-128.

Para requerer o cercamento, proprietários de 2/3 da área de um domínio encaminhavam uma petição ao parlamento; aprovado o pedido no parlamento, um funcionário público era responsável pela demarcação dos novos lotes, o que adquiria caráter coercitivo sobre todos os habitantes do domínio. Como em geral esses 2/3 das terras do domínio eram possuídos por um pequeno número de grandes proprietários (por vezes, apenas um ou dois), o cercamento podia ser levado adiante à revelia dos interesses dos pequenos proprietários. Convém notar que os arrendatários mais prósperos também tinham grande interesse nos cercamentos a fim de ampliar as áreas que podiam cultivar livres das restrições impostas pelo sistema de campo aberto. Outra diferença é que no século XVIII os cercamentos se destinaram à agricultura, reduzindo a expulsão de trabalhadores do campo e não adquirindo, de imediato, um caráter tão dramático.[6] No entanto, há uma mudança social radical: os camponeses que antes trabalhavam por sua conta nos lotes a que estavam vinculados, agora passam a trabalhar como assalariados (ou seja, formou-se um proletariado rural) para os arrendatários que constituíram a classe de empresários agrícolas na Inglaterra do século XIX em diante. Desapareceu do campo inglês uma figura típica da fase de transição – o *yeoman*, ou seja, o camponês pequeno proprietário/arrendatário de terra. Em suma, consolidaram-se ao final do século XVIII e início do XIX as classes típicas do capitalismo agrário inglês: uma aristocracia de grandes proprietários de terra que

---

6. Pesquisas mais recentes questionam ou qualificam aspectos da visão usual dos cercamentos (por exemplo, seu ritmo ou a destinação das terras cercadas). No entanto, não negam os resultados mais gerais desse processo. Para um balanço dessas pesquisas, HUDSON (1992), p.70-75.

se caracteriza como rentista (ou seja, vive do aluguel ou arrendamento de sua terra), uma camada de fazendeiros capitalistas, na sua maior parte constituída por arrendatários (e não proprietários de terra) e a massa dos trabalhadores assalariados (ou seja, um proletariado rural).

Porém a mudança da estrutura fundiária teve outro impacto importante: sobre a evolução da antiga indústria.

3.2 AS TRANSFORMAÇÕES DA PRODUÇÃO INDUSTRIAL

Alguma atividade industrial[7] – ou seja, a transformação da matéria-prima em artigos manufaturados – existiu mesmo na época em que a economia feudal foi mais fechada; porém ela fazia parte das atividades do próprio domínio feudal. Nas oficinas localizadas no centro do domínio, o trabalho servil dava conta das necessidades básicas da população local. O renascimento do comércio deu novo ânimo à atividade industrial que foi se concentrando nos aglomerados urbanos em formação e organizando-se de forma bastante peculiar: o chamado artesanato corporativo, forma que implica, de um lado, um aspecto técnico e, de outro, um organizacional.

O artesanato corresponde a uma forma da atividade industrial em que o trabalho é exercido manualmente: as ferramentas de trabalho são empunhadas pelo trabalhador. O produto depende tanto da habilidade do trabalhador – o artesão – como de sua energia, pois é ele que imprime o ritmo ao trabalho que está sendo realizado. O trabalhador está no centro do processo produtivo.

O caráter corporativo dizia respeito à forma de organização da atividade artesanal. Embora as oficinas fossem individuais – na maior parte das vezes na própria habitação do artesão – havia uma organização coletiva para cada ofício urbano, cujo objetivo era impedir a concorrência entre os artesãos da cidade e também a de um estrangeiro. Ao evitar a competição e a redução dos preços, procurava-se garantir as condições de subsistência dessa parcela da população urbana. Desse modo, para cada ofício havia uma corporação que regulava o número de oficinas da cidade ao definir as condições para que um artesão se tornasse "mestre" do ofício e pudesse ser proprietário de uma oficina. Além disso, definia outras regras como as características dos produtos e, em conjunto com o governo municipal, as condições de comercialização das mercadorias. Desse modo, muitos artesãos que já dominavam o ofício – por terem sido aprendizes nas oficinas dos mestres credenciados pela corporação – não eram autorizados a montar suas próprias oficinas sendo obrigados a trabalhar sob as ordens de mestres na condição de assalariados.

---

7. O termo "indústria", no sentido mais geral, corresponde a "conjunto de artes de produção, em oposição à agricultura e ao comércio". As formas típicas de atividade industrial são o artesanato, a manufatura e a grande indústria (ou maquinofatura, por vezes denominada apenas indústria), cujas características são expostas neste capítulo.

Enquanto a produção se destinou ao mercado local pouco desenvolvido, a organização corporativa não gerou maiores tensões. No entanto, em algumas cidades, desde cedo (como na região de Flandres e em algumas cidades italianas), a produção logo se destinou ao comércio de exportação. Este comércio já não era feito pelos próprios artesãos e sim por comerciantes especializados que, em geral, passaram a estabelecer uma relação de clientela com os artesãos da cidade. Embora a forma corporativa fosse mantida e os artesãos continuassem a trabalhar em suas próprias oficinas, muitas vezes o comerciante já controlava a produção ao fornecer matéria-prima ao artesão, obrigando este a vender o produto – na verdade, agora apenas o produto de seu trabalho – ao mesmo comerciante. Mesmo nesses casos, a estrutura corporativa aparecia como um obstáculo à expansão do produto (como meio de atingir um mercado mais amplo) e à redução dos custos (como meio de alcançar um lucro mais elevado).

Desse modo, o comerciante procurou burlar as restrições corporativas instalando artesãos no campo. Isso ocorreu principalmente na indústria têxtil, pois o comércio internacional de tecidos era o mais desenvolvido à época. Por outro lado, o conhecimento da técnica têxtil era bastante amplo, seja na fase de fiação por ser bastante simples, seja na de tecelagem em que os aprendizes formados no ofício e que não podiam se tornar mestres já detinham a habilidade necessária. Por outro lado, no campo havia uma estrutura social bastante adequada para absorver a atividade industrial: a produção camponesa exercida com base no trabalho familiar deixava tempo livre para que a atividade artesanal pudesse ocupar praticamente todos os membros da família. Disseminou-se, assim, a produção artesanal pelo campo constituindo a chamada indústria doméstica rural. Embora ela esteja presente em amplas áreas da Europa ocidental, na Inglaterra ela adquiriu maior expressão, pois a partir do século XIV a produção de tecidos se espalhou por quase todo o território rural inglês.

No plano técnico, a produção continuou sendo artesanal, ou seja, ainda é a produção manual em que o resultado depende da habilidade e da energia do trabalhador. Aproveitando o caráter familiar da produção, estabeleceu-se uma peculiar divisão do trabalho em que o homem se incumbia da tarefa de tecelagem (que demanda maior força e habilidade), as mulheres e as meninas da fiação, tarefa mais simples realizada na roca ou roda de fiar, e os meninos tinham a tarefa de cardar a lã (ou seja, preparar a matéria-prima para a fiação).

Como se tratava de produção no campo, à atividade artesanal se associava, em maior ou menor grau, a atividade agrícola. Em alguns casos, o artesanato podia ser apenas um complemento da produção agrícola (por exemplo, mulheres e crianças dedicadas apenas à fiação); em outros, por exemplo, quando a propriedade rural era muito pequena, o artesanato podia ser a principal fonte de renda. Ao longo do ano também se verificavam variações na intensidade do trabalho rural e artesanal: assim, na época do plantio e da colheita havia dedicação quase exclusiva à labuta no campo; inversamente, no inverno, quando as tarefas rurais são mínimas, intensificava-se o trabalho nas rocas e nos teares.

Essa combinação de trabalho agrícola e artesanal tinha grande importância na sustentação do modo de vida dos camponeses vinculados à indústria doméstica rural. Esquematicamente, podemos dizer que a atividade agrícola garantia os meios básicos de subsistência (trigo, batatas, algum alimento animal, juntamente com o uso das terras comuns – madeira para aquecimento etc.) ao passo que a atividade artesanal, além do tecido para o vestuário, fornecia alguma renda monetária para a compra de outros bens necessários e oferecidos pelo comércio. De modo geral, era o suficiente para garantir razoáveis condições de vida, para os padrões da época, e em alguns casos uma base econômica para algum enriquecimento.

Essa descrição espelha as condições de um produtor que consegue manter sua independência, por exemplo, ao comprar a matéria-prima no mercado local e ao vender sua produção também nesse mercado local, mesmo que o seu destino seja, por vezes, a exportação. Era comum o comerciante comprar o tecido bruto de vários artesãos da indústria doméstica rural (também chamada de *putting-out system*), dando-lhe a seguir o acabamento (branqueamento, tingimento) necessário para a venda no mercado externo. No entanto, o artesão independente não é o caso geral na indústria doméstica rural: com frequência, o artesão se colocava numa situação de dependência ou de subordinação ao comerciante. Um caso simples se dava ao estabelecer-se uma relação de clientela entre o comerciante e o artesão: este, afastado dos mercados de matérias-primas e do produto final, recebia a matéria-prima do comerciante, elaborava o produto e o entregava ao comerciante recebendo, a rigor, uma remuneração que correspondia ao seu trabalho. Embora mantivesse a aparência de um produtor independente, pelo menos do ponto de vista técnico, na prática seu trabalho já se subordinava aos desígnios do capital. Porém o grau de dependência do artesão da indústria doméstica rural ao capital podia ser bem maior pois, em muitos casos, ele já não tinha a posse de seus instrumentos de trabalho ou mesmo do local de residência e trabalho. A dívida com o comerciante foi um mecanismo frequente pelo qual o artesão perdeu seus instrumentos de trabalho: aqueles dotados de reduzidas áreas de terra eram particularmente vulneráveis a qualquer crise do mercado que reduzisse o fluxo de matérias-primas, encarecendo-as, ou que limitasse a venda de seu produto. Sem uma base agrícola que lhe garantisse os meios básicos de subsistência, tinha de recorrer ao crédito do comerciante para poder manter-se até a recuperação do mercado. Ao hipotecar seus instrumentos de trabalho (como os teares), o artesão estava a um passo de perdê-los, caso não pudesse saldar sua dívida. A mesma situação – de total dependência em relação ao comerciante – podia ocorrer quando o comerciante, procurando burlar as restrições corporativas urbanas, deslocava companheiros que já dominavam o ofício para o campo, instalando-os em área que lhe pertencesse e com os instrumentos de trabalho de sua propriedade. Também neste caso, o trabalhador possuía apenas a sua força de trabalho, pela qual recebia uma remuneração; porém a matéria-prima lhe era entregue pelo comerciante, que era também o dono dos instrumentos de trabalho e da oficina/residência

CAPÍTULO 3 – TRANSFORMAÇÕES DA PROPRIEDADE FUNDIÁRIA E DA PRODUÇÃO ARTESANAL E MANUFATUREIRA

do artesão e que recebia o produto para ser colocado no mercado. Definia-se, assim, a subordinação da produção industrial ao capital na relação entre artesão e comerciante.

É importante notar que este comerciante podia ser também um elemento nascido da própria produção. Se ao nos referirmos ao mercador-fabricante – este comerciante que já controla a produção da indústria doméstica rural – pensamos de imediato nos elementos urbanos que desde cedo se dedicaram ao comércio de longa distância, não devemos esquecer outra possibilidade. A indústria doméstica rural, que observou com frequência a perda de independência dos artesãos, também verificou o caso oposto em que um artesão enriqueceu e passou a comerciar, podendo inclusive controlar a produção de outros artesãos. A conjuntura do século XVI, por exemplo, foi favorável aos arrendatários, pois a inflação havia reduzido o valor real das rendas que pagavam (pois estas eram fixas em termos nominais por prazos seculares). Aqueles que associavam a atividade agrícola à indústria doméstica rural tiveram, portanto, uma oportunidade para acumular recursos para iniciar a atividade comercial, deixando de atuar diretamente na produção.[8] É claro, no entanto, que este destino esteve reservado a poucos; ao longo do tempo, a maior parte dos artesãos tendeu a perder ou a reduzir o seu grau de independência.

O destino da indústria doméstica rural seria selado, finalmente, pelo processo descrito anteriormente – os cercamentos. Ao praticamente eliminar a pequena propriedade do campo inglês no século XVIII, os cercamentos também atingiram a base da indústria doméstica rural. Esse processo coincide temporalmente com a Revolução Industrial, o que ocultou o impacto que a mudança da estrutura fundiária teve sobre a produção industrial. A indústria doméstica sobreviveu, no caso dos tecidos de lã, na área urbana, porém estava também fadada ao desaparecimento, embora bastante lento. Mas a indústria doméstica rural, que fora a base da produção de tecidos por séculos, desaparecera definitivamente.

O esquema acima delineado, a partir da história da indústria têxtil de lã da Inglaterra, se aplica, em ritmo distinto, para outros ramos da indústria inglesa. É certo que em alguns já prevalece, desde o século XVI, a grande empresa – caracterizada como manufatura ou até mesmo com técnicas mais complexas: é o caso das minas, das fábricas metalúrgicas etc. Mesmo no ramo têxtil houve a instalação de manufaturas, ou seja, de grandes oficinas com elevado número de trabalhadores: embora sob o comando de um capitalista, esses trabalhadores ainda mantinham as técnicas e os instrumentos artesanais. Esta é a característica da manufatura que cumpre reter: a reunião de um grande número de trabalhadores num mesmo local de trabalho, reproduzindo o trabalho tipicamente manual da oficina artesanal, mas sob o comando de um capitalista. Assim, a manufatura deve ser vista como

---

8. Para Maurice H. Dobb, este comerciante que saiu da esfera da produção seria o responsável pela chamada "via revolucionária" de surgimento do capital industrial: por conhecer o processo de produção, ele seria capaz de iniciar a sua efetiva transformação no sentido do aumento da produtividade, ao contrário do comerciante típico cuja lógica se prende ao aumento da diferença entre preço de venda e preço de compra. DOBB (1983), Capítulo IV.

uma forma de transição entre o artesanato e a indústria mecanizada (que emerge com a Revolução Industrial) pois "[...] ela foi, logicamente, o antecedente necessário do sistema fabril [...]" (MANTOUX, s/d, p.69). Marx tratou longamente dessa questão[9]; aqui apresentamos uma breve indicação dos principais argumentos.

Embora no seu nascimento a manufatura reúna artesãos que reproduzem o trabalho em sua forma tipicamente artesanal, a simples presença simultânea desses trabalhadores no mesmo local permite a cooperação e esta produz diversos efeitos rumo ao aumento da produtividade e da valorização do capital. Por exemplo: o simples fato de os trabalhadores estarem no mesmo local de trabalho permite o uso por todos das mesmas instalações (como depósitos de matérias-primas ou de mercadorias); no caso do trabalho individual, cada artesão precisaria dispor de espaço para essas instalações (por exemplo, um depósito para cada oficina); também se reduz o custo de deslocamento da matéria-prima e das mercadorias acabadas (antes entre os depósitos dos comerciantes e as diversas oficinas, agora apenas dentro do próprio local da manufatura). Mais importante, a cooperação entre os trabalhadores também permite ganhos: algumas tarefas, pela força que demandam, não podem ser realizadas por uma única pessoa, exigem a força coletiva de um grupo. Mas o decisivo é a possibilidade de subdivisão do processo de trabalho herdado do artesanato: se na manufatura, em sua fase inicial, cada artesão reproduzia exatamente as operações antes realizadas na oficina individual, por meio da cooperação é possível dividir o processo em várias operações parciais e atribuir cada uma delas a um artesão. Essa especialização de cada trabalhador em uma fase do processo de trabalho permite o aumento da habilidade naquela operação específica e também a redução ou a eliminação do tempo gasto pelo artesão individual na passagem de uma operação a outra.

Desse modo, a manufatura – a reunião de vários trabalhadores no mesmo local de trabalho – conduz, por meio da cooperação, à especialização dos trabalhadores, à concepção de ferramentas melhor adaptadas a cada operação e à crescente simplificação de cada operação. Esta última é, aliás, condição para se viabilizar a mecanização do processo produtivo: nos estágios iniciais da mecanização, só era possível conceber máquinas que reproduzissem movimentos bastante simples das mãos dos trabalhadores. E isso resultou da crescente divisão e especialização do trabalho possibilitada pela manufatura. Além disso, a manufatura pressupõe a presença do capitalista: seja pelo volume de capital necessário para os edifícios, instrumentos etc., seja pela necessidade de organizar a produção de muitos trabalhadores e também de controlar os trabalhadores, a manufatura se apresenta necessariamente como uma forma de produção capitalista (ou seja, comandada pelo capital). Também nesse sentido, a manufatura consiste numa forma de transição entre o produtor artesanal independente e a fábrica mecanizada.

---

9. Esse tema é tratado por Marx no Livro Primeiro de *O Capital*, especialmente no Capítulo XI (Cooperação) e no Capítulo XII (Divisão do Trabalho e Manufatura) (MARX, 1985).

CAPÍTULO 3 – TRANSFORMAÇÕES DA PROPRIEDADE FUNDIÁRIA E DA PRODUÇÃO ARTESANAL E MANUFATUREIRA

No caso da Inglaterra, a produção da indústria doméstica teve, historicamente, maior importância do que a da manufatura na fase de transição; no entanto, não se pode ignorar o significado da manufatura como uma forma de produção industrial que prepara o caminho para a Revolução Industrial. Na segunda metade do século XVIII e ao longo do século XIX, com a disseminação das técnicas da Revolução Industrial, tanto a indústria doméstica como a manufatura cederam lugar à fábrica como forma típica da produção industrial capitalista.

3.3 OUTROS CAMINHOS DE TRANSFORMAÇÃO DA PROPRIEDADE FUNDIÁRIA E DA PRODUÇÃO INDUSTRIAL

Por vezes, sugere-se que o "modelo" inglês de transformação da propriedade fundiária e de evolução da indústria deveria ser seguido pelas outras nações para se chegar à Revolução Industrial (ou à industrialização e ao desenvolvimento). No entanto, a experiência histórica de vários países mostra que houve outros caminhos para se chegar às condições de existência do capitalismo e às transformações da propriedade fundiária e da produção industrial. Neste tópico, apontamos apenas alguns exemplos que ilustram a diversidade dos processos de constituição das condições inerentes ao capitalismo. Na Terceira Parte do livro, ao examinarmos os processos de industrialização retardatários, tratamos de modo mais minucioso o tema.

O caso da França indica um processo substancialmente distinto daquele observado na Inglaterra. Ele apresenta características peculiares a partir mesmo da forma como se processa o declínio feudal. Ali também se verificou a comutação da corveia por pagamentos em dinheiro ou em espécie. Porém, o reforço do poder central, em oposição mais acirrada aos senhores feudais, acabou por favorecer, em parte, os servos. A servidão pessoal declinou rapidamente pela força da monarquia francesa, embora permanecessem alguns encargos em relação aos senhores feudais, acrescidos agora de tributos reais que também pesavam sobre os camponeses. Em contrapartida, a tendência foi a de consolidar-se a pequena propriedade camponesa como uma das bases da organização rural na França. À época da Revolução Francesa, foram suprimidos os últimos resquícios do sistema feudal, como os últimos traços da servidão, e também os encargos sobre os camponeses destinados à classe senhorial. Por outro lado, reforçou-se a posição dos pequenos proprietários, impedindo um movimento semelhante ao ocorrido na Inglaterra: uma parcela importante da população permaneceu na terra como proprietária, numa característica que se manteve ao longo do século XIX (e, de certo modo, até hoje em grau maior do que em outros países).

Em relação à indústria, também há nítidas diferenças. Por um lado, algumas corporações mantiveram longamente uma forte posição no conjunto da sociedade; de outro,

PRIMEIRA PARTE – A TRANSIÇÃO DO FEUDALISMO AO CAPITALISMO

o Estado francês teve importante papel no incentivo a algumas atividades industriais, estabelecendo manufaturas reais (de propriedade do Estado) e manufaturas privilegiadas (privadas, mas com favores do estado). Produtos para a guerra e produtos de luxo foram algumas das manufaturas beneficiadas por esses favores do estado.

Estas características da França já indicam um mercado interno relativamente reduzido (pela forte presença do pequeno proprietário rural) e uma indústria voltada aos estratos de rendas elevadas (e não para produção em massa). Como resultado, um padrão de desenvolvimento distinto daquele verificado na Inglaterra. As próprias características da industrialização francesa, que também adotou as técnicas da Revolução Industrial, refletem a peculiaridade da constituição do capitalismo nesse país.

No caso da Alemanha (que como Estado unificado só se definiu na segunda metade do século XIX) há uma clara distinção entre duas áreas. Na região ocidental (a oeste do rio Elba), houve tendência ao abrandamento da servidão, tendência consolidada após a Revolução Francesa quando os exércitos de Napoleão disseminaram as bases legais típicas daquele movimento pelas áreas ocupadas da Europa. A leste do Elba, em especial na Prússia, a permanência da servidão até o século XIX levou a uma solução também peculiar: a velha camada de senhores feudais, controlando o estado prussiano, promoveu o fim da servidão, mas consolidou a sua propriedade privada da terra. Por outro lado, a forma pela qual se extinguiu a servidão levou os camponeses a se transformarem em trabalhadores livres, mas sem acesso à propriedade da terra, obrigando-os a oferecer seu trabalho como assalariados. Assim, definiu-se uma estrutura fundiária altamente concentrada – grandes propriedades nas mãos dos antigos senhores feudais, os *junkers* – e a massa dos camponeses como trabalhadores assalariados, numa clara aproximação a uma estrutura tipicamente capitalista. Quanto à indústria alemã, também se verifica grande atraso em relação ao padrão inglês, caracterizando outro tipo de industrialização retardatária. O próprio atraso favoreceu a instalação de grandes unidades de produção em oposição ao "modelo" inglês caracterizado pela empresa de dimensão pequena ou média.

Outras áreas da Europa também apresentaram processos peculiares. Em cidades italianas, desde cedo houve a presença de manufaturas na produção de bens de luxo, sem que isso tivesse levado a uma Revolução Industrial precoce nessas cidades. Na Rússia, a servidão permaneceu como instituição legal até 1861, quando foi finalmente abolida.

Em suma, o ritmo pelo qual se suprimem as velhas instituições feudais é muito variado, assim como o padrão pelo qual o artesanato corporativo vai sendo substituído por novas formas de produção industrial. No entanto, ao fim do século XIX, pode-se dizer que essas transições haviam se completado nos principais países europeus.

Um caso particular merece rápida referência: nos Estados Unidos não houve o estabelecimento de instituições feudais. No norte, prevaleceu a pequena ou média propriedade rural e no sul a grande propriedade escravista. Na verdade, o único obstáculo à plena privatização da terra era a presença de tribos indígenas que foram incapazes de defender

CAPÍTULO 3 – TRANSFORMAÇÕES DA PROPRIEDADE FUNDIÁRIA E DA PRODUÇÃO ARTESANAL E MANUFATUREIRA

sua terra diante do colonizador. Assim, a definição de instituições típicas do capitalismo se deu sem maiores resistências, favorecendo a rápida expansão americana no século XIX.

Esta brevíssima nota destina-se apenas a chamar a atenção para o fato de que o "modelo" inglês não deve ser considerado como definidor de um único caminho para a criação das pré-condições para a emergência do capitalismo. Nesse sentido, convém explorar a noção de acumulação primitiva de capital.

3.4 A ACUMULAÇÃO PRIMITIVA DE CAPITAL

Em *O Capital*, Marx mostra como se processa, numa economia capitalista, a acumulação de capital: com o dinheiro, o capitalista compra meios de produção e força de trabalho. Por meio do processo de produção obtém uma mercadoria cujo valor é superior à soma dos valores dos meios de produção e da força de trabalho utilizados nesse processo. Esse acréscimo de valor é a chamada mais-valia, que, apropriada parcial ou integralmente pelo capitalista, alimenta a acumulação de capital. Em suma, a acumulação capitalista se realiza pela compra, no mercado, de meios de produção e de força de trabalho e a venda, também no mercado, da mercadoria que resultou do processo de produção. Essa valorização ocorre independente de qualquer força extra econômica (pública ou privada): trata-se de transações realizadas no mercado nos termos estritos da lei do valor.[10] Mas para que essa valorização ocorra é preciso que dinheiro e mercadorias se transformem em capital (ou seja, em valores capazes de se valorizar), o que pressupõe certas condições:

> Dinheiro e mercadoria, desde o princípio, são tão pouco capital quanto os meios de produção e de subsistência. Eles requerem sua transformação em capital. Mas essa transformação mesma só pode realizar-se em determinadas circunstâncias, que se reduzem ao seguinte: duas espécies bem diferentes de possuidores de mercadorias têm de defrontar-se e entrar em contato; de um

---

10. De acordo com a lei do valor (trabalho), o valor de uma mercadoria corresponde à quantidade de trabalho incorporada na produção dessa mercadoria. A possibilidade de valorização no processo de produção decorre da característica de uma mercadoria: a força de trabalho. O valor de uma mercadoria produzida por um trabalhador em uma jornada corresponde ao número de horas de trabalho incorporado à produção da mercadoria. Este é o valor de uso da força de trabalho. Mas o valor da força de trabalho – o seu valor de troca – também é determinado pela lei do valor: seu valor corresponde ao número de horas necessário à "produção" da mercadoria força de trabalho; ou seja, o número de horas exigido para produzir os meios necessários à subsistência (não só alimentos, mas outros bens como roupas, habitação, etc.) e à reprodução da força de trabalho. Assim, em uma jornada de oito horas, um trabalhador gera mercadorias com o valor correspondente a oito horas; no entanto, para subsistir e se reproduzir, ele necessita de bens cuja produção (por outros trabalhadores) demanda, por exemplo, apenas cinco horas de trabalho. A mais-valia teria, então, o valor correspondente a três horas de trabalho. Evidentemente, uma explicação rigorosa da valorização do capital e da mais-valia envolve muitos outros elementos. Aqui indicamos apenas a noção básica que, na perspectiva de Marx, permite situar a origem da mais-valia, do lucro e da acumulação de capital.

lado, possuidores de dinheiro, meios de produção e meios de subsistência, que se propõem a valorizar a soma-valor que possuem mediante a compra de força de trabalho alheia; do outro, trabalhadores livres, vendedores da própria força de trabalho e, portanto, vendedores de trabalho. Trabalhadores livres no duplo sentido, porque não pertencem diretamente aos meios de produção, como os escravos, os servos etc., nem os meios de produção lhes pertencem, como por exemplo, o camponês economicamente autônomo etc., estando, pelo contrário, livres, soltos e desprovidos deles. Com essa polarização do mercado estão dadas as condições fundamentais da produção capitalista.[...] A assim chamada acumulação primitiva é, portanto, nada mais que o processo histórico de separação entre produtor e meio de produção. Ele aparece como "primitivo" porque constitui a pré-história do capital e do modo de produção que lhe corresponde. (MARX, 1985, p.262)

Esta concepção da acumulação primitiva (por vezes também chamada de originária) de capital permite identificar um de seus mecanismos fundamentais: os cercamentos. Como vimos neste capítulo, na Inglaterra os cercamentos promoveram a separação entre produtor e meios de produção (ou seja, subtraindo ao camponês a posse da terra e, em consequência, sua possibilidade de sobrevivência como produtor independente). Por isso, os cercamentos são vistos como um processo típico de acumulação primitiva (e de formação do proletariado).

No entanto, há outros mecanismos de acumulação primitiva que dão conta da concentração de dinheiro, meios de produção e meios de subsistência nas mãos de um grupo dentro da sociedade. E, para tanto, a ação do Estado, que identificamos com o Mercantilismo, também foi essencial para Marx. Vale a pena reproduzir o que o próprio Marx diz sobre diferentes mecanismos de acumulação primitiva.

Os diferentes momentos da acumulação primitiva repartem-se então, mais ou menos em ordem cronológica, a saber, pela Espanha, Portugal, Holanda, França e Inglaterra.

A descoberta das terras do ouro e da prata, na América, o extermínio, a escravização e o enfurnamento da população nativa das minas, o começo da conquista e pilhagem das Índias Orientais, a transformação da África em um cercado para a caça comercial às peles negras marcam a aurora da era de produção capitalista. Esses processos idílicos são momentos fundamentais da acumulação primitiva.

Na Inglaterra, em fins do século XVII, [os momentos da acumulação primitiva] são resumidos sistematicamente no sistema colonial, no sistema da dívida pública, no moderno sistema tributário e no sistema protecionista. Esses métodos baseiam-se, em parte, sobre a mais brutal violência, por exemplo, o sistema colonial. Todos, porém, utilizaram o poder do Estado, a violência concentrada e organizada da sociedade, para ativar artificialmente o processo de transformação do modo feudal de produção em capitalista e para abreviar a transição.

O sistema colonial fez amadurecer como plantas de estufa o comércio e a navegação. As "sociedades monopolia" (Lutero) foram alavancas poderosas da concentração de capital. Às manufaturas em expansão, as colônias asseguravam mercado de escoamento e uma acumulação potenciada por meio do monopólio de mercado. O tesouro apresado fora da Europa diretamente por pilhagem, escravização e assassinato refluía à metrópole e transformava-se em capital (MARX, 1985, p.285-287).

Nestas citações, Marx identifica diferentes mecanismos de acumulação primitiva que favoreceram a concentração da riqueza nas mãos de determinados grupos dentro de cada país e que viabilizaram a transformação dessa riqueza em capital pela compra de meios de produção e força de trabalho. Sistema colonial, escravidão, outras formas de exploração do trabalho nativo, a apropriação de riquezas acumuladas e a extração de metais da América, o protecionismo, a dívida pública e o sistema tributário, tudo isso se insere nessa fase de acumulação primitiva como instrumentos que induziram a concentração do dinheiro e de outras formas de riqueza nas mãos de um grupo reduzido dentro da sociedade.

Portanto, a acumulação primitiva é o processo pelo qual se constituíram as duas classes típicas do capitalismo: uma que concentra a posse dos meios de produção – os capitalistas – e outra, que sem acesso aos meios de produção, deve vender sua força de trabalho aos capitalistas para, com o salário, obter os meios de subsistência. E mais: por meio da compra de meios de produção e da força de trabalho e sua utilização no processo de produção, o capitalismo pode se apropriar, parcial ou integralmente, da mais-valia ali gerada. Assim, a acumulação de capital se realiza por meio da compra e venda no mercado, dispensando a intervenção de instituições típicas da fase de acumulação primitiva (como monopólios, colônias, escravos etc.). Ou seja, por meio da acumulação primitiva constituíram-se as condições necessárias ao estabelecimento da acumulação propriamente capitalista.

REFERÊNCIAS

DOBB, M. (1983). *A Evolução do Capitalismo*. São Paulo: Nova Cultural.

HAMILTON, E. J. (1929). "American Treasure and the Rise of Capitalism". *Economica*, novembro, p.338-357.

HUDSON, P. (1992). *The Industrial Revolution*. London: Edward Arnold.

MANTOUX, P. (s/d). *A Revolução Industrial no Século XVIII*. São Paulo: Editora da Unesp/Hucitec.

MARX, K. (1985). *O Capital*. Livro Primeiro. Volume II. São Paulo: Nova Cultural.

Capítulo 4

A POLÊMICA SOBRE A TRANSIÇÃO DO FEUDALISMO
AO CAPITALISMO: ALGUMAS INTERPRETAÇÕES

O problema da transição do feudalismo ao capitalismo deu margem a inúmeras interpretações, muitas delas radicalmente distintas a indicar concepções de História muito diversas. Por vezes, esses conceitos – feudalismo e capitalismo – sequer são mencionados, embora a realidade histórica em foco seja a mesma: a economia e a sociedade da Europa Ocidental entre os séculos XIV e XVIII. Mesmo sem referência a feudalismo e capitalismo, a questão central, na maior parte das vezes, está em determinar as "forças" que movem a sociedade de uma forma de organização em direção à outra (ou, simplesmente, as forças que promovem as mudanças na economia).

Neste capítulo, limitamo-nos a apresentar de modo sucinto algumas interpretações mais diretamente envolvidas na polêmica sobre a transição, retomando, por vezes, argumentos de autores já referidos nos capítulos anteriores. Pela amplitude do tema, não poderemos tratar de algumas obras clássicas sobre o capitalismo e também de contribuições de historiadores do feudalismo cujos textos são referências frequentes nos estudos sobre o tema.[1]

4.1 UM MODELO DEMOGRÁFICO DO DESENVOLVIMENTO DO FEUDALISMO

Embora não chegue propriamente a ser uma forma de interpretar a transição do feudalismo ao capitalismo, o modelo demográfico está implícito em muitas análises do desenvolvimento feudal. De modo um tanto esquemático, pode-se dizer que o modelo estabelece a relação entre população e disponibilidade de recursos naturais (em particular, a terra) como elemento central para a expansão e o declínio do feudalismo. Em outros termos,

---

1. Apenas a título de exemplo, é o caso de K. Marx e M. Weber, cujas obras são marcos no estudo do capitalismo e também de historiadores como M. Bloch e G. Duby, estudiosos da época feudal entre muitos outros de igual importância.

PRIMEIRA PARTE – A TRANSIÇÃO DO FEUDALISMO AO CAPITALISMO

poder-se-ia dizer que o sistema feudal europeu cresceu ou declinou (em termos de sua extensão) em função da oferta e demanda de alimentos.

Em linhas gerais, o modelo estabelece duas fases: na primeira, uma população relativamente escassa encontra terras abundantes e férteis para cultivar; além disso, o amplo espaço disponível permitia a criação de animais, o que facilitava a adubação da terra e o aumento de sua produtividade. Assim, para uma população relativamente pequena havia grande disponibilidade de alimentos, permitindo seu rápido crescimento e a progressiva ocupação dos territórios vazios. Caracteriza-se, assim, a primeira fase do modelo demográfico como uma fase de crescimento (ou expansão) do sistema feudal.

No entanto, essa fase encontra um limite decorrente do próprio crescimento populacional: a ocupação de novas terras empurra a população para áreas menos férteis e o aumento da densidade populacional reduz a possibilidade de criação de animais, com impacto negativo sobre a produtividade agrícola. A escassez de alimentos eleva seus preços, provoca fomes e torna a população mais sujeita a epidemias. A partir de certo momento, tem início a segunda fase do "modelo demográfico", expressa por acentuado declínio populacional.

O declínio, por vezes brutal, da população torna os recursos naturais novamente abundantes relativamente à população (em especial a disponibilidade de terras férteis), permitindo iniciar novo ciclo de expansão que repete a mesma lógica anteriormente exposta.

Historicamente, admite-se a existência de dois ciclos completos na Europa Ocidental: o primeiro, de 1000 a 1450, cuja fase de expansão ocuparia aproximadamente o período de 1000 a 1300 e a fase de declínio, de 1300 a 1450. Um segundo ciclo teria sua primeira fase situada entre 1450 e 1600 e a segunda ocupando o século XVII.

Esta descrição sumária do modelo demográfico suprime inúmeras minúcias propostas pelos autores que o defendem; porém ressalta o principal, pois em suas análises entende-se o desenvolvimento do sistema feudal essencialmente com base nesse mecanismo demográfico, sem maiores referências às condições econômicas e sociais características do feudalismo (embora esses autores afirmem não omitir tais condições). Por isso, esse argumento é chamado de malthusiano ou neomalthusiano[2] e ele nos interessa por sua frequente presença em explanações históricas do movimento da sociedade feudal e também por sua utilização em interpretações mais complexas, mas que tomam o movimento populacional como ponto de partida.[3] No entanto, o modelo demográfico, em si, não propõe uma explicação para a transição do feudalismo ao capitalismo, pois limita-se a descrever

---

2. Robert Thomas Malthus (1766-1834), economista inglês conhecido principalmente por sua tese sobre o movimento populacional. Identifica-se o pensamento demográfico de Malthus com a afirmação de que a população teria tendência a crescer em progressão geométrica e os meios de subsistência em progressão aritmética, o que estabeleceria um limite ao crescimento populacional.

3. Entre os autores que propuseram o modelo demográfico estão o francês E. Le Roy Ladurie e os ingleses M. M. Postan e J. Hatcher. Para uma síntese dessas contribuições, MARIUTTI, E.B. (2004). *Balanço do Debate: A Transição do Feudalismo ao Capitalismo*. São Paulo: Editora Hucitec, Cap.4.

o ciclo de expansão/declínio da sociedade feudal da Europa Ocidental. Além disso, os ciclos demográficos aparecem como resultados "naturais" e não como fruto de condições econômicas e sociais: por exemplo, não se discute por que o aumento de produtividade na agricultura não seria capaz de gerar um produto suficiente para alimentar a crescente população (como, historicamente, ocorreu depois do século XVIII). Na verdade, esse desequilíbrio entre crescimento populacional e meios de subsistência deveria ser explicado em função das características peculiares da sociedade feudal. Nesse sentido, o modelo demográfico aparece mais como um recurso descritivo do que como uma explicação do desenvolvimento da sociedade feudal da Europa Ocidental.

4.2 HENRI PIRENNE COMO REFERÊNCIA PARA O DEBATE A RESPEITO DA TRANSIÇÃO

Henri Pirenne, historiador belga (1862-1935), dedicou-se intensamente à pesquisa da história medieval, sendo autor de algumas obras clássicas (como *História Econômica e Social da Idade Média, As cidades da Idade Média* e *Maomé e Carlos Magno*). No livro *História Econômica e Social da Idade Média,* publicado em 1933, Pirenne expôs uma interpretação da transição do feudalismo ao capitalismo que se tornou muito influente e ainda é extremamente útil como referência para o debate posterior. O leitor já teve contato com algumas das concepções de Pirenne em capítulos anteriores e não terá dificuldade em reconhecê-las a seguir.

Relembramos que Pirenne entende o feudalismo como fenômeno político – "a desintegração do poder público entre as mãos de seus agentes", ou seja, o poder político se concentra no plano local, nas mãos dos senhores feudais, estabelecendo uma relação de caráter pessoal e privada entre senhores, vassalos e servos. E acrescenta que "o aparecimento do feudalismo, na Europa Ocidental no decorrer do século IX, nada mais é do que a repercussão, na ordem política, do retorno da sociedade a uma civilização puramente rural" (PIRENNE, 1963, p.14). Portanto, o fenômeno político teria sido determinado por uma transformação econômica: com o bloqueio da navegação e do comércio mediterrâneo pelos muçulmanos, as cidades europeias praticamente desapareceram induzindo esse retorno a "uma civilização puramente rural". Dado o reduzido nível do comércio e da circulação monetária, os Estados passaram a depender de recursos provenientes da exploração da terra e, consequentemente, daqueles que detinham a propriedade ou a posse da terra. Isto conduziu à perda da soberania do chefe do Estado perante os senhores feudais, pois se tornara muito difícil mobilizar os recursos em espécie para financiar os gastos de um Estado centralizado.

Consistentemente com sua tese, Pirenne vê no renascimento comercial o fator decisivo para o declínio do feudalismo. Com o progressivo deslocamento dos muçulmanos

PRIMEIRA PARTE - A TRANSIÇÃO DO FEUDALISMO AO CAPITALISMO

do controle do Mediterrâneo (cujo marco inicial foi a primeira cruzada em 1096, embora eventos anteriores já antecipassem a tendência), os reduzidos fluxos comerciais mantidos pelas cidades italianas com o Oriente puderam ampliar-se, oferecendo ao Ocidente medieval grande variedade de mercadorias.

O renascimento comercial teve várias consequências na direção do declínio feudal: a formação das cidades, em torno dos castelos feudais, criava um mercado para a produção dos camponeses do senhorio (que podiam vender parte de seu produto em troca de dinheiro); paralelamente, os senhores passaram a desejar uma renda em dinheiro para comprar as mercadorias agora oferecidas pelos comerciantes. Resultado lógico, para Pirenne, foi a troca da corveia por um pagamento em dinheiro que corresponde, para ele, a "suprimir ou atenuar a servidão".[4] Essa lógica permite que Pirenne afirme que "o abrandamento do regime senhorial está relacionado com o desenvolvimento do comércio" (PIRENNE, 1963, p.88).

Por outro lado, o renascimento comercial e das cidades colocava em questão o poder feudal pela emergência de novos focos de poder, até mesmo em oposição ao dos senhores feudais, viabilizando o ressurgimento de um Estado centralizado. Desse modo, simultaneamente criavam-se condições para o desaparecimento do feudalismo como fenômeno político e da servidão como relação social. Mais importante, ao renascimento comercial corresponde também a ascensão do capitalismo, já que o autor vê a busca do lucro como definidora do capitalismo (ao passo que no feudalismo o objetivo seria essencialmente garantir a subsistência). Nesse sentido, pode afirmar que "[...] o capitalismo se firmou desde o século XII" (PIRENNE, 1963, p.168).

Em suma, na visão de Pirenne, a transição do feudalismo para o capitalismo é um processo relativamente simples determinado "exogenamente" pelo renascimento comercial.[5] O comércio e a circulação monetária destruíram a autarquia política e econômica dos feudos, dissolveram as relações de servidão e estabeleceram o capitalismo, definido pela busca do lucro e identificado essencialmente com o comércio. Nesse sentido, a tese de Pirenne pode ser identificada com um "modelo mercantil" de transição do feudalismo ao capitalismo (ou seja, um modelo em que o renascimento comercial – ou a expansão

---

4. Certamente, Pirenne não foi o único – e talvez nem o primeiro – a sugerir que o comércio e a circulação monetária teriam um impacto no sentido de enfraquecer ou suprimir a servidão. Dobb, por exemplo, cita Curtler que afirma: "as grandes estradas que ligam Londres ao litoral são as artérias pelas quais flui o dinheiro, o solvente mais destruidor do poder senhorial" (DOBB, 1983, p.28).

5. Ao se referir ao renascimento da economia europeia no século XI, Pirenne afirma: "Este renascimento começou sob a ação de dois centros, um situado ao sul, o outro situado ao norte da Europa: Veneza e a Itália do sul, por um lado; a costa de Flandres, por outro. E isto equivale a dizer que é o resultado de uma excitação exterior. Foi devido ao contato que se operou nestes dois pontos com o comércio estrangeiro que se manifestou e difundiu. [...] Da mesma maneira que o comércio ocidental desaparecera quando do encerramento das suas saídas para o exterior, assim se reanimou quando essas saídas se reabriram" (PIRENNE, 1963, p.68).

do mercado, do comércio e da circulação monetária – responde pela dissolução das relações de servidão, pela destruição do poder político dos senhores feudais em favor de um estado centralizado e ainda pela ascensão do capitalismo).[6]

4.3 MAURICE DOBB: UM ENSAIO DE INTERPRETAÇÃO MARXISTA DA TRANSIÇÃO

O economista inglês Maurice H. Dobb (1900-1976), professor na Universidade de Cambridge, publicou em 1946 o livro *Studies in the Development of Capitalism* que viria a ser o foco de uma ampla polêmica entre historiadores e economistas marxistas. Traduzido no Brasil com o título *A Evolução do Capitalismo* (várias edições: Zahar Editores e Coleção Os Economistas), o livro traça um amplo panorama da transição do feudalismo ao capitalismo, além de esboçar alguns aspectos do desenvolvimento do capitalismo nos séculos XIX e XX. Sua interpretação o coloca, em certo sentido, no pólo oposto a Henri Pirenne.

A concepção de feudalismo e de capitalismo de Dobb parte da noção de "modo de produção", proposta por Karl Marx (DOBB, 1983, Cap. I e Cap. II, Parte 1). De modo um tanto esquemático, podemos dizer que cada modo de produção seria definido por um certo nível de desenvolvimento das forças produtivas e por determinadas relações sociais de produção. Por forças produtivas entende-se o conjunto de elementos que estabelecem a capacidade de produção e a produtividade de uma sociedade (recursos naturais, população, nível de conhecimento e habilidade dessa população, desenvolvimento técnico, meios de produção disponíveis etc.); e relações sociais de produção seriam as relações estabelecidas entre os homens a partir de sua posição no processo de produção. Haveria mesmo uma correspondência entre o nível de desenvolvimento das forças produtivas e as relações sociais de produção: o exemplo clássico de Marx é de que ao moinho de vento corresponderiam as relações típicas do feudalismo e à fábrica mecanizada as do capitalismo.

A distinção entre feudalismo e capitalismo, como modos de produção, seria facilmente compreensível com base nas relações sociais de produção correspondentes (e aqui a comparação com o escravismo é particularmente esclarecedora). Esquematicamente, dois elementos permitem definir as diferentes relações sociais de produção: a relação social entre o produtor direto (o trabalhador) e seu superior social (ou seja, se o trabalhador é livre ou mantém alguma relação de dependência diante de seu superior) e a forma pela qual os meios de produção são possuídos (ou seja, quem tem a posse dos meios de produção).

No escravismo, o trabalhador não é livre: ele é uma propriedade de seu senhor, ou seja, está sujeito à falta de liberdade em grau absoluto. Por outro lado, os meios de produção

---

6. O rótulo de modelo mercantil é aplicado por Ellen Wood à tese de Pirenne e de outros autores que atribuem ao comércio e à expansão do mercado a passagem do feudalismo ao capitalismo (WOOD, 2001, Cap. 1).

são de propriedade do senhor o que faz com que o escravo trabalhe sob condições dadas pelo senhor.

No capitalismo, o trabalhador é juridicamente livre: sua relação com o patrão é contratual – e o contrato, do ponto de vista formal, expressa a vontade de duas pessoas livres e iguais. Por outro lado, os meios de produção são de propriedade do capitalista e estão concentrados nas mãos de uma classe que abrange pequena parcela da população. Por isso, o produtor direto, para subsistir, deve vender sua força de trabalho ao capitalista em troca de uma remuneração – o salário. Desse modo, trabalha sob as condições estabelecidas pelo seu patrão.

No feudalismo – que Dobb entende ser definido essencialmente pela servidão – o trabalhador não é livre. Há um vínculo entre ele e o seu senhor que pode expressar diferentes graus de dependência por meio de inúmeras obrigações (por vezes de ordem pessoal, estabelecidas por normas legais ou pelo costume; por vezes, relacionadas ao vínculo que ambos possuem com a terra). Porém, ele tem a posse dos meios de produção, ou seja, tanto a terra de seu lote quanto os instrumentos de trabalho estão sob seu controle e podem ser utilizados de acordo com sua vontade.

Correndo o risco de excessiva esquematização, podemos indicar essas características das relações sociais de produção no seguinte quadro:

	O TRABALHADOR É LIVRE?	O TRABALHADOR TEM A POSSE DOS MEIOS DE PRODUÇÃO?
Escravismo	Não	Não
Feudalismo (servidão)	Não	Sim
Capitalismo	Sim	Não

Com base nesse esquema, podemos dizer que, do ponto de vista lógico, a transição do feudalismo ao capitalismo deve dar conta de dois movimentos: um pelo qual o trabalhador se torna juridicamente livre, rompendo sua situação de dependência em relação ao senhor feudal; outro pelo qual o trabalhador perde a posse dos meios de produção, os quais se concentram nas mãos de uma classe de capitalistas. Nessa perspectiva, o foco da transição se situa nas mudanças ocorridas nas relações sociais de produção: esse é o aspecto central na visão de Dobb, embora esteja longe de ser a única questão tratada.

Vejamos, pois, como esse autor delineia, historicamente, a transição. Convém notar que, para Dobb, ao declínio do feudalismo não corresponde, de imediato, a emergência do capitalismo, havendo um período intermediário em que prevalece o "pequeno modo de produção" (que definiremos oportunamente).

Ao discutir o declínio do feudalismo, Dobb recusa a interpretação simples de Pirenne: o renascimento do comércio não pode ser aceito como a causa ou como condição suficiente para a dissolução dos laços feudais. É certo que, ao entender o capitalismo como

CAPÍTULO 4 – A POLÊMICA SOBRE A TRANSIÇÃO DO FEUDALISMO AO CAPITALISMO: ALGUMAS INTERPRETAÇÕES

um modo de produção de mercadorias (ou seja, de produção para venda no mercado), o autor deve admitir o comércio como condição necessária para o desenvolvimento do capitalismo. Porém, não aceita que o renascimento comercial, como um fato externo ou exógeno ao feudalismo, fosse o responsável por sua dissolução. Em particular, vê como limitada a noção de que, por desejar uma renda em dinheiro, o senhor feudal decidisse substituir a corveia por um pagamento monetário e, dessa forma, liquidasse a servidão. Ao contrário, o senhor poderia tentar impor um aumento das obrigações servis de modo a obter um excedente maior a ser vendido no mercado (e com essa renda, adquirir os bens oferecidos pelo comércio).

Para Dobb, o declínio do feudalismo deve ser entendido a partir, não de um fator exógeno a ele, e sim de suas relações internas.

Dois argumentos sustentam a tese de Dobb:

1) O feudalismo – ou a servidão – é um sistema de produção ineficiente: como a produção é organizada pelo camponês, pois ele tem a posse dos meios de produção, e o excedente pode ser absorvido pelo senhor, não há estímulo a mudanças que levem ao aumento de produtividade. Em particular, como ao senhor era possível, em princípio, impor novas obrigações a qualquer momento, um aumento de produtividade poderia ser absorvido pelo senhor, anulando o esforço dos servos. Assim, não haveria uma tendência ao aumento de produtividade no sistema feudal pela própria natureza da relação social subjacente.

2) A classe feudal teria uma crescente necessidade de renda: de um lado, pelo que denomina subenfeudação (com o crescimento da classe feudal, haveria um número maior de senhores e de membros de sua corte a ser sustentada pela classe servil); de outro, porque a guerra constante e o luxo, inerentes à própria natureza da sociedade feudal, também demandariam renda crescente a ser extraída dos servos. (DOBB, 1983, Cap. II, Parte 2 e 3)

A crescente necessidade de renda da classe feudal, diante de uma produtividade praticamente constante, implicava pressão crescente para extração do excedente dos servos. Essa disputa pelo excedente, quando tornada aguda, poderia induzir transformações fundamentais na sociedade feudal.

Em certas circunstâncias, os senhores poderiam ser capazes de extrair excedente crescente dos servos (por exemplo, aumento do número de dias representado pela corveia ou novas obrigações a serem pagas com o produto dos lotes dos camponeses). Nesse caso, haveria um recrudescimento da servidão que poderia, em casos extremos, colocar em risco a própria sobrevivência dos servos e, consequentemente, da fonte de renda da classe feudal.[7]

---

7. Embora em época e em circunstâncias distintas, esse recrudescimento da servidão ocorreu na Europa oriental no século XVI (a chamada "segunda servidão") quando ali se instalou a produção de cereais para exportação.

PRIMEIRA PARTE – A TRANSIÇÃO DO FEUDALISMO AO CAPITALISMO

Mas essa pressão poderia levar também a outro resultado: sendo insuportável, os servos poderiam reagir por meio de revoltas ou de fugas, colocando em questão a própria servidão. E neste caso, diante da ameaça de despovoamento dos campos, alguma mudança nas condições da servidão seria possível.[8]

Para reter os trabalhadores em suas terras, os senhores se disporiam a amenizar a condição de dependência do servo. O exemplo clássico é a comutação da corveia por pagamentos em dinheiro; porém outras mudanças poderiam ocorrer (como a redução de certas obrigações econômicas ou a supressão de algum vínculo social). Para Dobb, isso não quer dizer que a servidão tivesse acabado de imediato: mesmo quando a corveia foi comutada por pagamentos em dinheiro, o caráter compulsório da obrigação pode ter permanecido (quer dizer, a relação ainda se fundava na coerção extraeconômica). Ou seja, a forma da obrigação (em trabalho, em espécie ou em dinheiro) não mantém uma relação necessária com a natureza da obrigação (se é compulsória ou não). Assim, poder-se-ia pensar numa obrigação sob forma monetária, mas que fosse mais pesada e "mais compulsória" do que outra sob a forma de trabalho.

Mas a comutação da corveia por obrigações pagas em dinheiro apresenta outro aspecto importante. Ao dispensar a corveia – obrigação em trabalho dos servos nas terras do senhor feudal – este tinha de resolver o problema do que fazer com a reserva senhorial, agora sem o trabalho compulsório dos servos. Duas alternativas lógicas se colocavam aos senhores feudais: cultivá-la ele mesmo com trabalhadores assalariados ou arrendá-la para alguém que se dispusesse a pagar um aluguel (também com a utilização de trabalho assalariado). No primeiro caso, a obtenção de uma renda líquida da exploração da reserva pelo próprio senhor dependeria da existência de trabalhadores assalariados em razoável quantidade na região. Se os trabalhadores disponíveis fossem raros, com salários elevados, e o produto da terra não fosse muito valorizado (em relação aos salários pagos), a exploração da reserva poderia, no caso extremo, ser deficitária. No caso do arrendamento, esta mesma condição – abundância de trabalhadores – também se aplica, adicionando-se a essa condição a existência de uma camada de camponeses relativamente enriquecidos, com condições de arcar com os encargos do arrendamento. Em suma, a comutação da corveia por um pagamento em dinheiro dependia de várias condições, não sendo fruto de uma simples decisão dos senhores feudais ansiosos por obter uma renda monetária para efetivarem gastos com a compra de bens de luxo oferecidos pelo comércio.

Desse modo, a explicação de Dobb para a progressiva supressão da corveia é distinta daquela apresentada por Pirenne: de um lado, não se trata do resultado de algo externo à

---

8. Dobb indica a possibilidade de um aparente paradoxo: onde os camponeses desfrutassem de melhores condições de vida seria mais provável o reforço da servidão, porque havia algum espaço para ampliar a extração do excedente; onde as condições dos trabalhadores já fossem muito precárias, qualquer tentativa de ampliar o excedente levaria a uma reação dos servos e, possivelmente, a alguma concessão por parte dos senhores feudais.

CAPÍTULO 4 – A POLÊMICA SOBRE A TRANSIÇÃO DO FEUDALISMO AO CAPITALISMO: ALGUMAS INTERPRETAÇÕES

sociedade feudal (no caso, o renascimento comercial vindo "de fora") e sim de um conflito inerente ao próprio desenvolvimento do feudalismo. Em outras palavras, foram as contradições internas do modo de produção feudal que levaram à sua desagregação por meio de um conflito pela disputa do excedente (em outros termos, pela luta de classes).[9]

Ao declínio do feudalismo – na visão de Dobb um processo que se prolonga no tempo – não corresponde, como para Pirenne, a imediata ascensão do capitalismo, pois são as relações de produção que o caracterizam e não a busca do lucro pelo capital comercial. Para Dobb, portanto, abre-se um período de transição marcado pela presença do que denomina "pequeno modo de produção". Tanto na área rural como na produção artesanal tende a predominar uma forma de pequeno produtor independente, ou seja, um produtor que tem a posse dos meios de produção, mas que também trabalha – sozinho, com sua família ou com um ou dois assalariados. Trata-se do arrendatário ou do pequeno "proprietário" rural (que se afirma com o declínio do feudalismo) e do artesão urbano ou da indústria doméstica rural.

Este pequeno modo de produção, como o próprio nome sugere, não é o espaço de expressiva acumulação de capital: dimensão reduzida do negócio, instrumentos de trabalho relativamente simples, reduzida divisão do trabalho e pouca especialização implicam baixa produtividade e restringem o resultado dessas atividades a pouco mais do que a subsistência de seus trabalhadores. Ou seja, não é no funcionamento normal desse modo de produção que se observa uma ampla acumulação de capital, condição para a emergência do capitalismo.

Nesse sentido, Dobb busca em Marx a noção de acumulação primitiva de capital, noção que procura dar conta das condições históricas para a própria constituição do capitalismo: de um lado, a concentração dos meios de produção nas mãos de uma classe; de outro, a existência de um trabalhador juridicamente livre, ou seja, sem vínculos de dependência pessoal ou restrições ao deslocamento espacial, mas também "livre" dos meios de produção (ou seja, sem a sua posse) e que necessita vender sua força de trabalho, em troca de um salário, para sobreviver. A descrição típica do processo de acumulação primitiva refere-se aos cercamentos ingleses dos séculos XVI e XVIII: ao concentrar a propriedade da terra, tornou o trabalhador livre do ponto de vista jurídico (ao eliminar todos os seus vínculos com o senhor) e também destituído da posse de meios de produção que lhe

---

9. A obra de Dobb foi objeto de ampla polêmica, iniciada por um artigo crítico do economista marxista norte-americano Paul Sweezy, no qual este autor se aproxima da visão geral de Pirenne (embora não a subscreva de modo simples). Sweezy entende que o renascimento comercial criou, nas cidades, um sistema de produção para troca que se defrontou com o sistema de produção para uso característico da área rural. A ineficiência do sistema de produção para uso (em confronto com o de produção para troca) teria determinado as transformações que conduziriam ao declínio do feudalismo. Aqui indicamos apenas o sentido geral da argumentação de Sweezy. Aos leitores interessados nos desdobramentos dessa polêmica é indicada a leitura dos diversos artigos incluídos na coletânea: SWEEZY, P. (1983). *A Transição do Feudalismo ao Capitalismo: Um Debate*. São Paulo: Paz e Terra.

PRIMEIRA PARTE – A TRANSIÇÃO DO FEUDALISMO AO CAPITALISMO

garantiam a subsistência (daí a necessidade de vender sua força de trabalho para aquele que detém os meios de produção). Embora a servidão já viesse se modificando há longo tempo – admite-se que as obrigações em trabalho não pesavam sobre a maioria dos camponeses já nos meados do século XV – entende Dobb que a permanência de outros vínculos dos trabalhadores com os senhores por meio da terra (por exemplo, a proibição de deixar seu distrito de origem), mantinha sua condição de dependência. Assim, apenas com os cercamentos se teria o passo final na constituição da força de trabalho livre típica do capitalismo (DOBB, 1983, Cap.VI).

Mas Dobb vê outra face da acumulação primitiva ao identificar processos que aceleraram, na fase de transição, a acumulação de ativos que, num momento posterior, puderam ser transformados em meios de produção. Exemplo típico é o mercantilismo, entendido por Dobb como a política econômica de uma fase de acumulação primitiva. Ao garantir, por meio da intervenção do Estado, ganhos acentuados na esfera da circulação (monopólios, protecionismo, comércio colonial), o mercantilismo estimulava a acumulação de capital nas mãos de uma classe, sob a forma de dinheiro ou de outros ativos (como títulos públicos e terras) que poderiam ser realizados e investidos em meios de produção no momento crítico de consolidação do capitalismo, cujo marco decisivo seria a Revolução Industrial (DOBB, 1983, Cap.V). Com a mecanização se chegaria ao estágio em que o nível de desenvolvimento das forças produtivas corresponderia às relações sociais típicas do capitalismo, em particular ao trabalho assalariado.

Mas que camada da população foi responsável por essa "revolução" (mais social do que técnica)? Também aqui, Dobb propõe uma interpretação original e polêmica ao recusar esse papel à grande burguesia comercial e financeira.

Retomando o desenvolvimento da produção industrial, o autor encontra, na fase de transição, ao lado do artesanato corporativo urbano e de algumas manufaturas (ou seja, grandes unidades produtivas, com número elevado de trabalhadores, porém com técnica ainda artesanal), o chamado sistema doméstico rural ("putting out system"). A produção artesanal no campo havia sido incentivada por grandes mercadores que desejavam comprar a produção (principalmente de tecidos) sem se submeter às condições impostas pelas corporações urbanas. Entende Dobb que, de dentro do sistema doméstico rural, emerge uma camada de produtores que, enriquecida, passa a comerciar. Porém, estes distinguem-se dos demais mercadores por seu passado ligado à produção: sua experiência com a manufatura permite identificar as possibilidades de modificar a produção de modo a aumentar a produtividade. Ao discutir a inserção do capital na atividade industrial, Dobb distingue uma "via conservadora" – a do comerciante que procura dominar a produção industrial para obter ganhos adicionais na diferença entre preço de compra e preço de venda – de uma "via revolucionária": esta pela qual um antigo produtor que se tornou comerciante modifica o próprio modo de produção para obter ganhos maiores pelo aumento da produtividade e não apenas pela diferença entre preço de compra e preço de venda.

118

CAPÍTULO 4 – A POLÊMICA SOBRE A TRANSIÇÃO DO FEUDALISMO AO CAPITALISMO: ALGUMAS INTERPRETAÇÕES

E ao fazer isso, modifica progressivamente não só as condições técnicas, mas também as condições sociais vigentes na atividade manufatureira.

Assim, Dobb situa o momento crítico da emergência do capitalismo no domínio da produção pelo capital (antes mesmo da Revolução Industrial) quando uma camada social originária, em última instância, da classe servil estabelece as bases para se tornar a nova classe dominante do capitalismo, concluindo, de certo modo, essa fase da "luta de classes" na transição do feudalismo ao capitalismo. Em suma, nessa camada social, responsável pela condução da "via revolucionária", estaria presente um "embrião" do capitalismo (DOBB, 1983, Cap. IV).

Além da polêmica estabelecida nos anos seguintes à publicação da obra de Dobb, outros debates vieram à tona mais recentemente, tendo como foco principal trabalhos de Robert Brenner, publicados a partir dos anos 1970.[10] Este autor parte da crítica do modelo demográfico e do modelo mercantil, aproximando-se da tese de Dobb a respeito do declínio do feudalismo. Para Brenner, o impacto do comércio sobre o feudalismo e sobre a servidão depende das condições vigentes em cada momento e em cada lugar. Em particular, a relação de forças entre senhores e servos é decisiva para determinar um abrandamento ou acirramento da servidão nos momentos de crise demográfica: as tentativas dos senhores de forçarem a ampliação do excedente a ser extraído dos servos pode ser bem-sucedida, se estes não tiverem capacidade de organizar-se contra a pressão senhorial; mas pode também gerar uma reação contrária, especialmente quando os camponeses preservaram laços de solidariedade inerentes a uma organização comunitária pretérita. Assim, nem a expansão do comércio nem a crise demográfica definem automaticamente o abrandamento ou mesmo o desaparecimento da servidão.

Percebe-se, assim, sua aproximação à tese de Dobb sobre o declínio do feudalismo. No entanto, adiciona àquela a noção de *acumulação política*: admitindo que o sistema feudal, fundado na servidão, não estimulava aumentos de produtividade, Brenner vê no reforço do poder militar dos senhores o meio para ampliar sua "renda", seja pela maior extração do excedente servil garantida, no limite, pela força militar, seja pela conquista de novas terras aos demais senhores feudais. Esta acumulação política, vista como essencial para a manutenção das relações sociais da servidão, aponta no sentido da crescente centralização política e do fortalecimento dos Estados feudais, processo que culminaria na constituição dos Estados absolutistas.

A divergência mais acentuada de Brenner em relação a Dobb situa-se na discussão da emergência do capitalismo. Brenner, diversamente de Dobb, busca a origem do capitalismo

---

10. Robert Brenner tem uma vasta produção em torno do tema. O texto que deu origem à polêmica – "The Agrarian Roots of European Capitalism" foi publicado em ASHTON, T. H. (Ed) (1982). *The Brenner Debate: Agrarian Class Structure and Economic Development*. Cambridge: Cambridge University Press. Uma síntese dessa tese é exposta BRENNER, R. (1987). "Feudalism" in EATWELL, J. (Ed.). *The New Palgrave: a Dictionary of Economics*, Vol. 2. London: The Macmillan Press, p.309-316.

numa situação, de resto específica da Inglaterra, em que o aumento de produtividade se tornou uma "necessidade" para a sobrevivência do setor agrário.

No bojo da crise feudal houve mudanças importantes nas relações de propriedade: no caso da Inglaterra, os senhores fracassaram em seu intento de manter (ou intensificar) os controles extraeconômicos sobre o campesinato. O autor admite que, em meados do século XV, a maior parte dos camponeses já tinha sua liberdade pessoal. No entanto, os camponeses não conseguiram adquirir a propriedade da terra: desse modo, passaram à condição de arrendatários. Na verdade, afirma Brenner, isto foi o resultado não intencional de ações de senhores e camponeses no sentido de se manterem como senhores e campo- neses no sistema feudal: resultado esse que acabou por introduzir um sistema de relações de propriedade capitalistas na agricultura. Agora, os camponeses estavam livres da coerção extraeconômica por parte dos senhores, mas também estavam separados dos seus meios de subsistência (em especial, a terra). Dependendo da venda do produto da terra arren- dada para sobreviver, o arrendatário teve de produzir competitivamente para a troca no mercado e, para tanto, precisou especializar-se, acumular e inovar (o que era dispensável no regime feudal em que tinha a posse dos meios necessários à sua subsistência, inde- pendente da venda do produto no mercado). Os senhores também tiveram de promover melhorias em suas terras para atrair arrendatários e para obterem maiores rendas. Assim

Sob as pressões da competição, processos de diferenciação levaram à emergência de uma classe empresarial de fazendeiros arrendatários capitalistas capazes de empregar trabalho assalariado. (BRENNER, 1987, p.315)

Esta transformação da agricultura induziu outro resultado: pela redução dos custos dos produtos agrícolas e pela elevação dos padrões de vida, associados ao movimento da população da área rural para a urbana (e industrial), houve o crescimento do mer- cado doméstico. O crescimento populacional estimulou o crescimento econômico (em vez de restringi-lo, como no esquema malthusiano típico), resultando, no século XVIII, na Revolução Industrial.

A interpretação de Brenner tem algumas implicações importantes: primeira, de que a origem do capitalismo é essencialmente agrária, de modo que o desenvolvimento indus- trial aparece como um resultado das novas condições estabelecidas na produção agrícola. Ellen Wood, seguindo o pensamento de Brenner, expõe esse argumento de forma sintética:

[...] a conclusão que podemos extrair da história do capitalismo agrário é que uma dinâmica ca- pitalista, enraizada numa nova forma de relações sociais de propriedade, precedeu a industria- lização, tanto em termos cronológicos quanto causais. Na verdade, um certo tipo de sociedade de mercado – uma sociedade em que os produtores dependiam do mercado para ter acesso aos meios de subsistência, ao trabalho e à autorreprodução, e estavam sujeitos aos imperativos

CAPÍTULO 4 – A POLÊMICA SOBRE A TRANSIÇÃO DO FEUDALISMO AO CAPITALISMO: ALGUMAS INTERPRETAÇÕES

do mercado – foi não o resultado da industrialização, mas sua causa primária. Somente uma transformação das relações sociais de propriedade que obrigou as pessoas a produzirem competitivamente (e não apenas a comprarem barato e venderem caro), uma transformação que fez com que o acesso aos meios de autorreprodução passassem a depender do mercado, é capaz de explicar a drástica revolução das forças produtivas que foi singularmente característica do capitalismo moderno.[11] (WOOD, 2001, p.111)

A própria Ellen Wood leva ao extremo outras implicações da tese de Brenner ao afirmar que, no limite, sem o capitalismo (agrário) inglês não haveria nenhum tipo de sistema capitalista:

Sem a riqueza criada pelo capitalismo agrário, ao lado de motivações inteiramente novas de expansão colonial – motivações diferentes das de antigas formas de aquisição territorial – o imperialismo britânico teria sido algo muito diferente do motor do capitalismo industrial em que veio se transformar. Finalmente (e este é, sem dúvida, um ponto mais controvertido), sem o capitalismo inglês, provavelmente não haveria nenhum tipo de sistema capitalista: foram as pressões competitivas provenientes da Inglaterra, especialmente de uma Inglaterra industrializada, que compeliram outros países, antes de mais nada, a promoverem seu próprio desenvolvimento econômico em direções capitalistas. (WOOD, 2001, p.110)

A tese de Brenner, próxima à de Dobb no que se refere ao declínio do feudalismo, afasta-se da definida por Wood quando busca a origem do capitalismo. Embora também situe a transição em termos de mudanças nas relações de produção, sua preocupação central é em identificar as condições que levaram ao crescimento sustentado da economia britânica, em termos tanto populacionais como de produção, já que esta seria uma característica específica do capitalismo.

Os principais textos de Brenner foram publicados após a morte de Dobb, não permitindo que se travasse uma polêmica entre os dois autores. Embora haja uma identidade no fundamento da análise, algumas conclusões mostram divergências importantes quanto à origem do capitalismo.

---

11. A tese de que o capitalismo agrário britânico precedeu e condicionou a Revolução Industrial é reafirmada enfaticamente por Ellen Wood: "No mínimo, o capitalismo agrário possibilitou a industrialização. O simples dizer isso já é dizer muito. As condições de possibilidade criadas pelo capitalismo agrário – as transformações das relações de propriedade, do tamanho e da natureza do mercado interno, da composição da população e da natureza e extensão do comércio e do imperialismo britânicos – foram mais substanciais e tiveram maior alcance do que qualquer avanço puramente tecnológico exigido pela industrialização [...]. Um mercado integrado, suprindo as necessidades baratas da vida para uma massa crescente de consumidores e respondendo a pressões competitivas já bem estabelecidas, constituiu uma lógica processual nova e específica, cujo resultado foi o capitalismo industrial" (WOOD, 2001, p.110-111).

4.4 A ECONOMIA NEOCLÁSSICA COMO FUNDAMENTO PARA A INTERPRETAÇÃO DA TRANSIÇÃO DO FEUDALISMO AO CAPITALISMO: J.R. HICKS E D. NORTH

Se o problema da transição do feudalismo ao capitalismo tem uma posição importante nos escritos de Marx, de seus seguidores e dos historiadores em geral, o mesmo não ocorre entre os teóricos da Economia. Os textos mais conhecidos da Economia neoclássica e mesmo os manuais de Economia não reservam espaço para a questão das condições históricas da ascensão do capitalismo. Muitos negam a relevância do conceito de capitalismo, pois entendem que as "leis" econômicas são universais, ou seja, aplicáveis a qualquer tempo e lugar (não havendo razão para particularizar um determinado sistema econômico).

Entre os que utilizaram a teoria econômica como instrumento para compreender a ascensão do capitalismo, julgamos de interesse trazer as contribuições de John Hicks e de Douglass North.

John Hicks (1904-1989) foi um dos mais importantes economistas ingleses do século XX. Professor de Oxford, prêmio Nobel em 1972, é autor de uma vasta obra, na qual se destaca *Valor e Capital*, em que consolidou as bases analíticas de grande parte da moderna microeconomia. Também propôs, inspirado em Keynes, o chamado esquema IS-LM, utilizado com frequência nos estudos de macroeconomia. Em 1969, publicou um livro chamado *A Theory of Economic History*, no qual procura explicar, a partir dos elementos da teoria econômica, o desenvolvimento das sociedades desde o surgimento do mercado. Não se preocupa com a reconstrução da história econômica (ou seja, com a recuperação dos fatos econômicos, os quais são citados, quando necessário, apenas como suporte à interpretação) e sim com uma tentativa de interpretação teórica das grandes mudanças.

Na Introdução a este livro já expusemos os elementos gerais da "teoria da história econômica" de Hicks: troca, especialização/divisão do trabalho e expansão do mercado constituem os "motores" da história econômica. O aumento de produtividade daí decorrente beneficiaria potencialmente toda a população pela elevação do padrão de vida. Somente por distorções em relação ao funcionamento de mercados perfeitos (concorrenciais) não se alcançaria o pleno desenvolvimento de toda a humanidade.

Hicks não incorpora a noção de capitalismo em sua teoria da história econômica. No entanto, não é difícil reconhecer processos típicos da transição do feudalismo ao capitalismo em sua exposição. À linha central de sua argumentação, Hicks agrega explicações específicas fundadas na Economia neoclássica. Vejamos alguns exemplos.

O declínio do feudalismo pode ser associado à sua noção de "mercantilização da agricultura" (HICKS, 1969, Cap. VII). Hicks não segue o caminho mais simples e usual de afirmar que comércio e circulação monetária dissolvem as relações de servidão. Para ele, a possibilidade de venda da produção na sociedade feudal pode levar tanto a uma intensificação das obrigações em trabalho quanto à sua transformação em obrigações pagas em dinheiro pelos camponeses. Porém, mesmo quando essa transformação ocorre, não há alteração na relação senhor-camponês, pois continua a haver obrigações definidas pelo costume de parte a parte, ou seja, ainda não se tem a ação do mercado. A penetração mercantil não seria suficiente para destruir as relações tradicionais na agricultura. Isto só ocorreria quando da penetração financeira: se a terra é dada em garantia de empréstimos, ela não pode estar vinculada a obrigações mútuas entre senhor e camponês, definidas pelo costume e pela tradição. Era preciso definir, de modo preciso, os direitos sobre a terra (de senhores e camponeses), em especial para, no caso de não pagamento da dívida, ser possível o desalojamento da terra. Por isso, caminhou-se, em especial na Inglaterra, para o arrendamento por prazo determinado que garantia, ao camponês (arrendatário) o tempo necessário para a colheita de seu produto; ao proprietário, a extração de renda de sua terra e ao credor, a execução da garantia com o desalojamento da terra na hipótese de não pagamento da dívida. Assim, as velhas obrigações (pessoais, mas envolvendo o vínculo com a terra) foram eliminadas, viabilizando a criação de um mercado de terras. Hicks vê, nessa nova configuração da agricultura, maior eficiência pelas imposições do mercado sobre o produtor.

Nessa análise da mercantilização da agricultura, Hicks não dá maior destaque aos cercamentos; o mesmo ocorre quando trata da criação de um mercado de trabalho. Analisa as condições econômicas do emprego do trabalho escravo e do trabalho livre para concluir que o mercado de trabalho foi formado à medida que, historicamente, o trabalho escravo foi se tornando mais caro do que o trabalho livre. Essas condições históricas diriam respeito ao fim do Império Romano e à expansão do cristianismo uma vez que os cristãos não escravizavam (em especial aqueles que também eram cristãos). Trata-se, em última análise, de uma questão de oferta e demanda de cada tipo de trabalho (e não da natureza desses tipos de trabalho). Assim, Hicks não trata do tema clássico da formação do trabalho livre a partir da destituição dos meios de produção do camponês: a servidão, como forma dominante do trabalho na Europa ocidental entre o escravismo e o trabalho assalariado não é considerada (HICKS, 1969, Cap.VIII).

E em relação à Revolução Industrial, a visão "mercantil" da história econômica também se mostra nítida. Hicks afirma que "A industrialização é uma continuação do processo de desenvolvimento mercantil" (HICKS, 1969, p.143), e não dá maior relevo às transformações técnicas e sociais inerentes a ela. O resultado importante, na Revolução Industrial, é o aumento do uso de bens de capital fixo na esfera da produção (ou seja, máquinas com alto custo e/ou longo período de vida). E o fator decisivo para essa mudança teria sido a redução da taxa de juros que tornaria mais barato o uso de máquinas de alto custo.

Embora não possamos reproduzir todos os momentos do estudo de Hicks, parece plausível afirmar que o "sentido" da história econômica do autor é dado pela ação do mercado – do livre mercado – que aloca eficientemente os recursos e os distribui de modo a gerar o máximo bem-estar para todos. Em sua conclusão (refletindo sobre a economia mundial à época em que escrevia, final da década de sessenta do século XX), essa perspectiva

PRIMEIRA PARTE – A TRANSIÇÃO DO FEUDALISMO AO CAPITALISMO

é reforçada, embora Hicks admita que a realidade nem sempre corresponda à teoria. Vale relembrar sua conclusão:

> Se não existissem nações – se cada um pudesse ir aonde desejasse, sendo aceito onde quer que fosse, e quisesse ir para onde se sentisse mais desejado – a Absorção de toda a raça humana entre as fileiras dos desenvolvidos seria relativamente simples. (HICKS, 1969, p.160)

Ou seja, se o mercado fosse perfeito – para produtos e para fatores, inclusive mão de obra – todos os homens seriam "absorvidos" por economias desenvolvidas (e melhor, todas as economias seriam desenvolvidas pela equalização dos níveis de renda): o poder da troca distribuiria o bem-estar por toda a humanidade, embora isso devesse levar, estimava Hicks na época em que escrevia, cerca de um século e meio. E isto só não acontece porque existem nações, e Estados que as representam, e porque esses Estados continuam a exercer políticas restritivas e protecionistas que impedem o pleno desenvolvimento das potencialidades do mercado. Pode-se afirmar que o "sonho" de Hicks é uma economia perfeitamente globalizada que caminharia para o pleno bem-estar da humanidade, concretizando o que a teoria propõe.

O norte-americano Douglass North (nascido em 1920) é outro autor que utiliza a teoria econômica para explicar a ascensão do capitalismo – ou, nos termos do autor, a ascensão do mundo ocidental (suplantando as civilizações orientais). Embora haja semelhanças com a análise de Hicks, North introduziu, como elemento explicativo, o papel das instituições.[12] Aliás, como um dos pioneiros da chamada Nova Economia Institucional, Douglass North recebeu o Prêmio Nobel de Economia no ano de 1993. Na Introdução deste livro, indicamos alguns elementos geais da análise institucional de North. Aqui, procuramos explorar sua explicação para a ascensão do mundo ocidental, tema próximo da transição do feudalismo para o capitalismo. Em artigo publicado em 1970, tendo como coautor Paul Thomas, North delineava sua interpretação desse processo (ampliada no livro de 1973, *The Rise of Western World: A New Economic History*).

O argumento básico foi sintetizado por North e Thomas:

> Numa forma condensada nossa explicação é que mudanças nos preços relativos do produto e dos fatores, inicialmente induzidas por pressões populacionais malthusianas, e mudanças no tamanho dos mercados induziram um conjunto de mudanças institucionais fundamentais que canalizaram incentivos na direção de tipos de atividade econômica com produtividade crescente.

---

12. Hicks, por exemplo, já se referia a alguns elementos institucionais como a necessidade de um direito adequado para a proteção da propriedade privada (desde o surgimento do comerciante especializado). Na verdade, a noção de que o capitalismo exige instituições de outro tipo não era nova e pode ser identificada em muitos outros autores. O novo em North foi o tratamento específico das instituições como condição para a "ascensão do mundo ocidental".

CAPÍTULO 4 – A POLÊMICA SOBRE A TRANSIÇÃO DO FEUDALISMO AO CAPITALISMO: ALGUMAS INTERPRETAÇÕES

Durante o século XVIII, estas inovações institucionais e mudanças paralelas nos direitos de propriedade levaram a mudanças de produtividade no sistema possibilitando ao homem ocidental finalmente escapar do ciclo malthusiano. A chamada "Revolução Industrial" é simplesmente um fenômeno superficial tardio da atividade inovadora refletindo este redirecionamento dos incentivos econômicos. (NORTH & THOMAS, 1970, p.1)

North combina o "modelo demográfico" com a expansão do mercado para explicar que o aumento de produtividade se tornou permanente na economia da Europa Ocidental. O crescimento populacional a partir de meados do século XII levou à colonização de novas áreas a fim de fugir dos rendimentos decrescentes das terras já cultivadas. População maior dispersa por regiões com diferentes dotações de fatores significa expansão do mercado e possibilidade de troca de produtos por meio do comércio entre regiões. Desse modo, justifica-se o renascimento comercial do século XII em articulação com o primeiro ciclo demográfico. Mas a continuidade do crescimento populacional aumenta a pressão sobre os recursos levando aos rendimentos decrescentes: em algum momento do século XIV, o primeiro ciclo demográfico atinge seu auge. A partir de então, a redução da renda *per capita* se reflete sobre salários e sobre o padrão de vida: fome e doenças respondem pelo declínio populacional que dura mais de um século.

O segundo ciclo demográfico tem um perfil menos acentuado do que o primeiro: a colonização do Novo Mundo ameniza a pressão populacional sobre os recursos europeus; além disso se observa o aumento de produtividade com maior regularidade em várias atividades. Quando se inicia o terceiro ciclo demográfico, o aumento de produtividade já passou a fazer parte da dinâmica da economia europeia, o que permite escapar da "armadilha malthusiana", ou seja, a pressão sobre os recursos, que causava a redução populacional, é superada pelo permanente processo de elevação da produtividade. Concluem os autores: "O início deste aumento sustentado na produtividade só pode ser justificado por uma teoria da mudança institucional [...]" (NORTH & THOMAS, 1970, p.4). Vejamos, pois, alguns elementos dessa teoria da mudança institucional tendo em vista as instituições criadas na Europa Ocidental a partir do século XV.

O que são instituições? North e Thomas respondem: "[...] um arranjo entre unidades econômicas que define e especifica os meios pelos quais estas unidades podem cooperar ou competir". Num esboço de uma teoria da mudança institucional, os autores afirmam que a inovação das instituições ocorre quando é possível ao inovador capturar algum lucro que não seria possível alcançar com os arranjos preexistentes. Os arranjos institucionais podem ser voluntários (quando acordados por indivíduos ou grupos) e coercitivos (por exemplo, quando impostos pelo governo). Estas características gerais das instituições e de sua inovação mostram-se mais claras com a análise de casos concretos.

Assim, as inovações institucionais (que geram lucros e elevam a produtividade da sociedade) podem resultar de economias de escala e de economias dos custos de transação.

Determinadas atividades só podem ser levadas em frente em escalas relativamente elevadas: por exemplo, o comércio com regiões distantes não estava ao alcance do negociante individual. Para viabilizar grandes viagens foram criadas novas instituições, por vezes patrocinadas pelo governo (como as companhias privilegiadas), por vezes voluntárias (como sociedades por ações). Os lucros decorrentes das economias de escala – por exemplo, ao reduzir o custo unitário dos produtos orientais vendidos no mercado europeu – mais do que compensavam os custos da inovação institucional.

A redução dos custos de transação responde a três ordens de mudanças: no custo de externalidades, no custo de informação e no risco. Alguns exemplos ajudam a entender os argumentos de North. A externalidade ocorre quando os benefícios de uma inovação podem ser usufruídos por terceiros. O exemplo típico é de uma estrada construída por um particular, mas que pode ser utilizada por outros, reduzindo seu custo de transporte sem nada reverter para aquele que investiu na estrada. Daí o estabelecimento de pedágios, uma instituição que restitui ao construtor da estrada uma parte do benefício gerado aos terceiros por seu investimento. Exemplos mais específicos da época considerada dizem respeito ao combate à pirataria e à lei de patentes. Os piratas se beneficiavam do saque aos navios que realizavam o comércio com áreas distantes. Nesse sentido, a pirataria se aproveitava de uma espécie de externalidade que exigiu uma inovação institucional: o estabelecimento de forças navais para impedir os ataques de piratas. O mesmo ocorria com inovações técnicas: uma nova máquina mais produtiva poderia ser copiada, impedindo que seu inventor se beneficiasse de sua inovação. A lei de patentes era a inovação institucional que garantia ao inventor que seu investimento e dispêndio de energia seriam recompensados, impedindo que terceiros pudessem utilizar sua inovação sem retribuí-lo.

Outra forma de reduzir custos de transação diz respeito à redução dos custos de informação. Como grandes lucros, nessa época, são obtidos pela grande diferença entre preço de compra e preço de venda, os gastos com informação podem ser altamente compensadores. Daí o surgimento de instituições que aumentam o fluxo de informações como corretores, bolsas de mercadorias e bolsas de ações.

A redução dos riscos inerentes às transações é fonte de outras inovações institucionais. Grandes expedições marítimas com objetivos comerciais são potencialmente lucrativas, porém implicam grande risco de perda total (naufrágio, saques). Daí o surgimento de novas instituições, como parcerias em comércio e navegação e associações de seguros, que diluem o risco entre vários agentes, viabilizando empreendimentos que ficariam bloqueados caso um único agente devesse assumir sozinho o risco.

Em suma, os argumentos de North são no sentido de mostrar que o "mundo ocidental" foi capaz de criar instituições que garantiam ao agente inovador usufruir dos benefícios de sua inovação. Assim, houve estímulos para o aumento da produtividade por meio de uma corrente constante de inovações. Num sentido mais geral, North procura mostrar a importância que a garantia da propriedade privada teria na ascensão do mundo ocidental.

CAPÍTULO 4 - A POLÊMICA SOBRE A TRANSIÇÃO DO FEUDALISMO AO CAPITALISMO: ALGUMAS INTERPRETAÇÕES

De certo modo, em todos os casos acima indicados, essa noção está presente. Porém, ela é mais nítida quando se trata da questão da propriedade da terra: os cercamentos, ao eliminar os últimos resquícios de uma propriedade de uso comum ou comunitário, teriam criado condições para a implementação de novas formas de cultivo (organizadas individualmente e não coletivamente), aumentando a produtividade da produção agrícola, uma das bases da superação do chamado ciclo malthusiano.

Ao concluírem seu artigo, North e Thomas sintetizam seu pensamento:

O esquema explicativo aqui delineado sugere que a causa da ascensão do mundo ocidental foi o redirecionamento dos incentivos como consequência do desenvolvimento de instituições que tornaram mais lucrativas as tentativas de aumento da produtividade em qualquer atividade econômica. Estas inovações institucionais, como anotamos, estão em contraste direto com aquelas que, ao longo da maior parte da história da humanidade, serviram para redistribuir a renda.

E, ao comparar seu esquema com o de Marx, acrescentam:

Há fortes similaridades – e diferenças – entre este modelo e o modelo marxiano. Em ambos, o desenvolvimento de um sistema de direitos de propriedade privada é um aspecto crítico no destravar das forças produtivas do crescimento econômico (capitalismo na terminologia marxiana). Há outras similaridades na análise das características da economia feudal e na captura de rendas (mais-valia) do trabalho servil. Tanto este modelo quanto os escritos de Marx sobre o século XVII enfocam-no como um século de transformações no qual uma reestruturação básica do poder político era necessária para implementar as mudanças institucionais essenciais para o crescimento econômico (um sistema capitalista). A diferença crítica está nas fontes do desequilíbrio no sistema que induzem a mudança. No modelo marxiano é a mudança tecnológica. Em nosso modelo é a mudança nos preços relativos e a expansão do tamanho do mercado. (NORTH & THOMAS, 1970, p.16-7)

North e Thomas reconhecem que o resultado obtido no "mundo ocidental" não era inevitável como resultado do jogo das forças de mercado. Para aquele resultado, houve a intervenção de forças extramercantis via poder coercitivo do governo, refletindo uma certa composição de grupos políticos que favoreceu a adoção de instituições indutoras do aumento de produtividade. Porém poderia ocorrer o inverso com o predomínio de outros grupos políticos. Na ausência de uma teoria do estado, reconhecem os autores, a teoria da mudança institucional não é capaz de prever um resultado único como resposta às pressões decorrentes do aumento da população, da expansão do mercado e da mudança dos preços relativos.[13]

---

13. Em obras posteriores, Douglass North retoma o tema da mudança institucional na história, introduzindo novos elementos. Em *Structure and Change in Economic History*, obra de 1981, esboça uma teoria neoclássica do Estado; em seu livro de

Embora North inclua a mudança institucional como um dado fundamental para explicar a ascensão da economia ocidental, pode-se dizer que ele se situa na mesma linha interpretativa proposta por Hicks em que a expansão do mercado induz as mudanças fundamentais.

4.5 WALLERSTEIN, BRAUDEL, ARRIGHI E A ECONOMIA-MUNDO CAPITALISTA

Uma visão peculiar do desenvolvimento do capitalismo foi elaborada, e desenvolvida em inúmeras obras, por Immanuel Wallerstein com base na noção de sistema-mundo ou economia-mundo capitalista. Fernand Braudel, em *Civilização Material e Capitalismo*, utilizou concepções semelhantes às de Wallerstein, o mesmo ocorrendo com Giovanni Arrighi em *O Longo Século XX*. Dada a amplitude dessa abordagem, limitamo-nos a indicar alguns aspectos de suas obras mais próximas do tema que discutimos neste tópico. Embora não haja total identidade na formulação dos três autores, parece plausível utilizar suas referências alternadamente para caracterizar a perspectiva do sistema-mundo ou da economia-mundo capitalista.

A perspectiva adotada difere substancialmente da que nos tem orientado neste capítulo: o objeto central da abordagem não é a transição do feudalismo ao capitalismo, como bem nota Arrighi:

> Por essa perspectiva [a da formação de uma economia mundial capitalista], a transição realmente importante, que precisa ser elucidada, não é a do feudalismo para o capitalismo, mas a do poder capitalista disperso para um poder concentrado. E o aspecto mais importante dessa transição é a fusão singular do Estado com o capital, que em parte alguma se realizou de maneira mais favorável ao capitalismo do que na Europa.[14] (ARRIGHI, 1996, p.11)

Além disso, há uma clara mudança no objeto central de estudo: se na ótica da transição do feudalismo ao capitalismo, o foco está nos processos internos/nacionais de destruição das relações feudais e de constituição do capitalismo, na ótica do sistema-mundo (ou economia-mundo capitalista), as relações entre diferentes países/regiões ocupa lugar central já que estas relações são essenciais para delinear o processo de acumulação.

Vejamos, portanto, algumas das noções centrais da ótica do sistema-mundo.

1990, *Institutions, Institutional Change and Economic Performance*, elabora a noção de *path dependence* (dependência da trajetória) que, para muitos, sugere que "a história importa". A abordagem delineada no artigo de 1970 e no livro de 1973 foi ampliada e, em parte, modificada.

14. No entanto, Arrighi reconhece que essa construção é parcial pois deixa de lado as relações centro-periferia e capital-trabalho, temas que ele procurou explorar na obra *A Ilusão do Desenvolvimento* (Petrópolis, Vozes, 1997).

Wallerstein caracteriza o capitalismo de modo bastante específico em conexão com sua concepção de economia-mundo:

> O Capitalismo como um sistema de produção para venda num mercado para obter lucro e para apropriar esse lucro com base na propriedade individual ou coletiva, somente existiu em, e pode-se dizer que requer, um sistema-mundo no qual as unidades políticas não são coincidentes com as fronteiras da economia de mercado. Isto permitiu aos vendedores lucrar pela força do mercado sempre que ele existiu mas habilitou-os simultaneamente a procurar, sempre que necessário, a intervenção de entidades políticas para distorcer o mercado a seu favor. Longe de ser um sistema de livre competição para todos os vendedores, o capitalismo é um sistema em que a competição torna-se relativamente livre apenas quando a vantagem econômica do estrato superior é tão clara que a operação sem restrições do mercado serve efetivamente para reforçar o sistema existente de estratificação. (WALLERSTEIN, 1979, p.66)

O primeiro elemento da concepção de capitalismo de Wallerstein é a produção para venda no mercado com o objetivo de lucro; o segundo é que isso deve ocorrer dentro de um sistema-mundo. O que é o sistema-mundo?

Fernand Braudel (1902-1986)[15], um dos mais festejados historiadores do século XX, incorporou algumas concepções propostas por Wallerstein, como a de sistema-mundo ou economia-mundo. A economia-mundo não é necessariamente a economia mundial (que abarque todas as áreas do planeta) e sim um espaço geográfico fechado e autônomo em que os diferentes componentes se acham hierarquizados, caracterizando situações de dominação (de um centro – uma cidade ou um país – em relação às áreas periféricas e às semiperiféricas). Sua concepção da estrutura das economias é bastante peculiar, recusando algumas noções usuais como a de fases do desenvolvimento do capitalismo (capitalismo mercantil, capitalismo industrial, capitalismo financeiro). Vejamos brevemente algumas noções centrais à visão de Braudel.

De início, o autor reconhece a existência de três "economias" no mundo moderno. A mais facilmente identificável é a chamada "economia de mercado", "isto é, os mecanismos da produção e da troca ligados às atividades rurais, às lojas, às oficinas, aos estabelecimentos, às Bolsas, aos bancos, às feiras e, naturalmente, aos mercados" (BRAUDEL, 1995, p.12). Abaixo e acima desta zona em que prevalece a transparência, situam-se áreas dominadas pela opacidade, ou seja, pelo caráter obscuro do que aí se passa.

Abaixo, no "andar inferior" da economia está a zona da vida material ou da civilização material: trata-se, simplificadamente, de uma atividade que se manifesta fora da economia

---

15. Fernand Braudel, historiador francês, fez parte da missão que instalou a Faculdade de Filosofia, Ciências e Letras da USP, a partir de sua fundação em 1934. Foi professor de História Geral no curso de Geografia e História daquela faculdade entre 1935 e 1937.

PRIMEIRA PARTE - A TRANSIÇÃO DO FEUDALISMO AO CAPITALISMO

de mercado, quase uma atividade de subsistência e que permanece mesmo nas economias industriais, embora em proporções decrescentes.

Acima, no "andar superior", diz Braudel:

> [...] ergueram-se hierarquias sociais ativas: falseiam a troca em proveito próprio, fazem vacilar a ordem estabelecida; voluntária e até involuntariamente, criam anomalias, "turbulências", e têm maneiras muito suas de tratar dos seus assuntos. Nesse nível elevado, alguns grandes mercadores de Amsterdam, no século XVIII, ou de Gênova, no século XVI, podem abalar, à distância, setores inteiros da economia europeia ou mesmo mundial. Foi assim que grupos de atores privilegiados entraram em circuitos e cálculos que a maioria das pessoas ignora [...]. Esta segunda zona de opacidade, que, acima da clareza da economia de mercado, é de certo modo o seu limite superior, representa para mim o domínio por excelência do capitalismo. Sem ela, este é impensável; aí se aloja, aí prospera. (BRAUDEL, 1995, p.12)

Nesse andar superior, o característico não é a "especialização" dos capitais; pelo contrário, "o capitalismo tem a capacidade, a qualquer momento, de mudar de rumo: é o segredo de sua vitalidade" (BRAUDEL, 1996, p.578). Ou seja, o capitalismo tem o privilégio da liberdade de escolha que decorre de sua posição social dominante, do peso de seus capitais, de sua capacidade de empréstimo, de sua rede de informações e dos vínculos de uma minoria poderosa. E mais: o capitalismo se assenta em seus "territórios de caça reservados" como a grande especulação imobiliária e bolsista, o grande banco, a grande produção industrial, o comércio internacional e, ocasionalmente, a produção agrícola ou os transportes.

Estas breves indicações sobre a concepção de capitalismo de Braudel evidenciam o quanto ela se distancia daquele que o associa a uma economia concorrencial em conflito com o Estado. Pelo contrário, diz Braudel

> Na realidade, não nos deixemos enganar, Estado e Capital, ou pelo menos um certo capital, o das grandes firmas e dos monopólios, formam um bom casal e este último, sob nossos olhos, sai-se muito bem. (BRAUDEL, 1996, p.579)

Ainda que de forma excessivamente esquemática, podemos indicar algumas noções centrais à perspectiva de economia-mundo propostas por Wallerstein e Braudel:

1) O capitalismo é um sistema de produção e venda no mercado com o objetivo de obter lucro;
2) O capitalismo requer um sistema-mundo, ou seja, um sistema maior do que qualquer unidade política definida juridicamente (ou, mais imprecisamente, um conjunto de Estados "nacionais" relacionados por vínculos econômicos);
3) Nas economias inseridas na economia-mundo se estabelece uma hierarquia: vida material (o nível de subsistência), a economia de mercado (as transações comerciais correntes) e o

capitalismo (os grandes negócios especulativos, comerciais, financeiros, industriais, principalmente na esfera internacional).

4) O sistema mundo também pressupõe uma hierarquia: um centro (que pode ser uma cidade ou um país), uma periferia (as áreas mais pobres) e uma semiperiferia (com uma riqueza intermediária entre o centro e a periferia).

5) O capitalismo – os grandes negócios – não se opõe ao Estado; pelo contrário, convivecom o Estado e se beneficia de suas ações.

A dinâmica da economia-mundo capitalista – expressa pela acumulação de capital – pressupõe a exploração, da periferia e da semiperiferia pelo centro, em benefício do "andar de cima" do centro. É o que, de certo modo, sugere Braudel:

> Toda economia-mundo se divide em zonas sucessivas. O coração, quer dizer, a região que se estende em torno do centro: as Províncias Unidas (porém não todas as Províncias Unidas) quando Amsterdã domina o mundo no século XVII; Inglaterra (porém não toda a Inglaterra) quando Londres, a partir dos anos 1780, suplantou definitivamente a Amsterdã. Vem depois as zonas intermediárias, ao redor do núcleo central. Finalmente, certas zonas marginais muito amplas que, dentro da divisão do trabalho que caracteriza a economia-mundo, são zonas subordinadas e dependentes, mais do que participantes. Nestas zonas periféricas, a vida dos homens evoca com frequência o purgatório, quando não o inferno. (BRAUDEL, 1986, p.88-89)

A relação entre estas zonas também é explorada por Braudel a partir da situação histórica observada no século XVII:

> Em resumo, a economia-mundo europeia, em 1650, supõe a justaposição e a coexistência de sociedades que vão desde a já capitalista, como a holandesa, até as servis e escravistas que ocupam os degraus mais baixos da escala. Esta simultaneidade, este sincronismo, recoloca todos os problemas de uma só vez. De fato, o capitalismo vive deste escalonamento regular: as zonas extremas nutrem as zonas intermediárias e, sobretudo, as zonas centrais. E o que é o centro senão o ponto culminante, a superestrutura capitalista do conjunto da edificação? [...] Daí o peso da afirmação de Immanuel Wallerstein: o capitalismo é uma criação da desigualdade do mundo; necessita, para desenvolver-se, a cumplicidade da economia internacional. (BRAUDEL, 1986, p.100)

Daí decorre a forma peculiar pela qual se encaram as diversas formas de trabalho presentes no centro, na periferia e na semiperiferia: no limite, pode-se dizer que todas são capitalistas (embora haja escravos, servos e outras formas de trabalhadores dependentes) porque determinadas pelas necessidades de acumulação do capitalismo central. A especificidade das formas de trabalho deixa de ser essencial para a compreensão da natureza

131

das economias periféricas e semiperiféricas (e mesmo das centrais em que permanecem formas arcaicas de relações de trabalho).

Esta concepção de capitalismo (ou melhor, de economia-mundo capitalista) impõe, no estudo de suas origens, uma perspectiva que não se restringe às fronteiras de uma unidade nacional: em outras palavras, não se pode entender o surgimento do capitalismo na Inglaterra, na França, na Alemanha ou em outros países. O surgimento do capitalismo pressupõe a formação da economia-mundo. Quando, por que e como isso ocorre?

O ponto de partida é ainda a crise feudal. Wallerstein reconhece o impacto da crise sobre a renda dos senhores feudais, sua reação impondo maiores encargos sobre os camponeses e a consequente multiplicação de revoltas desde o século XIII até o século XV. Também identifica a transformação da agricultura rumo ao arrendamento das reservas senhoriais para camponeses em melhores condições de vida, um passo na direção de uma agricultura capitalista. Porém, o essencial não está nem nas eventuais mudanças nas relações de produção, nem no novo caráter da agricultura. Ao considerar que a dimensão da crise exercia enorme pressão sobre a sociedade europeia – em especial sobre a nobreza – Wallerstein entende que sua superação envolvia também uma mudança de grandes dimensões. Vale reproduzir um trecho mais longo do autor:

> Para que a Europa se desenvolvesse e se sustentasse agora era preciso uma nova forma de apropriação do excedente, uma economia-mundo capitalista. Esta não devia ser baseada na apropriação direta do excedente agrícola, nem na forma de tributo (como fora o caso dos velhos impérios) nem na de renda feudal (como fora o caso do sistema de feudalismo europeu). Em vez disso, era preciso desenvolver agora a apropriação do excedente que fosse baseado numa produtividade mais eficiente e crescente (primeiro na agricultura e depois na indústria) por meio de um mecanismo de mercado mundial com o suporte "artificial" (isto é, não de mercado) de máquinas estatais, mas nenhuma delas controlando o mercado mundial integralmente. O argumento deste livro é que três coisas eram essenciais para o estabelecimento de tal economia-mundo capitalista: uma expansão da dimensão geográfica do mundo em questão, o desenvolvimento de métodos variados de controle do trabalho para diferentes produtos e diferentes zonas da economia-mundo, e a criação de máquinas estatais relativamente fortes no que viriam a ser os estados-centrais desta economia-mundo capitalista.
>
> E acrescenta:
>
> A expansão territorial europeia era, teoricamente, um pré-requisito chave para a solução da crise do feudalismo. (WALLERSTEIN, 1974, p.37-38)

Portugal liderou essa expansão territorial por meio das navegações que permitiram sua presença tanto no Oriente como na América: razões de ordem geográfica, econômica e política explicam esse inesperado pioneirismo português na formação da economia--mundo capitalista. Portugal era, no quadro econômico e político da Europa, uma nação secundária, porém reuniu condições propícias para encetar o movimento de expansão territorial no século XV. (WALLERSTEIN, 1974, Cap. 1).

Mais importante é ressaltar que, nesta perspectiva, a saída da crise do feudalismo teria induzido não apenas mudanças "internas" às economias europeias, mas a constituição dessa economia-mundo no século XVI. E que o capitalismo, como aí concebido, exige uma economia-mundo, pois ele não se caracteriza apenas como um modo de produção fundado no trabalho assalariado; o capitalismo, na perspectiva do sistema-mundo, envolve várias unidades políticas com a presença de diferentes formas de trabalho (assalariado, servil, escravo, meeiro etc.). É exatamente dessa diversidade que se alimenta a acumulação de capital dos países do centro do sistema-mundo. Em certo sentido, o capitalismo (o "andar de cima" na concepção de Braudel) comanda essa acumulação mundial e pode, de certa forma, determinar as formas de trabalho mais adequadas (no sentido de mais favoráveis à produção de lucros) a cada tipo de produção em cada região da economia-mundo capitalista.

Trata-se de uma visão peculiar da transição do feudalismo ao capitalismo, substancialmente distinta das abordagens que tratamos anteriormente. Por sua grande influência em estudos de História Econômica, e nas ciências sociais em geral, merece esta referência embora seu confronto com as demais visões seja difícil.

4.6 A TRANSIÇÃO DO FEUDALISMO AO CAPITALISMO: UM ESBOÇO DE CONCLUSÃO

É possível que o leitor se sinta perplexo diante da diversidade de interpretações aqui referidas (e que abarcam apenas pequena parte da literatura sobre o tema). Não devemos ignorar essa diversidade, indicando uma interpretação como correta e simplesmente descartando as demais. No entanto, é possível ensaiar um breve balanço das contribuições aqui expostas, identificando seu alcance e suas limitações.

Comparar essas interpretações se mostra difícil porque tanto as noções básicas implícitas como as questões propostas são distintas. Feudalismo e capitalismo nem sempre são conceitos considerados pelos autores; e mesmo quando presentes, podem ter significados diferentes. De qualquer modo, pode-se dizer que, ao tratarem do período histórico em foco, duas perspectivas se colocam como alternativas: de um lado, as que explicam a transição do feudalismo ao capitalismo a partir do impacto do renascimento comercial ou da expansão do mercado; de outro, as que atribuem à luta de classes um papel decisivo para a transição. Em outras palavras, para uns a esfera da circulação é decisiva na transformação por que passou o mundo entre o século XV e o XVIII; para outros, é na esfera da produção, e em especial nas relações de produção, que se definem as mudanças fundamentais na passagem de um sistema para outro. Não se trata de eleger uma interpretação como a correta e sim de mostrar os possíveis pontos de convergência e de divergência entre elas.

PRIMEIRA PARTE – A TRANSIÇÃO DO FEUDALISMO AO CAPITALISMO

A questão não é simples, o que pode ser ilustrado por um comentário de Brenner: ele entende ser possível identificar, na obra de Marx, dois modelos de transição do feudalismo ao capitalismo, um que parte da expansão do mercado e outro fundado na luta de classes. Em obras como *A Ideologia Alemã*, *Pobreza da Filosofia* e *Manifesto Comunista*, Marx afirmaria que a divisão do trabalho, ao expressar diretamente o nível de desenvolvimento das forças produtivas, responderia à expansão do mercado e determinaria as relações sociais de propriedade e de classe. A transição do feudalismo ao capitalismo, nessas obras, atende a esse princípio geral.

Segundo Brenner: "O feudalismo, para Marx, transformou-se no capitalismo por meio da evolução da divisão do trabalho" (BRENNER, 1983, p.213). Divisão do trabalho, antes de mais nada, entre cidade e campo, separando o artesão da produção agrícola; separação também entre função comercial e função industrial num segundo momento; crescente especialização na produção industrial (do artesanato para a manufatura), culminando, quando da consolidação de um mercado mundial, com a mecanização e a divisão da sociedade em duas classes (capitalistas e proletários). Esta brevíssima referência procura indicar, de modo bastante imperfeito, que a expansão do mercado aparece nessas obras de Marx como o fundamento da transição do feudalismo ao capitalismo: Brenner o denominou "o primeiro modelo de transição de Marx". O segundo modelo, delineado em obras posteriores como *O Capital* e *Grundrisse*, fundado na noção de modo de produção, parte da reprodução conflituosa entre, de um lado, uma classe de camponeses que possui os seus meios de reprodução e, de outro, uma classe de senhores que se reproduz extraindo um excedente dos camponeses por meio de compulsão extraeconômica (BRENNER, 1983).

Desse modo, mesmo um autor para quem é inequívoca a importância da luta de classes teria atribuído, em algumas de suas obras, posição central à expansão do mercado na transição do feudalismo ao capitalismo. É claro, se o capitalismo é um modo de produção de mercadorias, a existência de um mercado relativamente amplo é uma condição para o seu surgimento. A questão é saber se a expansão do mercado, com seu potencial de especialização, divisão do trabalho e aumento de produtividade, é suficiente para conduzir o processo de transição do feudalismo ao capitalismo.

A concepção de capitalismo de Pirenne – que o identifica apenas com a busca do lucro – torna a resposta bastante simples. Assim, o renascimento comercial responde pela transição do feudalismo ao capitalismo: criou ou fortaleceu uma camada – a burguesia – que buscava o lucro pelo comércio; dissolveu os laços da servidão, pois os senhores feudais preferiam trocar a corveia (que constitui, para Pirenne, essencial para definir a servidão) por um pagamento em dinheiro por parte dos servos a fim de adquirirem as mercadorias oferecidas pelo comércio em expansão. Como se limita à Idade Média, Pirenne não inclui em sua interpretação fenômenos usualmente associados à transição (como o Mercantilismo, as transformações da agricultura, a Revolução Industrial): assim, todo o desenvolvimento posterior ao renascimento comercial do século XII – que

CAPÍTULO 4 – A POLÊMICA SOBRE A TRANSIÇÃO DO FEUDALISMO AO CAPITALISMO: ALGUMAS INTERPRETAÇÕES

para Pirenne já é capitalista – parece ser um mero desdobramento do comércio e da expansão do mercado.[16]

Hicks e North situam na expansão do mercado o "motor" das transformações da economia europeia. Seus argumentos vão bem além da interpretação de Pirenne: a expansão do mercado permite divisão do trabalho, especialização e aumento de produtividade. Embora Hicks especifique os mecanismos econômicos relativos a algumas transformações históricas e North explore as inovações institucionais como instrumento para permitir o aumento de produtividade, o elemento fundamental por trás desses argumentos é a expansão do mercado.

Embora a contribuição de Wallerstein ao tema também possa ser associada à noção de expansão do mercado, ela traz à luz um dado adicional: a constituição de uma economia-mundo que engloba centro, periferia e semiperiferia. Nessa economia-mundo, capitalista, coexistem diferentes formas de trabalho, além do trabalho propriamente assalariado: para Wallerstein, uma vez inseridas na economia mundo capitalista, independentemente da forma de trabalho (escravo, servil, parceria), essas economias periféricas e semiperiféricas perderiam sua autonomia e seriam igualmente capitalistas (uma vez que comércio e lucro também estariam presentes aí). Na verdade, em cada economia haveria a escolha da forma de trabalho mais adequada ao objetivo de produzir para obter lucro no mercado. E mais: as economias periféricas e semiperiféricas estariam inseridas na economia-mundo de modo a contribuir para a acumulação de capital nas economias centrais.

É inegável que a integração de vastas áreas do globo à economia da Europa Ocidental por meio do comércio é um elemento importante para a acumulação de capital na fase de transição do feudalismo ao capitalismo. No entanto, há objeções à concepção de uma economia-mundo capitalista: Brenner é particularmente enfático a esse respeito porque Wallerstein entende o capitalismo como "um modo de produção, produção para o lucro num mercado" e ainda que "o comércio por si próprio levará à acumulação e à inovação por meio do desenvolvimento da divisão do trabalho motivada pelo lucro" (BRENNER, 1977, p.54), concepção muito próxima de um "modelo mercantil".

Esse é afinal, apesar das grandes diferenças entre suas interpretações, o ponto comum entre Pirenne, Hicks, North e Wallerstein: a expansão do mercado produz acumulação e inovação por meio da divisão do trabalho motivada pelo lucro. Seria uma explicação suficiente para a transição do feudalismo ao capitalismo?

---

16. Para Ellen Wood, adeptos do modelo mercantil, como Pirenne, entendem que o renascimento comercial e das cidades no século XII foi a retomada de uma sociedade mercantil e urbana já bem estabelecida no antigo Mediterrâneo e cujo desenvolvimento foi interrompido pelo hiato do feudalismo. Nas cidades, houve a libertação das restrições culturais e do parasitismo político típico do feudalismo. E conclui: "Esta libertação da economia urbana, da atividade comercial e da racionalidade mercantil, acompanhada pelos inevitáveis aperfeiçoamentos das técnicas de produção que decorrem, evidentemente, da emancipação do comércio, aparentemente bastou para explicar a ascensão do capitalismo moderno" (WOOD, 2001, p.22-23).

Brenner recusa essa hipótese e lembra que a presença do trabalho livre e assalariado é essencial para impor a inovação e o aumento de produtividade como condição de sobrevivência:

> Só onde o capital foi separado da posse dos meios de produção e onde os trabalhadores foram emancipados de qualquer relação direta de dominação (como a escravidão ou a servidão), tanto o capital quanto a força de trabalho estão "livres" para tornar *possível* sua combinação ao nível mais elevado de tecnologia. Só onde eles são livres, essa combinação aparecerá como *factível* e *desejável*. Só onde eles são livres essa combinação será necessária. Só sob condições de trabalho livre assalariado, as unidades produtivas individuais (combinando força de trabalho e meios de produção) serão forçadas a vender a fim de comprar, comprar a fim de sobreviver e reproduzir, e finalmente a expandir e inovar a fim de manter sua posição em relação às outras unidades produtivas individuais. Só sob tal sistema, onde tanto o capital quanto a força de trabalho são mercadorias – no que foi chamado por Marx de "produção generalizada de mercadorias" – há a necessidade de produzir ao tempo de trabalho "socialmente necessário" a fim de sobreviver e para superar este nível de produtividade para assegurar a contínua sobrevivência. (BRENNER, 1977, p.32)

Para Brenner, a simples expansão do mercado não garante que o resultado seja a transformação das relações de produção em direção ao trabalho livre e assalariado. Em especial, quando prevalecem formas pré-capitalistas em que a subsistência de trabalhadores e senhores independe do acesso ao mercado, a sua expansão pode ser atendida, talvez parcialmente, apenas pela destinação de um excedente produzido com base nas formas tradicionais.

Em suma, pretende-se argumentar que a expansão do mercado é insuficiente para explicar o surgimento do capitalismo quando se admite que este pressupõe a presença do trabalho assalariado que impõe, por sua vez, a contínua inovação e aumento da produtividade.

Se essa hipótese é correta, cabe buscar outra explicação para o surgimento do trabalho assalariado. Como vimos, a interpretação alternativa se fixa na questão da luta de classes. Essa é a perspectiva adotada por Dobb e por Brenner como indicamos anteriormente.

Ambos admitem que o fim da servidão resultou da crescente pressão dos senhores para extração do excedente dos servos. O conflito daí decorrente induziu mudanças nas relações entre senhores e servos. Mudanças na forma da relação – por exemplo, a troca das obrigações em trabalho (corveia) por pagamentos em dinheiro (e, nesse sentido, comércio e circulação monetária são condições para essa transformação, embora não sejam a causa dela); mas também mudanças no conteúdo da relação: por vezes, tornando mais rígida a dependência do camponês em relação ao senhor (caso da Europa Oriental), mas por vezes reduzindo o grau de dependência, em direção à condição de trabalhador livre.

CAPÍTULO 4 – A POLÊMICA SOBRE A TRANSIÇÃO DO FEUDALISMO AO CAPITALISMO: ALGUMAS INTERPRETAÇÕES

Brenner entende que o caminho em direção à liberdade dos camponeses foi relativamente curto: em meados do século XV, a maior parte dos trabalhadores já seria livre. Porém, os senhores haviam mantido a propriedade de grande parte dos domínios, o que levou à criação de um sistema de arrendamento: aqui estaria, para Brenner, a origem do capitalismo agrário inglês, na verdade, a própria origem do capitalismo: os camponeses dependiam agora, para sobreviver, da venda de seus produtos no mercado (o que não era necessário na época feudal), o que os obrigou a buscar o aumento de produtividade para poderem competir nesse mercado. Ou seja, Brenner entende que o resultado – o capitalismo – decorreu de ações não intencionais de senhores e servos que tinham como objetivo apenas se manterem nas condições prévias dentro do sistema feudal.

Já Dobb entende que, mesmo que livres juridicamente, os camponeses estavam ainda sujeitos a uma série de restrições (como a de poderem sair dos domínios a que estavam vinculados) que preservavam, sob nova forma, o vínculo de dependência em relação aos senhores. Por isso, situa o momento crucial para o surgimento do capitalismo na esfera da indústria doméstica rural, quando um comerciante oriundo da produção passa a empregar trabalhadores e a mudar o próprio modo de produção. Em suma, Dobb vê a origem do capitalismo na produção manufatureira, embora bem antes da Revolução Industrial. E os agentes da transformação eram mercadores-fabricantes cuja origem última era a classe servil da época feudal.

Evidentemente, o caráter polêmico do tema impede uma conclusão absoluta: parece razoável recusar a expansão do mercado como a fonte única do processo de transição do feudalismo ao capitalismo ou da simples ascensão do capitalismo. Os conflitos entre senhores e servos, a proliferação de revoltas nos séculos XIII e XIV, o processo de destituição da posse da terra e de outros meios de produção dos trabalhadores, as mudanças profundas no processo de produção sugerem que neste plano ocorrem transformações fundamentais relacionadas ao declínio feudal e à ascensão do capitalismo. Em suma, se a expansão do mercado é condição necessária para a transição do feudalismo ao capitalismo, a "luta de classes" é fundamental para se entender como se processaram as mudanças nas relações de produção e, consequentemente, a emergência do capitalismo. Esta parece ser a forma mais plausível de se situar na polêmica entre essas duas vertentes interpretativas da transição do feudalismo ao capitalismo.

No entanto, a amplitude do tema sugere ser prudente evitar uma síntese simplista do processo que, de resto, envolve inúmeros aspectos que não foram tratados neste esboço de conclusão (como o Estado absolutista e as Revoluções Burguesas). Esperamos ter dado ao leitor a informação suficiente para que ele possa aprofundar suas leituras sobre o tema e se posicionar diante da polêmica.

REFERÊNCIAS

ARRIGHI, G. (1996). *O Longo Século XX*. Rio de Janeiro; São Paulo: Contraponto; Editora da UNESP.

ARRIGHI, G. (1997). *A Ilusão do Desenvolvimento*. Petrópolis: Vozes.

ASHTON, T. H. (Ed.) (1982). *The Brenner Debate: Agrarian Class Structure and Economic Development*. Cambridge: Cambridge University Press.

BRAUDEL, F. (1986). *La Dinámica del Capitalismo*. México: Fondo de Cultura Econômica.

BRAUDEL, F. (1995). *Civilização Material, Economia e Capitalismo. Séculos XV-XVIII. Volume 1. As Estruturas do Cotidiano*. São Paulo: Martins Fontes.

BRAUDEL, F. (1996). *Civilização Material, Economia e Capitalismo. Séculos XV-XVIII. Volume 3. O tempo do mundo*. São Paulo: Martins Fontes.

BRENNER, R. (1977). "The Origins of Capitalist Development: A Critique of Neo-Smithian Marxism", *New Left Review*, n. 104.

BRENNER, R. (1983). "Marx First Model of the Transition to Capitalism" in CHAVANCE, B. (org). *Marx en Perspective*. Paris: Éditions École des Hautes Études en Sciences Sociales.

BRENNER, R. (1987). "Feudalism", in EATWELL, J. (ed). *The New Palgrave: A Dictionary of Economics*. Vol. 2. London: The MacMillan Press, p.309-316.

DOBB, M. (1983). *A Evolução do Capitalismo*. São Paulo: Abril Cultural.

HICKS, J. (1969). *A Theory of Economic History*. Oxford: Oxford University Press.

MARIUTTI, E. (2004). *Balanço do Debate: A Transição do Feudalismo ao Capitalismo*. São Paulo: Editora Hucitec.

NORTH, D. & THOMAS, R. (1970). "An Economic Theory of the Growth of the Western World" in *The Economic History Review*, Second Series, Vol. XXIII, n. 1, p.1-17.

PIRENNE, H. (1963). *História Econômica e Social da Idade Média*. São Paulo, Mestre Jou.

SWEEZY, P. (1983). *A Transição do Feudalismo ao Capitalismo: Um Debate*. São Paulo: Paz e Terra.

WALLERSTEIN, I. (1974). *The Modern World-System: Capitalist Agriculture and the Origins of the European World-Economy in the Sixteenth Century*. New York: Academic Press.

WALLERSTEIN, I. (1979). *Capitalist World Economy*. Cambridge: Cambridge University Press.

WOOD, E. (2001). *A Origem do Capitalismo*. Rio de Janeiro: Jorge Zahar Editor.

SEGUNDA PARTE

A Revolução Industrial Britânica e a Expansão do Capitalismo (1760-1870)

A Revolução Industrial é um tema obrigatório em qualquer estudo de História Econômica, embora haja grandes divergências em relação ao seu significado. Carlo Cipolla, conhecido historiador econômico italiano, atribui à Revolução Industrial um papel fundamental na história da humanidade:

> Entre 1780 e 1850, em menos de três gerações, uma ampla revolução, sem precedente na história da Humanidade, mudou a face da Inglaterra. Daí em diante, o mundo não foi mais o mesmo. Os historiadores frequentemente usaram e abusaram da palavra Revolução para significar uma mudança radical, mas nenhuma revolução foi tão dramaticamente revolucionária quanto a Revolução Industrial – exceto, talvez, a Revolução Neolítica. Ambas mudaram o curso da história, quer dizer, cada uma provocou uma descontinuidade no processo histórico. A Revolução Neolítica transformou a Humanidade de uma coleção dispersa de bandos selvagens de caçadores [...] em uma coleção de sociedades agrícolas mais ou menos interdependentes. A Revolução Industrial transformou o Homem de um agricultor em um manipulador de máquinas movidas por energia inanimada. (CIPOLLA, 1973, p.7)

Esta perspectiva de transformação radical da sociedade britânica – e da própria humanidade – a partir da Revolução Industrial é, em maior ou menor grau, defendida por grande número de estudiosos. Ela estabelece que na segunda metade do século XVIII iniciou-se uma rápida transformação da indústria britânica por meio da introdução da máquina e da energia gerada por fontes inanimadas (como o vapor e a força hidráulica) em substituição à energia humana e à energia animal. A inovação técnica teria sido o embrião de mudanças profundas na sociedade britânica, em período relativamente curto, a sugerir se tratar de uma verdadeira "Revolução Industrial": o termo, já utilizado nos meados do século XIX, provavelmente por analogia à Revolução Francesa, foi consagrado por Arnold Toynbee em sua obra *Lectures on the Industrial Revolution in England*, de 1884.[1]

---

1. A obra *Lectures on the Industrial Revolution in England* é a transcrição de um conjunto de conferências feitas por Toynbee em 1880-1881. Falecido precocemente, os textos foram reunidos por seus alunos e publicados em 1884. Uma edição mais recente conta com prefácio de seu sobrinho, o historiador Arnold J. Toynbee (TOYNBEE, 1956).

A noção de uma transformação historicamente rápida e profunda – por isso revolucionária – foi reforçada por inúmeros historiadores que situaram a inovação técnica no quadro mais amplo das mudanças econômicas, sociais e políticas. Assim, paralelamente à inovação na indústria, teriam ocorrido importantes mudanças na agricultura, tanto em relação à forma da posse da terra quanto às técnicas de produção, levando a substancial aumento de produtividade. Igualmente importantes teriam sido as inovações nos transportes, como a melhoria das estradas de rodagem, a construção de canais fluviais e, mais tarde, o estabelecimento das estradas de ferro e a substituição do barco a vela pelo navio a vapor. A expansão dos mercados – interno e externo – também associada a novas técnicas comerciais e financeiras e estimulada pelo crescimento populacional, se somou a um conjunto de transformações responsável pelo rápido crescimento da economia britânica a partir de 1760. A essas mudanças da indústria britânica corresponderia um acelerado processo de urbanização: grandes cidades acomodariam vastos contingentes de trabalhadores cujo padrão de vida era particularmente precário em razão dos baixos salários, das condições de habitação e de infraestrutura urbana. Em suma, em poucas décadas toda a sociedade britânica teria sofrido profunda mudança, induzida pela transformação fundamental das técnicas produtivas na esfera industrial. Tudo isto justificaria tratar-se efetivamente de uma revolução e, seguindo a afirmação de Cipolla, até mesmo de um marco na própria história da humanidade.

Essa visão da Revolução Industrial, presente em inúmeros estudos clássicos sobre o tema, foi, a partir de 1920, objeto de alguma qualificação por parte de historiadores britânicos que defendiam a noção de um longo processo de mudanças e não de algo concentrado num período relativamente curto de tempo. Heaton, por exemplo, afirma a respeito da Revolução Industrial:

Como um rótulo, é insatisfatório. A objeção principal está na palavra revolução. [...] Uma revolução que continuou por 150 anos e que foi preparada por pelo menos outros 150 anos parece necessitar de outro rótulo. (HEATON, 1942, p.3-5)

Na recusa à noção de "Revolução Industrial" há diferentes justificativas. Por vezes é inspirada por concepções que defendem a hipótese de que na história econômica prevalece a continuidade e não a ruptura. Ora, o conceito de Revolução, em geral, aponta na direção de uma ruptura abrupta em relação à situação vigente. Para os que não admitem rupturas na história econômica, a noção de Revolução Industrial é recusada por princípio.[2]

---

2. Um exemplo curioso é o do historiador T. S. Ashton, em seu conhecido livro sobre a Revolução Industrial. Ele inicia a obra com esta frase: "No curto espaço de tempo que vai desde a subida ao poder de Jorge III até à de seu filho Guilherme IV, o aspecto da Inglaterra modificou-se profundamente", para, a seguir, descrever brevemente as principais mudanças. Porém, apesar de ressaltar o curto espaço de tempo em que a Inglaterra modificou-se profundamente, continua com o seguinte comentário: "Poderá discutir-se se tão variadas mudanças cabem dentro da designação de 'revolução industrial'.

SEGUNDA PARTE – A REVOLUÇÃO INDUSTRIAL BRITÂNICA E A EXPANSÃO DO CAPITALISMO (1760-1870)

Mas a defesa da continuidade – e a negação de uma ruptura abrupta atribuída à Revolução Industrial – também tem sido feita por meio de pesquisas mais recentes que privilegiam os aspectos quantitativos.[3] Estimativas do crescimento do produto industrial, da produtividade, etc. sugerem um ritmo de expansão mais lento do que o implícito na noção de revolução. No entanto, essas críticas fundadas em dados quantitativos e na exploração de diversas fontes primárias têm se debatido com questões técnicas intermináveis. Como as fontes são distintas, assim como os métodos quantitativos de estimação, é difícil poder afirmar que um resultado é correto e o outro, equivocado. Raramente é possível chegar a uma conclusão definitiva com base nessas inferências quantitativas já que frequentemente os dados apontam em direções opostas.[4]

Um exemplo diz respeito às estimativas de crescimento do produto bruto e do produto industrial britânico nos séculos XVIII e XIX: há várias estimativas, cada uma com suas virtudes e seus defeitos, que registram divergências importantes, às vezes exacerbadas pelos autores que desejam contestar alguma tese em particular. Na Tabela II.1 reproduzimos algumas dessas estimativas para a Grã-Bretanha.[5]

A divergência mais acentuada entre essas estimativas se situa nas taxas de crescimento da renda *per capita* calculadas por Deane e Cole e por Crafts: este último entende que o impacto da Revolução Industrial sobre a renda *per capita* foi substancialmente menor do que aquele estimado por Deane e Cole; ou seja, que a Revolução Industrial não foi tão importante para o crescimento da economia britânica quanto sugere a historiografia mais antiga. Por outro lado, as estimativas de Hoffmann para o crescimento do produto

---

As alterações não foram meramente 'industriais', mas também sociais e intelectuais. A palavra 'revolução' implica uma rapidez de mudança que não é, de fato, a característica dos processos econômicos. O sistema de relações humanas algumas vezes designado por 'capitalismo' teve a sua origem muito antes de 1760 e atingiu seu pleno desenvolvimento muito depois de 1830: há assim, com esta expressão, o perigo de não tomar na devida conta o fato fundamental da continuidade. Mas a designação de 'revolução industrial', usada por grande número de historiadores, de tal forma se vulgarizou que seria pretensiosismo tentar substituí-la" (ASHTON, 1971, p.21-22).

3. Um autor, ao responder a pergunta que colocou como título de seu livro – A Revolução Industrial foi necessária? (*Was the Industrial Revolution Necessary?*) – afirma: "Ao explorar estes novos resultados, tornou-se claro que a Revolução Industrial não foi necessária para alcançar o crescimento econômico rápido e sustentável. Houve dois episódios anteriores de prolongado crescimento no mundo europeu pré-industrial. Entretanto, a Revolução Industrial foi necessária para manter o crescimento além do século dezoito devido à exaustão do paradigma tecnológico neolítico tardio e para alcançar uma distribuição de renda mais equitativa" (SNOOKS, 1994, p.26). Como se observa, apesar de afirmar que a Revolução Industrial não foi, em certo sentido, necessária, o autor não pode ignorar a relevância dessa revolução como um novo paradigma tecnológico.

4. MOKYR (1993) apresenta um amplo balanço da historiografia recente sobre a Revolução Industrial.

5. Neste e noutros capítulos aparecem as designações Inglaterra, Grã-Bretanha e Reino Unido, por isso convém esclarecer seu conteúdo. Do ponto de vista político, Grã-Bretanha se refere ao conjunto de Inglaterra, País de Gales e Escócia. Inglaterra e País de Gales estavam unidos desde 1301; a união com a Escócia, para formar a Grã-Bretanha, ocorreu em 1707. Em 1801, por meio de uma Lei de União, foi constituído o Reino Unido da Grã-Bretanha e da Irlanda. Em 1922, a Irlanda do Sul obteve sua independência, constituindo a República da Irlanda (Eire). Assim, o Reino Unido, desde então, passou a incluir apenas Grã-Bretanha e Irlanda do Norte.

143

TABELA II.1
Grã-Bretanha: Estimativas de taxas de crescimento anual (1700-1870)

	RENDA PER CAPITA (DEANE E COLE)	RENDA PER CAPITA (CRAFTS)	PRODUTO INDUSTRIAL (DEANE E COLE)	PRODUTO INDUSTRIAL (CRAFTS)	PRODUTO INDUSTRIAL (HOFFMANN)
1700-1760	0,44	0,30	0,74	0,62	0,67
1760-1800	0,52	0,17	1,24	1,96	2,45
1800-1830	1,61	0,52	4,4	3,0	2,7
1830-1870	1,98	1,98	2,9	n.d.	3,1

Fonte: MOKYR (1993), p.9.

industrial são bem superiores às de Deane e Cole e de Crafts, indicando também neste ponto divergências quanto à dimensão da Revolução Industrial.

Estas divergências entre estimativas quantitativas reaparecem em muitos outros temas relacionados à Revolução Industrial. Mokyr (1993) realiza extensa revisão dessas pesquisas quantitativas e, embora admita a sua relevância, é obrigado frequentemente a reconhecer o caráter inconclusivo de seus resultados e a necessidade de pesquisas mais acuradas. É expressiva a dificuldade de conciliar resultados de pesquisas quantitativas recentes com algumas evidências históricas do impacto da Revolução Industrial, como sugere este breve trecho de sua conclusão:

Na realidade, a Revolução Industrial pode não ter sido tão abrupta e súbita quanto uma parte de sua historiografia sugere. Ainda assim, sua importância como um evento na história econômica permanece intocada [...]. Vistos com o olho crítico da análise estatística, os eventos da Revolução Industrial, em si próprios, nos parecem muito pequenos e mesmo insignificantes porque afetaram apenas áreas e produtos limitados.

Mas, apesar da insignificância estatística, Mokyr entende que a Revolução Industrial,

De início provincial, localizada e mesmo estranha, ela estava destinada a mudar a vida de toda mulher e de todo homem no Ocidente e a afetar profundamente a vida de outros, embora o fenômeno permanecesse confinado primariamente à Europa e às suas extensões externas. (MOKYR, 1993, p.131)

Em revisão das críticas à visão clássica da Revolução Industrial, David Landes, autor de conhecida obra sobre o tema, adota postura mais ácida em relação aos cliometristas (ou seja, aos pesquisadores que fazem uso de dados quantitativos e técnicas estatísticas e econométricas em análises históricas):

Então, quando tudo é dito e feito, o quadro supostamente novo e revisionista da industrialização não é diferente do antigo. É mais rico, mais detalhado, mais agudo na sua análise da evidência. Mas falar de revisão drástica me parece muito equivocado e contrário aos fatos. Na verdade, não é fácil encontrar, da parte dos cliometristas, uma exposição clara desse novo e correto passado. (LANDES, 1993, p.169)

Curiosamente, uma historiadora estudiosa da Revolução Industrial, Pat Hudson, em obra publicada em 1992, associa o "revisionismo" às vicissitudes da economia britânica no final do século XX:

As interpretações da revolução industrial como um período de radical descontinuidade econômica e tecnológica e de turbulência política declinaram desde o final dos anos 1970 diante de novos projetos e métodos de pesquisa. Como a indústria britânica sofreu mais do que a maioria dos outros países ocidentais nas últimas duas décadas e como houve uma revolução na política do governo, não é surpreendente que muitas interpretações correntes da revolução industrial procurem explicar as raízes do declínio contemporâneo da Grã-Bretanha assim como sua política contemporânea [...]. Na história econômica, impulsionada por uma ênfase renovada na pesquisa quantitativa e na modelagem econômica (e ajudada por desenvolvimentos na tecnologia computacional), os anos 1980 foram dominados por análises macroeconômicas que afirmavam o crescimento muito lento da economia e particularmente da indústria no período da revolução industrial e mesmo além dele. (HUDSON, 1992, p.36)

Portanto, na perspectiva "revisionista": "[...] a revolução industrial passou a ser vista como não espetacular, incompleta e largamente responsável pelo pobre potencial competitivo da economia britânica desde então" (HUDSON, 1992, p.9).

Mas Hudson, em artigo escrito junto com outra historiadora – Maxine Berg – entende que essas análises não justificam negar a relevância de Revolução Industrial:

A revolução industrial foi um processo econômico e social que adiciona muito mais do que a soma de suas partes mensuráveis. O período viu a especialização setorial de regiões e o crescimento de economias regionais integradas, algumas das quais estavam claramente experimentando uma revolução industrial e social, não importa como este termo é definido, enquanto outras se desindustrializavam. (BERG & HUDSON, 1992, p.44)

Por nos aproximarmos das interpretações que situam a Revolução Industrial como um momento de ruptura, fundaremos nossa exposição em textos clássicos sobre o tema, incorporando, quando plausível, dados revelados por pesquisas mais recentes. Ou seja, admitiremos que a Revolução Industrial britânica representa efetivamente um momento fundamental de mudança do rumo da história econômica britânica e mundial. Nesse sentido, a Revolução Industrial, como uma noção histórica, não se limita às inovações técnicas na esfera produtiva, mas abarca o conjunto de mudanças que ocorre na sociedade britânica entre a segunda metade do século XVIII e a primeira do século XIX. No entanto, convém advertir que, mesmo entre os textos clássicos há divergências, menos em relação aos aspectos quantitativos e suas implicações e mais no que se refere às questões interpretativas, ou seja, em relação à forma de articulação desse conjunto de mudanças que se observou durante o período. Nos próximos capítulos, procuramos mostrar os diferentes aspectos da Revolução Industrial, sua articulação e as divergências interpretativas mais relevantes.

REFERÊNCIAS

ASHTON, T. S. (1971). *A Revolução Industrial (1760-1830)*. 2ª ed., Lisboa: Publicações Europa-América. (Original: Oxford University Press, 1947)

BERG, M. & HUDSON, P. (1992). "Rehabilitating the Industrial Revolution". *Economic History Review*, XLV, I, p.24-50.

CIPOLLA, C. M. (1973). "Introduction". CIPOLLA, C.M. (ed.). *The Fontana Economic History of Europe: The Industrial Revolution*. London/Glasgow: Collins/Fontana Books.

HEATON, H. (1942). "Industrial Revolution". *Encyclopaedia of the Social Sciences*. Volume 8. New York: The Macmillan Company.

HUDSON, P. (1992). *The Industrial Revolution*. London: Edward Arnold.

LANDES, D. (1993). "The Fable of the Dead Horses; or, the Industrial Revolution Revisited" in MOKYR, J. (Ed.). (1993). *The British Industrial Revolution. An Economic Perspective*. Boulder (USA)/ Oxford(UK): Westview Press.

MOKYR, J. (1993). "Editor's Introduction: The New Economic History and the Industrial Revolution". MOKYR, J. (Ed.). (1993). *The British Industrial Revolution. An Economic Perspective*. Boulder (USA)/Oxford(UK): Westview Press.

SNOOKS, G.D. (Ed.). (1994). *Was the Industrial Revolution Necessary?* London/New York: Routledge.

TOYNBEE, A. (1956). *The Industrial Revolution*. Boston: Beacon Press.

Capítulo 5

A REVOLUÇÃO INDUSTRIAL BRITÂNICA: AS INOVAÇÕES TÉCNICAS (1760-1850)

A primeira imagem que temos da Revolução Industrial – a das fábricas – se refere às novas técnicas de produção introduzidas em alguns ramos da manufatura britânica na segunda metade do século XVIII. Em síntese, pode-se dizer que foram duas as mudanças fundamentais: a introdução da máquina e a substituição da energia humana (ou animal) por formas de energia inanimada (energia hidráulica e vapor). Em termos conceituais, trata-se do estabelecimento da grande indústria como a forma típica de produção do capitalismo. Na grande indústria, a máquina assume posição central. Portanto, na perspectiva da transformação da esfera de produção, o aspecto tecnológico da Revolução Industrial é fundamental.

Para entender o que é peculiar à definição da máquina, vamos partir da concepção do artesanato e observar seu contraste com a produção fabril. Um artesão – seja na época das corporações de ofício medievais, seja nos dias de hoje – tem como característica fundamental realizar seu trabalho empunhando as ferramentas e dando forma à matéria-prima: o resultado da produção depende de sua habilidade no manuseio dessas ferramentas e também de sua energia (que define a força e a velocidade com que realiza as operações). No limite, pode-se dizer que cada produto do artesão é uma obra única, pois depende de características subjetivas que não se repetem em outro momento, nem pelas mãos do próprio artesão, nem de outro artesão. O produto artesanal é, portanto, o resultado da combinação da habilidade e da energia do artesão com as ferramentas específicas de seu ofício.

O que é a máquina e qual a posição do trabalhador em relação à máquina?

A imagem física de algumas máquinas nos ajuda a entender seu significado: trata-se de transferir as ferramentas das mãos do artesão para um mecanismo que procura reproduzir os movimentos do artesão de forma automática e padronizada. Essa é a noção essencial da máquina. Esse mecanismo pode, em alguns casos, ser movido pela energia humana, embora, com a Revolução Industrial, seja mais típico o uso de energia não humana e não animal. Uma máquina de costura doméstica nos serve de exemplo: a agulha, antes empunhada pela costureira, foi transferida para um mecanismo; este procura

SEGUNDA PARTE – A REVOLUÇÃO INDUSTRIAL BRITÂNICA E A EXPANSÃO DO CAPITALISMO (1760-1870)

reproduzir o movimento de uma mão da costureira, ao mesmo tempo em que outra parte da máquina "segura" o pano que está sendo costurado (fazendo o papel da outra mão da costureira). Antes, o trabalho dependia da habilidade e da energia da costureira (a regularidade do ponto, o volume de costura realizado); agora, a costureira apenas coloca o pano na máquina de costura e aciona a sua fonte de energia. O funcionamento automático da máquina garante a regularidade da costura e o volume de produção (pontos sempre com as mesmas características, velocidade definida pelo motor acoplado à máquina). Percebe--se, assim, que a posição do trabalhador no processo de trabalho mudou radicalmente. Antes, a qualidade do produto e o volume da produção dependiam fundamentalmente do trabalhador: de sua habilidade (em geral, fruto de um longo aprendizado), de sua força, de seu empenho; agora, o trabalhador apenas aciona a máquina e a supre de matéria-prima. Mais do que isso: nas máquinas propriamente industriais (muito mais do que numa máquina de costura doméstica em que o resultado ainda depende de alguma ação da costureira), o próprio ritmo de trabalho é imposto pela máquina ou pelo "motor" (acionado pela fonte de energia); em muitas delas, se o trabalhador não respeitar o ritmo da máquina ele poderá ser punido na forma de um acidente de trabalho.[1] Por exemplo: o trabalhador que coloca a matéria-prima para ser moldada em uma prensa deve seguir o ritmo da máquina, caso contrário sua mão poderá ser atingida pela prensa. Nesse sentido, Marx dizia que com a máquina se atinge o estágio da subordinação (ou subsunção) real do trabalho ao capital (MARX, 1978, p.51-70). Para compreender esta noção convém explorar brevemente a sequência artesanato-manufatura-indústria (ou grande indústria) que procura expor as formas básicas de organização da produção industrial (ou seja, das formas de elaboração das matérias-primas fornecidas pela natureza ou pela atividade primária).

A característica fundamental do artesanato já foi indicada acima: trata-se de uma produção manual, em que o artesão empunha a ferramenta e, com sua força e habilidade, dá forma à matéria-prima. O artesanato, como forma dominante da produção industrial na época medieval, organizava-se em pequenas oficinas em que o artesão, proprietário dos meios de produção, empregava poucos trabalhadores – companheiros ou aprendizes. Trata-se tipicamente de produção em pequena escala e com reduzida divisão do trabalho.

A manufatura, em sua fase inicial, corresponde à transferência de vários artesãos de suas oficinas (e com suas ferramentas) para um único local de trabalho sob o comando de um capitalista (em geral, um comerciante), tendo em vista ganhos potenciais decorrentes do acesso às matérias-primas ou aos mercados. Do ponto de vista do processo de trabalho,

---

1. Relembramos que uma máquina, no sentido aqui adotado, pode ser movida por energia humana: é o caso da máquina de costura doméstica que, de início, era acionada por um pedal (e também das primeiras máquinas de fiar da indústria têxtil na Revolução Industrial). No entanto, tipicamente, as máquinas são movidas por energia não humana e não animal (como a hidráulica, a do vapor, da eletricidade). Neste caso, o ritmo da máquina não depende mais da força humana e passa a ser definido pela velocidade imposta pela fonte de energia.

CAPÍTULO 5 – A REVOLUÇÃO INDUSTRIAL BRITÂNICA: AS INOVAÇÕES TÉCNICAS (1760-1850)

não há, de início, qualquer modificação: os artesãos continuam a realizar as tarefas individualmente, com suas ferramentas e no ritmo que é peculiar a cada um. Porém, agora já trabalham sob as ordens de um capitalista (o comerciante), recebendo dele a matéria-prima e a ele entregando o produto de seu trabalho. Independentemente da forma de remuneração (por jornada ou por peça), o artesão agora trabalha sob as condições dadas pelo capitalista: porém trata-se, neste caso, de subordinação (subsunção) formal do trabalho ao capital, pois ela passa apenas pela forma da relação entre capitalista e artesão (já que, do ponto de vista produtivo, as operações continuam a ser realizadas de modo independente pelo artesão). Mas, ao longo do tempo, a simples presença de artesãos lado a lado, no mesmo local de trabalho, permite alguma especialização e divisão do trabalho: a força coletiva do trabalho leva à cooperação, permitindo, em consequência, a especialização. Assim, essa divisão do trabalho na manufatura, ao fragmentar os processos produtivos em tarefas mais simples, é uma condição para a concepção de máquinas que reproduzam os movimentos das mãos do trabalhador no processo de trabalho.

Em sua obra *A Riqueza das Nações*, Adam Smith mostra o aumento de produtividade possível pela divisão do trabalho por meio do famoso exemplo da fábrica de alfinetes:

Tomemos, pois, um exemplo, tirado de uma manufatura muito pequena, mas na qual a divisão do trabalho muitas vezes tem sido notada: a fabricação de alfinetes. Um operário não treinado para essa atividade (que a divisão do trabalho transformou em uma indústria específica) nem familiarizado com a utilização das máquinas ali empregadas (cuja invenção provavelmente também se deveu à mesma divisão do trabalho), dificilmente poderia talvez fabricar um único alfinete em um dia, empenhando o máximo de trabalho; de qualquer forma, certamente não conseguirá fabricar vinte. Entretanto, da forma como essa atividade é hoje executada, não somente o trabalho todo constitui uma indústria específica, mas ele está dividido em uma série de setores, dos quais, por sua vez, a maior parte também constitui provavelmente um ofício especial. Um operário desenrola o arame, um outro o endireita, um terceiro o corta, um quarto faz as pontas, um quinto o afia nas pontas para a colocação da cabeça do alfinete; para fazer uma cabeça de alfinete requerem-se 3 ou 4 operações diferentes; montar a cabeça já é uma atividade diferente, e alvejar os alfinetes é outra; a própria embalagem dos alfinetes também constitui uma atividade independente. Assim, a importante atividade de fabricar um alfinete está dividida em aproximadamente 18 operações distintas, as quais, em algumas manufaturas são executadas por pessoas diferentes, ao passo que, em outras, o mesmo operário às vezes executa 2 ou 3 delas. Vi uma pequena manufatura desse tipo com apenas 10 empregados, e na qual alguns desses executavam 2 ou 3 operações diferentes. Mas, embora não fossem muito hábeis, e portanto não estivessem particularmente treinados para o uso das máquinas, conseguiam, quando se esforçavam, fabricar em torno de 12 libras de alfinetes por dia. Ora, 1 libra contém mais do que 4 mil alfinetes de tamanho médio. Por conseguinte, essas 10 pessoas conseguiam produzir entre elas mais do que 48 mil alfinetes por dia. Assim, já que cada uma produzia 1/10 de 48 mil alfinetes por dia, pode-se

149

considerar que cada uma produzia 4.800 alfinetes diariamente. Se, porém, tivessem trabalhado independentemente um do outro, e sem que nenhum deles tivesse sido treinado para esse ramo de atividade, certamente cada um deles não teria conseguido fabricar 20 alfinetes por dia, e talvez nem mesmo um [...]. (SMITH, 1985, p.41-42)

Além de ilustrar o enorme aumento de produtividade possibilitado pela divisão do trabalho, Smith também sugere que a invenção de máquinas se tornava viável pela própria divisão do trabalho: como os processos manuais são subdivididos em grande número de operações cada vez mais simples, também se torna mais fácil reproduzir essas operações simplificadas em um mecanismo. Nesse sentido, a divisão do trabalho na manufatura prepara a passagem para a grande indústria mecanizada.

A grande indústria, com a introdução da máquina, envolve, como dissemos, a subordinação (subsunção) real do trabalho ao capital, pois agora o capital, materializado na máquina, impõe, pelo próprio processo de trabalho, a submissão do trabalhador ao ritmo determinado pelo capital (por meio da máquina). Neste sentido, afirma-se que a grande indústria, em particular pela presença da máquina, expressa o nível de desenvolvimento das forças produtivas correspondente ao capitalismo, por impor a subordinação real do trabalho ao capital; ou seja, por explicitar, ao nível do processo de trabalho, a relação social típica do capitalismo, pois agora a relação capitalista-trabalhador não se limita à relação de emprego (como na manufatura); ela está implícita na própria forma do processo de produção pela presença da máquina.[2]

Este é o sentido social mais geral que se atribui à grande indústria e, em particular, à introdução da máquina no processo de produção. Assim, ao estudarmos a Revolução Industrial não devemos nos deter apenas nos aspectos técnicos: embora a inovação seja o aspecto mais evidente da Revolução Industrial, esta provocou transformações econômicas e sociais tão profundas que justificam a afirmação já citada de Carlo Cipolla de que "nenhuma revolução foi tão dramaticamente revolucionária quanto a Revolução Industrial". Cabe então observar como isso se deu historicamente no caso da Revolução Industrial britânica em que, pela primeira vez, se teve uma expressiva transformação da produção industrial em direção à fábrica com máquinas e energia inanimada.

---

2. Um clássico do cinema propõe uma imagem interessante que ilustra a subordinação real do trabalho ao capital. No filme *Tempos Modernos*, Charles Chaplin é um operário que após a jornada de trabalho se dirige a um bar para tomar cerveja. Porém não consegue segurar o copo com as mãos, pois estas repetiam, sem parar, o movimento que fizera na máquina durante toda a jornada de trabalho. Ou seja, a máquina impunha ao trabalhador, até após a saída da fábrica, os mesmos movimentos repetitivos a que fora obrigado, como operador da máquina, durante todo o dia.

CAPÍTULO 5 – A REVOLUÇÃO INDUSTRIAL BRITÂNICA: AS INOVAÇÕES TÉCNICAS (1760-1850)

5.1 AS INOVAÇÕES TÉCNICAS: VAPOR, INDÚSTRIA DO FERRO E INDÚSTRIA TÊXTIL

Embora a Revolução Industrial, em perspectiva ampla, não se limite às transformações das técnicas de produção, estas mudanças são centrais para a compreensão do processo. As inovações técnicas se concentraram em duas indústrias – a de tecidos de algodão e a do ferro – e envolveram uma nova fonte de energia – o vapor. Vejamos as principais características dessas novas técnicas de produção e a dinâmica de sua gestação.

A Inglaterra tinha, desde o século XIV, uma importante indústria de tecidos de lã. Na primeira metade do século XVI, o tecido de lã era o principal produto de exportação britânico e sua produção se organizava com base, principalmente, no sistema doméstico rural.[3] A produção de tecidos de algodão, embora existente, tinha reduzida expressão pois os produtores britânicos não eram capazes de competir com os tecidos importados da Índia (pela qualidade superior destes). No entanto, em meados do século XVIII, aproveitando algumas brechas oferecidas pelo mercado interno e pelo externo (que examinaremos posteriormente), a indústria algodoeira britânica iniciou rápida expansão de modo a ofuscar, em pouco tempo, o ramo de tecidos de lã. As inovações técnicas foram cruciais para sustentar essa expansão da indústria têxtil de algodão.

O processo de produção de tecidos se compõe de duas fases principais, além de várias operações complementares: o processo de fiação e o de tecelagem. A fiação transforma a fibra (animal ou vegetal) em fios; estes passam, a seguir, pela tecelagem, ou seja, pelo processo de "entrelaçar" os fios de modo a formar o tecido. Antes da fiação, é preciso cardar a fibra bruta, ou seja, desembaraçá-la e dar a forma adequada para entrar no processo de fiação; e uma vez elaborado o tecido, há processos complementares como branqueamento, tingimento, estamparia etc. Em todos eles se verificou alguma inovação, porém as fundamentais se situaram na fiação e na tecelagem.[4]

O impulso inicial para a transformação decorreu da existência de um desequilíbrio entre a capacidade de produção de fios e de tecidos. Os tecelões se defrontavam com falta de fios para poderem ampliar sua produção de tecidos: dado o nível da técnica prevalecente na primeira metade do século XVIII, era preciso o trabalho de 5 a 6 fiandeiros para abastecer de fios um tecelão. Isso os obrigava a permanecerem ociosos uma parte do tempo (ou a se dedicarem às tarefas agrícolas, se instalados no campo). Esse desequilíbrio foi ampliado pela generalização de uma inovação no processo de tecelagem: a lançadeira de Kay. No tear manual, a largura do tecido era limitada pelo comprimento dos braços dos tecelões: a lançadeira de Kay permitiu que o tecido tivesse larguras maiores, além de aumentar a

---

3. Para uma descrição do sistema doméstico rural: Cap. 1 deste livro, no subtítulo "A organização econômica do feudo: o senhorio".

4. Em MANTOUX (s/d), Segunda Parte, Capítulo I, há minuciosa descrição das inovações na indústria têxtil. A dinâmica da inovação é analisada por LANDES (2005), Cap. 2.

SEGUNDA PARTE – A REVOLUÇÃO INDUSTRIAL BRITÂNICA E A EXPANSÃO DO CAPITALISMO (1760-1870)

velocidade do trabalho do tecelão. Inventada em 1733, essa inovação generalizou-se na produção de tecidos de algodão nos meados do século, aumentando o desequilíbrio entre a produção de fios e de tecidos (ou seja, fora aumentada a capacidade de produção de cada tecelão, porém a técnica de fiação continuava a mesma).

A produção de fios era feita nas rodas de fiar (ou nas rocas): um fiandeiro introduzia a matéria-prima (a fibra de algodão já cardada) na roda; por um processo de torção da fibra, produzia-se o fio que era enrolado em um fuso (uma espécie de carretel). No sistema doméstico rural, em geral a fiação ficava por conta das mulheres (auxiliadas pelas crianças na cardagem) e a tecelagem era feita pelos homens. A necessidade crescente de fios para alimentar os teares exerceu pressão no sentido da inovação do processo de fiação. A primeira inovação efetiva[5] foi a *spininng-jenny* – a máquina de fiar de Hargreaves – patenteada em 1770 e que atendia de modo relativamente simples à pressão pelo aumento da produção de fios: tratava-se de ampliar o número de fusos instalados numa roda de fiar: de início com 8 fusos, depois com 16 (número registrado na patente), chegou a contar com mais de 80 fusos. Essa máquina, relativamente simples e barata, podia ser acionada pela força humana e foi introduzida na própria indústria doméstica ampliando substancialmente a produção de fios.

Outra inovação na fiação foi a fiandeira hidráulica – *water frame* – de Arkwright, patenteada em 1769, que acoplava à máquina de fiar um mecanismo que permitia seu acionamento por energia hidráulica. Comportando um número maior de fusos, sua progressiva instalação, agora em unidades fabris, reduziu a participação da indústria doméstica no ramo de fiação. O passo seguinte foi adaptar uma máquina a vapor à máquina de fiar, de modo a ampliar ainda mais a capacidade de fiação (pelo aumento do número de fusos, que chegou a centenas em cada máquina). Nesse estágio, a fiação se libertou dos limites da energia humana e da energia hidráulica (que impunha a proximidade dos cursos d'água) e se localizou nas cidades industriais.

Bem mais lenta foi a mecanização da tecelagem. O tear mecânico inventado por Cartwright e patenteado em 1785, só passou a ser utilizado de forma mais ampla a partir de 1820. Até então predominavam os teares manuais, mas já instalados em áreas urbanas e em fábricas. Ou seja, a indústria doméstica rural, que havia sido a forma típica de organização da produção têxtil, sofreu progressiva e rápida desagregação a partir do início do século XIX. Embora a transformação técnica tenha iniciado na indústria algodoeira, outros ramos da indústria têxtil, como o de lã, também passaram por mudanças semelhantes já que as novas técnicas eram adaptáveis a outros tipos de tecido. A produção doméstica não chegou a desaparecer, porém manteve-se numa posição secundária sendo acionada nas épocas de expansão da demanda e praticamente desativada quando a demanda se retraía. Assim, ela servia de apoio à indústria mecanizada ao lhe

---

5. Antes da spining-jenny, foi inventada outra máquina para a fiação, por J. Wyatt e L. Paul, porém sem sucesso.

152

CAPÍTULO 5 – A REVOLUÇÃO INDUSTRIAL BRITÂNICA: AS INOVAÇÕES TÉCNICAS (1760-1850)

garantir plena ocupação de sua capacidade produtiva, mesmo nas fases de declínio da demanda. Desse modo, as fábricas mecanizadas podiam contar com maior estabilidade de sua taxa de lucro.

É importante notar que a indústria algodoeira tinha poucas ligações com o restante da economia britânica: sua matéria-prima era importada, grande parte das máquinas e equipamentos acessórios era feita de madeira, frequentemente nas próprias fábricas de tecidos; apenas quando se generalizou a utilização do vapor foi estabelecido um vínculo mais forte com a "indústria de bens de capital" britânica.

Bem diferente era a situação da outra indústria cujo papel na Revolução Industrial foi central: a indústria do ferro. Sua transformação também respondeu a pressões da demanda mas, diferentemente da indústria têxtil, criou fortes vínculos com outros ramos da economia britânica.

A indústria do ferro britânica da primeira metade do século XVIII enfrentava algumas dificuldades decorrentes da disponibilidade de recursos. Embora abundante, o minério de ferro existente em seu território não permitia, com as técnicas conhecidas, a produção de barras de boa qualidade para uso industrial, o que exigia a importação das barras, principalmente da Suécia. Além disso, a indústria do ferro britânica utilizava, nos fornos de fundição, o carvão vegetal. Embora os altos fornos fossem atraídos para a proximidade das jazidas de ferro, o uso de carvão vegetal exigia elevada quantidade de madeira. Por isso, outro fator de atração dos fornos era a proximidade de florestas. Como essas florestas eram devastadas rapidamente (também pela ampliação das áreas destinadas a pastos), a indústria do ferro adquiriu um caráter itinerante: por isso, suas instalações tinham um tamanho relativamente reduzido (para permitir sua desmontagem e montagem sem custos muito elevados) e estabeleceram-se a distâncias crescentes dos mercados. Muitas jazidas de ferro foram abandonadas em favor de outras que tivessem florestas em sua proximidade. Desse modo, a produção do ferro na Grã-Bretanha no início do século XVIII oferecia um produto inadequado para muitas utilizações e ainda provocava a devastação de florestas, o que já causava preocupação. Assim, as inovações buscaram enfrentar esses problemas, em especial por técnicas que permitissem a utilização do carvão mineral, abundante na Grã-Bretanha, como combustível na fundição do ferro.

Os relatos indicam que uma primeira experiência bem-sucedida no uso de carvão mineral se deu em 1709 na fundição de Abraham Darby. A utilização desse processo só se generalizou em meados do século XVIII. Mesmo assim, para algumas utilizações não se dispensava o uso do carvão vegetal e, em alguns casos, ainda se importava o produto da Suécia. O passo decisivo para a obtenção de barras de ferro maleáveis foi dado em 1784 por meio do processo *pudlagem* de Cort.[6] Igualmente importante foi o uso do

---

6. MANTOUX (s/d, Segunda Parte, Capítulo III – O ferro e a hulha) expõe minuciosamente o processo de inovação na indústria do ferro britânica.

SEGUNDA PARTE – A REVOLUÇÃO INDUSTRIAL BRITÂNICA E A EXPANSÃO DO CAPITALISMO (1760-1870)

vapor ao acionar sopradores que injetavam ar nos altos fornos a fim de facilitar a combustão do carvão e a fusão do minério. Desse modo, a indústria do ferro sofreu total transformação: embora desde cedo fossem grandes empreendimentos (não havendo lugar para pequenos negócios), com as novas técnicas sua localização foi atraída pelas minas de carvão em torno das quais se estabeleciam os altos fornos, em geral pertencentes ao mesmo proprietário das minas. Para a Grã-Bretanha, essas inovações foram importantes por permitirem o uso do carvão mineral na fundição do minério de ferro: a um tempo, utilizava-se um recurso abundante no país, evitava-se a devastação das florestas (ou pelo menos, preservava-se a madeira para outras utilizações) e reduzia-se a importação de ferro de outros países.

Além disso, a indústria do ferro criou fortes vínculos com outros ramos da economia: nas "ligações para trás" ("backward linkages"), pela demanda que gerava para outros ramos, principalmente para a mineração de carvão; nas "ligações para frente" ("forward linkages"), pelas demandas que recebia de outros ramos, de inúmeras atividades que passaram a utilizar o ferro como matéria-prima: a mais expressiva foi a estrada de ferro (em especial a partir de 1830), mas também a construção civil, a construção de pontes, utensílios domésticos etc. Igualmente importante foi a possibilidade de exportação do ferro.[7]

O potencial das inovações da indústria têxtil e do ferro só pôde ser plenamente alcançado pela utilização do vapor. A máquina, como definida anteriormente, implica a transferência da ferramenta da mão do artesão para um mecanismo que executa automaticamente operações antes dependentes da habilidade e da força do trabalhador. Porém, em princípio, algumas máquinas podiam ser movidas por energia humana, como a *spinning-jenny,* de Hargreaves. No entanto, a dependência da energia humana limitava a dimensão da máquina à força física do homem. Com a energia do vapor, foi possível ampliar substancialmente as dimensões das máquinas, em proporção ao aumento da potência dos motores movidos pelo vapor. Além disso, o vapor foi decisivo para a concentração da indústria nas cidades: até então as fábricas, em grande medida movidas por energia hidráulica (rodas d'água), obrigatoriamente se situavam às margens dos rios. Já o vapor permitia que a localização da fábrica atendesse a outros determinantes, em geral favorecendo sua concentração nas cidades.

Uma peculiaridade do vapor, diversamente das inovações na indústria algodoeira e na do ferro, é o seu suporte científico. As inovações têxteis e na indústria do ferro foram promovidas por pessoas sem maior conhecimento científico, a partir da observação prática dos problemas existentes na produção.

Já James Watt (que inventou a máquina a vapor ou aperfeiçoou as existentes) dispunha de algum conhecimento científico: profissionalmente era construtor de aparelhos

---

7. DEANE (1969, Cap. VII) analisa as diferentes formas que assume o impacto da indústria do ferro na economia britânica.

154

para a Universidade de Glasgow e mantinha contato constante com os pesquisadores dessa Universidade. Por outro lado, o vapor como fonte de energia não era desconhecido: máquinas a vapor eram utilizadas para acionar bombas d'água nas minas profundas. Porém, seu rendimento era muito precário (exigindo grandes volumes de combustível) e sua utilização limitada a essa finalidade. Watt, ao consertar uma máquina a vapor (do tipo de Newcomen) na universidade percebeu as deficiências dessa máquina e estudou a possibilidade de aprimorá-la. Na verdade, foi um processo longo pelo qual identificou os problemas e buscou sua solução. Iniciou suas experiências em 1761 ou 1762 e patenteou seu invento em 1769. Mas a produção da máquina a vapor exigia um volume de recursos que Watt não dispunha. Para tanto, associou-se a Matthew Boulton, proprietário de indústria metalúrgica na região de Birmingham. Começou a vender máquinas a partir de 1775, inclusive para a França e para a Alemanha. A grande expansão se deu a partir do momento em que conseguiu adaptar à máquina a vapor um mecanismo que permitia o movimento circular. Desse modo, era possível definir novas utilizações para o vapor (além de sua ação como bomba), pois podia ser acoplada a qualquer máquina para gerar a energia para seu movimento. No fim do século XVIII, a máquina a vapor começou a substituir os motores hidráulicos. Assim, a máquina a vapor passou a ser utilizada em muitas indústrias, embora se possa dizer que apenas a têxtil e a do ferro efetivamente estavam plenamente mecanizadas em torno de 1850.

Mas o vapor foi utilizado também naquele que talvez seja o produto mais típico da inovação da Revolução Industrial: a estrada de ferro. Concebida nas minas de carvão – em que os vagonetes carregados de carvão eram movidos pela força de animais sobre "trilhos", de início apenas vigas de madeira e depois de ferro – as estradas de ferro reuniam os produtos da indústria do ferro, das minas de carvão e a máquina a vapor. Seu impacto não foi desprezível seja pelas enormes demandas de ferro e carvão que gerou, seja por seus efeitos como meio de transporte (embora se admita que os canais existentes já propiciavam razoável integração da economia).

Esta breve descrição das principais inovações características da Revolução Industrial nos permite investigar suas origens.

5.2 ORIGENS DA REVOLUÇÃO INDUSTRIAL

A historiografia da Revolução Industrial é vasta e comporta inúmeras abordagens distintas. Isso ocorre em especial quando se trata de definir as causas da Revolução Industrial: cada autor tende a privilegiar um ou outro aspecto, de modo que é possível arrolar inúmeros fatores que, de algum modo, vincularam-se às inovações técnicas associadas à Revolução Industrial. Hartwell, por exemplo, sistematiza em alguns grupos os fatores que historiadores identificaram para explicar a aceleração do crescimento no século XVIII.

SEGUNDA PARTE – A REVOLUÇÃO INDUSTRIAL BRITÂNICA E A EXPANSÃO DO CAPITALISMO (1760-1870)

Embora ele se refira às causas da Revolução Industrial, talvez seja melhor tratá-las como condições para a emergência da Revolução Industrial:[8]

- *Acumulação de capital*: estimulada por poupanças crescentes (do comércio e da agricultura), por taxas de juros baixas, por investimento crescente (por exemplo, em transportes), por elevado reinvestimento dos lucros industriais e de lucros inflacionários e melhor mobilização das poupanças por meio de instituições financeiras aperfeiçoadas;
- *Inovações*: mudanças na tecnologia e na organização da agricultura e da indústria: novas máquinas, novas fontes de energia, produção em larga escala com maior divisão do trabalho e mudanças na localização industrial (com economias externas);
- *Dotação de fatores favorável*: de carvão, minério de ferro e outros minerais necessários para a industrialização; tamanho adequado da economia; relações comerciais com mercados em crescimento (América e Ásia); força de trabalho qualificada; oferta de trabalho crescente (aumento da população e ampliação da força de trabalho industrial, pelo aumento da produtividade agrícola e liberação de mão de obra da área rural); talento empresarial e inventivo na oferta de bens;
- *"Laisser-faire"*: mudanças de longo prazo na filosofia, religião, ciência e lei, culminando, no século XVIII no secularismo, racionalismo e individualismo econômico; propaganda pela livre empresa receptiva entre os homens de estado; mobilidade social;
- *Expansão do mercado*: comércio externo crescente; consumo doméstico crescente por população crescente e aumentos da renda real; urbanização; melhoramento no transporte reduzindo custos e preços, estimulando a demanda e unificando e ampliando o mercado; preços de bens industriais relativamente mais baixos e demanda crescente;
- *Diversos*: guerras continentais que favoreceram os ingleses e desencorajaram o desenvolvimento continental; a "benção" de Deus (redução das pragas e boas colheitas nas décadas de 1730 e 1740); o crescimento autônomo do conhecimento; o "gênio" inglês. (HARTWELL, 1971, p.136-137)

Esta longa lista registra inúmeras "causas" da Revolução Industrial identificadas na historiografia (ou fatores que contribuíram para o crescimento econômico à época da Revolução Industrial); por vezes atribui-se a apenas uma delas a origem das mudanças, outras vezes associa-se duas ou mais dessas causas. Praticamente, todas elas podem ter alguma relação com a Revolução Industrial, ainda que em graus substancialmente diferentes. Por outro lado, algumas cabem melhor num quadro de condições gerais do que de causas próximas da Revolução Industrial: a acumulação prévia de capital e a baixa taxa

---

8. Hartwell, em texto chamado "As Causas da Revolução Industrial", considera que o essencial da Revolução Industrial foi a aceleração do crescimento econômico. Por isso, identifica as causas da Revolução Industrial com as forças que promovem o crescimento.

156

de juros, a existência de invenções que podem resultar em inovações (ou seja, em novas técnicas aplicadas à produção), a ampla rede de relações comerciais, a existência de força de trabalho disponível para a indústria, a redução ou eliminação de restrições corporativas e mercantilistas etc. são relevantes em especial para explicar o pioneirismo britânico diante das demais nações europeias; no entanto, parecem insuficientes para justificar a adoção de novas técnicas em alguns ramos da indústria britânica num período de tempo relativamente curto.

Nesse sentido, o argumento de Hobsbawm mostra-se mais convincente: arrola, de início, pré-condições existentes na Grã-Bretanha no século XVIII (em parte semelhantes às "causas" de Hartwell), como fracos vínculos econômicos, sociais e ideológicos típicos de sociedades pré-industriais e que as imobilizavam em situações tradicionais; redução do campesinato e da agricultura de subsistência, facilitando o deslocamento de homens para a atividade industrial; acumulação prévia de capitais e homens dispostos a investir no "progresso econômico"; não havia escassez de capital; já se formara um mercado nacional (mesmo que não se tratasse plenamente de uma economia de mercado); a atividade manufatureira era extensa e a estrutura comercial bastante desenvolvida; transporte e comunicações baratos; os problemas tecnológicos eram relativamente simples e os empreendimentos podiam ser iniciados em pequena escala. Assim, havia um conjunto de condições prévias presentes na segunda metade do século XVIII. De que modo essas condições foram mobilizadas para "detonar a explosão" da Revolução Industrial?

O argumento central de Hobsbawm diz respeito à relação entre o lucro e a inovação tecnológica: a inovação só ocorrerá se houver expectativa de maiores lucros com a sua implementação. Essa expectativa surgiu na segunda metade do Século XVIII diante da perspectiva de rápida e ilimitada expansão dos mercados. A polêmica, em que Hobsbawm se insere, discute a relevância do mercado interno e do mercado externo para a Revolução Industrial.

Para Hobsbawm, o mercado interno teve importância mais por sua dimensão e estabilidade, ao absorver grande parte da produção do país, do que por um crescimento explosivo. O crescimento do mercado interno resultava do aumento da população, do aumento da renda per capita, da passagem de pessoas de um setor de autoconsumo para um em que auferiam rendas monetárias e pela substituição de produtos das antigas manufaturas ou importados por bens da nova indústria. Embora todos estes fatores tivessem um efeito positivo sobre o crescimento do mercado interno, esse efeito estava mais próximo de um crescimento "natural" ou vegetativo do que de um explosivo.

Já o mercado externo para a produção industrial britânica caracterizou-se por enormes flutuações, mas também por um crescimento, no longo prazo, muito maior do que o do mercado interno. Afirma Hobsbawm que, de 1700 a 1750, o mercado interno cresceu 7% e o externo 76%; e que de 1750 a 1770, o interno cresceu 7% e o externo 80%. As exportações da indústria de tecidos de algodão correspondiam, no início do século XIX,

SEGUNDA PARTE – A REVOLUÇÃO INDUSTRIAL BRITÂNICA E A EXPANSÃO DO CAPITALISMO (1760-1870)

a 2/3 do total de sua produção. Em suma, a expansão do mercado externo fornecia a expectativa necessária para que empresários investissem em novas técnicas que aumentavam a produção e sua previsão de lucros. E como se expandia o mercado externo? De um lado, pela conquista de mercados antes controlados por outros países; de outro, pela destruição dos concorrentes internos dentro dos países que passavam a importar os produtos britânicos (o exemplo típico é o da Índia: exportadora de tecidos de algodão, teve sua indústria destruída pela concorrência dos tecidos ingleses que dominaram inclusive o mercado interno daquele país). Nesse caminho, a Grã-Bretanha foi particularmente bem-sucedida, ao mesmo tempo em que inviabilizou, naquele momento, a passagem de outros países pela Revolução Industrial (já que os britânicos haviam conquistado os mercados externos). E como se deu essa conquista?

Fundamentalmente por meio de guerra e colonização, o que traz à luz um terceiro fator – além do mercado interno e do externo – decisivo no detonar da Revolução Industrial: a ação do governo britânico. A sua política externa, inclusive a guerra, foi subordinada a objetivos econômicos; e estes eram não só comerciais e financeiros (como no caso da Holanda), mas também comportavam a influência dos interesses manufatureiros. As guerras em que a Grã-Bretanha se envolveu ao longo do século XVIII praticamente lhe garantiram o monopólio das colônias externas e o monopólio do poder naval em escala mundial.[9] Ou seja, a expansão do mercado externo para a Grã-Bretanha não foi resultado do livre jogo das forças econômicas, e sim o fruto de uma agressiva política do governo britânico que, embora possa aparecer como decorrência de interesses puramente políticos, envolvia objetivos nitidamente econômicos (HOBSBAWM, 1978, Cap. 2).

Desse modo, a Grã-Bretanha pôde usufruir da maior parte dos benefícios da expansão da economia mundial no século XVIII. Foi o que ocorreu, por exemplo, nas relações entre Grã-Bretanha e Portugal: o Tratado de Methuen, de 1703, estabeleceu isenção tarifária para os tecidos ingleses em Portugal em troca de vantagens para os vinhos portugueses na Grã-Bretanha. O comércio português com a Grã-Bretanha se tornou deficitário, déficit que foi compensado por meio do desvio de grande parte do ouro extraído das minas brasileiras para a economia britânica. É certo que os produtores portugueses de vinho pressionaram no sentido da aprovação do tratado; porém, o tratado também

---

9. No século XVIII, um complexo sistema de alianças envolveu os principais países europeus em vários conflitos. Na Guerra de Sucessão da Espanha, a Inglaterra, os Países Baixos e vários estados alemães se uniram contra a França que pretendia colocar no trono espanhol um neto de Luís XIV, rei da França. Os tratados de paz de 1713 e 1714 favoreceram a Inglaterra pela conquista de novas terras na América e de ilhas no Mediterrâneo e pelo direito de vender escravos negros para as colônias espanholas. Na Guerra de Sucessão da Áustria (1740-1748), Inglaterra, Países Baixos, Áustria e o estado alemão da Saxônia enfrentaram a França, o estado alemão da Prússia e a Espanha. Mas na década seguinte, Inglaterra e Prússia entraram em guerra com a França, a Espanha e a Áustria na chamada Guerra dos Sete Anos. Ao fim da guerra, em 1763, a Inglaterra conquistou direitos sobre o Canadá e a Flórida e ampliou sua presença na Índia, em detrimento dos interesses franceses nessa região.

158

CAPÍTULO 5 – A REVOLUÇÃO INDUSTRIAL BRITÂNICA: AS INOVAÇÕES TÉCNICAS (1760-1850)

reflete a posição da Grã-Bretanha na política internacional da época, pois Portugal, desde a restauração em 1640 (quando recuperou sua independência depois de 60 anos sob o domínio espanhol), se colocara sob a "proteção" britânica diante de eventuais ameaças de outras potências. Em suma, a estratégia da política externa britânica lhe rendia benefícios econômicos atribuídos, por Hobsbawm, à influência que os interesses manufatureiros já exerciam sobre o governo.

A política comercial britânica também atuou nessa direção. Para Mantoux, "Nada é mais inexato do que afirmar que a indústria inglesa do algodão tenha crescido sem proteção face à concorrência estrangeira" (MANTOUX, s/d, p.150). As tarifas sobre as importações de tecidos de algodão foram ampliadas: as taxas sobre um tipo de tecido – os calicós – subiram de 16,5%, em 1787, para 85%, em 1813. Além disso, houve a proibição absoluta de importação de determinados tecidos de algodão, o que praticamente destruiu a produção têxtil para exportação da Índia que, antes da Revolução Industrial, era o principal exportador de tecidos finos de algodão.

Os argumentos que justificam ter a Revolução Industrial ocorrido na Grã-Bretanha explicam, em parte, porque outras nações ficaram para trás: a política britânica garantiu aos seus produtores os maiores benefícios da expansão do comércio internacional no século XVIII. Além disso, os dois concorrentes potenciais da Grã-Bretanha apresentavam peculiaridades que não favoreciam o início de uma Revolução Industrial. Os holandeses se concentraram na exploração de suas relações comerciais e financeiras: os elevados ganhos nessas atividades teriam limitado as iniciativas na direção da atividade industrial. No caso da França, embora sua economia tivesse uma dimensão comparável à britânica, esses recursos estavam mais dispersos por um amplo território e por uma grande população; desse modo, em termos *per capita*, o comércio e as manufaturas francesas encontravam-se atrasadas em relação à Grã-Bretanha (HOBSBAWM, 1978, p.48).

Portanto, a Grã-Bretanha reunia as precondições para a transformação de sua produção industrial e apresentava grandes vantagens em relação aos outros países europeus para dar esse salto. Se, por um lado, a inovação tecnológica expressa as mudanças que vinham se processando na economia britânica, por outro a própria inovação induziu profundas transformações na economia e na sociedade. Algumas dessas transformações são examinadas nos próximos capítulos.

REFERÊNCIAS

DEANE, P. (1969). *A Revolução Industrial*. Rio de Janeiro: Zahar Editores.

HARTWELL, R. M. (1971). *The Industrial Revolution and Economic Growth*. London: Methuen.

HOBSBAWM, E. J. (1978). *Da Revolução Industrial Inglesa ao Imperialismo*. Rio de Janeiro: Forense Universitária.

LANDES, D. S. (2005). *Prometeu Desacorrentado*. Rio de Janeiro: Elsevier.

MANTOUX, P. (s/d). *A Revolução Industrial no século XVIII*. São Paulo: Editora Unesp/Editora Hucitec.

MARX, K. (1978). *O Capital. Livro Primeiro*. São Paulo: Ciências Humanas. Capítulo VI (inédito).

SMITH, A. (1985). *A Riqueza das Nações: Investigação sobre sua Natureza e suas Causas*. Volume I. 2ª ed., São Paulo: Nova Cultural.

Capítulo 6

POPULAÇÃO, AGRICULTURA
E REVOLUÇÃO INDUSTRIAL

*E*mbora a inovação tecnológica seja o aspecto mais notável da Revolução Industrial, os estudos sobre o tema ressaltam as amplas transformações que ocorreram na sociedade britânica à época. Neste capítulo, trataremos do que se passou em relação à população e à agricultura: são mudanças bastante profundas que levaram uma estudiosa da Revolução Industrial a caracterizá-las como Revolução Demográfica e Revolução Agrária (DEANE, 1969).

Nas teorias do desenvolvimento econômico do século XX, as relações entre população, agricultura e industrialização constituem um dos focos centrais da análise. A transformação da agricultura é fundamental: só com o aumento da produtividade agrícola é possível alimentar uma população urbana que cresce com o processo de industrialização. Ademais, a mão de obra necessária à indústria pode ser, em parte, suprida pela liberação de trabalhadores da agricultura. Um intenso crescimento populacional é outra fonte de trabalhadores para a economia urbano-industrial, mas esta população crescente também depende dos suprimentos alimentares providos por uma crescente produtividade agrícola. Em suma, os processos de industrialização apresentam fortes demandas para a agricultura, o que impõe sua transformação. Nessa perspectiva, uma agricultura atrasada poderia ser um obstáculo ao desenvolvimento industrial: se a produtividade de cada trabalhador é muito baixa (produz pouco além do necessário ao seu próprio consumo), não há excedente suficiente para alimentar a população urbana e para fornecer matérias-primas agrícolas para a indústria.

De certo modo, alguns teóricos do desenvolvimento buscaram inspiração nos processos históricos de industrialização, em especial na Revolução Industrial britânica. Como veremos a seguir, algumas das relações entre população, agricultura e indústria postuladas pelas teorias do desenvolvimento já se faziam presentes na Revolução Industrial britânica.

SEGUNDA PARTE – A REVOLUÇÃO INDUSTRIAL BRITÂNICA E A EXPANSÃO DO CAPITALISMO (1760-1870)

6.2 A REVOLUÇÃO DEMOGRÁFICA

O século XVIII registrou importante mudança no padrão demográfico europeu. Até meados do século XVIII a população cresceu lentamente e esteve sujeita a quedas abruptas decorrentes de crises agrícolas, fomes ou epidemias altamente letais. A partir de 1750, o crescimento demográfico foi mais elevado e regular, sendo raros os eventos causadores de substancial declínio populacional. Apesar da precariedade dos dados demográficos para o período, essa conclusão parece ser consensual entre os estudiosos do tema:

> [...] até 1740, a população aumentava muito lentamente, como nos séculos anteriores: não houve nenhuma ruptura demográfica nessa época. Entretanto, de aproximadamente 1750 em diante, quando a Europa somava algo como 120-140 milhões de habitantes, a taxa de crescimento começou a acelerar rapidamente de modo que, em torno de 1800, a população havia aumentado para algo entre 180 e 190 milhões. Em outras palavras, a taxa de crescimento deve ter dobrado em 50 anos. (ARMENGAUD, 1973, p.27-28)

Há grandes diferenças nos padrões demográficos dos países europeus; ainda assim, a tendência de acentuado crescimento populacional a partir de meados do século XVIII parece ser geral.

Esse é, sem dúvida, o caso da Grã-Bretanha: as estimativas disponíveis indicam a elevação da taxa de crescimento demográfico com significativo impacto no total da população britânica ao longo do século, como se observa na Tabela 6.1.

TABELA 6.1
Estimativas da população no século XVIII (mil habitantes)

ANO	INGLATERRA E PAÍS DE GALES	REINO UNIDO
1701	5.826	9.406
1721	6.001	
1741	5.926	
1751	6.140	10.515
1761	6.569	
1781	7.531	
1801	9.156	15.972

Fonte: DEANE & COLE (1962), p.6.

Durante a primeira metade do século XVIII, a população permaneceu praticamente estável; de 1750 em diante, há uma clara aceleração do ritmo de crescimento demográfico, a indicar um aumento da população em cerca de 50% no meio século posterior.

162

Esse crescimento populacional se manteve ao longo do século XIX, como se observa na Tabela 6.2.

TABELA 6.2
População do Reino Unido no século XIX (milhões)

	GRÃ-BRETANHA	IRLANDA	REINO UNIDO
1781	8.900	4.100	13.000
1801	10.686	5.216	15.902
1821	14.206	6.802	21.007
1841	18.551	8.200	26.751
1851	20.870	6.514	27.393
1861	23.189	5.788	28.977
1871	26.158	5.398	31.556

Fonte: DEANE & COLE (1962), p.8.

Se entre 1750 e 1800, a população do Reino Unido havia crescido cerca de 50%, nos 50 anos seguintes ela aumentou mais de 70% (de 15,9 para 27,4 milhões de habitantes). Cabe observar que a população da Grã-Bretanha cresceu mais ainda (praticamente dobrou), isso porque a população da Irlanda sofreu substancial declínio após 1840. Nessa década ocorreu na Irlanda profunda crise gerando fome, mortes e intensa emigração para fugir da catástrofe alimentar,[1] num tipo de crise que era cada vez mais raro nos países europeus.

A taxa de crescimento demográfico de um país é definida pela diferença entre a taxa de natalidade e a taxa de mortalidade (não considerando o efeito de processos migratórios entre países). Embora essas taxas apresentem certa regularidade durante longos períodos, alguns eventos, como os apontados no caso da Irlanda, podem elevar abruptamente a taxa de mortalidade, reduzindo ou mesmo anulando a tendência ao crescimento da população. Esses eventos (crises agrícolas, fomes, epidemias) também justificam o lento crescimento da população britânica antes de 1750, como indicam os dados apresentados para a primeira metade do século XVIII e mesmo nos séculos anteriores: Cipolla (2000, p.14) admite que a população das Ilhas Britânicas era de 5 milhões em 1300 e tinha aproximadamente a mesma dimensão em 1500 (lembrando que o século XIV foi o palco da

---

1. A noção de bem de Giffen (exposta nos textos de microeconomia) foi definida a partir do que ocorreu na Irlanda nessa década: observou-se que, apesar de o preço da batata aumentar, havia aumento do consumo do produto (contrariando a lógica simples da lei da procura: a um preço maior deve corresponder menor demanda). Na verdade, concluiu-se que a pobreza irlandesa era tão acentuada que grande parte da renda era gasta na compra de batatas: quando o seu preço subia, havia substancial declínio da renda real dos consumidores. Impedidos de adquirir outros produtos alimentares, mais caros, viam-se obrigados a consumir mais batatas cujo preço, apesar de crescente, ainda era inferior aos dos outros bens.

Peste Negra que dizimou cerca de 1/3 da população europeia); em 1600 atingiu 7 milhões e em 1700, 9 milhões.

Como explicar a elevação da taxa de crescimento demográfico após 1750 em termos das taxas de natalidade e das taxas de mortalidade?

É consensual ter ocorrido redução tanto da taxa de natalidade como da taxa de mortalidade. No entanto, a proporção e o ritmo em que ocorreram essas reduções são distintos e justificam o crescimento populacional após 1750; esse movimento foi sintetizado pela chamada "teoria da transição demográfica". Os dados da Tabela 6.3, relativos a Inglaterra e País de Gales, sugerem como se define essa transição.

TABELA 6.3
Inglaterra e País de Gales: taxas brutas de natalidade e mortalidade (% ao ano)

	1751/55	1801/05	1851/55	1905/09	1950
Taxa de natalidade	3,5	3,4	3,4	2,7	1,6
Taxa de mortalidade	3,0	2,3	2,3	1,5	1,2
Taxa de crescimento	0,5	1,1	1,1	1,2	0,4

Fonte: CIPOLLA(1989), p.102-103.

Embora os dados sejam apenas aproximações, permitem entender o que foi a transição demográfica e seus efeitos. Até 1750, as taxas de natalidade e de mortalidade eram relativamente elevadas: o crescimento demográfico reduzido muitas vezes era anulado por crises agrícolas, fomes, epidemias. Desse modo, até então o ritmo de aumento da população tendia a ser lento. A partir de 1750 observa-se, primeiro, a redução das taxas de mortalidade; entre 1800 e 1850, a taxa de natalidade permaneceu quase estável, ao passo que a de mortalidade declinou substancialmente. Assim, a taxa de crescimento demográfico praticamente dobrou de 1750 a 1800.[2] Em 1905/09, a taxa de crescimento da população atinge seu máximo: embora a natalidade tenha se reduzido, a taxa de mortalidade declinou mais acentuadamente. A partir de então, ocorreu o inverso: embora ainda se observem reduções da taxa de mortalidade, agora é a de natalidade que declina em proporção mais elevada. Assim, o crescimento vegetativo da população voltou a se reduzir, não em razão de fomes e epidemias e sim pela redução da taxa de natalidade.[3]

---

2. O crescimento demográfico acentuado do início do século XIX deve ter sido decisivo para a formulação do princípio populacional de Thomas Robert Malthus (1766-1834), sintetizado na proposição de que a população cresce em progressão geométrica e a produção de alimentos em progressão aritmética. Em consequência, haveria miséria crescente da massa da população até que a "natureza" corrigisse o excesso populacional por fomes, epidemias etc.

3. Na segunda metade do século XX, a taxa de natalidade continuou a declinar de modo que, sem o afluxo de imigrantes, em alguns países europeus provavelmente haveria redução da população.

CAPÍTULO 6 – POPULAÇÃO, AGRICULTURA E REVOLUÇÃO INDUSTRIAL

Percebe-se que as taxas de crescimento demográfico atingiram seus níveis mais elevados na segunda metade do século XIX. É nesse momento da transição demográfica que
a população cresce mais aceleradamente: as taxas de mortalidade caem em proporção
maior às de natalidade.[4]

Embora os movimentos das taxas de natalidade e de mortalidade dos países europeus
sejam diferentes, a tendência geral que caracteriza a "transição demográfica" (exemplifi-
cada com os dados da Grã-Bretanha) não tem sido colocada em dúvida. No entanto, não
há um consenso quanto às causas do declínio das taxas de natalidade e de mortalidade.

O declínio da taxa de mortalidade, a partir de 1750, pode ser atribuído a razões de diferentes ordens. Primeiro, admite-se que fomes e epidemias não se repetiram com a frequência e com a violência típicas dos períodos anteriores. Assim, as "crises demográficas"
(como a decorrente da Peste Negra no século XIV) não tiveram mais o mesmo impacto
sobre a população. Tão ou mais importante foi a aumento da produtividade da agricultura
(de que tratamos no próximo tópico deste capítulo): não se observam mais as grandes flutuações da produção de alimentos e, em consequência, deixam de se repetir os episódios
de fome recorrentes no passado (com a exceção já citada do caso da Irlanda na década
de 1840). Além disso, uma população mais bem alimentada se tornou mais resistente às
doenças em geral. Desse modo, não só há uma redução da taxa de mortalidade pela supressão das "crises demográficas" (fome, epidemias), mas também uma redução da taxa
"normal" de mortalidade decorrente da própria alimentação mais adequada da população.
Ou seja, parece plausível atribuir às transformações da agricultura um efeito importante
sobre a taxa de mortalidade a partir de 1750.

Bem mais difícil é identificar o impacto do desenvolvimento da medicina sobre a
taxa de mortalidade. É certo que ao longo do século XIX observaram-se importantes
avanços, mas é preciso considerar que o ponto de partida – o conhecimento médico do
século XVIII – era extremamente precário. No dizer de um historiador demográfico que
relata algumas inovações médicas do século XIX: "Até então, os médicos entendiam tão
pouco do seu objeto que provavelmente eles matavam mais pessoas do que curavam"
(ARMENGAUD, 1973, p.39).

Apesar dos avanços da medicina, algumas doenças continuaram a fazer muitas vítimas:
tifo, febre tifoide, epidemias de gripe, coqueluche e especialmente varíola ainda eram recorrentes. A vacina contra a varíola foi descoberta em 1796, porém seu uso generalizado
só ocorreu ao longo do século XIX. Na segunda metade desse século, os avanços da medicina foram mais importantes: o uso de medicamentos no tratamento de doenças (como o

---

4. A teoria da transição demográfica ganhou grande relevo no pós-guerra quando, nos países subdesenvolvidos, verificou-se
abrupta redução das taxas de mortalidade (em parte pela assistência à saúde por parte dos países desenvolvidos), enquanto
a taxa de natalidade não apresentava declínio expressivo. Daí falar-se, nos anos 1950 e 1960, em "explosão demográfica"
nos países subdesenvolvidos.

165

quinino para combater a febre), novas vacinas (decorrentes do trabalho de Louis Pasteur). Desse modo, embora não se deva atribuir à medicina um papel decisivo para o declínio da taxa de mortalidade, é inegável que seu desenvolvimento teve efeitos positivos, em especial rumo ao fim do século XIX.

Igualmente importante é considerar o impacto demográfico da industrialização: ao promover a rápida urbanização de alguns núcleos, a Revolução Industrial criou um sério problema de saúde pública. Bairros operários com habitações precárias, insalubres, ausência de saneamento (água e esgoto) eram campo propício para alastrar os mais diversos tipos de doenças. Desse modo, as cidades registravam taxas de mortalidade elevadas, superiores às da área rural. Somente na segunda metade do século XIX a mortalidade nas cidades começou a se reduzir pela introdução de melhoramentos urbanos.

Apesar desse impacto negativo da urbanização, a tendência foi de redução progressiva da taxa de mortalidade que pode ser atribuída, em última análise, ao desenvolvimento da produtividade na agricultura e, mais tarde, aos avanços da medicina e da saúde pública.

Mais complexa é a identificação das razões do declínio da taxa de natalidade. Admite-se mesmo que teria havido, na segunda metade do século XVIII, algum aumento dessa taxa, por exemplo, pela redução da idade média em que se realizavam os casamentos. No entanto, parece certo que, com a urbanização crescente, há fortes motivos para se ter um menor número de filhos. Se na agricultura, as crianças podem desde cedo ajudar nos trabalhos cotidianos e os filhos servem como um "seguro" contra a velhice dos pais, nas cidades, com a crescente restrição legal ao trabalho infantil na indústria, as crianças representam um custo para os pais até atingirem a idade em que podem trabalhar. Desse modo, haveria uma tendência à redução do número de filhos dos casais com a crescente urbanização.[5] Essas são apenas algumas indicações relativas ao declínio da taxa de natalidade que estão longe de dar conta da complexidade do tema.

Até aqui procuramos descrever (e tentamos explicar) o movimento da população britânica à época da Revolução Industrial. Mas cabe ainda tratar das relações entre o crescimento populacional e a Revolução Industrial, tema em torno do qual há alguma polêmica.

O primeiro problema colocado diz respeito às fontes de mão de obra para o crescimento da indústria durante a Revolução Industrial. Um argumento usual é de que os "cercamentos" do século XVIII teriam expulsado os camponeses da terra, criando um proletariado disponível para a indústria urbana que nasce com a Revolução Industrial. No entanto, os cercamentos do século XVIII, em especial na segunda metade, foram destinados em grande parte ao cultivo de cereais e não à formação de pastos para ovelhas (como tinha ocorrido no século XVI). Desse modo, muitos camponeses que perderam seu vínculo com a terra permaneceram na área rural como trabalhadores assalariados (ou proletários rurais).

---

5. A parcela da população ativa empregada na agricultura, na Inglaterra e País de Gales, decresceu de 65%, em 1750, para 22%, em 1850, e para 9%, em 1900 (CIPOLLA, 1989, p.30-31).

CAPÍTULO 6 – POPULAÇÃO, AGRICULTURA E REVOLUÇÃO INDUSTRIAL

Por isso, alguns historiadores negam aos cercamentos qualquer importância para prover a mão de obra necessária à Revolução Industrial: esta teria sido fornecida pela crescente população britânica originada pela Revolução Demográfica.[6] Embora do ponto de vista quantitativo este argumento possa ser verdadeiro – há indicações de que a população rural aumentou, em termos absolutos, entre 1750 e 1850 – o argumento deixa de lado um aspecto importante: os cercamentos eliminaram os vínculos dos camponeses – até então, a massa da população britânica – com a terra e também com os seus distritos de origem. Sem os cercamentos, o crescimento populacional ocorreria nos quadros das instituições sociais então vigentes; ou seja, a população crescente estaria vinculada à terra e aos seus distritos de nascimento, não constituindo uma mão de obra disponível para as novas fábricas urbanas. Portanto, mesmo que os cercamentos da segunda metade do século XVIII e início do século XIX não tenham "liberado" mão de obra para a indústria, eles foram fundamentais para a criação de uma força de trabalho sem vínculos com a terra, ou seja, uma força de trabalho com plena liberdade e mobilidade para atender às necessidades da indústria em qualquer lugar do país. Cercamentos e crescimento populacional se complementam no sentido de garantir a mão de obra necessária à Revolução Industrial.

Outra questão polêmica diz respeito à relação entre população e mudança tecnológica: admite-se que a escassez de mão de obra (logo, salários elevados) constitui o estímulo para inovações poupadoras de mão de obra. No entanto, as inovações técnicas da Revolução Industrial parecem ocorrer simultaneamente ao crescimento populacional na segunda metade do século XVIII. Ou seja, por que inovações poupadoras de mão de obra foram introduzidas num período em que parece haver uma grande disponibilidade de trabalhadores em função do crescimento populacional? Na verdade, esta hipótese – de abundância de mão de obra – não pode ser generalizada para todo o século XVIII. Dobb procura explicar a relação entre inovação técnica e disponibilidade de mão de obra a partir de uma certa combinação no tempo de escassez e abundância de trabalhadores no mercado:

> Pode bem ter sucedido que o retardamento da oferta de trabalho em relação a outros fatores, no processo de desenvolvimento capitalista na primeira metade do século XVIII, tenha precipitado as modificações da técnica que iriam abrir novas visões de um novo avanço. Mas, a menos que, pela aurora do novo século, o trabalho fosse tão abundante quanto estava então começando a ser, o progresso da indústria fabril, uma vez iniciado, talvez não fosse tão rápido e pudesse até ter sido detido. Parece existir acordo geral em que, influenciada pelo nível de salários ou não, a transformação técnica desse período se fez predominantemente no sentido de economizar

---

6. Para uma discussão da liberação de mão de obra da agricultura para a indústria na Grã-Bretanha à época de Revolução Industrial: HUDSON (1992), p.78-83.

167

SEGUNDA PARTE – A REVOLUÇÃO INDUSTRIAL BRITÂNICA E A EXPANSÃO DO CAPITALISMO (1760-1870)

trabalho: uma característica da transformação técnica que provavelmente caracterizou todo o século XIX.[7] (DOBB, 1983, p.198)

Assim, a relativa escassez de mão de obra na primeira metade do século XVIII pode ter detonado o processo de inovações poupadoras de mão de obra; e é inegável que a escassez de mão de obra – e os salários elevados que correspondem a essa escassez – é um poderoso estímulo para inovações que poupem mão de obra, reduzam os salários e aumentem os lucros. Porém, a inovação técnica não responde apenas à escassez de mão de obra: como vimos, no caso da indústria têxtil mais importante foi o desequilíbrio entre as duas fases do processo produtivo; e na indústria do ferro, o estímulo à utilização de insumos disponíveis no território britânico (de modo a evitar a necessidade de importação do produto). De qualquer modo, parece certo que a partir do século XIX, a inovação técnica se tornou um instrumento da empresa capitalista para elevar sua taxa de lucro, seja diante da pressão de salários elevados, seja diante da concorrência com outras empresas.

6.3 A REVOLUÇÃO AGRÍCOLA

A importância das transformações da agricultura para a Revolução Industrial, embora consensual entre os historiadores, pode ser levada ao extremo por alguns estudiosos do tema como Gregory Clark que afirma: "A importância da revolução agrícola para a criação do mundo moderno, na verdade, é talvez maior do que a da própria Revolução Industrial" (CLARK, 1993, p.228).

O autor argumenta que, na economia pré-industrial, a maior parte da população vivia na área rural e seu consumo era constituído essencialmente por alimentos (produzidos por eles próprios ou adquiridos de outros produtores rurais). A reduzida produtividade não permitia um consumo muito superior ao nível de subsistência. Uma revolução industrial, não acompanhada pela revolução agrícola, poderia reduzir os preços dos bens industriais; porém, esse efeito seria mínimo, pois a maior parte dos recursos da população continuaria a ser utilizada para obter os bens de subsistência. Quer dizer, para a maior parte da população, que se mantinha na área rural com reduzidos níveis de produtividade e de renda, não haveria poder de compra para a aquisição dos bens industriais. Desse modo, o próprio desenvolvimento urbano industrial estaria restringido pela ausência de uma revolução agrícola. Por isso, Clark reafirma que "[...] a revolução agrícola contribuiu

---

7. David Landes argumenta na mesma direção: "A mão de obra escassa parece haver incentivado uma intensificação do capital na Inglaterra no século XVIII, ao passo que uma oferta mais abundante facilitou a ampliação nas décadas subsequentes". (LANDES, 2005, p.111)

168

mais para o caráter do moderno mundo urbano-industrial, densamente povoado, do que a Revolução Industrial" (CLARK, 1993, p.229).

O argumento de Clark é irrefutável quando colocado no plano mais geral: se a produtividade do trabalhador agrícola é muito baixa, ele só consegue alimentar a si próprio e gerar um pequeno excedente. Assim, seria impossível se ter um setor urbano-industrial expressivo pela falta dos meios de subsistência para essa população. No entanto, não se trata de uma relação causal: não se pode afirmar de modo simples que a revolução agrícola foi determinante da Revolução Industrial. Cabe entender as relações entre a transformação da agricultura e a industrialização britânica.

O que foi, então, a revolução agrícola?

Trata-se de um conjunto de transformações de diversas ordens cujo resultado mais imediato foi o aumento da produtividade. Estimativas indicam que a produtividade agrícola na Grã-Bretanha no século XIX era bem superior à produtividade na época medieval e também em relação à de outros países no século XIX, como se pode observar na Tabela 6.4.

TABELA 6.4
Produtividade agrícola

PAÍS	ANO	PRODUTO/ ACRE [1]	PRODUTO/ TRABALHO [1]	PRODUTIVIDADE TOTAL [2]
Grã-Bretanha	1851	12,6	272	100
Inglaterra	1300	6,1	97	50
Países Baixos	1850	11,8	148	76
Irlanda	1851	9,8	127	67
França	1850	10,3	120	66
Alemanha	1850	7,1	113	56
Hungria	1854	4,5	82	41
Rússia	1870	3,0	80	34

Fonte: CLARK (1993), p.228. (1) Unidade: equivalente em bushels de trigo. (2) Grã-Bretanha 1851 = 100.

Embora estimativas desse tipo possam comportar amplas distorções pela dificuldade para obter dados precisos, elas sugerem ter ocorrido substancial aumento da produtividade na Inglaterra/Grã Bretanha da época medieval ao século XIX, tanto na relação de produto por área como na relação de produto por trabalhador. Isso teria permitido que uma parcela relativamente menor da população se dedicasse às tarefas agrícolas e fosse capaz de alimentar o restante da população agora vinculada às atividades urbano-industriais. Clark apresenta um cálculo simples: em 1770, a população britânica era de cerca de 8,5 milhões de habitantes; ela se elevou, em 1851, para 21 milhões. Neste último ano, 20% dos alimentos consumidos eram importados, ou seja, cerca de 20% da população (4 milhões de habitantes) dependiam

SEGUNDA PARTE – A REVOLUÇÃO INDUSTRIAL BRITÂNICA E A EXPANSÃO DO CAPITALISMO (1760-1870)

dessas importações; os outros 80% – 17 milhões – subsistiam com o produto do setor agrícola doméstico, ou seja, o dobro da população britânica de 1770. Portanto, a agricultura britânica havia dobrado a sua capacidade de alimentar a população entre 1770 e 1851, a refletir o aumento da produtividade agrícola (CLARK, 1993, p.233).

Quando e como se processaram as transformações responsáveis por esse aumento de produtividade? Quanto a essas perguntas, os historiadores apresentam grandes divergências: alguns situam as transformações agrícolas como simultâneas às inovações da indústria; outros, na primeira metade do século XVIII; finalmente, alguns entendem que são fruto de um longo processo que vem dos séculos anteriores ao XVII.[8] Em vez de nos determos nessa controvérsia, procuramos identificar quais foram as principais transformações responsáveis pela revolução agrícola: novas técnicas de produção, cercamentos e mudanças nas atitudes empresariais são três categorias de mudanças referidas por Phyllis Deane (DEANE, 1969, Capítulo II).

Não houve, na agricultura, uma revolução técnica nos moldes da que ocorreu na indústria com intensa mecanização das operações agrícolas e o uso da energia inanimada. Ainda assim, novas técnicas de produção contribuíram para o aumento da produtividade.

Novas formas de rotação de culturas permitiram utilização constante da terra, evitando o descanso de uma parte da terra cultivável. Até então predominava a rotação no sistema que dividia a área de cultura em três campos: um exemplo é o do esquema a seguir:

	CAMPO A	CAMPO B	CAMPO C
1° ano	Trigo	Aveia ou Cevada	Descanso
2° ano	Aveia ou Cevada	Descanso	Trigo
3° ano	Descanso	Trigo	Aveia ou Cevada

Esse sistema, embora permitisse a recuperação da fertilidade do solo perdida com o cultivo dos cereais, fazia com que permanentemente 1/3 da terra arável nada produzisse. No século XVIII, a combinação de novas culturas permitiu eliminar o descanso anual de 1/3 da terra, com impacto positivo na produtividade agrícola. Agora, o sistema de rotação dividia a terra em quatro campos. O cultivo de dois tipos de cereais (nos dois primeiros campos) passou a ser combinado com o de leguminosas (como batata e nabo que preparavam o terreno para o cultivo de cereais), num terceiro campo, e de gramíneas (que recuperavam a fertilidade do terreno por suas próprias características) no quarto campo; além disso, o campo cultivado com gramíneas servia de pasto para o gado, o que ajudava na fertilização da terra por meio do estrume. Há mesmo quem atribua ao nabo papel fundamental na revolução agrícola, como é o caso do Prof. Nurkse (citado por Phyllis

---

8. Crafts, por exemplo, afirma que a produtividade do trabalho na agricultura britânica cresceu significativamente desde o século XVI (CRAFTS, 1987, p.3-4).

Deane); entre os contemporâneos, ficou famoso um nobre, defensor das vantagens do nabo, o que lhe valeu a alcunha de Turnip (nabo) Townshend. Parece haver algum exagero nessa ênfase, porém ela indica como a nova forma de rotação de cultivo devia resultar em expressivos ganhos de produção.

Outro nome associado a mudanças agrícolas é o de Jethro Tull, por ter proposto novo método de semear o trigo em consórcio com outras plantas; uma máquina de semear foi construída em 1700 e disseminada na década de 1730; um arado (de Rotherham) foi patenteado em 1730 e exigia a tração de apenas um par de cavalos (dirigido por um homem) no lugar do antigo (e pesado) arado puxado por quatro, seis ou oito bois e dirigido por dois homens; no fim do século, eram fabricadas debulhadoras experimentais. Tudo isso sugere o caráter dos avanços técnicos que se processavam na agricultura: em parte, melhor aproveitamento do conhecimento agronômico, em parte busca de instrumentos mais eficientes, embora com padrões modestos diante do que ocorria na indústria (em especial porque não incorporou o vapor como fonte de energia).

Outro elemento importante foi a proliferação de publicações e associações que tratavam dos problemas agrícolas na segunda metade do século XVIII. Em suma, há uma efetiva preocupação com a produtividade da agricultura a justificar os resultados verificados desde então. É certo, no entanto, que a difusão dessas inovações não foi imediata, em especial pela diversidade regional: a sua absorção foi lenta e desigual. Deane lembra que o arado de Rotherham, patenteado em 1730, só se tornou de uso geral na década de 1820.

No século XIX, a mudança nas técnicas agrícolas continuou a ocorrer, por exemplo, pelo aperfeiçoamento da drenagem e o uso de adubos artificiais. Surgem algumas máquinas agrícolas (como a ceifadeira do trigo), porém em escala relativamente pequena (e incomparavelmente menor do que na indústria).

É também usual admitir-se os efeitos dos cercamentos sobre a produção agrícola britânica nos séculos XVIII e XIX.[9] A consolidação dos lotes do sistema de campo aberto em unidades de maiores dimensões e a eliminação das terras de uso comum foram condições para a implementação das inovações técnicas acima indicadas. No sistema de campo aberto, uma nova forma de rotação dos cultivos exigiria o acordo de todos aqueles que tinham lotes naquela área; terrenos de dimensões reduzidas e muito estreitos dificultavam a utilização de certos tipos de arados e outros implementos; a introdução de novos tipos de cultivo também era bloqueada pelo caráter coletivo de algumas das tarefas agrícolas. Em suma, o sistema de campo aberto, herança do caráter original de comunidades camponesas, impedia a adoção de novas técnicas e procedimentos que tenderiam a aumentar a produtividade.

Admite-se que os cercamentos foram relativamente poucos na primeira metade do século XVIII, época em que o preço do trigo se mantinha baixo. O ritmo dos cercamentos,

---

9. A exposição histórica do processo de cercamentos na Inglaterra foi feita no Capítulo 3.

especialmente dos cercamentos por leis do Parlamento, se acelerou na segunda metade do século quando os preços do trigo tiveram expressiva elevação. A expectativa de lucros elevados deve ter aumentado a pressão dos maiores proprietários e arrendatários no sentido de promover os cercamentos, a fim de ampliar as áreas de cultivo do trigo.

Independentemente da adoção de novos métodos de produção, a simples consolidação dos lotes em unidades maiores já era suficiente para permitir o aumento de produtividade.

Por outro lado, o impacto sobre a população rural também foi expressivo. Como já anotamos, no século XVIII os cercamentos se destinaram ao cultivo de trigo e isto gerou ocupação para muitos que perdiam a posse da terra. No entanto, agora eram trabalhadores assalariados, sujeitos ao desemprego, diversamente de sua condição anterior em que, mesmo aqueles que dependiam das terras de uso comum, tinham certa independência. Desse modo, houve, do ponto de vista social, expressiva mudança na condição dos trabalhadores rurais.

A expansão do mercado e a nova estrutura de propriedade da terra na Inglaterra após os cercamentos criaram um novo tipo de agricultura: o pequeno produtor, voltado ao mercado local ou regional, com grande parte da atividade destinada para sua própria subsistência, cedeu espaço para um fazendeiro capitalista, em geral não proprietário e sim arrendatário da terra, empregando em alguma medida trabalho assalariado. Esse fazendeiro capitalista dirigia sua produção para um mercado mais amplo – nacional ou mesmo internacional – o que induzia uma atitude voltada à busca do lucro por meio de inovações técnicas ou organizacionais que gerassem um aumento de produtividade. Esses fazendeiros, juntamente com os proprietários da terra – uma aristocracia que vivia do arrendamento da terra – exerceram pressões sobre o governo no sentido de proteger sua atividade da concorrência externa, o que se tornou difícil face o crescimento de um setor urbano industrial. Este conflito é objeto do tópico seguinte.

6.4 A DERROGAÇÃO DA LEI DOS CEREAIS EM 1846

Se até aqui predomina uma imagem de harmonia entre o desenvolvimento agrícola e o industrial na época da Revolução Industrial, não podemos esquecer que as relações entre agricultura e indústria comportam alguns elementos de conflito. A agricultura fornece alimentos para a população urbana – inclusive os trabalhadores da indústria – e matérias-primas para a indústria. O grau de integração entre agricultura e indústria depende das características de cada economia em particular. No caso da Grã-Bretanha, o elo fundamental entre a economia rural e a economia urbano-industrial estava no suprimento de trigo para a alimentação urbana, pois a principal matéria-prima agrícola para a indústria – o algodão – era importada.

CAPÍTULO 6 - POPULAÇÃO, AGRICULTURA E REVOLUÇÃO INDUSTRIAL

No século XVIII ainda prevalecia a tradição mercantilista: as manufaturas britânicas eram protegidas por tarifas contra importações de eventuais concorrentes. Essa postura começou a se modificar no fim do século XVIII quando as críticas ao protecionismo começaram a ganhar força. Em 1786, foi estabelecido um tratado com a França com o objetivo de reduzir as barreiras ao comércio entre os países. Porém, no longo período que se seguiu, marcado por guerras (em especial com a França napoleônica), não houve continuidade da política de redução de tarifas. Na verdade, a necessidade de recursos fiscais para enfrentar a guerra e as próprias restrições ao comércio exigiram a imposição de tarifas elevadas. A partir de 1820, o governo britânico retomou a política de redução de tarifas, privilegiando aquelas referentes a matérias-primas necessárias à atividade manufatureira; as demais, incidentes sobre produtos manufaturados, serviram como moeda de troca em acordos bilaterais, pelos quais a redução das tarifas britânicas era compensada pela reciprocidade dos outros países.

Se essa era a tendência em relação às tarifas sobre a importação de produtos manufaturados, a questão se tornava mais complexa quando se tratava de produtos agrícolas. Na primeira metade do século XVIII, a Grã-Bretanha exportava trigo já que havia substancial excedente de produção em relação ao consumo doméstico. Essas exportações eram incentivadas, desde meados do século XVII, por meio de subvenções como era típico do Mercantilismo. Assim, na prática, não se colocava o problema do protecionismo tarifário à produção doméstica, embora as Leis dos Cereais[10] previssem alguns mecanismos de proteção. No entanto, na segunda metade do século XVIII, essa tendência se inverteu: o crescimento da população, a industrialização e a urbanização aumentaram a demanda interna por alimentos, os preços se elevaram e a produção de trigo, que antes era em parte exportada, se voltou ao abastecimento do mercado interno. E foi preciso mesmo passar a importar trigo para fazer frente às necessidades domésticas. Mas as importações só eram permitidas quando o preço do trigo superava certos níveis determinados pela lei (e ajustados algumas vezes em função das variações do mercado). A rigor, a Lei dos Cereais garantia aos produtores britânicos um nível mínimo de remuneração pelo seu produto; como consequência, impunha preços mais elevados ao produto do que ocorreria se a importação fosse livre. Assim, criava-se um foco de conflito entre os produtores de trigo e aqueles que o consumiam (os trabalhadores urbanos em geral e mesmo os trabalhadores rurais que, sem acesso à terra, viviam de salários pagos pelos fazendeiros capitalistas), mas também em relação aos industriais que se viam obrigados a pagar salários mais elevados porque o custo da alimentação (em especial do pão) era majorado pela proteção ao produtor agrícola.

---

10. As Leis dos Cereais (Corn Laws) referiam-se às importações e exportações de trigo, aveia, cevada, malte, centeio e outros grãos; por vezes são referidas como Leis do Trigo por ser este o principal produto afetado por suas normas reguladoras.

SEGUNDA PARTE – A REVOLUÇÃO INDUSTRIAL BRITÂNICA E A EXPANSÃO DO CAPITALISMO (1760-1870)

Durante as guerras com a França (de 1792 a 1815), houve elevação dos preços do trigo por causa da própria guerra e de más colheitas, o que estimulou a expansão da cultura do cereal: aumentou a área cultivada em direção a terras de mais baixa qualidade, exigindo também investimentos para adequá-las à produção. Nesse período, o governo britânico praticamente aboliu as restrições às importações impostas pelas Leis dos Cereais a fim de garantir o abastecimento interno.

Ao fim da guerra, no entanto, se iniciou um período de depressão da economia britânica que atingiu a agricultura pelo abrupto declínio dos preços do trigo. Desse modo, muitos fazendeiros/arrendatários sofreram o impacto da depressão e abandonaram as terras que, assim, deixavam de ser arrendadas (e, portanto, de gerar renda para a aristocracia proprietária). Diante dessa situação, o Parlamento britânico aprovou uma nova Lei dos Cereais, em 1815, restabelecendo as restrições às importações: estas seriam permitidas apenas quando o preço interno do trigo superasse um nível relativamente alto (bem maior do que o preço internacional), o que garantiria o lucro dos fazendeiros e a renda dos proprietários da terra. Em 1828, introduziu-se uma tarifa móvel que variava de acordo com o preço do cereal a fim de tentar estabilizá-lo para os consumidores. Ainda assim, os preços mantinham-se elevados e geravam reações contrárias à manutenção das Leis dos Cereais.[11]

Iniciou-se, então, um longo conflito entre os interesses agrícolas (proprietários e arrendatários de terra) e os de industriais e trabalhadores. Em 1838, esse conflito levou à criação da *Liga contra as Leis dos Cereais*, que promoveu intensa campanha por meio de conferências e comícios: embora iniciada por ricos industriais do norte da Inglaterra (tendo Richard Cobden e John Bright à frente), a Liga conseguiu atrair o apoio popular. No entanto, o fator decisivo para a derrogação das Leis dos Cereais foi a fome: em 1845, uma praga atingiu a produção de batatas na Europa; seu efeito foi particularmente agudo na Irlanda onde a batata era o elemento principal da alimentação da população rural. Estima-se que mais de 500 mil pessoas foram vítimas da fome na Irlanda entre 1845 e 1847; além disso, iniciou-se intenso fluxo migratório em busca de condições de sobrevivência em outros lugares (em especial, em direção à América). A população irlandesa declinou em termos absolutos e manteve-se abaixo de seu nível máximo (alcançado em 1841) por muitas décadas.

A pressão desses fatos levou o Parlamento britânico a aprovar a derrogação das Leis dos Cereais em 1846, eliminando as restrições à importação de trigo e a proteção à agricultura britânica. No entanto, isso não levou ao declínio abrupto da agricultura, pois a conjuntura posterior a 1846 mostrou-se favorável. A tendência à elevação dos preços agrícolas (talvez

---

11. As reações às Leis dos Cereais foram de diversas ordens, mas convém lembrar uma de particular importância para a História do Pensamento Econômico. Em 1815, David Ricardo publicou *Um Ensaio Sobre a Influência do Baixo Preço do Trigo sobre os Lucros do Capital, Mostrando a Inconveniência de Restrições à Importação*, título que explica o sentido de sua argumentação. Esse ensaio foi o ponto de partida para a redação de *Princípios de Economia Política e Tributação*, obra que é um marco na História do Pensamento Econômico (SINGER, 1982, Apresentação).

174

CAPÍTULO 6 – POPULAÇÃO, AGRICULTURA E REVOLUÇÃO INDUSTRIAL

por influência do fluxo de ouro da Califórnia e da Austrália), os custos de transportes ainda elevados desde os principais produtores de cereais (Estados Unidos, Canadá, Rússia) e a redução dos custos de transportes dentro da Grã-Bretanha (a década de 1840 foi marcada por uma "mania ferroviária") reservaram o mercado interno, por algum tempo, aos agricultores britânicos. Houve mesmo uma tendência à transformação da agricultura em direção a métodos mais intensivos (adubação, drenagem e mesmo alguma mecanização das operações agrícolas).[12] Assim, a agricultura britânica pode sobreviver ao fim do protecionismo, adaptando-se às novas condições que lhe foram impostas pela derrogação da Lei dos Cereais. Este quadro prevaleceu na agricultura britânica até 1870. Daí em diante, a concorrência de produtores em grande escala (como os dos Estados Unidos e do Canadá), favorecidos pela redução do custo do transporte marítimo (com a expansão da navegação a vapor), impôs total transformação da área rural britânica. Embora continuassem presentes os três grupos característicos da área rural (grandes proprietários de terra, arrendatários/fazendeiros capitalistas sem a propriedade da terra e trabalhadores assalariados), a agricultura (em especial a produção de cereais) cedeu lugar progressivamente à pecuária.

A derrogação da Lei dos Cereais, em 1846, registrou um momento crítico nas relações entre agricultura e indústria na Grã-Bretanha em que a pressão sobre o Estado é um instrumento utilizado para favorecer uma certa forma de acumulação de capital: no caso, a favor do capital industrial em detrimento do capital agrário (fazendeiros/arrendatários capitalistas) e do interesse rentista da aristocracia proprietária de terras.

REFERÊNCIAS

ARMENGAUD, A. (1973). "Population in Europe, 1700-1914" in CIPOLLA, C.M. (Ed.). *The Fontana Economic History of Europe: The Industrial Revolution*. London/Glasgow: Collins/Fontana Books.

CIPOLLA, C. M. (1989). *Historia Económica de la Población Mundial*. 5ª ed., Barcelona: Editorial Critica.

CIPOLLA, C. M. (2000). *História Econômica da Europa Pré-Industrial*. Lisboa: Edições 70.

CLARK, G. (1993). "Agriculture and the Industrial Revolution: 1700-1850" in MOKYR, J. (Ed.). *The British Industrial Revolution. An Economic Perspective*. Boulder/Oxford: Westview Press.

CRAFTS, N. (1987). "The Industrial Revolution: Economic Growth in Britain, 1700-1860". *Recent Findings of Research in Economic & Social History*, Spring, 4.

DEANE, P. (1969). *A Revolução Industrial*. Rio de Janeiro: Zahar Editores.

---

12. Marx, em *O Capital* (publicado em 1867), identificava essas mudanças da agricultura britânica posteriores à revogação das Leis dos Cereais: "A revogação das leis do trigo deu enorme impulso à agricultura inglesa. Drenagem em larga escala, novo sistema de alimentação em currais e de cultivo de forragens artificiais, introdução de aparelhagem mecânica de adubação, novo tratamento da terra argilosa, uso mais elevado de adubos minerais, utilização da máquina a vapor e toda espécie de maquinaria de trabalho etc., e sobretudo, a cultura mais intensiva do solo caracterizam essa época" (MARX, 1985, p.234).

DEANE, P. & COLE, W.A. (1962). *British Economic Growth, 1688-1959: Trends and Structure*. Cambridge: Cambridge University Press.

DOBB, M. H. (1983). *A Evolução do Capitalismo*. São Paulo: Abril Cultural.

HUDSON, P. (1992). *The Industrial Revolution*. London: Edward Arnold.

LANDES, D. (2005). *Prometeu Desacorrentado*. 2ª ed., Rio de Janeiro: Elsevier.

MARX, K. (1985). *O Capital. Volume I. Livro Primeiro. Tomo 2*. São Paulo: Nova Cultural.

SINGER, P. (1982). "Apresentação" in RICARDO, D. *Princípios de Economia Política e Tributação*. São Paulo: Abril Cultural.

Capítulo 7

A ECONOMIA INTERNACIONAL À ÉPOCA
DA REVOLUÇÃO INDUSTRIAL

*A*s grandes navegações do século XV, em que os portugueses foram pioneiros, constituem um marco importante no processo de formação de uma economia ou de um mercado mundial. Não pretendemos atribuir um significado rigoroso a essas noções, mas apenas indicar a crescente integração das várias partes do mundo por meio de relações econômicas (num primeiro momento, principalmente de caráter comercial). A Revolução Industrial não só reforçou essa integração, mas também mudou a natureza das relações entre as diferentes economias.[1]

7.1 MIGRAÇÕES INTERNACIONAIS

Uma primeira manifestação dessa crescente integração aparece no intenso fluxo migratório observado ao longo do século XIX. Suas relações com a Revolução Industrial não são imediatas, mas fazem parte das amplas transformações por que passaram as economias em fase de industrialização e também as áreas periféricas que estabeleciam novas relações com os países europeus.

É usual o estudo dos processos migratórios com base nos "fatores de expulsão" (ou seja, as razões que levam as pessoas a se retirar de seus países de origem) e "fatores de atração" (ou seja, os atrativos oferecidos pelas regiões para as quais se dirigem os migrantes). Os fatores de expulsão se referem quase sempre à precariedade das condições de sobrevivência (pelo excesso de população diante dos recursos naturais, mudanças no acesso aos meios de produção ou mesmo crises alimentares prolongadas, como foi o caso

---

1. "A grande indústria criou o mercado mundial, para o qual a descoberta da América preparou o terreno. O mercado mundial deu um imenso desenvolvimento ao comércio, à navegação, às comunicações por terra. Esse desenvolvimento, por sua vez, reagiu sobre a extensão da indústria; e na proporção em que a indústria, o comércio, a navegação, as ferrovias se estendiam, a burguesia também se desenvolvia, aumentava seus capitais e colocava num plano secundário todas as classes legadas pela Idade Média". ENGELS, F. & MARX, K. (1998), p.68.

da Irlanda na década de 1840), mas também podem envolver outras razões (como perseguições religiosas ou políticas). Já os fatores de atração dizem respeito a áreas que oferecem oportunidades para recompor as condições de sobrevivência perdidas nas regiões de origem (como a posse da terra, por exemplo) ou mesmo a expectativa (real ou fictícia) de enriquecimento. As migrações da época da Revolução Industrial, cujos fluxos principais se dirigiram da Europa para a América e Oceania, respondem a esses fatores de expulsão e de atração, embora seja difícil identificá-los com precisão em casos específicos, face à peculiaridade de cada fluxo imigratório.

Os dados das Tabelas 7.1 e 7.2 indicam a origem e o destino dos principais fluxos migratórios internacionais entre 1820 e 1880.

TABELA 7.1
Emigração da Europa (número de emigrantes em milhões)

	1821-1850	%	1851-1880	%
Europa-Noroeste	3,4	100,00	7,4	91,3
Ilhas Britânicas	2,6	76,5	4,6	56,8
Alemanha	0,6	17,6	2,1	25,9
Europa-Sudoeste	–	–	0,7	8,7
Itália	–	–	0,2	2,5
Espanha/Portugal	–	–	0,3	3,7
Áustria-Hungria	–	–	0,2	2,5
Total	3,4	100,0	8,1	100,0
Média Anual (milhares)	113		270	

Obs.: (–) valores não especificados por serem reduzidos, porém considerados no total.

Observa-se um claro aumento dos fluxos migratórios depois de 1850[2]; a origem desse fluxo está principalmente nas ilhas britânicas (Inglaterra, País de Gales, Escócia e Irlanda) e nas regiões alemãs; os Estados Unidos foram o principal receptor de imigrantes ao longo do período em foco, seguido por outros países da América e por Austrália e Nova Zelândia. Todas essas regiões receptoras de imigrantes vinham se integrando à economia europeia como fornecedoras de matérias-primas (como o algodão) ou alimentos (como o café, o açúcar, o trigo). Desse modo, se os fatores de expulsão se relacionavam principalmente às mudanças que ocorriam na área rural europeia, em conexão com o processo de industrialização (tornando precárias as condições de sobrevivência dos camponeses atingidos pelas mudanças), os fatores de atração estavam vinculados às

---

2. Após 1880, o fluxo migratório intensificou-se mais ainda: a média anual para o período de 1881-1915 é três vezes maior do que para o período de 1851-1880.

CAPÍTULO 7 - A ECONOMIA INTERNACIONAL À ÉPOCA DA REVOLUÇÃO INDUSTRIAL

TABELA 7.2

Imigração por países (número de imigrantes em milhões)

	1821-1850	%	1851-1880	%
Estados Unidos	2,38	67,0	7,73	68,1
Canadá	0,74	20,8	0,82	7,2
Índias Ocidentais Britânicas	0,08	2,3	0,27	2,4
Brasil	0,02	0,6	0,45	4,0
Argentina	-	-	0,44	3,9
Austrália/Nova Zelândia	0,19	5,4	1,04	9,2
Outros	0,14	3,9	0,60	5,3
Total	3,55	100,0	11,35	100,0
Média Anual (em milhares)	118		378	

Fonte: KENWOOD & LOUGHEED (1992), p.46-47.

oportunidades de trabalho ou de posse da terra oferecidas pela expansão da produção na periferia em resposta às demandas da industrialização europeia. O fluxo de mercadorias no comércio internacional indica, em parte, as mudanças na produção mundial que geravam essas oportunidades.

7.2 COMÉRCIO INTERNACIONAL E FLUXOS DE CAPITAIS

A Revolução Industrial provocou substancial modificação nos fluxos do comércio internacional. As trocas internacionais, até o século XV, comportavam o velho comércio de especiarias com o Oriente, ao qual se acrescentou, a partir do século XVI, o comércio com a América (por exemplo, açúcar, fumo, couros e peles) e o tráfico de escravos. Além disso, havia o comércio intraeuropeu em que predominavam as manufaturas, em especial os tecidos, além de algumas matérias-primas e alimentos. A Revolução Industrial exigiu novos fluxos comerciais pela própria natureza de sua produção; paralelamente, o aumento populacional ampliou a demanda por alimentos de modo a alterar as formas tradicionais de suprimento desses bens. Em suma, ao longo do século XIX, o comércio internacional sofreu profundas mudanças tanto em relação às principais mercadorias que o compunham como em relação aos países ou regiões produtores envolvidos nesse comércio.

Em parte, essas mudanças nos fluxos internacionais de mercadorias resultaram da mudança da posição da Grã-Bretanha na economia mundial.

Antes da Revolução Industrial, a Grã-Bretanha já dispunha de um setor manufatureiro importante, cujo núcleo estava na produção de tecidos de lã (principalmente com base no sistema doméstico rural). As exportações de tecidos de lã foram, durante o século XVIII,

179

a principal fonte de receitas de exportações britânicas. Na primeira metade do século, a exportação de cereais também teve alguma importância. Na segunda metade do século, cresceu a exportação de tecidos de algodão (que quase se iguala à de lã em torno de 1800) e também a de ferro.

Quanto às importações, no início do século XVIII predominavam produtos tropicais e orientais (açúcar, chá, tabaco, especiarias). Ao longo do século cresceram as importações de matérias-primas e insumos para a indústria, como ferro em barras de alta qualidade, madeiras e piche para a indústria naval, seda para a indústria têxtil, além de vinho e outras bebidas para a população mais rica. O comércio colonial também era importante, pois, por meio de reexportações dos produtos das colônias para os outros países europeus, geravam--se recursos para as importações de que a Grã-Bretanha necessitava (ASHTON, 1955, p.154).

Com a Revolução Industrial, o comércio da Grã-Bretanha passou a ser feito crescentemente com a "periferia" (América, Oriente e África), como se pode observar na Tabela 7.3.

TABELA 7.3
Comércio exterior da Grã-Bretanha – século XVIII (% dos totais)

	1700/01	1750/01	1772/3	1797/8
Importações de:				
Europa	66	55	45	43
América do Norte	6	11	12	7
Índias Ocidentais	14	19	25	25
Índias Orientais e África	14	15	18	25
Reexportações para:				
Europa	85	79	82	88
América do Norte	5	11	9	3
Índias Ocidentais	6	4	3	4
Índias Orientais e África	4	5	6	4
Exportações locais para:				
Europa	85	77	49	30
América do Norte	6	11	25	32
Índias Ocidentais	5	5	12	25
Índias Orientais e África	4	7	14	13

Fonte: DEANE (1969), p.72.

Uma primeira mudança se vincula ao papel central da indústria têxtil de algodão na Revolução Industrial. Agora, a principal produção de tecidos não é mais a de lã e sim a de algodão. A Grã-Bretanha não produz a fibra de algodão e depende totalmente de sua importação, a maior parte proveniente da produção escravista do sul dos Estados Unidos (mas também de

CAPÍTULO 7 – A ECONOMIA INTERNACIONAL À ÉPOCA DA REVOLUÇÃO INDUSTRIAL

outros produtores como Egito, China e mesmo, em pequena escala, do Brasil). O aumento do consumo de fibra de algodão na Grã-Bretanha é indicado na Tabela 7.4.

TABELA 7.4
Grã-Bretanha: Consumo de fibra de algodão (médias anuais em milhares de toneladas)

1771-1780	2,3	1825-1834	105,6
1781-1790	8,1	1835-1844	191,6
1791-1800	13,9	1845-1854	290,0
1801-1814	31,8	1855-1864	369,4
1815-1824	54,8	1865-1874	475,8

Fonte: MITCHELL (1973), p.780

Desse modo, a indústria têxtil gerou uma integração entre a economia britânica e áreas periféricas por meio da importação da fibra de algodão. É claro, as exportações britânicas de tecidos de algodão eram a contrapartida dessas importações: embora o mercado interno britânico absorvesse parte da produção de tecidos de algodão, seu destino principal foi o mercado externo. Admite-se que, no começo do século XIX, a exportação de tecidos de algodão correspondia a cerca da metade do valor total de sua produção; no fim desse século já alcançava cerca de 80% do total (HOBSBAWM, 1978, p.126). O principal mercado para os tecidos de algodão britânicos era a Índia. Na verdade, a Índia fora um grande produtor e exportador de tecidos de algodão com base em técnicas tradicionais. O domínio sobre a Índia impôs a abertura do mercado para a competição com os tecidos britânicos, competição essa que liquidou a indústria tradicional da Índia. Se em 1815, a Índia importava apenas 0,5% dos tecidos de algodão exportados pela Grã-Bretanha, em 1913, essa parcela era de cerca de 40% a 45%. Aliás, no século XIX (como já se observara na segunda metade do século XVIII), o comércio exterior britânico voltou-se crescentemente na direção do "mundo subdesenvolvido", fato evidenciado pelo destino das exportações de tecidos de algodão (Tabela 7.5).

TABELA 7.5
Grã-Bretanha: Destino das exportações de peças de algodão (% do total em jardas)

	EUROPA E EUA	MUNDO SUBDESENVOLVIDO	OUTROS PAÍSES
1820	60,4	31,8	7,8
1840	29,5	66,7	3,8
1860	19,0	73,3	7,7
1880	9,8	82,0	8,2

Fonte: HOBSBAWM (1978), p.135.

181

SEGUNDA PARTE – A REVOLUÇÃO INDUSTRIAL BRITÂNICA E A EXPANSÃO DO CAPITALISMO (1760-1870)

Embora o comércio de tecidos de algodão exacerbe a tendência à busca de mercados periféricos, essa tendência também está presente no conjunto das exportações britânicas: América, Índia, Extremo Oriente eram mercados de mais fácil acesso à exportação de produtos manufaturados britânicos do que os países europeus que, em vias de industrialização, resistiam à entrada de mercadorias inglesas. No entanto, os países europeus ainda dependiam da importação de bens de capital como máquinas a vapor, equipamentos de mineração, máquinas têxteis, equipamento ferroviários, navios etc., o que permitiu a crescente exportação britânica desses itens. As reexportações de produtos coloniais também mantiveram posição importante na pauta de exportações britânica.

Por outro lado, ao longo do século XIX, a Grã-Bretanha também passou a depender de outras mercadorias importadas em virtude do ritmo de crescimento da indústria e do aumento da população. Metais, madeiras, fibras têxteis, alimentos como grãos e mesmo perecíveis como frutas e carne foram incluídos na pauta de importações. Em parte, isso resultava das novas necessidades da economia britânica; porém houve também uma realocação de fatores produtivos na esfera internacional que afetou a balança comercial britânica. Por exemplo, a derrogação da Lei dos Cereais em 1846 abriu o mercado interno britânico à importação de trigo numa época em que na América (Estados Unidos e Canadá) era possível ampliar sua produção com elevados níveis de produtividade. Seu efeito se fez sentir mais intensamente depois de 1870, de modo que a produção britânica de trigo foi praticamente substituída pelas importações do trigo americano e também do cereal da Argentina, da Austrália e da Europa Oriental.

A lã, apesar de ser um produto tradicional da pecuária britânica, também foi incluída na sua pauta de importações: neste caso, o produto era oriundo da Austrália, da Nova Zelândia, da Argentina e da África do Sul. Carnes passaram a fazer parte da pauta de importações da Grã-Bretanha, originárias dos Estados Unidos (Texas) e da Argentina: essas importações foram favorecidas pelo surgimento de equipamentos de refrigeração que permitiam a conservação das mercadorias por longos períodos. Os tradicionais produtos de importação mantiveram-se na pauta britânica: chá, café, açúcar, fumo também foram adquiridos em volumes crescentes para atender à demanda de uma população ampliada e com caráter crescentemente urbano.

Uma característica do comércio exterior britânico, acentuada depois de 1870, mas presente desde cedo, foi o déficit na balança comercial (ou seja, o valor das importações superava sistematicamente o valor das exportações). Dados para alguns anos do século XIX permitem observar essa característica (Tabela 7.6).

Os dados indicam que de 1800 a 1880 o comércio exterior britânico apresentou um saldo negativo crescente nas transações com mercadorias. Esse déficit não era compensado pelas reexportações, o que nos leva à pergunta: como a Grã-Bretanha pôde sustentar esse déficit secularmente? A explicação fica por conta das rendas de serviços e do capital. As receitas derivadas dos pagamentos externos de fretes, seguros, comissões financeiras, juros,

182

CAPÍTULO 7 – A ECONOMIA INTERNACIONAL À ÉPOCA DA REVOLUÇÃO INDUSTRIAL

lucros e dividendos eram suficientes para cobrir o déficit da balança comercial britânica: a frota mercante e os serviços financeiros internacionais, quase um monopólio britânico, garantiam o superávit nas contas externas, apesar do déficit comercial.

TABELA 7.6
Reino Unido: Valor de importações e exportações (milhões de libras)

	IMPORTAÇÕES	EXPORTAÇÕES DOMÉSTICAS	REEXPORTAÇÕES	SALDO
1800	62,3	37,7	14,7	– 9,9
1810	88,5	48,4	12,5	– 27,6
1820	54,2	36,4	10,4	– 7,4
1830	54,1	35,8	6,6	– 11,7
1840	90,8	53,2	10,2	– 27,4
1850	103,0	71,4	12,0	– 19,6
1860	210,5	135,9	28,6	– 46,0
1870	303,3	199,6	44,5	– 59,2

Fonte: MITCHELL (1973), p.795-799.

De início, as receitas derivadas do transporte naval – já que a marinha mercante da Grã-Bretanha dominava amplamente o transporte internacional – contribuíram de forma preponderante para essas receitas "invisíveis"; porém, ao longo do século, as receitas financeiras ganharam crescente importância em função dos investimentos externos britânicos. Se até 1850, os investimentos externos se limitavam a empréstimos a governos estrangeiros, depois houve novas formas de aplicação de recursos no exterior por meio de investimentos diretos (por exemplo, em estradas de ferro) ou empréstimos a empresas situadas em outros países. Mais importante, o volume total dos investimentos externos britânicos multiplicou por sete entre 1830 e 1870: de 110 milhões de libras, em 1830, ascendeu a 260 milhões, em 1854, e a 770 milhões, em 1870. A distribuição regional dos investimentos externos é indicada na Tabela 7.7.

TABELA 7.7
Investimentos externos britânicos: 1830-1870 (distribuição percentual)

DESTINO	1830	1854	1870
Europa	66%	55%	25%
Estados Unidos	9%	25%	27%
América Latina	23%	15%	11%
Império Britânico	2%	5%	34%
Outras regiões	-	-	3%
	100%	100%	100%

Fonte: KENWOOD & LOUGHEED (1992), p.30.

183

Assim como se observou em relação ao comércio, há acentuado crescimento dos investimentos externos britânicos após 1850 e também um desvio em direção a novas regiões: a Europa e a América Latina reduziram sua participação relativa (embora tivessem ampliado o volume de investimentos em termos absolutos) e os Estados Unidos e o Império Britânico (em particular a Índia) receberam crescentes parcelas do investimento externo britânico.

7.3 TRANSPORTES E COMUNICAÇÕES

Embora o foco da Revolução Industrial tenha sido a produção de manufaturas, mudanças importantes ocorreram nos meios de transporte característicos da época: em parte, foram mudanças paralelas à Revolução Industrial (como a construção de canais), porém outras decorreram da utilização de inovações típicas da Revolução Industrial nos meios de transporte (como a estrada de ferro e o barco a vapor). O impacto dessas inovações se fez de duas formas: por um lado, ao facilitar o deslocamento de pessoas e mercadorias, estimulou o comércio entre regiões distantes, com reflexos inclusive na esfera internacional; por outro lado, criou novos campos de investimento tanto no próprio meio de transporte (por exemplo, em empresas ferroviárias) como para a produção dos equipamentos necessários a esses meios de transporte (como locomotivas, vagões, trilhos, cascos de ferro para os barcos a vapor, etc.).

Até a segunda metade do século XVIII, na Grã Bretanha, o principal meio de transporte era a carroça ou a carruagem com tração animal. Seu desempenho dependia do estado das estradas de rodagem: sua precariedade (principalmente por serem lamacentas e intransitáveis em épocas de chuva) levou à proposição de diferentes métodos de construção que utilizavam pedras na base e no revestimento da superfície das estradas. Embora mais duráveis, essas estradas de rodagem estavam longe de propiciar condições adequadas para um fluxo intenso de mercadorias e de pessoas. Como sugere Phyllis Deane: "Se a Grã-Bretanha tivesse tido de depender de suas rodovias para arcar com seu pesado tráfego de mercadorias, o impacto efetivo da Revolução Industrial talvez tivesse sido retardado até a época das ferrovias" (DEANE, 1969, p.93).

É que antes do estabelecimento das ferrovias, promoveu-se na Grã-Bretanha a construção de canais a partir da rede fluvial existente. A construção de canais (como empreendimentos privados, mas aprovados por Leis de Navegação) teve duas épocas de euforia: a década de 1760 e as de 1780 e 1790. Embora a extensão dos canais não fosse muito grande (cerca de 700 milhas no fim do século XVIII), o impacto sobre a economia em fase de industrialização foi significativo, pois sua localização era estratégica. Em alguns casos, viabilizava a ligação entre rios navegáveis e em outros, criava uma via fluvial entre centros econômicos importantes, em particular entre áreas de extração de carvão e núcleos urbanos que dependiam desse combustível para uso industrial e doméstico.

Essa rede fluvial e melhoramentos nos portos marítimos foram suficientes para garantir transporte adequado para a expansão da economia até a década de 1830. No entanto, o grande salto em relação aos meios de transporte se deu com o estabelecimento das estradas de ferro a partir da década de 1830.[3]

A estrada de ferro é um produto típico da Revolução Industrial, pois incorpora o vapor, como força motriz, o carvão, como combustível, o ferro, como matéria-prima principal e um tipo de máquina para transferir a força do vapor para as rodas das locomotivas. De resto, a estrada de ferro foi concebida nas áreas de mineração a fim de facilitar o transporte do carvão das minas até os portos. As primeiras experiências datam dos anos trinta e a construção de ferrovias ganhou grande impulso na década de 1840. Certamente, as estradas de ferro facilitaram a circulação de mercadorias na Grã-Bretanha, embora se deva admitir que o transporte aquático respondesse razoavelmente às necessidades da economia, como sugere Hobsbawm:

> Embora seja natural supor que esse extraordinário desenvolvimento [das estradas de ferro] refletisse as necessidades de transporte de uma economia industrial, pelo menos durante algum tempo tal não sucedia. A maior parte do país tinha fácil acesso a transporte aquático, por mar, rios ou canais, e o transporte hidroviário era então – e ainda é – de longe o mais barato para mercadorias a granel. A velocidade tinha importância relativamente secundária para bens não perecíveis, desde que se mantivesse um fluxo regular de abastecimento, e os bens perecíveis restringiam-se praticamente aos produtos agrícolas e pescado. Não há nenhum indício de que dificuldades de transporte prejudicassem seriamente o desenvolvimento da indústria *em geral*, embora isso claramente acontecesse em determinados casos. (HOBSBAWM, 1978, p.103)

Assim, se a estrada de ferro, como meio de transporte, não parece ter sido essencial à Revolução Industrial – ao menos nas décadas iniciais – ela teve outro papel fundamental para a expansão da economia britânica. A estrada de ferro representa, por um lado, um novo e imenso campo de investimento para capitais acumulados e, por outro, gera uma demanda significativa para a mineração de carvão e para a indústria do ferro e de material ferroviário. Essa dupla característica da estrada de ferro era particularmente propícia ao momento por que passava a economia britânica nas décadas de 1830 e 1840: de um lado,

---

3. Em outros países europeus também ocorreu a construção de canais, porém sem a expressão que alcançou na Grã-Bretanha. No entanto, o caso mais interessante foi o dos Estados Unidos: antes das ferrovias, já havia uma extensa rede de canais. Alguns historiadores econômicos se propuseram a seguinte questão: sem as ferrovias, a economia americana teria sido capaz de sustentar o mesmo ritmo de crescimento? Em outras palavras, a contribuição das ferrovias para o crescimento da economia norte-americana no século XIX teria sido fundamental? Com o uso de técnicas econométricas, alguns historiadores chegaram à conclusão de que não; quer dizer, sem as ferrovias, o sistema de canais teria sido suficiente para alcançar o mesmo ritmo de crescimento da economia americana na segunda metade do século XIX. Duas obras que exploram essa perspectiva são as de Fogel (1964) e Fishlow (1965).

havia um excedente de capital acumulado em busca de formas de aplicação mais rentáveis do que os títulos públicos (cujo rendimento era da ordem de 3,4% ao ano); por outro, a primeira fase da Revolução Industrial, cujo núcleo era a indústria de tecidos, dava sinais de esgotamento em sua capacidade de promover a expansão da economia. Desse modo, a estrada de ferro, a um tempo, permitiu a absorção de capitais acumulados (e que vinham sendo aplicados em empréstimos a governos estrangeiros, os quais, nem sempre, cumpriam suas obrigações contratuais) e criava uma nova demanda dirigida para a indústria pesada, que ganhou substancial dimensão a partir de então. Dois surtos de construção ferroviária ocorreram nas décadas de 1830 e 1840: a pequena "mania" ferroviária de 1835-1837 e a grande de 1845-1847, as quais permitiram praticamente a conclusão da rede ferroviária básica da Grã-Bretanha em torno de 1850. Hobsbawm lembra que a construção ferroviária, no auge dos anos 1845-1847, havia criado o emprego direto de cerca de 200.000 pessoas e o indireto de um número elevado, mas difícil de ser calculado; e que as estradas de ferro absorviam 40% da produção de ferro britânica, a qual havia duplicado entre 1835 e 1845, parcela que se reduziu a 15% da produção ao fim da grande mania (HOBSBAWM, 1978, p.106). Em suma, são dados expressivos do impacto da construção ferroviária sobre a economia britânica e que justificam identificar-se esse período como uma segunda fase da Primeira Revolução Industrial.

Porém a construção ferroviária não se restringiu ao território britânico: em todo o mundo, em ritmos e épocas diferentes, a "mania" ferroviária esteve presente e durante algumas décadas sua construção beneficiou a indústria britânica que era a única a poder fornecer o material necessário para essa construção. A Tabela 7.8 revela esse ritmo de construção e sua distribuição pelo mundo.

TABELA 7.8

Construção mundial de estradas de ferro, por décadas (em milhas)

	REINO UNIDO	EUROPA (MENOS REINO UNIDO)	ESTADOS UNIDOS	RESTO DO MUNDO
1840-1850	6.000	7.000	7.000	-
1850-1860	4.000	13.000	24.000	1.000
1860-1870	5.000	26.000	24.000	7.000
1870-1880	2.000	37.000	51.000	12.000

Fonte: HOBSBAWM (1978), p.106.

Evidentemente, pela própria dimensão restrita de seu território, a construção ferroviária no Reino Unido tendia a se reduzir com o tempo; no entanto, no resto da Europa e nos Estados Unidos o ritmo de construção se acentuou em direção ao fim do século. Também nas áreas periféricas, a construção ferroviária se acelerou depois de 1860: é o caso da América Latina em que as ferrovias foram construídas principalmente tendo em vista fornecer o transporte para as mercadorias de exportação (como carne e trigo na Argentina e café no Brasil). Até 1870, a indústria britânica foi a principal beneficiária das encomendas de material ferroviário geradas pela construção em todo o mundo. A partir de então, com a progressiva industrialização de outros países (que é estudada na próxima parte deste livro), surgiram novos produtores de material ferroviário (como Bélgica, França, Alemanha e Estados Unidos) que supriam as demandas em seus próprios países e que passaram a competir com a indústria britânica no mercado internacional. Se para a Grã-Bretanha os efeitos expansivos da construção ferroviária se reduziram após 1870, o mesmo não se deu para a economia mundial diante da difusão das ferrovias por quase todo o mundo.

Para a economia internacional, há outro impacto importante das estradas de ferro quando associadas às mudanças ocorridas no transporte marítimo. Embora até 1870 ainda predominasse a navegação oceânica com barcos a vela (ou seja, os navios a vapor só se tornaram dominantes após essa data), houve melhorias que aumentavam a velocidade e a capacidade de carga daquelas embarcações. Em conexão com as estradas de ferro, foi possível viabilizar a produção para o mercado internacional de regiões distantes: é o caso da produção de cereais da América do Norte, de cereais e de carne da Argentina, do café do Brasil etc. A redução do custo de transporte permitia que a produção de regiões mais distantes se tornasse viável: um exemplo é o do café, cujo transporte anterior – por bestas de carga – era muito mais caro do que o transporte por ferrovia. Quando esta foi instalada, regiões mais distantes do litoral puderam passar a produzir café, pois a redução do custo de transporte tornava a produção dessas regiões passíveis de ingressar no mercado internacional.

Em suma, a Revolução Industrial promoveu profundas transformações nas relações entre as diferentes economias nacionais: integrou-as num mercado mundial por meio das demandas que ela própria gerou (de novas matérias-primas para a produção e de alimentos para uma população crescente). Essa integração levou a novas formas de especialização numa divisão internacional do trabalho em que à Grã-Bretanha (e a alguns outros países) coube a produção de manufaturados e aos países periféricos, a produção primária (agrícolas e minerais). Para tanto, muitas economias periféricas também sofreram transformações profundas. Embora grande parte desses efeitos seja mais intensa após 1870, é inegável que a Revolução Industrial já havia criado as condições para essa nova conformação da economia mundial, como observamos brevemente no tópico seguinte.

7.4 A INTEGRAÇÃO MUNDIAL E O IMPERIALISMO DO LIVRE COMÉRCIO

É usual admitir-se que o período do século XIX que se encerra em 1870 foi de regressão do colonialismo estabelecido na época mercantilista. Por exemplo, a maior parte das colônias americanas se tornou independente: ainda no século XVIII, os Estados Unidos e

SEGUNDA PARTE – A REVOLUÇÃO INDUSTRIAL BRITÂNICA E A EXPANSÃO DO CAPITALISMO (1760-1870)

o Haiti; e nas primeiras décadas do século XIX, as colônias da América Espanhola e da América Portuguesa. Além disso, no período teriam sido poucas as áreas anexadas formalmente aos impérios dominados pelas grandes potências europeias. Por outro lado, o protecionismo típico do Mercantilismo também estaria em declínio: primeiro na Grã-Bretanha, pela redução das tarifas alfandegárias da qual a abolição das Leis dos Cereais em 1846 seria um marco exemplar, assim como a supressão, na década de 1850, de tarifas sobre cerca de 400 produtos (restando menos de 20 mercadorias protegidas); e também pelo Tratado Cobden-Chevalier entre Grã-Bretanha e França, em 1860, inaugurando uma fase de livre-comércio entre os dois países. Essa é uma imagem usual para caracterizar o século XIX (até 1870): declínio do colonialismo e do protecionismo mercantilista e afirmação do livre-comércio nas relações entre países independentes, ou seja, uma época de predomínio do "laissez-faire", do liberalismo econômico.

No entanto, essa imagem não reflete exatamente a realidade da época. Ao nível das relações entre as nações, o que se observa é um mundo claramente hierarquizado em pequeno número de potências que mantém o resto do mundo sob condições de dependência. Nas palavras de Hobsbawm:

> A maior parte da população mundial tornou-se vítima daqueles cuja superioridade econômica, tecnológica e consequentemente militar era inquestionável e parecia indestrutível: as economias e estados da Europa central e do norte e os países estabelecidos alhures por seus imigrantes, especialmente os Estados Unidos. (HOBSBAWM, 1977, p.135)

Na América Latina encontrava-se um primeiro bloco de países que claramente se enquadrava nessa condição. Nas primeiras décadas do século XIX, as colônias da Espanha e de Portugal haviam obtido sua independência, constituindo nações soberanas (repúblicas na América Espanhola; monarquia na América Portuguesa). Foram poucas as áreas que permaneceram formalmente como colônias: é o caso das Guianas e de ilhas nas Antilhas e nas Bahamas, além da situação especial do Canadá em relação à Grã-Bretanha. Diferentemente de outras regiões do mundo, a América já se encontrava "ocidentalizada", pois sua colonização fora feita por europeus que estabeleceram o domínio sobre as populações nativas (quando não as dizimaram). Por outro lado, suas economias já se integravam à economia mundial por meio de exportações e importações. Embora as implicações da independência não fossem desprezíveis (por exemplo, o fim do monopólio de comércio das metrópoles e a constituição de Estados Nacionais), não ocorreu uma ruptura radical com as condições vigentes à época colonial. Nem a estrutura econômica (principalmente voltada à exportação), nem a estrutura social (em geral fundada na separação entre grandes proprietários e populações escravas ou livres, porém pobres) sofreram, de início, mudanças substanciais. No entanto, a expansão da Revolução Industrial reforçou os laços com estas zonas periféricas, pois novas mercadorias aí produzidas passaram a integrar o (ou tiveram ampliada sua presença no) comércio entre a América Latina e a Europa: algodão, café, cacau, cobre, guano, nitratos eram mercadorias demandadas pela indústria em expansão, pela crescente população urbano-industrial e até mesmo pela agricultura (como fertilizantes).[4] E a expansão dessa produção induziu a modernização da infraestrutura ligada à sua comercialização: estradas de ferro, portos, serviços urbanos foram instalados, muitas vezes pelos capitais dos países europeus. A imigração se intensificou: no período que se encerra em 1870, principalmente para Argentina e Uruguai, em menor escala para o Brasil (aqui a imigração ocorre em massa após 1880).

Em suma, a Revolução Industrial teve um impacto importante sobre as nações da América Latina (ou a maior parte delas) por meio das demandas de novos produtos que sustentaram a expansão dessas economias. Porém, ao mesmo tempo, estreitaram os laços entre as economias europeias e as latino-americanas, seja por meio das relações comerciais, seja por meio do investimento direto, levando muitos cientistas sociais a caracterizarem essa situação com base na noção de dependência. Mas uma dependência que não gerou maiores reações, em parte pela prévia ocidentalização desses países, em parte porque as novas relações não afetavam interesses fundamentais dos grupos que afirmaram seu domínio após a independência.

Em outras áreas, o estabelecimento de relações de dependência mostrou-se mais complexo: é o caso de alguns impérios tradicionais, como o da China e do Japão.

A China era um império antigo governado por dinastias que se sucederam ao longo do tempo em ciclos de ascensão, crise e declínio. Embora o poder dinástico fosse absoluto (em função de um "mandado do Céu"), havia uma camada de intelectuais-burocratas que era responsável pela administração centralizada do império. Desde meados do século XVII, imperava a dinastia Manchu, a qual enfrentava, no início do século XIX problemas de duas ordens: de um lado, sinais de crise e rebelião provavelmente associados às pressões econômicas decorrentes de significativo aumento populacional (de 140 milhões, em meados do século XVIII, para cerca de 400 milhões, um século depois); de outro lado, e isto nos interessa mais de perto, a pressão ocidental para a abertura do mercado chinês, até então fechado aos comerciantes estrangeiros. Esta pressão se materializou na primeira Guerra do Ópio (1839-1842): uma força naval inglesa derrotou os chineses e impôs a

---

4. Há uma grande variedade de mercadorias características da produção dos países latino-americanos em meados do século XIX: o Brasil tinha no café seu principal produto, mas também exportava açúcar, algodão, cacau, fumo; Argentina e Uruguai produziam lã, carne e couros (só mais tarde a Argentina passou a exportar trigo em larga escala); o Chile tinha no cobre e nos nitratos seus produtos mais valorizados, embora também exportasse trigo; no México, a extração de ouro e prata, embora declinante, ainda sustentava as relações externas; a Venezuela, nos meados do século XIX, era o segundo maior produtor de café na região (atrás do Brasil e à frente da Colômbia e do México que, só mais tarde se tornariam produtores importantes); o Peru tinha no guano e nos nitratos seus principais produtos de exportação destinados principalmente à agricultura do continente europeu. Estes são alguns exemplos de como as economias latino-americanas estavam integradas às economias industriais da Europa (não só à britânica, mas também às dos países continentais) em meados do século XIX por meio de suas exportações, e, em contrapartida, pelas importações que realizavam dos países industriais.

189

SEGUNDA PARTE – A REVOLUÇÃO INDUSTRIAL BRITÂNICA E A EXPANSÃO DO CAPITALISMO (1760-1870)

abertura de alguns portos ao comércio britânico. O nome da guerra indica seu objetivo: os ingleses desejavam abrir os portos chineses para possibilitar a entrada do ópio produzido na Índia, que era parte do Império Britânico. Os saldos comerciais obtidos com a venda do ópio garantiriam recursos importantes para reduzir o déficit da balança comercial inglesa (já referido anteriormente). Assim, a dependência dos chineses em relação ao ópio era também o meio de estabelecer a dependência da economia chinesa em relação às potências ocidentais.

A derrota diante dos ingleses estimulou a oposição à dinastia Manchu e deu início a uma ampla rebelião que chegou a dominar parte do país, estabelecendo um governo em Nanking; mas a rebelião foi finalmente derrotada em 1864. Outros movimentos de menor expressão também ocorreram no período. O enfraquecimento da dinastia Manchu diante dessas rebeliões impediu-a de resistir à pressão ocidental. Em certo sentido, temia-se que a mobilização de forças populares contra os estrangeiros pudesse se voltar contra a própria dinastia face à insatisfação que grassava no interior do país. Assim, cedia aos estrangeiros: em 1854, a alfândega de Shangai foi controlada por um triunvirato anglo-franco-americano; e depois da segunda Guerra do Ópio (1856-1858) e do saque de Pequim (1860), Inglaterra, França, Rússia e Estados Unidos receberam concessões para o comércio com a China; vários portos foram abertos, comerciantes estrangeiros tiveram livre acesso e imunidade diante da lei chinesa, mercado livre etc. Em especial, a Inglaterra obteve o direito de indicar o Inspetor Geral da Alfândega chinesa, na verdade o efetivo chefe da economia chinesa. Um inglês, Robert Hart, exerceu a função de 1863 a 1909 (mais de 40 anos) e, por melhores que fossem suas relações com os chineses, essa presença expressava a completa subordinação do governo imperial às determinações ocidentais. Em suma, a soberania formal do império chinês pouco ou nada representava em termos de sua efetiva autonomia em relação ao ocidente (HOBSBAWM, 1977, p.144-148).

O destino do Japão teria sido semelhante, não fora a reação peculiar que se iniciou com a chamada Revolução Meiji (1868). Na verdade, o Japão, como a China, se fechava ao comércio exterior, em especial, restringindo o acesso dos comerciantes ocidentais aos portos japoneses. A pressão ocidental foi reforçada pelos Estados Unidos ao enviar, em 1853 e 1854, uma esquadra comandada pelo Almirante Perry, que obteve algumas concessões. A incapacidade de resistir às pressões para a abertura dos portos ficou evidente em 1863, quando, em represália ao assassinato de um súdito britânico, forças navais compostas por navios ingleses, franceses, holandeses e norte-americanos arrasaram uma cidade. Essa ação ocidental, no entanto, levou a uma reação japonesa: a Revolução Meiji derrubou a velha dinastia Tokugawa e deu início a um processo de modernização que culminou com a rápida industrialização do país. Assim o Japão escapou de destino semelhante ao da China.[5]

---

5. O caso do Japão é estudado na Terceira Parte deste livro no capítulo referente às industrializações retardatárias.

CAPÍTULO 7 – A ECONOMIA INTERNACIONAL À ÉPOCA DA REVOLUÇÃO INDUSTRIAL

Assim, com a exceção do Japão, os velhos impérios orientais foram submetidos, por diferentes processos, à dominação ocidental: em alguns casos, o uso da força foi o instrumento de indução à situação de dependência; em outros casos, nem sequer foi necessário o uso da força para estabelecer laços econômicos que restringiam a efetiva autonomia desses velhos impérios: China, Império Otomano, Pérsia.

No entanto, esse não foi um período caracterizado pela intensa aquisição formal de colônias pelas potências europeias, como ocorreu após 1870. A França anexou a Argélia, partes da Indochina (Vietnã) e expandiu seu domínio no Senegal; a Holanda manteve como colônia a Indonésia; e a Grã-Bretanha ampliou seu poder na Índia, conquistou Cingapura, Hong-Kong, Birmânia e várias pequenas áreas na Ásia.

Talvez o caso mais relevante de domínio colonial na época (mesmo que formalmente não tivesse esse estatuto) tenha sido o da Índia. Aí a Inglaterra estabeleceu uma administração (dirigida por um vice-rei) comandada por um pequeno grupo de ingleses, mas contando com um amplo contingente de funcionários indianos (educados nos padrões britânicos) que conduziam os escalões inferiores da administração. Embora evitasse interferir em muitos aspectos da vida nativa (como a religião), a administração britânica acabou gerando inevitáveis conflitos: por exemplo, ao abrir o mercado para os tecidos ingleses, destruiu a tradicional produção de tecidos de algodão indiana; ao impor tributos sobre os indianos gerava reação destes; ao ampliar seu domínio sobre novas regiões abria espaço para revoltas. A presença britânica gerou reações distintas da parte dos indianos: alguns se beneficiaram de sua presença (por exemplo, uma classe média de servidores públicos); outros admiravam a modernização do país (com estradas de ferro, telégrafo, escolas etc.); mas havia os que reagiam às mudanças que afetavam a sociedade tradicional. Em meio a todas essas situações, emergiu em 1857-1858 o chamado "Motim indiano", esmagado com violência pelos britânicos mas que exigiu, daí em diante, uma postura mais conciliadora com os diferentes grupos nativos. Esse movimento ocorrido na Índia, assim como movimentos semelhantes em outros países, prenunciavam os movimentos nacionalistas que, no século XX, procuraram libertar essas nações das relações formais ou informais de dependência: China, Egito, Turquia, Índia são alguns desses países em que a reação contra a presença estrangeira mobilizou expressivas parcelas da população no século XX.

Algumas áreas do mundo periférico escapam a estas características: a África ao sul do Saara (exceto a África do Sul) despertou pouco interesse nesse período, não sendo objeto de novas ações das potências europeias. E algumas áreas "vazias", como Austrália, Nova Zelândia e Canadá: pela ausência de uma população nativa capaz de se opor aos colonizadores e também pelo fato de o povoamento ter sido feito por imigrantes da própria Grã-Bretanha, foi possível evitar conflitos mais agudos com a metrópole.

Este breve exame da economia internacional à época da Revolução Industrial (em especial no século XIX até 1870) nos conduz a duas conclusões. Primeiro, que a Revolução Industrial alterou tanto o ritmo das transações econômicas internacionais (principalmente

191

SEGUNDA PARTE – A REVOLUÇÃO INDUSTRIAL BRITÂNICA E A EXPANSÃO DO CAPITALISMO (1760-1870)

comerciais, mas também financeiras) como a natureza dessas relações (novos produtos, novas formas de aplicação dos capitais na esfera internacional); segundo, que esse período – em especial, entre os anos 1850 e 1870 – visto como uma época de livre-comércio e de regressão do colonialismo – está longe de concretizar a noção de um comércio internacional realizado sem barreiras entre nações soberanas e autônomas. Pelo contrário, as relações formais e informais existentes entre as nações – de um lado, as grandes potências europeias e os Estados Unidos; do outro, o resto do mundo – envolviam uma clara hierarquização em que graus distintos de subordinação limitavam a real autonomia das economias periféricas. Alguns historiadores admitem mesmo que esse período pode ser caracterizado como de "Imperialismo do Livre Comércio". O que o distinguiria do período posterior a 1870, usualmente identificado como Imperialista, foi o fato de a expansão ter sido apenas a britânica. No entanto, em vez de um recuo do colonialismo, identificam clara expansão territorial da Grã-Bretanha, pois de 1841 a 1871 vários territórios foram anexados ao Império (GALLAGHER & ROBINSON, 1953, p.3). Em suma, até mesmo a noção de uma regressão do colonialismo não corresponderia, a rigor, ao que efetivamente ocorreu no período. É certo que em várias áreas houve uma redução do colonialismo formal. No entanto, para esses historiadores, isso não caracteriza uma redução do controle sobre essas áreas. A lógica britânica para a natureza das relações com as demais áreas seria a seguinte:

> Por meios informais se possível, ou por anexações quando necessário, a supremacia britânica era sustentada solidamente [...]. Onde houvesse receio de um desafio estrangeiro à supremacia britânica no continente ou subcontinente considerado, onde a colônia não podia prover-se financeiramente para sua segurança interna, as autoridades imperiais retinham sua plena responsabilidade, ou, caso já a tivessem devolvido, intervinham diretamente para assegurar novamente seus interesses. (GALLAGHER & ROBINSON, 1953, p.3-4)

Em suma, a noção usual de que boa parte do século XIX (até 1870) tivesse sido um período caracterizado pelo livre-comércio entre nações independentes e também por uma regressão substancial do colonialismo é questionada pelos elementos destacados por esses autores.

A noção de Imperialismo do Livre-Comércio foi objeto de críticas, as quais afirmam que, mesmo onde a influência política britânica existiu, não provocou limitações ao livre-comércio internacional. Esse é, por exemplo, o argumento de Platt:

> Se é possível dizer que o "imperialismo do livre comércio" existiu de alguma forma [...] no máximo ele limitou-se a abrir mercados mundiais em iguais condições para o comércio internacional: uma ação que, embora possa ter acabado ocasionalmente em violência, em nenhum momento teve a pretensão de controle ou influência política exclusiva em novos territórios ou mesmo tratamento preferencial. As anexações imperiais efetivas na África e no Leste durante

192

o período vitoriano intermediário raramente foram diretamente ligadas com os interesses do comércio britânico; destinaram-se primeiramente à salvaguarda das fronteiras existentes e a estabelecer o controle e a disciplina do governo sobre as comunidades britânicas existentes. (PLATT, 1968, p.305)

Embora crítico da tese do "imperialismo do livre-comércio", Platt não pode negar a intervenção britânica em várias partes do mundo no período em foco, inclusive "ocasionalmente" com o uso da violência. Porém, nega que essa intervenção tivesse a intenção de beneficiar a economia britânica por meio de limitações ao livre-comércio.

A esta visão de Platt podemos contrapor a observação de Wallerstein sobre o capitalismo, relembrando referência já citada anteriormente:

Longe de ser um sistema de livre competição para todos os vendedores, o capitalismo é um sistema em que a competição torna-se relativamente livre apenas quando a vantagem econômica do estrato superior é tão clara que a operação sem restrições do mercado serve efetivamente para reforçar o sistema existente de estratificação. (WALLERSTEIN, 1979, p.66)

De qualquer modo, é inegável que à época da Revolução Industrial a Grã-Bretanha exerceu substancial domínio sobre a economia mundial, seja pelo "imperialismo", seja pelo "livre-comércio". Mas também é certo que após 1870 houve substanciais mudanças na estrutura e na dinâmica da economia capitalista mundial, com a afirmação de outras potências que passaram efetivamente a competir com a Grã-Bretanha. Por isso, se justifica a definição de 1870 como um marco cronológico fundamental, inclusive ao adotar para o período que aí se inicia o rótulo de fase imperialista do capitalismo, tema a ser tratado na parte seguinte deste livro.[6]

REFERÊNCIAS

ASHTON, T. S. (1955). *An Economic History of England: The 18th Century*. London: Methuen & Co.

CAIN, P. (1999). "British Free Trade, 1850-1914: Economics and Policy". *Refresh*, 29, Autumn.

DEANE, P. (1969). *A Revolução Industrial*. Rio de Janeiro: Zahar Editores.

---

6. Gallagher e Robinson pretendem contestar a noção de que o período posterior a 1870 marque uma nova fase do capitalismo, uma fase imperialista, distinta da anterior. Ao chamarem a atenção da expansão britânica em termos tanto do colonialismo formal como do informal antes de 1870, admitem que já se trata de um período imperialista em que o motivo central é a manutenção da supremacia britânica. A diferença estaria no fato de que, após 1870, outras potências europeias e os Estados Unidos também ingressaram nesse processo de expansão. Esta tese gerou polêmicas que se prolongam por décadas. Sínteses mais recentes das polêmicas a respeito do livre-comércio britânico e do imperialismo foram produzidas respectivamente por CAIN (1999) e HOPKINS (1988).

ENGELS, F. & MARX, K. (1998). *Manifesto do Partido Comunista*. 8ª ed., Petrópolis: Editora Vozes.

FISHLOW, A. (1965). *American Railroads and the Transformation of the Ante-bellum Economy*. Cambridge (Mass.): Harvard University Press.

FOGEL, R. W. (1964). *Railroads and American Economic Growth. Essays in Econometric History*. Baltimore: The Johns Hopkins Press.

GALLAGHER, J. & ROBINSON, R. (1953). "The Imperialism of Free Trade". *The Economic History Review*, Second Series, Vol. VI, 1, August, p.1-15.

HOBSBAWM, E. (1977). *A Era do Capital: 1848-1875*. Rio de Janeiro: Paz e Terra.

HOBSBAWM, E. (1978). *Da Revolução Industrial Inglesa ao Imperialismo*. Rio de Janeiro. Forense Universitária.

HOPKINS, A. G. (1988). "British Imperialism: A Review and a Revision". *Refresh*, 7, Autumn.

KENWOOD, A. G. & LOUGHEED, A. L. (1992). *The Growth of the International Economy, 1820--1990*. 3ª ed., London/New York: Routledge.

MITCHELL, B. R. (1973). "Statistical Appendix" in CIPOLLA, C. M. (Ed.). *The Fontana Economic History of Europe. The Emergence of Industrial Societies*. Part Two. London/Glasgow: Collins/Fontana Books, p.738-820.

PLATT, D. C. M. (1968). "The Imperialism of Free Trade: Some Reservations". *The Economic History Review*, 2nd Series, Vol. XXI, n. 2, August.

WALLERSTEIN, I. (1979). *Capitalist World Economy*. Cambridge: Cambridge University Press.

Capítulo 8

O CRESCIMENTO DAS CIDADES E O PADRÃO DE VIDA DOS TRABALHADORES

Um dos efeitos dos processos de industrialização é a crescente concentração da população em núcleos urbanos. Isso resulta não só do crescimento da indústria, mas também das transformações da agricultura e da expansão de atividades urbanas como comércio, finanças, transportes, administração pública e serviços em geral. Evidentemente, as cidades não nasceram com a Revolução Industrial, porém seu impacto levou ao surgimento de novas cidades, ao declínio de algumas antigas, à constituição de algumas metrópoles. Ou seja, o mundo urbano após a Revolução Industrial difere radicalmente daquele que existia antes dela. E nessas aglomerações urbanas, a presença do operário industrial e do trabalhador pobre em geral teve crescente visibilidade por seu afluxo às fábricas, pela formação de bairros operários e por causa de suas manifestações relativas às condições de trabalho nas fábricas e de vida nas cidades. No período em foco, houve uma grande diversidade de formas de manifestação indicando que se trata de um momento de transição para um novo mundo do trabalho em que a insatisfação aparece, por vezes, como um desejo de regresso ao passado que está sendo perdido; mas também na elaboração de novos modos de pensamento e de ação correspondentes à realidade própria da sociedade à época da Revolução Industrial.

8.1 URBANIZAÇÃO E CONDIÇÕES DE VIDA NAS CIDADES INDUSTRIAIS

Como era a cidade existente antes da Revolução Industrial? Certamente, não havia um único tipo de cidade. Na Inglaterra, Londres se destacava por sua população, por abrigar algumas atividades manufatureiras, mas, sobretudo, por ser o centro da administração pública e núcleo comercial e financeiro de importância internacional. Outras cidades britânicas também se destacavam, como Leeds e Norwich, pela produção de tecidos de lã, Sheffield e Birmingham, por trabalhos em metais. No entanto, as cidades "industriais" anteriores à Revolução Industrial não tinham qualquer semelhança com a imagem típica da cidade

SEGUNDA PARTE – A REVOLUÇÃO INDUSTRIAL BRITÂNICA E A EXPANSÃO DO CAPITALISMO (1760-1870)

propriamente industrial com suas grandes fábricas, chaminés expelindo fumaça e habitadas por grande número de trabalhadores. Nas antigas cidades industriais, a população era da ordem de 15.000 a 30.000 habitantes e grande parte da produção industrial estava dispersa numa ampla área em torno do núcleo urbano. Em geral, organizava-se com base no sistema doméstico rural, cujos trabalhadores associavam o cultivo da terra com algum tipo de manufatura, em bases praticamente artesanais. Esse mundo urbano passou por profundas, embora lentas, transformações, como resultado da Revolução Industrial.

No plano mais geral, houve uma redistribuição populacional entre regiões tipicamente agrícolas e regiões tipicamente industriais, como demonstra a Tabela 8.1, referente apenas à Inglaterra e ao País de Gales.

TABELA 8.1

População da Inglaterra e do País de Gales por condados: 1701-1831 (mil habitantes)

	1701	1751	1801	1831
Agrícolas	1.949	1.959	2.605	3.691
Mistos	1.921	1.929	2.786	4.043
Industriais e Comerciais	1.954	2.250	3.764	6.318

Fonte: DEANE & COLE (1962), p.103.

Em 1701, os condados agrícolas contavam com 33,5% do total da população; os mistos, 33% e os industriais e comerciais, 33,5%; em 1831, os agrícolas haviam reduzido sua parcela para 26,2%, os mistos, para 28,8% e os industriais e comerciais haviam aumentado para 45%. O condado de Lancashire, centro da produção têxtil de algodão, contava, em 1701, com 4,1% do total da população; em 1831, essa parcela atingiu 9,6%, em clara demonstração do efeito da Revolução Industrial sobre a distribuição da população britânica nos séculos XVIII e XIX.

O mesmo fenômeno se observa pelo crescimento da população de algumas cidades britânicas. Londres se destaca, desde cedo, das demais cidades e no século XIX já se transformou numa metrópole com milhões de habitantes. Um núcleo urbano típico da indústria têxtil de algodão, como Manchester, superou Leeds, núcleo da produção de tecidos de lã. Bristol, cidade comercial e portuária importante antes da Revolução Industrial, cedeu lugar para Liverpool, porto vinculado à indústria têxtil de Manchester. Birmingham, antigo centro de produção de artigos de metal ("quinquilharias" nas palavras de Mantoux), acompanhou as inovações da Revolução Industrial e manteve-se como núcleo urbano com elevada população, como se observa pelos dados da Tabela 8.2.[1]

---

1. A descrição das mudanças de algumas cidades na época da Revolução Industrial é apresentada por MANTOUX (s/d), p.358-368.

CAPÍTULO 8 – O CRESCIMENTO DAS CIDADES E O PADRÃO DE VIDA DOS TRABALHADORES

TABELA 8.2

Inglaterra: População de algumas cidades: 1750-1871 (mil habitantes)

	1750	1801	1821	1851	1871
Londres	675	1.117	1.600	2.685	3.890
Leeds	16	53	84	172	259
Bristol	50	61	85	137	183
Birmingham	24	71	102	233	344
Manchester	18	75	126	303	351
Liverpool	22	82	138	376	493

Fontes: 1750 – WRIGLEY (1986), p.126-127; 1801-1871 – MITCHELL (1988), p.25-26.

Desse modo, embora haja diferentes padrões de urbanização na Grã-Bretanha à época da Revolução Industrial, é nítido o surgimento de grandes aglomerações urbanas, com centenas de milhares de habitantes, em especial nas cidades vinculadas, direta ou indiretamente, à Revolução Industrial. Essa população em rápido crescimento se defrontou, nas cidades, com condições de vida bastante precárias. As referências às condições de vida nas cidades industriais não deixam margem a dúvida: ausência de saneamento e de ações de saúde pública, insalubridade das habitações e consequentes efeitos sobre a saúde das pessoas transformavam a vida quotidiana do trabalhador urbano pobre em algo dificilmente suportável. Aos historiadores da Revolução Industrial é impossível evitar algum comentário sobre a precariedade da vida urbana nas primeiras cidades industriais. Mantoux, por exemplo, chama a atenção para as condições habitacionais:

O crescimento rápido dos centros industriais teve como resultado imediato a superpopulação, com suas piores consequências. Manchester, antes de 1800, já tinha bairros operários, de ruas estreitas e sórdidas, casas em mau estado, cujos cômodos não bastavam para abrigar a população pálida e fraca que aí se amontoava. Muitos viviam em porões sem ar e sem luz: "Em certas partes da cidade", conta um relatório médico de 1793, "os porões são tão úmidos que devem ser considerados absolutamente impróprios para a habitação [...]. Vi mais de uma família de trabalhadores ser levada pela doença por ter permanecido durante algum tempo nesses porões onde a água mina das paredes. Os pobres sofrem, principalmente, de insuficiência de ventilação. A febre é a sequela habitual, e vi muitos casos de tísica que não tinham outra origem" [...]. À medida que as cidades industriais cresceram, o mal se tornou mais extenso, se não mais grave: sua natureza e suas causas eram as mesmas. (MANTOUX, s/d, p.441-442)

Phyllis Deane ressalta a relação entre as condições de vida nas cidades e as elevadas taxas de mortalidade ali verificadas:

197

A principal razão para a elevação na taxa de mortalidade nacional no princípio do século XIX foi o influxo de pessoas nas cidades que tinham uma elevada, e em alguns casos uma crescente, taxa de mortalidade. A taxa de mortalidade média das cinco maiores cidades fora Londres (Birmingham, Bristol, Leeds, Liverpool e Manchester) aumentou de 20,7 em 1831, para 30,8 em 1841. Para a paróquia de Liverpool a taxa de mortalidade para a década de 1841-50 foi em média 39,2 por 1.000 e em Manchester 33,1. O fato é que as cidades tinham crescido mais que a tecnologia existente a respeito da vida urbana. "Mais de metade das mortes eram causadas por moléstias infecciosas [...]. Doenças infantis, produtos da sujeira, ignorância, má alimentação e promiscuidade matavam, antes da idade de cinco anos, uma em cada duas de todas as crianças nascidas nas cidades". À medida que as cidades se expandiam pelo interior e a população que vivia em seus centros se multiplicava, os sistemas sanitários existentes se tornavam tão inadequados a ponto de serem uma ameaça crescente à saúde [...]. Em alguns casos, o sistema de esgotos da cidade escoava nos rios dos quais as companhias de águas retiravam seu abastecimento de água. Só após uma série de epidemias de cólera e algumas investigações alarmantes é que as autoridades centrais e locais se convenceram de que deviam tomar uma atitude positiva para retirar o lixo das ruas e quintais, adotar canos nos sistemas sanitários e obrigar as companhias particulares abastecedoras de água a usarem cloro no suprimento de água. Enquanto isso, é justo dizer que na maioria das áreas urbanas o ambiente humano piorou de maneira perceptível em todo o correr da primeira metade do século XIX e que provavelmente não começou a melhorar de modo geral senão nas décadas de 1870 e 1880. (DEANE, 1969, p.274-275)

Documentos e depoimentos contemporâneos, pesquisas de historiadores e até mesmo obras literárias permitiriam acrescentar outros dados e imagens para reafirmar a precariedade da vida do trabalhador pobre nas cidades industriais da Revolução Industrial. Este quadro da vida urbana não é irrelevante para discutirmos outro tema recorrente na historiografia da Revolução Industrial: o do padrão de vida da classe trabalhadora.

8.2 PADRÃO DE VIDA E MODO DE VIDA DO TRABALHADOR INDUSTRIAL BRITÂNICO

No conjunto das questões colocadas pela historiografia da Revolução Industrial, uma das mais polêmicas diz respeito às condições de vida dos trabalhadores. Há uma clara polarização entre aqueles que afirmam ter ocorrido deterioração das condições de vida dos trabalhadores e os que defendem uma hipótese contrária; ou, como sugere Phyllis Deane, entre os "pessimistas" e os "otimistas". A dificuldade para esclarecer a polêmica está no fato de que conclusões opostas frequentemente se fundam em critérios e evidências absolutamente distintas, impedindo um diálogo claro entre as diferentes correntes de historiadores.

CAPÍTULO 8 – O CRESCIMENTO DAS CIDADES E O PADRÃO DE VIDA DOS TRABALHADORES

Afinal, qual é a questão a ser investigada? Trata-se de comparar as condições de vida do trabalhador industrial com as do trabalhador rural pré-Revolução Industrial (ou mesmo dos antigos artesãos deslocados pela mecanização da produção)? Ou trata-se de verificar se, ao longo do tempo, a condição de vida do trabalhador industrial melhorou ou piorou? E o que se entende por condição de vida: o nível do salário é um indicador suficiente ou é preciso considerar o conjunto das condições em que se insere o trabalhador (o seu "modo" de vida)? E qual é o trabalhador relevante: o homem adulto ou devemos considerar também mulheres e crianças? Vejamos algumas das evidências levantadas nas polêmicas a respeito do padrão e da condição de vida do trabalhador da Revolução Industrial.

Nos primeiros estudos históricos sobre a Revolução Industrial prevaleceu a noção de degradação do padrão de vida do trabalhador, pois as condições de trabalho na fábrica eram particularmente precárias, somando-se, assim, ao ambiente urbano também degradado. Na fase inicial da indústria têxtil britânica, houve certa dificuldade para atrair trabalhadores adultos: estes não viam com bons olhos o ambiente da fábrica, pois estavam habituados ao trabalho doméstico em que estabeleciam seu próprio ritmo. Por isso, foi comum o intenso uso do trabalho infantil: em sua maior parte, crianças (órfãos ou filhos de pais indigentes) que, de acordo com a Lei dos Pobres, eram assistidas pelas paróquias em que viviam. Essas crianças eram praticamente vendidas pelos administradores das paróquias para os donos de fábricas a fim de se livrarem do encargo de as sustentarem. Mesmo um historiador conservador, pouco propenso a exagerar os aspectos perversos da Revolução Industrial, não pode evitar comentários sobre a exploração do trabalho infantil. Diz Ashton:

> A história dos "aprendizes" fabris é lamentável. As crianças, muitas delas somente com 7 anos, trabalhavam doze e mesmo quinze horas por dia durante seis dias da semana. Como o Sr. e a Sra. Hammond disseram, eram "jovens cujas vidas se passavam, nos melhores casos, num monótono trabalho e, nos piores, no inferno da crueldade humana". Os patrões que tomavam a sério as suas responsabilidades – os Arkwrights, os Gregs, Samuel Oldknow e, acima de todos, Robert Owen – não só montaram agradáveis e bem concebidas instalações para os aprendizes, como ainda lhes forneceram uma educação rudimentar [...]. Mas de muitos outros lugares, como Backbarrow, só se pode falar em desmazelo, promiscuidade e degradação. (ASHTON, 1971, p.139)[2]

Já Mantoux é menos condescendente e pinta com cores mais fortes a situação das crianças nas fábricas:

---

2. Mesmo após este comentário, Ashton procura amenizar o quadro: sugere que aqueles industriais não tinham alternativa senão a de utilizar o trabalho infantil e que a situação das crianças "protegidas" pelas paróquias não era melhor do que nas fábricas.

199

SEGUNDA PARTE – A REVOLUÇÃO INDUSTRIAL BRITÂNICA E A EXPANSÃO DO CAPITALISMO (1760-1870)

[...] devemos reconhecer que a sorte dos "aprendizes das paróquias" nas primeiras fiações foi particularmente lamentável. Abandonados ao arbítrio dos patrões, que os mantinha fechados em seus edifícios isolados, longe de qualquer testemunha que pudesse comover-se com seu sofrimento, padeciam de uma escravidão desumana. O único limite para seu dia de trabalho era o esgotamento completo de suas forças: durava quatorze, dezesseis e até dezoito horas, e os contramestres, cujo salário aumentava ou diminuía proporcionalmente ao trabalho executado em cada oficina, não lhes permitia descansar um instante. Dos quarenta minutos concedidos na maioria das fábricas para a principal ou única refeição, cerca de vinte eram consagrados à limpeza das máquinas. Frequentemente, para não paralisar o funcionamento das máquinas, o trabalho continuava sem interrupção, dia e noite. Nesse caso, eram formadas equipes que se revezavam: "as camas não esfriavam nunca". Os acidentes de trabalho eram frequentes, sobretudo no final dos dias de trabalho muito longos, quando as crianças, exaustas, ficavam trabalhando meio adormecidas: foram incontáveis os dedos arrancados, os membros esmagados pelas engrenagens. [...] Nem todas as fábricas, sem dúvida, foram palco de tais cenas, mas elas não foram tão raras como seu incrível horror faria supor e se repetiram enquanto não foi instituído um controle muito severo. Mesmo sem os maus tratos, o excesso de trabalho, a falta de sono, a própria natureza das tarefas impostas a crianças em idade de crescimento, teriam bastado para arruinar sua saúde e deformar seus corpos. Somemos a isso a alimentação má e insuficiente: pão preto, mingau de aveia, toucinho rançoso. Em Litton Mill, os aprendizes brigavam com os porcos cevados no pátio da fábrica, disputando com eles o conteúdo de suas gamelas. (MANTOUX, s/d, p.423-424)

Descrições de historiadores e depoimentos contemporâneos reafirmam as condições precárias em que viviam as crianças que trabalhavam nas fábricas à época da Revolução Industrial. O trabalhador adulto não passava pelos mesmos horrores impingidos às crianças, porém as suas condições de trabalho também implicavam longas jornadas, ambiente insalubre, vigilância tirânica e uma série de subterfúgios para arrancar maior tempo de trabalho dos operários. Em suma, a fábrica não era vista pelos trabalhadores como um local desejado para o trabalho.[3]

Diante dessa visão das condições de trabalho nas fábricas, alguns historiadores recentes colocam duas questões: a vida do trabalhador industrial era melhor ou pior do que a do trabalhador rural que saía do campo em direção à cidade? Ao longo do tempo, o padrão de vida do trabalhador industrial melhorou ou piorou?

Os historiadores que admitem ter a Revolução Industrial melhorado o padrão de vida dos trabalhadores – os "otimistas" – argumentam que os salários da indústria em expansão eram superiores aos dos trabalhadores agrícolas e também aos dos artesãos que perdiam seus empregos na velha indústria. Os dados disponíveis, embora precários, tendem

---

3. Marx relata as condições de trabalho em vários ramos industriais: MARX, K. (1985). Cap. VIII – A Jornada de Trabalho.

a confirmar essa hipótese. No entanto, a questão não se limita ao aspecto puramente quantitativo. É claro que uma visão idílica do trabalhador rural, em contato com a natureza, também não pode ser aceita sem cuidado como lembra um "pessimista" como Hobsbawm: "Sem dúvida, a verdadeira pobreza era pior no campo, e especialmente entre os trabalhadores assalariados que não possuíam propriedades, os trabalhadores rurais domésticos e, é claro, entre os camponeses pobres ou entre os que viviam da terra infértil".

Mas, um pouco adiante acrescenta:

Mas, de fato, a miséria – a miséria crescente, como pensavam muitos – que chamava tanto a atenção, tão próxima da catástrofe total como a miséria irlandesa, era a das cidades e zonas industriais onde os pobres morriam de forma menos passiva e menos oculta. Se suas rendas reais estavam caindo é ainda um assunto de debate histórico, embora, como já vimos, não possa haver dúvida de que a situação geral dos pobres nas cidades se deteriorava. (HOBSBAWM, 1979, p.226-227)

Em suma, sustentar a melhoria do padrão de vida do trabalhador por meio da diferença entre salários agrícolas e industriais parece inadequado, pois, ambos pobres, viviam em condições muito distintas. Um salário industrial maior do que o salário agrícola não representa necessariamente um padrão de vida melhor para o operário da indústria urbana.

A outra questão diz respeito à evolução dos salários reais dos trabalhadores industriais no tempo: o argumento dos "otimistas" é de que teria havido substancial elevação a partir da Revolução Industrial. Um exemplo é o de Lindert e Williamson que afirmam que os salários reais dos homens adultos quase dobrou entre 1820 e 1850, um aumento substancial que "resolve a maior parte do debate sobre se houve aumento dos salários reais durante a Revolução Industrial" (LINDERT & WILLIAMSON, 1983). No entanto, como até meados do século XIX havia grande número de mulheres e crianças nas fábricas de certos ramos industriais, esta conclusão "otimista" de Lindert e Williamson não pode ser aceita de modo absoluto.

Feinstein, ao propor um novo cálculo dos salários reais, ajustado para desemprego, número de dependentes e custos da urbanização, concluiu que o padrão de vida da família trabalhadora média aumentou cerca de 15% entre 1820 e 1850, como indicam alguns dados da Tabela 8.3.

Os dados apresentados por Feinstein (reproduzidos na Tabela 8.3) indicam que o aumento do salário real entre 1823-1827 e 1853-1857 foi de 16,2%, aumento muito inferior ao estimado por Lindert e Williamson, para quem o salário real quase havia dobrado no período. Assim, Feinstein afirma que o padrão de vida médio da família trabalhadora aumentou em torno de 15% nesses 30 anos, o que não representaria um resultado expressivo de elevação do padrão de vida.

TABELA 8.3
Salários reais ajustados pelo desemprego: Grã-Bretanha e Reino Unido, 1770-1882
(médias quinquenais, 1778-1882 = 100)

	GRÃ-BRETANHA	REINO UNIDO		GRÃ-BRETANHA	REINO UNIDO
1770-1772	96	97	1823-1827	111	104
1773-1777	96	96	1833-1837	121	113
1783-1787	102	101	1843-1847	124	118
1793-1797	108	105	1853-1857	129	128
1803-1807	114	109	1863-1867	143	146
1813-1817	102	97	1873-1877	168	176

Fonte: FEINSTEIN (1998), p.648.

Essas polêmicas estabelecidas em torno de dados quantitativos esbarram sempre no dilema de definir qual a estimativa mais adequada, especialmente em se tratando de períodos em que as estatísticas eram escassas e não se tem mais do que dados esparsos. Com frequência, os resultados divergem porque os dados utilizados se referem a realidades distintas (como salários de diferentes atividades, diferentes regiões etc.). Uma síntese da questão do padrão de vida na Revolução Industrial proposta por Phyllis Deane, nos anos 1960, ainda se mostra válida diante das pesquisas mais recentes.

Entre 1780 e 1820, não há evidência de melhoria geral dos padrões de vida dos trabalhadores: mesmo que tenha havido um aumento dos salários nominais, uma sequência de más safras, as privações de um longo período de guerras, o aumento populacional e a depressão econômica no pós-guerra sugerem ser mais provável o declínio do padrão médio de vida. Entre 1820 e 1840, as evidências seriam pouco claras, de modo que a melhora ou piora do padrão de vida, se ocorreu, foi pouco significativa. Após 1840, há uma tendência ao aumento dos salários reais médios dos trabalhadores: no entanto, não seria ainda o aumento do salário real de cada trabalhador e sim o efeito do deslocamento de trabalhadores de atividades com remuneração mais baixa para outras com salários mais elevados. Ou seja, o salário real do trabalhador de um ramo industrial pode ter permanecido estável, porém o salário real médio aumentou porque trabalhadores que recebiam baixos salários em algumas atividades se transferiram para atividades mais bem remuneradas (DEANE, 1969, p.283-284).

O aumento geral e substancial dos salários reais do trabalhador industrial só teria ocorrido após 1860 ou 1870 (como mostram os dados da Tabela 8.3); e o mesmo teria se dado em relação ao trabalhador agrícola depois de 1870 ou 1880. Esta cronologia da evolução dos padrões de vida poderia ser aceita tanto por "otimistas" como por "pessimistas". Thompson sugere alguma convergência entre expressivos representantes dessas tendências:

CAPÍTULO 8 – O CRESCIMENTO DAS CIDADES E O PADRÃO DE VIDA DOS TRABALHADORES

Se já não há eruditos sérios defendendo que tudo piorava, tampouco se encontra quem diga que tudo melhorou. Tanto o dr. Hobsbawm (um "pessimista") e o professor Ashton (um "otimista") concordam que os salários reais declinaram durante e imediatamente após as Guerras Napoleônicas. O dr. Hobsbawm não registrou qualquer melhoria perceptível no padrão de vida até a metade da década de 1840; por sua vez, o professor Ashton notou uma atmosfera econômica "mais estimulante" após 1821. (THOMPSON, 1987, p.34)

E, ao citar Ashton, Thompson indica como esse "otimista" reconhecia a diversidade de situações entre os trabalhadores britânicos:

Minha suposição seria de que o número daqueles que participavam dos benefícios do progresso econômico era maior do que o número dos que estavam alijados deles, e que o primeiro aumentou constantemente. (ASHTON apud THOMPSON, 1987, p.34-35)

A tentativa de obter resultados precisos fundados em dados estritamente quantitativos esbarra, portanto, em dificuldades insolúveis. Porém, há outro tipo de evidência que permite situar a questão sob a perspectiva daqueles que viveram a realidade das cidades e das fábricas da época da Revolução Industrial, ou seja, os próprios trabalhadores. Thompson sugere a distinção entre o padrão de vida e o modo de vida do trabalhador da Revolução Industrial. O padrão de vida pode ser definido em termos dos níveis de salário real e do consumo de bens, passíveis de determinação quantitativa; já o modo de vida diz respeito à avaliação, qualitativa e subjetiva, que os próprios trabalhadores faziam de suas condições de vida. A Revolução Industrial desestruturou o estilo de vida tradicional dos trabalhadores quando eles ingressaram nas fábricas mecanizadas. O operário contava apenas com seu salário para sobreviver, salário que, de resto, era o único vínculo entre ele e seu patrão; já o trabalhador pré-industrial, em geral, tinha algum acesso a meios de produção (terra ou instrumentos de trabalho artesanais), o que lhe garantia uma renda suplementar; a relação que mantinha com seu superior, apesar de poder comportar algum grau de dependência, era mais próxima e complexa do que a do assalariado. A disciplina do trabalho na fábrica é rígida, o trabalho repetitivo e monótono, o relógio dita o ritmo não permitindo ao operário qualquer autonomia; já o trabalho pré-industrial admitia variações em tarefas não tão especializadas e mesmo alguma liberdade para o empregado realizar suas tarefas escapando do rígido controle de seu patrão. Também o morar em cidades correspondia a profunda mudança no estilo de vida do trabalhador, não só pelas precárias condições de habitação, mas também pela dissolução dos laços sociais ou de solidariedade existentes na sociedade pré-industrial.

Thompson, ao comentar o depoimento de um trabalhador da indústria de algodão de 1818, ressaltava "as injustiças sofridas pelos trabalhadores com as mudanças ocorridas no caráter da exploração capitalista: a ascensão de uma classe de mestres, sem qualquer autoridade ou obrigações tradicionais; a distância crescente entre os mestres e os outros homens; a transparência da exploração na mesma fonte de sua nova riqueza e poder; a perda de status e, acima de tudo, da independência do trabalhador, reduzido à total dependência dos instrumentos de produção do mestre; a parcialidade da lei; a ruptura da economia familiar tradicional; a disciplina, a monotonia, as horas e as condições de trabalho; a perda do tempo livre e do lazer; a redução do homem ao status de *instrumento*" (THOMPSON, 1987, p.27).

Estas são mudanças que afetam o modo de vida do trabalhador e levam Thompson à seguinte conclusão, a qual indica a possibilidade de sentidos opostos nas mudanças do padrão de vida e do modo de vida:

> Durante o período de 1790-1840, houve uma ligeira melhoria nos padrões materiais médios. No mesmo período, observou-se a intensificação da exploração, maior insegurança e aumento da miséria humana. Por volta de 1840, a maioria da população vivia em melhores condições que seus antepassados cinquenta anos antes, mas eles haviam sentido e continuavam a sentir essa ligeira melhoria como uma experiência catastrófica. (THOMPSON, 1987, p.38)

Em suma, mesmo admitindo que o aumento dos salários reais, que não ocorreu continuamente, tenha permitido a elevação do padrão de vida do trabalhador da Revolução Industrial, havia suficientes motivos para sua insatisfação: as condições da vida urbana, o trabalho na fábrica, o novo modo de vida da sociedade industrial cobravam elevado ônus dos trabalhadores, em especial quando confrontados com os benefícios de outras classes. Não se trata, relembramos, de idealizar as condições de vida do trabalhador antes da Revolução Industrial, e sim de reconhecer o impacto que as mudanças tiveram ao alterar o modo de vida de grande número de pessoas. Sem dúvida, estes fatos se situam por trás de algumas formas de mobilização dos trabalhadores no período.

8.3 A MOBILIZAÇÃO SOCIAL NA GRÃ-BRETANHA

A "questão social" – ou seja, os problemas referentes aos trabalhadores – não nasce na Inglaterra com a Revolução Industrial. Há, por exemplo, registros de revoltas camponesas pelo menos desde o século XIV. Por outro lado, o Estado inglês, desde o século XVI, estabeleceu normas relacionadas à "questão social". De 1563 é o Estatuto dos Artífices que definia a forma de organização do trabalho, com base em três princípios: obrigatoriedade do trabalho, sete anos de aprendizado e salário anual determinado pela autoridade pública, regras aplicáveis tanto aos trabalhadores agrícolas como aos artesãos. Sua aplicação integral efetivou-se por cerca de um século, mas algumas normas – como as relativas ao aprendizado – vigoraram por muito mais tempo. Embora o trabalho fosse considerado

CAPÍTULO 8 – O CRESCIMENTO DAS CIDADES E O PADRÃO DE VIDA DOS TRABALHADORES

obrigatório, o Estado reconhecia que nem todos eram capazes de encontrar um emprego. Daí a decretação da primeira Lei dos Pobres em 1601, dirigida principalmente aos pobres desempregados, mas capacitados para o trabalho: estes deveriam trabalhar para obter seu sustento e a paróquia (como unidade administrativa da época) era responsável por providenciar esse trabalho, inclusive pela provisão dos recursos necessários obtidos por meio de impostos locais. Os que se recusassem a aceitar o trabalho oferecido pela paróquia eram severamente punidos, assim como os mendigos e os vagabundos (os que vagavam pela paróquia sem ocupação). Em 1662, com o Act of Settlement (Lei de Domicílio), tornou-se obrigatória a permanência de cada trabalhador em sua paróquia de origem, estabelecendo uma espécie de "servidão paroquial" (POLANYI, 2000, p.100, 109-111). Desse modo, o trabalhador que não tivesse uma ocupação suficiente para seu sustento, era obrigado, para não ser punido, a aceitar o trabalho que fosse "oferecido" por sua paróquia. Assim, a mobilidade dos trabalhadores ficava restrita ao espaço da paróquia a que estavam vinculados.

O Act of Settlement foi revogado em 1795, talvez já por pressões decorrentes da Revolução Industrial: a indústria necessitava de uma mão de obra que pudesse se deslocar para as áreas em que as novas empresas estavam se instalando. Evidentemente, a restrição imposta pela "servidão paroquial" impedia o deslocamento dos trabalhadores para as regiões em que havia necessidade de mão de obra. Mas, em 1795, diante de uma situação de crise, foi instituído o chamado sistema de Speenhamland que concedia subsídios aos salários de acordo com um padrão mínimo de consumo e com a variação dos preços do pão. No entanto, este sistema ainda atava os trabalhadores à paróquia de origem, pois só nela era possível obter essa ajuda, em claro conflito com a revogação do Act of Settlement e com as necessidades da indústria de uma mão de obra com ampla possibilidade de deslocamento em direção aos novos centros fabris.

Desse modo, nas primeiras décadas do século XIX surgiram pressões para a suspensão do sistema Speenhamland e também para a reforma da Lei dos Pobres, no sentido de suprimir os benefícios concedidos aos trabalhadores e de romper o seu vínculo com as paróquias de origem. A Reforma da Lei dos Pobres, de 1834, caminhou nessa direção: em primeiro lugar suprimiu todas as formas de ajuda ou de subsídio ao trabalhador pobre ou desempregado; aqueles que pedissem ajuda ao governo, seriam encaminhados a "casas" ou "asilos": os homens, após entregarem tudo o que possuíssem, eram separados da mulher e dos filhos, estes enviados a outra casa, quando não a fábricas de tecidos. A desagregação familiar e as condições de vida nos asilos eram vistas como verdadeiros estigmas sociais, fazendo com que a ajuda da Lei dos Pobres fosse solicitada apenas em situações desesperadoras. Ao se referir à Reforma da Lei dos Pobres de 1834, Polanyi afirma que:

> Em toda a história moderna talvez jamais se tenha perpetrado um ato mais impiedoso de reforma social. Ele esmagou multidões de vidas quando pretendia apenas criar um critério de genuína indigência com a experiência dos albergues. Defendeu-se friamente a tortura psicológica, e ela

SEGUNDA PARTE – A REVOLUÇÃO INDUSTRIAL BRITÂNICA E A EXPANSÃO DO CAPITALISMO (1760-1870)

foi posta em prática por filantropos benignos como meio de lubrificar as rodas do moinho do trabalho. (POLANYI, 2000, p.105)

Por outro lado, o fim do sistema Speenhamland e a reforma da Lei dos Pobres eliminaram a "proteção" do Estado aos trabalhadores e as restrições à sua mobilidade: ao torná-los livres de qualquer restrição, colocou-os no mercado de trabalho, concluindo a transição da condição servil para a de trabalhador livre, uma condição nada agradável para aqueles que enfrentaram esse momento de seu estabelecimento:

As atrocidades burocráticas cometidas contra os pobres durante a década seguinte a 1834 pela nova autoridade centralizada da Poor Law foram apenas esporádicas e quase nulas quando comparadas aos efeitos gerais da mais potente de todas as instituições modernas – o mercado de trabalho. (POLANYI, 2000, p.105)

Não é estranho que um período tão turbulento registrasse muitas e diversas formas de manifestação dos trabalhadores, algumas das quais são relatadas a seguir.

Relacionadas às transformações da época da Revolução Industrial, ocorreram movimentos de trabalhadores no campo: por vezes, refletindo questões conjunturais – como a escassez de alimentos e sua carestia, como em 1795; outras vezes como consequência das profundas mudanças na vida rural – como os episódios ocorridos em 1830 e conhecidos como Capitão Swing.[4]

No entanto, de maior interesse são as mobilizações de trabalhadores industriais que apontam na direção de um novo modo de organização social. O primeiro tipo de reação dos trabalhadores à Revolução Industrial ilustra a percepção peculiar que tinham das transformações que ocorriam: trata-se da destruição de máquinas que substituíam os artesãos e provocavam o seu desemprego. Isso ocorreu já na década de 1770 quando fábricas de tecidos mecanizadas (como as de Hargreaves, Arkwright e Peel) foram destruídas. Porém, essa forma de protesto ganhou maior dimensão em 1811-1812, quando a mecanização chegou às tecelagens: o movimento conhecido como Ludismo (pois teria sido liderado por um certo general Ludd) consistiu no ataque às fábricas e destruição dos teares por parte dos tecelões desempregados. Evidentemente, esse movimento não teria sucesso em seu desejo de voltar às técnicas artesanais, suprimindo as máquinas têxteis. Além disso, a repressão foi violenta, pois, no processo judicial, muitos líderes foram condenados à deportação e à forca.

---

4. Em 1830, uma revolta dos trabalhadores agrícolas ingleses assumiu grandes proporções, utilizando métodos peculiares como o incêndio de celeiros e a destruição de máquinas agrícolas. Atribuía-se a um mítico Capitão Swing a redação de cartas com ameaças aos fazendeiros. A revolta destruiu propriedades, porém, não provocou mortes. Ainda assim, houve 19 condenações à morte, 481 deportações para a Austrália e 644 condenações à prisão. HOBSBAWM, E. & RUDÉ, G. (2001).

CAPÍTULO 8 – O CRESCIMENTO DAS CIDADES E O PADRÃO DE VIDA DOS TRABALHADORES

Durante a depressão que se seguiu ao fim das guerras napoleônicas, novas manifestações ocorreram como reação ao desemprego e à elevação dos preços. Em 1819, um comício em Manchester levou 80.000 pessoas ao Campo de São Pedro: novamente a repressão se fez sentir de forma imediata, provocando a chamada "matança de Peterloo" (por analogia à batalha de Waterloo, de 1815, em que Napoleão foi derrotado com enormes baixas para os exércitos em combate). Onze pessoas foram mortas e os líderes da manifestação, condenados à prisão.

Estes exemplos indicam que as transformações associadas à Revolução Industrial provocaram fortes reações dos que foram por elas afetados. E também que a repressão a essas revoltas se fez de forma radical (com condenações à morte, deportações e prisões).

Mas outras formas de mobilização também se manifestaram na primeira metade do século XIX a indicar a percepção de que uma nova sociedade estava em constituição.

Na década de 1830 iniciou-se o movimento conhecido como cartismo: trata-se da mobilização dos trabalhadores com um objetivo, de início, político. A Lei de Reforma Eleitoral de 1832 mantivera restrições ao voto por meio de cláusulas relativas à renda: assim, o trabalhador manual estava impedido de votar, pois sua renda era insuficiente para atingir o mínimo exigido pela lei; e não podia ser eleito por não ter propriedade. Em 1836, a Associação dos Trabalhadores de Londres enviou à Câmara dos Comuns uma petição com seis pontos, que ficou conhecida como a Carta do Povo (daí Movimento Cartista):

1) Distritos eleitorais iguais (para evitar que distritos eleitorais com poucos eleitores tivessem a mesma representação de distritos populosos, como aqueles habitados por trabalhadores); 2) sufrágio universal, sem condição de renda; 3) Parlamentos renovados anualmente; 4) Não exigência de ser proprietário para ascender à Câmara dos Comuns; 5) Voto secreto por cédula; 6) Pagamento de subsídios aos deputados.

O Movimento Cartista procurou mobilizar seus adeptos propondo várias formas de manifestação: greve geral, levante armado, novos modos de organização (Assembleia Cartista Nacional), comícios, novas petições ao Parlamento. No ano de 1848, enquanto se multiplicavam revoluções no continente europeu, uma nova petição foi enviada pela Convenção Nacional Cartista, ainda sem sucesso e sob forte repressão do governo britânico. Depois de 1848, o Movimento Cartista se dispersou e cedeu espaço para um sindicalismo de caráter conservador que buscava a implementação de reformas graduais.

Na verdade, a organização de sindicatos foi restringida pela legislação britânica: no final do século XVIII, em parte como reação ao impacto da Revolução Francesa, as Leis de Associações proibiram qualquer forma de associação de trabalhadores. Estas leis foram revogadas em 1824 e, no ano seguinte, uma nova lei permitia formalmente a existência de sindicatos, porém restringia sua possibilidade de ação. Mais tarde, um grande movimento cooperativo e socialista, liderado por Robert Owen, deu origem aos Grandes Sindicatos Nacionais Unidos em 1834: admite-se que mais de 500 mil trabalhadores a eles se vincularam. No entanto, por dissensões internas, logo se dissolveu.

Após 1848, o sindicalismo britânico teve uma nova orientação, abandonando a ideia de revolução social. Tratava-se do sindicalismo de uma "aristocracia" de operários especializados, como sugere o nome de um desses sindicatos – a Sociedade dos Engenheiros Unidos. Desse modo, o sindicalismo inglês dissociou-se de ações mais amplas, concentrando-se nos problemas específicos de cada ofício.

A mobilização dos trabalhadores no continente foi bem mais intensa do que na Grã-Bretanha. A participação popular, embora não propriamente de operários da indústria, já fora significativa na Revolução Francesa. Essa presença se repetiu nos movimentos de 1830 e 1848 que se disseminaram por várias partes da Europa Continental, e teve um ponto culminante na Comuna de Paris, em 1870. Paralelamente, observam-se diversas formas de organização dos trabalhadores em grande medida associadas à difusão das ideias socialistas, como a Associação Internacional dos Trabalhadores (conhecida como a Primeira Internacional Socialista), de 1864, que contou com a participação de Marx. Mas tudo isso apenas prenunciava a forte ascensão do sindicalismo e do socialismo no período posterior a 1870.

REFERÊNCIAS

ASHTON, T. S. (1971). *A Revolução Industrial*. Lisboa: Publicações Europa-América.

DEANE, P. (1969). *A Revolução Industrial*. Rio de Janeiro: Zahar Editores.

DEANE, P. & COLE, W. A. (1962). *British Economic Growth, 1688-1959: Trends and Structure*. Cambridge: Cambridge University Press.

FEINSTEIN, C. H. (1998). "Pessimism Perpetuated: Real Wages and the Standard os Living in Britain During and After the Industrial Revolution". *The Journal of Economic History*, Vol. 58, n. 3.

HOBSBAWM, E. (1979). *A Era das Revoluções: Europa, 1789-1848*. 2ª ed., Rio de Janeiro: Paz e Terra.

HOBSBAWM, E. & RUDÉ, G. (2001). *Captain Swing*. London: Phoenix Press.

LINDERT, P. H. & WILLIAMSON, J. G. (1983). "English Workers' Living Standards During the Industrial Revolution: a New Look". *Economic History Review*, Vol. 36, n. 1.

MANTOUX, P. (s/d). *A Revolução Industrial no Século XVIII*. São Paulo: Editora Unesp/Editora Hucitec.

MARX, K. (1985). *O Capital. Volume I. Livro Primeiro. Tomo I*. São Paulo: Nova Cultural.

MITCHELL, B. R. (1988). *British Historical Statistics*. Cambridge: Cambridge University Press.

POLANYI, K. (2000). *A Grande Transformação: As Origens da Nossa Época*. Rio de Janeiro: Elsevier.

THOMPSON, E. P. (1987). *A Formação da Classe Operária Inglesa. Vol. II. A Maldição de Adão*. Rio de Janeiro: Paz e Terra.

WRIGLEY, E.A. (1986). "Urban Growth and Agricultural Change: England and the Continent in the Early Modern Period" in ROTBERG, R. I. and RABB, T. K. (Ed.). *Population and History from the Traditional to Modern World*. Cambridge: Cambridge University Press.

TERCEIRA PARTE

———

*As Transformações do Capitalismo
da Grande Depressão do Século XIX
à Primeira Guerra Mundial (1870-1918)*

A década de 1870 encerra um período de cerca de cem anos – tomando como marco inicial da Revolução Industrial a década de 1760 – em que a economia britânica teria apresentado taxas de crescimento muito elevadas. Esse crescimento, e o otimismo a ele inerente, foram rompidos nos anos 1870 pelo que ficou conhecido como a Grande Depressão do século XIX.

No entanto, ao observar os dados relativos a alguns países europeus e aos Estados Unidos entre 1870 e 1913 não encontramos indícios nítidos de declínio do crescimento.

TABELA III.1
Produto Doméstico Bruto (1820-1913) (Taxas médias anuais de crescimento %)

	EUA	FRANÇA	ALEMANHA	REINO UNIDO
1820-1870	4,22	1,27	2,00	2,04
1870-1913	3,94	1,63	2,81	1,90

Fonte: MADDISON (1995), p.41.

Embora Estados Unidos e Reino Unido registrem menores taxas de crescimento do produto a partir de 1870, esses níveis estão longe de indicar uma situação depressiva, em particular no caso americano. Na França há um pequeno aumento do ritmo de expansão (caracteristicamente lento diante dos demais países do grupo), ao passo que a Alemanha ampliou significativamente seu crescimento. Resultado semelhante é encontrado nos dados referentes a grupos maiores de países (Tabela III.2).

Embora os ritmos de crescimento sejam muito diferentes nas várias regiões, é nítida a expansão que se verificou no período em quase todos os grupos, dobrando a taxa de crescimento mundial no período (em termos absolutos e *per capita*). Então por que se admite que nos anos 1870 houve uma ruptura no ritmo de crescimento da economia britânica e da mundial?

TERCEIRA PARTE – AS TRANSFORMAÇÕES DO CAPITALISMO

TABELA III.2

PIB, População e PIB *per capita* (taxas médias anuais de crescimento %)

	1820-1870			1870-1913		
	(1)	(2)	(3)	(1)	(2)	(3)
Europa Ocidental	1,7	0,7	1,0	2,1	0,7	1,3
EUA, Canadá, Austrália, Nova Zelândia	4,3	2,8	1,4	3,9	2,1	1,8
Sul da Europa	1,0	0,3	0,6	1,5	0,4	1,1
Leste da Europa	1,6	0,9	0,7	2,4	1,3	1,0
América Latina	1,5	1,3	0,2	3,3	1,8	1,5
Ásia	0,2	0,1	0,1	1,1	0,6	0,6
África	0,4	0,3	0,1	1,1	0,7	0,4
Mundo	1,0	0,3	0,6	2,1	0,8	1,3

Fonte: MADDISON (1995), p.60. (1) Taxas de crescimento do produto doméstico bruto. (2) Taxas de crescimento da população. (3) Taxas de crescimento do produto doméstico bruto *per capita*.

Na verdade, o período de 1870-1913 é usualmente segmentado em duas fases bastante distintas: uma primeira, de 1873 a 1896, é a que foi denominada pelos contemporâneos "Grande Depressão" (denominação que foi incorporada pela historiografia), indicando a ruptura com o período anterior de expansão; esta expansão retornaria de modo intenso numa segunda fase, do final do século XIX até o começo da Primeira Guerra Mundial (a chamada *Belle Époque*). A rigor, nem o primeiro período é todo ele marcado por uma depressão permanente, nem o segundo esteve a salvo de fases recessivas. Apesar disso, essa distinção quanto ao ambiente econômico dos dois períodos é pertinente para a compreensão das profundas transformações pelas quais o capitalismo passou nessa época: Segunda Revolução Industrial, industrializações retardatárias, concentração do capital, movimentos sociais, nacionalismo, imperialismo são algumas das noções usualmente lembradas para dar conta das mudanças que se processaram de 1870 à Primeira Guerra Mundial. Tratamos desses temas nos próximos capítulos, procurando identificar suas articulações.

REFERÊNCIA

MADDISON, A. (1995). *Monitoring the World Economy: 1820-1992*. Paris: OECD Development Centre.

Capítulo 9

A GRANDE DEPRESSÃO DO SÉCULO XIX, A SEGUNDA REVOLUÇÃO INDUSTRIAL E AS RELAÇÕES ENTRE CAPITAL E TRABALHO (1870-1913)

O ano de 1873 é considerado o marco inicial da Grande Depressão do Século XIX. É importante notar que o próprio termo Grande Depressão foi usado pelos contemporâneos para expressar a nova situação da economia mundial, em particular da economia britânica. Essa "depressão", que se prolongou até 1896, não se caracterizou por uma expressiva redução do nível da atividade econômica; ao contrário, algum incremento da produção ainda se verificou, embora em ritmo mais lento do que aquele observado durante os cem anos anteriores e interrompido por algumas recessões (como a de 1885-1886 e a de 1891-1894).

Então, qual é a forma que assume essa "depressão"?

Essencialmente, sua manifestação foi o declínio do nível de preços: a deflação ocorreu tanto em relação aos bens industriais quanto às matérias-primas e aos produtos alimentícios. Os índices de preços de atacado na Grã-Bretanha indicam claramente esse movimento descendente durante cerca de duas décadas.

TABELA 9.1

Bretanha: índices de preços por atacado (1871-1875 = 100)

	CARVÃO E METAIS	FIBRAS TÊXTEIS	PRODUTOS ANIMAIS	GRÃOS	AÇÚCAR, CHÁ, FUMO, CAFÉ E CACAU	ÍNDICE TOTAL
1871-1875	100	100	100	100	100	100
1876-1880	66,7	85,4	95,4	102,6	90,2	92
1881-1885	60,7	76,9	83,7	98,6	75,1	83,5
1886-1890	61,5	66,5	67,7	84,8	56,8	70,6
1891-1895	63,6	60,3	66,0	84,6	53,7	68,3

Fonte: SAUL (1969), p.14.

Embora haja alguma divergência entre os movimentos dos preços por atacado dos grupos de produtos considerados, o sentido geral é de acentuada queda indicando, em média, uma redução de cerca de 30% nos preços entre 1873 (pico dos preços por atacado desde 1840) e 1896 (ano em que o índice inicia novo período de elevação). A adesão de vários países ao padrão-ouro (como veremos posteriormente) promoveu razoável solidariedade do movimento dos preços no plano internacional, fazendo com que a Grande Depressão, expressa pelo declínio generalizado dos preços, se manifestasse de modo bastante amplo.

O declínio de preços foi acompanhado por mudanças em outras variáveis econômicas, em especial: redução do ritmo de crescimento do produto, declínio da taxa de juros, aumento dos salários reais e redução dos lucros.

Embora a Grande Depressão tivesse amplitude internacional, sua expressão mais clara aparece na Grã-Bretanha. A taxa de crescimento da produção industrial britânica declinou da média anual de 3,2%, entre 1847 e 1873, para 1,7%, entre 1873 e 1900; nesses mesmos períodos, o salário real teve aumento anual médio de 0,6% e de 1,2% (índice referente aos trabalhadores de Londres) ou de 1,1% para 1,3% (englobando maior número de trabalhadores britânicos) (ROSTOW, 1948, p.8). Conjugam-se, assim, três tendências importantes: o declínio dos preços, o aumento do salário real e, paralelamente, a redução do ritmo de crescimento da produção industrial. Como resultado dessas tendências (redução dos preços e aumento do salário real) houve pressão sobre os lucros refletida, por exemplo, na sua menor participação na renda industrial e na renda nacional (Tabela 9.2).

TABELA 9.2
Renda industrial e nacional da Grã-Bretanha

	LUCROS/RENDA INDUSTRIAL	LUCROS/RENDA NACIONAL
1870-1874	47,7%	29,4%
1875-1879	43,3%	26,1%
1880-1884	42,6%	25,7%
1885-1889	42,2%	25,2%
1890-1894	37,8%	22,7%

Fonte: SAUL (1969), p.42.

As taxas de juros também declinaram: por exemplo, o retorno sobre os "consols" (títulos da dívida britânica com rendimento anual fixo em termos nominais) caiu de 3,2% ao ano, em média, na década de 1860, para 2,97% ao ano, na década de 1880 (MITCHELL, 1994, p.678).

Os dados até aqui expostos, embora referentes em geral à Grã-Bretanha, permitem delinear os contornos gerais da Grande Depressão. Certamente, não se trata de um período de declínio acentuado da produção (embora isso possa ter ocorrido em alguns anos).

A produção cresceu a taxas reduzidas diante de seu comportamento prévio, porém é possível dizer que há uma clara mudança nas expectativas de expansão da economia. Além disso, ainda para a Grã-Bretanha, o valor das exportações também se reduziu (de 318 milhões de libras em 1872, para a média anual de 281 milhões de libras, de 1875 a 1884; e para 295 milhões, entre 1885 e 1894) a indicar a perda do dinamismo anterior da economia mundial (MITCHELL, 1994, p.871). A redução dos lucros fechava esse círculo que induzia os contemporâneos a definir aquele período como uma Grande Depressão.

Como explicar essa mudança nos rumos da economia mundial entre 1873 e 1896? Em especial, quais as razões que permitem entender o acentuado declínio dos preços nesse período?

9.1 AS CAUSAS DA GRANDE DEPRESSÃO

É usual associar-se o início da Grande Depressão a eventos do mercado financeiro internacional, cuja característica principal, à época, era a concessão de empréstimos a governos. Se as primeiras manifestações de crise financeira se deram em 1873 em Viena e Nova Iorque (com a falência de bancos e empresas), ela rapidamente se transformou numa crise da dívida externa (que não foi a primeira e nem a última): Espanha, Turquia, Egito, Grécia, Tunísia e oito governos de países latino-americanos (entre os quais **não** estavam incluídos Brasil, Argentina e Chile, favorecidos por volumosas exportações) declararam moratória.

Embora uma crise financeira de grandes dimensões tenha impacto sobre a "economia real", é difícil admitir que ela fosse a causa do prolongado declínio dos preços a partir de 1873. É certo que a crise financeira interrompeu o fluxo de capitais europeus para a "periferia", fazendo com que mais investimentos fossem efetivados nos países de origem desses capitais. Dobb registra a ampliação dos investimentos na Inglaterra logo após a crise de 1873, principalmente no ramo de ferro e aço, sugerindo que o aumento da capacidade instalada – portanto, um excesso de oferta – poderia ter contribuído para o declínio do preço desses produtos (DOBB, 1983, p.218). Mas trata-se de um fenômeno localizado ao qual não se poderia atribuir mais de vinte anos de declínio persistente dos preços de todos os produtos (industriais, matérias-primas e alimentos).

Uma explicação frequentemente suscitada procura atribuir a deflação – aspecto mais evidente da Grande Depressão – ao declínio da produção de ouro no período, gerando certa escassez do metal para fins monetários, em especial porque vários países ingressaram no padrão-ouro nessa época. Efetivamente, nas décadas de 1870 e 1880, houve substancial declínio da produção das minas de ouro da Austrália e da Califórnia. A produção mundial anual média de ouro foi de 180 toneladas na década de 1851-1860; de 174 toneladas, na de 1861-1870; de 155 toneladas, na década de 1871-1880 e de 148 toneladas, na de 1881-1890 (VILAR, 1974, p.431-433). Nessa circunstância, seria razoável admitir que a relativa escassez

TERCEIRA PARTE – AS TRANSFORMAÇÕES DO CAPITALISMO

de ouro limitaria a expansão da oferta de moeda, provocando o declínio generalizado dos preços.[1] Embora plausível, o argumento deve ser qualificado pois nesse período observa-se o aumento da oferta de moeda bancária, a qual não dependia estritamente da disponibilidade de ouro.[2] O declínio da taxa de juros é outro indício de que não havia falta de liquidez na economia, pois, nesse caso, a tendência seria de elevação da taxa. Desse modo, o argumento da escassez de ouro – e consequentemente de oferta de moeda – como causa da prolongada deflação somente pode ser parcialmente considerado.

Uma explicação alternativa a esta deve levar em conta o "lado real" da economia. É usual admitir-se que fases de grande expansão da economia refletem o impacto das inovações tecnológicas: os novos produtos (sejam eles bens de consumo ou meios de produção) abrem novos campos de investimento, estimulando a expansão do produto, do emprego e da renda. O exemplo típico é o da estrada de ferro: seu estabelecimento, primeiro na Grã-Bretanha e depois em vários países do mundo, foi frequentemente ressaltado por seus efeitos como meio de transporte. Deslocamentos mais rápidos e baratos de pessoas e mercadorias tornam viáveis transações antes bloqueadas pela precariedade do transporte. Há, porém, outro aspecto da construção ferroviária: ela torna necessária a produção de trilhos, vagões, locomotivas, equipamentos ferroviários, materiais diversos para a construção das linhas e estações, ferro e aço para a produção de tudo isso e ainda o carvão como fonte de energia para as fábricas de material ferroviário e como combustível das locomotivas. Este simples arrolamento sugere a dimensão dos investimentos produtivos realizados para atender à expansão ferroviária e seu impacto sobre o produto, o emprego e a renda, em especial na Grã-Bretanha, principal produtor de material ferroviário.

A redução do ritmo de construção ferroviária e a ausência de outras inovações igualmente expressivas tenderiam a produzir um resultado oposto: diante do declínio das encomendas de materiais, não se justificavam novos investimentos nesses ramos da indústria. Embora a construção ferroviária no mundo não tenha sido restringida nesses anos, o surgimento de novos produtores de materiais ferroviários em outros países deve ter reduzido o mercado para a indústria britânica.[3] No entanto, este argumento também não é suficiente para explicar o prolongado declínio dos preços.

---

1. O argumento é o da Teoria Quantitativa da Moeda: havendo um aumento da produção superior ao aumento da oferta monetária (e admitindo-se constante a velocidade de circulação da moeda), o ajuste se daria por meio do declínio do nível de preços.

2. Robert Triffin leva ao extremo essa hipótese, pois afirma: "Em suma, o século XIX pode ser descrito de modo mais acurado como o século de um emergente e crescente padrão de moeda de crédito e da eutanásia das moedas de ouro e de prata, do que como o século do padrão-ouro" (TRIFFIN, 1968, p.21).

3. Dobb admite que a redução do ritmo da construção ferroviária foi importante para definir o início da Grande Depressão: "A construção ferroviária, que constituíra estímulo tão poderoso em meados do século, estava pelo menos diminuindo, ainda que não se possa dizer [...] que atingira já a saturação [...]. Depois de 1873, houve um congelamento repentino de projetos de construção, e tal declínio súbito, que acompanhou a crise financeira de 1873 e 1874, mostrou-se poderosa causa imediata da baixa" (DOBB, 1983, p.220).

Para tanto, devemos nos voltar ainda uma vez para os efeitos da inovação tecnológica. David Landes, conhecido historiador da Revolução Industrial, entende que as inovações introduzidas ao longo do século XIX tiveram o efeito de reduzir o custo de inúmeros produtos. Entende mesmo que desde o fim das Guerras Napoleônicas (em 1815) até 1896, a tendência geral dos preços foi de declínio. Apenas entre 1850 e 1870, período de rápida expansão da economia, houve estabilidade ou alguma elevação dos preços (LANDES, 2005, p.247-248). Assim, a deflação dos anos 1873-1896 seria a continuação dessa tendência secular: em essência, um amplo conjunto de inovações de aplicação muito geral e com efeitos radicais, provocou expressivo aumento de produtividade e redução de custos. No período de 1873-1896 teria ocorrido a implementação de muitas dessas inovações, a justificar o acentuado declínio dos preços, tanto dos manufaturados como dos alimentos, estes impulsionados pela revolução nos transportes que abriu novas terras para o cultivo comercial.

Desse modo, pode-se admitir que, pelo lado real da economia, a inovação técnica respondeu por substanciais reduções de custos que viabilizavam ou induziam reduções de preços.

Convém relembrar que, apesar do declínio acentuado dos preços, não houve redução dos salários reais ao longo da Grande Depressão. Este fato é, em parte, explicado pelo baixo nível de desemprego do período (algo em torno de 5%), que expressa mais uma vez o caráter da "Grande Depressão". É provável que a enorme redução dos preços, em especial de alimentos, tenha facilitado o aumento dos salários reais (apesar de alguma redução dos salários monetários). E, em contrapartida, uma redução relativa dos lucros.

Numa obra chamada *O Mito da Grande Depressão*, S. B. Saul (1969) afirma que melhor seria banir o termo – Grande Depressão – da literatura de História Econômica, uma vez que não teria ocorrido uma verdadeira depressão (com substancial redução do nível do produto, da renda e do emprego). No entanto reconhece que, na Grã-Bretanha, o período foi marcado por declínio de preços, aumento de salários, redução de lucros e reduzido crescimento. Mais importante, reconhece que o ambiente econômico peculiar da época deve ter rebaixado as expectativas e reduzido o nível de investimento, concluindo que "esta é uma influência intangível, mas os registros contemporâneos sugerem que não foi uma influência insignificante" (p.53-54). Ou seja, mesmo que não tenha ocorrido uma "depressão" (com queda expressiva do produto, da renda e do emprego), houve clara reversão do otimismo até então prevalecente a justificar, para os contemporâneos, o uso do termo "depressão".

Desse modo, mesmo aqueles que minimizam a dimensão da Grande Depressão do século XIX, não deixam de considerá-la um momento peculiar na história do capitalismo do século XIX, mas que já revela alguns aspectos importantes da dinâmica da economia capitalista: o impacto das inovações e das expectativas de lucro na determinação do ritmo da atividade econômica.

Nos anos finais do século XIX observam-se sinais de retomada da expansão econômica, expansão que se prolongou até as vésperas da Primeira Guerra Mundial. Mas essa

TERCEIRA PARTE – AS TRANSFORMAÇÕES DO CAPITALISMO

expansão já está associada a novas características do capitalismo: inovações técnicas, estruturas de mercado, políticas comerciais e novos países industriais dão a forma desse período de expansão em que o predomínio britânico foi progressivamente contestado na esfera internacional.

9.2 EXPANSÃO E TRANSFORMAÇÕES DO CAPITALISMO: 1896-1913

O contraste entre os anos da Grande Depressão e os de retomada da expansão no final do século XIX é bem caracterizado por David Landes:

> Nos últimos anos do século, os preços começaram a subir, levando consigo os juros. Com a melhora dos negócios, a confiança voltou – não a confiança irregular e efêmera dos breves surtos de crescimento que haviam pontuado o desalento das décadas precedentes, mas uma euforia geral que não havia prevalecido desde os *Gründerjahre* (anos de fundação) do início da década de 1870. Tudo parecia correr bem outra vez – apesar do matraquear das armas e das admonitórias referências marxistas do "último estágio" do capitalismo. Em toda a Europa ocidental, esses anos perduram na memória como os bons tempos – a era edwardiana, *la belle époque*. (LANDES, 2005, p.245)

Um primeiro tema que Landes nos propõe diz respeito à reversão do movimento dos preços: sua elevação é nítida a partir de 1896, embora não tenha retornado, mesmo em 1913, aos níveis da década de 1870.

TABELA 9.3
Índices de preços por atacado, 1872-1913

ANO	REINO UNIDO	ALEMANHA	FRANÇA	EUA
1872	125	111	124	133
1896	76	71	71	67
1913	100	100	100	100

Fonte: TRIFFIN (1968), p.18.

Se a depressão de 1873-1896 se caracterizou por prolongada e acentuada deflação, como entender a elevação nos preços verificada a partir de 1896?

A explicação monetarista também se fez presente neste caso: o aumento da produção de ouro teria permitido a ampliação da circulação monetária nos países cuja moeda estava definida pelo padrão-ouro. Nesses anos, novas minas – da África do Sul e do Colorado (EUA) – entraram em operação, aumentando substancialmente a produção mundial de ouro. Além disso, novas técnicas permitiram o aumento da extração em antigas regiões mineiras (como a da Austrália). De uma média anual de produção de 148 toneladas, em 1881-1890, passou-se para 288 toneladas em 1891-1900 e para 519 toneladas em 1901-1910 (VILAR, 1974, p.432-433). Embora o ouro pudesse ter outras utilizações além de ser o lastro das moedas vinculadas ao padrão-ouro, é provável que esse aumento da produção do metal tivesse algum impacto sobre os preços (seja pela ampliação do estoque de moeda, seja pela simples redução do custo/valor do ouro). Na verdade, a questão é mais complexa, pois muitos governos não seguiram a regra básica do padrão-ouro de emitirem moeda na exata proporção do aumento de seu lastro metálico. Talvez por medo da inflação, esses governos (ou seus bancos centrais) limitaram as emissões quando havia uma entrada de metal no país (ou nas reservas mantidas pelo banco central). Por isso, a relação entre produção de ouro e aumento da oferta de moeda não pode ser considerada automática. Ainda assim, podemos admitir algum impacto da crescente produção de ouro sobre a inflação do período.[4]

Porém, é possível também buscar explicações para a inflação pelo lado real da economia. O argumento fundamental é de que não teriam ocorrido substanciais aumentos de produtividade no período (salvo em alguns países, como a Alemanha, e em alguns ramos novos como aço, química e elétrica). Em particular, as reduções de preço dos alimentos da época anterior – principalmente do trigo – deram lugar a um movimento inverso: as exportações de trigo dos Estados Unidos para a Europa diminuíram e foram acionados novos fornecedores (como Canadá, Argentina, Austrália, Rússia) que, além de mais distantes (arcando com maior custo de transporte), não tinham o grau de mecanização e de produtividade norte-americano. Em suma, não teriam ocorrido, entre 1896 e 1913, as reduções de custo verificadas antes e durante a Grande Depressão.

Além disso, pode-se argumentar que diversos componentes da demanda agregada se mostraram particularmente aquecidos nesses anos: elevados níveis de investimentos (em especial, investimentos externos) com longos períodos de gestação, um *boom* de exportações e aumento dos improdutivos gastos militares podem ter contribuído para pressionar a demanda agregada, gerando algum efeito inflacionário.

Mas a inflação também pode estar condicionada a algumas mudanças mais permanentes da economia entendidas, em parte, como reações à Grande Depressão.

Uma delas foi a adoção progressiva de medidas protecionistas em vários países adiantados, com exceção da Grã-Bretanha. Como a deflação era atribuída por muitos contemporâneos da Grande Depressão à competição entre países, o protecionismo – elevação das

---

4. Um argumento adicional é de que a produção de ouro gera renda (para os trabalhadores e capitalistas), porém não gera um produto a ser consumido (quando o ouro é acrescido às reservas dos bancos centrais). Assim, a produção de ouro teria, por si só, um impacto inflacionário, embora este efeito não pareça ser suficiente para justificar o crescimento persistente e relativamente elevado dos preços.

barreiras tarifárias sobre produtos importados – surgia como o mecanismo adequado para combater a concorrência dos produtos estrangeiros. No período anterior, a tônica havia sido a adoção do livre-comércio – redução ou supressão de tarifas alfandegárias sobre importações: na Grã-Bretanha, o marco foi a aprovação, em 1846, da Lei dos Cereais que eliminou a proteção ao produtor de trigo inglês e abriu o mercado para o cereal importado; na França, o chamado Tratado Cobden-Chevalier, de 1860, que eliminou restrições às importações inglesas. Ou seja, de modo geral, até os anos 1870 o comércio internacional se pautou pelo liberalismo econômico (ou seja, pela ausência de restrições tarifárias importantes para as importações). A Grande Depressão induziu a adoção de barreiras alfandegárias num momento em que o declínio de preços era visto como resultado da crescente competição entre vários países que avançavam no processo de industrialização.

Na Alemanha, a adoção de medidas protecionistas se deu em 1879, o mesmo ocorrendo na Itália, em 1887; entre 1874 e 1877, Áustria, Rússia e Espanha impuseram tarifas elevadas; na França o fim do livre-comércio ocorreu em 1892, e nos Estados Unidos, um processo iniciado ao fim da Guerra Civil (nos anos 1860), também se completou nos anos 1890.

A Grã-Bretanha manteve o livre-comércio: ao lado de certa adesão ideológica, esta opção era sustentada pela própria estrutura do comércio exterior do país. Como o país dependia de importações (sua balança comercial era, em geral, deficitária, apesar de ser o grande exportador de manufaturados), não havia maior estímulo para tributar aquilo que seria utilizado pela indústria (matérias-primas) ou pela população (alimentos em geral), neste caso elevando o custo de vida e gerando uma pressão para o aumento dos salários. Além disso, os investimentos externos ingleses geravam rendas suficientes para suprir o déficit da balança comercial, acumulando um saldo positivo no balanço de pagamentos.

Evidentemente, o protecionismo podia impedir a queda acentuada dos preços ao suprimir, dos mercados internos, a competição de produtos importados e de custo menor que o do similar nacional. Assim, o ambiente do comércio internacional passou por mudanças no último quarto do século XIX: a Grã-Bretanha perdeu seu monopólio como exportador de manufaturados ao mesmo tempo em que o protecionismo, por meio de barreiras alfandegárias, voltava a imperar (justificando, até certo ponto, a caracterização da época como "neomercantilista").[5]

Todos os fatores até aqui levantados podem ser relacionados com a inversão da tendência dos preços a partir do fim da Grande Depressão. No entanto, há mudanças mais profundas na estrutura da economia capitalista do fim do século XIX que envolvem um novo padrão de determinação de preços. Trata-se da crescente concentração das atividades produtivas em grandes unidades de produção que favoreceu a adoção de práticas monopolistas. Esta tendência foi reforçada pelas inovações tecnológicas implementadas à época, no que se convencionou chamar de Segunda Revolução Industrial.

---

5. Cf. DOBB (1983) Cap. VII, BARRACLOUH (1976), p.58-59.

9.3 TRANSFORMAÇÕES DO CAPITALISMO NO FIM DO SÉCULO XIX: CONCENTRAÇÃO DO CAPITAL E SEGUNDA REVOLUÇÃO INDUSTRIAL

Não escapou aos contemporâneos a profunda transformação por que passava o capitalismo no final do século XIX. São bastante conhecidas as obras de John A. Hobson, cuja primeira edição é de 1894 (HOBSON, 1985), de Rudolf Hilferding, publicada em 1910 (HILFERDING, 1985) e de Vladimir Ilitch Lênin, de 1917 (LENINE, 1986) que exploram as mudanças em curso. Porém, as inúmeras referências presentes nas notas de rodapé dessas obras indicam o quanto se escreveu sobre o tema na passagem do século XIX para o século XX.

Em *A Evolução do Capitalismo Moderno*, publicada inicialmente em 1894, com várias edições revistas e ampliadas, o economista inglês John Atkinson Hobson (1985) traçou um quadro nítido das mudanças que observava na estrutura da economia capitalista da época, mudanças essas que podem ser sintetizadas na noção de concentração do capital.[6] Hobson entende que proporção crescente da produção de bens e serviços era realizada em grandes empresas, mesmo que em alguns ramos ainda subsistissem as pequenas. Com base em dados dos Estados Unidos, da Inglaterra e da Alemanha observa concentração particularmente elevada em ramos como o de transporte (ferrovias, navios a vapor, oleodutos), comunicações (serviços telegráficos e telefônicos), mineração, finanças e diversas manufaturas, principalmente nos ramos de ferro, aço e fabricação de máquinas.

Em princípio, a concentração do capital teria como consequência uma concorrência mais acirrada entre pequeno número de grandes empresas. O potencial declínio dos lucros, resultante da redução dos preços daí decorrente, teria levado as empresas a diferentes formas de organização com o objetivo de evitar esse resultado. Acordos informais ou formais para manter um preço mínimo para os produtos foram o primeiro passo nessa direção: tabelas de preços para produtos relativamente homogêneos, quando respeitadas, garantiam a margem de lucro pretendida pelas empresas. Esse tipo de acordo foi comum na Inglaterra, por exemplo, na produção de ferro e aço, e dependia de que o ramo fosse formado por um pequeno número de grandes empresas. Mesmo assim, havia sempre o risco de uma das firmas burlar o acordo, vendendo a preço inferior para ampliar sua participação no mercado.

Formas mais rígidas de acordos foram estabelecidas a fim de garantir uma espécie de poder de monopólio por parte das grandes empresas. Uma dessas formas ficou conhecida como cartel e teve especial importância na Alemanha e em outros países da Europa continental. O cartel era uma associação entre empresas (em geral com o nome de sindicato),

---

6. Na terminologia marxista, concentração de capital se refere ao aumento da dimensão das empresas (envolvendo maior volume de capital); e centralização a uma redução do número de empresas por meio de fusões, aquisições ou mesmo de falência das mais frágeis, incapazes de competir com as maiores. Em nosso texto, usaremos apenas a noção de concentração de capital, abarcando também processos de centralização.

de conhecimento público, que fixava preços e estabelecia a quota de cada empresa no mercado, sem interferir na administração dessas empresas. Carvão, ferro e aço eram ramos típicos de organização sob a forma de cartel. Na Alemanha, o número de cartéis, de 5 em 1870, passou para 345 em 1897, abarcando praticamente toda a manufatura e o comércio (HOBSON, 1985, p.168).

Um exemplo importante de cartel foi a Convenção do Vidro Plano estabelecida em 1904: ela resultou dos esforços da Associação dos Produtores de Vidros Britânicos para impedir o declínio dos preços do produto diante da concorrência dos fabricantes belgas. Estes resistiram ao acordo durante algum tempo, mas ao fim aderiram a um cartel internacional englobando, além de Grã-Bretanha e Bélgica, Alemanha, França, Itália, Áustria-Hungria e Holanda.

Outra forma de organização das empresas no sentido de criar uma condição monopolista é o chamado Truste. Mais característico dos Estados Unidos, o truste corresponde a uma forma mais profunda de articulação entre as empresas na direção do controle do mercado. Há um acordo entre as várias firmas de um ramo que implica a transferência do controle das empresas a um conselho. A rigor, os proprietários transferem suas ações a esse conselho que distribui certificados aos acionistas. Porém, o poder de decisão agora fica nas mãos do conselho: decisões não só quanto a preços e quotas, mas também quanto à gestão interna de cada empresa. Um exemplo típico foi a de quatro ferrovias norte-americanas que competiam em grande parte de seu traçado; constituiu-se um truste – Northern Securities Company – que obteve o controle acionário das ferrovias e estabeleceu um sistema único com a finalidade de limitar a competição entre as empresas, evitando redução dos fretes e, em consequência, dos lucros. Outros trustes norte-americanos bastante conhecidos são os da Standard Oil (no ramo de petróleo) e a Carnegie Steel Corporation (no de aço).

O efeito dessas diversas formas de combinação dos capitais foi dotar as empresas de poder de monopólio sobre o seu mercado, impedindo as guerras de preços e garantindo margens de lucro elevadas para as firmas envolvidas nos acordos. Talvez esta mudança esteja associada à recuperação dos preços ao fim da Grande Depressão. Mais importante é notar que se trata de uma transformação permanente do capitalismo (ao menos no que diz respeito à dimensão da empresa típica do sistema): por isso, muitos autores entendem que, a partir de fins do século XIX, se estabeleceu o "capitalismo monopolista" ou o "capitalismo organizado". Desde então, a dinâmica do capitalismo estaria marcada por essa característica, afastando-se do padrão anterior (usualmente chamado de "capitalismo concorrencial").

Mas a possibilidade dessa transformação do capitalismo se assentou sobre uma nova onda de inovações tecnológicas, conhecida como Segunda Revolução Industrial. Alemanha e Estados Unidos se aproveitaram dessa nova onda para crescer a taxas mais elevadas do que as da Grã-Bretanha e da França o que lhes permitiu assumir a liderança da produção industrial mundial às vésperas da Primeira Guerra Mundial. Os dados abaixo indicam que, de 1870 a 1913, a produção industrial do Reino Unido cresceu 2,2 vezes, a da França, 2,5 vezes, a da Alemanha, 5,4 vezes e a dos Estados Unidos, 6,8 vezes.

TABELA 9.4

Índices de produção industrial: Reino Unido, França, Alemanha e Estados Unidos (base: 1870-1874 = 100)

PERÍODO	REINO UNIDO	FRANÇA	ALEMANHA	EUA
1875-1879	105,5	109,5	120,8	111,4
1880-1884	123,4	126,6	160,6	170,4
1885-1889	129,5	130,3	194,9	214,9
1890-1894	144,2	151,5	240,6	266,4
1895-1899	167,4	167,8	306,4	314,2
1900-1904	181,1	176,1	354,3	445,7
1905-1909	201,1	206,2	437,4	570,0
1910-1913	219,5	250,2	539,5	674,9

Fonte: LEWIS (1978).

O que foi a Segunda Revolução Industrial? Na Primeira Revolução Industrial, uma nova forma de energia – o vapor – rompera as limitações físicas impostas pela energia humana e as restrições de localização impostas pela energia hidráulica (dada a necessidade de a fábrica estar próxima ao curso d'água). O vapor, acoplado às máquinas, modificou radicalmente a produção da indústria têxtil; mais tarde, foi a energia utilizada para impulsionar as locomotivas das estradas de ferro. Completavam este quadro simplificado da Primeira Revolução Industrial, o carvão (como combustível para a produção de vapor) e o ferro (material crescentemente utilizado na fabricação de máquinas e equipamentos ferroviários). A Segunda Revolução Industrial introduziu novos materiais (ou novas formas de preparar velhos materiais), novas fontes de energia e mesmo novos produtos. Ou seja, além de "revolucionar" a própria indústria, o modo de vida da população foi substancialmente alterado pela introdução de novos produtos que passaram a fazer parte da vida cotidiana.[7]

Diferentes processos técnicos viabilizaram a produção comercial de aço, material conhecido anteriormente, mas que até então apresentava custo elevado e qualidade insatisfatória. Bessemer (1856), Siemens-Martin (viabilizado comercialmente em 1864) e Thomas-Gilchrist (1878) foram processos iniciados na Inglaterra e disseminados pelos outros países que se industrializavam à época. O aço substituiu o ferro em várias utilizações como na construção civil, em trilhos, em máquinas etc. Essa mudança foi acompanhada

---

7. Uma minuciosa exposição das inovações tecnológicas da Segunda Revolução Industrial é apresentada por LANDES (2005), Cap. 5.

pela perda da liderança da Grã-Bretanha na produção de aço, superada por Alemanha e Estados Unidos (Tabela 9.5).

TABELA 9.5

Produção de aço: Grã-Bretanha, Alemanha, Estados Unidos (1880-1910)

	GRÃ-BRETANHA	ALEMANHA*	ESTADOS UNIDOS
	Milhões de ton.	Milhões de ton.	Milhões de ton
1880	3,7	1,5	1,9
1890	5,3	3,2	4,7
1900	6,0	7,4	17,2
1910	7,6	13,1	31,8

Fonte: BEAUD (2004), p.203. Obs.: * Inclusive Luxemburgo. Estados Unidos: dado de 1880 = média de 1881-1885; dado de 1900 = média de 1901-1905; dado de 1910 = média de 1911-1915.

A indústria química foi outro ramo objeto da Segunda Revolução Industrial, por exemplo, pela produção de soda cáustica e corantes, cuja utilização na indústria têxtil justificava o esforço para a inovação. Apesar de a nova indústria química ter início na Inglaterra, os maiores avanços se deram na Alemanha.

Outro material que ganhou importância no período foi o alumínio: seu aproveitamento só se tornou possível pelo uso da eletricidade em sua produção.

Isto nos conduz às novas fontes de energia da Segunda Revolução Industrial: é certo que o vapor não foi totalmente substituído. Pelo contrário, ele continuou a ser fonte de energia importante (durante longo tempo, a mais importante), tendo inclusive passado por inovações que aumentavam a potência das máquinas a vapor. Porém, agora outras fontes de energia se mostravam mais adequadas para vários tipos de utilização.

O motor de combustão interna – inicialmente tendo como combustível o gás extraído do carvão – tinha algumas vantagens sobre a máquina a vapor: mais eficiente, mais limpo e com menor custo. Porém, o grande avanço do motor de combustão interna se deu com a utilização dos combustíveis líquidos (petróleo e derivados). Este ocupava menos espaço, o combustível gerava maior potência com menor peso (em relação ao carvão) e podia ser acoplado a objetos móveis (diferentemente do motor a gás que devia ficar fixo junto do reservatório). O motor com combustível líquido foi logo adaptado aos navios, pois deixava maior espaço livre para passageiros e cargas (nos lugares antes ocupados pelo carvão): a pioneira foi a Hamburg-AmerikaLine, em 1902. No transporte terrestre sua adoção foi mais lenta: as ferrovias continuaram a usar o vapor e o automóvel só ampliou sua importância como meio de transporte após a Primeira Guerra Mundial.

A utilização crescente de combustíveis líquidos induziu a expansão da indústria petrolífera, tanto de extração quanto de refino, abrindo um novo e imenso campo de investimento.

A outra nova fonte de energia, tão ou mais importante, foi a eletricidade: de início, foi utilizada como suporte a meios de comunicação (telégrafo eletromagnético – 1837; cabo submarino no Canal da Mancha – 1866; no Atlântico – 1866; telefone – 1876; telegrafia sem fio –1895). Só mais tarde destinou-se à produção de luz e força. Para tanto, contribuíram a invenção do dínamo, em 1867, por Siemens, e da lâmpada elétrica, em 1879, por Edison. O passo decisivo foi a possibilidade de geração de energia em usinas e sua distribuição a longa distância por meio de linhas de transmissão. Em 1881 foi inaugurada a primeira usina da Europa, na Inglaterra; e, em 1890, a primeira usina hidrelétrica nos Estados Unidos (Colorado).

Assim, ampliou-se o uso da eletricidade: iluminação pública e particular; meio de tração para transporte urbano; uso na indústria (para produção de alumínio e de soda cáustica, e na eletrometalurgia com fornos elétricos) e em motores fixos que podiam substituir, em muitos casos, a máquina a vapor ou o motor de combustão interna. Para muitas atividades industriais, o motor elétrico apresentava vantagens inegáveis diante do vapor: pequenas fábricas que faziam uso intermitente de energia tinham grande desperdício, além do alto custo das máquinas que produziam o vapor. Com a eletricidade, fontes de energia não humana se tornaram acessíveis a qualquer tipo de indústria. Nas palavras de Landes: "Àquela época, não havia atividade que não pudesse ser mecanizada e movida a energia. Era a consumação da Revolução Industrial" (LANDES, 2005, p.299).

Outra característica da Segunda Revolução Industrial foi seu caráter científico – ou seja, as invenções não eram apenas resultado da observação e da ação de homens práticos, pois exigiam conhecimento científico mais aprofundado, sendo muitas vezes o fruto de pesquisas em laboratórios. A dimensão da empresa passou a ser importante também nesse sentido porque a realização de pesquisas demanda recursos financeiros e técnicos não acessíveis à pequena empresa. O exemplo da indústria química alemã ilustra este aspecto: novos produtos foram obtidos a partir de pesquisas em laboratório, superando a característica da inovação da Primeira Revolução Industrial, fruto do conhecimento prático de homens envolvidos com a produção.

Mas devemos considerar ainda o impacto da Segunda Revolução Industrial sobre o quotidiano das pessoas por meio da introdução de novos bens de consumo: telefone, gramofone, lâmpada elétrica, bicicleta, pneus, máquina de escrever, radiotelegrafia e já um pouco adiante o automóvel e o cinema dão uma ideia da ampla mudança que se processou no dia a dia de grande parte da população mundial. Esse padrão predominou durante grande parte do século XX (e, em certa medida, está presente até os dias de hoje), em claro contraste com o modo de vida vigente no século XIX.

Concentração do capital e Segunda Revolução Industrial (novas técnicas e fontes de energia, novos materiais e novos bens de consumo) foram a base para o surgimento e consolidação de grandes empresas, muitas das quais sobrevivem até hoje. Alguns exemplos tornam mais palpável o argumento geral até aqui exposto.

No ramo de siderurgia: na Alemanha, a Krupp tinha 7.000 operários, em 1873, e 78.000, em 1913; Thyssen é outra importante empresa do ramo na Alemanha (e hoje associada à Krupp); nos Estados Unidos, a mais importante siderúrgica era a United States Steel Corporation, organizada pelo grupo financeiro J. P. Morgan.

No ramo de eletricidade, dois exemplos norte-americanos são conhecidos até hoje: de um lado, a General Electric, fundada por Thomas Edison, foi adquirida por J. P. Morgan, e, por outro lado, a Westinghouse; o mesmo ocorre com empresas alemãs, como Siemens e AEG (Allgemeine Ellektricitats Gesellschaft) e com a suíça Brown Boveri.

Na indústria química alemã, dois exemplos: BASF (Badische Anilin und Soda Fabrik), que tinha 7.000 empregados, em 1870, e 77.000, em 1882; e Bayer. E na Suíça, Ciba e Geigy também foram organizadas no fim do século XIX (BEAUD, 2004, p.224-225; RIOUX, 1971, p.111).

Em suma, no período 1870-1913 ocorreram mudanças fundamentais no capitalismo, algumas das quais observamos até aqui: protecionismo, concentração do capital, inovações tecnológicas afetando a esfera da produção, da circulação, das comunicações e do consumo. Paralelamente, verifica-se também o surgimento de novas economias industriais, algumas das quais – Alemanha e Estados Unidos em especial – superaram a britânica em vários ramos novos e dinâmicos. Essas características do capitalismo do fim do século XIX tiveram como contrapartida uma outra conformação do mundo do trabalho, tanto nas condições de vida dos trabalhadores urbanos como na sua forma de ação. É o que tratamos a seguir.

9.4 CONDIÇÕES DE VIDA E MOBILIZAÇÃO DOS TRABALHADORES (1870-1913)

Ao fim do século XIX, os países que haviam ingressado no caminho da industrialização já apresentavam características bem diferentes das sociedades tipicamente agrárias. Alguns dados ilustram a consolidação de uma sociedade urbano-industrial em que a presença do trabalhador assalariado ganhou grande visibilidade.

Na Grã-Bretanha, em 1901, Londres tinha uma população de mais de 6,5 milhões de habitantes (MITCHELL, 1994, p.19). Estima-se que a população urbana, em 1911, correspondia a 73% da população total no Reino Unido, a 60% na Alemanha, a 46% nos Estados Unidos e a 44% na França. A título de comparação, na Rússia, um país cuja industrialização começou mais tarde, em 1914, a população urbana representava apenas 20% do total (RIOUX, 1971, p.148).

Igualmente expressivo é o número de trabalhadores na indústria (manufatureira, mineira e de construção) nos países mais industrializados: na Grã-Bretanha (1911), 8,6 milhões; na Alemanha, 8,6 milhões (1907); nos Estados Unidos, 6,2 milhões (1909) e na França, 4,5 milhões (1910) (BEAUD, 2004, p.208-209).

Ao aproximar-se o término do século XIX, não havia país industrializado, em fase de industrialização ou de urbanização que pudesse deixar de tomar consciência dessas massas de trabalhadores, historicamente sem precedentes e aparentemente anônimas e desenraizadas, que se tornavam uma proporção crescente de seus povos e, ao que parecia, em aumento inevitável; dentro em pouco, provavelmente, seriam uma maioria. (HOBSBAWM, 1988, p.168)

E também não podiam deixar de tomar consciência porque sua presença nas cidades era visível, talvez incômoda, e sua mobilização coletiva impressionava e até mesmo assustava as camadas mais ricas da população.

9.4.1 *Condições de vida do trabalhador industrial (1870-1913)*

Há uma ampla polêmica entre os historiadores a respeito das condições de vida do trabalhador à época da Revolução Industrial e ao longo do século XIX. Em geral, a contraposição de dados quantitativos a evidências qualitativas – como depoimentos contemporâneos ou mesmo de obras literárias – acentua as divergências, impedindo uma conclusão definitiva sobre a questão. Ainda assim, é possível apontar argumentos e evidências mais significativas.

Um ponto consensual diz respeito ao movimento dos salários entre 1870 e 1914. Grosso modo, houve uma elevação dos salários reais entre 1870 e 1900 e declínio ou relativa estabilidade a partir de 1900. O primeiro movimento é identificado com a época da Grande Depressão do século XIX: a elevação dos salários reais foi, em grande medida, determinada pelo declínio dos preços característico do período. A partir de 1900, finda a depressão e retomada a expansão das economias europeias, a elevação dos preços responde pela estabilidade ou declínio dos salários reais, apesar de algum aumento nos salários nominais.

TABELA 9.6
Salários reais: Inglaterra, França, Alemanha (1880-1914) (1900 = 100)

ANO	INGLATERRA	FRANÇA	ALEMANHA
1880	68	80	80
1890	91	88	90
1900	100	100	100
1910	96	108	98
1914	98	113	102

Fonte: MOMMSEN (1971), p.74-76.

Tratando especificamente da Inglaterra, Hobsbawm descreve esse movimento:

O salário real médio manteve-se quase inalterado desde 1850 até os primeiros anos da década de 1860, mas aumentou em cerca de 40% entre 1862 e 1875. Durante um ano ou dois, em fins da década de 1870, caiu um pouco, mas em meados da década de 1880 voltou ao nível anterior e depois cresceu rapidamente. Em 1900 era 1/3 maior do que tinha sido em 1875 e 84% maior do que em 1850. Então, o salário médio parou de crescer. (HOBSBAWM, 1978, p.149)

Mommsen, tratando em geral dos países industrializados, descreve movimento bastante semelhante:

Apesar de grandes variações nos salários, o nível de vida dos trabalhadores nos grandes países industriais, depois de sofrer uma queda entre os anos de 1873 e 1879, subiu lenta, porém em geral constantemente, inclusive durante a Grande Depressão. Isto se deveu menos a um aumento dos salários do que à deflação dos preços até 1896, que fez o custo de vida se reduzir, embora não de acordo com as crescentes necessidades sociais. (MOMMSEN, 1971, p.73)

Outro dado favorável à hipótese de uma melhoria do padrão de vida no período em foco refere-se às taxas de mortalidade na Inglaterra: entre 1838 e 1872, ela situava-se em torno de 23 por mil habitantes para os homens e de 21 por mil habitantes para as mulheres; entre 1908 e 1914, essas taxas declinaram respectivamente para 15 por mil e 13 por mil (HOBSBAWM, 1978, p.148).

Os dados acima referidos podem sugerir que, a partir de 1870, todos os trabalhadores passaram a desfrutar de um padrão de vida elevado. Embora seja certo que grande parte da população deve ter melhorado sua condição de vida, não se pode afirmar que todos os problemas enfrentados pelos trabalhadores no meio urbano industrial tivessem sido superados.

Os dados existentes se referem ao salário médio, o qual oculta a enorme variedade de situações no interior da população trabalhadora. Estudos sobre a população trabalhadora na Inglaterra no fim do século XIX indicavam que cerca de 30% a 40% deles viviam em situação de miséria, com condições habitacionais e sanitárias precárias. Essa parcela era constituída por trabalhadores não qualificados e não organizados. Apenas 15% dos trabalhadores – a chamada aristocracia operária – tinham salários que lhes permitiam uma vida confortável: estes eram os trabalhadores especializados que, por sua escassez, podiam exigir salários elevados.

Esta situação do trabalhador pobre inglês estava presente também nos outros países industriais da época, fato atestado principalmente pelas condições habitacionais: excesso de moradores, ausência de instalações sanitárias adequadas, aluguéis elevados são comuns a França, Alemanha, Rússia.

Na própria fábrica, a jornada de trabalho raramente era de menos de 12 horas. A regulamentação do trabalho, quando existente, se referia quase exclusivamente a menores e mulheres (MOMMSEN, 1971, p.73-77).

Acresce-se a isso, a inexistência de sistemas de seguridade para a população trabalhadora, o que condenava o idoso, incapacitado para o trabalho, à miséria. A Alemanha foi a primeira a instituir algumas normas de proteção ao trabalhador no fim do século XIX; nas demais nações industriais, as primeiras experiências são das vésperas da Primeira Guerra.

Em síntese: parece certo afirmar que o trabalhador industrial no final do século XIX teve alguma melhoria em seu nível de vida por meio da elevação do salário real. Porém, também é certo que um padrão de vida relativamente confortável só esteve ao alcance de uma pequena parcela da massa trabalhadora. Era isso que anotava uma observadora inglesa da década de 1880, Miss Edith Simcox:

> Eu confesso que devo estimar que apenas um pouco mais de dois milhões de trabalhadores especializados, representando uma população de cinco milhões, esteja vivendo habitualmente com alguma facilidade e segurança de qualquer espécie [...]. Os outros cinco milhões incluem os trabalhadores e operários menos especializados, homens e mulheres, cujo salário máximo lhes proporciona as necessidades e decência mínimas da existência e para os quais, por conseguinte, qualquer azar significa miséria, uma queda rápida na penúria. (apud HOBSBAWM, 1977, p.239)

Assim, ao reconhecer com Hobsbawm "[...] a pequena mas genuína melhoria que a grande expansão capitalista trouxe para uma parte substancial das classes trabalhadoras" (HOBSBAWM, 1977, p.240), não podemos esquecer que essa melhoria tinha como referência, para os trabalhadores, os "[...] tempos quando eram bem mais pobres e que estavam frequentemente perseguidos pelos aspectos da miséria". E também que "[...] os trabalhadores pobres pouco desfrutavam das 'decências mínimas da existência', mesmo pelos padrões austeros aplicados para os setores mais baixos" (HOBSBAWM, 1977, p.239-240). Sem essa consideração sobre quão relativa foi a melhoria do padrão de vida dos trabalhadores, dificilmente poderemos entender a natureza e a intensidade da mobilização social no período.

9.4.2 *A mobilização do trabalhador industrial: sindicatos e partidos políticos*

Ao longo do século XIX, houve vários eventos marcados por expressiva mobilização popular urbana: a Revolução Francesa (ainda na última década do século XVIII) foi exemplar da força de uma massa popular urbana; com características distintas, o Movimento Cartista na Inglaterra (1837-1848) atraiu parcelas importantes da população urbana para as manifestações políticas a favor da Carta do Povo; a presença popular foi marcante nas

TERCEIRA PARTE – AS TRANSFORMAÇÕES DO CAPITALISMO

revoluções de 1830 e especialmente nas de 1848 (que se espalharam por vários países do continente europeu); finalmente, a comuna de Paris, em 1870-1871, na França, registra um momento peculiar em que o poder foi ocupado, por algum tempo, por camadas populares urbanas. Estes são alguns eventos típicos de presença de populações urbanas em ações políticas; porém sua característica é a heterogeneidade dessa população urbana.

No entanto, a partir das décadas finais do século XIX, a mobilização social identificou-se crescentemente com o trabalhador industrial das principais cidades europeias e também dos Estados Unidos. Sindicatos e partidos políticos foram as duas principais formas de organização dos trabalhadores industriais, formas essas definidas em função de sua situação de trabalho ou de sua condição social. Muitas outras formas de associação podem ser observadas à época: cooperativas, associações de auxílio mútuo, associações de caráter cultural ou esportivo, as quais expressam as múltiplas possibilidades decorrentes da convivência quotidiana no meio urbano. Apesar de o trabalhador industrial estar no centro dessas formas de mobilização, ela apresenta características diferentes nos vários países industrializados. A seguir, expomos exemplos de como a mobilização se deu em alguns desses países.

Foi na Inglaterra, pioneira na industrialização, que surgiram as primeiras tentativas de organização dos trabalhadores. Mas essas tentativas de reunião em qualquer tipo de associação foram restringidas durante longo tempo por leis que as consideravam criminosas. Mesmo quando a associação foi permitida, em 1824, qualquer ação dos trabalhadores (como greves ou outras formas de reivindicação) podia ser severamente punida. Uma ambiciosa tentativa de organização sindical – a fundação em 1834 dos Grandes Sindicatos Nacionais Consolidados – durou pouco tempo, tanto pelas dificuldades práticas (heterogeneidade dos trabalhadores industriais, escassez de recursos), como pela repressão oficial (que condenou alguns de seus membros ao degredo). Somente entre 1871 e 1875, a legislação relativa aos sindicatos reconheceu sua especificidade, reduziu as restrições aplicadas a qualquer ação sindical, inclusive em relação à greve, até então enquadrada na legislação contra conspiração e sujeita a graves punições.

Em torno de 1850, surgiram sindicatos que seriam típicos dessa fase inicial do movimento trabalhista na Inglaterra: são associações de trabalhadores especializados, em geral de âmbito nacional, que cobravam contribuições elevadas e distribuíam benefícios de auxílio mútuo (como auxílios para doenças e desemprego). Sua ação não era dirigida às relações entre trabalhadores e patrões, embora pudessem eventualmente atuar nessa direção, e nem a propostas políticas mais abrangentes. Esses sindicatos moderados podem ser identificados com a chamada aristocracia operária (trabalhadores industriais especializados), fato evidenciado até pelo nome de um dos primeiros e principais deles: The Amalgameted Society of Engineers. Embora esse tipo de sindicato tenha proliferado na Inglaterra na segunda metade do século XIX, ele não incorporava a grande massa de trabalhadores não qualificados da indústria.

A partir de 1880, um "novo sindicalismo" começou a emergir para abarcar os trabalhadores não especializados: sindicatos voltados principalmente para a defesa dos interesses dos operários diante de seus patrões cobravam taxas reduzidas de seus associados, mas, em contrapartida, não ofereciam benefícios de auxílio mútuo. O crescimento desses sindicatos se deu a partir do sucesso de algumas greves, em especial a dos trabalhadores das Docas de Londres em 1889.

É inegável que, no quadro do movimento trabalhista europeu, o sindicalismo inglês notabiliza-se pela força que adquiriu desde cedo:

Entre 1867 e 1875, os sindicatos adquiriram realmente *status* legal e privilégios de tal alcance que nem os mais militantes dos empregadores nem os governos conservadores nem os juízes conseguiram reduzi-los ou aboli-los até a década de 1980. A organização sindical não estava simplesmente presente e aceita; era poderosa, especialmente no local de trabalho. (HOBSBAWM, 1988, p.176)

Em 1901, um conflito entre uma empresa de estradas de ferro e o sindicato dos ferroviários teve desfecho particularmente importante. Uma decisão judicial contrária ao sindicato e em desacordo com o entendimento da legislação de 1871-1875, levou a intensa pressão dos sindicatos britânicos sobre o Parlamento. Como resultado desse conflito foi fundado, em 1906, o Partido Trabalhista que, progressivamente, centralizou a ação do movimento dos trabalhadores na Inglaterra. Na verdade, antes dele existiram outros partidos trabalhistas, como o escocês, da década de 1880, e o independente, dos anos 1890. Em 1899 foi formado o Comitê de Representação Trabalhista que, concorrendo às eleições parlamentares em 1900, só conseguiu eleger dois representantes.

O número de trabalhadores sindicalizados na Grã-Bretanha aumentou significativamente: de cerca de 1 milhão, em 1875, para 2 milhões, em 1900, e para 4 milhões, em 1913. Estes números também indicam a crescente força eleitoral dos trabalhadores, força que fora viabilizada pelas reformas eleitorais de 1867 (que concedeu o direito de voto aos trabalhadores urbanos) e de 1884 (estendendo-o aos trabalhadores rurais), concluindo a transição para o sufrágio masculino universal (ao eliminar a exigência de comprovação de propriedade para ter o direito de voto).

No entanto, os representantes trabalhistas na Câmara dos Comuns permaneceram, por muito tempo, vinculados ao Partido Liberal, endossando suas propostas. Apenas em 1918, o Partido Trabalhista consolidou sua posição no Parlamento, ao superar a representação do Partido Liberal, tornando-se o segundo maior partido na Grã-Bretanha (atrás do Conservador) e adquirindo independência diante dos liberais.

O movimento trabalhista alemão teve percurso substancialmente diferente do observado na Inglaterra. Como a industrialização alemã atrasou-se em relação à da Inglaterra, as organizações ligadas aos trabalhadores também ganharam força mais tarde. E desde logo, houve forte ligação entre sindicatos e partidos políticos.

TERCEIRA PARTE – AS TRANSFORMAÇÕES DO CAPITALISMO

Uma manifestação popular de vulto na Alemanha já ocorreu em 1848, no bojo das "revoluções burguesas" europeias desse ano. A dinâmica das revoluções burguesas pressupõe o apoio dos trabalhadores e da população urbana em geral para a supressão dos privilégios políticos da aristocracia. Porém, frequentemente a mobilização popular vai além do desejado pela burguesia, colocando em risco as bases da sociedade burguesa. Nas revoluções de 1848 (como na própria Revolução Francesa), o avanço das massas populares gerou forte ação repressiva. Na Alemanha, o movimento perdeu muitos de seus líderes e enfraqueceu-se. No entanto, nessa conjuntura foi escrito o *Manifesto Comunista* de Marx e Engels, um dos textos mais importantes para a mobilização política e ideológica dos movimentos de trabalhadores.

Um dos participantes da revolução de 1848 – aliás, foi preso por essa participação – foi o fundador da Associação Universal Alemã de Trabalhadores em 1862: Ferdinand Lassalle. Entidade de caráter político, e não sindical, tinha como primeira reivindicação a adoção do sufrágio universal que seria a condição para que se efetivassem reformas sociais para a emancipação da classe trabalhadora.

Enquanto Lassalle agia no norte da Alemanha, no sul outro movimento de caráter socialista também avançava: liderado por K. Liebknecht e por A. Bebel, estava próximo das propostas de Marx, adotando em 1869 um programa de inspiração marxista (embora criticado pelo próprio Marx).

Com a unificação alemã, em 1871, aos dois partidos socialistas – do norte e do sul – se propôs a possibilidade de fusão: esta efetivamente ocorreu em 1875, formando o Partido dos Trabalhadores Socialistas, mais tarde chamado de Partido Social Alemão ou Partido Social Democrata (SPD). Embora fortemente influenciado pelas propostas de Marx, o partido preservou algumas ideias de Lassalle (que já não era vivo nessa época), no que alguns identificam como um "marxismo simplificado". De qualquer modo, o Partido Social Democrata tornou-se a principal força política mobilizadora dos trabalhadores alemães.

O sindicalismo alemão seguiu de perto o movimento político socialista. As primeiras tentativas de formação de sindicatos em escala mais ampla partiram, de um lado, dos lassalistas e, de outro, de Bebel, no fim dos anos 1860. Com a fusão das duas correntes socialistas, o movimento sindical ganhou força, somando, em 1878, 29 sindicatos com 58.000 membros. Porém, a lei antissocialista de Bismarck – ministro do Império Alemão – de 1878 restringiu a ação sindical – dissolveu 100 sindicatos entre 1878 e 1888 – embora não a tenha feito desaparecer de todo. Somente na primeira década do século XX, o sindicalismo associado ao partido socialista se expandiu de forma consistente chegando a contar com 2.500.000 sócios em 1913.

Uma característica peculiar do sindicalismo alemão é sua clara definição em três grandes grupos. O maior deles é o dos sindicatos socialistas cuja história esteve vinculada, como vimos, ao movimento socialista alemão (e em especial ao Partido Social Democrata).

Um segundo grupo é o dos sindicatos liberais, cuja fundação data também dos anos 1860. Não tendo uma proposta socialista, partia do princípio de que era possível a conciliação dos interesses de patrões e operários: para tanto buscava a negociação, evitando a greve, ou outras formas mais ostensivas, para as reivindicações dos trabalhadores. De modo geral, seus associados eram trabalhadores especializados que somavam cerca de 100.000 em 1914.

O terceiro grupo era o dos sindicatos cristãos, organizados nos anos 1870 sob a direção da igreja católica, procurando retirar os trabalhadores da influência socialista e liberal. Também não revolucionário, partilhava as estratégias dos sindicatos liberais, embora tenha adotado as greves como instrumento de ação. Em 1913, seus sócios somavam cerca de 350.000.

Embora tardio em relação ao sindicalismo inglês, o alemão mostrou-se particularmente forte pela dimensão das entidades: às vésperas da Primeira Guerra, o número de trabalhadores sindicalizados era semelhante nos dois países – cerca de 3.000.000. No entanto, na Inglaterra havia cerca de 1.000 sindicatos, na Alemanha eram em torno de 400. Os sindicatos socialistas, em particular, eram especialmente fortes: 2.500.000 sócios se dividiam em menos de 50 sindicatos; o dos metalúrgicos somava 550.000 associados, o dos construtores, 326.000 e pelo menos outros cinco tinham mais de 100.000 associados. Isso se deve, em parte, à grande influência do Partido Social Democrático alemão, mas também à estrutura industrial alemã que havia consolidado certo número de grandes empresas com dezenas de milhares de trabalhadores (BIRNIE, 1964, Cap. IX).

Inglaterra e Alemanha aparecem como dois casos extremos do movimento trabalhista europeu: em certo sentido, podemos dizer que na Inglaterra, o movimento político trabalhista resultou do fortalecimento da ação sindical e que na Alemanha os sindicatos mais fortes estavam vinculados à orientação política do Partido Social Democrata.

No caso da França, a forte participação popular em vários momentos – Revolução Francesa, revoluções de 1830 e 1848, comuna de Paris de 1870-1871 – teve efeito perverso sobre a mobilização dos trabalhadores. A cada derrota popular, a repressão eliminava, inclusive pela condenação à morte, lideranças importantes, desfalcando o movimento de seus elementos mais ativos.

Embora em alguns desses movimentos reivindicações trabalhistas tenham sido contempladas (por exemplo, limite de 12 horas de trabalho em 1848; proibição de trabalho noturno em 1870-1871), seu caráter era mais geral e, diante de sua derrota, pouco subsistia.

Desse modo, apenas ao fim dos anos 1870, o movimento dos trabalhadores franceses voltou a se recompor. Em 1879, foi formada, em Marselha, a Federação dos Partidos dos Trabalhadores Socialistas, liderada por J. Guesde, com um programa redigido por Marx. Em 1886, favorecida pela revogação da lei que proibia associações de trabalhadores, foi criada a Federação Nacional dos Sindicatos. Na verdade, estes sindicatos tinham origem em instituições típicas da França, as chamadas Bolsas de Trabalho. Eram organizações de

TERCEIRA PARTE – AS TRANSFORMAÇÕES DO CAPITALISMO

âmbito local, em geral com o apoio da autoridade comunal, cujo principal objetivo era obter emprego para seus membros. Em torno de 1890, seu número chegava a 1.000 e havia um total de 200.000 trabalhadores (ou seja, 200 membros em média por "sindicato"). Desse modo, a tentativa de unificar o movimento mostrou-se pouco efetiva.

No caso da França, deve-se acrescentar a divisão do movimento em torno de várias tendências: a socialista marxista, a "sindicalista" e a "proudhonista". A primeira defendia a atuação parlamentar juntamente com a atividade sindical, com o objetivo final de transformação da sociedade; os "sindicalistas" insistiam na noção de "ação direta" em que a greve geral dos trabalhadores seria o instrumento para a transformação da sociedade; e os "proudhonistas", contrários à ação política, buscavam no âmbito comunal as mudanças fundamentais.

Nos anos 1890, apesar do fortalecimento do movimento trabalhista em seu conjunto, as cisões internas e a separação entre movimento político e sindical se mantiveram. Na esfera política, após o reagrupamento dos socialistas, houve em 1900 a cisão entre o Partido Socialista da França (ligado a J. Guesde), que mantinha sua proposta radical, e o Partido Socialista Francês (liderado por Jean Jaurès), "ministerialista", ou seja, que aceitava a participação num governo não socialista. No plano sindical, além da formação de uma Federação Nacional das Bolsas de Trabalho, houve a fundação da Confederação Geral do Trabalho – CGT – orientada pelas propostas de Georges Sorel (contra o capital e que tinha na greve geral seu principal instrumento de ação) que em 1912 conseguiu alcançar 600.000 associados de um total estimado de 1.500.000 trabalhadores sindicalizados.

Greves, sindicatos, partidos operários ou socialistas, associações de auxílio mútuo etc. disseminaram-se, em diferentes graus e formas, pela Europa (exceto na Rússia em que a repressão era total até 1905), pelos Estados Unidos[8] e mesmo por partes do mundo não industrializado.[9]

No período, registra-se inclusive a formação de entidades internacionais de trabalhadores. Em 1864, foi fundada em Londres a Associação Internacional de Trabalhadores, conhecida como a "Primeira Internacional". Em 1862, quando da realização da Exposição Internacional de Londres, estiveram presentes delegações de trabalhadores da França e

---

8. Embora o sindicalismo nas grandes indústrias nos Estados Unidos tenha sido praticamente eliminado a partir de 1890 (e só viesse retornar depois de 1930), há um fato marcante na história do movimento trabalhista norte-americano. Em 1886, no dia 1º de Maio, teve início uma greve geral em defesa das 8 horas de trabalho: "80 mil grevistas em Chicago e, devido a uma provocação, chefes do movimento [foram] presos, condenados e enforcados" (BEAUD, 2004, p.211). Evocando esse evento, o dia 1º de maio tornou-se internacionalmente o Dia do Trabalho.

9. No Brasil, recém-saído da escravidão e pouco industrializado, também se verificou o surgimento de partidos operários ou socialistas, com breve duração, uma imprensa operária atuante e associações de trabalhadores bastante ativas (ligas, sindicatos etc.), inclusive na organização de movimentos grevistas. Azis Simão registrou a existência, no Estado de São Paulo, entre 1872 e 1914, de 51 associações de auxílio mútuo, 9 sociedades cooperativas e de 75 associações sindicais (SIMÃO, 1966, p.203-211). Boris Fausto identificou alguns partidos operários e socialistas no Brasil da passagem do século, os principais órgãos de imprensa operária e também as correntes ideológicas mais influentes no sindicalismo da Primeira República brasileira até 1920 (FAUSTO, 1976, Cap. I).

da Alemanha. Junto com sindicalistas ingleses, decidiu-se a criação de uma organização internacional dos trabalhadores, o que se concretizou em 1864. Marx teve papel fundamental na Primeira Internacional que propunha a organização do proletariado como um partido político independente. Jornada de trabalho de 8 horas, ampliação da legislação do trabalho, criação de sociedades cooperativas, nacionalização (estatização) das minas, dos bancos, da terra, dos transportes e das comunicações e oposição à guerra constavam de suas propostas. Mas a organização dos trabalhadores tinha como finalidade última a conquista definitiva do poder político pelos trabalhadores, ou seja, promover a revolução.

A Primeira Internacional enfraqueceu-se após a derrota da Comuna de Paris (1870) com a repressão aos sindicatos franceses que deixaram de participar ativamente da Internacional. Além disso, surgiram cisões no interior da Internacional: de um lado, os líderes ingleses desaprovaram a Comuna de Paris, ao passo que Marx a havia apoiado. Por outro, a disputa interna pelo controle da Internacional entre Marx e Bakunin[10] provocou uma ruptura em 1872: derrotado no Congresso de Haia, Bakunin se retirou da Internacional. Em seguida, houve a transferência de sua sede para Nova Iorque, onde sobreviveu até 1876.

A Segunda Internacional, também de orientação marxista, foi organizada em Paris, em 1899. Em 1910, estabeleceu-se em Bruxelas um escritório socialista internacional para articular os diferentes movimentos trabalhistas nacionais. Em 1914, 27 países estavam filiados à Segunda Internacional, a qual deixou de existir durante a Primeira Guerra para ressurgir em 1919 com a adesão de muitos partidos socialistas europeus.

A ação das duas Internacionais no sentido de organizar, no plano internacional, o movimento dos trabalhadores não exerceu grande influência. No entanto, embora as situações de trabalho nos diversos países industriais (e mesmo no interior de cada um deles) fossem muito diferentes, havia alguns elementos que davam certa unidade ao movimento dos trabalhadores.

Um modo poderoso de unificar era o da ideologia, amparada pela organização. Os socialistas e anarquistas levaram seu novo evangelho às massas, até então desprezadas por todas as instituições, exceto por seus exploradores e por aqueles que as aconselhavam a se manter silenciosas e obedientes. [...] Essa mensagem, a da unidade de todos os que trabalham e são pobres, foi levada até os mais remotos cantos dos países, por agitadores e propagandistas. E eles traziam igualmente a organização, a ação coletiva estruturada, sem a qual a classe operária não poderia existir como classe; e, por meio da organização, adquiriam aqueles quadros de porta-vozes que podiam articular os sentimentos e esperanças dos homens e mulheres que não os saberiam enunciar. Eles possuíam ou encontravam as palavras para as verdades que todos sentiam. Sem essa coletividade organizada, seriam apenas pobre gente do trabalho. (HOBSBAWM, 1988, p.180-181)

---

10. M. Bakunin (1814-1876), anarquista russo que defendia, de um lado, a ação revolucionária para a destruição do capitalismo e implantação da sociedade anarquista, e de outro, a supressão do Estado e de toda e qualquer autoridade. O poder seria estruturado por meio de assembleias populares.

Embora a "unidade de todos os que trabalham e são pobres" fosse efetiva na identificação dos próprios trabalhadores com sua classe, havia dificuldades para que essa unidade se concretizasse no plano político. No entanto, a enorme expansão do sindicalismo (e de suas reivindicações) e das organizações políticas socialistas atesta a insatisfação dos trabalhadores com suas condições de vida e de trabalho, apesar da elevação do salário real e da melhoria do padrão de vida que ocorreu no período. A ideologia, por si só, seria incapaz de gerar frutos se não encontrasse um terreno fértil para a mensagem que disseminava.

REFERÊNCIAS

BARRACLOUGH, G. (1976). *Introdução à História Contemporânea*. Rio de Janeiro: Zahar Editores.

BEAUD, M. (2004). *História do Capitalismo: De 1500 até Nossos Dias*. São Paulo: Brasiliense.

BIRNIE, A. (1964). *História Econômica da Europa*. Rio de Janeiro: Zahar Editores.

DOBB, M. (1983). *A Evolução do Capitalismo*. São Paulo: Abril Cultural.

FAUSTO, B. (1976). *Trabalho Urbano e Conflito Social (1890-1920)*. São Paulo: Difel.

HILFERDING, R. (1985). *O Capital Financeiro*. São Paulo: Nova Cultural.

HOBSBAWM, E. (1977). *A Era do Capital (1848-1875)*. Rio de Janeiro: Paz e Terra.

HOBSBAWM, E. (1978). *Da Revolução Industrial Inglesa ao Imperialismo*. Rio de Janeiro: Forense Universitária.

HOBSBAWM, E. (1988). *A Era dos Impérios (1875-1914)*. Rio de Janeiro: Paz e Terra.

HOBSON, J. A. (1985). *A Evolução do Capitalismo Moderno*. 2ª ed., São Paulo: Nova Cultural.

LANDES, D. (2005). *Prometeu Desacorrentado*. 2ª ed., Rio de Janeiro: Elsevier.

LENINE, V. I. (1986). *O Imperialismo, Fase Superior do Capitalismo (Ensaio Popular). Obras Escolhidas em três tomos*. São Paulo: Editora Alfa-Omega.

LEWIS, W. A. (1978). *Growth and Fluctuations, 1870-1913*. London: Allen & Unwin.

MITCHELL, B. R. (1994). *British Historical Statistics*. Cambridge (UK): Cambridge University Press.

MOMMSEN, W. J. (1971). *La Época del Imperialismo: Europa, 1885-1918*. México: Siglo Veintiuno Editores.

RIOUX, J.P. (1971). *La Révolution Industrielle, 1780-1880*. S.l.: Éditions du Seuil.

ROSTOW, W. W. (1948). *British Economy of the Nineteenth Century*. Oxford: Oxford University Press.

SAUL, S. B. (1969). *The Myth of the Great Depression, 1873-1896*. London; New York: Macmillan; St. Martin's Press.

SIMÃO, A. (1966). *Sindicato e Estado: Suas Relações na Formação do Proletariado de São Paulo*. São Paulo: Dominus Editora/Edusp.

TRIFFIN, R. (1968). *Our International Monetary System*. New York: Random House.

VILAR, P. (1974). *Or et Monnaie dans l'Histoire*. Paris: Flammarion.

Capítulo 10

AS INDUSTRIALIZAÇÕES RETARDATÁRIAS DO SÉCULO XIX: EUROPA, ESTADOS UNIDOS, JAPÃO

A	Grã-Bretanha foi o primeiro país a se industrializar: sua Revolução Industrial, cujo marco inicial se situa na segunda metade do século XVIII, a colocou à frente das outras potências europeias da época (em especial da Holanda e da França). No entanto, ao se adentrar o século XX, Alemanha e Estados Unidos se destacavam como novas potências industriais ao lado de outros países que ostentavam sistemas industriais relativamente complexos ou alguns ramos bastante desenvolvidos: França, Bélgica, Áustria-Hungria, Itália, Suíça, Suécia, Rússia, Espanha, Japão estavam entre essas novas nações com algum grau, maior ou menor, de industrialização. Em suma, processos de industrialização (alguns diriam, revoluções industriais) se reproduziam nas diversas nações do continente europeu e ainda nos Estados Unidos e no Japão, embora em ritmos bastante distintos. Paralelamente, a Grã-Bretanha tinha sua posição de principal potência industrial mundial ameaçada e em fins do século XIX sua produção de manufaturados já era inferior à dos Estados Unidos e à da Alemanha.

TABELA 10.1
Participação dos países na produção industrial mundial 1870-1929 (%)

PERÍODO	ESTADOS UNIDOS	REINO UNIDO	ALEMANHA	FRANÇA	RÚSSIA	OUTROS PAÍSES
1870	23,3	31,8	13,2	10,3	3,7	17,7
1881-1885	28,6	26,6	13,9	8,6	3,4	18,9
1896-1900	30,1	19,5	16,6	7,1	5,0	21,7
1906-1910	35,3	14,7	15,9	6,4	5,0	22,7
1913	35,8	14,0	15,7	6,4	5,5	22,6
1926-1929	42,2	9,4	11,6	6,6	4,3	25,9

Fonte: NORTH (1969), p.43.

Esta experiência do final do século XIX propõe algumas questões que se tornaram polêmicas para os historiadores econômicos. Por que a Grã-Bretanha perdeu sua liderança secular como potência industrial? O padrão de industrialização dos novos países industriais teria seguido o da Grã-Bretanha ou haveria diferenças importantes nesses processos? Estaria reservado a todas as nações do mundo o mesmo destino como países industrializados (e desenvolvidos) ou alguns deles seriam incapazes de superar essa barreira? Ou seja, o tema envolvia não só o interesse histórico da explicação dos processos nacionais de industrialização, mas também se projetava sobre a questão das políticas de desenvolvimento: por isso, a polêmica ganhou importância após a Segunda Guerra Mundial quando o subdesenvolvimento se consolidou como um tema central para o pensamento econômico.

10.1 A POLÊMICA ENTRE WALT W. ROSTOW E ALEXANDER GERSCHENKRON: ETAPAS DO DESENVOLVIMENTO OU GRAU DE ATRASO COMO DETERMINANTES DAS CARACTERÍSTICAS DAS INDUSTRIALIZAÇÕES RETARDATÁRIAS

Walt W. Rostow, professor de História Econômica do MIT (Instituto de Tecnologia de Massachussetts), publicou em 1959 o livro *Etapas do Desenvolvimento Econômico*, com o significativo subtítulo *Um Manifesto Não Comunista*. Convém lembrar que, após a Segunda Guerra Mundial, a expansão do socialismo fora bastante intensa: vários países da Europa Oriental (liderados pela União Soviética) e a China abarcavam, em torno de 1950, cerca de 1/6 da população mundial. Depois de 1950, a expansão do socialismo continuou: na Ásia, em que Coreia e Vietnã foram os casos mais notórios, assim como em Cuba (1959) cuja vizinhança com os Estados Unidos era vista com preocupação pelo governo americano. Além disso, a economia da União Soviética se afirmava, nos anos 1950, como a segunda maior do mundo (atrás da norte-americana) e rivalizava com os Estados Unidos como potência militar e na corrida espacial. A obra de Rostow expressava a reação à rivalidade entre capitalismo e comunismo, pois defendia a hipótese de que todas as nações passariam, ao seu tempo, por um processo de desenvolvimento que as levaria ao estágio das nações mais desenvolvidas (como os Estados Unidos). Daí a noção de "etapas" do desenvolvimento econômico, etapas essas definidas com base no modelo histórico britânico e que se reproduziria para todas as demais nações do mundo. Rostow definia cinco etapas do desenvolvimento: 1) Sociedade Tradicional; 2) As precondições para a decolagem ("take-off"); 3) A decolagem; 4) A marcha para a maturidade; 5) A era do consumo em massa.

Na sociedade tradicional (cujo "modelo" era a Europa Ocidental medieval), o reduzido domínio da ciência e da tecnologia restringia o volume de produção *per capita* (ou a produtividade do trabalho), exigindo que grande parcela da população e dos recursos fosse destinada à agricultura. Por isso, a terra se tornava elemento fundamental na determinação da estrutura social e política das sociedades tradicionais, marcadas por mudanças muito lentas.

A ruptura da sociedade tradicional se inicia com o estabelecimento das "precondições para a decolagem (take-off)"; nesta segunda etapa do desenvolvimento econômico, era central a adoção de técnicas originadas da aplicação da ciência moderna, propiciando o aumento da produtividade tanto na indústria como na agricultura. Expansão do comércio interno e externo, dos bancos, de investimentos em transportes também fazem parte das precondições para a decolagem. Mas tudo isso ocorre em ritmo lento, pois, no conjunto, ainda prevalecem uma economia e uma sociedade caracterizadas por métodos tradicionais de baixa produtividade e pelos antigos valores. Historicamente, isto teria ocorrido, de início, na Europa Ocidental (em especial, na Inglaterra) no fim do século XVII e início do século XVIII, resultado da progressiva decomposição do feudalismo. Em áreas "atrasadas", as precondições para a decolagem teriam sido estabelecidas, com maior frequência, a partir da "intromissão externa por sociedades mais adiantadas".

Na terceira etapa – a decolagem – as antigas resistências ao desenvolvimento são superadas e o desenvolvimento passa a ser a situação normal. O elemento central na decolagem é a inovação tecnológica, mas mudanças sociais e políticas (em especial, o acesso ao poder de um grupo modernizador) também se processam. São algumas décadas em que as mudanças na estrutura básica da economia e na estrutura política e social garantem a manutenção de um ritmo constante de crescimento.

A marcha para a maturidade – uma longa fase, de cerca de 60 anos para ser concluída – é a quarta etapa do desenvolvimento de Rostow: nesse período, procura-se estender a tecnologia moderna a toda a atividade econômica de modo que a renda nacional possa superar regularmente o crescimento demográfico (quer dizer, há persistente aumento da renda *per capita*). Alcançada a maturidade, estaria preparado o salto para a última etapa: a era do consumo em massa. A inovação técnica permanente e o aumento da renda *per capita* possibilitariam aos consumidores ir além das necessidades básicas em direção aos bens duráveis de consumo e aos serviços.

Rostow admitia que todas as sociedades chegariam à era do consumo em massa: "Bilhões de seres humanos hão de viver no mundo, se o conservarmos, durante este século ou pouco mais até que o consumo em massa se torne universal" (ROSTOW, 1971, p.198). E ainda que "os artifícios do desenvolvimento não são de maneira alguma difíceis" (p.197). O problema para Rostow era, como sugerido no subtítulo de seu livro, o comunismo: "O comunismo não é, de modo algum, a única forma de organização estatal eficaz que pode consolidar as precondições na transição de uma sociedade tradicional, desencadear um arranco e impelir uma sociedade para a maturidade tecnológica. Mas ele pode ser um meio de se realizar essa difícil tarefa [...]. O comunismo ocupa lugar, portanto, [...] como uma

TERCEIRA PARTE – AS TRANSFORMAÇÕES DO CAPITALISMO

forma particularmente desumana de organização política capaz de desencadear e sustentar o processo de desenvolvimento em sociedades em que o período de precondições não produziu uma classe média comercial empreendedora substancial e conveniente consenso político entre os líderes da sociedade" (ROSTOW, 1971, p.194-195).

Assim, Rostow admitia que todas as sociedades poderiam se desenvolver e atingir a era do consumo em massa, inclusive as comunistas. O "manifesto não comunista" se fundava nos aspectos políticos dos dois sistemas: a superioridade do capitalismo se afirmaria por seu caráter democrático e pela defesa da liberdade. Trata-se de uma visão peculiar da época – os anos 50 do século XX – quando os sucessos da economia soviética (em termos de expansão do produto e da indústria militar e espacial) apareciam como uma ameaça à liderança norte-americana; e quando a proliferação de regimes comunistas colocava em questão a hegemonia capitalista no plano mundial.

Alexander Gerschenkron foi um dos críticos das etapas do desenvolvimento de Rostow, não por seu ataque ao comunismo – Gerschenkron era também ferrenho anticomunista – e sim por duas implicações de sua análise: a de que haveria um único padrão de desenvolvimento, sintetizado nas cinco etapas; e de que todas as sociedades se desenvolveriam, alcançando a era do consumo em massa. Ao estudar as industrializações europeias, Gerschenkron verificava a existência de alguns padrões diferenciados de desenvolvimento; e ainda que, em alguns casos, o desenvolvimento, com base na industrialização, se mostrara inviável, permanecendo a sociedade atrasada.

Gerschenkron admitia que cada processo de industrialização teria características peculiares: por razões de ordem natural (geografia, disponibilidade de recursos), cultural, política etc. Mas nessa diversidade dos processos retardatários de industrialização (no caso, dos países europeus) havia algumas regularidades que permitiam certas generalizações. O elemento central para definir estas generalizações era o grau relativo de atraso destas economias em relação à industrialização pioneira, no momento em que iniciam seu processo de industrialização. Dado o diferente grau de atraso dos países europeus (França, Alemanha, Rússia, Itália, Áustria-Hungria, Espanha, Suécia etc.), era possível estabelecer certas regularidades que se observavam no confronto do desenvolvimento industrial desses países, controlado pelo grau de atraso que ostentavam.

Assim, Gerschenkron chegava a seis generalizações:

1. Quanto mais atrasada a economia de um país, maior a probabilidade de sua industrialização começar de forma descontínua e adotar o aspecto de um grande surto que daria lugar a um ritmo de crescimento do produto industrial relativamente alto.

2. Quanto mais atrasada a economia de um país, maior era a importância que em sua industrialização se concedia à dimensão da planta industrial e também da empresa (que tendiam a ser maiores do que na industrialização pioneira).

3. Quanto mais atrasada a economia de um país, maior era a importância concedida em seu processo industrial à criação de bens de produção diante dos bens de consumo.

240

CAPÍTULO 10 - AS INDUSTRIALIZAÇÕES RETARDATÁRIAS DO SÉCULO XIX: EUROPA, ESTADOS UNIDOS, JAPÃO

4. Quanto mais atrasada a economia de um país, mais forte era a pressão que se impunha sobre o nível de consumo da população a fim de obter recursos para investimento produtivo.

5. Quanto mais atrasada a economia de um país, mais importante era o papel dos fatores institucionais especiais que tinham a finalidade de incrementar a oferta de capital às novas indústrias.

6. Quanto mais atrasado um país, menor a probabilidade de que sua agricultura desempenhasse um papel ativo na industrialização, oferecendo às novas indústrias as vantagens de um mercado em expansão para seus produtos, o qual se fundasse na crescente produtividade do trabalho agrícola (GERSCHENKRON, 1966b, p.353-354).

O argumento central de Gerschenkron é de que as industrializações retardatárias não poderiam repetir o mesmo percurso da industrialização pioneira porque as condições em que se processavam eram fundamentalmente distintas. Além de características naturais, culturais, econômicas e sociais peculiares, os países que ingressavam atrasados no processo de industrialização podiam dispor, em maior ou menor medida, da tecnologia desenvolvida nas nações pioneiras; porém, deviam enfrentar a competição dessas indústrias mais avançadas dentro de seu próprio mercado (na ausência de barreiras protecionistas) e no mercado internacional. O grau de atraso de cada país que inicia sua industrialização propõe problemas peculiares a esse momento, sendo essa a lógica que permitia a Gerschenkron formular as seis generalizações acima indicadas.

Um exemplo auxilia a compreensão do argumento geral. Ao tratar da oferta de capital para as novas indústrias, Gerschenkron definiu um esquema bastante simples, mas que, para ele, permitia entender as variadas formas de financiamento da industrialização. Na industrialização pioneira, a tecnologia é relativamente simples, as primeiras fábricas têm dimensão limitada e o processo se realiza de forma rápida, porém contínua. Assim, era possível obter recursos para o financiamento das novas fábricas a partir do próprio setor produtivo, ou seja, pelo reinvestimento dos lucros. Em industrializações moderadamente atrasadas, a dimensão típica de uma fábrica já é maior (dada a tecnologia disponível nas nações pioneiras) e, portanto, o volume de capital a ser investido também elevado. Assim, é provável que empresários individuais não sejam capazes de bancar o investimento mínimo necessário para implantar a nova fábrica. Daí o apelo aos bancos que poderiam concentrar recursos de inúmeros clientes para financiar o investimento na indústria. Assim, em nações moderadamente atrasadas, os bancos teriam um papel fundamental no financiamento das novas indústrias. Porém, em países muito atrasados, nem mesmo os bancos seriam suficientes para reunir o capital necessário à industrialização. De um lado, esses países muito atrasados podem enfrentar grandes dificuldades para reunir capitais, mesmo por meio do sistema bancário: população muito dispersa, reduzido nível de renda e de poupança, desconfiança em relação aos bancos são motivos que reduzem o potencial do sistema bancário para reunir os recursos necessários para efetivar o investimento industrial. De outro lado, o estágio de desenvolvimento industrial das demais nações já envolve tecnologias mais sofisticadas e escalas de produção relativamente elevadas, portanto grandes volumes de capital para o estabelecimento de novas unidades de produção. Assim, nem os empresários individuais nem os bancos seriam capazes de financiar o volume de capital necessário para as novas indústrias. Nesse estágio faz-se necessária a intervenção de outra instituição, ou seja, o Estado, como mobilizador de recursos para o investimento industrial e, em certos casos, também como proprietário das novas fábricas (GERSCHENKRON, 1966b, p.355).

Este é um exemplo pelo qual Gerschenkron contesta a adequação da noção de etapas do desenvolvimento de Rostow: na verdade, os padrões de industrialização são substancialmente distintos e algumas etapas podem ser "saltadas" dadas as "vantagens" que o país atrasado tem ao dispor da experiência dos mais adiantados.

Porém há outra crítica proposta ao esquema de Rostow, pois Gerschenkron entende que a industrialização e o desenvolvimento não eram destinos necessários de todas as nações. Admite que a industrialização era vista como um meio para atingir determinados objetivos, como a elevação do padrão de vida ou o fortalecimento do poderio nacional. Ou seja, o impulso para a industrialização adviria da tensão entre a situação atual e aquela pretendida. Ao estudar as industrializações da Europa Continental, Gerschenkron registra vários casos em que essa tensão induziu esforços bem sucedidos na construção da indústria nacional, ainda que com ritmos e padrões distintos: França, Alemanha, Rússia, Império Austro-húngaro, Bélgica, Itália, Suécia, Suíça são exemplos desse sucesso. Porém, nem todos os países trilharam o caminho da industrialização. Em alguns casos, a tensão entre a situação atual e a desejada não era muito grande e o objetivo poderia ser atingido por outras vias: é o caso da Dinamarca que, ao especializar-se na produção agropecuária e contando com a proximidade do mercado britânico, pôde alcançar padrões de vida satisfatórios sem a necessidade de industrializar-se. Em outros casos, a disparidade entre a situação atual (de atraso) e a pretendida é tão grande que esta surge como um obstáculo intransponível diante dos recursos disponíveis. É o caso da Bulgária em que o Estado foi incapaz de reunir forças para vencer o atraso e promover a industrialização.

Esta conclusão entrava claramente em choque com o esquema de Rostow: o desenvolvimento não era o destino de todas as nações. A situação de atraso podia ser o ponto de partida para rápida expansão e grandes ganhos; mas também podia implicar obstáculos tão elevados a ponto de não poder ser superada. Diversamente do que dizia Rostow, "os artifícios do desenvolvimento" poderiam ser particularmente difíceis. Porém, tão preocupado com o comunismo quanto Rostow, Gerschenkron entendia que os problemas das nações atrasadas no século XX não eram exclusivamente delas, mas também dos países adiantados (na medida em que desejassem impedir a expansão do comunismo). E concluía: "A lição do século XIX é que as políticas para os países atrasados

CAPÍTULO 10 – AS INDUSTRIALIZAÇÕES RETARDATÁRIAS DO SÉCULO XIX: EUROPA, ESTADOS UNIDOS, JAPÃO

dificilmente serão bem-sucedidas se ignorarem as peculiaridades básicas do atraso econômico" (GERSCHENKRON, 1966b, p.30).

Em muitos aspectos, a polêmica acima foi superada. Porém, seu interesse permanece: por um lado, porque propõe, para nossos dias, a questão das políticas de desenvolvimento adequadas para os diferentes países (afinal, há uma única receita para os problemas dos países atrasados ou suas peculiaridades devem ser levadas em consideração?). Por outro lado, na perspectiva da História Econômica, ela fornece referências importantes para a análise dos processos de industrialização retardatários do século XIX que modificaram o panorama da economia mundial.

10.2 INDUSTRIALIZAÇÕES RETARDATÁRIAS NA EUROPA CONTINENTAL

Ao longo do século XIX, diversos países europeus (ou regiões ainda não constituídas como Estados Nacionais) passaram, em grau maior ou menor, por processos de industrialização. Há um ponto de partida comum a esses processos: de um lado, o caráter predominantemente agrícola de suas economias, preservando em algum grau heranças do feudalismo cuja transformação ou mesmo destruição são encaradas pelos analistas como precondições para a industrialização; de outro, o fato de serem retardatários, ou seja, de terem a Grã-Bretanha como referência para sua industrialização, seja como modelo (a ser seguido, ou não), seja como competidor potencial ou como eventual fornecedor de técnicas e máquinas. Em suma, são industrializações que se processam em condições históricas particulares e cujas especificidades não devem ser ignoradas. Estudamos, a seguir, três casos (França, Alemanha, Rússia)[1], embora muitos outros tenham merecido atenção em pesquisas mais aprofundadas do tema (como Itália, Bélgica, Holanda, Suécia, Hungria etc).[2]

10.2.1 França

A França tinha, no século XVIII uma economia de grande dimensão. Com população de 18 milhões de habitantes em 1700, e 25 milhões, em 1790 – menor apenas do que a da Rússia –, população que crescia rapidamente para os padrões da época, a França era também o maior produtor de manufaturas em meados do século XVIII. No entanto, algumas

---

1. Nossa exposição sobre a industrialização de França, Alemanha e Rússia recorre principalmente aos textos de KEMP (1987) e HENDERSON (s/d).
2. Em CIPOLLA (1973) e em TEICH & PORTER (1996) o leitor encontra estudos sobre diversos processos de industrialização: além de Grã-Bretanha, França, Alemanha e Rússia, são tratados, entre outros, os casos da Holanda, Bélgica, Suíça, Itália, Espanha, Suécia, Áustria e Hungria.

243

características econômicas e sociais da França não eram propícias para transformações mais profundas da produção industrial.

Por um lado, a maior parte da população se encontrava na área rural: os camponeses estavam submetidos a uma série de obrigações diante da nobreza, da Igreja e do Estado. O pouco que lhes restava de sua produção era destinado à própria subsistência. Desse modo, os camponeses não dispunham de renda para a compra de produtos manufaturados; por isso, embora numericamente expressiva, a população rural francesa no século XVIII não constituía um mercado amplo para a produção manufatureira. Por outro lado, a renda transferida dos camponeses para a nobreza, para a Igreja e para o Estado era despendida em gastos de luxo ou com a administração e a defesa do país, não se refletindo na formação de um mercado de massa (KEMP, 1987, p.71-72).

A esse perfil de distribuição de renda na França do século XVIII corresponde a característica da produção manufatureira à época: predomínio de formas artesanais, nas cidades ou na área rural e presença de algumas manufaturas, em geral com algum apoio do Estado, voltadas à produção de artigos de luxo para o mercado interno ou para exportação. Esse foi o perfil da chamada indústria artificial setecentista, constituída por meio da política de François Colbert no reinado de Luís XIV. Assim, mesmo ao fim do século XVIII, a produção mecanizada era ainda rara, indicando o atraso da indústria francesa em relação à da Grã-Bretanha.

Qual o impacto da Revolução Francesa e do período napoleônico sobre a economia francesa? Importantes mudanças ocorreram nesses anos: a abolição do que ainda subsistia de relações feudais e de servidão, o fim das corporações de ofício e a elaboração de novos códigos jurídicos que suprimiam os privilégios do Antigo Regime e instituíam uma ordem legal típica do capitalismo, em especial por meio da configuração jurídica da propriedade (como um direito absoluto sobre os bens).[3] Outras medidas foram parcialmente revertidas mais tarde, a exemplo do confisco das terras da nobreza e a abolição do escravismo nas colônias.

Essas mudanças, embora formalmente favoráveis ao desenvolvimento da empresa industrial, não tiveram impacto imediato. No campo, a tendência foi de consolidação da pequena propriedade camponesa que restringia a produção industrial em massa por ainda limitar a expansão do mercado (os camponeses continuavam a produzir parcela substancial de seu próprio consumo); além disso, a garantia da propriedade camponesa retinha grande parte da população no campo, impedindo a formação de uma ampla mão de obra disponível para a indústria urbana.[4] Admite-se também que os anos da revolução e das

---

3. À época de Napoleão foram elaborados cinco códigos: civil, de processo civil, comercial, penal e de instrução criminal que eliminavam os privilégios típicos da ordem feudal e instituíam a liberdade e a igualdade jurídica dos cidadãos.

4. Em seminário realizado na França, em 1968, Pierre Vilar observava a permanência da pequena propriedade camponesa que nessa época era objeto de expropriação: "Em França, onde se mantém a propriedade parcelar, é ante nossos olhos, com a ajuda da legislação gaullista, que prossegue a expropriação-proletarização do camponês" (VILAR, 1971, p.45).

CAPÍTULO 10 – AS INDUSTRIALIZAÇÕES RETARDATÁRIAS DO SÉCULO XIX: EUROPA, ESTADOS UNIDOS, JAPÃO

guerras napoleônicas não foram especialmente favoráveis ao crescimento da produção industrial, embora o Bloqueio Continental – que impediu o acesso de mercadorias inglesas aos países sob o domínio napoleônico – tivesse reservado alguns mercados europeus aos produtos manufaturados franceses ou dos países ocupados por Napoleão (especialmente para fios e tecidos de algodão).

Com o fim da guerra, em 1815, e a adoção de política protecionista, a indústria francesa voltou a crescer; porém é a partir de 1830 que mudanças qualitativas puderam ser observadas. O núcleo das mudanças é ainda a indústria têxtil que passou a se concentrar em torno de algumas áreas cuja tradição vinha dos séculos anteriores (como algodão na Normandia e na Alsácia, e seda em Lyon), iniciando um processo de mecanização progressivo, porém lento, dessa produção (no que, por vezes, seria identificado como o início de uma Revolução Industrial na França).

Na década de 1840, com o estabelecimento de canais e de estradas de ferro, houve novos estímulos à industrialização: alguma integração do mercado nacional, ampliando a escala possível de produção, e novas demandas derivadas das necessidades da indústria e dos transportes. A escassez de carvão, considerada um obstáculo à industrialização francesa, exigiu esforços de pesquisa para superar essa limitação. Porém, outra questão se colocou nesse momento: a disponibilidade dos capitais.

Para o estabelecimento da rede ferroviária, o Estado, de início, construía a infraestrutura e a arrendava às empresas (que deviam fornecer locomotivas, carros e vagões para a operação das linhas); mais tarde, concedeu subsídios, sob a forma de garantia de juros (de 4% ao ano)[5] e também o direito de a empresa ter o monopólio sobre uma certa zona. Em 1851, promoveu-se a reorganização do sistema com fusão de empresas e consolidação de um sistema radial com centro em Paris (estradas de ferro do Norte, do Leste, do Oeste, do Sul, linha Paris-Orléans-Bordeaux, linha Paris-Lyon-Mediterrâneo). Essas redes eram empresas privadas em que o governo detinha parte das ações (HENDERSON, s/d, p.134-138). Mesmo assim, a mobilização do capital para as ferrovias exigiu inovações na esfera financeira. A "alta finança" francesa (os grandes banqueiros) estava mais envolvida com a dívida pública interna ou estrangeira e era pouco afeita aos investimentos na esfera produtiva. Daí o surgimento de novas instituições financeiras que trataram de canalizar recursos para as empresas ferroviárias e, a seguir, para outros negócios de grande porte. O mais famoso desses bancos – o Crédit Mobilier, dos irmãos Pereire – teve importante papel nos anos 1850 e serviu de modelo a outras instituições dentro e fora da França.

---

5. A "garantia de juros" foi bastante utilizada – inclusive no Brasil – para incentivar a construção de ferrovias. Os governos garantiam, aos capitais investidos em ferrovias, uma rentabilidade mínima: assim, se a operação da linha não oferecesse o retorno "garantido" sobre o capital autorizado pelo governo, este complementava os recursos para oferecer aos acionistas o dividendo estabelecido. No Brasil, a garantia de juros se situou entre 5% e 7% ao ano.

TERCEIRA PARTE – AS TRANSFORMAÇÕES DO CAPITALISMO

Os negócios do Crédit Mobilier estão associados à ação do governo de Napoleão III (1850--1870), por meio da mobilização de capitais para ferrovias, portos, obras e edifícios públicos, todos contando com algum apoio ou participação do Estado. Como resultado, houve também estímulo à indústria pesada como fornecedora de insumos para a produção de equipamentos e materiais para aquelas obras. Outro banco bastante conhecido – Crédit Lyonnais – participou mais diretamente do financiamento da indústria pesada que passou a contar com estabelecimentos de grande porte, a exemplo da metalúrgica de Creusot que, com 3.250 operários, em 1850, atingiu 6.000 operários, em 1860.

Desse modo, a partir de 1850 delineia-se um novo perfil da indústria francesa: é certo que o peso da pequena empresa de base artesanal ainda era grande; porém já se podia observar um sistema fabril (principalmente no ramo têxtil) e alguns gigantes na indústria pesada (como siderurgia, mineração, química).

Em relação à política comercial, houve uma clara mudança de rumo: o protecionismo estabelecido ao fim das guerras napoleônicas foi revertido com a assinatura, em 1860, do Tratado Comercial Anglo- Francês (conhecido como Cobden-Chevalier) que estabeleceu a tarifa máxima de 25% para a entrada de produtos ingleses na França. O impacto sobre a indústria foi variado: alguns ramos tradicionais, beneficiados pelo tratado, incrementaram suas exportações; setores da indústria pesada (como metalurgia e mecânica), "protegidos" pelo elevado custo de transporte, mantiveram seu controle sobre o mercado interno; já as empresas mais frágeis sucumbiram diante da competição inglesa. No entanto, essa adesão ao livre-comércio não pôde durar muito (KEMP, 1987, p.86-87).

A derrota na Guerra Franco-Prussiana (1870-1871) implicou a perda dos importantes territórios da Alsácia e de partes da Lorena para a Alemanha (recém-constituída como Estado Nacional unificado). A própria guerra criara dificuldades financeiras para o governo francês que se somavam ao enfraquecimento econômico decorrente da derrota diante da Alemanha. Assim, a partir de 1876 teve início a adoção de uma nova política comercial que culmina, em 1892, com a aprovação das tarifas Méline que davam, simultaneamente, proteção aos produtores de grãos e à indústria. Como é típico do período posterior a 1870, também na França proliferaram os cartéis associados à consolidação de grandes grupos empresariais na indústria pesada.

Embora se possa afirmar que, entre 1875 e 1914, a França tenha se constituído como uma nação industrial moderna, é inegável que seu processo de industrialização foi marcado por uma série de particularidades que merecem ser assinaladas.

O lado moderno da economia francesa se situava na forte presença dos bancos (comparado ao caso britânico) no financiamento da esfera produtiva e da grande empresa na indústria pesada e em novos ramos (como o da engenharia e o automobilístico em que nomes como Peugeot, Renault e Michelin se consolidaram no início do século XX). No entanto, a estrutura industrial ainda comportava, de um lado, uma produção de base artesanal bastante dispersa, em que o pequeno produtor continuava tendo lugar, e de outro, especialmente no setor têxtil, um sistema fabril mecanizado. Em suma, a modernização da indústria francesa caminhou lentamente e de forma bastante desigual, o que responde por seu atraso em relação à Inglaterra, mas também diante de novos países industriais como Alemanha e Estados Unidos.

Um argumento usual diz respeito ao mercado francês: como já notamos, apesar da grande população, seu caráter predominantemente rural (em 1872, cerca de 70% da população vivia no campo, embora em 1901 essa proporção tenha se reduzido para 50%) tornava o mercado relativamente limitado; admite-se ainda que o crescimento demográfico declinou a partir dos anos 1860, reduzindo o já restrito dinamismo do mercado. Além disso, a abundância de mão de obra na área rural favorecia a permanência de uma indústria apoiada nessa mão de obra relativamente barata, mas tecnologicamente atrasada, incapaz de competir no mercado internacional. Desse modo, a França só conseguiu se integrar aos grandes fluxos do comércio internacional por meio de sua produção de artigos de luxo, cujo comércio, no agregado, era relativamente pequeno.

A avaliação do processo francês de industrialização comporta alguma polêmica. François Crouzet admite que o produto industrial francês cresceu a taxas médias de 2,5% ao ano entre 1815 e 1869, mas que na década de 1860 e em especial na de 1880 houve forte desaceleração do crescimento econômico. E acrescenta:

[...] a crise obviamente era estrutural; [...] algumas de suas raízes são encontradas no padrão de industrialização francês que foi descrito: numa estrutura tanto da produção quanto das exportações industriais em que a parcela de metais, maquinaria e produtos químicos era muito baixa; e na especialização em produtos de alta qualidade intensivos em trabalho, o que eventualmente conduz a um impasse. Muitas exportações francesas eram vulneráveis à competição de países que tinham salários mais baixos ou foram bem-sucedidos em mecanizar a manufatura de sedas e outros bens de luxo à época em que a França não tinha mais uma oferta abundante de trabalho barato (a qual havia se reduzido desde a década de 1850). A França foi incapaz de manter a posição no mercado mundial que havia reconquistado durante o segundo terço do século. O setor tradicional de sua economia dual entrou parcialmente em colapso e o setor moderno – uma frágil cópia do modelo britânico – era muito fraco para compensar esse desastre. Desse modo, a França permaneceu um país industrializado de forma incompleta – e com poder em declínio por causa de seu crescimento populacional zero. (CROUZET, 1996, p.60)

A essa avaliação pessimista, podemos contrapor o julgamento peculiar de outro historiador francês que atribui ao crescimento relativamente lento da indústria francesa a virtude de garantir maior estabilidade à economia:

Partindo do mais baixo nível no começo do século XIX, a indústria francesa conheceu um crescimento sustentado durante todo o século, oscilando regularmente em torno de 2,5% ao ano: ela não alcança a Grã-Bretanha, mas não perde mais terreno. Progressão sábia e segura que evitaria os choques sociais mais vivos e tornaria nossa economia relativamente impermeável às crises periódicas. (RIOUX, 1971, p.106)

Apesar das avaliações distintas, é certo que nesse lento crescimento a indústria francesa foi ultrapassada, nas últimas décadas do século XIX, pelas da Alemanha e dos Estados Unidos.

10.2.2 Alemanha

Em estudo sobre a industrialização alemã, Richard Tilly propõe a seguinte periodização: 1) do final do século XVIII à década de 1830, uma fase de estabelecimento das precondições para o crescimento industrial; 2) do final dos anos 1830 até a década de 1870, período de aceleração do crescimento e de avanço da industrialização; 3) da década de 1870 à Primeira Guerra Mundial, uma fase de crescimento industrial contínuo com a disseminação dos padrões tecnológicos e organizacionais modernos por amplos setores da economia (TILLY, 1996, p.97-98).

Entre as precondições para a industrialização, Tilly arrola o papel da tecnologia estrangeira e de sua imitação na Alemanha. Porém, prefere centrar sua atenção em dois aspectos institucionais: a reforma agrária na Prússia e a criação de uniões alfandegárias (em especial, o Zollverein), processo que se articula com o da unificação das regiões alemãs num Estado Nacional.

Nas regiões que constituíram a Alemanha, estava presente, como em outros países europeus, o problema da herança feudal. Mas, a seu lado, havia outro problema, este peculiar àquelas regiões: o da própria constituição de um território politicamente unificado, uma vez que, ao fim do século XVIII, havia centenas de unidades políticas independentes (em 1789, seu número era de 314). Vejamos como estas questões foram encaminhadas.

Um marco importante na história dessas regiões foi a expansão napoleônica: territórios do oeste germânico (tendo o Rio Elba como referência) foram submetidos ao domínio francês que impôs mudanças legais similares às da França; e o leste (em particular a Prússia) foi abalado com a derrota diante das tropas napoleônicas em Iena (1806), colocando em questão o poderio prussiano. O impacto desses eventos levou à adoção de reformas institucionais na Alemanha, das quais cabe ressaltar, de início, a reforma agrária prussiana. São diversas medidas, implementadas entre 1807 e 1821, conhecidas pelos nomes de seus principais mentores, os ministros Stein e Hardenberg.

Na verdade, no século XVIII já havia uma clara distinção entre o que restava do feudalismo nas áreas a oeste e a leste do rio Elba.

No oeste, o camponês cultivava a terra e sobre o seu produto pesavam obrigações a serem pagas em dinheiro ou espécie. Não havia mais a servidão pessoal nem a corveia (obrigações sob a forma de trabalho na terra do senhor), numa situação semelhante à do camponês na Inglaterra na fase de transição do feudalismo ao capitalismo.

Já a leste do Elba (cujo núcleo era a Prússia), a exploração da terra era feita por conta do senhor, com trabalhadores não livres, sendo o produto (principalmente cereais) vendido no mercado. É a característica "segunda servidão" que se instalou na Europa Oriental quando a servidão já declinava na Europa Ocidental (séculos XV e XVI).

Entre os objetivos da reforma agrária prussiana estavam o fim da servidão pessoal e a definição de direitos individuais de propriedade da terra. O primeiro foi decretado em 1807 e tornado efetivo em 1810, suprimindo qualquer forma de obrigação pessoal entre senhores e camponeses. Já o segundo envolveu medidas sucessivas, finalizadas em 1821, e que implicaram a redistribuição dos direitos sobre a terra entre senhores e camponeses. Diferentemente do caso francês em que a Revolução Burguesa viabilizou a permanência de parte dos camponeses em suas terras, as reformas prussianas reforçaram a hegemonia das classes dominantes, garantindo a concentração da terra e do poder.[6]

No feudalismo, não há a noção de propriedade absoluta da terra: o camponês tem a posse da terra (ou seja, pode fazer uso dela, sendo esse direito por vezes hereditário), porém está sujeito a obrigações (decorrentes, do ponto de vista formal, de seu vínculo pessoal com o senhor ou de sua ligação com a terra que está no domínio do senhor). Na reforma agrária prussiana, definiu-se que a terra era de propriedade do senhor; assim, os camponeses teriam de entregar 1/3 da terra que ocupavam ao senhor (se o seu direito fosse hereditário) e 2/3 (no caso contrário). Além disso, para obterem a propriedade eram obrigados a "comprar" a terra, pagando aos senhores a renda correspondente a 25 anos de exploração. Além disso, as terras de uso comum também foram suprimidas e como sua "propriedade" também era do senhor, os camponeses perderam o acesso a elas. Como resultado, a maior parte dos camponeses ficou com lotes de terra extremamente reduzidos. Apesar de serem agora livres e proprietários plenos de suas terras, esses camponeses dificilmente conseguiam sobreviver da exploração de suas propriedades e passaram a trabalhar como assalariados. Em suma, a reforma agrária, ao constituir a propriedade individualizada da terra, acabou por criar as bases do proletariado rural e, em muitos casos, estimulou as migrações em busca do emprego não agrícola. Adicionalmente, o crescimento populacional intensificado no século XIX foi responsável pela pressão sobre a terra e sobre a oferta de alimentos, explicando os intensos movimentos migratórios do período.

---

6. Tal situação ficou conhecida como Revolução Conservadora (ou pelo Alto). A característica desta "Via Prussiana" na transição das relações jurídicas feudais para capitalistas, foi preservar o poder das classes tradicionais no campo.

TERCEIRA PARTE – AS TRANSFORMAÇÕES DO CAPITALISMO

A contrapartida desse processo foi o reforço da posição dos senhores do leste (conhecidos como *junkers*) que se estabeleceram como uma aristocracia com grande influência política na Prússia.

Foi também da Prússia a mais importante iniciativa no sentido da consolidação de um Estado Nacional alemão, condição à época para se ter um mercado integrado que viabilizasse o avanço da industrialização. A proposta de uma unidade política alemã já existia, por exemplo, na Confederação Alemã: criada no Congresso de Viena (realizado em 1815, que procurou reorganizar a política europeia após a derrota de Napoleão), contava com 35 estados e 4 cidades livres, sob a chefia da Áustria. Já o governo da Prússia caminhou na direção da unidade pela via econômica. Em 1818, estabeleceu uma união aduaneira no seu território, eliminando as barreiras alfandegárias internas. Essa união alfandegária foi ampliada para outros estados alemães, até a constituição, em 1834, do *Zollverein* que congregava 18 estados e 23 milhões de habitantes. A Áustria estava excluída dessa união alfandegária, indicando o caminho que a Prússia delineava para a futura unificação política alemã.

Admite-se que, na origem da união alfandegária havia objetivos fiscais (aumento da receita pela racionalização dos órgãos arrecadadores). No entanto, seu principal resultado econômico foi a formação de um amplo mercado integrado que fortaleceu as relações comerciais entre os vários estados incluídos no *Zollverein*.[7]

O aumento do comércio induziu melhoramentos nos transportes: como a possibilidade de transporte fluvial era relativamente limitada (a via principal era o Reno) e as estradas de rodagem não contavam com meios de transporte eficientes, o impulso para a construção de ferrovias já se fez sentir nos anos trinta. Os governos dos estados alemães (liderados pelo da Prússia) foram responsáveis pela concessão das linhas, pela desapropriação das terras para a construção e, nos anos 1850, pela ampliação dos recursos para as estradas, facilitando também a formação de sociedades anônimas.

Para Tilly, as ferrovias foram o principal fator para a aceleração do crescimento econômico na segunda fase da industrialização alemã (dos anos 1830 até a década de 1870). Além de intensificarem a integração do mercado, as ferrovias estimularam a produção de material ferroviário no próprio país. O estabelecimento inicial das linhas férreas dependeu de importações, porém já nos anos 1840 se iniciou a produção de alguns materiais. Nesses anos, por exemplo, ainda se importava ferro para a produção de trilhos no país (que também eram, em parte, importados); já nos anos 1850, a Prússia passou a exportar trilhos. Em suma, as ferrovias induziram a expansão da indústria pesada, especialmente a extração de carvão e a produção de ferro e aço (TILLY, 1996, p.102-109). Este foi o núcleo central da industrialização alemã; um setor tradicional – o de tecidos – também passou por mudanças nesses anos (com a instalação de fábricas mecanizadas), porém seu

---

7. O economista alemão Friedrich List (1798-1846) foi um dos defensores da criação do Zollverein. Também defendeu o protecionismo à indústria nascente como condição para permitir a industrialização alemã.

250

dinamismo foi limitado principalmente por não poder competir com os tecidos ingleses no mercado internacional.

A mobilização do capital para as estradas de ferro contou, já nesses anos de meados do século, com a participação dos bancos, mais precisamente de banqueiros privados que estavam presentes como membros dos comitês organizadores das empresas, como subscritores de parte do capital inicial das empresas e eventualmente como seus diretores, monitorando, dessa forma, o emprego de seu capital e de seus clientes.

Essas características da industrialização alemã se acentuaram após 1870, uma fase de crescimento industrial contínuo em que as novas tecnologias e os novos métodos organizacionais se difundiram por amplos setores da economia. Convém lembrar também que entre 1866 e 1871, a Prússia envolveu-se em guerras contra a Áustria (1866) e contra a França (1870-1871), das quais resultou a formação do Império Alemão (Deutsche Reich). Essas guerras levaram ao fim da Confederação Alemã, à exclusão da Áustria dessa nova unidade germânica e à conquista de importantes territórios franceses (Alsácia e parte da Lorena). Certamente, não se pode atribuir à formação do Império o avanço da industrialização pós-1870. No entanto, não se deve ignorar que o Estado alemão, empenhado numa agressiva política externa e colonial, gerou demandas para a indústria pesada a fim de consolidar sua força naval e militar. Esse caráter militarista do Império alemão está associado à posição dominante de uma aristocracia (oriunda dos *junkers* da Prússia) para a qual a conquista territorial era a forma típica de afirmação do poderio nacional.

Por outro lado, esse Estado alemão também adotou o protecionismo tarifário, inserindo-se (ou mesmo antecipando) em uma tendência mundial da época. Tarifas moderadas foram estabelecidas em 1877 e elevadas nos anos oitenta. A peculiaridade é que as tarifas eram aplicadas não só a produtos industriais (principalmente os cartelizados, como aço, química e elétrica), mas também a vários produtos agropecuários (como grãos e carnes), inclusive por meio de barreiras não tarifárias (como regulamentos sanitários). Essa política refletiu a composição política da época, em que uma aristocracia de base rural ainda tinha peso no governo, mas em que já se reconhecia a importância da indústria para a economia alemã. A indústria, prejudicada com as tarifas sobre produtos primários (ao ter de pagar preços elevados por matérias-primas ou salários elevados para compensar os custos dos alimentos), era compensada pelo protecionismo à própria indústria e pela prática dos cartéis.

Deve ser lembrado ainda o papel do Estado na definição da educação, de caráter científico e tecnológico, fundamental para certos avanços posteriores da indústria alemã. Alguns analistas entendem que, ao privilegiar os cursos de orientação tecnológica na universidade, o governo alemão teria fornecido as bases científicas para novas indústrias identificadas com a Segunda Revolução Industrial (como a química e a elétrica).

Quanto à industrialização propriamente dita, os seguintes aspectos posteriores a 1870 devem ser ressaltados.

TERCEIRA PARTE – AS TRANSFORMAÇÕES DO CAPITALISMO

Primeiro, reafirma-se a centralidade da indústria pesada no crescimento da economia alemã, como já se havia delineado no período anterior. Mas agora a organização empresarial dessa indústria assume formas peculiares: trata-se da consolidação da grande empresa, sob a forma de sociedade anônima. Os principais ramos são os "antigos", como mineração de carvão, de siderurgia (ferro e aço), e os novos como engenharia pesada, química e eletricidade. Alguns exemplos nos ajudam a entender este estágio da industrialização alemã.

Entre 1887 e 1907, cerca de 80% das cem maiores empresas industriais alemãs eram sociedades anônimas e seu capital correspondia, em 1907, a 65% do capital total dessas cem maiores empresas. Embora ainda houvesse algumas grandes empresas familiares (como Siemens e Krupp), também nestas ampliou-se a separação entre propriedade e gestão.

Um exemplo da escala da empresa nos é dado pela indústria química BASF (Badische Anilin und Soda Fabrick): em 1870 ela empregava 7.000 operários, número esse que cresceu para 77.000 em 1882.

Associada a estas características da indústria também se define uma nova estrutura de mercado: não mais competitiva, mas fundada em concentração, oligopólios e acordos para divisão dos mercados (como os cartéis). Alguns exemplos são expressivos dessa configuração: na indústria eletrotécnica, duas empresas (AEG e Siemens) detinham mais de 50% do mercado; estima-se que em 1907, cerca de 25% da produção industrial alemã estavam submetidas a acordos (como os cartéis). Convém notar que decisões judiciais garantiram a legalidade desses acordos, dando o aval do Estado à política de cartéis.

Em suma, é uma nova economia que se distancia claramente do padrão britânico de empresa de pequeno ou médio porte e do modelo concorrencial da teoria econômica.

A presença dos bancos completa este quadro de particularidades da industrialização alemã. Grandes bancos por ações tomaram o lugar dos velhos banqueiros privados como financiadores da atividade industrial. Admite-se que seu modo de operação combinava captação de depósitos de curto prazo com empréstimos que, formalmente também de curto prazo, eram renovados periodicamente. Assim, era possível financiar o investimento industrial por meio de operações de curto prazo. Dado o elevado risco desse modo de operação, os bancos alemães estabeleciam rigoroso monitoramento das empresas financiadas, principalmente por meio da presença de seus representantes nos conselhos de administração dessas empresas. Em certos casos, os bancos podiam inclusive definir a política das empresas. Por exemplo, em 1876, o banco Disconto Gesellschaft induziu a formação do cartel de trilhos de aço para limitar a competição entre empresas que eram suas devedoras; nos anos 1880, bancos apoiaram a empresa AEG do setor elétrico para desafiar o domínio da Siemens, mas pouco depois o Deutsche Bank voltou a sustentar a Siemens que retomou a liderança do setor; ou ainda, o mesmo Deutsche Bank, nos anos 1890, sustentou a empresa Mannesmann, fabricante de tubos de aço, apesar da demora em obter retorno de seu investimento.

CAPÍTULO 10 – AS INDUSTRIALIZAÇÕES RETARDATÁRIAS DO SÉCULO XIX: EUROPA, ESTADOS UNIDOS, JAPÃO

A dimensão dos bancos alemães também não deixa dúvidas quanto à sua importância na economia da época: em 1913, as três maiores empresas alemãs eram do setor bancário; e 17 das 20 maiores também pertenciam a esse setor, fato mais expressivo se lembrarmos que a empresa industrial já comportava elevada escala de produção.

Estas características da industrialização alemã parecem ser fundamentais para explicar seu rápido avanço a partir de 1870, o que colocou a Alemanha como principal potência industrial da Europa às vésperas da Primeira Guerra Mundial, superando a Grã-Bretanha e a França.

10.2.3 Rússia

A Rússia czarista se situava entre as principais potências europeias dos séculos XVIII e XIX, contudo, seu atraso econômico em relação a Grã-Bretanha, França e Alemanha era bastante evidente. A estrutura agrária preservava a servidão, com obrigações impostas aos camponeses sob a forma de trabalho compulsório ou de pagamentos em dinheiro, conforme a área e o tipo de cultivo. Ou seja, em meados do século XIX, a Rússia era ainda uma economia essencialmente agrária cujo fundamento social era a servidão, numa forma de feudalismo que comportava a peculiaridade de comunidades rurais como mediadoras das relações entre senhores e camponeses.

Apesar de ser o país mais populoso da Europa, a dispersão da população pelo vasto território russo e a servidão dificultavam a formação de um mercado consumidor. Assim, quanto à produção industrial, a Rússia era essencialmente artesanal e limitada: grande parte da produção têxtil era realizada no sistema doméstico rural (sob o controle de um comerciante). Algumas fábricas, que em geral atendiam às necessidades do Estado, utilizavam o trabalho servil. E apenas na década de 1840 foram instaladas as primeiras fábricas de fios com máquinas importadas, mas com reduzida participação no total da produção. Outro ramo industrial de destaque era o do ferro na região dos Urais, que em 1790 representava 1/3 da produção mundial de ferro-gusa. Todavia, já antes de 1850, a manutenção de técnicas tradicionais havia reduzido a competitividade da indústria que, rapidamente, perdeu relevância comercial para outras regiões da Rússia e do mundo.

Às vésperas da Primeira Guerra Mundial, a Rússia preservava a imagem de uma economia essencialmente rural, até por sua enorme dimensão. No entanto, é inegável que nesse momento já havia, em algumas áreas do território russo, apreciável desenvolvimento industrial. Quais as mudanças ocorridas no século XIX que permitiram esse avanço da industrialização?

O ponto de partida da maior parte das análises é a decisão do Czar Alexandre II de determinar o fim da servidão em 1861. Sua decisão, por sua vez, era uma resposta ao desastroso resultado russo em seu intento expansionista em meados do século XIX. Ainda

TERCEIRA PARTE – AS TRANSFORMAÇÕES DO CAPITALISMO

sob o reino do Czar Nicolau I, em 1853, a Rússia pretendia ampliar seu domínio sobre a região dos Bálcãs, controlando o território entre o mar Negro e o mar Mediterrâneo. Contudo, a expansão foi freada pela coalizão Anglo-Francesa, com apoio do Piemonte--Sardenha (um dos reinos em torno dos quais se fez a unificação italiana em 1870) e do Império Turco-Otomano. A Guerra da Crimeia (1854-1856), como ficou conhecida, havia escancarado o atraso russo frente às potências europeias já industrializadas.

Parcela da elite russa acreditava que o país necessitava de uma rápida modernização e, para tanto, as experiências de industrialização da Europa Ocidental eram tidas como um exemplo. Logo, o processo de ocidentalização da economia russa precisava tentar romper com as estruturas arcaicas da sociedade, entre elas a servidão. Antevendo que este processo de dissolução da servidão poderia ocorrer de qualquer forma, o Czar Alexandre II afirmava: "É melhor destruir a servidão a partir de cima do que esperar que ela comece a destruir-se a si mesma a partir de baixo" (KEMP, 1987, p.152). No entanto, a emancipação dos camponeses de sua condição servil não correspondeu a uma radical mudança em sua situação econômica e social. Como era previsto pelo Czar, o Ato de Emancipação de 1861 garantia a liberdade pessoal do camponês diante de seus senhores; porém, como a liberdade ocorreria por meio de pagamentos indenizatórios dos camponeses aos senhores, o vínculo com a comunidade rural e a dependência camponesa frente aos proprietários foram preservados. Como o governo antecipou aos senhores o valor das indenizações, os camponeses assumiram uma dívida com o governo que deveria ser paga em 49 anos.

Pode-se dizer que o Ato de 1861 foi um prenúncio do que seria a industrialização russa nos cinquenta anos seguintes. De um lado, a tradição e as heranças rurais continuariam presentes nas transformações da sociedade, enquanto, de outro lado, a industrialização seria cada vez mais um projeto político do Estado, de fortalecimento da economia do país. Segundo a síntese de Gerschenkron (1966), diferentemente de outros países, a constituição da grande indústria russa não foi precedida de uma profunda reforma agrária. Considerando os grandes desafios para um país agrário e economicamente atrasado como a Rússia, coube ao Estado o papel de conduzir o processo de industrialização.

Para alguns historiadores, como Roger Portal (1966), a industrialização russa no século XIX pode ser dividida em duas fases: a primeira fase, bastante incipiente e de preparação do terreno, transcorreu entre o Ato de Emancipação da servidão, em 1861, até fins da década de 1880, enquanto, a segunda fase, caracterizada pela constituição da grande indústria russa, ocorreu ao longo da década de 1890.

Ainda na fase de construção das condições para a industrialização, por meio do início da introdução de seus ramais ferroviários, a Rússia passaria a se integrar de maneira mais dinâmica ao comércio internacional. Contemporaneamente à derrota na Guerra da Crimeia (1856), o país tornou-se um importante centro receptor de investimentos para a construção de suas estradas de ferro. Os surtos ferroviários ocorridos na década de 1840 na Grã-Bretanha, França e Alemanha estavam se esgotando e, por isso, investidores buscavam

254

novos mercados. Assim, as primeiras ferrovias russas surgiriam na década de 1850, ligando as duas principais cidades do país, Moscou e a cidade portuária de São Petersburgo em 1851; mais tarde, em 1859, a Rússia foi ligada ao centro da Europa, por meio das linhas São Petersburgo-Varsóvia e Varsóvia-Viena.

A demanda de maior integração tanto do próprio território nacional como do país com o comércio internacional, tornou o projeto ferroviário prioridade para parte da elite russa. Os cereais russos que tradicionalmente eram exportados para a Europa Ocidental teriam maiores facilidades para chegar aos mercados consumidores. Por isso, a exportação de cereais assumia uma função duplamente importante: além de justificar economicamente o percurso de alguns ramais, a ampliação das exportações foi o meio pelo qual o governo arrecadava recursos para importar equipamentos para as ferrovias. A abolição da servidão em 1861, como vimos, pouco transformara a estrutura agrária russa, não liberando mão de obra para a indústria. Entretanto, num país vasto e diversificado, aos poucos acentuou--se a disseminação de arrendamentos e do pagamento de salários para trabalhadores em algumas regiões. No entender de Lênin, a agricultura assumia progressivamente um ca-ráter puramente comercial, aumentando o desenvolvimento das forças produtivas, com a incorporação de máquinas e a especialização da produção. Em uma década, o resultado era enfático: se no período de 1864-1866 a produção de cereais e batata em cinquenta provín-cias da Rússia europeia ocupava uma área de 72,2 milhões de *tcheverts*, para uma colheita líquida anual de 152,8 milhões de *tcheverts*, no período seguinte, entre 1870 e 1879, para uma área cultivada de 75,6 milhões de *tcheverts*, foram colhidos 211,3 milhões de *tcheverts* anuais (LÊNIN, 1985, p.164).[8]

Parcela representativa dessa produção era direcionada para o mercado internacional, tanto que até o final do século XIX, mesmo com o crescimento da produção de cereais, a Rússia registrou períodos de fome. Afinal, a expansão das exportações era uma política do governo que dependia de suas rendas para dar continuidade à construção do sistema ferroviário. Depois das primeiras experiências ferroviárias, o período entre 1866-1875 marcaria o primeiro surto de construção de ferrovias do país. Somente na Rússia euro-peia haviam sido construídos mais de 14 mil quilômetros de estradas de ferro – muitas delas irradiando da cidade de Moscou –, contribuindo para tal empreendimento os in-centivos governamentais, por meio de garantias de juros, e do interesse do capital estran-geiro. O Banco Imperial, criado em 1864, teria papel importante na expansão do crédito. A Tabela 10.2 apresenta a evolução da balança comercial russa, tanto com o representa-tivo crescimento das exportações, como pelo salto das importações no surto ferroviário da década de 1870.

---

8. *Tchevert* era uma medida usada na Rússia Czarista. Um *tchevert* equivale a aproximadamente 210 litros como unidade de medida de sólidos (em volume) e a 18 centímetros como unidade de comprimento.

TERCEIRA PARTE – AS TRANSFORMAÇÕES DO CAPITALISMO

TABELA 10.2
Balança comercial russa, 1861-1900 (em milhões de rublos)

ANOS	EXPORTAÇÃO	IMPORTAÇÃO	BALANÇA COMERCIAL
1861-1865	225,8	206,7	19,1
1866-1870	317,3	317,8	– 0,5
1871-1875	470,6	565,8	– 95,2
1876-1880	527,3	517,8	9,5
1881-1885	549,9	494,3	55,6
1886-1890	630,9	392,3	238,6
1891-1895	621,4	463,5	157,9
1896-1900	698,2	607,3	90,9

Fonte: LYASHCHENKO (1949), p.518.

A implantação das estradas de ferro, realizada especialmente na Rússia europeia, permitia ao país uma maior integração de seus mercados e uma ampliação dos investimentos estrangeiros na região. Contudo, os efeitos para a grande indústria russa eram muito limitados, isso porque com uma estrutura bastante rudimentar e um mercado aberto, a economia russa não tinha condições para iniciar a substituição de importações da indústria pesada e suprir o mercado nacional com máquinas e equipamentos. Mas esse cenário seria bastante alterado na década de 1890, quando uma política mais agressiva do Estado, juntamente com as lentas transformações da sociedade, permitiriam ao país consolidar sua industrialização.

Inspirados nos pressupostos de uma política econômica nacionalista e intervencionista defendida pelo economista alemão Friedrich List, os ministros das Finanças da Rússia Ivan Vyshnegradsky (1887-1892) e Sergei Witte (1892-1903) seriam os responsáveis pela profunda transformação na economia ao longo da década de 1890, fase que marcaria a indústria russa pelos trinta anos seguintes. Tal política pregava a participação do governo no financiamento de setores produtivos, assim como a proteção por meio de tarifas alfandegárias, com o objetivo de acelerar o desenvolvimento industrial.

A política tarifária, que vinha caminhando rumo ao protecionismo em todo o mundo depois da Grande Depressão de 1873, se acentuara na Rússia em fins da década de 1880, chegando ao auge com a Tarifa de 1891, com pesadas tarifas para entrada tanto de insumos como de manufaturas importadas. Consequentemente, a segunda onda ferroviária que tomaria a década de 1890, com mais 15 mil quilômetros de linhas construídas na Rússia europeia, e mais 7 mil quilômetros entre os anos 1896-1900 na Rússia Asiática – referentes à grandiosa Transiberiana –, exigiria do mercado nacional a produção desses equipamentos outrora importados.

Se até meados do século XIX era a região dos Urais a responsável pela produção de ferro, a década de 1890 se destacaria pelo rápido crescimento da produção ucraniana, assumindo cerca de 50% da produção siderúrgica russa na passagem para o século XX. Enquanto a Ucrânia respondia à crescente demanda do Estado e recebia aportes de capital estrangeiro em sua siderurgia, exportando parte de sua produção pelo mar Negro, a região dos Urais, sem carvão, com uma rede de ferrovias pouco adequada e indústrias atrasadas, ficou legada à estagnação.

Foi na década de 1890 que a manufatura têxtil aproveitou-se também das condições favoráveis para iniciar sua mecanização. A população russa, que já era a maior da Europa, continuava a crescer substancialmente (Tabela 10.3). Mas agora, associado ao crescimento da população, havia a expansão das áreas urbanas, permitindo a formação de um mercado consumidor mais expressivo: Moscou e São Petersburgo eram cidades com mais de um milhão de habitantes. Ademais, o protecionismo reduzia os efeitos da agressiva concorrência estrangeira. A modernização da indústria era uma realidade, mas a característica de uma economia dual, uma urbana capitalista outra agrária semifeudal, perpetuou-se no início do século XX. Em suma, a mecanização de parte das indústrias têxteis de São Petersburgo e Moscou eliminou o artesanato nas regiões urbanas, criando um novo personagem, o operário, mas, paralelamente, preservava um espaço relevante para a sobrevivência do velho artesanato nas regiões ainda periféricas.

TABELA 10.3
População russa, 1861-1914 (em milhões)

ANO	POPULAÇÃO	ANO	POPULAÇÃO
1861	74	1887	113
1870	84,5	1900	133
1880	97,7	1914	175

Fonte: PORTAL (1966), p.811.

Em meio ao processo de industrialização, o então ministro das Finanças Sergei Witte ajustou a economia russa para a entrada no padrão-ouro em 1897. Apesar de uma medida aparentemente contraditória à política nacionalista do governo, tal atitude era sintomática das dificuldades de fontes de financiamento do país. A entrada no padrão-ouro possibilitaria ao governo oferecer condições mais favoráveis para o capital estrangeiro auxiliar no desenvolvimento da indústria nacional. Além do capital investido no setor ferroviário, na criação e participação de sociedades anônimas, em 1914 o capital estrangeiro representava 90% do capital das empresas de mineração, 40% das metalúrgicas, 50% das químicas, 25% das têxteis, além de uma participação decisiva na indústria petrolífera.

TERCEIRA PARTE – AS TRANSFORMAÇÕES DO CAPITALISMO

Outra característica da indústria russa no início do século XX foi a formação de cartéis nos grandes setores da economia. A falta de investimentos privados levou a iniciativa estatal a assumir uma posição central na produção dos bens de produção, novamente com apoio do capital estrangeiro – especialmente francês. Em 1902 era formado o Prodamet para o setor metalúrgico na Ucrânia; em 1904, para a produção de equipamentos ferroviários, o Prodwagen, e para a mineração de carvão, o Produgol, ambos no sul do país; e finalmente, no setor petrolífero, com a entrada da Standard Oil, seriam apenas três empresas no controle de toda a produção nacional. Ao mesmo tempo em que esses cartéis formavam grupos econômicos poderosos, nascia ao lado das grandes empresas um operariado explosivo.

As contradições da economia russa haviam se acentuado sobremaneira no início do século XX. Era um país que consolidava parte de sua indústria pesada em determinadas regiões, mas mantinha outras regiões bastante atrasadas. Em 1905, enfrentando uma crise econômica interna, a Rússia foi ameaçada pelo Japão. A guerra russo-japonesa seria desastrosa para o regime do czar, pois diante do descontentamento endêmico da população, veria em seu território o que ficou conhecido como o "ensaio geral" para a revolução de 1917. As pressões camponesas para uma revisão do Ato de 1861 cresciam, e foram finalmente atendidas pelo Primeiro Ministro Pyotr Stolypin (1906-1911) por meio de sua reforma agrária de 1906. Stolypin determinou o fim dos pagamentos pela compra das terras (o que liberava os camponeses de suas dívidas) e, por meio do Banco Camponês, o governo venderia terras para os camponeses com mais recursos. Além disso, eliminou os vínculos com as comunidades, introduzindo a propriedade plena da terra (que poderia ser vendida): em suma, criou as condições para uma exploração capitalista na agricultura. Mas essas medidas não bastaram para sufocar a efervescência da sociedade russa: a transformação que a industrialização promoveu no país não pouparia o decadente regime czarista que, submetido aos impactos da Primeira Guerra Mundial, foi finalmente derrubado pela Revolução de 1917.

10.3 AS INDUSTRIALIZAÇÕES FORA DA EUROPA

10.3.1 Japão: industrialização na Ásia[9]

Os historiadores têm sido consensuais em identificar no Japão, até meados do século XIX, a existência de uma sociedade feudal. Ainda que comporte algumas peculiaridades – como

---

9. Os aspectos econômicos e políticos da industrialização japonesa são estudados, entre outros, por ALLEN (1987), LOCKWOOD (1954) e MOORE JR.(1967, Capítulo: Fascismo Asiático: o Japão).

258

CAPÍTULO 10 – AS INDUSTRIALIZAÇÕES RETARDATÁRIAS DO SÉCULO XIX: EUROPA, ESTADOS UNIDOS, JAPÃO

a centralização do Estado – as relações sociais básicas são muito semelhantes às que definiam a posição de senhores e servos na sociedade feudal europeia.

Embora houvesse um imperador no Japão, desde fins do século XVI o poder era efetivamente exercido pelo *xogum* pertencente à casa de Tokugawa, que tinha o domínio (entre sua família e vassalos) de 20% a 25% da terra agrícola do país (fonte particularmente importante na composição de sua renda). Além disso, os demais senhores de terra, apesar de sua autonomia local, deviam obrigações ao xogum cumpridas durante sua permanência anual compulsória em Edo (Tóquio), sede do xogunato.

Os camponeses, cerca de 75% da população em meados do século XIX, tinham uma posição semelhante à do servo europeu: estavam sujeitos a obrigações para com o senhor da terra, devidas pela aldeia em seu conjunto e pagas, em geral, sob a forma de produto (em especial o arroz). Admite-se que as obrigações com os senhores correspondiam a cerca de 50% do produto em arroz, além de outros encargos que podiam ser impostos sob a forma de trabalho.

Uma camada de camponeses, com terra e com armas, se transformou, com o tempo, numa classe militar de defesa dos senhores e do xogum. Essa classe – os *samurais* – passou a viver nos castelos senhoriais, por vezes também exercendo funções administrativas – e recebendo uma renda, em geral sob a forma de arroz.

Embora se mantivesse o caráter feudal da sociedade, durante a era Tokugawa já houve certo desenvolvimento do comércio. Edo, sede do xogunato e residência dos senhores durante parte do ano, alcançou cerca de um milhão de habitantes em meados do século XIX, constituindo importante centro consumidor. Houve o desenvolvimento de alguma manufatura em cidades (principalmente Quioto), para atender à demanda dos grupos privilegiados da sociedade. Além disso, o xogunato determinou, em meados do século XVII, o fechamento dos portos ao comércio exterior (com duas exceções para chineses e holandeses em condições e locais específicos).

Em fins do século XVIII, a sociedade japonesa começou a mostrar certas fissuras. No plano interno, os senhores mostravam-se descontentes com suas obrigações para com o xogum, obrigações que absorviam parcela expressiva de sua renda; além disso, um longo período de paz havia reduzido a importância dos samurais, levando ao seu empobrecimento, pois os senhores já não necessitavam de seus serviços militares e eles, por força de sua tradição militar, recusavam outras atividades como uma desonra. No plano externo, o xogunato se viu diante de crescente pressão dos países ocidentais para a abertura de seus portos ao comércio exterior. O exemplo da Guerra do Ópio (1839-1842), pela qual a Inglaterra forçou a China a abrir-se ao comércio ocidental, teve algum impacto sobre os japoneses. Porém, o fato decisivo foi a presença da esquadra americana comandada pelo almirante Perry que, em 1854, se recusou a sair do Japão sem um acordo de abertura comercial. O governo Tokugawa aceitou tal acordo, abrindo cinco portos ao comércio externo e garantindo direitos extraterritoriais aos estrangeiros. Isso não impediu o bombardeio

259

norte-americano de dois portos japoneses, em 1863 e 1864, a fim de impor o acordo já estabelecido, diante de resistências de alguns clãs de senhores que viam nessa capitulação uma ameaça à soberania japonesa.

Por todas essas razões, houve o enfraquecimento do governo Tokugawa, o que permitiu uma aliança entre clãs de senhores descontentes e os samurais (ainda detentores da força militar) que destituiu o xogunato e restaurou o poder do imperador, dando início à chamada Era Meiji em 1868. O governo central, sob o imperador, contou com a participação dos chefes de alguns clãs que lideraram a revolta contra o xogunato: a preocupação com a soberania japonesa identificava na fraqueza militar do país (diante do poderio ocidental) a questão crítica a ser enfrentada. É claro, esta fraqueza refletia o atraso econômico japonês. O caminho para superar essas limitações estava na adoção de métodos ocidentais tanto na guerra como na indústria, o que exigia uma ação forte do governo que, para tanto, tinha de enfrentar os grupos sociais estabelecidos: os senhores (na medida em que seria preciso reestruturar a economia agrária) e os samurais (já que sua força militar era inadequada diante das necessidades de um exército moderno). Por cerca de uma década, o governo Meiji enfrentou resistências e só ao fim dos anos 1870 pode concluir a unificação do país sob o novo regime.

Quais as mudanças econômicas que permitiriam a "modernização" da sociedade japonesa?

Dentre as primeiras e profundas transformações, em 1869 foi determinada a abolição do feudalismo. Com a entrega das terras dos senhores ao governo em troca de títulos públicos, o Estado conseguiu evitar uma resistência insuperável da parte dos senhores. Em parte, esses títulos forneceram recursos financeiros para o reposicionamento dos antigos senhores na economia japonesa. Com a subsequente reforma tributária de 1873, os camponeses, agora proprietários da terra, estavam liberados do pagamento da renda feudal, mas passaram a dever tributos para o governo, ampliando a monetarização das atividades econômicas no campo. A receita derivada dos tributos sobre a propriedade agrícola correspondia a cerca de 75% da receita fiscal do governo, gerando os fundos necessários para a intervenção do Estado no desenvolvimento industrial. Esse movimento induziu a formação de fazendas capitalistas no campo: além da tendência à concentração da propriedade agrícola, cerca de 40% das terras disponíveis eram arrendadas.

Assim, ao lado da propriedade camponesa, firmou-se também a grande propriedade rural, que garantia o aumento de produtividade necessário para gerar o excedente agrícola que sustentasse a expansão industrial (ALLEN, 1987, p.68). Um intenso investimento na produção agrária por meio de irrigação, da utilização de fertilizantes e técnicas modernas de produção permitia o aumento da produção agrícola, tanto para as grandes propriedades como para as pequenas. Todavia, é preciso enfatizar que apesar da tendência de concentração da propriedade e do crescimento das cidades, a produção japonesa no campo manteve uma importante parcela de sua atividade realizada por meio de camponeses.

CAPÍTULO 10 – AS INDUSTRIALIZAÇÕES RETARDATÁRIAS DO SÉCULO XIX: EUROPA, ESTADOS UNIDOS, JAPÃO

Outra manifestação da preocupação do governo com a modernização do país pode ser observada na obstinação japonesa no processo de ocidentalização. Na tentativa de incorporar técnicas de produção mais avançadas, o governo estimulou a entrada de técnicos e professores estrangeiros, bem como o envio de japoneses para Europa e Estados Unidos, a fim de acelerar a difusão dos métodos e das organizações ocidentais de produção e ensino. Paralelamente, a educação pública do país teve grande impulso, com a expansão de aproximadamente mil alunos matriculados em escolas primárias, no ano de 1894, para mais de um milhão, em 1925. Além das escolas primárias, o ensino era dividido posteriormente entre escolas de alto nível para parcelas da elite e de escolas técnicas para formação de mão de obra capacitada para o novo padrão de produção industrial.

Assim, o compromisso do país com a industrialização expressou-se tanto na iniciativa direta do governo como no estímulo a empreendimentos privados. No ramo têxtil, o governo assumiu empresas pertencentes ao xogunato e a antigos senhores, promovendo seu reequipamento e reorganização. Instalou fábricas de seda, tanto usando os métodos italiano e francês como importando e vendendo máquinas de fiar para empresas privadas. A partir de então, o mercado japonês de tecidos de seda seria marcado por um cenário dual: de um lado uma produção mecanizada em constante modernização, com grande acesso ao mercado exterior e, de outro lado, atendendo basicamente ao mercado doméstico, um descentralizado artesanato que mantinha o padrão ainda bastante rudimentar de produção. Assim, com a introdução de novas técnicas iniciou-se uma definitiva mudança no padrão de exportação japonesa: enquanto na década de 1880 exportava-se basicamente a seda como matéria-prima, vinte anos depois, parte das exportações era representada por produtos manufaturados de seda.

O crescimento das rendas de exportação advindas da produção têxtil seria de definitiva importância para apoiar a política do governo de importação de equipamentos e máquinas para desenvolver outros setores. Se entre 1889-1893 a produção de seda era de 7,5 milhões de libra-peso por ano, entre 1909 e 1913, esse valor havia subido para 27,9 milhões, sendo que 3/4 eram direcionados para exportação.

Em suma, com os recursos das exportações, o governo também apoiou a formação e mecanização de outros setores, como as fábricas de materiais de construção, de cerveja e de açúcar. Como enfatizado, o governo buscava ocidentalizar o padrão de produção, com técnicas, máquinas e conhecimento dos países já industrializados. De modo geral, pode-se dizer que a iniciativa do governo foi responsável pelo estabelecimento das indústrias mais capitalizadas, ao passo que os outros ramos ficaram em mãos do capital privado, inclusive de europeus e americanos.

Dentre os setores de bens de produção que exigiam recursos mais vultosos, o governo teve papel bastante importante na produção de material bélico. Ainda no início da era Meiji, por meio da Aciaria Imperial de Yamata viabilizou-se a produção de material de artilharia e de produção de navios de guerra. Ademais, todas as propriedades minerais

261

TERCEIRA PARTE – AS TRANSFORMAÇÕES DO CAPITALISMO

foram declaradas de propriedade do Estado, sendo sua exploração arrendada a particulares – contudo, o governo manteve a operação de nove grandes minas (de ouro, prata, cobre, ferro e carvão). Em 1881, também como empreendimento do governo, a fábrica Akabane Seisakusho iniciou a fabricação de máquinas e equipamentos, a primeira grande indústria de bens de capital.

Para garantir a participação do Estado em tantos setores da economia, foi decisiva a política do Príncipe Matsukata, como principal Ministro das Finanças da era Meiji que, a partir de 1881, iniciou uma profunda reforma financeira no país. Foi Matsukata o responsável pela criação do sistema monetário nacional, fundando o Banco do Japão, baseado nos modelos europeus de banco central e recuperando o valor do iene em sua paridade com a prata. Anos mais tarde, em 1897, o Japão adotaria o padrão-ouro, atestando a intenção do governo de aproximar a economia ao sistema monetário internacional. Finalmente, na década de 1890 a política econômica de Matsukata buscaria fortalecer a participação do governo japonês em determinados setores da economia mediante bancos de investimento: em 1896 foi criado o Banco Hipotecário do Japão, espelhado na experiência francesa do *Crédit Foncier* para financiamento de atividades econômicas e, paralelamente, as 46 regiões administrativas japonesas receberiam um banco de agricultura e indústria para realização de empréstimos locais. Outros dois importantes bancos do período foram o Yokohama, para auxiliar a importação de materiais bélicos, e o Industrial do Japão, um canal de investimento de capital estrangeiro.

Paralelamente, houve a expansão das estradas de ferro, da construção de navios, da marinha mercante e dos serviços urbanos (como bondes e gás). O governo identificava a falta de comunicação como um dos problemas centrais do período pré-Restauração, incentivando por meio de garantias de juros, empréstimos ou mesmo investindo na construção de estradas de ferro, rodovias e linhas de navegação.[10] Pode-se dizer que o desenvolvimento das redes de transporte japonesas ocorreu tardiamente àquelas existentes na Europa e nos Estados Unidos. Contudo, seu avanço em fins do século XIX foi extraordinário: no que diz respeito às linhas férreas, em 1881, estas somavam cerca de 200 km, mas, em 1890, já alcançavam 3.000 km; no que diz respeito à marinha mercante, em 1873, a tonelagem de navios a vapor era de 26.000, enquanto, em 1913, já representavam 1.514.000 toneladas.

A partir de 1880, o Estado começou a se afastar do setor produtivo, vendendo suas empresas a grupos privados, em geral por baixos preços. Isso permitiu que algumas famílias, do setor comercial e bancário, adquirissem empresas industriais, constituindo progressivamente os grandes conglomerados típicos da economia japonesa (os chamados *zaibatsu*). Grupos conhecidos até hoje – como Mitsui, Mitsubishi, Sumitomo, Yasuda – tiveram sua

---

10. No que diz respeito ao setor ferroviário, o governo manteve a política de garantia de juros até o ano de 1906, quando nacionalizou as ferrovias japonesas. Já com relação à indústria naval, em 1896 foi promulgado o Ato de Encorajamento da Produção Naval e, três anos mais tarde, a Lei de Subsídios de Navegação, cuja grande beneficiária foi a firma Mitsubishi.

origem nesse momento, associando a atividade industrial com a financeira. A economia capitalista japonesa avançava com um caráter dicotômico: ao lado das dispersas, pequenas, mesmo que mecanizadas, empresas têxteis, formavam-se os poucos e grandes grupos oligopolistas, cujo capital estava difundido por diversos setores da economia.

Mediante o fortalecimento do Estado, era esse o caminho pelo qual o país se unificava. A intervenção nas mais diversas áreas de economia, tanto pela participação direta do Estado como por meio de subsídios e crédito, foi a forma de superar o atraso industrial japonês frente aos países europeus e aos Estados Unidos e consolidar sua soberania nacional. Entretanto, esse desejo de criar uma potência industrial na Ásia alimentou no país uma política comercialmente expansionista e imperialista na região. A guerra sino-japonesa, em 1894-1895 e a guerra russo-japonesa, em 1905, já eram expressão desse desejo japonês de alcançar uma posição de centro econômico e político regional. Com a guerra contra China foi possível não apenas conquistar regiões produtoras de algodão, como Formosa, como também ampliar o mercado consumidor de tecidos. Já a vitória contra a Rússia permitiu ao Japão o acesso às regiões de ferro e carvão da Manchúria e Coreia. Em cinquenta anos, o Japão deixava seu caráter feudal, passando a ser uma potência industrial no oceano Pacífico.

10.3.2 Estados Unidos: industrialização na América

A análise da constituição da indústria norte-americana para a história econômica é duplamente interessante: de um lado, o ponto de partida deste processo foi completamente distinto daquele das outras industrializações até aqui estudadas. Os Estados Unidos formaram-se como uma ex-colônia inglesa no Novo Mundo e, por isso mesmo, não precisaram enfrentar os dilemas existentes em outros países por causa das heranças feudais. De outro lado, passando por um rápido processo de transformação econômica e de expansão do seu mercado interno após a independência, já em fins do século XIX, o país assumia a posição de maior potência industrial do mundo. Em suma, o estudo da industrialização norte-americana revela-se como um caso não somente peculiar como também bastante bem-sucedido.

Tratando-se de uma sociedade em que as heranças feudais não estavam presentes, as transformações agrárias ocorridas nas experiências europeias e no Japão (como o fim da servidão e a constituição da propriedade privada da terra) não representaram problemas especiais na experiência norte-americana. De certo modo, o problema da terra foi "resolvido" de forma bastante rápida e violenta: mediante o extermínio dos indígenas que ocupavam previamente as terras da América do Norte, os colonos tiveram possibilidade de uma contínua ampliação das fronteiras e ocupação do vasto território.

No entanto, o acesso a terra na colônia inglesa acabou por se definir por meio de dois padrões distintos de colonização. Enquanto no sul prevaleceu o exemplo das colônias ibero-americanas – o modelo de *plantation* (monocultura com o uso de mão de obra escrava) – para a produção de algodão, tabaco, arroz e açúcar, nas colônias do norte houve a tendência a se estabelecer uma organização social baseada na pequena propriedade independente. O problema da mão de obra foi equacionado por meio da "servidão temporária": aos imigrantes pobres se ofereciam as passagens e os meios de vida (habitação, alimentos, etc.) em troca do trabalho sem remuneração por um prazo previamente estabelecido (em geral de três a sete anos).[11] Ao fim desse período, o trabalhador estava livre e sem dívidas e, com alguma sorte, poderia se tornar um pequeno proprietário. Este processo seria mais tarde reafirmado pelo *Homestead Act* de 1862, por meio da política norte-americana de cessão de terras gratuitas para imigrantes.[12]

Essa característica peculiar na ocupação do território no norte do país somadas aos crescentes fluxos de imigração, que se acentuaram ainda mais depois da década de 1840, permitiu que o país constituísse seu embrionário mercado interno. Assim, paralelamente aos núcleos de pequenos produtores agrícolas emergiram diversificadas atividades artesanais que fortaleciam os circuitos mercantis da economia: eram moinhos de cereais, estaleiros para construção naval, mineração de ferro, carpintaria e manufaturas de alimentos e vestuário (inclusive produções artesanais baseadas no *putting-out system*).[13] Acima de tudo, na região ao norte se firmava um tipo de formação social específica – enfatizada por Alexis de Tocqueville em sua obra *A democracia na América* – em que certa equidade econômica garantia acesso aos meios de produção, em especial a terra, a parcela significativa da população, mas que, consequentemente, tornava a oferta de trabalho assalariado mais restrita.

Foi justamente nesse cenário, de pequenos proprietários e de uma embrionária atividade artesanal, que nasceria a experiência da industrialização norte-americana. Todavia, tal processo foi marcado por duas fases: uma inicial, entre a independência e meados do século XIX, em que o país consolidou alguns setores de sua manufatura, mas com a produção restrita às demandas locais; a outra fase, posterior à Guerra Civil, apresentaria a formação de grandes grupos econômicos, a integração dos mercados nacionais e a sofisticação da sua estrutura industrial. Mas afinal, quais os elementos existentes na realidade norte-americana que impulsionaram tamanha transformação na estrutura industrial do país?

---

11. Os imigrantes podiam ser trazidos por companhias de colonização (como a Companhia da Virgínia) e também por proprietários de navios que os negociavam nos portos com produtores interessados em contar com esses trabalhadores. Após o período de contrato, os chamados *indentured servants* podiam tornar-se pequenos proprietários por causa da abundância de terras disponíveis (OLIVEIRA, 2003, p.204).

12. Para a evolução das leis de terra nos Estados Unidos conferir: NORTH (1969, p.131-144).

13. O desenvolvimento de atividades artesanais e manufatureiras nas colônias do norte da América do Norte, embora formalmente proibido nos termos do pacto colonial, não foi totalmente combatido pela Inglaterra. É provável que os conflitos internos no século XVII e o envolvimento em guerras internacionais no século XVIII tenham reduzido o grau de controle da metrópole britânica sobre a colônia do norte da América do Norte.

CAPÍTULO 10 – AS INDUSTRIALIZAÇÕES RETARDATÁRIAS DO SÉCULO XIX: EUROPA, ESTADOS UNIDOS, JAPÃO

Apesar de condições favoráveis na oferta de recursos naturais tais como o ferro, o carvão e outros minerais e, além de boas condições climáticas e geográficas para produção de algodão e utilização de quedas d'água, os Estados Unidos, nos anos posteriores à Independência, ainda não apresentavam as qualidades necessárias para a constituição da chamada grande indústria. Dentre as principais barreiras para a formação da indústria norte-americana no período pode-se destacar: a abundância de terras, a falta de integração do mercado nacional e a concorrência das manufaturas inglesas.

Em 1790, a população norte-americana, com seus 4 milhões de habitantes, era considerada pequena. Ademais, como decorrência das facilidades da ocupação das fronteiras do país, 3,7 milhões de habitantes viviam no campo, sem possibilitar a formação de cidades com mais de 50 mil habitantes e um mercado consumidor substancial. Por causa do precário sistema de comunicação por terra, apenas as populações costeiras tinham facilidades em fazer parte do comércio nacional e internacional, e, inclusive, de algumas rotas marítimas controladas por norte-americanos que fortaleciam a já importante produção naval local.[14]

Por outro lado, se já era difícil para o artesanato conseguir sofisticar sua produção e atingir outros mercados pela restrita rede de comunicação do mercado interno, os Estados Unidos precisavam superar a concorrência dos produtos importados. Mesmo com a inovação da máquina descaroçadora de algodão de Eli Whitney, que estimulou o crescimento da produção de algodão no sul do país, os avanços tecnológicos eram restritos. Conforme Douglass North (1966) alerta, os custos de produção e comercialização de produtos manufaturados nos Estados Unidos eram bem mais elevados do que aqueles produzidos na Inglaterra. Isso porque tanto o capital, pela pequena concentração da renda, como o trabalho, pelo fácil acesso da mão de obra à terra, eram escassos no país.

Durante os conflitos entre França e Inglaterra, os Estados Unidos, ao exercerem papel relevante no comércio internacional, começaram a sofrer sanções dos países beligerantes, como o confisco de seus navios. Em resposta, Thomas Jefferson determinou o fechamento dos portos em 1807, redundando na segunda guerra contra a Inglaterra. Assim, os conflitos entre Estados Unidos e Inglaterra, durante os anos de 1808 e 1815, viabilizaram um contexto de proteção à produção nacional, permitindo que a manufatura norte-americana registrasse um relevante salto quantitativo. Mas esse cenário duraria até os primeiros dias de 1815, quando a paz entre os países foi restaurada e, eliminando-se as barreiras às importações britânicas, as emergentes indústrias norte-americanas seriam sufocadas.

---

14. Na última década do século XVIII comerciantes norte-americanos se aproveitaram dos conflitos entre França e Inglaterra para assumir rotas marítimas entre metrópoles e colônias. Entre 1793 e 1807, momento em que as leis de navegação inglesas e as políticas mercantilistas europeias perdem validade por causa da guerra, os Estados Unidos aumentaram suas exportações e reexportações, possibilitando uma ampliação da produção nacional tanto de produtos manufaturados como também da indústria naval (NORTH, 1969, p.77-83).

TERCEIRA PARTE – AS TRANSFORMAÇÕES DO CAPITALISMO

Para alguns norte-americanos, como Alexander Hamilton em seu *Relatório sobre as manufaturas* (1791), o Estado teria papel fundamental no estabelecimento das bases para o crescimento econômico. No que diz respeito à indústria nascente, acreditava que o Estado deveria fomentá-la por meio de incentivos e políticas protecionistas, enquanto para a economia de maneira geral, Hamilton foi o idealizador do primeiro Banco dos Estados Unidos, instituição responsável pela condução da política monetária nacional. Em 1816, prevendo a extinção das indústrias nacionais frente à concorrência inglesa, o Estado retomou as tarifas para a proteção da indústria têxtil.

O ambiente que já se tornava mais favorável para a produção industrial nacional seria melhorado com o início da ligação do território nacional por meio da navegação fluvial. Também em 1816 funcionaria a primeira linha de barcos a vapor no rio Mississipi, ligando regiões produtoras de algodão com as manufatureiras. Na década de 1820 destacava-se a produção têxtil de Massachusetts e, na década seguinte, assumiam posições de destaque as regiões da Nova Inglaterra, de Nova Iorque e da Pensilvânia. Progressivamente a integração entre regiões permitia uma maior especialização e aumento da produtividade das atividades. Se a região Nordeste avançava rumo ao crescimento industrial, o Oeste e o Sul auxiliavam o melhor desempenho econômico por meio de uma agricultura mais eficiente.

Em suma, em meados do século XIX os Estados Unidos passavam por mudanças determinantes para a constituição de sua indústria. A disseminação do transporte fluvial e, mais tarde, das estradas de ferro permitiam que o país superasse um de seus maiores gargalos: a formação de um mercado interno integrado. Com os surtos ferroviários no Leste do país entre 1840 e 1850 e no Oeste entre 1850 e 1860, os custos com o transporte foram barateados de maneira significativa.[15] A expansão ferroviária financiava, por sua vez, a organização de outros setores, como a indústria do ferro, da madeira e de máquinas. Esta última, a indústria de bens de produção, crescia também estimulada pela demanda do setor têxtil. Conforme é possível observar na Tabela 10.4, a indústria têxtil norte-americana passava por uma intensificação de seu capital fixo, de forma que em 1860, ela estava quase completamente mecanizada (ROBERTSON, 1964, p.239).

Mesmo com a ampliação dos fluxos de imigração ao longo do século XIX, com a população nacional alcançando 31 milhões, em 1860, e 91 milhões, em 1890, e com intensa urbanização, o custo da mão de obra nos Estados Unidos continuava elevado em comparação com a Inglaterra. Nesse sentido, o investimento em técnicas de produção e maquinaria era uma necessidade básica para um país que se firmava como potência industrial. O desenvolvimento da produtividade industrial norte-americana seria também resultado de outros fatores peculiares da sociedade: a alta taxa de educação da população, associada a uma educação técnica, formava uma mão de obra mais qualificada que a de outros países. E ainda, foi nos Estados

---

15. Para um estudo bastante controverso, por causa do uso de método cliométrico, sobre o papel determinante da expansão ferroviária na economia dos Estados Unidos, conferir: FOGEL (1964).

266

CAPÍTULO 10 – AS INDUSTRIALIZAÇÕES RETARDATÁRIAS DO SÉCULO XIX: EUROPA, ESTADOS UNIDOS, JAPÃO

Unidos que importantes invenções foram implementadas tanto para oferecimento de novos produtos para o mercado, como também, de novas técnicas de produção. Por exemplo, no decênio de 1850 o número de patentes chegou a 2.500 por ano (ROBERTSON, 1964, p.240).

TABELA 10.4
Indústria têxtil nos EUA, 1831-1860

ANOS	ESTABELECIMENTOS	ALGODÃO UTILIZADO (LB.)	FUSOS	VALOR DA PRODUÇÃO (DÓLARES)
1831	795	77.800.000	1.200.000	32.000.000
1840	1.240	113.100.000	2.300.000	46.400.000
1850	1.094	276.100.000	3.600.000	61.700.000
1860	1.091	422.700.000	5.200.000	115.700.000

Fonte: NORTH, 1966, p.684.

O cenário econômico dos Estados Unidos na segunda metade do século XIX havia se modificado por completo: com a crescente população urbana e uma renda média elevada, a sociedade norte-americana se constituía como um verdadeiro mercado de massas. Ao superar as dificuldades de comunicação entre regiões produtoras, comerciais e industriais, o país se tornava o maior mercado consumidor do mundo, permitindo crescentes investimentos na organização industrial. Buscando ampliar a escala da produção e a produtividade, ocorreu um processo de verticalização das indústrias: nas últimas décadas do século XIX a concentração de empresas e a formação de trustes caracterizavam o mercado.

Dentre alguns casos emblemáticos e revolucionários na indústria norte-americana é possível destacar os setores siderúrgico, petrolífero, elétrico e automobilístico. Nas décadas de 1870 e 1880, aproveitando-se das inovações nos processos de produção de aço (Bessemer e Siemens-Martin), Bethlehem Steel Corporation e Carnegie Steel Corporation se tornariam grandes empresas para abastecer a demanda das indústrias de bens de produção. No caso da indústria petrolífera, John Rockefeller formaria a Standard Oil Company, maior truste do nascente setor. No setor elétrico, as descobertas de Thomas Edison levaram à formação de diversas empresas que, na primeira década de 1900 seriam concentradas no duopólio da General Electric e da Westinghouse. Finalmente, já no decorrer dos anos iniciais do século XX, Henry Ford, aproveitando as técnicas de Eli Whitney de produção por meio de peças intercambiáveis, sintetizou o sistema de produção em massa na indústria automobilística. Papel relevante em vários desses negócios tinha o sistema financeiro que, por intermédio de bancos como o J. P. Morgan, também participava da formação dos grandes grupos econômicos norte-americanos.

Em 1913, meses antes do início da Primeira Guerra Mundial, os Estados Unidos já eram responsáveis por mais de 1/3 da produção industrial mundial. Entretanto, diversamente

267

da experiência industrial britânica, no qual o controle do mercado internacional era um dos importantes fatores para sua industrialização, os produtos industrializados norte-americanos eram, em sua maior parte, comercializados dentro de seu mercado interno. A população de 100 milhões de habitantes e uma alta renda *per capita*[16] formavam no país o primeiro mercado de massa no mundo, permitindo transformações extraordinárias na própria organização da empresa capitalista. O binômio indústria-finanças garantiria aos Estados Unidos um papel proeminente na economia mundial após a Primeira Guerra Mundial.

10.4 INDUSTRIALIZAÇÕES RETARDATÁRIAS: UM BALANÇO

Na primeira metade do século XIX a Grã-Bretanha reinara de forma absoluta como país industrial na economia mundial. No fim do século, os britânicos tiveram de dividir sua hegemonia industrial com os novos países industriais. A pioneira "manufatura do mundo" perdeu terreno rapidamente para a volumosa produção industrial tanto da Alemanha como dos Estados Unidos. França, Rússia, Japão, entre outros países em industrialização, como Suécia, Suíça, Itália, por exemplo, também demonstravam maior complexidade e diversificação em suas produções nacionais, com a indústria passando a fazer parte crescente da dinâmica econômica. Em 1913, a indústria britânica já havia sido superada, em volume de produção, pela alemã e pela norte-americana e disputava com elas o predomínio no mercado internacional.

A essa mudança na posição relativa das principais indústrias nacionais correspondeu substancial transformação da estrutura da indústria. O ambiente típico das primeiras décadas da Grã-Bretanha industrial deixava de ser a realidade com a entrada dos novos países industriais ao longo do século XIX. A rudimentar manufatura, ou mesmo a pioneira indústria têxtil de Manchester, já não era mais a estrutura usual das empresas formadas nos setores mais avançados da economia. A mineração, as ferrovias, a siderurgia, e ainda mais os novos setores, como os relacionados às indústrias química e elétrica, exigiam volumes crescentes de capital e envolviam maior complexidade tecnológica, o que exigiu a criação de novas formas de organização da empresa industrial. A forma típica dessa indústria de fins do século XIX não era mais a da empresa familiar e sim a de grandes estruturas societárias – as sociedades anônimas. Evidentemente, a articulação dessas grandes empresas com outras esferas da economia também era bem mais complexa do que a da pequena empresa familiar.

---

16. Renda *per capita* em países industrializados, em 1914 (dólares correntes): EUA – 377, Grã-Bretanha – 244, Alemanha – 184, França – 153, Japão – 36 e Rússia – 41. KENNEDY (1989, p.237).

CAPÍTULO 10 – AS INDUSTRIALIZAÇÕES RETARDATÁRIAS DO SÉCULO XIX: EUROPA, ESTADOS UNIDOS, JAPÃO

Para a formação ou expansão das empresas dos novos ramos industriais era preciso mobilizar grandes volumes de capital, além da capacidade de um único empresário ou de uma família. Os grandes banqueiros do século XIX tinham como aplicação preferida os empréstimos a governos. Foram novos bancos que criaram os instrumentos para financiar as grandes empresas industriais, a exemplo do que ocorreu na França e na Alemanha. Assim, a transformação da indústria estimulou o surgimento de novos tipos de bancos que assumem papel de crescente importância nas economias nacionais e na economia mundial.

A necessidade de recursos para os novos ramos industriais foi, por vezes, superior às forças do setor privado de algumas economias. Assim, o Estado também foi chamado a participar do financiamento industrial, seja por meio da injeção de recursos, seja por meio de subsídios e, em alguns casos, até como empresário.

A presença de grandes empresas em determinados ramos limitou a possibilidade de existência de um grande número de produtores para atender ao mercado. Monopólios e oligopólios se tornaram as estruturas características dos novos mercados o que abria a possibilidade de acordos entre as empresas: trustes e cartéis se generalizaram nos mercados nacionais.

No plano internacional, a competição entre grandes empresas de diferentes países se tornou mais acirrada. Por vezes, isso levou à formação de cartéis internacionais; mais frequentemente, a política comercial dos principais países industriais (exceto a Grã-Bretanha) tornou-se protecionista. Desse modo, a disputa no mercado internacional buscou a conquista dos mercados dos países não industrializados, tipicamente produtores de produtos primários para exportação. Foi o caso da América Latina em que interesses comerciais britânicos, franceses, alemães e norte-americanos procuravam ampliar suas exportações.

Evidentemente, para os países primário-exportadores o caminho da industrialização era difícil de percorrer. Foi possível algum avanço em ramos mais simples (como o têxtil), mas naqueles em que a tecnologia era avançada e o volume de capital, elevado faltavam as condições mínimas para enfrentar a concorrência com os produtos dos países industrializados. Desse modo, estabeleceu-se uma divisão internacional do trabalho – entre países industriais e países primário-exportadores – que parecia difícil de ser rompida.[17]

Assim, parece razoável associar à consolidação de vários países industriais da Europa, dos Estados Unidos e do Japão algumas características da economia mundial no final do século XIX e início do século XX: grande empresa industrial, grandes bancos financiando a indústria, protecionismo, monopólios, trustes e cartéis, papel crescente do Estado na economia e sedimentação da divisão internacional do trabalho entre países

---

17. No argumento de Ha-Joon Chang em *Chutando a escada*, apesar do discurso liberal hegemônico ao longo do século XIX, a prática utilizada pelos países para alcançar sua maioridade industrial foi o protecionismo. Na verdade o discurso liberal era uma forma de "chutar a escada" para que países ainda não industriais tivessem maiores dificuldades para avançar às suas industrializações, tendo em vista que o cenário de liberalismo minaria por meio da competição qualquer experiência nacional embrionária de industrialização (CHANG, 2002).

industriais e países primário-exportadores. Alguns destes temas são mais explorados nos capítulos seguintes.

REFERÊNCIAS

ALLEN, G. C. (1987). *A Short Economic History of Modern Japan*. London: Macmillian.

CHANG, H. J. (2002). *Chutando a Escada: A Estratégia do Desenvolvimento em Perspectiva Histórica*. São Paulo: Editora Unesp.

CIPOLLA, C. M. (1973). *The Fontana Economic History of Europe. The Emergence of Industrial Societies-1*. London: Collins/Fontana Books.

CROUZET, F. (1996). "France" in TEICH, M. & PORTER, R. *The Industrial Revolution in National Context (Europe and USA)*. Cambridge: Cambridge University Press.

FAULKNER, H. (1954). *Historia Económica de los Estados Unidos*. Buenos Aires: Editorial Nova.

FOGEL, R. (1964). *Railroads in American Economic Growth*. Baltimore: John Hopkins.

GERSCHENKRON, A. (1966a). "Agrarian Policies and Industrialization: Russia 1861-1917" in POSTAN, M. & HABAKKUK, H. *The Cambridge Economic History of Europe. Volume VI: The Industrial Revolution and After*. Cambridge: Cambridge University Press.

GERSCHENKRON, A. (1966b). *Economic Backwardness in Historical Perspective*. London: Pall Mall Press.

HENDERSON, W. O. (s/d). *La Revolución Industrial en el Continente: Alemania, Francia, Rusia (1800-1914)*. Washington: Frank Cass & Co. Ltd.

KEMP, T. (1987). *A Revolução Industrial na Europa do Século XIX*. Lisboa: Edições 70.

KENNEDY, P. (1989) *Ascensão e Quedas das Grandes Potências: Transformações Econômicas e Conflito Militar de 1500 a 2000*. Rio de Janeiro: Editora Campus.

LÊNIN, V. (1985). *O Desenvolvimento do Capitalismo na Rússia*. São Paulo: Nova Cultural.

LOCKWOOD, W. W. (1954). *Economic Development of Japan: Growth and Structural Change (1868--1938)*. Princeton: Princeton University Press.

LYASHCHENKO, P. (1949). *History of the National Economy of Russia*. New York: The Macmilian Company.

MOORE, B. (1967). *As Origens Sociais da Ditadura e da Democracia*. Lisboa: Edições Cosmos.

NORTH, D. (1966). "Industrialization in the United States" in POSTAN, M. & HABAKKUK, H. *The Cambridge Economic History of Europe. Volume VI: The Industrial Revolution and After*. Cambridge: Cambridge University Press.

NORTH, D. (1969). *Uma Nueva Historia Económica. Crescimento y Bienestar en el Pasado de los Estados Unidos*. Madrid: Editoral Tecnos.

OLIVEIRA, C. A. B. de (2003). *O Processo de Industrialização: Do Capitalismo Originário ao Atrasado*. São Paulo: Editora Unesp.

PORTAL, R. (1966). "The Industrialization of Russia" in POSTAN, M. & HABAKKUK, H. *The Cambridge Economic History of Europe. Volume VI: The Industrial Revolution and After*. Cambridge: Cambridge University Press.

RIOUX, J. P. (1971). *La Révolution Industrielle: 1780-1880*. Paris: Éditions Du Seuil.

ROBERTSON, R. (1964). *História da Economia Americana*. Rio de Janeiro: Record.

ROSTOW, W. W. (1971). *Etapas do Desenvolvimento Econômico (Um Manifesto Não Comunista)*. 4ª ed., Rio de Janeiro: Zahar Editores.

TEICH, M. & PORTER, R. (1996). *The Industrial Revolution in National Context (Europe and USA)*. Cambridge: Cambridge University Press.

TILLY, R. (1996). "German Industrialization" in TEICH, M. & PORTER, R. (1996).

TOCQUEVILLE, A. de (2009). *A Democracia na América*. São Paulo: Martins Fontes.

VILAR, P. (1971). "A Transição do Feudalismo ao Capitalismo" in CERM. *Sobre o Feudalismo*. Lisboa: Editorial Estampa.

Capítulo 11

RELAÇÕES INTERNACIONAIS: PADRÃO-OURO, COMÉRCIO E FLUXO DE CAPITAIS

Entre 1870 e 1913, as relações econômicas internacionais sofreram grandes transformações: as inovações em transportes (barco a vapor e ampliação das redes ferroviárias) e comunicações (telégrafo) aproximaram as diversas partes do mundo, e a Segunda Revolução Industrial demandou matérias-primas até então pouco utilizadas, integrando novas regiões ao comércio mundial. Não menos importante foi a industrialização de vários países que colocou em questão a divisão internacional do trabalho previamente estabelecida e que tinha a Grã-Bretanha como elemento central. Em suma, a economia mundial em 1913 é claramente distinta daquela de 1870 e essa mudança tem, afinal, alguma relação com a explosão dos conflitos que conduziram à Primeira Guerra Mundial.

11.1 A GRÃ-BRETANHA NA ECONOMIA MUNDIAL

Por ser o primeiro país a passar pela Revolução Industrial, a Grã-Bretanha assumiu posição ímpar na economia mundial no século XIX. Em torno de 1850, ela concentrava grande parte da produção mundial de carvão (2/3), de ferro (1/2), da ainda pequena produção de aço (5/7), de tecidos de algodão (1/2) e de produtos metalúrgicos (cerca de 2/5 do valor total) (HOBSBAWM, 1978, p.124). Embora a produção manufatureira já estivesse estabelecida em outras economias (como na França, na Confederação Germânica e no norte dos Estados Unidos), essa indústria ainda registrava grande atraso em relação à britânica (a exceção era a Bélgica, pequeno país cuja indústria já rivalizava com a da Grã-Bretanha em alguns ramos).

O predomínio industrial britânico lhe garantia posição privilegiada no comércio internacional, em relação tanto aos países mais adiantados como aos países cuja economia era essencialmente primária (mineira, agrícola e pecuária). Os mais adiantados, em vias de industrialização, dependiam do fornecimento de máquinas e equipamentos para a instalação de suas fábricas. Os menos desenvolvidos tinham na Grã-Bretanha um importante

TERCEIRA PARTE – AS TRANSFORMAÇÕES DO CAPITALISMO

mercado para o escoamento de sua produção primária, além de importarem daquele país os manufaturados de que necessitavam. A grande expansão do comércio mundial a partir de 1840 – associada à chamada "era das ferrovias" – colocou a Grã-Bretanha no centro do mercado internacional, fruto de sua posição de quase monopolista da produção industrial mundial.

Esse quadro modificou-se substancialmente na segunda metade do século XIX, especialmente depois de 1870. O desenvolvimento industrial de vários países (principalmente Estados Unidos e Alemanha, mas também de outras regiões da Europa) transformava o interesse comercial comum pré-existente em rivalidade. Como produtores de manufaturados, esses novos países industriais deixaram de importar muitos itens da Grã-Bretanha e, mais tarde, passaram a competir com os produtos britânicos no mercado internacional. O exemplo das ferrovias é marcante: a Grã-Bretanha foi o principal fornecedor de material ferroviário para a primeira onda de expansão (que se iniciou nos anos 40 do século XIX), inclusive para os países europeus que estabeleciam suas redes iniciais; já a partir de 1870, havia pouco espaço na Europa para os equipamentos britânicos e seus fabricantes se defrontavam, no resto do mundo, com a concorrência de outros produtores (europeus e norte-americanos).

Isto levou ao redirecionamento do comércio britânico: antes realizado principalmente com a Europa e com os Estados Unidos, voltou-se crescentemente para outros mercados. O caso mais marcante foi observado com as exportações de tecidos de algodão: a tendência já observada no período anterior se aprofundou a partir de 1870. Se, em 1820, 60% das exportações de tecidos de algodão se dirigiam à Europa e aos Estados Unidos, em 1880, esse percentual se reduziu para 10% e, em 1900, para 7%. Neste último ano, o "mundo subdesenvolvido" absorvia 86% das exportações britânicas de tecidos de algodão, cabendo a outros países 7% do total (HOBSBAWM, 1978, p.135).

Nesse "mundo subdesenvolvido", a América Latina foi uma das áreas a absorver as exportações britânicas. O Império britânico também teve importância crescente, em especial a Índia, cuja produção tradicional de tecidos foi praticamente destruída pela dominação britânica.[1]

O mesmo se deu com outros produtos de exportação: embora não tenha havido um declínio absoluto do comércio exterior, a participação relativa da Grã-Bretanha no comércio mundial tendia a declinar.

Outro resultado importante referente ao comércio exterior britânico foi a ampliação do déficit em sua balança comercial. Pobre em recursos naturais (exceto o carvão),

---

1. As exportações britânicas de tecidos sofreram, um pouco mais tarde, o impacto do início da industrialização moderna nos países atrasados. Essa industrialização tipicamente se fez pela substituição de importações e a indústria têxtil é uma das primeiras a ser implantada nesse processo. Isto vale para a América Latina, mas também para os grandes importadores de tecidos britânicos: Índia, Japão e China.

274

a Grã-Bretanha dependia da importação da maior parte das matérias-primas de sua indústria, inclusive do próprio algodão utilizado pela indústria têxtil. Além disso, após a derrogação da Lei dos Cereais em 1846, também o trigo, elemento básico da alimentação, passou a ser importado. Apesar do redirecionamento do comércio para a América Latina e para o Império, não foi possível evitar o surgimento de déficits na Balança Comercial, ou seja, o valor das importações tendeu a superar sistematicamente o das exportações.

No entanto, desde cedo a Grã-Bretanha pode contar com outras receitas derivadas das relações internacionais. De um lado, pagamentos por serviços como fretes e seguros; de outro, as rendas de seus investimentos externos (de início, empréstimos a governos estrangeiros, depois, empréstimos a empresas privadas de estradas de ferro e serviços públicos e também dividendos de empresas britânicas instaladas no exterior). Estas rendas tendiam a superar o déficit na Balança Comercial, gerando um superávit na Balança de Transações Correntes.

TABELA 11.1

Reino Unido: Balanço de pagamentos: 1866-1913 (médias dos períodos em milhões de libras)

PERÍODO	(I)	(II)	(III)	(IV)	(V)
1871-1875	−59,7	+50,0	+88,7	−4,3	+74,7
1876-1880	−122,8	+56,3	+92,2	−0,7	+25,0
1881-1885	−100,2	+64,8	+96,1	+0,7	+61,4
1886-1890	−87,0	+84,2	+92,5	−2,3	+87,4
1891-1895	−126,7	+94,0	+91,6	−7,0	+51,9
1896-1900	−156,3	+100,2	+99,1	−3,3	+39,7
1901-1905	−173,6	+112,9	+112,8	−3,3	+48,8
1906-1910	−141,1	+151,4	+138,2	−2,7	+145,8
1911-1913	−132,2	+187,9	+157,9	−7,5	+206,1

Fonte: MITCHELL (1994), p.870. Nota: (I) Balança Comercial (Exportações – Importações de mercadorias); (II) Rendas de investimentos externos; (III) Fretes, seguros; (IV) Ouro e espécies; (V) Saldo em Conta corrente.

Este resultado sintetiza o sentido fundamental da mudança da posição da Grã-Bretanha na economia mundial. De um lado, a indústria do país, pioneira da Revolução Industrial, se defrontava com os novos países industriais que substituíam as importações britânicas e passavam a concorrer com elas no mercado internacional. Essa mesma indústria britânica dependia de importações de matérias-primas, o que induziu a permanência do livre-comércio numa época de acirramento do protecionismo. Por outro lado, evidenciava-se a crescente importância das rendas derivadas dos capitais exportados para a manutenção do equilíbrio das contas externas britânicas. Em suma, a economia britânica passou a se fundar crescentemente no seu setor financeiro (do qual a City de Londres – região

TERCEIRA PARTE – AS TRANSFORMAÇÕES DO CAPITALISMO

da capital inglesa em que se concentram as instituições financeiras – é a expressão material) e de serviços (transporte, seguros), em detrimento de sua indústria, como bem nota Hobsbawm ao comentar a crescente diferença entre o valor das importações e o das exportações britânicas:

> Por outro lado, a receita dos invisíveis da Grã-Bretanha parecia mais do que suficiente para cobrir essa diferença [entre o valor das importações e o das exportações]. Enquanto sua indústria titubeava, suas finanças triunfavam e tornavam-se indispensáveis seus serviços como transportador marítimo, comerciante e intermediário no sistema mundial de pagamentos. Na verdade, se houve uma época em que Londres constituiu o verdadeiro fulcro econômico do mundo, e a libra esterlina sua alavanca, essa época foi o período de 1870 a 1913. (HOBSBAWM, 1978, p.140)

O outro lado desta questão se situa em entender por que a indústria britânica titubeava. Ou então, porque ela foi incapaz de acompanhar o desenvolvimento da indústria de outros países, em especial da Alemanha e dos Estados Unidos. Lembramos que a Segunda Revolução Industrial apresentou características distintas da anterior: o caráter das inovações passou a demandar maior conhecimento científico, como no caso da eletricidade, da indústria química e da ótica; a expansão do sistema fabril em direção à produção de máquinas (até então produzidas em moldes artesanais); organização sistemática da produção identificada, por vezes, como a administração científica; aumento da escala da empresa em direção aos monopólios, oligopólios, trustes e cartéis. Curiosamente, muitas das inovações da Segunda Revolução Industrial foram gestadas na Grã-Bretanha, embora sua aplicação efetiva se tenha dado em outros países. Indústria química (anilinas), eletrotécnica, máquinas, novos processos de produção de ferro e aço (processos Bessemer, Siemens-Martin e Gilchrist-Thomas) tiveram início entre os britânicos, porém no começo do século XX sua produção era pequena diante da alemã e da norte-americana. Quais as razões do atraso britânico nessa fase da industrialização?[2]

Não se pode atribuir estritamente ao campo científico o atraso britânico: como indicado, várias inovações com base científica tiveram início ou foram acompanhadas na Grã-Bretanha. Há, porém, um argumento paralelo a esse e que tem algum peso: trata-se do caráter e da amplitude do sistema educacional britânico. Admite-se, com frequência, que a educação britânica das camadas mais ricas era pautada por ideais aristocráticos e

---

2. Este é um tema clássico da historiografia econômica e as polêmicas se travam em torno de alguns argumentos cujo peso explicativo varia de acordo com a orientação de cada autor. Hobsbawm, ao tratar do declínio britânico, afirma: "Por isso, não bastam simples explicações sociológicas. Em todos os casos, sempre que possível há que preferir explicações econômicas para fenômenos econômicos" (HOBSBAWM, 1978, p.173). Já Landes, em extensa análise das diferenças entre Grã-Bretanha e Alemanha, admite: "As razões do sucesso alemão na concorrência com a Grã-Bretanha não foram materiais, mas sociais e institucionais [...]" (LANDES, 2005, p.341). Embora os argumentos levantados sejam muito semelhantes, a ênfase, em cada autor, se dirige a um ou outro tipo de explicação.

humanísticos e pouco voltada ao ensino e à pesquisa da técnica; e, ainda, que a educação básica era pouco abrangente, diversamente da Alemanha em que o ensino primário era obrigatório. Em relação à educação básica, observa Landes:

> De um lado, temos uma nação [a Grã-Bretanha] que, até as últimas décadas do século, preferiu deixar a escolarização entregue ao zelo, à indiferença ou à exploração da iniciativa privada. Não se tratava apenas de uma questão de *laissez-faire*. Para cada idealista ou visionário que via na educação o caminho para uma cidadania esclarecida, havia vários homens "práticos" que achavam que a instrução era uma bobagem supérflua para os lavradores e os operários industriais. (LANDES, 2005, p.347)

A mesma diferença podia ser observada no ensino técnico e universitário. Hobsbawm lembra que, em 1913, havia 9.000 estudantes universitários na Grã-Bretanha, ao passo que na Alemanha esse número ascendia a 60.000; anualmente, a Grã-Bretanha formava 350 estudantes "em todos os ramos da ciência, tecnologia e matemática", ao passo que a Alemanha formava 3.000 engenheiros por ano (HOBSBAWM, 1978, p.168-169). O Estado alemão atribuiu grande importância não só ao ensino básico, mas também ao técnico e universitário (e não apenas nos ramos de aplicação industrial, mas também nas humanidades). Numa fase em que os novos ramos industriais demandavam maior conhecimento científico, a disponibilidade de grande número de profissionais com formação universitária em áreas técnicas pode ter favorecido o avanço desses ramos, pois nas grandes sociedades anônimas industriais alemãs era frequente a existência de laboratórios com mais de 200 pessoas. Além disso, não se deve esquecer o efeito mais geral de uma população com nível educacional mais elevado sobre o potencial de desenvolvimento de uma nação.

Landes (2005) explora longamente as razões para a pouca importância dada à educação básica, técnica e superior na Grã-Bretanha. Não acompanha autores que a atribuem aos anseios aristocratizantes dos empresários britânicos: frequentemente se admite que, uma vez alcançado certo grau de riqueza pela atividade industrial, os empresários passavam a aspirar certa ascensão social que os inserisse nos meios aristocráticos britânicos. Assim, passavam a investir na compra de propriedades, deixando de lado novos investimentos em suas indústrias. No entanto, não há evidência de que isto ocorresse com frequência suficiente para afetar o desenvolvimento da indústria britânica. Landes prefere identificar uma relativa acomodação das sucessivas gerações de empresários britânicos que, acreditando em sua superioridade secular, foram pouco propensos a inovações, seja nos métodos produtivos, seja na criação de novos produtos.

Já Hobsbawm, sem ignorar os argumentos anteriores, prefere situar na esfera econômica a principal razão do atraso da indústria britânica em relação à indústria de outros países: trata-se da dificuldade de mudar substancialmente o caráter da indústria previamente estabelecida, uma espécie de ônus do pioneirismo. Como a velha indústria ainda

TERCEIRA PARTE – AS TRANSFORMAÇÕES DO CAPITALISMO

era lucrativa, o custo de investir em novas tecnologias se mostrava elevado, até pelo risco que envolvia. Além disso, a mudança demandava, quase sempre, um aumento de escala, envolvendo a necessidade de fusão de capitais (e por vezes de empresas), a exigir a solução de inevitáveis conflitos de interesses entre empresários e detentores desses capitais.

Em suma para uma indústria já estabilizada e lucrativa, os custos da mudança em direção às novas tecnologias se mostravam elevados e a própria mudança, arriscada. Assim, as indústrias nascentes de outros países – como Alemanha e EUA – puderam se apropriar das novas tecnologias sem enfrentar os custos de depreciar um investimento anteriormente realizado.

Para o conjunto da economia britânica, o atraso da indústria não se mostrou particularmente grave naquele momento, pois, como já observado, os ganhos provenientes da esfera internacional, na atividade financeira e de serviços, compensavam largamente o declínio relativo da indústria. É claro, numa perspectiva de mais longo prazo, colocava-se em questão a posição dominante da economia britânica na economia mundial, fato que se evidenciou com toda a clareza após a Primeira Guerra Mundial. Porém, até 1913 mantinha-se a ilusão da hegemonia britânica, em grande parte apoiada na vigência do padrão-ouro que tinha a libra esterlina como moeda-chave do sistema monetário internacional.

11.2 O SISTEMA MONETÁRIO INTERNACIONAL: PADRÃO-OURO[3]

A noção usual de que o padrão-ouro foi durante longo tempo o fundamento do sistema monetário internacional não corresponde à realidade. Na verdade, apenas durante algumas décadas – entre 1870 e 1914 – é possível identificar a adesão das principais nações ao padrão-ouro.

O uso do metal como matéria do meio de troca é bastante antiga. A prata e o ouro se consolidaram, por suas características físicas e pelo valor que lhes era atribuído, como os metais mais frequentemente utilizados para a cunhagem de moedas. Muitas vezes, os nomes das moedas correspondiam ao peso de metal contido em uma unidade monetária (como é o caso da libra que, além de ser a moeda inglesa, designa também uma unidade de medida de peso: 1 libra corresponde a 453,49 gramas). Na Idade Média europeia, a prata predominou como meio de circulação, cabendo ao ouro a função de meio de pagamento de grandes transações (pois havia alguma dificuldade para fundir moedas de ouro de pequeno valor).

No século XIX, foi frequente a prática do bimetalismo: um exemplo típico é o da França em que vigorava a relação, em peso, de 15,5 de prata para 1 de ouro. Alguns países adotavam apenas a prata (como os estados alemães, o Império Austro-Húngaro, os países

---

3. Este tópico se baseia amplamente em EICHENGREEN (2000) e TRIFFIN (1968).

278

CAPÍTULO 11 – RELAÇÕES INTERNACIONAIS: PADRÃO-OURO, COMÉRCIO E FLUXO DE CAPITAIS

escandinavos, a Rússia e o Extremo Oriente). Por várias décadas apenas a Grã-Bretanha teve o ouro como lastro de sua moeda.[4] A adoção generalizada do padrão-ouro respondeu a alguns fatores. Por um lado, o bimetalismo oferecia alguma dificuldade para sua gestão. Qualquer mudança que um país promovesse no grau de pureza da moeda (ou seja, na quantidade efetiva do metal na unidade monetária)[5], provocava a expulsão da moeda de um país para outro. Para evitar esse tipo de problema, em 1865 foi formada a União Monetária Latina (englobando França, Bélgica, Itália, Suíça e, mais tarde, Grécia). No entanto, em consequência da guerra franco-prussiana (cujo fim coincide com a unificação alemã em 1870-1871, envolvendo a conquista de territórios franceses e uma grande indenização de guerra), vários países suspenderam a conversibilidade de suas moedas, colocando em questão o bimetalismo.

Por outro lado, o crescente papel da Grã-Bretanha no comércio mundial era uma forte razão para outros países aderirem ao padrão-ouro. Por exemplo, o Império Alemão, logo após sua constituição em 1870, aboliu a cunhagem de prata e adotou o ouro como base da nova moeda – o marco. É provável que o fato de grande parte do comércio alemão se realizar por Londres tenha induzido a essa decisão, pois facilitaria as transações desses países.

Com a adoção do padrão-ouro pelas duas maiores economias da época – Grã-Bretanha e Alemanha – outros países foram levados a seguir o mesmo caminho: Dinamarca, Noruega, Suécia e a União Monetária Latina o fizeram ainda na década de setenta; Áustria-Hungria e Itália, embora não tenham assumido formalmente o padrão-ouro, ao fim do século XIX haviam atrelado suas moedas às dos países que o seguiam; os Estados Unidos abandonaram progressivamente a prata como base de sua moeda e, em 1879, ao retomarem a conversibilidade, adotaram na prática o padrão-ouro; Rússia e Japão, no fim do século XIX, também se integraram ao grupo do padrão-ouro, e a Índia, ao atrelar sua moeda à libra, indiretamente vinculava-se ao padrão-ouro.

Na América Latina também houve algumas tentativas de adoção do padrão-ouro na Argentina, no México, no Peru e no Uruguai; o Brasil, entre 1906 e 1914, emitiu papel moeda conversível em libras – por meio da chamada Caixa de Conversão – aproximando-se

---

4. Admite-se que a adoção do padrão-ouro na Grã-Bretanha ocorreu por um erro de Sir Isaac Newton: a entrada do ouro brasileiro no século XVIII havia tornado mais barato esse metal diante da prata. Newton, como funcionário da Casa da Moeda, alterou a relação entre ouro e prata na moeda britânica, porém atribuiu ao ouro um valor relativamente maior do que o estabelecido pelo mercado. Por isso, a prata foi expulsa da circulação: o ouro supervalorizado permitia comprar quantidades de prata que eram trocadas por quantidades superiores de ouro no mercado ou em outros países. Essa situação ficou conhecida como a Lei de Gresham, em que "a moeda ruim expulsa a moeda boa". Assim, pela prática da arbitragem, somente o ouro permaneceu em circulação na Grã-Bretanha (EICHENGREEN, 2000, p.33-35).

5. O conteúdo metálico da libra esterlina, em épocas anteriores, foi definido em 1,555 gramas, sendo 92,5% de prata e 7,5% de cobre e outros metais de menor valor. Se a porcentagem da prata – o grau de pureza – fosse reduzida, o "valor" da moeda também se reduziria e haveria um movimento para se ajustar a esse novo "valor" da moeda, por exemplo, pela troca por moedas de outros países.

indiretamente do padrão-ouro. A circulação de prata manteve-se apenas na China e em alguns países da América Central.

Como se justifica esse rápido deslocamento em direção ao padrão-ouro? A descoberta e exploração de novas minas de ouro e o peso da doutrina econômica dominante podem ser arguidos para explicar o fato. Mais importante parece ser o predomínio britânico na economia mundial à época (em especial na esfera financeira), que lhe dava uma posição central nas trocas internacionais: ter uma moeda definida no mesmo padrão da moeda britânica facilitaria as trocas entre esses países e daria maior estabilidade ao sistema monetário. Eichengreeen explica essa tendência ao padrão-ouro com base na noção de "externalidade de rede": o fato de Grã-Bretanha e Alemanha definirem suas moedas no padrão-ouro criava "economias externas" para os demais países que seguissem esse padrão.[6] Em suma, por essas razões, o padrão-ouro foi a forma dominante de definição da maior parte das moedas nacionais no núcleo da economia do mundo ocidental entre 1870 e 1914. Isso não quer dizer que a circulação monetária nesses países consistisse exclusivamente em moedas cunhadas em ouro. Cabe, portanto, definir com cuidado o que era o padrão-ouro.

A noção fundamental é de que, no padrão-ouro, a unidade monetária de um Estado Nacional é definida em termos da quantidade de ouro que ela contém; por exemplo, a unidade monetária padrão da Grã-Bretanha antes de 1914 – libra ouro – continha 113,0016 grãos de ouro (cada grão corresponde a 0,0648 gramas). Uma parte da moeda em circulação poderia ser constituída por moedas de ouro; porém isto não era necessário à definição do padrão-ouro. O essencial é que a autoridade monetária (no caso da Grã-Bretanha, o Banco da Inglaterra) garantisse a *conversibilidade* do papel moeda em circulação por ouro, quer dizer, que o portador de uma nota representativa de libras pudesse ir à autoridade monetária e receber dela a quantidade correspondente de ouro. Para tanto, a autoridade monetária deve manter uma *reserva* em ouro, suficiente para garantir o direito de conversão do papel-moeda. Essa reserva não precisaria ser "integral": ou seja, não era preciso manter uma quantidade de ouro que correspondesse exatamente ao papel-moeda em circulação; ela poderia ser proporcional desde que suficiente para garantir a conversão em ouro para aqueles portadores que eventualmente procurassem a autoridade monetária (pois é improvável que todos os portadores de papel-moeda solicitassem a conversão em ouro ao mesmo tempo). Na verdade, mais do que a reserva em ouro, o padrão-ouro era garantido pela confiança do público de que a conversão seria realizada.

---

6. O exemplo típico de externalidade de rede é a adoção generalizada dos sistemas criados pela Microsoft: embora haja sistemas alternativos, o fato de grande parte dos usuários ter adotado os da Microsoft induz os novos usuários a utilizá-los pelas facilidades (ou economias) que isso oferece em termos de acesso, aprendizado, troca de informações e, por que não, de "pirataria" de programas.

CAPÍTULO 11 – RELAÇÕES INTERNACIONAIS: PADRÃO-OURO, COMÉRCIO E FLUXO DE CAPITAIS

Assim, o padrão-ouro admitia algumas variações quando se trata concretamente dos sistemas monetários nacionais. Eichengreen identifica alguns "modelos" de funcionamento do padrão-ouro com base na forma do *meio circulante doméstico* e na forma das *reservas* (lastro), como segue:

- Meio Circulante com predominância de moedas de ouro; Reservas mantidas também em ouro: Inglaterra, Alemanha, França e Estados Unidos.
- Meio Circulante com predominância de moedas de ouro; Reservas sob a forma de divisas (moedas) estrangeiras: Rússia, Austrália, África do Sul e Egito.
- Meio Circulante sob a forma de ouro, prata, moedas representativas (outros metais) e papel-moeda; Reservas mantidas em ouro: Bélgica e Suíça.
- Meio Circulante sob a forma de ouro, prata, moedas representativas (outros metais) e papel-moeda; Reservas com predominância de divisas estrangeiras: Áustria-Hungria, Japão, Holanda, Escandinávia e algumas colônias britânicas.
- Meio Circulante sob a forma de ouro, prata, moedas representativas (outros metais) e papel-moeda; Reservas totalmente em divisas estrangeiras: Filipinas, Índia e países latino-americanos (EICHENGREEN, 2000, p.46).

Uma regra adicional dizia respeito à emissão de moeda: dada a própria definição do padrão-ouro, a circulação monetária de um país deveria aumentar (ou diminuir) de acordo com o aumento (ou a diminuição) das reservas de ouro da autoridade monetária. Esta regra, nem sempre seguida rigorosamente, era a base "teórica" para a compensação dos desequilíbrios internacionais. Ou seja, o padrão-ouro, além de fundamento dos sistemas monetários nacionais definia, ao menos teoricamente, o funcionamento de um sistema monetário internacional.

O ponto de partida desse "sistema" (que não existia propriamente como um sistema, ou seja como algo organizado conscientemente e dotado de regras formais) era a definição de taxas de câmbio fixas entre as diferentes moedas: se cada moeda se definia pela quantidade de ouro que continha (e essa quantidade de ouro não variava no tempo), a relação entre essas moedas – ou seja, a taxa de câmbio – também era fixa. Por exemplo: como a libra continha 113,0016 grãos de ouro e o dólar americano, 23,22 grãos, cada libra "valia" US$ 4,86656; ou seja a taxa de câmbio era fixa e estabelecida no valor aproximado de US$ 4,87 por libra.[7]

O funcionamento "teórico" do padrão-ouro previa o reajustamento automático dos desequilíbrios internacionais, garantindo a estabilidade da economia internacional. O mecanismo básico já havia sido descrito por David Hume no século XVIII e se fundava no fluxo internacional de moedas (ou de ouro) em função de desequilíbrios na balança

---

7. O grão é uma antiga unidade de medida de peso. Para o ouro (e outros metais preciosos) corresponde a 0,0648 gramas.

281

TERCEIRA PARTE – AS TRANSFORMAÇÕES DO CAPITALISMO

comercial. Consideremos dois países – Portugal e Inglaterra como no exemplo clássico de David Ricardo – cujas moedas sejam definidas pelas regras do padrão-ouro. Se a Inglaterra teve um déficit em sua balança comercial com Portugal (ou seja, o valor de suas importações foi maior do que o de suas exportações), vai haver uma saída de ouro (sob a forma de moedas ou barras) para pagar essa diferença aos portugueses. Diz a regra do padrão-ouro:

- à saída de ouro da Inglaterra deve corresponder uma redução do meio circulante no país porque suas reservas em ouro diminuíram;
- o inverso deve ocorrer no caso de Portugal: com a entrada de ouro nas reservas, deve haver um aumento do meio circulante proporcional ao aumento das reservas;
- consequentemente, e admitindo-se a adequação da Teoria Quantitativa da Moeda[8] às condições da época, haveria uma redução dos preços na Inglaterra e um aumento dos preços em Portugal;
- o resultado desse movimento dos preços seria: redução das importações inglesas (pois seus produtos ficaram relativamente mais baratos do que os portugueses) e aumento de suas exportações para Portugal (pelo mesmo motivo). Obviamente, nesse comércio bilateral, o inverso ocorreria com Portugal. Assim, esse movimento se processaria até que o desequilíbrio inicial fosse corrigido (o déficit inglês e o superávit português seriam eliminados, conduzindo novamente ao equilíbrio do comércio entre esses dois países).

É importante notar que, segundo a doutrina, o reequilíbrio das relações comerciais internacionais ocorreria pelo respeito às "regras" do padrão-ouro (definição da unidade monetária e da regra de emissão) e manteria as taxas de câmbio fixas. Cabe indagar até que ponto essas regras foram seguidas na realidade.

Robert Triffin, a partir de alguma evidência empírica, colocou em questão o funcionamento das regras do padrão-ouro. Observou, por exemplo, que os níveis de preços dos diferentes países tiveram movimentos paralelos (subiram ou desceram ao mesmo tempo) e não divergentes como sugerido pela doutrina do padrão-ouro (ou seja, dado um déficit da Inglaterra com Portugal, os preços ingleses declinariam e os portugueses se elevariam). Do mesmo modo, observou que as exportações dos diferentes países cresciam ou declinavam paralelamente (e não tinham movimentos opostos como sugeria

---

8. A versão simples da Teoria Quantitativa da Moeda é expressa pela identidade: $MV = PT$ em que: M = quantidade de moeda em circulação; V = velocidade de circulação da moeda; P = nível de preços e T = número de transações ocorridas no período (por vezes T é substituído por Y = nível de renda ou do produto do país em questão). A teoria admite que V e T são constantes, ou seja, que a velocidade de circulação da moeda não se altera em período curtos, por expressar hábitos de pagamentos e instituições relativamente rígidas, e que T ou Y expressam o nível de produto de pleno emprego. Assim, variações na quantidade de moeda se refletiriam proporcionalmente em variações nos preços. Embora com maior sofisticação, essa noção permanece até hoje nas explicações monetaristas da inflação.

CAPÍTULO 11 - RELAÇÕES INTERNACIONAIS: PADRÃO-OURO, COMÉRCIO E FLUXO DE CAPITAIS

a teoria do padrão-ouro: para compensar o déficit inglês, suas exportações deveriam subir e as portuguesas, declinar). Ou seja, na realidade, os desequilíbrios externos deveriam estar sendo superados por mecanismos diferentes daqueles previstos na teoria do padrão-ouro. Nesse sentido, Triffin observa os fluxos internacionais de capitais e a ação dos bancos centrais.

Ao fim do século XIX já existia um sistema financeiro internacional razoavelmente desenvolvido: os capitais, principalmente de Grã-Bretanha, França e Alemanha, dirigiam-se a várias partes do mundo (Europa, América, Ásia, Oceania). Mas havia também movimentos de capitais, inclusive de curto prazo, entre os principais países europeus. Assim, Triffin admite que os desequilíbrios comerciais foram enfrentados principalmente pelo movimento internacional de capitais. É o caso, por exemplo, dos Estados Unidos: durante grande parte do século XIX, o país foi deficitário em sua balança comercial, pois investia pesadamente na construção de sua infraestrutura. Para tanto contou principalmente com recursos de empréstimos britânicos para o governo (em seus diversos níveis, inclusive o municipal). Mas há também um movimento de capitais de curto prazo induzido pelas políticas dos bancos centrais. Se a Grã-Bretanha sofria um déficit em sua balança comercial, o Banco da Inglaterra podia elevar as taxas de juros, de modo a atrair capitais de outros países a fim de superar o déficit. Este era (como é até hoje) um instrumento utilizado para cobrir desequilíbrios externos. Outra possibilidade, no caso de uma balança comercial deficitária, era a adoção de uma política monetária restritiva: por meio de operações de redesconto ou de mercado aberto, era possível reduzir o meio circulante sem afetar a reserva de ouro. Assim, a redução dos preços e o ambiente recessivo tenderiam a eliminar o déficit comercial pela redução das importações (TRIFFIN, 1968, p.18-21).

Apesar desses desvios em relação ao modelo de fluxos de moedas do padrão-ouro, a noção de que o padrão-ouro foi uma base eficaz para as moedas nacionais e para o sistema monetário internacional se consolidou inclusive em parte da literatura acadêmica. A que atribuir esse prestígio do padrão-ouro?

Para Eichengreen, o que sustentou o padrão-ouro, mais do que as virtudes do modelo ou as reservas de ouro, foi a credibilidade que o sistema adquiriu a partir do compromisso dos diferentes governos com a garantia da conversibilidade das moedas em ouro. A tese desse autor vai adiante, pois se indaga a razão pela qual foi possível definir a conversibilidade como a prioridade na gestão dos sistemas monetários nacionais. Sua resposta aponta na direção política: não havia pressão contrária à conversibilidade por parte daqueles mais afetados por suas consequências. A conversibilidade, por meio das taxas de câmbio fixas, afetava, na emergência de uma crise externa, o nível de produto e emprego, atingindo principalmente os trabalhadores. Mas estes não eram suficientemente organizados (em partidos socialistas ou trabalhistas), nem havia ainda o sufrágio universal (nem um sufrágio amplo, pois as mulheres estavam excluídas e, com frequência, havia exigência de comprovação de propriedade para ser eleitor): desse modo, políticas recessivas não

283

TERCEIRA PARTE – AS TRANSFORMAÇÕES DO CAPITALISMO

encontravam maior resistência da parte de suas maiores vítimas, ou seja, aqueles que perdiam seus empregos (EICHENGREEN, 2000, p.57-60).[9]

Por todas essas razões o padrão-ouro vigorou amplamente no período 1870-1913. No entanto, algumas partes do mundo não puderam adotá-lo, por maior esforço que fizessem nessa direção. Genericamente, podemos dizer que a periferia da economia mundial de fins do século XIX e começos do século XX permaneceu à margem do padrão-ouro.

Celso Furtado já havia apontado as dificuldades de economias primário-exportadoras, como a brasileira na segunda metade do século XIX, de se adaptarem às regras do padrão-ouro. Como o setor externo representava, nessas economias, grande parcela do produto nacional, um déficit externo (por declínio das exportações) teria efeitos catastróficos: as reservas necessárias para cobrir o déficit externo teriam de ser muito grandes em relação ao tamanho da economia[10] e a saída de ouro provocaria uma tal redução do meio circulante que o impacto recessivo seria brutal. Desse modo, as tentativas das economias periféricas de se adequar ao padrão-ouro foram rapidamente destruídas pela emergência de crises externas (FURTADO, 1968, Cap. XXVII). A regra na periferia foi não o padrão-ouro, e sim sistemas monetários fundados na emissão de moeda fiduciária, moeda essa sujeita a amplas flutuações em seu valor (fora do padrão de taxa de câmbio fixa).

Embora seja usual referir-se ao padrão-ouro como fundamento do sistema monetário internacional entre 1870 e 1914, é importante notar que foi a libra esterlina, e não o ouro, que deu liquidez ao sistema.[11] A libra esterlina foi a moeda-chave do sistema monetário internacional e os saldos britânicos em conta corrente forneceram a liquidez necessária à expansão da economia internacional. Além disso, os bancos ingleses – a City de Londres – eram os principais agentes do financiamento das correntes de comércio e dos investimentos internacionais. Esse papel de "banqueiro do mundo" garantiu à Grã-Bretanha um papel proeminente na economia mundial, apesar de seu declínio como principal potência industrial. E o fato de a libra esterlina ser aceita como moeda chave do sistema monetário internacional foi fundamental para garantir essa posição britânica.

---

9. Eichengreeen desdobra esse argumento na seguinte direção: taxas de câmbio fixas só foram viáveis enquanto a representação política foi restrita; à medida que essa se ampliou, na direção do sufrágio universal, outros objetivos – em especial o pleno emprego – se sobrepuseram à conversibilidade da moeda (ou às taxas de câmbio fixas), levando à adoção de taxas de câmbio variáveis. Mas esta discussão se coloca para períodos posteriores ao examinado neste capítulo.

10. Essas reservas teriam de ser constituídas a partir de saldos das exportações sobre as importações: ou seja, uma parte do esforço produtivo (representado pelas exportações) seria imobilizada sob a forma de reservas, não podendo ser utilizada produtivamente (por exemplo, para importação de bens de produção). Por isso, Furtado entende que as reservas representariam, para as economias periféricas, um enorme investimento improdutivo da sociedade com a finalidade de se adequar às regras do padrão-ouro.

11. Convém relembrar Triffin que vai além ao observar o crescimento do sistema bancário no período e a expansão da moeda de crédito: "Ao fim, o século XIX pode ser descrito de modo bem mais acurado como o século de um emergente e crescente padrão de moeda de crédito e da eutanásia das moedas de ouro e de prata do que como o século do padrão-ouro" (TRIFFIN, 1968, p.21).

Os eventos relacionados à Primeira Guerra Mundial levaram à inconversibilidade de quase todas as moedas vinculadas ao padrão-ouro. A necessidade de recursos para os governos conduzirem as operações de guerra levou a emissões de moeda em grande volume. Se a conversibilidade fosse mantida, haveria uma corrida pela troca do papel-moeda em ouro (já que o público perceberia a tendência à desvalorização dessas moedas) e o rápido esgotamento das reservas metálicas que lhe serviam de lastro. Ao fim da guerra, procurou-se o retorno ao padrão-ouro e à conversibilidade das moedas. Como veremos na próxima parte deste livro, as tentativas de reconstrução do padrão-ouro foram difíceis e efêmeras, sendo, ao fim, atropeladas pela crise de 1929 e pela grande depressão dos anos 1930.

11.3. O COMÉRCIO E O FLUXO INTERNACIONAL DE CAPITAIS ENTRE 1870 E 1913

A Grã-Bretanha, como pioneira da Revolução Industrial, situou-se no centro da economia mundial ao longo do século XIX. No entanto, as mudanças que se processaram após 1870 indicam o declínio relativo do comércio britânico no plano internacional e o surgimento de centros financeiros que, sem desbancar a City londrina, passaram a ter intensa atividade nas relações financeiras internacionais.

As características do comércio internacional após 1870 foram afetadas tanto por mudanças na esfera produtiva sintetizadas na noção de Segunda Revolução Industrial como por mudanças na política comercial dos principais países industriais.

A Segunda Revolução Industrial demandou novas matérias-primas e insumos, alimentando correntes de comércio e promovendo a crescente integração ao mercado mundial de regiões que, até então, participavam marginalmente dele. Desse modo, após 1870 observa-se alguma mudança na distribuição regional do comércio mundial e também a incorporação ao comércio de mercadorias até então desconhecidas ou de pouca importância econômica.

Por outro lado, a emergência de novas economias industriais e a consolidação de alguns Estados Nacionais colocou em pauta a mudança da tendência dominante da política comercial no mundo.

Pode-se dizer que em torno de 1860, o comércio mundial se aproximava da situação de "livre comércio": na Grã-Bretanha, o combate ao protecionismo teve seu marco, em 1846, com a derrogação da Lei dos Cereais (que estabelecia tarifas sobre a importação de trigo); revisões tarifárias em 1853 e 1860 reduziram a 48 os produtos sujeitos a tarifas e eliminaram todas as outras. Na França, o marco da liberalização do comércio foi o Tratado de Comércio com a Grã-Bretanha de 1860 (conhecido como Cobden-Chevalier, em referência aos diplomatas que o concluíram),s que reduziu, no comércio bilateral, as tarifas até então existentes para a entrada de produtos na França. As condições desse tratado foram a seguir repetidas pela França em acordos com outros países europeus como a Bélgica, a Holanda, a Espanha, Portugal, Suíça, Suécia e o *Zollverein* (união aduaneira dos estados alemães). Assim, entre 1860 e 1880, o comércio entre as principais nações europeias foi realizado sem grandes barreiras alfandegárias, ou seja, nas condições propostas pelos defensores do livre-comércio.

A partir de 1880, essa tendência ao liberalismo nas relações comerciais internacionais sofreu profunda reversão em direção ao protecionismo. É possível apontar algumas razões para essa mudança na política. Talvez a mais importante seja a industrialização que avança em vários países nesse período: de um lado, intensifica-se o anseio pela industrialização a justificar o destaque dado às teses que defendem o protecionismo como instrumento para o desenvolvimento industrial.[12] A noção de que a "indústria nascente" necessitava de proteção até que atingisse um grau de desenvolvimento que a permitisse competir com a indústria de outras nações é particularmente relevante nesse momento de consolidação das industrializações retardatárias. A crescente competição, no plano internacional, entre as indústrias mais antigas e as nascentes reforçava o apelo ao protecionismo. A esse argumento central agregam-se outros como o nacionalismo emergente, em especial como resultado dos processos de unificação da Alemanha e da Itália, processos esses que também exigiram a ampliação das receitas fiscais (em parte obtidas com as tarifas aduaneiras) para sustentar o esforço das nações envolvidas em guerras.

Alguns eventos específicos parecem ter detonado o retorno ao protecionismo. A Grande Depressão de 1873-1896, que teve como efeito uma redução generalizada dos preços (e dos lucros), estimulou a elevação de barreiras alfandegárias como recurso para barrar a deflação no interior de cada país (na medida em que se associava o declínio dos preços à concorrência internacional). E a crescente entrada de cereais norte-americanos e russos na Europa Ocidental, deprimindo os preços desses produtos, gerou reação dos agricultores que se viam prejudicados pela concorrência de países mais produtivos. Esses eventos conduziram, em vários países, a uma aliança entre empresários da indústria nascente e proprietários rurais/agricultores na defesa de um protecionismo mais ou menos generalizado (ou seja, não apenas para os produtos manufaturados, mas também para a produção agrícola).

Entre 1880 e 1913 apenas a Grã-Bretanha, a Holanda e a Dinamarca mantiveram-se fiéis ao livre-comércio. Nos demais países em que havia alguma industrialização, medidas protecionistas foram adotadas em graus e naturezas distintas.

Na França, a Câmara eleita em 1877 já tinha grande maioria protecionista e conseguiu aprovar, em 1881, a revisão das tarifas com substancial aumento dos impostos sobre as importações. Mas o governo tentou evitar o impacto das novas tarifas por meio de tratados comerciais com vários países. Somente em 1892, uma revisão tarifária (conhecida como

---

12. A defesa da industrialização e do protecionismo ficou associada, nos Estados Unidos, a Alexander Hamilton (1757-1804) e, na Alemanha, a Friedrich List (1789-1846). Deste último é a obra *Sistema Nacional de Economia Política*, de 1841, uma defesa da proteção à indústria nascente, em oposição às teses favoráveis ao livre-comércio então dominantes.

Tarifa Méline) conseguiu garantir proteção para produtos agrícolas e manufaturados. Já a lei tarifária de 1910 voltou-se mais diretamente à proteção para a indústria, aumentando a tarifa sobre os manufaturados e isentando matérias-primas.

Na Alemanha, até 1879 prevaleceram tarifas liberais vigentes desde a época do *Zollverein*. Os grandes proprietários rurais – os *junkers* – queriam evitar tarifas que pudessem interferir em suas exportações de trigo. Mas diante da concorrência do trigo norte-americano, os *junkers* passaram a apoiar uma política protecionista mais geral que incluísse também o seu produto. A resistência do governo em aprovar tarifas mais elevadas foi vencida não só pela pressão política dos grupos interessados nessa mudança; o próprio governo constituído com a unificação alemã precisou criar novas fontes de receitas porque os Estados federais absorveram grande parte dos tributos existentes. Assim, em 1879 foi aprovada uma primeira revisão que impôs tarifas moderadas sobre produtos agrícolas e industriais; entre 1883 e 1888, houve aumento de tarifas sobre os grãos importados; finalmente, em 1902, uma revisão geral das tarifas definiu um padrão típico do protecionismo – tarifas elevadas sobre a importação de manufaturados e de produtos agrícolas, mas isenção de tarifas para as matérias-primas. Ou seja, o protecionismo não implica a adoção de uma tarifa geral única elevada e sim de tarifas seletivas de acordo com a destinação do produto: tarifas elevadas sobre matérias-primas necessárias à indústria teriam o efeito de reduzir ou mesmo anular a proteção dada à indústria do país.

Também os Estados Unidos incorporaram a tendência à elevação das tarifas alfandegárias. Isso já se verificou na década de 1860, pois a arrecadação do imposto sobre importação foi usada para financiar a guerra civil. A taxa média da tarifa alfandegária subiu de 37%, em 1862, para 47%, em 1864. As tarifas flutuaram em torno desse valor até 1890, quando a Lei McKinley elevou a proteção para uma média de 50%. A uma breve redução, em 1894, seguiu-se nova elevação para o nível médio de 57%. O caso norte-americano é mais um exemplo do ambiente protecionista em que se realizava o comércio internacional entre 1870 e 1913.

Os impactos da Segunda Revolução Industrial e do protecionismo se somaram no sentido de promover mudanças nos fluxos do comércio mundial no período em foco. É certo que o comércio entre os países da Europa era, tanto na década de 1870 como em 1913, amplamente dominante no plano internacional, abarcando, nos dois momentos, mais de 60% do comércio mundial. Há, porém, um pequeno declínio que corresponde ao aumento da participação da América do Norte, da América Latina e da África, aumento este justificado pela crescente integração dessas áreas como fornecedoras de matérias-primas e alimentos e, consequentemente, também como importadores de produtos manufaturados (Tabela 11.2).

Igualmente importante é notar que a natureza das mercadorias objeto de comércio nas várias regiões também era bastante distinta: a participação das exportações de produtos primários e de manufaturados por região mostra claramente o caráter da divisão internacional do trabalho à época (Tabela 11.3).

TERCEIRA PARTE – AS TRANSFORMAÇÕES DO CAPITALISMO

TABELA 11.2
Distribuição regional do comércio mundial, 1876-1913

REGIÃO	1876-1880 (%)			1913 (%)		
	Exportações	Importações	Total	Exportações	Importações	Total
Europa	64,2	69,6	66,9	58,9	65,1	62,0
América do Norte	11,7	7,4	9,5	14,8	11,5	13,2
América Latina	6,2	4,6	5,4	8,3	7,0	7,6
Ásia	12,4	13,4	12,9	11,8	10,4	11,1
África	2,2	1,5	1,9	3,7	3,6	3,7
Oceania	3,3	3,5	3,4	2,5	2,4	2,4
Mundo	100,0	100,0	100,0	100,0	100,0	100,0

Fonte: KENWOOD & LOUGHEED (1992), p.81.

TABELA 11.3
Participação dos produtos primários e manufaturados no comércio das regiões: 1913 (%)

REGIÕES	EXPORTAÇÕES DE PRIMÁRIOS	EXPORTAÇÕES DE MANUFATURADOS
Reino Unido	30,3	69,7
Europa noroeste	48,0	52,0
Europa – outros	75,6	24,4
EUA/Canadá	74,1	25,9
Subdesenvolvidos	89,1	10,9
Mundo	61,8	38,2

Fonte: KENWOOD & LOUGHEED (1992), p.89.

Os casos extremos permitem evidenciar o caráter da divisão internacional do trabalho: no Reino Unido, quase 70% de suas exportações consistiam em produtos manufaturados; já nos países subdesenvolvidos, 89% de suas exportações provinham de produtos primários. Nas demais regiões, há menor disparidade entre exportações de primários e manufaturados porque aí já há países industrializados, mas também áreas importantes de produção agrícola para exportação. O exemplo dos Estados Unidos é marcante, porque em 1913, ao lado de um setor industrial forte, há um vasto setor agrícola exportador (que se soma à produção agrícola do Canadá no dado da Tabela 11.3).

Convém notar que os países subdesenvolvidos (América Latina, Ásia, África, Oceania) absorviam 40% dos manufaturados negociados no comércio internacional em 1913. Ou seja, embora fossem essencialmente exportadores de produtos primários, tinham importante papel como importadores de manufaturados no comércio mundial.

CAPÍTULO 11 - RELAÇÕES INTERNACIONAIS: PADRÃO-OURO, COMÉRCIO E FLUXO DE CAPITAIS

A essa assimetria entre países industrializados e subdesenvolvidos no comércio internacional se agregava outra: a que aparecia no movimento internacional de capitais. Já indicamos o declínio da participação da Grã-Bretanha no comércio mundial de mercadorias: entre 1876-1880, Reino Unido e Irlanda respondiam por 37,8% desse comércio; em 1913, por apenas 25,3%. Mas também mostramos como os déficits na balança comercial britânica eram compensados pelos serviços e pelas rendas de capitais investidos no exterior. A economia britânica foi a que mais investiu no exterior (seguida pela França e pela Alemanha), reafirmando a assimetria existente na economia mundial à época: os países subdesenvolvidos, além de produtores e exportadores de produtos primários, eram também os receptores dos capitais internacionais. No pólo oposto, os principais produtores e exportadores de manufaturados eram também os exportadores de capitais. Embora, à primeira vista esse fato possa parecer óbvio, ele reflete características fundamentais dessas economias: a produção de um excedente de capitais nas industrializadas e a escassez de capitais nas subdesenvolvidas.

Os investimentos externos dos países exportadores de capitais em 1914 eram estimados num total de 9,5 bilhões de libras e estavam assim distribuídos (KENWOOD & LOUGHEED, 1992, p.27):

Grã-Bretanha: 4,1 (43%)	Bélgica, Holanda, Suíça: 1,1 (12%)
França: 1,9 (20%)	Estados Unidos: 0,7 (7%)
Alemanha: 1,2 (13%)	Outros: 0,5 (5%)

Esses investimentos externos se distribuíam pelas várias regiões do mundo: a primazia inicial dos investimentos na própria Europa foi cedendo lugar para aplicações na América e na Ásia. Os dados para 1914 (num total de 9,43 bilhões de libras) indicam essa tendência (KENWOOD & LOUGHEED, 1992, p.28).

Europa: 2,5 (27%)	Ásia: 1,5 (16%)
América do Norte: 2,3 (24%)	África: 0,83 (9%)
América Latina: 1,8 (19%)	Oceania: 0,5 (5%)

Os valores dos investimentos estrangeiros dos países industrializados são expressivos: estima-se, por exemplo, que o capital investido fora do Reino Unido em 1909 correspondesse a cerca de 20% do capital investido dentro do país (FEIS, 1964, p.14). Embora essa estimativa seja bastante precária, ela permite situar a magnitude dos investimentos externos no conjunto da economia.[13]

---

13. Em obra mais recente, Hirst e Thompson sugerem que os fluxos de capitais externos (quando comparados ao PIB) decresceram do início do século até a década de 1980. Para a Inglaterra, a relação entre fluxos de capital e PIB declinou de 6,61%,

Os investimentos externos concentraram-se em alguns tipos de aplicações, como podemos observar no caso da Grã-Bretanha em 1913:

TABELA 11.4
Investimentos externos da Grã-Bretanha (1913)

Empréstimos a governos (nacionais ou municipais)	1.125,0 milhões de libras
Títulos de empresas ferroviárias	1.531,0 milhões de libras
Títulos de empresas de mineração	272,8 milhões de libras
Empresas financeiras e de colonização	244,2 milhões de libras
Comércio e Indústria	155,3 milhões de libras
Outros	435,0 milhões de libras
Total	3.763,3 milhões de libras

Fonte: FEIS (1964), p.27.

Esses investimentos externos britânicos tiveram o seguinte destino:

TABELA 11.5
Destino de investimento externo da Grã-Bretanha (1913)

IMPÉRIO BRITÂNICO	FORA DO IMPÉRIO
Canadá e Terra Nova: 524,9 milhões de libras	Estados Unidos: 754,6 milhões de libras
Austrália e Nova Zelândia: 416,4 milhões de libras	América Latina: 756,6 milhões de libras
África do Sul: 370,2 milhões de libras	Europa: 218,6 milhões de libras
Índia e Ceilão: 378,8 milhões de libras	Outros: 253,5 milhões de libras
Outros: 89,7 milhões de libras	
Total: 1.780,0 milhões de libras	Total: 1.983,3 milhões de libras

Fonte: FEIS (1964), p.23.

Os investimentos externos britânicos não se dirigiram apenas às suas colônias e domínios; Estados Unidos e América Latina também receberam volumosos recursos. No caso dos Estados Unidos, principalmente por meio de empréstimos utilizados na construção de sua infraestrutura. Já na América Latina, investimentos ferroviários e empresas de mineração tinham como finalidade facilitar o fornecimento de matérias-primas e alimentos para as economias industrializadas da Europa. Esses investimentos se concentraram na Argentina, no Brasil, no México e no Chile.

---

em 1905-1914 para 1,10%, em 1982-1986. Ou seja, o mercado financeiro internacional antes da Primeira Guerra já tinha uma dimensão significativa em relação ao tamanho das economias nacionais (HIRST & THOMPSON, 1998, p.53).

Os capitais franceses e alemães que se dirigiram ao exterior elegeram a própria Europa como seu destino preferencial. A Rússia foi o principal destino dos capitais franceses; o Império Austro-Húngaro, a Rússia e os países balcânicos as áreas preferidas pelos capitais alemães. Nos dois casos, investimentos também foram feitos em suas colônias, porém seus valores indicam que não havia uma preferência pelas áreas coloniais.

Um breve balanço da economia internacional entre 1870 e 1914 aponta na direção de profundas mudanças. O amplo predomínio da Grã-Bretanha foi colocado em questão pela afirmação de outras economias industriais: estas passaram a rivalizar com a britânica de modo a reduzir substancialmente sua participação nos fluxos do comércio mundial. Paralelamente, houve enorme expansão do sistema financeiro internacional: antes tinha suas operações limitadas quase exclusivamente a empréstimos para governos estrangeiros; depois de 1870, os investimentos externos também se dirigiram a empresas produtivas, em especial estradas de ferro. Ações, debêntures e outros tipos de títulos eram lançados nos principais mercados financeiros da Europa e negociados nas bolsas de valores (em especial Londres, Paris e Berlim). As operações financeiras internacionais, bastante restritas até 1870, ganharam em volume e em importância na dinâmica da economia mundial.

Mas na esfera internacional ocorreram outras mudanças igualmente importantes e, de certo modo, mais visíveis: a expansão colonial do fim do século XIX que deu origem às polêmicas a respeito do Imperialismo. Temas que tratamos no próximo capítulo.

REFERÊNCIAS

EICHENGREEN, B. (2000). *A Globalização do Capital (Uma História do Sistema Monetário Internacional)*. São Paulo: Editora 34.

FEIS, H. (1964). *Europe, the World's Banker, 1870-1914*. New York: Augustus M. Kelley.

FURTADO, C. (1968). *Formação Econômica do Brasil*. 8ª ed., São Paulo: Cia. Editora Nacional.

HIRST, P. & THOMPSON, G. (1998). *Globalização em Questão*. Petrópolis: Editora Vozes.

HOBSBAWM, E. (1978). *Da Revolução Industrial Inglesa ao Imperialismo*. Rio de Janeiro: Forense Universitária.

KENWOOD, A. G. & LOUGHEED, A. L. (1992). *The Growth of the International Economy, 1820-1990. An Introductory Text*. 3ª ed., London; New York: Routledge.

LANDES, D. (2005). *Prometeu Desacorrentado*. 2ª ed., Rio de Janeiro: Elsevier.

MITCHELL, B.R. (1994). *British Historical Statistics*. Cambridge (UK): Cambridge University Press.

TRIFFIN, R. (1968). *Our International Monetary System: Yesterday, Today, and Tomorrow*. New York: Random House.

Capítulo 12

O IMPERIALISMO E A PRIMEIRA GUERRA MUNDIAL

A Primeira Guerra Mundial (1914-1918) é considerada um marco histórico fundamental: para alguns historiadores representa o divisor entre o século XIX e o século XX. As mudanças políticas, econômicas e sociais posteriores a 1918 – em parte decorrentes da própria guerra – sugerem ser o século XX uma época histórica distinta do que foi o século XIX. Por outro lado, a noção de Imperialismo apareceu no século XIX em conexão com a expansão territorial das principais potências europeias e, em especial, com o chamado neocolonialismo: o amplo movimento de conquista e criação de colônias em vastas áreas do mundo (principalmente África e Ásia) no final do século. Se, de início, a noção de Imperialismo se associou à criação dos Impérios coloniais, a seguir ganhou conotação mais ampla e polêmica que procurou relacionar o impulso para a expansão das grandes potências com as características mais gerais de sua economia e sociedade. Nacionalismo, protecionismo, colonialismo, exportação de capitais, concentração do capital são elementos que, de certo modo, condicionam as relações entre as potências europeias ao fim do século XIX num ambiente de crescente conflito entre elas e que culmina com a deflagração da Primeira Guerra Mundial. É o que procuramos evidenciar neste capítulo.

12.1 O IMPERIALISMO E A EXPANSÃO COLONIAL EUROPEIA DE FINS DO SÉCULO XIX

Embora a noção de Império seja bastante antiga – basta lembrar o Império Romano, um entre tantos impérios com registro na história da humanidade –, o termo Imperialismo começou a ser utilizado com frequência apenas no século XIX. Ele apareceu na França na década de 1830 para indicar as ideias dos defensores do antigo Império Napoleônico; mais tarde, ainda na França, ressurgiu com significado crítico às pretensões "imperiais" de Napoleão III (autodenominado imperador). Mas foi ao final do século XIX que o termo Imperialismo ganhou força: em primeiro lugar, como forma oficial de expressar a política de expansão colonial – ou seja, de constituição de impérios – que dominou as ações de várias potências europeias (e ainda dos Estados Unidos e do Japão); também nas justificativas e na defesa da própria expansão colonial; e, finalmente, sob a forma de análises dessa realidade, em geral críticas à política imperialista. Assim, as noções de Império e Imperialismo ficaram associadas à dominação que um Estado exerce sobre outro Estado ou nação. Por isso, o imperialismo foi identificado, antes de mais nada, com a expansão colonial do final do século XIX.

Alguns Estados europeus modernos já haviam constituído impérios coloniais (mesmo que formalmente não assumissem essa denominação) à época do mercantilismo: primeiro, Portugal e Espanha, seguidos por Holanda, Inglaterra e França. Na América, grandes territórios foram conquistados e transformados em colônias (Brasil, América Espanhola, Antilhas, América do Norte); na África e na Ásia, a colonização se caracterizou mais pela presença de feitorias comerciais, com reduzido esforço no sentido da ocupação de territórios. Do fim do século XVIII ao começo do XIX observou-se o início da "descolonização", especialmente da América, em que várias colônias conquistaram sua independência, afirmando-se como Estados autônomos: eram os casos dos Estados Unidos, das colônias espanholas e do Brasil.

Com frequência, admite-se que grande parte do século XIX foi marcada pelo declínio do colonialismo: a descolonização da América, a ausência de uma política de expansão colonial pelas principais potências e a ascensão do liberalismo (com sua condenação aos monopólios, à intervenção do Estado etc.) justificam essa percepção. É certo que algumas ações de anexação foram praticadas nesses anos: a Grã-Bretanha, entre 1840 e 1870, promoveu a colonização de vários territórios como Nova Zelândia, Costa do Ouro, Hong-Kong, Natal, Serra Leoa e Transvaal; a França ampliou seu território colonial no século XIX (até 1870) com a anexação da Argélia, de partes do Senegal, da Indochina, da Nova Caledônia e do Taiti. De certo modo, Estados Unidos e Rússia também promoveram anexações territoriais, embora o tenham feito em áreas continentais vizinhas ao território previamente ocupado. É certo que esta expansão colonial anterior a 1870 não teve a dimensão daquilo que ocorreu depois, especialmente a partir de 1880, justificando a noção de declínio do colonialismo numa era em que predominava o livre comércio.[1]

A amplitude da anexação territorial posterior a 1880 pode ser indicada pelo fato de que, em 1914, 90% da área da África estavam ocupados sob a forma de colônias, o mesmo ocorrendo com 99% da área da Oceania e 56% da Ásia. No caso da Ásia, alguns impérios tradicionais, como a China e a Pérsia, não foram objeto de anexação formal por nenhuma potência europeia, embora a maior parte de seus territórios tenha sido partilhada em zonas de influência dessas potências.

---

1. Essa visão foi contestada por autores que identificam no período a vigência do que chamam de "Imperialismo do livre--comércio"; tratamos dessa corrente de historiadores no Capítulo 7 deste livro.

Na África, a Grã-Bretanha constituiu as colônias da União Sul-Africana, Rodésia (do Norte e do Sul), Bechuanalândia, Uganda, Quênia, Somália Britânica e Nigéria. O Egito, embora não fosse formalmente uma colônia, estava sob controle britânico, assim como o Sudão (este, em condomínio com o Egito). As colônias francesas eram Marrocos, Argélia, África Ocidental e África Equatorial Francesa, Somália Francesa e Madagascar. Portugal e Espanha haviam retido pequenas partes de seu antigo império na África, como Angola, Moçambique, Guiné-Bissau, Marrocos Espanhol, Rio do Ouro e Guiné Equatorial; a Alemanha, que entrara mais tarde na corrida colonial, conquistou Camarões, África Oriental Alemã e Namíbia. A Itália, após o fracasso em sua tentativa de domínio sobre a Etiópia, formou um pequeno império colonial com a Líbia, a Eritreia e a Somália Italiana. Caso particular foi o do Congo, dominado e explorado inicialmente como propriedade pessoal do rei belga, Leopoldo II.

Na Ásia, também se registrava a presença dominante da Grã-Bretanha, principalmente em função da Índia, peça central do Império Britânico, aos quais agregava, por exemplo, Ceilão (Singapura), Birmânia e Malásia como elementos de proteção ao domínio da Índia. A França tinha sua colônia mais importante na Indochina (Laos, Cambodja, Vietnã) e a Holanda, nas ilhas de Sumatra, Java, Bornéu. Estados Unidos (Filipinas) e Japão (Formosa/Taiwan, em 1895, e Coreia, em 1910) também marcaram sua presença. Portugal manteve pequenos enclaves comerciais de seu velho império como Diu e Goa, na costa da Índia, e Macau, na China.

A Oceania também foi amplamente dividida, cabendo ainda uma vez à Grã-Bretanha a parcela maior com a Austrália e a Nova Zelândia; nas ilhas do Pacífico, Alemanha, França, Estados Unidos também estiveram presentes.

Uma síntese dos principais domínios coloniais e de sua abrangência pode ser visualizada na Tabela 12.1.

O quadro é bastante eloquente por si próprio: a grande potência colonial era a Inglaterra que englobava tipos variados de territórios: se a Índia era a "joia da coroa" (somando grande área e população), colônias "brancas", mas semi-independentes, como Canadá, Austrália e Nova Zelândia contavam para a enorme área do império colonial britânico. A França, como a Grã-Bretanha, controlava um território colonial muito maior do que o da metrópole, abrigando população também bastante superior. Já os extensos territórios coloniais alemães não comportavam população tão densa. A Bélgica, cujo território metropolitano é muito limitado, tinha em sua única colônia – o Congo – área muito superior à da metrópole e o dobro da população metropolitana. A Holanda mantivera colônias bastante populosas na região asiática; já Portugal tinha na África – Angola e Moçambique – suas principais áreas coloniais. A Itália teve uma aventura colonial de pouco sucesso e para os Estados Unidos a área colonial tinha reduzida expressão. O quadro não considera as colônias japonesas que, em 1914, incluíam Taiwan e Coreia, áreas amplas e populosas diante do quadro da metrópole.

295

TERCEIRA PARTE – AS TRANSFORMAÇÕES DO CAPITALISMO

TABELA 12.1
Impérios coloniais do mundo, 1914

	NÚMERO DE COLÔNIAS	SUPERFÍCIE (MIL KM²)	SUPERFÍCIE (MIL KM²)	POPULAÇÃO (MILHARES)	POPULAÇÃO (MILHARES)
		Metrópoles	Colônias	Metrópoles	Colônias
Reino Unido	55	310	30.901	46.053	391.583
França	29	532	10.550	30.602	62.350
Alemanha	10	536	3.158	64.926	13.075
Bélgica	1	28	2.335	7.571	15.000
Portugal	8	90	2.063	5.960	9.680
Holanda	8	33	1.957	6.102	37.410
Itália	4	285	1.516	32.239	1.396
EUA	6	7.766	323	98.781	10.021

Fonte: FRIEDLANDER & OSER (1957), p.342.

Quais as razões que teriam induzido as principais nações industrializadas a promoverem a anexação de amplos territórios ultramarinos?

Nos países colonizadores foram apresentadas, à época, algumas justificativas para o domínio de povos "atrasados". Por exemplo, atribuía-se às nações desenvolvidas (e brancas) o dever de transmitir aos povos atrasados as conquistas da civilização europeia. Sob uma aparência humanitária, estava implícito nesse "dever" a noção de que as raças brancas (europeias) deveriam dominar os povos "atrasados" em razão de sua superioridade física, intelectual e cultural.[2]

Razões de ordem religiosa também foram levantadas: levar o cristianismo aos povos da África e da Ásia era uma missão a ser cumprida pelos europeus. Embora não se possa atribuir aos missionários uma pressão efetiva para a expansão colonial, é inegável que a possibilidade de ampliar sua área de ação dependia da conquista de novos territórios.

Não se deve desprezar ainda o impacto político da própria conquista dos novos territórios. Alguns procuravam divulgar a noção de um "Imperialismo Social": a expansão externa poderia gerar benefícios econômicos para atender, direta ou indiretamente, às massas descontentes das metrópoles. Os benefícios efetivos foram poucos; mesmo assim o "Imperialismo Social" podia atrair o apoio de certos grupos à expansão colonial. Mas, para Hobsbawm:

> Muito mais relevante era a conhecida prática de oferecer aos eleitores a glória, muito mais que reformas onerosas: e o que há de mais glorioso que conquistas de territórios exóticos e raças

---

2. Expressão típica dessa postura é o poema de Rudyard Kypling, "O Fardo do Homem Branco" (1899).

de pele escura, sobretudo quando normalmente era barato dominá-los. De forma mais geral, o imperialismo encorajou as massas, e, sobretudo, as potencialmente descontentes, a se identificarem ao Estado e à nação imperiais, outorgando assim, inconscientemente, ao sistema político e social representado por esse Estado justificação e legitimidade. (HOBSBAWM, 1988, p.105-106)

Embora os argumentos acima possam parecer meras justificativas ideológicas para a expansão colonial, não podemos ignorar a sua relevância: a superioridade dos povos europeus, a missão religiosa e a glória da conquista podiam produzir a adesão de diferentes parcelas da população à empresa de colonização de modo a sustentar a política dos Estados imperialistas. No entanto, essas razões são insuficientes para a compreensão de um fenômeno tão amplo quanto o imperialismo.

Questões estratégicas também são levantadas para explicar o impulso expansionista. Em particular, admite-se que as conquistas britânicas na África tinham o objetivo de defender as rotas para a Índia contra eventuais ameaças de outras potências. No plano político, cabe lembrar que, a conquista colonial adquiria, no final do século XIX, significado distinto do que tivera, por exemplo, na época mercantilista:

Já não se tratava, como até então, de adquirir territórios no ultramar para a exploração econômica ou para a colonização, e sim de expansão e apropriação de territórios ultramarinos com a intenção declarada de abandonar o *status* de potência europeia e se converter em potência mundial, aproveitando as possibilidades econômicas, as vantagens estratégicas e, inclusive, o "material humano" das colônias para fortalecer a própria posição de domínio nacional. Em tudo isso, jogava um importante papel a convicção de que só as nações capazes de se transformarem em impérios se imporiam no futuro. (MOMMSEN, 1971, p.11)

Evidentemente, o desejo de vários países se afirmarem como potências mundiais expressava a emergência e a consolidação, no final do século XIX, dos novos países industriais em condições de competir com a Grã-Bretanha. Este aspecto político do colonialismo no final do século XIX permite entender porque colônias que tinham muito pouco a oferecer em termos econômicos às metrópoles (caso da colonização italiana da Eritreia, entre outras), foram mantidas como tal por longos períodos.

No entanto, não se deve excluir a importância das razões econômicas para entender o imperialismo: interesse econômico imediato pode ser identificado em muitos casos. As transformações da produção industrial nas últimas décadas do século XIX criaram a necessidade de fontes de novas matérias-primas e insumos industriais, muitos deles encontrados nas áreas que foram objeto de colonização ou em áreas formalmente livres, porém fortemente ligadas às nações industriais. Por exemplo: o petróleo, embora explorado à época principalmente nos Estados Unidos e na Rússia, já tinha nas reservas do Oriente Médio um atrativo importante; a borracha, nativa do Congo e da Amazônia, passou a ser cultivada na Malásia britânica; o estanho era encontrado na Ásia e na América do Sul; o cobre, na África e na América do Sul, assim como outros metais não ferrosos. Metais preciosos e diamantes também foram importante atrativo para as potências industriais, justificando o interesse pelo território da África do Sul. Além disso, o crescimento da população urbano-industrial e do consumo de massa exigia crescentes volumes de alimentos como cereais e carne (da América do Sul, da Rússia e da Austrália), de açúcar, chá, café, cacau e também frutas tropicais produzidos nas antigas e novas zonas coloniais. Ao anexar um território capaz de fornecer alguns desses produtos, uma nação industrial garantia o seu abastecimento pelo monopólio exercido sobre o comércio colonial.

Em alguns casos, esse interesse imediato era de algum grupo empresarial metropolitano que induziu a ação colonizadora dos governos europeus. A conquista dos Camarões pela Alemanha de Bismarck atendeu ao pedido de duas firmas comerciais de Hamburgo que desejavam mercados para seus produtos e matérias-primas necessárias; a França estabeleceu protetorados na Tunísia e no Marrocos para proteger os investimentos de agentes financeiros e portadores de títulos franceses; algo semelhante ocorreu com a Grã-Bretanha em relação ao Egito, pois seu controle das finanças daquele país se deu a partir do não pagamento de dívidas. Mais nítida foi a influência de Cecil Rhodes e de outros investidores ingleses sobre o governo de seu país para a colonização de regiões da África como o Transvaal e a Rodésia (que não teve esse nome por mera coincidência). Em suma, é inegável que em muitas aventuras coloniais havia um interesse econômico imediato a estimular a anexação de novos territórios.

No entanto, como vimos no capítulo anterior, as principais potências europeias também se voltaram para áreas não coloniais; aliás, os investimentos externos não se dirigiram majoritariamente às novas áreas coloniais (na África e na Ásia). Em 1914, os investimentos britânicos nos Estados Unidos e na América Latina absorviam 40% do total (20% em cada área); as áreas semi-independentes do Império (Canadá, Austrália, Nova Zelândia), 25% e Índia, Ceilão e África do Sul, 20% (os outros 15% pela Europa e outras partes do mundo). Os investimentos externos franceses, no mesmo ano, concentravam-se na própria Europa (38%), cabendo às áreas coloniais cerca de 11% (FEIS, 1964, p.23-48).

A busca de campo de investimento em países independentes, porém não industrializados, sugere que o impulso para a expansão externa das principais potências industriais não se limitava à conquista de colônias. Por isso, a análise do Imperialismo, na perspectiva econômica, não deve se restringir ao colonialismo: é preciso propor uma visão mais ampla da economia mundial do período. Ou seja, é preciso investigar as razões econômicas que, ao lado das de outras ordens, sustentaram a expansão externa das economias industrializadas do final do século XIX e início do século XX. De certo modo, esta questão esteve no centro das polêmicas mais agudas a respeito do Imperialismo nas primeiras décadas do século XX, que procuramos, ao menos em parte, tratar a seguir.

12.2 POLÊMICAS A RESPEITO DO IMPERIALISMO NO COMEÇO DO SÉCULO XX

Como vimos, nas metrópoles a colonização era justificada com diversos tipos de argumentos: transmissão das conquistas da civilização europeia, superioridade da raça branca sobre as demais, difusão do cristianismo. Argumentos de ordem econômica – como o Imperialismo Social – também foram mobilizados a fim de justificar as conquistas coloniais. No entanto, eram justificativas e não explicações que buscassem as raízes da expansão colonial. Nas polêmicas sobre o imperialismo, as razões de ordem econômica tiveram maior relevo e adquiriram, em geral, caráter crítico à projeção externa das potências europeias. A rigor, as polêmicas sobre o imperialismo se travavam em torno de duas questões principais: 1) qual a causa da expansão externa das economias capitalistas? 2) qual o impacto sobre as economias coloniais?

Uma das primeiras obras que adotou uma postura crítica e ganhou notoriedade foi a do jornalista e economista inglês, John A. Hobson, publicada em 1902 sob o título *Imperialismo, um estudo*.[3] Procurando as raízes da expansão colonial britânica, Hobson entendia tratar-se de fruto da enorme concentração de renda nas mãos das classes proprietárias que se verificava na Grã-Bretanha. Hobson afirmava que essa concentração gerava, por meio de elevada poupança, um excedente de capital que não encontrava campo de investimento no território britânico. E explicava: os ricos não consumiam toda a renda obtida, ao passo que o consumo dos pobres, mesmo que implicasse o gasto de toda a sua renda, era insuficiente para ocupar a capacidade instalada e induzir novos investimentos. Concluía Hobson: a constituição de colônias tinha o objetivo principal de encontrar os mercados necessários à absorção do excedente de capital, ampliando o restrito campo de investimento da metrópole. No entanto, Hobson lembrava que a "chave econômica do Imperialismo" (título do Capítulo 6 de sua obra) era a concentração de renda vigente na metrópole, concentração essa indesejável por si própria, mas que estava na raiz da tendência expansionista.

Em suma, a crítica de Hobson ao imperialismo situava a raiz do fenômeno nas condições econômicas e sociais da Grã-Bretanha. Porém, não considerava que essa condição fosse inerente ao capitalismo. Consequentemente, admitia que a reforma social, ao elevar o nível de renda da população trabalhadora, por meio da redistribuição da renda global, eliminaria o impulso expansionista que caracterizava o imperialismo britânico: ao elevar a demanda de consumo dos trabalhadores, gerava oportunidades de investimento dentro da Grã-Bretanha. Então, afinal, qual seria a razão para o Imperialismo ter se sustentado naquelas décadas de transição para o século XX? Hobson defendia que a manutenção de

---

3. Hobson escreveu essa obra depois de sua viagem à África do Sul, em 1900, para, como jornalista, cobrir a Guerra dos Boers. A decisão de escrever o livro deve estar relacionada à impressão causada pelos eventos que presenciou.

TERCEIRA PARTE – AS TRANSFORMAÇÕES DO CAPITALISMO

políticas expansionistas era resultado da pressão de pequenos grupos que se beneficiavam dessa política supostamente nacional:

"O imperialismo não procura favorecer os interesses do conjunto da nação, e sim o de determinados grupos sociais que impõem, para seu lucro pessoal, tal política ao país" (HOBSON, 1981, p.321). Incluem-se nesses grupos missionários, viajantes, desportistas, cientistas, comerciantes e os agentes das finanças internacionais que, para garantir sua ação no exterior, mobilizavam recursos militares, políticos e financeiros da Grã-Bretanha. Em suma, Hobson via na expansão imperialista britânica a defesa de interesses privados por meio da utilização de recursos públicos. Ou seja, o imperialismo representava um "fardo" para o conjunto da economia e da sociedade britânica em benefício de poucas pessoas ou grupos.

Por outro lado, Hobson também era crítico da forma pela qual se estabelecia o domínio nas colônias, ao identificar claramente uma situação de exploração das então chamadas "raças inferiores":[4]

> Os brancos que governam as raças inferiores atuam claramente como parasitas: vivem dos indígenas e seu principal trabalho é organizar a mão de obra destes para sua manutenção. O que normalmente ocorre nesses países é que as terras mais férteis e os recursos minerais são propriedade dos estrangeiros brancos, que a mão de obra é nativa e que aqueles dirigem e exploram esta mão de obra. Os europeus não se identificam nem com os interesses do país nem com os de sua população. Eles são uma espécie de grupo estranho de residentes temporários, parasitas que se alimentam do cadáver de seus "anfitriões", que não vão ali senão para extrair riqueza do país estrangeiro para logo retirar-se e consumi-la em seu próprio país. (HOBSON, 1981, p.261)

Em suma, para Hobson o Imperialismo era pernicioso tanto para a metrópole como para as colônias. Como o Imperialismo não era inerente ao capitalismo (em especial, à Grã-Bretanha), a reforma social, com a elevação do nível de renda da população mais pobre, seria suficiente para suprimir o ímpeto dos capitais britânicos para a expansão externa e os males por ele causados.

Perspectiva distinta era adotada pelos autores de inspiração marxista, pois estes viam o impulso para a expansão colonial como decorrente da própria natureza do capitalismo e não como algo que pudesse ser suprimido por reformas sociais. Apesar disso, havia grandes divergências no entendimento do imperialismo e em suas implicações de ordem política.

Rosa Luxemburgo, em seu livro *A Acumulação de Capital*, publicado em 1913 (LUXEMBURG, 1985), procurou mostrar que a expansão do capitalismo dependia do

---

4. Ao identificar os povos coloniais como "raças inferiores", Hobson parece admitir que os europeus teriam uma missão "civilizatória" nas colônias, embora não concordasse com a forma pela qual a colonização era feita à época.

CAPÍTULO 12 – O IMPERIALISMO E A PRIMEIRA GUERRA MUNDIAL

acesso a mercados externos pré-capitalistas.[5] Sua tese central se baseava na análise dos esquemas de reprodução da economia capitalista elaborados por Marx em *O Capital* e gerou acirrada polêmica à época.[6] Aqui nos limitamos a expor brevemente o principal argumento da autora de modo bastante simplificado.

Numa economia capitalista, para que ocorra a reprodução ampliada – ou seja, o aumento da produção de um período para o outro – é preciso um aumento da produção de bens de produção (máquinas, matérias-primas etc.) que ampliará a capacidade produtiva. Mas para haver aumento da produção de meios de produção é preciso desviar uma parte do trabalho da sociedade da produção de bens de consumo. Mas a demanda por bens de produção é derivada – ou seja, ela se destina à produção de bens de consumo. Como a produção de bens de consumo deve cair para ampliar a de bens de produção, não haverá motivo para induzir os capitalistas a adquirirem novos bens de produção. Essa era a contradição apontada por Rosa Luxemburgo no esquema de reprodução ampliada, contradição que poderia ser superada com a demanda de mercados externos (ou seja, não capitalistas) por bens de produção.

Desse modo, para que as economias capitalistas pudessem crescer era necessária a existência de um mercado externo, no sentido de uma economia pré-capitalista (que poderia ser inclusive uma área atrasada dentro do próprio país capitalista).

Com base nesse argumento, Luxemburgo explicava o Imperialismo e, em particular, a conquista de colônias, tipicamente organizadas em bases pré-capitalistas, pelas principais potências industriais da época. E ia além: para que as áreas coloniais – atrasadas, fundadas em relações pré-capitalistas – pudessem atender a essa necessidade das economias capitalistas era preciso que elas próprias se transformassem em economias capitalistas (capazes de absorver as mercadorias que a metrópole não absorvia e, adicionalmente, de produzir matérias-primas e insumos necessários à indústria metropolitana). Por isso, o Imperialismo promovia a luta contra a "economia natural" (aquela que se destina apenas à satisfação das próprias necessidades) e a luta contra a "economia camponesa" (em que grande parte do consumo é provida pelo próprio produtor), a fim de capacitá-las a absorver o

---

5. Quando se refere a mercados externos à economia capitalista Rosa Luxemburgo não pensa em termos de fronteiras de Estados Nacionais, e sim no caráter da economia: por exemplo, dentro da Grã-Bretanha, o setor capitalista poderia contar com um "mercado externo" representado por atividades organizadas em bases pré-capitalistas.

6. Na reprodução simples, a economia reproduz, em cada período, os níveis de produção e consumo dos períodos anteriores. A produção de meios de produção repõe o que foi utilizado no período e a de bens de consumo atende ao consumo de capitalistas e trabalhadores. No caso da reprodução ampliada, dada a hipótese de crescimento da produção de um período a outro, a produção de meios de produção deve suprir a crescente necessidade de meios de produção para o período seguinte. Rosa Luxemburgo entendia que, no caso da reprodução ampliada, uma economia capitalista era incapaz de encontrar os compradores para a crescente produção de meios de produção, daí a necessidade de mercados externos. Na *Anticrítica* escrita por Rosa Luxemburgo, ela rebateu críticas apresentadas à época, por exemplo, por O. Bauer e G. Eckstein. Após a morte de Luxemburgo, outros autores trataram de sua tese: N. Bukharin, F. Sternberg, H. Grossman e P. Sweezy (SINGER, 1985, p.XLII).

excedente metropolitano. Mas, quando isso ocorrer, elas próprias se tornarão capitalistas e passarão a ser vítimas do desequilíbrio inerente às economias capitalistas, não podendo mais exercer esse papel de mercados externos. Concluía Rosa Luxemburgo: quando todas as áreas pré-capitalistas tiverem sido absorvidas, a acumulação de capital será colocada em xeque e o fim do capitalismo se tornará uma necessidade lógica e histórica. Mas dizia ela, antes que isso ocorra, o capitalismo já estará fragilizado e a transformação socialista se tornará inevitável:

> O capitalismo é a primeira forma econômica capaz de propagar-se vigorosamente: é uma forma que tende a estender-se por todo o globo terrestre e a eliminar todas as demais formas econômicas, não tolerando nenhuma outra a seu lado. Mas é também a primeira que não pode existir só, sem outras formas econômicas de que alimentar-se; que, tendendo a impor-se como forma universal, sucumbe por sua própria incapacidade intrínseca de existir como forma de produção universal. O capitalismo é, em si, uma contradição histórica viva; seu movimento de acumulação expressa a contínua resolução e, simultaneamente, a potencialização dessa contradição. A certa altura do desenvolvimento, essa contradição só poderá ser resolvida pela aplicação dos princípios do socialismo – daquela forma de economia que por sua natureza é ao mesmo tempo um sistema internacional e harmônico, por não visar à acumulação, mas à satisfação das necessidades vitais da própria humanidade trabalhadora, por meio do desenvolvimento de todas as forças produtivas do planeta. (LUXEMBURG, 1985, p.320)

A obra de Rosa Luxemburgo gerou vasta polêmica entre os marxistas, polêmica essa centrada na compreensão da lógica dos esquemas de reprodução e de suas implicações. No entanto, em relação ao imperialismo, a obra que se tornou mais influente procurou um caminho distinto: em *Imperialismo, fase superior do capitalismo,* Lênin não se envolveu na polêmica dos esquemas de reprodução. Aparentemente menos ambiciosa do que a obra de Rosa Luxemburgo enquanto elaboração teórica – seu subtítulo é "Ensaio Popular" –, a obra de Lênin propôs uma visão peculiar do Imperialismo que teve grande influência à época e nas obras posteriores sobre o tema.

Em Lênin, o Imperialismo não se caracteriza apenas como a formação de impérios (por meio da conquista de colônias), e sim como um novo e peculiar estágio de desenvolvimento do capitalismo:

"Se fosse necessário dar uma definição o mais breve possível do imperialismo, dever-se-ia dizer que o imperialismo é a fase monopolista do capitalismo" (LÊNIN, 1986, p.641). Nessa definição estariam presentes tanto o capital financeiro de alguns grandes bancos monopolistas, em fusão com arranjos monopolistas de empresas industriais, como a divisão do mundo numa política colonial de posse monopolística de territórios até então não ocupados por nenhum poder capitalista.

A partir dessa definição, Lênin arrola as principais características do Imperialismo:

a) a concentração da produção e do capital em grau tão elevado que criou monopólios que exercem um papel decisivo na vida econômica;
b) a fusão do capital bancário com o capital industrial e a criação, com base nesse "capital financeiro", de uma oligarquia financeira;
c) a exportação de capitais, que se tornou extremamente importante distinguindo-se da exportação de mercadorias;
d) a formação de associações internacionais monopolistas de capitalistas que partilham o mundo entre si;
e) a conclusão da partilha territorial do mundo entre as potências capitalistas mais importantes (LÊNIN, 1986, p.642).

Essas características do Imperialismo sintetizam transformações ocorridas nas economias industriais a partir de 1870 cujo elemento central, de acordo com Lênin, é o caráter crescentemente monopolista da economia: na atividade produtiva, com base na concentração da produção (fruto da acumulação de capital e associada às mudanças técnicas inerentes à segunda revolução industrial); na constituição do capital financeiro, fundado na consolidação de alguns grandes bancos em ligação com o capital industrial; na partilha dos mercados mundiais entre monopólios capitalistas que se vinculam à própria partilha do mundo entre as potências capitalistas.

Nesse quadro, Lênin situa a exportação de capitais como algo necessário ao capitalismo em sua fase imperialista:

No limiar do século XX assistimos à formação de monopólios de outro gênero: primeiro, uniões monopolistas de capitalistas em todos os países de capitalismo desenvolvido; segundo, situação monopolista de uns poucos países riquíssimos, nos quais a acumulação de capital tinha alcançado proporções gigantescas. Constituiu-se um enorme "excedente de capital" nos países avançados.

Naturalmente, se o capitalismo tivesse podido desenvolver a agricultura, que hoje em dia se encontra em toda a parte enormemente atrasada em relação à indústria; se tivesse podido elevar o nível de vida das massas da população, a qual continua a arrastar, apesar do vertiginoso progresso da técnica, uma vida de subalimentação e miséria, não haveria motivo para falar de um excedente de capital. Este "argumento" é constantemente avançado pelos críticos pequeno-burgueses do capitalismo. Mas então o capitalismo deixaria de ser capitalismo, pois o desenvolvimento desigual e a subalimentação das massas são as condições e as premissas básicas, inevitáveis, deste modo de produção. Enquanto o capitalismo for capitalismo, o excedente de capital não é consagrado à elevação do nível de vida das massas do país, pois significaria a diminuição dos lucros dos capitalistas, mas ao aumento desses lucros através da exportação de capitais para o estrangeiro, para os países atrasados. Nestes países atrasados o lucro é em geral elevado, pois os capitais são escassos, o preço da terra e os salários, relativamente baixos, e as matérias-primas, baratas. A possibilidade de exportação de capitais é determinada pelo fato de uma série de países atrasados terem sido já incorporados na circulação do capitalismo mundial, terem sido construídas as principais vias férreas ou iniciada sua construção, terem sido asseguradas as condições elementares para o desenvolvimento da indústria etc. A necessidade da exportação de capitais obedece ao fato de que em alguns países o capitalismo "amadureceu excessivamente" e o capital (dado o insuficiente desenvolvimento da agricultura e a miséria das massas) carece de campo para sua colocação lucrativa. (LÊNIN, 1986, p.621-622)

Embora Rosa Luxemburgo e Lênin situem a raiz do Imperialismo na esfera econômica, suas análises são distintas: Luxemburgo entende que o capitalismo, em qualquer época, é incapaz, em sua expansão, de gerar os mercados para a crescente produção (daí a necessidade de mercados externos). Já para Lênin, o Imperialismo corresponde a uma fase do capitalismo em que o campo de investimento se mostra cada vez mais restrito e o capital acumulado busca, no exterior, lucros mais elevados. Ambos diferem de Hobson, pois entendem que a reforma social seria incapaz de suprimir o Imperialismo, ou seja, a tendência à expansão das economias capitalistas em direção a regiões menos desenvolvidas.

Lênin vai mais além, pois afirma que o capitalismo em sua fase monopolista – isto é, o imperialismo – manifestaria clara tendência à estagnação e ao parasitismo. As práticas monopolistas tenderiam a conter artificialmente o progresso técnico a fim de usufruir mais longamente dos ganhos extraordinários decorrentes dos preços de monopólio. Por outro lado, a enorme acumulação de capital sob a forma de dinheiro levaria à ampliação de uma camada de "rentistas" (ou seja, daqueles que vivem das rendas obtidas apenas com a aplicação de seu capital), imprimindo uma marca de parasitismo ao país. A valorização social do "rentismo" e da ociosidade que está a ele associada tenderiam a acentuar a tendência à estagnação inerente ao caráter monopolista da economia. Em suma, ao Imperialismo corresponderia a tendência à estagnação das economias capitalistas.

E quanto às economias coloniais, qual era impacto do Imperialismo?

Rosa Luxemburgo e Lênin afirmavam que haveria o desenvolvimento do capitalismo nessas áreas coloniais, até como condição para que atendessem aos objetivos do Imperialismo. Lênin é enfático ao expor, por exemplo, as implicações da exportação de capitais:

A exportação de capitais repercute no desenvolvimento do capitalismo dentro dos países em que são investidos, acelerando-o extraordinariamente. Se, em consequência disso, a referida exportação pode, até certo ponto, ocasionar uma estagnação do desenvolvimento nos países exportadores, isso só pode ter lugar em troca de um alargamento e de um aprofundamento maiores do desenvolvimento do capitalismo em todo o mundo. (LÊNIN, 1986, p.623)

Evidentemente, como críticos do capitalismo, essa afirmação não implicava qualquer avaliação positiva do Imperialismo. Pelo contrário, ambos mostravam que o desenvolvimento do capitalismo nas áreas coloniais se fazia com base na violência. Para Rosa Luxemburgo:

> A existência e o desenvolvimento do capitalismo só foram possíveis, desde o início, graças a uma expansão constante em novos domínios da produção, ou em novos países. Essa expansão conduz, no entanto, a uma colisão de interesses entre o capital e as formas pré-capitalistas de sociedade, por força da referida tendência universal do capital. Daí resultam a violência, a guerra, as revoluções. Em resumo: o capitalismo alimenta-se, do princípio ao fim, apenas de catástrofes. (LUXEMBURG, 1985, p.399)

Não era diferente a avaliação de Lênin:

> O capitalismo transformou-se num sistema universal de subjugação colonial e de estrangulamento financeiro da imensa maioria da população do planeta por um punhado de países "avançados". A partilha desse "saque" efetua-se entre duas ou três potências rapaces, armadas até aos dentes (América, Inglaterra, Japão), que dominam o mundo e arrastam todo o planeta para a *sua* guerra pela partilha do *seu* saque. (LÊNIN, 1986, p.582)

Se a defesa do Imperialismo, como indicamos no início deste capítulo, se fazia em nome de seu caráter "civilizador" (ao levar o progresso da civilização ocidental às "raças inferiores"), a crítica do Imperialismo afirmava sua natureza violenta e a tendência a subjugar as populações periféricas. Desse modo, ao longo do século XX, o termo *imperialismo* ficou, em grande medida, associado à noção de "exploração" das populações periféricas (tema que voltou à tona depois da Segunda Guerra Mundial nas discussões a respeito do subdesenvolvimento e da dependência).

As polêmicas a respeito do Imperialismo entre os marxistas envolveram outra questão, esta de natureza política. Como exposto acima, para Rosa Luxemburgo e Lênin, o imperialismo expressava a crescente dificuldade do capitalismo em manter as condições para a acumulação de capital. Para Rosa Luxemburgo, as contradições do desenvolvimento do capitalismo levariam inevitavelmente à sua destruição. Lênin também via o Imperialismo como "capitalismo de transição ou, mais propriamente, de capitalismo agonizante" (LÊNIN, 1986, p.669). No entanto, não cabia esperar a crise final do capitalismo (como acreditavam que viria a ocorrer) e sim aproveitar a oportunidade para levar adiante a revolução socialista. Se a postura revolucionária agregou importantes parcelas do movimento socialista, ela não foi unânime, pois muitos socialistas recusavam a revolução como o caminho para o socialismo.[7]

---

7. Um exemplo importante é o do alemão Eduard Bernstein (1850-1932), marxista e militante do Partido Social Democrata. Em 1899 Bernstein rompeu com o marxismo ao admitir que o desenvolvimento capitalista poderia elevar o padrão de

TERCEIRA PARTE – AS TRANSFORMAÇÕES DO CAPITALISMO

As polêmicas em torno do Imperialismo refletem, em grande medida, um momento histórico crítico na história do capitalismo (do qual a Primeira Guerra Mundial é expressão notória) e para o movimento socialista. No entanto, muitas das concepções emanadas desse debate resistiram ao tempo como se observa pela concepção do Imperialismo de Hobsbawm:

> O imperialismo do final do século XIX foi indubitavelmente "novo". Foi produto de uma era de concorrência entre economias industrial-capitalistas rivais, fato novo e intensificado pela pressão em favor da obtenção e da preservação de mercados num período de incerteza econômica; em suma, foi uma era em que "tarifas alfandegárias e expansão tornam-se a reivindicação comum às classes dirigentes". Foi parte de um processo de abandono de um capitalismo de políticas públicas e privadas de *laissez-faire*, o que também era novo, e implicou o surgimento de grandes sociedades anônimas e oligopólios, bem como a crescente intervenção do Estado nos assuntos econômicos. O imperialismo pertencia a um período em que a parte periférica da economia mundial tornou-se crescentemente significativa. Foi um fenômeno que pareceu tão "natural" em 1900 como teria parecido implausível em 1860. (HOBSBAWM, 1988, p.110)

É nesse quadro que se pode situar a emergência de conflitos que culminaram com a Primeira Guerra Mundial.

12.3 A PRIMEIRA GUERRA MUNDIAL (1914-1918)

Já indicamos que, ao lado de razões de ordem econômica, havia motivos políticos para o expansionismo dos principais Estados europeus. Hobsbawm reafirma essa noção:

> Uma vez que as potências rivais começaram a recortar o mapa da África ou da Oceania, cada uma delas tentou, naturalmente, evitar que uma porção excessiva (ou uma parcela particularmente atraente) fosse para outras mãos. Uma vez que o *status* de grande potência se associou, assim, à sua bandeira tremulando em alguma praia bordada de palmeiras (ou, mais provavelmente, em áreas cobertas de arbustos secos), a aquisição de colônias se tornou um símbolo de status em si, independente de seu valor. Por volta de 1900, até os Estados Unidos, cujo tipo de imperialismo nunca antes, nem depois, fora especialmente associado à posse de colônias formais, sentiram-se obrigados a adotar o modelo. A Alemanha ficou profundamente ofendida por uma nação tão poderosa e dinâmica como ela possuir uma parte notavelmente menor de território colonial

---

vida do proletariado. Assim, os partidos socialistas deveriam abandonar as propostas revolucionárias e buscar a melhoria gradual da situação econômica e política do proletariado.

CAPÍTULO 12 – O IMPERIALISMO E A PRIMEIRA GUERRA MUNDIAL

que os britânicos e franceses, embora também a importância econômica de suas colônias fosse pouca, e a estratégica ainda menor. (HOBSBAWM, 1988, p.102)

Essa tendência expansionista das potências europeias no final do século XIX era vista, por contemporâneos, como elemento potencial de conflito entre esses Estados. Em 1894, Max Weber já indicava o risco inerente à situação europeia:

Apenas a absoluta falta de visão política e o otimismo ingênuo podem impedir que se reconheça que as inevitáveis tendências expansionistas político-comerciais dos povos civilizados burgueses conduzam de novo, após um período de competição aparentemente pacífica, à encruzilhada em que só a força decidirá o grau de participação de cada nação no domínio da terra e com isso o raio de ação de sua população, especialmente do potencial de ganho de sua classe trabalhadora. (apud MOMMSEN, 1971, p.13)

É certo que a eclosão da Primeira Guerra Mundial não foi resultado imediato de um conflito decorrente das "tendências expansionistas político-comerciais". Conflitos efetivos desse tipo não ocorreram com frequência, pois a diplomacia quase sempre evitou a transformação de disputas territoriais em guerras.[8] No entanto, nas relações entre os Estados europeus que se envolveram na Primeira Guerra Mundial não estão ausentes as disputas inerentes à expansão colonial e ao domínio de mercados de países independentes.[9]

O evento que forneceu o pretexto para o início da guerra é bastante conhecido: o assassinato do arquiduque Francisco Ferdinando de Habsburgo, herdeiro do trono da Áustria-Hungria, na cidade de Serajevo (na Bósnia-Herzegovina), no dia 28 de junho de 1914.

---

8. Um exemplo em que um conflito degenerou em guerra foi a chamada Guerra dos Boers (1899-1902), travada na África do Sul, e que envolveu a Grã-Bretanha e os boers. No século XVII, a Holanda estabeleceu uma colônia na região do Cabo da Boa Esperança. Em torno de 1800, os ingleses assumiram o governo da Colônia do Cabo; porém, havia ali uma população de origem holandesa (os chamados boers) que, procurando escapar ao controle britânico, migrou para outras áreas da África do Sul, fundando repúblicas boers. A descoberta de ouro e diamantes atraiu imigrantes ingleses a essas regiões e levou a Grã-Bretanha a decretar a anexação desses territórios ao Império em 1877. A resistência dos boers impediu que essa anexação ocorresse, porém os conflitos entre ingleses e boers não cessaram. Em 1899, teve início a chamada "Guerra dos boers" que terminou com a vitória inglesa e a transformação do Transvaal e do Estado Livre de Orange (ambos repúblicas boers) em colônias do Império Britânico.

9. Lênin era enfático ao escrever o prefácio às edições francesa e alemã de seu livro sobre o Imperialismo: "No livrinho prova-se que a guerra de 1914-1918 foi, de ambos os lados, uma guerra imperialista (isto é, uma guerra de conquista, de pilhagem e de rapina), uma guerra pela partilha do mundo, pela divisão e redistribuição das colônias, das "esferas de influência" do capital financeiro etc. É que a prova do verdadeiro caráter social ou, melhor dizendo, do verdadeiro caráter de classe de uma guerra não se encontrará, naturalmente, na sua história diplomática, mas na análise da situação objetiva das classes dirigentes em todas as potências beligerantes" (LÊNIN, 1986, p.581). Contra a tese de Lênin, Kaustsky propôs a "teoria do ultraimperialismo" que "em vez da luta dos capitais financeiros entre si estabelecesse a exploração comum de todo o mundo pelo capital financeiro unido internacionalmente", situação em que a guerra não seria mais inerente ao imperialismo (LÊNIN, 1986, p.663).

TERCEIRA PARTE – AS TRANSFORMAÇÕES DO CAPITALISMO

O assassino, um estudante, era sérvio o que levou o governo austríaco a declarar guerra à Sérvia. Como um conflito localizado entre dois países que não se situavam entre as maiores potências pode se transformar na Primeira Guerra Mundial?[10] Em outras palavras, qual a relação entre a Primeira Guerra Mundial e o Imperialismo?

O apoio imediato da Alemanha à Áustria foi decisivo, pois acionou a diplomacia europeia, organizada em torno de dois blocos cujo objetivo era preservar o equilíbrio de poder entre as potências europeias. Em 1882, fora constituída a Tríplice Aliança pela Alemanha, Áustria-Hungria e Itália; do outro lado, em 1907 concluiu-se a Tríplice Entente que agrupava França, Rússia e Reino Unido. Esta se iniciara em 1894 por meio de uma aliança entre a França e a Rússia; avançara em 1904 com a Entente Cordiale, entre o Reino Unido e a França, de modo que, em 1907, concluiu-se o acordo entre essas três potências. Quando a Rússia mobilizou suas tropas disposta a defender a Sérvia, a Alemanha declarou guerra à primeira e o sistema de alianças entrou em movimento. Em poucas semanas a guerra já envolvia os dois blocos. Cabe lembrar que a Itália, embora vinculada à Tríplice Aliança, havia se aproximado da França e, ao iniciar a guerra, aliou-se a franceses, russos e britânicos.

Como se formaram esses dois blocos e quais seus fundamentos? Para Hobsbawm, nas últimas décadas do século XIX:

> Gradualmente a Europa foi se dividindo em dois blocos opostos de grandes nações. Tais blocos, fora de uma guerra, eram novos em si mesmos e derivavam, essencialmente, do surgimento no cenário europeu de um Império Alemão unificado, constituído entre 1864 e 1871 por meio da diplomacia e da guerra, às custas dos outros, e procurava se proteger contra seu principal perdedor, a França, através de alianças em tempos de paz, que geraram contra-alianças. (HOBSBAWM, 1988, p.431)

Desse modo, Alemanha e França se situavam necessariamente em lados opostos: a unificação alemã impusera derrota à França no campo de batalha e ainda a perda dos territórios da Alsácia e da Lorena. A aliança da Alemanha e da Áustria (ou do Império Austro-Húngaro) respondia ao objetivo alemão de se fortalecer em caso de algum conflito. A França, por seu turno, encontrou na Rússia um aliado diante dos conflitos de interesses dos russos com o Império Austro-Húngaro na região dos Bálcãs.

A posição da Grã-Bretanha em relação aos dois blocos era decisiva, já que a Itália pesava pouco a favor da Alemanha e da Áustria na Tríplice Aliança. A diplomacia alemã agiu no sentido de manter a neutralidade britânica; por outro lado, os antecedentes apontavam

---

10. O conflito envolveu, do lado dos "aliados", França, Reino Unido, Rússia, Itália, Estados Unidos, Japão, Romênia, Sérvia, Montenegro, Grécia, Portugal e Brasil. Do lado dos "impérios centrais", Alemanha e Áustria-Hungria, com apoio de Turquia e Bulgária. O Brasil entrou na guerra em 1917, após terem sido afundados vários navios brasileiros. A principal ação brasileira foi o patrulhamento naval no Atlântico Sul; não houve envio de tropas para a Europa.

308

alguns conflitos da Grã-Bretanha contra a França e a Rússia, a sugerir ser difícil a aproximação entre eles. Com a França, havia uma rivalidade antiga, marcada, por exemplo, pelas guerras napoleônicas. Além disso, na expansão colonial, Grã-Bretanha e França tiveram alguns conflitos que, embora não tenham se transformado em guerras, apontavam dificuldades nas relações entre os dois países: no Egito, na questão do Canal de Suez, no incidente de Fachoda (1898, no Sudão) e em disputas territoriais na África. Em relação à Rússia, havia também um conflito anterior – a Guerra da Crimeia, em meados do século XIX – e também divergências recentes em relação aos Bálcãs, à Ásia (Afeganistão e Irã) e a expansão russa em direção à Índia, vista como uma ameaça pelos britânicos. Tudo sugeria a dificuldade de algum tipo de acordo da Grã-Bretanha com a França e a Rússia.

Além disso, ao longo do século XIX, a supremacia britânica era tão grande que qualquer tipo de aliança parecia desnecessária:

> Não é exagero dizer que durante a maior parte do século XIX a função da Europa nos cálculos diplomáticos britânicos era ficar quieta para que a Grã-Bretanha pudesse dar continuidade a suas atividades, principalmente econômicas, no resto do planeta. Esta era a essência da combinação característica de um equilíbrio europeu de poder com a Pax Britannica, garantido pela única marinha de dimensões mundiais que controlava todos os oceanos e orlas marítimas do globo. Em meados do século XIX, todas as outras marinhas do mundo, juntas, mal ultrapassavam o tamanho da marinha britânica sozinha. (HOBSBAWM, 1988, p.435)

O que induziu a Grã-Bretanha a participar da Tríplice Entente (com a França e a Rússia) foi a expansão do Império Alemão: expansão econômica, sustentada por sua rápida e bem-sucedida industrialização, que levou à competição dos produtos alemães com os ingleses em mercados tradicionalmente dominados pelos britânicos (inclusive com o ingresso dos produtos alemães no próprio mercado da Grã-Bretanha); expansão colonial que criou vários atritos entre os países da Tríplice Entente e os alemães; e, sobretudo, expansão naval da Alemanha com a ampliação de sua frota de guerra que começava a colocar em questão a supremacia britânica nos mares, essencial para a manutenção da integridade de seu Império (em especial, a Índia).

Em suma, ao fim do século XIX, a Grã-Bretanha percebia claramente que seus velhos rivais – França e Rússia – já não representavam ameaças reais ao seu poder mundial; e que agora o verdadeiro perigo se situava na tendência expansionista da Alemanha. Daí, seu entendimento com franceses e russos, o que acabou levando a Grã-Bretanha a entrar da Primeira Guerra Mundial pouco tempo depois da declaração de guerra da Alemanha à Rússia e à França.

Embora o crescente nacionalismo tenha estimulado o espírito bélico, não havia entre os países em guerra divergências ideológicas significativas (seja no plano político ou econômico). Admite-se que a deflagração da guerra não era esperada nem mesmo pelos

TERCEIRA PARTE – AS TRANSFORMAÇÕES DO CAPITALISMO

estadistas envolvidos no conflito: acreditava-se numa solução pacífica para o problema. No entanto, o desenvolvimento de diversas economias industriais em crescente competição, com suas implicações – em outras palavras, o Imperialismo – levou à guerra, talvez até contra a vontade dos que a deflagraram: "[...] o desenvolvimento do capitalismo empurrou o mundo inevitavelmente em direção a uma rivalidade entre os Estados, à expansão imperialista, ao conflito e à guerra" (HOBSBAWM, 1988, p.437).

E qual foi a reação da população em geral diante da deflagração da guerra, em especial se lembrarmos que milhões de homens dos países beligerantes foram convocados para os combates?

Talvez seja surpreendente, mas houve um forte apoio popular à guerra. E mais surpreendente, não houve maior resistência ao recrutamento de soldados para os exércitos. Pelo contrário, na Grã-Bretanha, o número de voluntários foi de quase dois milhões no primeiro ano de guerra; na França, apenas 1,5% dos convocados não atendeu ao recrutamento. A população, talvez movida pelo patriotismo e pelo nacionalismo, endossou o ingresso de seus países na guerra.

Mais surpreendente ainda foi o fato de os partidos políticos trabalhistas e socialistas também terem apoiado o ingresso de seus países na guerra, pois o internacionalismo (ou seja, a solidariedade internacional dos operários) era um princípio aceito por esses partidos, os quais condenavam o nacionalismo e o patriotismo. Lênin demonstrava sua repulsa à adesão dos partidos socialistas aos governos em guerra:

> É preciso constatar com um sentimento da mais profunda amargura que os partidos socialistas dos principais países europeus não cumpriram esta sua tarefa [a defesa do internacionalismo], e a conduta dos dirigentes destes partidos – particularmente do alemão – confina com a traição direta à causa do socialismo. Num momento da maior importância histórica mundial, a maioria dos dirigentes da atual, da segunda (1889-1914) Internacional Socialista, tenta substituir o socialismo pelo nacionalismo. (LÊNIN, 1986, p.560)

No entanto, como nota Hobsbawm: "As massas seguiram as bandeiras de seus respectivos Estados e abandonaram os líderes que se opuseram à guerra. Na verdade, deles restavam poucos, ao menos em público" (HOBSBAWM, 1988, p.450).

Talvez o apoio das massas à guerra não fosse tão decidido se elas pudessem antever os seus resultados: nos quatro anos de combates, estima-se que 60 milhões de pessoas foram enviados aos campos de batalha. O número de vítimas dos combates foi absurdamente elevado: 8,5 milhões de mortos; 7 milhões de homens mutilados e incapacitados para exercer qualquer atividade no pós-guerra; e cerca de 15 milhões de feridos. Por ser uma "guerra de trincheira", em que os soldados ficavam frente a frente com seus inimigos, à espera de sinais de avançar para um combate corpo a corpo por conquista de posições, a guerra foi extremamente violenta e sangrenta. Na batalha de Verdun (entre fevereiro

CAPÍTULO 12 – O IMPERIALISMO E A PRIMEIRA GUERRA MUNDIAL

e julho de 1915), na tentativa alemã de romper a barreira franco-britânica, o número de mortos chegou a 1 milhão. A ofensiva britânica de Somme, com o objetivo de impedir o avanço alemão, custou aos ingleses 420 mil vidas, sendo 60 mil só no primeiro dia de ataque (HOBSBAWM, 1995, p.33).

Além de vidas humanas, a Primeira Guerra impôs substancial ônus às economias dos países beligerantes. É claro, a morte de milhões de homens e a incapacitação de tantos outros levaram à redução da força de trabalho desses países, com reflexos no pós-guerra. Mas o impacto foi também no plano material e financeiro. Nenhum dos países estava preparado para uma guerra longa. O esforço de guerra exigia a produção de materiais bélicos e de suprimentos para as tropas (como vestuário e alimentos), mas sem comprometer de todo o abastecimento da população civil. Por isso, os sistemas produtivos foram submetidos a grandes pressões para atender à crescente necessidade de bens para a guerra e para a população civil.

Em quatro anos de guerra, os exércitos e as economias mostravam sinais de esgotamento. Mas, no começo de 1918, o quadro era mais favorável para as Potências Centrais (Alemanha e Áustria-Hungria). A Frente Oriental parecia estabelecida: os russos haviam sido expulsos da Polônia e aceitado a paz pelo Tratado de Brest-Litowsky em março de 1918.[11] Eliminada a resistência russa no Leste Europeu, as forças alemãs e austríacas puderam se concentrar na Frente Ocidental, contra França e Grã-Bretanha, numa situação favorável às Potências Centrais.

Porém, em fins de 1917, os Estados Unidos passaram a fornecer apoio aos Aliados: com o reforço militar, armamentista e financeiro norte-americano, os exércitos ingleses e franceses puderam fazer a balança pender a favor dos Aliados, decretando, em pouco tempo, a derrota das Potências Centrais.

As consequências da Primeira Guerra se fizeram sentir nos mais diversos planos (econômico, político, social, cultural). No entanto, queremos ressaltar aqui uma questão relativa à economia de guerra: além da mobilização dos recursos materiais, como se fez o financiamento desses gastos?

Os custos da guerra foram muito elevados: estima-se que em 1918 eles chegaram a US$ 10 milhões por hora (MAURO, 1973, p.311).[12] Como os países puderam realizar gastos dessa magnitude?

---

11. Em outubro de 1917, os bolcheviques assumiram o poder na Rússia. A condição das forças russas na Primeira Guerra era extremamente precária: muitos soldados já abandonavam os campos de batalha e retornavam às suas regiões de origem. Além disso, os bolcheviques sempre se manifestaram contra a guerra. Nessa situação, aceitaram negociar a paz com a Alemanha, embora esta implicasse perdas de territórios russos e, mais ainda, o fortalecimento do "imperialismo alemão", visto como um dos principais inimigos do socialismo internacionalista.

12. O autor não explicita se são dólares de 1918 ou aos níveis de preços de outro ano. Em qualquer caso, trata-se de um número expressivo do quanto custou manter o esforço de guerra por quatro anos.

Galbraith expõe, de forma sintética, como foi "financiada" a Primeira Guerra: "As três maneiras de se transferir recursos humanos e materiais para uso bélico são a força, o pagamento através de fundos arrecadados mediante tributação e o pagamento com moeda emitida para esse fim" (GALBRAITH, 1994, p.18).

A força foi utilizada no recrutamento dos soldados que recebiam quantias insignificantes. Nas palavras de Galbraith: "esperava-se que os soldados comuns de infantaria combinassem um sacrifício econômico ao sacrifício supremo" (GALBRAITH, 1994, p.18), um sacrifício que parece ter sido aceito (com raras manifestações de insatisfação por parte dos soldados) em nome do patriotismo.

Os gastos com a aquisição de materiais e suprimentos foram feitos, de início, com o aumento da tributação; mas o caráter impopular dos impostos limitou o uso deste instrumento de financiamento da guerra: estima-se que, em média, os tributos tenham contribuído com cerca de um terço dos gastos dos países beligerantes com a guerra. A outra alternativa era por meio de empréstimos cujo efeito, na maior parte das vezes, correspondia à emissão de moeda.

Um tipo de empréstimo era por meio da venda de bônus de guerra ao público. Assim, o público em geral transferia para o governo uma parte de suas poupanças; e esse recurso seria gasto com a aquisição de bens para a guerra. Assim, admite-se que um recurso que, pelo menos em parte, seria poupado, se transformava em poder de compra nas mãos do governo, exercendo uma pressão inflacionária. Outra forma de empréstimo era por meio da venda de títulos para os bancos: estes abriam depósitos do governo no valor dos títulos comprados, criando um poder de compra novo utilizado na aquisição de produtos para a guerra. Embora formalmente possa não ter ocorrido emissão de moeda, os mecanismos utilizados acabavam tendo o impacto inflacionário de uma emissão.

Nos Estados Unidos, os preços do atacado haviam praticamente dobrado ao final da guerra. A elevação na França foi muito maior, e na Grã-Bretanha e na Alemanha ligeiramente menor. (GALBRAITH, 1994, p.20)

A economia de guerra deixou heranças pesadas para o pós-guerra: a capacidade produtiva da Europa bastante afetada pelas perdas da guerra, as finanças públicas em profundo desequilíbrio, enormes dívidas a serem equacionadas. E, sobretudo, uma total desorganização monetária: a manutenção do padrão-ouro mostrou-se impossível durante a guerra, pois a confiança na conversibilidade das moedas esvaiu-se com o processo inflacionário e a deterioração financeira dos países europeus.

Assim, o pós-guerra presenciou as tentativas de reestruturação das economias nacionais e das relações internacionais: por vezes, procurando reconstituir as instituições do passado, mas, por outras, impondo a construção de novas instituições que rompiam com a velha ordem do século XIX. É o que tratamos na próxima parte deste livro.

REFERÊNCIAS

FRIEDLANDER, H. E. & OSER, J. (1957). *Historia Económica de la Europa Moderna*. México: Fondo de Cultura Económica.

FEIS, H. (1964). *Europe, the World's Banker, 1870-1914*. New York: Augustus M. Kelley.

GALBRAITH, J. K. (1994). *Uma Viagem pelo Tempo Econômico: Um Relato em Primeira Mão*. São Paulo: Pioneira.

HOBSBAWM, E. (1988). *A Era dos Impérios (1875-1914)*. Rio de Janeiro: Paz e Terra.

HOBSBAWM, E. (1995). *A Era dos Extremos: O Breve Século XX (1914-1991)*. São Paulo: Cia. das Letras.

HOBSON, J. A. (1981). *Estudio del Imperialismo*. Madrid: Alianza.

LÊNIN, V. I. (1986). "O Imperialismo, Fase Superior do Capitalismo". *Lênin: Obras escolhidas*. Tomo I. São Paulo: Alfa-Ômega.

LUXEMBURG, R. (1985). *A Acumulação de Capital: Contribuição ao Estudo Econômico do Imperialismo*. São Paulo: Nova Cultural.

MAURO, F. (1973). *História Econômica Mundial, 1790-1970*. Rio de Janeiro: Zahar.

MOMMSEN, W. J. (1971). *La Época del Imperialismo: Europa, 1885-1918*. México: Siglo Veintiuno Editores.

QUARTA PARTE

O Entre Guerras (1918-1939) e a Segunda Guerra Mundial (1940-1945): "A Era da Catástrofe"

Um europeu nascido em torno de 1890 e que tenha vivido cerca de 60 anos (até mais ou menos 1950) foi testemunha e, provavelmente participante, de eventos de uma das épocas mais conturbadas da história mundial. Não sem motivo, Eric Hobsbawm, em seu livro *A Era dos Extremos*, denominou o período que vai de 1914 a 1945 como a "Era da Catástrofe".

Esse europeu, se de classe média ou rico, deve ter desfrutado da prosperidade da *Belle Époque*; mas é muito provável que, com seus vinte e poucos anos, tenha sido convocado para lutar na Primeira Guerra Mundial em defesa de sua "pátria". Com alguma sorte, voltou vivo do campo de batalha e, com muita sorte, sem ter sido vítima de algum ferimento que o tenha deixado inválido.

Nos anos do pós-guerra, provavelmente teve de enfrentar o desemprego em uma economia em recessão. Se alemão, austríaco ou húngaro, conheceu a hiperinflação em níveis jamais vistos. Talvez tenha passado alguns anos mais tranquilos, até que a crise de 1929 detonou a Grande Depressão. Novamente o fantasma do desemprego o assustou (se é que não amargou um longo período desocupado).

Paralelamente, a questão política criou alguma apreensão para ele. Na Itália, na década de 1920, a ascensão do fascismo de Mussolini rompia com a liberal democracia e propunha um problema para cada cidadão, mesmo que não fosse um militante: ser contra ou a favor? E sendo contra, qual o risco de ser vítima da repressão do governo fascista? Mesmo para o mais apolítico dos cidadãos, uma ditadura fascista impõe alguma reflexão (e talvez algum incômodo) sobre o modo de ação do governo. E se esse europeu morasse na Alemanha nos anos 1930, a questão política seria ainda mais aguda, pois ali ascendeu o nazismo sob a liderança de Hitler. Se fosse um operário ligado a movimentos de trabalhadores certamente sofreria perseguições; e se fosse judeu, suas chances de sobreviver seriam pequenas.

Mas esse europeu também poderia ser tocado por outro evento político: se ele não morasse na Rússia, não teria vivido diretamente as profundas mudanças implantadas pela

QUARTA PARTE – O ENTRE GUERRAS (1918-1939) E A SEGUNDA GUERRA MUNDIAL (1940-1945): "A ERA DA CATÁSTROFE"

Revolução de 1917 e pelo governo soviético. Ainda assim, a mobilização de trabalhadores em outros países colocava em questão o sistema econômico e social. Talvez essas mudanças representassem uma esperança para ele; mas, se fosse anticomunista, certamente se sentiria incomodado, ou mesmo ameaçado, por esses eventos.[1]

A Segunda Guerra Mundial, fruto da ascensão do nazismo e dos objetivos expansionistas de Hitler, foi mais um motivo de apreensão para esse europeu. Talvez tenha mesmo participado da guerra (não necessariamente como soldado, por causa de sua idade). De qualquer modo, era mais um evento dramático da "Era da Catástrofe" a pontilhar a vida desse europeu.

Muitos de seus contemporâneos não sobreviveram até o fim da Segunda Guerra Mundial: talvez tenham tombado em batalhas da Primeira Guerra ou tenham sido vítimas de extermínios praticados por alguns governos na Era da Catástrofe. Mas se pôde sobreviver, certamente não foi sem sobressalto e angústia que vivenciou vários desses momentos, independentemente de sua condição econômica e social ou de suas convicções políticas. Rupturas de toda ordem e instabilidade política e econômica são marcas do período.

Em síntese: da Primeira à Segunda Guerra Mundial, o mundo (mas principalmente a Europa) foi abalado por uma sequência de eventos políticos e econômicos: Revolução Russa, depressão pós-guerra (em especial a deflação de 1921), hiperinflações, ascensão do fascismo na Itália, crise de 1929 e Grande Depressão dos anos 1930, Hitler e o nazismo na Alemanha e sua posterior expansão pela Europa a detonar a Segunda Guerra Mundial.[2]

Por isso mesmo, é difícil apresentar um panorama de conjunto da economia mundial nesse período. Fases de expansão se intercalam a períodos de recessão e as médias de longos períodos têm pouco significado. Ainda assim, podemos expor alguns dados que sugerem ter se verificado, no conjunto, crescimento mais lento do que no período anterior (Tabela IV.1).

Nessa amostra, apenas a América Latina teve um pequeno aumento da taxa de crescimento do produto interno bruto; nas demais regiões houve redução da taxa de crescimento,

---

1. E se esse mesmo europeu viveu até 1950, ainda pôde presenciar mudanças importantes: o declínio da Grã-Bretanha e a ascensão dos Estados Unidos como principal potência mundial; o ingresso de vários países do Leste Europeu em regimes comunistas e, finalmente, em 1949, a vitória de Mao Tsé-tung na China, com a implantação do regime comunista no país mais populoso do mundo. Dependendo de sua orientação ideológica, isso seria motivo de euforia ou representaria uma catástrofe.

2. Não seria difícil agregar outros eventos semelhantes, embora mais circunscritos no plano espacial como a guerra civil espanhola e a vitória do General Franco (que governou ditatorialmente a Espanha até os anos 1970) ou a ascensão de Antonio de Oliveira Salazar em Portugal que implantou um regime autoritário que também se manteve até os anos 1970. Hobsbawm apresenta dados que indicam a profunda instabilidade política no entre guerras: em 1920 havia cerca de 35 governos constitucionais eleitos; em 1938, eles eram 17 e, em 1944, apenas 12, de um total de 65 governos. Ou seja, regimes eleitorais representativos eram cada vez menos frequentes, a indicar o declínio do liberalismo político no período (HOBSBAWM, 1995, p.115).

QUARTA PARTE – O ENTRE GUERRAS (1918-1939) E A SEGUNDA GUERRA MUNDIAL (1940-1945): "A ERA DA CATÁSTROFE"

assim como no mundo como um todo. Mais expressiva é a redução verificada em alguns países mais diretamente afetados pelas operações de guerra: de 1870-1913 para 1913--1950, a taxa de crescimento do PIB da Áustria declinou de 1,5% para 0,2%; a da Alemanha, de 1,6% para 0,3%; a da Itália, de 1,3% para 0,8%; a da França, de 1,5% para 1,1%.[3]

TABELA IV.1

Crescimento econômico por regiões: 1870-1950 (Produto Interno Bruto: Taxas médias de crescimento anual %)

	1870-1913	1913-1950
Europa Ocidental	2,1	1,4
EUA, Canadá, Austrália, Nova Zelândia	3,9	2,8
Sul da Europa	1,5	1,3
Leste da Europa	2,4	1,6
América Latina	3,3	3,4
Mundo	2,1	1,9

Fonte: MADDISON (1995), p.60.

Como não há uma tendência geral claramente definida nessa época, esta parte está dividida em capítulos que abordam os diferentes subperíodos, identificados, cada um, por sua peculiaridade: a instabilidade dos anos 1920; a crise de 1929 e a Grande Depressão; os eventos políticos e as mudanças econômicas dos anos 1930; a Segunda Guerra Mundial; a Revolução Russa e a constituição da economia soviética. Esses são os temas que articulam as discussões nos próximos capítulos.

REFERÊNCIAS

HOBSBAWM, E. (1995). *A Era dos Extremos*. São Paulo: Companhia das Letras.

MADDISON, A. (1995). *Monitoring the World Economy: 1820-1992*. Paris: OECD Development Centre.

---

3. A economia norte-americana foi marcada por enormes flutuações: grande expansão nos anos de 1920, profunda depressão na maior parte da década de 1930 e forte recuperação durante a Segunda Guerra Mundial; assim, a taxa média de crescimento do PIB teve pequena redução: de 1,8%, em 1870-1913, para 1,6%, de 1913-1950. A União Soviética, ao contrário, teve grande elevação do nível de crescimento: de 0,9% para 1,8%. O Brasil também elevou sua taxa de crescimento de 0,3% para 1,9% (MADDISON, 1995, p.62-63).

Capítulo 13

A RECONSTRUÇÃO EUROPEIA NO PÓS-GUERRA E A ECONOMIA MUNDIAL NA DÉCADA DE 1920 (1918-1929)

A deflagração da Primeira Guerra Mundial deu início a uma fase de profundas rupturas na organização da economia internacional. Direta ou indiretamente, questionava-se com a guerra a influência política dos países imperialistas e a divisão geográfica do mundo entre eles e, ainda, a organização do sistema econômico internacional. O pós-guerra só ressaltaria a tendência, anteriormente observada, de avanço econômico e tecnológico de novos países, resultado da Segunda Revolução Industrial, e de incompatibilidade entre o até então hegemônico e inquestionável padrão-ouro, amparado pelo centro financeiro londrino, e as novas exigências comerciais mundiais.

O modelo que havia imperado durante todo o século XIX representava, no limite, a estrutura construída pela política inglesa, cujos pilares fundamentais eram a economia de mercado, o livre-comércio, o Estado liberal e o padrão-ouro. A estrutura liberal e a hegemonia inglesa como centro financeiro e comercial garantiram o equilíbrio de poder e a estabilidade econômica internacional durante aproximadamente um século (POLANYI, 2000, p.47). Contudo, nos primeiros anos do século XX tal estrutura mostrou-se frágil em vários países diante do crescimento das reivindicações dos trabalhadores por emprego, e frágil internacionalmente não só pelo desenvolvimento industrial retardatário, como também pelo estabelecimento de um cenário de concorrência político-econômica (o imperialismo) entre países recém-industrializados e a Grã-Bretanha. O padrão-ouro, apesar de abandonado durante a guerra, mantinha-se como sustentáculo da influência britânica no mundo inteiro, garantindo os mecanismos de troca internacionais. Mesmo com o impacto da guerra que provocara na Europa destruição humana e industrial, crise inflacionária e endividamento, os governos buscaram reconstruir o modelo econômico e político do século XIX durante os anos 1920.

Na Europa Ocidental o pós-guerra demarcou duas fases distintas; uma primeira fase, logo após a guerra, de reconstrução das sociedades num contexto complexo de destruição física e humana, de desorganização do mercado mundial, de endividamento público e inflação; e uma segunda fase, já em meados dos anos 1920, de recuperação, expansão econômica e reorganização das antigas estruturas econômicas. Do outro lado do Atlântico, contudo, os Estados Unidos gozavam, em primeiro lugar, de grande prestígio financeiro em função dos empréstimos para a guerra e para a reconstrução europeia, com Nova Iorque tornando-se um novo e importante centro financeiro; e em segundo lugar, de grande poder industrial, representado, entre outros, pelo sensacional desenvolvimento da indústria automobilística, além de ultrapassar de longe, em volume de produção industrial, as outras potências. Entretanto, dentro das relações políticas internacionais, os Estados Unidos ainda se apresentavam de uma maneira tímida nos centros de decisão.

Assim delineia-se o pós-guerra e os anos 1920 como o nascer de uma nova estrutura de equilíbrio de poder e nova organização da economia mundial, que, porém, ainda se sustentava pelos marcos e instituições tradicionais. A contínua preocupação do governo da Grã-Bretanha de recuperar o padrão-ouro nos anos 1920 é simbólica como a última tentativa de manter a sua hegemonia. "Na verdade, a essencialidade do padrão-ouro para o funcionamento do sistema econômico internacional da época era o dogma primeiro e único comum aos homens de todas as nações, de todas as classes, de todas as religiões e filosofias sociais. Era a única realidade invisível à qual podia se apegar a vontade de viver, quando a humanidade se encontrava a braços, ela mesma, com a tarefa de restaurar sua existência em frangalhos" (POLANYI, 2000, p.42). Por isso, Karl Polanyi classifica os anos 1920 como conservadores, considerando que os governos levaram ao limite as instituições e a ideologia liberal da hegemonia britânica do século XIX, cuja ruptura final se deu com a quebra da bolsa de Nova Iorque e a Grande Depressão da década de 1930: abriu-se assim, o período da *grande transformação*, nos revolucionários anos 1930.

13.1 RECONSTRUÇÃO E REPARAÇÕES DE GUERRA: EUROPA (1919-1925)

13.1.1 A herança da Primeira Guerra Mundial

A Primeira Guerra Mundial foi, para Eric Hobsbawm (1995, p.31), o primeiro evento na história em que efetivamente houve um conflito de extensão *mundial*. Foi uma guerra que envolveu todas as grandes potências, e levou os combates para o além-mar nas mais diferentes regiões e, por mais que alguns países não tivessem participado ativamente dos combates, reflexos foram espalhados por todos os lados. A destruição provocada por quatro anos de guerra foi excepcionalmente grande, em especial para alguns países europeus como França, Bélgica, Inglaterra, Alemanha, Rússia, países bálticos e Império Austro-Húngaro:

> A guerra provocou perdas humanas, destruição física, desorganização financeira, contração no produto e condições sociais e políticas instáveis. Tornando frágil o Estado de vários países,

CAPÍTULO 13 – A RECONSTRUÇÃO EUROPEIA NO PÓS-GUERRA E A ECONOMIA MUNDIAL NA DÉCADA DE 1920

especialmente na Europa central e oriental, o processo de reconstrução e recuperação requeria a assistência das potências aliadas, dos Estados Unidos em particular. (ALDCROFT, 2001, p.5-6)

As perdas humanas foram muito além das mortes nos campos de batalha: estas ascenderam a cerca de 8,5 milhões de homens; adicionalmente, 7 milhões se tornaram incapacitados permanentemente e mais 15 milhões sofreram ferimentos de maior ou menor gravidade. As mortes de civis em decorrência da guerra, embora difíceis de determinar com precisão, foram elevadas: vítimas do conflito militar, de fome e inanição ou de doenças também morreram aos milhões: estima-se em cerca de 5 milhões para a Europa (exclusive a Rússia), e um total de 16 milhões para a Rússia (incluindo militares e civis envolvidos na guerra, na revolução e na guerra civil). Adicionando a esses dados a estimativa do déficit de nascimentos decorrentes da guerra, Aldcroft admite que a perda total de população entre 1914 e 1921 (incluindo mortes e redução da natalidade) foi da ordem de 50 a 60 milhões (ALDCROFT, 2001, p.6-8).[1]

A destruição física foi igualmente elevada: fazendas, fábricas, habitações, ferrovias, plantéis de gado sofreram danos em grau maior ou menor, reduzindo a capacidade produtiva dos países europeus. Desse modo, ao fim da guerra se impunha a recuperação de seu sistema produtivo, o que demandava elevados recursos de que os países europeus não dispunham. Aliás, a herança financeira da guerra era outro pesado encargo para as economias dos países que se envolveram nos combates. Como grande parte dos gastos de guerra foi financiada por meio de crédito (e não por poupanças), houve forte impacto inflacionário, desvalorização das moedas e abandono do padrão-ouro. Além disso, Grã-Bretanha e França endividaram-se com os Estados Unidos, uma dívida que seria cobrada ao fim da guerra. Em suma, a situação monetária e financeira dos países europeus havia se desorganizado durante a guerra e demandava sua reconstrução.

À perda populacional, à destruição física e à desorganização financeira se somavam os efeitos da guerra sobre a produção dos países europeus. Para os países diretamente envolvidos nas operações militares, a redução da produção industrial e agrícola não foi compensada pelo aumento da produção bélica. Mesmo em 1920, a maior parte dos países não havia recuperado os níveis de produção industrial de 1913: a Rússia foi um caso extremo (em 1920, a produção industrial se reduzira a cerca de 13% da produção em 1913); mas França, Bélgica, Alemanha, Áustria, Hungria, Polônia, Tchecoslováquia, Bulgária e Romênia tinham, em 1920, um produto industrial 30% menor do que o de 1913. Apenas Grã-Bretanha e Itália haviam recuperado os níveis pré-guerra (ALDCROFT, 2001, p.12). Mais grave era o fato de esses países terem perdido mercados para Estados Unidos e Japão,

---

1. Embora não subestime a tragédia humana inerente às perdas durante a Primeira Guerra, Aldcroft lembra que poucos países sofreram escassez de mão de obra na década de 1920 que, pelo contrário, foi marcada por elevado desemprego (ALDCROFT, 2001, p.8).

uma perda permanente diante dos avanços da indústria desses países. Na Europa, durante a guerra, os investimentos se concentraram na produção bélica: ao fim da guerra, a capacidade produtiva assim criada se tornou supérflua. Por exemplo: a produção de navios, essencial para manter a guerra naval, não encontrou mais demanda quando o conflito terminou; o mesmo se pode dizer dos investimentos realizados para a produção de ferro, aço e carvão, pois o nível da demanda no pós-guerra não era capaz de ocupar a ampla capacidade instalada durante a guerra. Desse modo, a Europa apresentava capacidade ociosa em certos ramos industriais que, no entanto, não eram aqueles de cuja produção mais necessitava para a reconstrução e a recuperação de suas economias.

Assim, a reconstrução das economias europeias exigia volumosas importações que pressionavam suas balanças comerciais; a demanda nacional era suprida com custosos produtos importados, e o crescente déficit precisava ser coberto com empréstimos. De outro lado, os Estados Unidos nos anos seguintes à guerra diminuíram suas importações em 50%, reduzindo a receita europeia de exportações. Entre 1919 e 1920, a importação da Europa continental alcançou US$ 12,5 bilhões, enquanto as exportações, receitas invisíveis (rendas oriundas do transporte marítimo, companhias de seguros, empréstimos e investimentos além-mar) e transferência de ouro, não somavam nem US$ 7 bilhões. Para cobrir esse déficit era preciso contar com ajuda externa e, nesse momento, apenas os Estados Unidos tinham recursos para tanto. Pode-se dizer que até 1925, a Europa viveu um enorme desequilíbrio na busca de sua reconstrução: carência de recursos materiais e financeiros que atingiu de forma menos grave os Aliados, mas de modo profundo os países derrotados na guerra – principalmente Alemanha, Áustria e Hungria – os quais enfrentaram adicionalmente os custos das reparações de guerra impostas pelos vencedores.

Sob ótica distinta, Feinstein, Temin e Toniolo ressaltam, como legado da guerra, a agitação social, expressa pela expansão quase universal das lutas e protestos das classes trabalhadoras. O sindicalismo, já existente antes da guerra, fortaleceu-se durante o conflito: a necessidade de intensificar a produção para fins militares levou a concessões aos sindicatos; a Revolução Russa também teria exercido considerável influência sobre os movimentos das classes trabalhadoras que se tornavam mais receptivos às propostas do socialismo. O impacto da crescente mobilização dos trabalhadores foi diferente em cada país: em alguns, como a Alemanha, o governo cedeu às pressões e realizou reformas que diminuíram a agitação social; em outros, como a França e a Grã-Bretanha, um grande número de greves no imediato pós-guerra, foi sucedido por medidas repressivas dos governos. Se na França os sindicatos sentiram o impacto da repressão, na Grã-Bretanha a ação do governo foi incapaz de desorganizar o movimento trabalhista. Apesar da diversidade de resultados do confronto entre governos e trabalhadores, a força crescente dos sindicatos introduziu maior rigidez nos salários, ao mesmo tempo que a tendência anterior à formação de grandes empresas, cartéis, associações, fortalecida pelos efeitos da própria guerra, também limitava a flexibilidade dos preços. Essa rigidez, para os autores, dificultou os ajustes necessários à economia ao fim da Primeira Guerra Mundial (FEINSTEIN, TEMIN & TONIOLO, 1997, p.20-28).

As grandes diferenças entre as economias dos países europeus no pós-guerra respondem por desempenhos bastante distintos na década de 1920.

13.1.2 Expansão, inflação, recessão: 1919-1921

Ao fim da guerra era esperada alguma redução do ritmo da atividade econômica: compras de materiais para a guerra (desde armamentos até alimentos para as tropas) foram canceladas e os soldados, desmobilizados, deixavam de receber sua remuneração. Ao retornarem às suas origens, os soldados deveriam constituir uma ampla massa de desempregados já que se previa forte redução da demanda agregada. Efetivamente, nos primeiros meses após o armistício, observou-se suave recessão. No entanto, a partir do meio do ano de 1919 verificou-se rápida ascensão da economia cuja duração foi de cerca de um ano. Esse surto caracterizou-se por aguda elevação dos preços diante do aumento da demanda num momento em que o setor produtivo ainda se recuperava dos impactos da guerra. O efeito expansivo sobre a produção foi mais intenso nos Estados Unidos, na Grã-Bretanha, no Japão e em países que permaneceram neutros durante a guerra (como a Suécia). A Europa Continental tinha poucas condições de se beneficiar da expansão da demanda, pois concentrava esforços na reconstrução de suas economias. O caso dos Estados Unidos é particularmente expressivo: de maio de 1919 a janeiro de 1920, a atividade industrial cresceu 19% (ARTHMAR, 1997, p.93). Como se explica esse forte impulso sobre a produção de alguns países no pós-guerra?

Durante a guerra, ao se concentrar a produção na indústria bélica, criou-se uma demanda reprimida por muitos produtos (não só bens duráveis, mas também bens de consumo corrente, não disponíveis nos anos do conflito). Além disso, o financiamento da guerra se fez, ainda que em pequena parte, por meio de empréstimos do público aos governos (por meio dos chamados bônus de guerra); ou seja, uma parcela da população formou, durante a guerra, uma poupança que, ao fim, pode ser gasta para satisfazer a demanda reprimida durante os anos de guerra. Assim, admite-se que uma demanda represada por cerca de quatro anos foi liberada em 1919 e gerou o impulso para a expansão da economia de alguns países. Além disso, as empresas promoveram a recomposição de seus estoques (praticamente esgotados nos anos da guerra) e os governos não puderam suspender de imediato todos os dispêndios assumidos anteriormente. Desse modo, somaram-se várias fontes de ampliação da demanda agregada num momento em que o setor produtivo ainda não havia se readaptado plenamente à demanda de um período de paz (ALDCROFT, 2001, p.24-25).

Essa súbita expansão da demanda teve outro forte impacto na economia: uma abrupta elevação dos preços, em parte alimentada por políticas monetárias e fiscais expansionistas.

QUARTA PARTE – O ENTRE GUERRAS (1918-1939) E A SEGUNDA GUERRA MUNDIAL (1940-1945): "A ERA DA CATÁSTROFE"

Desse modo, a tendência à elevação dos preços, já presente durante a Primeira Guerra, acentuou-se em 1919 e 1921. Se o crescimento da produção foi característico de alguns países (como Estados Unidos, Grã-Bretanha, Japão), a inflação generalizou-se por toda a Europa, ainda que em graus distintos.

TABELA 13.1
Índices de preços ao consumidor (1914-1920)

	1914	1918	1920
Alemanha	100	304	990
Áustria	100	1.163	5.115
Itália	100	289	467
França	100	213	371
Suécia	100	219	269
Holanda	100	162	194
Grã-Bretanha	100	200	248
Estados Unidos*	100	203	249

Fontes: FEINSTEIN, TEMIN & TONIOLO (1997), p.39. Para os Estados Unidos: ARTHMAR (1997), p.94.
Obs: (*) Estados Unidos: preços no atacado. 1913 = 100; 1918 = jan/1919; 1920 = jun/1920.

Esse surto expansivo sofreu abrupta e profunda reversão a partir de meados de 1920. Essa reversão foi particularmente forte nos Estados Unidos: os preços no atacado caíram do nível de 254, em maio de 1920, para 143, em julho de 1921, ou seja, uma deflação de 43%; a produção industrial, cujo pico atingira o índice 90, em junho de 1920, caiu para 64, em julho de 1921, uma redução da ordem de 29%. O desemprego, de cerca de 950 mil trabalhadores, em 1919, ascendeu a 5 milhões, em 1921 (ARTHMAR, 1997, p.103). Em suma, são dados que atestam a profunda recessão que atingiu a economia norte-americana em 1921.

Na Grã-Bretanha o impacto recessivo foi igualmente elevado: os preços por atacado declinaram de 196, em maio de 1920, para 118, em julho de 1921 (e continuaram caindo até se estabilizarem em torno de 95-100 em 1922). O índice de produção também caiu do nível 117, em junho de 1920, para 56, em junho de 1921 (ARTHMAR, 1997, p.117). Poucos países escaparam da deflação e da recessão de 1921: aumento da produção industrial em 1921 foi registrado na Alemanha, na Áustria, na Tchecoslováquia e na Polônia, resultado, em parte, do fato de a inflação não ter sido debelada nesses países, dando um "estímulo artificial para a atividade econômica" (ALDCROFT, 2001, p.25).

Como se explica a reversão súbita de um período de expansão/inflação para outro de recessão/deflação?

Usualmente são elencadas três causas para explicar esse processo reversivo: a primeira vertente considera que conforme a rápida expansão da produção alcançou a demanda,

326

os pretextos para a elevação de preços e contínuo investimento na produção cessaram. A segunda interpretação responsabiliza o próprio crescimento exagerado dos preços (auxiliado pelos processos especulativos) como um inibidor econômico, na medida em que os salários não acompanhavam a inflação, crescendo a resistência para o consumo. O aumento dos custos industriais gerou incertezas nos negócios, limitando os novos investimentos. A terceira visão enfatiza o papel dos governos nacionais para frear o processo inflacionário: políticas fiscais e monetárias restritivas promovidas nos Estados Unidos e na Grã-Bretanha, e de maneira menos severa na Suécia e Japão, foram armas para debelar a inflação, frear a expansão econômica e reduzir os fluxos de crédito. Nos Estados Unidos houve uma significativa redução nos gastos públicos: em 1919, o déficit orçamentário foi da ordem de US$ 13 bilhões; em 1920 houve um superávit de US$ 291 milhões, a indicar a substancial redução dos recursos injetados na economia pelo governo. Outros governos, como os da Grã-Bretanha e do Japão, seguiram a mesma orientação em suas políticas fiscais (ALDCROFT, 2001, p.26).

É possível que todas as causas acima citadas tenham colaborado para promover a depressão de 1921, contudo, atividades especulativas decorrentes do ambiente inflacionário ampliaram os efeitos do *boom* e da crise econômica. Investimentos foram realizados na expectativa de grandes lucros em atividades ou saturadas ou obsoletas como a produção de barcos e aço, de carvão e de algodão, respectivamente. Igualmente intensa foi a especulação nas bolsas, em especial na Grã-Bretanha:

A atividade no mercado de novas emissões alcançou proporções fenomenais. Novas emissões no mercado de Londres se multiplicaram mais de seis vezes entre 1918 e 1920, alcançando um total de 384 milhões de libras, um nível que não foi superado até a década de 1960. (ALDCROFT, 2001, p.27)

Recessão e deflação intensas nos Estados Unidos e na Grã-Bretanha atingiram outros países de forma variada. Alguns também controlaram a inflação depois de 1920, promovendo mesmo alguma deflação: foi o caso de Suíça, Suécia, Noruega, Dinamarca e Holanda. Outros, como a França e a Itália, continuaram a registrar algum grau moderado de inflação. Finalmente, Alemanha, Áustria e Hungria passaram por hiperinflações em níveis inéditos na história econômica mundial (FEINSTEIN, TEMIN & TONIOLO, 1997, p.39).

Igualmente variado foi o desempenho das economias na primeira metade dos anos 1920. Os Estados Unidos retomaram, desde 1922, o rápido crescimento, ao passo que a Grã-Bretanha, em busca do padrão-ouro, manteve-se estagnada. O índice de atividade industrial dos países apresentados a seguir registra o nível atingido em 1925 tendo 1913 = 100 como referência (LEWIS, 1949, p.35):

QUARTA PARTE – O ENTRE GUERRAS (1918-1939) E A SEGUNDA GUERRA MUNDIAL (1940-1945): "A ERA DA CATÁSTROFE"

Japão = 222	Índia = 117	Romênia = 92	Itália = 157
França = 114	Reino Unido = 86	EUA = 148	Suécia = 113
Hungria = 77	Holanda = 142	Bélgica = 100	Rússia = 70
Austrália = 141	Áustria = 95	Polônia = 63	Canadá = 117
Alemanha = 95			

Esse diferente desempenho reflete, em grande medida, a forma pela qual os países se envolveram com a Primeira Guerra: os mais afetados pela destruição e os que arcaram com as reparações de guerra tiveram grande dificuldade para, ainda na primeira metade dos anos 1920, retomarem o crescimento econômico. Para tanto contribuiu também a tendência ao protecionismo intensificada nesses anos.

No contexto de recuperação econômica do pós-guerra, diversos países abandonaram parte dos preceitos do liberalismo econômico e começaram a praticar políticas protecionistas (ou ampliar as que já praticavam). Essa era uma tendência mundial, levada também aos países que tiveram condições de dar os primeiros passos rumo à industrialização. Por meio da "substituição de importações" no período de guerra, o Japão, a Índia, a Austrália e alguns países da América Latina, como Brasil, México e Argentina tentaram defender a emergente indústria. Foi o caso das indústrias de ferro, aço, maquinaria, materiais ferroviários e químicos australianos, das indústrias de ferro, aço, têxtil e de papel indianos e farmacêuticos argentinos. Esse avanço industrial dos países periféricos era prejudicial para os interesses dos países europeus, que dificilmente conseguiriam recuperar de maneira absoluta o mercado perdido.

O protecionismo também floresceu na Grã-Bretanha – país ícone do liberalismo – como no restante da Europa. Eram criadas cada vez mais tarifas alfandegárias, restrições de importações, quotas de produtos e licenças de exportação e importação entre os países, fazendo com que o comércio entre os países europeus caísse consideravelmente na primeira metade da década de 1920 em comparação com os anos anteriores à guerra. Para suprir a demanda de produtos importados, os governos buscaram incentivar a diversificação da produção nacional, tanto industrial como agrícola. Na Grã-Bretanha, os atos McKenna, de 1915, e *Safe-guarding of Industries* e *Dyestuffs Importation*, de 1921, impuseram taxas aduaneiras para uma série de produtos industriais chaves. Os Estados Unidos não ficariam muito atrás, ao decretar a tarifa Fordney-McCumber, em 1922, elevando os níveis das tarifas norte-americanas. Assim, a política protecionista era a garantia de auxiliar o desenvolvimento de certos setores internamente, de aliviar o balanço de pagamentos e ainda de criar empregos num cenário de crise econômica (KENWOOD & LOUGHEED, 1992, p.175-178).

Neste cenário de queda das exportações para o restante do mundo, de destruição de parte significativa das plantas industriais e desorganização da economia mundial, os países da Europa precisavam criar ainda condições de cumprir com os pagamentos de empréstimos incorridos perante os Estados Unidos. Logo, a reconstrução era tarefa árdua e tornou-se ainda mais difícil pela condução dos tratados de paz (em especial o Tratado de Versalhes), que impôs pesadas penas e dívidas para os países perdedores (ALDCROFT, 2001, p.9).

13.1.3 Reparações de guerra e hiperinflação: o caso da Alemanha

Ao fim da guerra, colocou-se o problema de definir as bases para as relações entre vencedores e derrotados. Em 1919 e 1920, foram estabelecidos tratados de paz separadamente com os países derrotados (Alemanha, Áustria, Hungria, Bulgária e Turquia). O mais importante desses Tratados foi o de Versalhes (junho de 1919), que definia as reparações de guerra devidas pela Alemanha aos vencedores – Grã-Bretanha, França, Estados Unidos e Itália. Os objetivos dos vencedores, em síntese, eram: fortalecer os países europeus para que não fossem levados pelo caminho da revolução russa; redividir os territórios deixados em aberto pela queda dos grandes Impérios (Austro-Húngaro, Russo, Turco e Alemão); enfraquecer a Alemanha, que quase sozinha havia derrotado as tropas aliadas; redefinir as políticas internas dos países vitoriosos; e, finalmente, garantir um acordo de paz que impossibilitasse o surgimento de uma nova guerra. Para tanto foi criada a "Liga das Nações", que deveria agregar as principais potências mundiais a fim de solucionar pacífica e democraticamente as questões diplomáticas entre os países. Contudo, tanto o Tratado de Versalhes como a Liga das Nações se mostraram incapazes de instituir um equilíbrio de poder definitivo.

A falta de legitimidade das decisões tomadas pelo Tratado de Versalhes passava a ser o principal problema. Tanto os interesses da Alemanha como os da União Soviética, importantes países durante a guerra e que viviam momentos de indefinição, não tinham a menor relevância. A Itália, mesmo que unida aos países vencedores, não seria atendida de maneira satisfatória. E finalmente, os Estados Unidos, sob a liderança do presidente Thomas Woodrow Wilson (1913-1921), logo abandonou as negociações quando o Congresso norte-americano se recusou a ratificar o acordo de paz. Em suma, restavam Grã-Bretanha e França como forças de decisão para pautar o Tratado de Versalhes e comandar a Liga das Nações.

A paz punitiva determinada pelo tratado definia que a Alemanha era a culpada pela guerra e, por isso, o país deveria perder todas suas colônias, que seriam divididas entre França e Grã-Bretanha; deveria entregar os territórios da Alsácia-Lorena e as minas do Sarre para a França, e outros territórios para Dinamarca, Polônia e Bélgica – perdendo um total de 13,5% de seu território[2]; deveria entregar sua frota naval para a Grã-Bretanha;

---

2. O Tratado de Versalhes arbitrava as questões entre os Aliados e a Alemanha. Outros tratados subsequentes definiram as cláusulas entre Aliados e Áustria (St. Germain), Bulgária (Neuilly), e Hungria (Trianon), transformando consideravelmente as

QUARTA PARTE – O ENTRE GUERRAS (1918-1939) E A SEGUNDA GUERRA MUNDIAL (1940-1945): "A ERA DA CATÁSTROFE"

seria privada de manter uma força aérea e podia assegurar um exército reduzido de apenas 100 mil homens; e, finalmente, eram-lhe repassadas todas as dívidas de guerra.

Todas as exigências já representavam um fardo considerável para a Alemanha, mas a comissão de indenizações do Tratado de Versalhes dificultaria ainda mais a situação para o país perdedor. Por meio de cálculos grosseiros e com a justificativa de que a Alemanha é que havia invadido Bélgica e França, a comissão chegou ao valor da indenização imposta à Alemanha de US$ 40 bilhões.[3] O pagamento das indenizações pela Alemanha era importante para a França e para a Grã-Bretanha, que haviam assumido vultosas dívidas com os Estados Unidos para a manutenção das tropas e para as primeiras tarefas de reconstrução. Essas dívidas ascenderam a cerca de US$ 8,7 bilhões, dívidas que os representantes norte-americanos não pensavam em perdoar. Assim, França e Grã-Bretanha esperavam receber as indenizações de guerra alemãs para iniciar o pagamento dos empréstimos norte-americanos. Contudo, nos dizeres do presidente Calvin Coolidge, ficava clara a disposição dos Estados Unidos de cobrar os Aliados: "Mas eles tomaram emprestado, não tomaram?".

A dificuldade era que a Alemanha não tinha a menor possibilidade de pagar tais valores, principalmente pensando que em termos práticos os pagamentos em dinheiro só seriam realizados com recursos obtidos por meio de superávits nas contas internacionais alemãs (ou seja, pelo aumento das exportações e redução das importações). Para tanto, a Alemanha deveria expandir incrivelmente a produção interna e suspender as importações, travando setores de outros países que dependiam do mercado alemão. Os impostos nacionais deveriam ser ampliados, num país exausto pela guerra e com um novo governo buscando reerguer um país destruído. Portanto, as condições para o pagamento das dívidas eram inexistentes, e John Maynard Keynes, ex-membro da delegação britânica, por meio da contundente crítica ao modelo apresentado advertia, em *The Economic Consequences of the Peace*, os perversos resultados que esta imposição à Alemanha poderia gerar (GALBRAITH, 1994, p.25). Keynes atacou ostensivamente os membros da cúpula de Versalhes, considerando que o interesse destes não era trazer a paz para um continente devastado e faminto, mas provocar a total destruição da sociedade alemã com as pesadas reparações.[4]

---

fronteiras europeias. Foram criados novos países como: Finlândia, Lituânia, Letônia e Estônia (independentes dos russos), Tcheco-Eslováquia (da destruição do Império dos Habsburgos) e Iugoslávia (incluindo antigos territótórios independentes – Sérvia e Montenegro – e dos impérios dos Habsbrugos e turco); a Polônia foi reconstituída.

3. O total de USs 40 bilhões era em preços da época que corresponderiam a USs 400 bilhões de 1992 (GALBRAITH, 1994, p.24).

4. No livro *The Economic Consequences of Peace* (especialmente no Capítulo A Europa depois do Tratado, Keynes critica os dirigentes de França, Reino Unido, Estados Unidos e Itália por não se preocuparem, na definição do Tratado de Versalhes, com a recuperação das economias dos países derrotados: "O Conselho dos Quatro não deu atenção a essas questões por estar preocupado com outras – Clemenceau, em esmagar a vida econômica do inimigo; Lloyd George, em fazer um acordo e levar para casa alguma coisa para exibir durante uma semana; o Presidente [Wilson, dos Estados Unidos], em não fazer coisa alguma que deixasse de ser justa e certa. É um fato extraordinário que o problema econômico fundamental de uma Europa faminta e desintegrada diante de seus olhos constituísse uma questão incapaz de despertar o interesse

CAPÍTULO 13 – A RECONSTRUÇÃO EUROPEIA NO PÓS-GUERRA E A ECONOMIA MUNDIAL NA DÉCADA DE 1920

O efeito das críticas ao tratado foi inútil. Não só os representantes da França não recuaram das cobranças, como também a Alemanha iniciou um tremendo esforço para pagar as indenizações estipuladas. O protecionismo econômico disseminado pelos principais países na relação comercial com a Alemanha e as políticas restritivas norte-americanas e britânicas reduziram as exportações alemãs: sem um saldo apreciável na balança comercial, o país não tinha recursos em moeda estrangeira para realizar as importações necessárias para a reconstrução do país e para o pagamento das indenizações de guerra. Para fazer frente a essas necessidades, houve crescimento dos gastos governamentais, assim como do endividamento, gerando uma forte pressão inflacionária, pressão que também se fez sentir na Áustria, na Polônia e na Hungria. Os índices de aumento dos preços justificam plenamente o rótulo de hiperinflações: comparando os níveis anteriores à guerra com os prevalecentes ao fim da inflação (entre 1924 e 1926), os preços haviam se multiplicado 14.000 vezes na Áustria, 23.000 vezes na Hungria, 2.500.000 vezes na Polônia e um bilhão de vezes na Alemanha (LEWIS, 1949, p.23).[5]

Com o crescimento acelerado dos preços, as poupanças foram abandonadas em favor do consumo imediato, ao mesmo tempo em que as empresas transformavam suas reservas em ativos reais. A ampliação do consumo provocou um aumento ainda mais expressivo dos preços e o atraso dos impostos era estimulado pela desvalorização da moeda, reduzindo as receitas fiscais do governo alemão.

Em 1923 o governo já não conseguia acompanhar as demandas dos gastos públicos, e nem cumprir com as dívidas. Em retaliação ao não pagamento dos valores acertados pelo Tratado de Versalhes, a França invadiu o vale do Ruhr, uma das principais áreas industriais alemãs. O colapso industrial elevou ainda mais os preços, e a moeda se desvalorizava, causando a famosa hiperinflação alemã. São inúmeros os casos ilustrativos sobre essa hiperinflação alemã: de pessoas que buscavam o dinheiro nos bancos com carrinhos; da urgência do gasto por causa da desvalorização diária; ou ainda, o caso do congressista norte-americano A. P. Andrew, que trocou seus 7 dólares por 4 bilhões de marcos, e pagou 1,5 bilhão de marcos por uma refeição (GALBRAITH, 1994, p.28).

---

dos Quatro. No campo econômico, as indenizações de guerra eram sua principal preocupação; eram tratadas como um problema de teologia, de política, de chicana eleitoral – ou seja, sob todos os aspectos, exceto no que se refere ao futuro econômico dos Estados cujo destino estavam decidindo" (KEYNES, 1984, p.54).

5. À época, a hiperinflação alemã gerou uma polêmica. Para uma parte dos analistas, o causa primária da hiperinflação foi o déficit no balanço de pagamentos decorrente dos encargos das reparações de guerra (que deviam ser pagas em moeda estrangeira). Esse déficit levou a substancial desvalorização do marco alemão e, em consequência, à elevação dos preços dos importados (necessários à reconstrução e ao dia a dia da população alemã). Com a acelerada elevação dos preços, as autoridades foram obrigadas a emitir papel-moeda, alimentando a inflação. Para outro grupo de analistas, a inflação teve como causa primária a excessiva emissão de papel-moeda cuja origem seria um déficit orçamentário elevado decorrente dos gastos com os encargos de empréstimos realizados durante a guerra e também com os programas econômicos e sociais do pós-guerra (FEINSTEIN, TEMIN & TONIOLO, 1997, p.40).

QUARTA PARTE – O ENTRE GUERRAS (1918-1939) E A SEGUNDA GUERRA MUNDIAL (1940-1945): "A ERA DA CATÁSTROFE"

Em fins de 1923, entretanto, as medidas comandadas pelo Dr. Hjalmar Schacht, diretor do Reichsbank, conseguiram conter o processo inflacionário. O *rentenmark* foi criado para substituir o desvalorizado marco, com garantia do banco Rentenbank e um lastro simbólico das riquezas territoriais alemãs. Ao mesmo tempo, o governo havia equilibrado seu orçamento e evitou recorrer a novos empréstimos e a emissões, o que restaurou a confiança do público na moeda.

Porém, para garantir a estabilidade era essencial equacionar o problema das reparações de guerra a fim de evitar a continuidade do desequilíbrio externo da economia alemã. Como as indenizações com os Aliados ainda estavam pendentes, a fim de cumprir com os compromissos com a França e a Grã-Bretanha, sem comprometer a estabilidade monetária e as reservas alemãs, dois novos planos foram elaborados com o apoio norte-americano: o Plano Dawes, de 1924, e o Plano Young, de 1929. O Plano Dawes estabeleceu novos valores anuais para o pagamento das reparações, considerando o quanto a Alemanha poderia pagar (e não quanto deveria pagar como culpada pela guerra). Além disso, garantiu um empréstimo de 40 milhões de libras para auxiliar nesses pagamentos. A perspectiva de estabilidade acabou por atrair recursos externos para a Alemanha, tendo em vista as oportunidades de investimento na reconstrução do país: governo e empresas privadas obtiveram volumosos empréstimos, principalmente norte-americanos, que permitiram pagar parte das indenizações aos franceses e britânicos, nos novos valores estabelecidos pelo Plano Dawes. De sua parte, franceses e britânicos enviavam esses recursos para os Estados Unidos em pagamento por suas dívidas. O alívio dos encargos das reparações de guerra foi essencial para a retomada da estabilidade monetária alemã. O Plano Young, de 1929, ampliou as facilidades já propiciadas pelo Plano Dawes. Essa situação perdurou até 1931 quando, diante da Grande Depressão, Herbert Hoover ofereceu moratória de um ano para a liquidação das dívidas dos Aliados. A Conferência de Lausanne, no ano seguinte, promoveu uma redução considerável nos valores de indenizações, até que, em 1933, Adolf Hitler suspendeu o pagamento das dívidas e indenizações, atitude seguida pela França e Grã-Bretanha, quanto às suas dívidas com os Estados Unidos.

Em suma, a recuperação europeia – tanto dos Aliados como dos países derrotados – dependeu de recursos externos num momento em que os Estados Unidos tinham a única economia capaz de irrigar a Europa com empréstimos e investimentos, dada a prosperidade que a caracterizou uma vez superada a recessão de 1921.[6]

---

6. A tarefa da reconstrução após a Primeira Guerra foi muito mais difícil nos países da Europa Central e Oriental (Áustria, Tchecoslováquia, Bulgária, Hungria, Polônia, Romênia, Iugoslávia e Rússia). Aldcroft lembra que aos problemas comuns aos países que passaram pela guerra (devastação física, escassez de recursos, elevado desemprego, desequilíbrios orçamentário e do balanço de pagamentos, inflação, caos financeiro) foram somados os decorrentes da formação de novos países, como a redefinição territorial, constituição de novas estruturas políticas e administrativas (em geral bastante frágeis), a reorganização econômica em um novo espaço territorial. Em consequência, as condições de vida nesses países no

CAPÍTULO 13 – A RECONSTRUÇÃO EUROPEIA NO PÓS-GUERRA E A ECONOMIA MUNDIAL NA DÉCADA DE 1920

13.2 OS ESTADOS UNIDOS E A EXPANSÃO ECONÔMICA DOS ANOS 1920

Diversamente dos países europeus, cujas economias foram afetadas, em grau maior ou menor, pela Primeira Guerra Mundial, a economia norte-americana acabou por se beneficiar com as mudanças ocorridas nos quatro anos do conflito.

Os Estados Unidos participaram da ação militar, porém seu território não foi campo de batalhas; por outro lado, forneceram material bélico, suprimentos e grande parte do financiamento dos gastos realizados pelos Aliados. Ao fim da guerra, graças à dimensão de seu setor produtivo, puderam apoiar a reconstrução europeia por meio da exportação de bens que a Europa não podia produzir. Adicionalmente, os Estados Unidos passaram a suprir grande parte das demandas de mercados controlados anteriormente pelas exportações da Europa, em especial, a América Latina. Desse modo, os Estados Unidos reforçaram sua posição como maior produtor industrial do mundo (Tabela 13.2). Com o impacto da guerra sobre as finanças britânicas, o mercado financeiro norte-americano também se tornou o principal fornecedor de recursos na esfera financeira internacional.

TABELA 13.2
Porcentagem da distribuição da produção industrial, 1913-1926/1929

PERÍODO	EUA	ALEMANHA	GRÃ-BRETANHA	FRANÇA	URSS	SUÉCIA	JAPÃO	ÍNDIA	OUTROS PAÍSES	MUNDO
1913	35,8	14,3	14,1	7,0	4,4	1,0	1,2	1,1	21,1	100
1926/29	42,2	11,6	9,4	6,6	4,3	1,0	2,5	1,2	21,2	100

Fonte: KENWOOD & LOUGHEED (1992), p.171.

Assim, os Estados Unidos adentraram a década de 1920 como a maior economia industrial e financeira no mundo, mas, ao mesmo tempo, adotando uma postura isolacionista de um país praticamente autossuficiente. Na verdade, as pressões internas da sociedade norte-americana eram determinantes na condução das políticas econômicas de qualquer presidente que assumisse o governo. A produção industrial, por mais que alimentasse parte dos mercados europeus e latino-americanos, ainda dependia fundamentalmente das respostas do mercado interno. Desta maneira, os Estados Unidos evitaram emergir, durante os anos 1920, como um país hegemônico, subordinando-se, assim, às lógicas de mercado tradicionais lideradas pelo centro financeiro londrino, e respondendo com certo isolamento por causa das demandas internas da sociedade americana. Contudo, por mais insignificantes que fossem as intromissões políticas dos Estados Unidos no equilíbrio de poder mundial durante este período, seu gigantismo industrial, comercial e financeiro revelou, com o *crash*

---

pós-guerra foi bem mais precária do que a dos países da Europa Ocidental, até porque não contaram com o apoio norte--americano (ALDCROFT, 2001, p.33-36).

333

da bolsa de Nova Iorque, em 1929, o quanto as diferentes partes da economia mundial estavam estreitamente conectadas com a economia norte-americana. A evolução da economia norte-americana na década de 1920 respondeu, portanto, a esses dois determinantes: de um lado, o isolacionismo de sua política; de outro, o peso de sua economia no plano mundial.

Como indicamos anteriormente, o pós-guerra foi marcado, nos anos 1919-1921, por uma fase de expansão/inflação seguida de recessão/deflação. Essa sequência foi especialmente aguda nos Estados Unidos: vale, pois, explorar mais detidamente os eventos que caracterizaram esse breve ciclo.

Nos meses seguintes à derrota alemã, os Estados Unidos iniciaram uma política de redução drástica dos gastos militares. Ainda no ano de 1919, a Força Expedicionária que contava com 4 milhões de soldados foi reduzida para cerca de 140 mil. Ao mesmo tempo, novos gastos com fardas, alojamento, transporte, alimentação, medicamentos e munições foram cancelados após a rendição alemã. Essa redução dos gastos do governo deveria ter um impacto recessivo sobre a economia. Entretanto, vários contratos assinados pelo governo para encomenda de equipamentos militares, como a construção de navios, tiveram de ser mantidos, assim como os empréstimos para a reconstrução europeia, alargando os gastos públicos durante o ano de 1919, que alcançaram US$ 18,4 bilhões, com um déficit fiscal de US$ 13,3 bilhões. Somente as despesas do governo federal referentes aos recursos enviados para os Aliados somavam US$ 4,3 bilhões com a Grã-Bretanha, US$ 3 bilhões com França e US$ 1,6 bilhões com a Itália. Os capitais investidos para a reconstrução da Europa, por outro lado, foram imprescindíveis, por meio das importações que geraram, para os resultados do superávit comercial norte-americano de US$ 4,9 bilhões (ARTHMAR, 2002, p.98-99). Em suma, o impacto recessivo da desmobilização foi mais do que compensado por outros gastos do governo e pelo comportamento da exportação, mantendo a economia norte-americana fortemente aquecida.

O desempenho do setor externo norte-americano também se fez nítido pela acumulação de reservas de ouro, o que colaborava para fortalecer o centro financeiro nova-iorquino (Tabela 13.3).

Assim, a Primeira Guerra Mundial e a fase imediata de reconstrução europeia tinham colocado os Estados Unidos como um dos agentes mais importantes da economia mundial. Contudo, a vitória do partido republicano, em 1920, e os efeitos da depressão de 1921 retraíram tal participação, num movimento interno para construir políticas favoráveis aos anseios nacionais. Afinal, a proporção de produtos manufaturados exportados em comparação à produção total norte-americana não passava de 10%, em 1914, chegando a pouco menos de 8%, em 1929. Os investimentos estrangeiros diretos também não representavam proporções elevadas em comparação com o volume da economia interna.

O partido republicano defendia uma plataforma política de ações que dava prioridade para o mercado interno, relegando a um plano secundário as considerações de ordem internacional. A decisão do Congresso norte-americano de não ratificar o Tratado de

CAPÍTULO 13 – A RECONSTRUÇÃO EUROPEIA NO PÓS-GUERRA E A ECONOMIA MUNDIAL NA DÉCADA DE 1920

Versalhes refletiu essa postura dos republicanos. Sucedendo Wilson, foram eleitos três presidentes republicanos: Warren Harding, que governou até sua morte em 1923, sendo substituído pelo vice-presidente Calvin Coolidge, reeleito em 1924, e finalmente, Herbert Hoover, eleito presidente em 1928. Fazia parte das atitudes do governo norte-americano nesse período a defesa de maior isolamento: por exemplo, por meio da criação da tarifa Fordney-McCumber de 1922, que ampliava o protecionismo ao seu mercado.

TABELA 13.3
Reservas de ouro em poder de bancos centrais e governos, 1913-1929 (% do total)

PAÍS	1913	1918	1923	1924	1925	1926	1927	1928	1929
EUA	26,6	39,0	44,4	45,7	44,4	44,3	41,6	37,4	37,8
Inglaterra	3,4	7,7	8,6	8,3	7,8	7,9	7,7	7,5	6,9
França	14,0	9,8	8,2	7,9	7,9	7,7	10,0	12,5	15,8
Alemanha	5,7	7,9	1,3	2,0	3,2	4,7	4,7	6,5	5,3
Argentina	5,3	4,5	5,4	4,9	5,0	4,9	5,5	6,0	4,2
Itália	5,5	3,0	2,5	2,5	2,5	2,4	2,5	2,7	2,7
Japão	1,3	3,3	7,0	6,5	6,4	6,1	5,7	5,4	5,3
Rússia	16,2	-	0,5	0,8	1,0	0,9	1,0	0,9	1,4
Espanha	1,9	6,3	5,6	5,5	5,5	5,4	5,2	4,9	4,8
Demais	20,1	18,5	16,5	15,9	16,3	15,7	16,1	16,2	15,8
Total	100	100	100	100	100	100	100	100	100

Fonte: EICHENGREEN (2000), p.98.

Tal medida se mostraria negativa inclusive para os Estados Unidos, pois reduzia suas importações e, consequentemente, as rendas em dólares dos países que compravam as exportações norte-americanas. Logo, essas nações, com suas receitas em dólares paulatinamente estreitadas, promoviam outros controles tarifários para resguardar suas reservas. Na mesma direção, o anúncio de medidas mais rigorosas no acolhimento de imigrantes, em 1924, representava a preocupação da sociedade com aumento da concorrência no mercado de trabalho, reduzindo a média anual de imigração de um milhão para cem mil.

Uma política austera de gastos públicos também foi implementada, principalmente quando os efeitos inflacionários do *boom* de 1919-1920 estavam chegando a limites intoleráveis. Entre 1920 e 1921, US$ 9 bilhões foram diminuídos das despesas federais em bens e serviços dentro do país; o auxílio aos países aliados foi reduzido das cifras de bilhões para US$ 175 milhões; enquanto a arrecadação de impostos crescia US$ 525 milhões (ARTHMAR, 2002, p.100). E para controlar o sistema monetário e a manutenção do padrão-ouro nacional, o recém-criado *Federal Reserve Bank* (fundado em 1913) elevou a taxa de redesconto de 4% para 7%, ainda em 1920, absorvendo a liquidez internacional. Desse modo,

335

foram ampliadas suas já volumosas reservas de ouro e com o retorno à estabilidade, não foi difícil aos Estados Unidos garantir a conversibilidade do dólar.

A partir do final de 1922, a economia norte-americana superou a recessão/deflação e retomou o crescimento iniciando um *boom* que se encerraria com a crise de 1929. O *Federal Reserve* reduziu a taxa de juros e permitiu a expansão do crédito dos bancos comerciais. Além disso, durante o pouco mais de um ano de deflação, os trabalhadores (principalmente industriais) conseguiram evitar que seus salários fossem reduzidos na mesma proporção dos preços. Assim, houve aumento dos salários reais, o que alimentou a expansão da demanda agregada (ARTHMAR, 1997, p.240-242). A expansão da demanda encontrou campo para se concretizar em vários bens, alguns frutos de inovações do período ou do passado recente.

Para Lewis, a expansão teve início com a construção residencial. A escassez de residências, gerada pela redução de construções durante a guerra, criou uma demanda reprimida cuja satisfação foi beneficiada pela queda dos custos de construção (LEWIS, 1949, p.38). Porém, a produção industrial foi o principal vetor da expansão da década de 1920 nos Estados Unidos. Entre 1923 e 1929, a produção manufatureira cresceu 30% e entre 1925 e 1929 o número de estabelecimentos industriais ampliou-se de 183.900 para 206.700 (LEWIS, 1949, p.38-39; KENNEDY, 1989, p.316).

A indústria automobilística foi aquela que melhor expressou a dinâmica da década de 1920. Além do crescimento quantitativo – Lewis registra o crescimento de 33% entre 1923 e 1929 (LEWIS, 1949, p.38) – a produção de automóveis estabelece fortes vínculos com outros ramos: petróleo, borracha, aço, estanho, construção e transporte rodoviário, entre outros. Assim, o impacto da indústria automobilística se disseminou por amplas áreas da economia. Evidentemente, isso reforçava a posição de liderança industrial dos Estados Unidos: por exemplo, em 1929 o país produziu 4,5 milhões de veículos motores, enquanto França, 211 mil, Inglaterra, 182 mil e Alemanha, 117 mil (KENNEDY, 1989, p.316). E o principal responsável por esse aumento da produção de automóveis foi Henry Ford que, dedicado à construção de modelos mais simples (o Modelo T) no sistema de linha de montagem, conseguiu reduzir os custos de US$ 1.000 por veículo, em 1913, para apenas US$ 300, em 1924 (LANDES, 2005, p.465).

Outra inovação que ganhou inúmeras aplicações na década de 1920 foi a eletricidade na esfera industrial e em especial na doméstica: rádios, geladeiras, aspiradores, cinema são exemplos do impacto da eletricidade sobre a vida quotidiana das populações. Estas novas oportunidades abertas na década de 1920 mantiveram o investimento em nível elevado, o que também contribuiu para acelerar a expansão da economia norte-americana. O Produto Nacional Bruto cresceu 23% entre 1923 e 1929 enquanto o aumento da população foi de 9%, a indicar a substancial elevação da renda *per capita* no período. Mas essa rápida expansão teve outras implicações.

Os Estados Unidos precisaram ampliar suas importações de produtos como borracha, estanho, petróleo, entre outras matérias-primas. Em compensação, as exportações de

CAPÍTULO 13 – A RECONSTRUÇÃO EUROPEIA NO PÓS-GUERRA E A ECONOMIA MUNDIAL NA DÉCADA DE 1920

carros, máquinas agrícolas, equipamentos de escritório também cresceram. Para tanto era necessário que os Estados Unidos passassem a se responsabilizar de maneira mais ativa pela economia mundial. Sua produção industrial só poderia alcançar outros mercados com apoio dos próprios investimentos norte-americanos no exterior e com maior importação de produtos europeus. Assim, de um lado, em 1924, o *Federal Reserve* reduziu sua taxa de redesconto, como apoio para que outros países voltassem ao padrão-ouro, em especial, a Grã-Bretanha. Assim, os recursos financeiros voltariam a buscar a City de Londres em que vigoravam taxas de juros mais elevadas. O aumento das reservas britânicas permitiria o retorno da libra ao padrão-ouro. Além disso, o governo federal voltou a criar vias de financiamento para economias europeias, como os empréstimos realizados pelo Plano Dawes à Alemanha. Ou seja, a própria dinâmica da economia norte-americana induziu medidas de política econômica que escapavam do estrito isolacionismo defendido por muitos nos Estados Unidos.

O mesmo se pode dizer das ações do *Federal Reserve*, ora auxiliando a expansão da economia mundial, ora voltando-se primordialmente para os interesses da economia norte-americana.

> Reduzir a taxa de redesconto do *Reserve Bank* ou realizar operações expansionistas de mercado aberto teria fomentado saídas de capital e a redistribuição desse ouro no resto do mundo. Em 1927 foram registrados pequenos esforços nessa direção, especialmente quando o *Federal Reserve* de Nova York baixou sua taxa de redesconto e realizou compras no mercado aberto para ajudar a Grã-Bretanha a sair de uma crise de pagamentos. Posteriormente a política norte-americana deu uma guinada contraditória. [...] As autoridades do Federal Reserve [...] ficaram cada vez mais preocupadas, ao longo de 1927, com o crescimento explosivo de Wall Street, algo que consideravam estar desviando recursos de usos mais produtivos. Para desestimular a especulação nas bolsas, o *Federal Reserve Bank* de Nova York elevou sua taxa de redesconto de 3,5% para 5% no primeiro semestre de 1928. Suas ações foram sentidas tanto nos Estados Unidos como no exterior. O aperto monetário deteve a expansão da economia norte-americana. As elevadas taxas de juros fizeram com que o capital norte-americano deixasse de fluir para o exterior. Ao não liberar ouro, o *Fed* fez crescer as tensões sobre outros países, que foram obrigados a reagir elevando suas próprias taxas de redesconto. (EICHENGREEN, 2000, p.102-103)

A política monetária, dirigida pelo *Federal Reserve*, devia dar conta tanto das exigências externas como das internas. O compromisso com a restauração do padrão-ouro, em especial na Grã-Bretanha, induziu redução dos juros norte-americanos em 1924 e em 1927 a fim de desviar recursos para a City de Londres e aumentar as reservas do Banco da Inglaterra. Mas essa política podia produzir a expansão do crédito nos Estados Unidos, comprometendo objetivos do próprio *Federal Reserve*. Crédito relativamente fácil ajudou a manter o nível de investimento elevado, porém também sustentou ações tipicamente

337

QUARTA PARTE - O ENTRE GUERRAS (1918-1939) E A SEGUNDA GUERRA MUNDIAL (1940-1945): "A ERA DA CATÁSTROFE"

especulativas. Dois grandes movimentos especulativos marcaram a década de 1920 nos Estados Unidos. O primeiro, no início da década, foi um *boom* imobiliário na Flórida. Estimulados pelo clima mais ameno da região, compradores adquiriam lotes com uma pequena entrada, muitas vezes paga com recursos de empréstimos bancários. Com uma procura crescente, terrenos podiam ser revendidos com lucros elevados, o que estimulava empresários do ramo imobiliário a lotear novas áreas, cada vez mais distantes do litoral. A euforia terminou em 1926 quando não apareceram novos compradores e os preços começaram a cair (GALBRAITH, 1994, p.43-44).

Mais importante foi a especulação com ações na bolsa de Nova Iorque. Começou em 1924, sofreu breve recuo em 1926 (talvez como reflexo do colapso imobiliário na Flórida), acentuou-se em 1927, o que levou o *Federal Reserve* a adotar medidas de restrição ao crédito em 1928. Embora o objetivo fosse desviar recursos da especulação com ações para a atividade produtiva, o resultado foi recessivo e não conseguiu impedir a continuidade do desvio de recursos para os negócios em *Wall Street*. Como sabemos, o resultado foi a crise da bolsa em 1929 (que será analisada no próximo capítulo).

Se a década de 1920 nos Estados Unidos foi, a partir de 1923, de euforia, um setor não se beneficiou desse *boom*. Trata-se da agricultura: um indicador dos problemas que a atingiram no período é o declínio dos preços agrícolas mundiais: tomando como base o período de 1923-1925 (índice desses preços = 100), houve declínio gradual até o índice 70 entre julho e outubro de 1929 (KINDLEBERGER, 1986, p.73). Vários fatores conduziram a esse resultado: o progressivo restabelecimento da produção agrícola de países europeus no pós-guerra, a adoção de novas técnicas de produção (como a utilização de fertilizantes artificiais) e a reintegração de linhas de comércio rompidas durante a guerra que aumentaram a concorrência entre os produtores agrícolas, gerando resultados perversos para os agricultores norte-americanos. Esse cenário de baixos preços produziu uma situação adversa para os agricultores norte-americanos numa época em que o conjunto da economia vivia momentos de euforia.

De certo modo, essa euforia garantiu aos Estados Unidos a condição de líder da economia mundial nos anos 1920. Sendo o maior comerciante e credor, os Estados Unidos haviam superado a Europa como importador de matérias-primas de regiões como a América Latina e como exportador de produtos industrializados, além de realizar os empréstimos para a reconstrução da economia europeia. Nova Iorque se destacava pelo volume de empréstimos e negócios, e o governo federal auxiliava a estabilidade pelas grandes reservas de ouro. Contudo, diferentemente da Grã-Bretanha, os Estados Unidos ainda dependiam essencialmente de seu mercado interno, e por isso suas ações como centro hegemônico de um novo sistema econômico permaneceram contraditórias durante a década de 1920. Era o principal exportador mundial, mas mantinha barreiras tarifárias para importação de produtos manufaturados, reduzindo a possibilidade de os países devedores pagarem suas contas. Realizava empréstimos para a reconstrução europeia, mas ao menor sinal de instabilidade e perda das reservas de ouro, aumentava as taxas de juros, atraindo os capitais para Nova Iorque e endividando ainda mais os países financiados. Essa instabilidade no mercado internacional sugere a fragilidade do esquema que sustentava a economia mundial e que ruiu a partir do aprofundamento da crise de 1929.

13.3 RECUPERAÇÃO ECONÔMICA EUROPEIA E RESTABELECIMENTO DO PADRÃO-OURO

Ao fim da Primeira Guerra, além da reconstrução das economias afetadas pelo conflito, o restabelecimento do padrão-ouro se colocava entre as tarefas prioritárias. Nas palavras de Polanyi citadas anteriormente, o padrão-ouro "era o dogma primeiro e único comum aos homens de todas as nações, de todas as classes, de todas as religiões e filosofias sociais". No entanto, ele fora abandonado durante a guerra, pois os países europeus não puderam manter a conversibilidade de suas moedas.[7] Com a instabilidade dos anos 1919-1921 não se criaram as condições para o restabelecimento do padrão-ouro como se desejava. Mas os efeitos da depressão de 1921 na Europa não perduraram muito, e já em 1922 sinais de recuperação apareciam em algumas economias. As taxas de desemprego continuariam altas na Europa por toda a década de 1920,[8] mas a estabilização da economia possibilitou que alguns países se propusessem a meta de retorno ao padrão-ouro. A Grã-Bretanha o fez em 1925, o que estimulou a reintegração de outras nações ao sistema monetário internacional fundado no padrão-ouro. Mas diferentemente do período anterior à Primeira Guerra Mundial, foram os Estados Unidos que forneceram os alicerces para o padrão-ouro da década de 1920, auxiliando a estabilização da economia inglesa e dando suporte financeiro para países como a Alemanha. No entanto, o padrão-ouro da década de 1920 era substancialmente distinto daquele vigente antes da Primeira Guerra.

Um primeiro problema dizia respeito à escassez de ouro no mundo. No início da década de 1920, as reservas norte-americanas, britânicas e francesas somadas representavam aproximadamente 60% de todas as reservas mundiais. Países como Alemanha, Itália, Índia, Rússia e Brasil tinham perdido importantes reservas de ouro. Com o objetivo de solucionar

---

7. O abandono do padrão-ouro decorreu, de um lado, da redução das reservas de ouro de países europeus (principalmente Grã-Bretanha e França) pela necessidade de utilizá-las para cobrir o déficit na balança comercial; de outro, pelo aumento da emissão de moeda como parte dos recursos necessários para o financiamento da guerra. De forma muito esquemática, podemos dizer que havia mais moeda em circulação e menos ouro nas reservas, o que tornou inviável manter a conversibilidade nas paridades vigentes antes da guerra. Evidentemente, isso se refletiu na desvalorização dessas moedas diante do dólar, pois os Estados Unidos, como vimos, ampliou o volume de ouro em suas reservas durante a guerra.

8. Entre 1924 e 1929, período de amplo crescimento econômico, as taxas de desemprego europeias ficaram em torno de 10% e 12% em países como Grã-Bretanha, Alemanha e Suécia e 17% e 18% na Dinamarca e Noruega. Em comparação, os Estados Unidos mantiveram taxas em torno de 4% (HOBSBAWM, 1995, p.95).

QUARTA PARTE – O ENTRE GUERRAS (1918-1939) E A SEGUNDA GUERRA MUNDIAL (1940-1945): "A ERA DA CATÁSTROFE"

o problema de liquidez foram organizadas duas conferências internacionais que, contudo, não contaram com a presença dos Estados Unidos: de Bruxelas, em 1920, e de Gênova, em 1922. Determinava-se a partir de então que o lastro das moedas que retornavam ao padrão-ouro não seria mais necessariamente constituído por reservas metálicas, mas por outras formas de reserva de valor (como uma moeda efetivamente lastreada em ouro). Desse modo, enfrentava-se a escassez do metal no mercado mundial, sem abandonar de todo a noção do padrão-ouro. Desta maneira, flexibilizou-se o padrão-ouro, admitindo que moedas estrangeiras que fossem conversíveis em ouro pudessem ser adotadas como reservas para outras moedas, num regime por vezes chamado de padrão câmbio-ouro.

Essa recomendação feita pela conferência aos bancos centrais correspondia aos interesses britânicos de recuperar a posição estratégica no comércio mundial. Como observavam os britânicos John M. Keynes e Ralph Hawtrey, que desempenharam papéis importantes nas resoluções de Gênova, a tendência era que a libra fosse a moeda escolhida como reserva de valor principalmente pela importância do setor financeiro britânico:

Tinha-se como certo que Londres, com sua estrutura financeira altamente desenvolvida, se tornaria um importante repositório de reservas cambiais, como havia sido no século XIX. A revitalização de seu papel traria para a City (como já era denominado o bairro que abriga seu centro financeiro) as atividades bancárias de que ela muito necessitava. Esses negócios ajudariam a restabelecer o mecanismo de ajuste no balanço de pagamentos que havia funcionado tão admiravelmente antes da guerra. (EICHENGREEN, 2000, p.96-97)

Entretanto, sem a participação dos Estados Unidos as resoluções não saíram de imediato e o sistema monetário internacional guiado pelo padrão-ouro teve que evoluir gradativamente.

Em meados da década de 1920, especialmente no ano de 1924, o isolacionismo, como base da política externa norte-americana, começou a ser relaxado, e o país, de uma posição de defesa da economia nacional, passou a influir mais decisivamente nas resoluções econômicas europeias e mundiais. No esforço de criar um cenário de maior estabilidade monetária, a preparar o retorno ao padrão-ouro, tanto os Estados Unidos como a Grã-Bretanha destinaram grandes somas para empréstimos a fim de permitir a reorganização financeira de países como Áustria (em 1922), Hungria (em 1924), e ainda Polônia, Tchecoslováquia, Bulgária, Romênia e Itália (em 1925) (KENWOOD & LOUGHEED, 1992, p.180). Outro importante ajustamento foi realizado na Alemanha, recém-saída da hiperinflação, por meio do Plano Dawes de 1924, sustentado por novos empréstimos norte-americanos. No geral, para todos esses países era importante restabelecer a conversibilidade em ouro para evitar o retorno da inflação, de maneira que as novas moedas emitidas no país deveriam ser compatíveis com as reservas internas de ouro e de moedas estrangeiras, como a libra e o dólar, reabastecidas pelos empréstimos externos. Porém, mesmo com o apoio

340

CAPÍTULO 13 – A RECONSTRUÇÃO EUROPEIA NO PÓS-GUERRA E A ECONOMIA MUNDIAL NA DÉCADA DE 1920

norte-americano, o retorno ao padrão-ouro não era uma tarefa simples diante das mudanças ocorridas na economia mundial durante e após a Primeira Guerra. O caso da Grã--Bretanha é exemplar dessas dificuldades.

Desde 1918, a Grã-Bretanha já demonstrava o desejo de retornar ao padrão-ouro, de forma a reconstituir o antigo sistema monetário mundial do qual o país era o centro financeiro. Essa noção foi elaborada no relatório do Comitê Cunliffe, de dezembro de 1919, que considerava a continuidade do padrão-ouro imperativa e propunha restaurar a paridade vigente antes da guerra. Mas para obter sucesso, os ingleses precisavam realizar importantes reajustes, em particular promover substancial redução dos preços.

Por que essa deflação era necessária para o retorno da libra ao padrão-ouro na paridade vigente antes da guerra? Durante a Primeira Guerra, a inflação britânica foi muito elevada e, com a suspensão da conversibilidade da libra em ouro, houve forte desvalorização da moeda (por exemplo, em relação ao dólar). Ao restaurar o padrão-ouro na paridade anterior à guerra, sem promover forte deflação, os preços dos produtos britânicos ficariam muito caros no mercado internacional, prejudicando as exportações, isso porque os preços nos outros países (em particular nos Estados Unidos) haviam crescido menos do que na Grã-Bretanha. Para continuar competitiva no mercado internacional, a Grã-Bretanha deveria manter desvalorizada a libra (diante do dólar) ou promover a redução de seus preços. Como a opção foi de buscar o retorno ao padrão-ouro na antiga paridade, a deflação se tornou imperiosa. Mas a deflação enfrentava forte resistência interna, pois os políticos britânicos tiveram de se defrontar com os interesses do movimento trabalhista. Medidas restritivas como deflação e valorização cambial eram necessárias para levar o país de volta ao padrão-ouro, mas provocariam uma redução ainda maior das exportações e a ampliação do desemprego. Karl Polanyi descreveu esse *trade off* que britânicos e tantos outros governos europeus deveriam enfrentar:

> A proteção social e a interferência na moeda não eram simplesmente temas análogos, mas frequentemente idênticos. Desde o estabelecimento do padrão-ouro, a moeda passou a ser ameaçada tanto pela elevação do nível salarial quanto pela inflação direta – ambas podiam diminuir as exportações e até depreciar os câmbios. Esta simples conexão entre as duas formas básicas de intervenção tornou-se o fulcro da política na década de 1920. Partidos preocupados com a segurança da moeda protestavam tanto contra os déficits orçamentários ameaçadores como contra as políticas do dinheiro barato, opondo-se, assim, tanto à "inflação do tesouro" quanto à "inflação do crédito" ou, em termos mais práticos, denunciando os encargos sociais e os altos salários, os sindicatos profissionais e os partidos trabalhistas. (POLANYI, 2000, p.265-226)

No entanto, a deflação, passível de ser produzida por políticas recessivas, não era suficiente para garantir o retorno ao padrão-ouro, isso porque a transição dependia das ações tomadas pelos Estados Unidos. Nos primeiros anos da década de 1920, a política

QUARTA PARTE – O ENTRE GUERRAS (1918-1939) E A SEGUNDA GUERRA MUNDIAL (1940-1945): "A ERA DA CATÁSTROFE"

econômica norte-americana mantinha-se recessiva, com cortes de gastos, elevação das taxas de juros e valorização da moeda, atraindo capitais para o mercado norte-americano e impossibilitando que a libra pudesse ser valorizada. Assim, a transição foi conduzida pela Grã-Bretanha de maneira gradual, com o objetivo de evitar maiores deflações do que aquela ocorrida em 1921. Entre as ações do governo ainda em 1921, o Banco da Inglaterra havia elevado sua taxa de redesconto para sanar a desvalorização da libra frente ao dólar. Como previsto, as medidas recessivas ampliaram em menos de um ano as taxas de desemprego de 2% para 11,3%.

Somente em 1924 o cenário começou a se mostrar mais favorável para o governo conservador britânico, o que era imperioso, pois o ano de 1925 fora estabelecido como o limite para retornar ao padrão-ouro por lei aprovada sete anos antes no Parlamento britânico. Por determinação de Benjamin Strong, presidente do *Federal Reserve* norte-americano, foram baixadas as taxas de redesconto nos Estados Unidos. O capital, em busca de rendimentos mais elevados, fluiu para Londres, valorizando a libra, que voltou à paridade com o ouro pelo preço anterior à guerra (de 3 libras, 17 xelins e 9 *pence* por onça de ouro com teor de pureza 0,999). Assim, o padrão-ouro na Grã-Bretanha foi restaurado no ano de 1925, mas à custa de uma sobrevalorização da libra, o que forçou novas elevações nas taxas de juros britânicas, agravando a recessão pela dificuldade de realizar exportações e ampliando de forma mais drástica o desemprego (EICHENGREEN, 2000, p.90-92). Como resultado, o governo britânico precisou lidar com manifestações e greves operárias, como a maior greve da história da Grã-Bretanha em 1926.[9]

A credibilidade britânica no mercado internacional ainda era grande, e logo que o país retornou ao padrão-ouro, acabou por trazer outros países para dentro do sistema, entre eles Austrália, Nova Zelândia e Hungria. Entre 1925 e 1928 a reconstrução do padrão-ouro foi praticamente concluída. No início de 1926 já eram 39 os países que compunham o "novo" padrão-ouro, incluindo a Grã-Bretanha, os Estados Unidos, Holanda, Suécia, Dinamarca, Suíça, Alemanha, Hungria, Finlândia, Tchecoslováquia, Iugoslávia, Bulgária, Rússia, os domínios ingleses (Índia, Austrália, África do Sul e Canadá), mais doze nações latino-americanas. Nos dois anos seguintes, outros importantes países se adequaram ao padrão-ouro, como França, Itália e Argentina (KENWOOD & LOUGHEED, 1992, p.182).

---

9. Em 1925, Keynes publicou um artigo (reproduzido em sua obra *Essays in Persuasion*, de 1931) chamado "The Economic Consequences of Mr. Churchill", no qual atribui ao retorno ao padrão-ouro na paridade anterior à Primeira Guerra o profundo desemprego que já se manifestava à época na Grã-Bretanha. Considerando um erro a restauração da paridade da libra em relação ao ouro, Keynes afirmava, em sua crítica a Churchill (então Ministro da Fazenda britânico), que ele "não possuía nenhum discernimento instintivo para impedi-lo de cometer tais erros" e que, sem esse discernimento "havia sido suplantado pelas vozes clamorosas das finanças convencionais". Os altos funcionários do Tesouro e a comunidade financeira da City londrina teriam induzido Churchill a tomar aquela medida, na esperança (e no interesse) de recuperar para as finanças britânicas a posição dominante que haviam ostentado até a Primeira Guerra (GALBRAITH, 1994, p.41).

A França viveria uma situação peculiar frente ao ajustamento ao padrão-ouro durante os anos 1920. Uma das principais economias mundiais no período, a França havia sido um dos países que mais havia sofrido com a guerra. A reconstrução de toda a infraestrutura do país foi elaborada por meio de financiamento inflacionário (em grande medida, emissão de moeda), crescente elevação de preços e desvalorização da moeda, pois as antigas rendas da economia francesa haviam sido aniquiladas. Antes da guerra, a França, como a Grã-Bretanha, havia acumulado enormes investimentos no exterior, que tiveram de ser liquidados como forma de pagamento para os Estados Unidos, além dos próprios investimentos perdidos (principalmente os empréstimos para a Rússia que foram negados pelo governo após a revolução de 1917). Os rendimentos em juros do capital no exterior foram reduzidos de 8.040 bilhões de francos, antes da guerra, para 2.800 bilhões de francos, em 1920 (LANDES, 2005, p.387). Os grandes déficits orçamentários para o financiamento da reconstrução persistiram por mais de meia década, enquanto era estabelecido o debate entre os grupos de esquerda que exigiam a organização de programas sociais e de emprego, e a direita que exigia a recuperação da moeda e a redução dos gastos sociais. Os franceses não aceitavam o aumento de impostos, já que consideravam a Alemanha culpada pela guerra e, como país responsável pelas perdas francesas, deveria se comprometer com a reconstrução do país.

A valorização do franco estava associada à possibilidade de o governo francês honrar os pagamentos de sua dívida. Assim, a moeda teve momentos de valorização em 1921, diante da expectativa francesa de receber as indenizações alemãs, e em 1923, com a invasão francesa ao vale do Ruhr pelo governo de Raymond Poincaré. Ambos os eventos se mostraram efêmeros, pois se no primeiro momento as indenizações não vieram no volume esperado, no segundo momento, a invasão ao Ruhr se mostrou eficaz somente nos primeiros meses. Logo a tendência à desvalorização da moeda voltou a rondar. Contudo, em fins de 1923, com avanços nas negociações entre França e Alemanha, mediadas pelo Plano Dawes, o governo francês conseguiu restaurar o equilíbrio orçamentário, com aumento dos impostos e maiores pagamentos das indenizações alemãs.

As dívidas francesas foram reduzidas de maneira considerável entre 1923 e 1925, caindo de US$ 3,8 bilhões para US$ 0,8 bilhão, permitindo a valorização da moeda. Tal fato deu nova credibilidade para o governo centro-esquerdista de Édouard Herriot, substituto de Poincaré, que pode assumir novos empréstimos por meio do banco norte-americano J. P. Morgan e do inglês Lazard Frères. Mas uma nova reversão no valor do franco foi sentida no ano de 1925, com a queda de 19 francos por dólar no início do ano para 28 francos por dólar no final de 1925 e, finalmente, para 41 francos por dólar em julho de 1926 (EICHENGREEN, 2000, p.87). Enquanto grande parte da Europa voltava ao padrão-ouro, a França demonstrava amplas dificuldades de estabilizar sua moeda e recuperar a valorização desta.

A alta burguesia francesa, contrária às ideias da esquerda francesa de taxação do capital, derrubou Herriot, e durante quatorze meses de indefinição ampliou a retirada de ativos da França. A cotação do franco, consequentemente, voltou a registrar intensas quedas. A solução da crise econômica francesa só tomou forma em julho de 1926, quando Poincaré voltou ao governo, promovendo pequenos aumentos de impostos, fazendo cortes nos gastos públicos, e principalmente, enterrando de vez a possibilidade de taxação de impostos sobre o capital. Como resultado, Poincaré sedimentou as condições para a volta do capital que se refugiara no exterior, condicionando a nova valorização do franco.

Nos anos seguintes, com a estabilização da moeda francesa e o retorno ao padrão-ouro (em 1928), as reservas de ouro do Banco da França foram multiplicadas, dobrando de 1926 a 1929, triplicando, em 1930, e quadruplicando, em 1931. Se em 1925, a França detinha 7,9% do ouro em poder dos governos e bancos centrais, em 1931, essa parcela havia subido para 23,9%; apenas os Estados Unidos, com 35,9%, tinham reservas em ouro superiores às da França (EICHENGREEN, 2000, p.98). O crescimento das reservas era resultado de uma subvalorização do franco, que proporcionava vantagens competitivas no mercado internacional, gerando um importante excedente em contas correntes, mas ajudando a desequilibrar o sistema financeiro internacional.

A comparação do retorno ao padrão-ouro da Grã-Bretanha e da França é útil para mostrar o impacto da taxa de câmbio sobre o desempenho da economia. Como vimos, a Grã-Bretanha, ao restabelecer o padrão-ouro em 1925, voltou à paridade da libra com o ouro anterior à Primeira Guerra. Como os preços britânicos haviam subido mais do que os norte-americanos, a libra se tornou sobrevalorizada em relação ao dólar: Keynes estimava essa sobrevalorização em cerca de 10%. Já a França, na volta ao padrão-ouro, não restaurou a paridade anterior à Primeira Guerra; pelo contrário, a nova paridade do franco com o ouro implicava substancial desvalorização da moeda francesa, o que é facilmente perceptível: antes da guerra, uma libra equivalia a cerca de 5 francos e em 1928, com a nova paridade franco/ouro, uma libra passou a valer cerca de 25 francos. Essas novas paridades da libra e do franco com o ouro explicam, em grande parte, o desempenho diferencial das economias britânica e francesa na década de 1920.

Esse fato pode ser evidenciado, primeiro, pelo desempenho das exportações dos dois países. Comparando o volume de exportações em 1913 (índice = 100) com o volume em 1929, a França atingiu um volume de 147 ao passo que o Reino Unido (Grã-Bretanha + Irlanda do Norte) registrou o volume de 81. Ou seja, enquanto as exportações francesas cresceram após a guerra, as britânicas decresceram. O efeito da nova paridade da moeda, embora não seja único, não pode ser ignorado. Uma moeda subvalorizada, como o franco (o que já ocorria mesmo antes da volta ao padrão-ouro) favorece as exportações, ao passo que a sobrevalorização da libra as desestimulava. É certo que, para a Grã-Bretanha havia problemas estruturais, pois suas principais indústrias – carvão, ferro e aço, construção de navios e tecidos – não conseguiam competir no mercado mundial por conta de mudanças

CAPÍTULO 13 – A RECONSTRUÇÃO EUROPEIA NO PÓS-GUERRA E A ECONOMIA MUNDIAL NA DÉCADA DE 1920

tecnológicas, de produtos substitutos e de mercados perdidos durante a guerra para novos produtores. Porém, a volta da libra ao padrão-ouro, além da sobrevalorização, exigia também a manutenção de elevadas taxas de juros para atrair recursos externos que ampliassem as reservas internacionais necessárias para sustentar o padrão-ouro. É claro, altas taxas de juro inibem o investimento e contribuem para o ambiente recessivo da economia britânica na década de 1920. Isso se reflete também nos índices de produção industrial da Grã-Bretanha e da França no período. Tomando como base a produção de 1913 (índice = 100), a produção industrial britânica em 1920 havia retornado a esse nível (100) e em 1929 aumentou para o nível 128. Já na França, a produção industrial em 1920 era substancialmente inferior à de 1913 (índice= 62), mas em 1929 se situava no nível 142. Ou seja, enquanto a produção industrial britânica cresceu 28% na década de 1920, a francesa teve um aumento de 129% (FEINSTEIN; TEMIN & TONIOLO, 1997, p.60).

A experiência desses dois países se repetiu em outros da Europa: de modo geral, os países que, ao retornarem ao padrão-ouro, restabeleceram a paridade anterior à Primeira Guerra, tiveram desempenhos fracos na década de 1920 ou passaram por crises severas em função das medidas necessárias para restaurar o padrão-ouro. É o caso da Dinamarca e da Noruega; menos traumático foi o processo para Holanda, Suécia e Suíça. Já os países que desvalorizam sua moeda no retorno ao padrão-ouro, ostentaram melhor desempenho na década de 1920: é o caso principalmente de França, Itália, Alemanha e Bélgica. Evidentemente, em cada país há peculiaridades que podem nuançar a "regra geral" aqui sugerida. No entanto, o efeito de uma moeda sobrevalorizada ou subvalorizada parece ser, em todos os casos, bastante forte (FEINSTEIN; TEMIN & TONIOLO, 1997, p.62-71). Neste novo cenário, o padrão-ouro perdia uma de suas condições fundamentais, isto é, a convergência entre as políticas econômicas de diferentes países. Em suma, o restabelecimento do padrão-ouro na Europa evidenciou a dificuldade de restaurá-lo numa economia mundial que sofrera profundas mudanças durante e após e Primeira Guerra Mundial.

O período de 1925-1929 foi caracterizado, portanto, pelo momento de reconstrução do padrão-ouro, numa fase de grande expansão e desenvolvimento da economia mundial com a incorporação das transformações da Segunda Revolução Industrial. Contudo, a fragilidade da dependência mundial às exportações de capital norte-americanas foi exposta em 1928, quando os Estados Unidos, na tentativa de assegurar o *boom* em Wall Street, elevou a taxa de juros. Para compensar a queda da entrada de capitais dos Estados Unidos, vários países retornaram às políticas protecionistas, com o objetivo de ampliar as rendas das balanças comerciais. O impacto da crise de 1929 e da Grande Depressão evidenciou que as bases da economia mundial da década de 1920 eram frágeis e foram insuficientes para fazer frente aos problemas colocados pelos eventos do fim da década.

Isso é o que sugere W. Arthur Lewis, numa breve síntese sobre a década de 1920 (escrita em 1949), em que situa sua análise do período diante da visão que predominava naquela década:

É mais fácil avaliar agora a segunda metade dos anos 1920 do que era naquele tempo. A visão corrente à época era dominada pela crescente prosperidade, amplamente associada com a expansão e com os empréstimos americanos. A guerra e suas heranças estavam sendo esquecidas. Mas agora nós podemos ver que, se 1919-1925 foi um período obviamente dominado pelos efeitos da guerra, 1925-1929 não foi muito mais do que um período de reajustamento aos efeitos da guerra, embora esses efeitos não fossem mais visíveis na superfície. Problemas deixados pela guerra permaneceram não resolvidos, especialmente a criação de um sistema monetário internacional estável, o ajuste da dimensão da economia agrícola e a reorientação da Grã-Bretanha, da Alemanha e da França no mundo do pós-guerra. Tão logo a América deixou de se expandir e de emprestar, os desajustes subjacentes vieram à tona e cobraram seu preço. (LEWIS, 1949, p.50)

A conclusão de Lewis nos leva, portanto, à discussão da crise de 1929 e da Grande Depressão dos anos 1930 em conexão com os eventos da década de 1920.

REFERÊNCIAS

ALDCROFT, D. (2001). *The European Economy: 1914-2000.* 4ª ed., London: Routledge.

ARTHMAR, R. (1997). *Deflação: A Experiência do Bloco Aliado nos Anos 20.* Tese de Doutorado. São Paulo: FEA/USP.

ARTHMAR, R. (2002). "Os Estados Unidos e a Economia Mundial no Pós-Primeira Guerra". *Estudos Históricos*, n.29.

EICHENGREEN, B. (2000) *A Globalização do Capital: Uma História do Sistema Monetária Internacional.* São Paulo: Editora 34.

FEINSTEIN, C. H.; TEMIN, P. & TONIOLO, G. (1997). *The European Economy Between the Wars.* Oxford: Oxford University Press.

GALBRAITH, J. K. (1994). *Uma Viagem pelo Tempo Econômico: Um Relato em Primeira Mão.* São Paulo: Pioneira.

HOBSBAWM, E. (1995). *A Era dos Extremos: O Breve Século XX: 1914-1991.* São Paulo: Cia. das Letras.

KENNEDY, P. (1989). *Ascensão e Queda das Grandes Potências.* Rio de Janeiro: Campus.

KENWOOD, A. G. & LOUGHEED, A. L. (1992). *The Growth of the International Economy, 1820--1990.* London: Routledge.

KEYNES, J.M. (1984). *Keynes* (Organizado por T. Szmrecsányi). São Paulo: Ática.

KINDLEBERGER, C. P. (1986). *The World in Depression: 1929-1939.* Berkeley: University of California Press.

LANDES, D. (2005). *Prometeu Desacorrentado.* Rio de Janeiro: Editora Campus.

LEWIS, W. A. (1949). *Economic Survey: 1919-1939.* London: George Allen & Unwin Ltd.

POLANYI. K. (2000). *A Grande Transformação. As Origens de Nossa Época.* Rio de Janeiro: Elsevier.

Capítulo 14

A GRANDE DEPRESSÃO (1929-1933)

O dia 24 de outubro de 1929 ficou marcado na história como a "Quinta-feira negra", considerado o dia decisivo para a quebra da Bolsa de Valores de Nova Iorque. A quebra da bolsa está associada à pior crise econômica de toda a história norte-americana, não só por seu profundo impacto sobre a própria economia dos Estados Unidos, mas também pelos reflexos espalhados por todo o mundo.[1] Contudo, as depressões já eram consideradas como inerentes ao desenvolvimento capitalista, pensadas como a fase final de um período de crescimento. A recorrência de crises levou à elaboração de teorias dos ciclos econômicos por economistas de diferentes orientações teóricas, para justificar e prever os momentos de prosperidade e regressão na economia.[2]

Menos de uma década antes do colapso da bolsa em 1929, norte-americanos e britânicos haviam enfrentado outra severa depressão. Entre 1920 e 1921, como já discutido no capítulo anterior, uma forte deflação nos preços, causada em parte pela saturação do mercado, em parte pelas políticas restritivas governamentais, fez despencar a produção nos Estados Unidos e na Grã-Bretanha. Considerando o impacto imediato, a deflação de 1920-1921 parece tão ou mais severa do que a recessão de 1929-1930, assim como da recessão que ocorreu em 1937-1938: o declínio do PIB em 1921 foi comparável ao de 1930 e maior do que o de 1938; a deflação foi maior do que em 1930 e 1938, assim como o aumento do desemprego (Tabela 14.1).

---

1. A crise iniciada oitenta anos depois, em 2008, talvez tenha dimensões comparáveis à da década de 1930, principalmente por seu impacto sobre a Europa. Em 2012, os efeitos da crise ainda se disseminaram pelo mundo, dificultando a comparação com a Grande Depressão dos anos 1930.
2. Vale ressaltar aqui a teoria do economista russo N. D. Kondratiev, que durante a década de 1920 desenvolveu sua teoria dos ciclos, considerando que para cada período de 50/60 anos, de uma onda longa de desenvolvimento (a onda Kondratiev), existiria uma fase de expansão seguida de outra, de declínio da economia. Ciclos e flutuações econômicos também foram tratados por Clement Juglar, Ernest Labrousse, Joseph Kitchin, Joseph A. Schumpeter, Simon Kuznets e Artur Burns, entre outros.

QUARTA PARTE – O ENTRE GUERRAS (1918-1939) E A SEGUNDA GUERRA MUNDIAL (1940-1945): "A ERA DA CATÁSTROFE"

TABELA 14.1
Alterações nas variáveis macroeconômicas em três períodos

	1920	1921	VARIAÇÃO	1929	1930	VARIAÇÃO	1937	1938	VARIAÇÃO
PIB (bilhões de US$)*	140,0	127,8	−8,7	203,6	188,5	−9,9	203,2	192,9	−6,3
Índice de Preços (1958 = 100)	65,4	54,5	−16,7	50,6	49,3	−2,6	44,5	43,9	−1,3
Taxa de Desemprego (%)	5,2	11,7	+6,5	3,2	8,7	+5,5	14,3	19,0	+4,7

Fonte: SCHWARTZ (1982), p.17. * PIB – preços constantes (1958).

Apesar dessas semelhanças, a atenção dos analistas se voltou majoritariamente para a crise de 1929 e para a Grande Depressão dos anos 1930. Sem dúvida, tanto pelo tempo de duração – aproximadamente 24 meses consecutivos de quedas até a recuperação – como pela difusão da crise imposta ao mundo, a Grande Depressão foi a mais marcante e terrível para a economia mundial.

O impacto da depressão posterior à crise de 1929 se estendeu por longos anos, de maneira que o PIB norte-americano apenas recuperou o valor referente ao período anterior ao colapso em 1937. O extraordinário desempenho da economia norte-americana durante a segunda metade da década de 1920, com a crescente produção de automóveis, empreendimentos imobiliários e atividade acionária, não foi repetido em momento algum durante a década seguinte. Logo, os investimentos norte-americanos, de maneira geral, continuariam tímidos pela década de 1930, e excluindo o ano de 1937, representado por uma rápida elevação nos investimentos e sucessiva queda diante de uma nova depressão, a toada dessa década foi de uma economia em permanente fragilidade (Tabela 14.2).

Como se observa, a partir de 1929 e até 1933 houve abrupta redução do PIB (que caiu quase 30% no período), assim como do investimento (que chegou praticamente a zero em 1933) e dos dispêndios em construção. Paralelamente, observou-se também forte deflação que, junto com o elevado desemprego (que atingiu a taxa de 25%), completou o ambiente recessivo. Se em 1933 se chegou ao "fundo do poço", a recuperação, iniciada no ano seguinte, foi lenta: apenas em 1937 se retomaram os níveis de atividade de 1929. No ano de 1938, nova recessão. Apenas durante a Segunda Guerra Mundial a economia norte-americana superou os prolongados efeitos da Grande Depressão da década de 1930.

Esses efeitos da crise de 1929 e da depressão dos anos 1930 não ficaram restritos aos Estados Unidos e nem mesmo à esfera estritamente econômica. No entender de Eric Hobsbawm:

Sem ele [o crash de Nova Iorque], com certeza não teria havido Hitler. Quase certamente não teria havido Roosevelt. É muito improvável que o sistema soviético tivesse sido encarado como um sério rival econômico e uma alternativa possível ao capitalismo mundial. As consequências da crise econômica no mundo não europeu ou não ocidental [...] foram patentemente impressionantes.

348

Em suma, o mundo da segunda metade do século XX é incompreensível se não entendermos o impacto do colapso econômico. (HOBSBAWM, 1995, p.91)

TABELA 14.2
Desenvolvimento de componentes selecionados: EUA (1919-1939) (bilhões de dólares em 1929)

	INVESTIMENTO	CONSTRUÇÃO	PIB	PREÇO DE VAREJO 1947-1949 = 100
1919	10,7	4,8	74,2	90,1
1920	12,8	5,0	73,3	100,3
1921	7,4	4,9	71,6	63,4
1922	10,6	7,1	75,8	62,8
1923	15,6	8,2	85,8	65,4
1924	12,4	9,0	88,4	63,8
1925	16,4	10,0	90,5	67,3
1926	17,1	10,7	96,4	65,0
1927	15,6	10,4	97,3	62,0
1928	14,5	9,8	98,5	62,9
1929	16,2	8,7	104,4	61,9
1930	10,5	6,4	95,1	56,1
1931	6,8	4,5	89,5	47,4
1932	0,8	2,4	76,4	42,1
1933	0,3	1,9	74,2	42,8
1934	1,8	2,0	80,8	48,7
1935	8,8	2,8	91,4	52,0
1936	9,3	3,9	100,9	52,5
1937	14,6	4,6	109,1	56,1
1938	6,8	4,1	103,2	51,1
1939	9,9	4,9	111,0	50,1

Fonte: TEMIN (1976), p.4-6.

Consequentemente, para compreender o programa do New Deal e a ascensão do Nazismo e do Fascismo na Europa (temas do próximo capítulo) e ainda o fortalecimento da economia soviética (tema do capítulo final desta parte), o *crash* de 1929 é uma inflexão decisiva.

Tudo isso justificaria a eleição da crise de 1929 e da Grande Depressão dos anos 1930 como temas preferenciais de pesquisa. No entanto, há razões adicionais para a quantidade de estudos dedicados a esses temas: explicações da crise e da Grande Depressão colocam, frente a frente, concepções teóricas distintas com implicações em termos de política econômica. A compreensão dos eventos para keynesianos e para monetaristas é completamente

QUARTA PARTE – O ENTRE GUERRAS (1918-1939) E A SEGUNDA GUERRA MUNDIAL (1940-1945): "A ERA DA CATÁSTROFE"

diferente; mais importante, suas explicações sugerem que diferentes políticas econômicas poderiam ter induzido outro curso para os acontecimentos da década de 1930. É claro, as conclusões procuravam fortalecer argumentos que eram esgrimidos por essas correntes em relação à política econômica da época em que os economistas escreviam (principalmente as décadas de 1950, 1960 e 1970). A dicotomia keynesianos × monetaristas não esgota as contribuições à polêmica sobre a crise de 1929 e sobre a Grande Depressão: às diferentes interpretações dos eventos dedicamos o último tópico deste capítulo. Antes, procuramos expor os principais fatos que antecederam a crise de 1929 e o modo como se deu a propagação do impacto recessivo nos Estados Unidos e em algumas partes do mundo.

14.1 O *CRASH* DA BOLSA DE NOVA IORQUE

Frequentemente, a quebra da bolsa de Nova Iorque em 1929 é explicada como fruto de um processo especulativo: o aumento prolongado do preço das ações negociadas na bolsa ao longo de alguns anos tornou-se excessivo, constituindo o que se tem caracterizado como uma "bolha". Durante alguns anos, a expectativa de que os preços das ações continuariam em alta era suficiente para que novas compras fossem efetivadas. Em algum momento, a percepção de que os preços das ações eram incompatíveis com os fundamentos das empresas levou alguns investidores à venda dessas ações. Quando essa percepção se generalizou, houve uma corrida para se livrar das ações, provocando o rápido declínio de seus preços e o "estouro da bolha". Essa descrição, bastante simplificada, não é totalmente destituída de fundamento. No entanto, ela omite condições que definem o quadro econômico mais geral em que se inseriu a quebra da bolsa de Nova Iorque em 1929.

Numa primeira aproximação, podemos dizer que essas condições são de suas ordens: de um lado, o contexto internacional da década de 1920 e, de outro, o desempenho da economia norte-americana no período.

No contexto internacional, como já discutido em parte no capítulo anterior, os Estados Unidos começavam a assumir uma nova posição dentro da organização econômica mundial. Posição hegemônica, como maior país industrializado e maior credor do mundo, que não havia amadurecido dentro do projeto político dos governos norte-americanos diante das pressões internas favoráveis a um certo isolacionismo. Diferentemente da liderança da Grã-Bretanha no período áureo do padrão-ouro, que se estendeu do século XIX à primeira década do século XX, os Estados Unidos durante os anos 1920 eram um país praticamente autossuficiente, o que reduzia a necessidade de importações. O diferencial inglês era o seu balanço de pagamentos, porque, ao mesmo tempo em que era o maior exportador de serviços e capital do mundo, o mercado britânico era também o maior consumidor de produtos primários dos mais diferentes países. Esse fato era importante para países como Brasil e Argentina, entre muitos outros, que podiam exportar seus produtos primários

350

como o café, o trigo e a carne e, com isso, criavam receitas para realizar importações de produtos manufaturados, serviços e empréstimos ingleses. Os Estados Unidos após a Primeira Guerra Mundial, por outro lado, haviam se tornado exportadores de capitais (os empréstimos para a recuperação europeia e para o pagamento dos débitos de guerra), e também, exportadores de produtos industriais e primários. Em contrapartida, a autossuficiência norte-americana não permitia que os países europeus, por meio de exportações para os Estados Unidos, criassem saldos para pagar os déficits comerciais e financeiros. Logo, a volta ao padrão-ouro nos termos anteriores à Primeira Guerra Mundial envolvia um sério dilema financeiro para a Europa, com o risco iminente de gerar uma profunda descapitalização das reservas de ouro.

Essa diferença entre as políticas econômicas britânicas e norte-americanas era refletida no sistema financeiro. Enquanto o banco central norte-americano, *Federal Reserve Board*, era influenciado de maneira contundente por interesses internos, o Banco da Inglaterra manteve uma posição de controle das finanças internacionais, atuando, no limite, como emprestador em última instância (ROTHERMUND, 1996, p.21-22). Este fato não impediu que Benjamin Strong, presidente do *Federal Reserve Bank* de Nova Iorque, rebaixasse as taxas de redesconto norte-americanas em 1924 e 1927, como forma de apoiar a estabilização das moedas europeias. Em 1924, o banco norte-americano aceitou as reivindicações britânicas, com Winston Churchill à frente do Tesouro inglês, para o retorno ao padrão--ouro, abaixando sucessivamente as taxas de redesconto norte-americanas. Já em 1927, diante da contínua fraqueza da economia europeia frente aos Estados Unidos, Montagu Norman, presidente do Banco da Inglaterra, Charles Rist, presidente do Banco da França e Hjalmar Schacht, presidente do Banco Alemão, viajaram a Nova Iorque para pedir uma nova redução na taxa de redesconto do *Federal Reserve*. Benjamin Strong aceitou o pedido, reduzindo a taxa de 4% para 3,5%. Isso, por um lado, como esperado, permitia que o capital voltasse a procurar os centros financeiros de Londres, Paris e Berlim, e, por outro lado, barateando ainda mais o crédito, ajudava naquele momento a expansão de empréstimos, financiamentos de novos negócios, e possivelmente, de especulação.

Em situação especialmente delicada estava a Grã-Bretanha, que por meio de uma política deflacionária e restritiva, além da sobrevalorização da libra, havia reduzido seu poder de compra no exterior. O objetivo dos líderes ingleses era tentar recuperar a posição de centro financeiro mundial, e, para isso, buscavam fortalecer a moeda nacional, pressionando toda a sociedade pelos altos níveis de desemprego. A França, por outro lado, voltaria ao padrão-ouro com uma moeda tremendamente desvalorizada, tornando seus produtos mais baratos no mercado internacional – aumentando as exportações – e, em contrapartida, tornando os produtos estrangeiros mais caros – reduzindo suas importações. Políticas econômicas, como a francesa de Poincaré, tornavam as trocas internacionais mais difíceis, e "nessas condições de instabilidade monetária e desequilíbrio dos pagamentos, o padrão--ouro, como uma espécie de lei fundamental das relações monetárias internacionais, ficou

QUARTA PARTE – O ENTRE GUERRAS (1918-1939) E A SEGUNDA GUERRA MUNDIAL (1940-1945): "A ERA DA CATÁSTROFE"

obsoleto. Nenhuma nação estava disposta a abrir mão de seu direito de soberania para proteger sua moeda como julgasse conveniente, e poucas nações podiam arcar com a aceitação das restrições implícitas na conversibilidade" (LANDES, 2005, p.388).

Assim, até 1927, por mais que as incongruências e os desequilíbrios da economia mundial já estivessem postas em cena, existia uma disposição dos Estados Unidos para auxiliar a recuperação europeia e, consequentemente, compensar as perdas nas balanças econômicas. Tal fato estava implícito nas ações de Benjamin Strong e do Plano Dawes, cujo objetivo era criar recursos para a Europa, especialmente para a Alemanha que devia vultosas somas de reparações de guerra. Tais ações não eram gratuitas, pois além de auxiliar a reconstrução europeia, os empréstimos dos Estados Unidos estavam garantindo poder de compra para países como França, Inglaterra e Alemanha, poder de compra que em parte se dirigia à importação dos produtos norte-americanos.

No final da década de 1920, enfim, o fluxo desses recursos provenientes de empréstimos começou a diminuir. A falta de garantias do retorno dos pagamentos rompeu com as levas de empréstimos para a Alemanha em 1928 (ROTHERMUND, 1996, p.34).[3] Somava-se a esse problema o *boom* agrícola mundial. O crescente volume da produção agrícola e, especialmente de trigo, reduziu os preços mundiais, no momento de contração do crédito. A queda dos preços agrícolas pressionava ainda mais as economias periféricas, que perdiam sua principal fonte de renda; como num efeito em cadeia, sem entrada de ouro nos países periféricos pela queda nas exportações, era reduzida a demanda por produtos industrializados provenientes da Europa e dos Estados Unidos. Portanto, a economia mundial inteira acabava perdendo poder de compra, diminuindo o ritmo do crescimento econômico, e gerando um ciclo deflacionário. Em suma, o ambiente internacional no final da década de 1920 perdera seu ímpeto expansionista, tendendo mesmo à estagnação.

Por outro lado, internamente, um dos primeiros sinais de que o crescimento da economia norte-americana estava "desgovernado", ocorreu com a especulação imobiliária na Flórida anos antes do craque da Bolsa. O crescimento da renda da elite norte-americana, as melhorias nos meios de transporte e a disposição dos especuladores para ganhar dinheiro de maneira rápida, possibilitaram um aumento da demanda por balneários turísticos. Nas palavras de Galbraith: "em meados da década de 1920, Miami, Coral Gables, a costa Oriental, tão distante do Norte como de Palm Beach, e as cidades do condado de Gulf tinham sido atacadas pelo grande *boom* imobiliário da Flórida" (GALBRAITH, 1972, p.39). As aquisições iniciais levaram à região da Flórida não só turistas interessados em passar os quentes verões nas praias do sul dos EUA, mas também inúmeros especuladores que viam as terras se valorizando semanalmente. Em 1925, grandes porções de terras eram divididas

---

3. "No fim de 1928 e início de 1929, os bancos norte-americanos começaram a resgatar seus empréstimos europeus, de modo que as exportações líquidas de capital vindas dos Estados Unidos, que haviam subido de menos de US$ 200 milhões, em 1926, para mais de US$ 1 bilhão, em 1928, despencaram de novo para US$ 200 milhões de 1929" (LANDES, 2005, p.395).

352

em inúmeros terrenos, que trocavam de mãos compulsivamente, sempre na esperança de uma nova valorização. "O que era chamado de praia ficava a dez, vinte ou trinta quilômetros do trecho mais próximo do mar" (GALBRAITH, 1972, p.40).

Em 1926 a febre por novos terrenos na Flórida pareceu declinar, e para piorar, no final desse mesmo ano, dois grandes furacões devastaram parte considerável dos bens na região, aumentando ainda mais o desinteresse de novos compradores. Os cheques para compensação em Miami que haviam totalizado US$ 1.066.528.000, em 1925, tiveram seu valor reduzido incrivelmente para US$ 143.364.000, em 1928. A crença do rápido enriquecimento pela especulação imobiliária havia chegado ao fim, e grande parte daqueles que haviam adquirido os terrenos perdeu sua posse para os proprietários originais, devido à falta de pagamento.

Independentemente da queda especulativa na Flórida, as perspectivas para os investidores nas bolsas norte-americanas se mostravam extremamente positivas. Era difícil imaginar que os preços das ações ordinárias estivessem subindo, senão por causa do aumento dos lucros das empresas. E mesmo os meses de 1928 em que uma grande variação nas vendas acabou provocando prejuízos para alguns investidores, como março e junho, não desanimaram os negócios nas bolsas. O discurso do presidente em final de mandato, Calvin Coolidge, em 4 de dezembro de 1928, reafirmava aos norte-americanos um futuro otimista. Nas palavras do presidente: "Nenhum Congresso dos Estados Unidos já reunido até hoje, para apreciar o estado da União, viu-se diante de uma perspectiva mais agradável do que a que se apresenta no momento atual. No campo nacional, há tranquilidade e contentamento [...] e o recorde absoluto de anos de prosperidade. No campo internacional, há paz, a boa vontade proveniente do entendimento mútuo" (GALBRAITH, 1972, p.37).

Em 1928, Calvin Coolidge se despedia da presidência dando lugar ao também republicano Herbert Hoover, animando novamente o mercado acionário. A quantidade de empréstimos subia a níveis incríveis: os doze bancos ligados ao *Federal Reserve* realizavam empréstimos a taxas de 5%, enquanto bancos e corretores repassavam esse capital para investidores a juros de 12%. O capital adquirido por meio da arbitragem logo circulava no mercado para a compra de ações ordinárias a termo, e como os bancos exigiam pequenas parcelas do valor das ações para realizar os empréstimos, o capital se multiplicava de maneira estrondosa. O processo especulativo realizado pelos bancos privados, empresas e corretores era reconhecido pela Junta do *Federal Reserve Board*, órgão responsável pela orientação e direção dos doze Bancos da Reserva Federal, como em comunicado emitido em 2 de fevereiro de 1929. Contudo, a área de atuação de Roy A. Young (presidente da Junta) e de Benjamim Strong e George Harrison (presidentes do principal *Federal Reserve*, o de Nova Iorque; o primeiro até sua morte em 1928, e o segundo, presidente a partir de primeiro de janeiro de 1929) era restrita ao controle das operações de mercado aberto e manipulação das taxas de redesconto, que eram inúteis para controlar o processo especulativo. E foi, efetivamente, o que fizeram em agosto de 1929: depois de certos períodos

QUARTA PARTE – O ENTRE GUERRAS (1918-1939) E A SEGUNDA GUERRA MUNDIAL (1940-1945): "A ERA DA CATÁSTROFE"

de incerteza, como a queda das ações entre os dias 25 e 26 de março, o *Federal Reserve* aumentou a taxa de redesconto de 5% para 6%.

Nos meses anteriores ao grande *crash* da bolsa essa política restritiva defendida pelo *Federal Reserve*, uma ação controversa para o período, emergiria como outro elemento para a crise. Conforme as perspectivas de pessimistas se concretizavam, o banco central norte-americano passou a elevar as taxas de redesconto e buscava reduzir a circulação monetária como forma de arrefecer a explosão especulativa no mercado de ações.[4] De 3,5%, no início de 1928, a taxa foi sendo aumentada constantemente, até atingir seu ápice, pouco antes de outubro de 1929, aos 6%. Ação controversa porque, ao mesmo tempo em que a elevação dos juros mostrava-se insuficiente para reduzir as transações econômicas entre bancos, empresas e investidores, o *Federal Reserve*, por meio de sua política restritiva, criava um ambiente deflacionário, não incentivando novos investimentos no setor produtivo, e assim, reduzindo o crescimento econômico (FRIEDMAN & SCHWARTZ, 1963, p.363). Outro ingrediente para o não acompanhamento do estoque monetário com a demanda exigida pelo crescimento econômico norte-americano estava inscrito na retirada de circulação de parte do ouro ganho nas transações internacionais, que era depositado no Forte Knox, para evitar ainda mais pressões inflacionárias (ROTHERMUND, 1996, p.54).

Nesse ínterim, o explosivo *boom* na formação de companhias de investimento demonstrava que as ações do *Federal Reserve* eram infrutíferas. No começo da década de 1920, essas empresas não somavam nem 40; no início de 1927 já eram 160 – com a formação de mais 140 companhias no decorrer daquele ano; em 1928 foram formados mais 186 consórcios de investimento; e, finalmente, durante 1929, antes mesmo do final do mês de outubro já eram mais 265 consórcios. Esses grandes consórcios tinham como objetivo levantar capital para investir em negócios diversificados, mas geravam também uma supervalorização das ações por uma reação em cadeia de compras.

> A força de alavanca era conseguida pela emissão de debêntures, ações preferenciais, bem como ações ordinárias, para se adquirir, mais ou menos exclusivamente, uma carteira de ações ordinárias [...]. A maior parte ou o total do ganho proveniente dos valores ascendentes da carteira se concentrava nas ações ordinárias do consórcio de investimento que, em consequência, subiam de modo assombroso. (GALBRAITH, 1972, p.94)

A presença dos consórcios de investimentos, de grandes empresas e de bancos atuando no mercado de ações como financiadores demonstrava a explosão de crédito que houve

---

4. O Comitê de Investimento do Mercado Aberto, seguindo recomendações do *Federal Reserve*, limitou em setembro de 1929 as compras de títulos de curto prazo do governo ao valor de USs 25 milhões por semana. Em decorrência dessa limitação de compra de títulos, os bancos privados podiam descontar menores quantidades de dinheiro, reduzindo a liquidez do mercado como um todo.

354

no final da década de 1920 para ser direcionado a ganhos financeiros por meio da especulação. Um dado sugere o quanto se ampliou a esfera financeira (em grande medida por especulação) entre 1925 e 1929: no primeiro desses anos, o valor de novos investimentos (no sentido macroeconômico) era de US$ 3,5 bilhões, ao passo que, no ano de 1929, atingiu apenas US$ 3,2 bilhões. Contudo, o valor nominal das ações comercializadas foi de US$ 27 bilhões em 1925, enquanto em 1929 foi de US$ 87 bilhões. Cada vez mais o valor comercializado na bolsa de valores perdia sua relação com o investimento e com a produção nacional, já que os recursos estavam se concentrando apenas no mercado de ações e não no setor produtivo (ROTHERMUND, 1996, p.50).

Mensalmente, durante o ano de 1929, abalos rondavam Wall Street. As oscilações na bolsa eram justificadas como "reajustamentos momentâneos" pelos gurus do mercado acionário, garantindo que a crença otimista se manteria firme. Mas o desempenho da economia norte-americana não mais correspondia à expansão no mercado acionário. A produção industrial de modo geral e, mais especificamente os setores de aço, de automóveis, de empreendimentos imobiliários e de transporte de cargas ferroviárias não continuavam em ascensão. Fatores internos à economia norte-americana auxiliavam esse arrefecimento no crescimento. Afinal, depois de meia década de amplo desenvolvimento, o mercado chegava à sua saturação; os norte-americanos que podiam já haviam comprado casas, carros e grande parte dos bens duráveis desejados. Consequentemente, com menos produtos para comprar, e capitais em expansão, estimulava-se cada vez mais novos investidores para o mercado acionário. Por outro lado, a concentração de renda impossibilitava que outras camadas da sociedade norte-americana pudessem consumir no mercado, reduzindo as possibilidades para a manutenção das taxas de crescimento produtivo anteriores (ROTHERMUND, 1996, p.49-50).

Os precedentes à explosão da bolha, contudo, não estavam restritos ao mercado interno dos Estados Unidos. Na Grã-Bretanha, em 20 de setembro de 1929, o reputado império industrial e financeiro da Clarence Hatry ruiu de repente, apresentando irregularidades em seus negócios. Talvez como reflexo dessa quebra, em, Massachusetts em 11 de outubro, foi determinada a proibição do desdobramento de ações, que chegava a criar de uma ação outras quatro. Era uma proibição sem precedentes nos Estados Unidos, mas era um sinal do receio do crescimento de ações sem correspondência com ativos reais. Setembro e outubro tornaram-se meses com tendência de baixa nos mercados acionários, mas sujeita a momentos de bruscas alternâncias devido ao contínuo empréstimo dos corretores.

Do dia 19 ao dia 23 de outubro, Wall Street fechou com outras grandes quedas. Tanto a dúvida como a incerteza tomou conta de todo o mercado acionário. O auge das quedas se deu na "quinta-feira negra", dia 24 de outubro, quando o medo avassalador acelerou ainda mais o ritmo da venda de ações (alcançando 13 milhões de ações vendidas). Notícias de suicídios de acionistas, de quebras de bancos e empresas pioravam ainda mais o pânico no mercado. Com a meta de reverter a situação, diretores dos principais bancos norte-americanos foram a público, entre eles, Richard Whitney (do Banco Morgan) e Charles Mitchell (do *Federal Reserve* de Nova Iorque): formando o que ficou conhecido como "apoio organizado", objetivavam reter as quedas no mercado, por meio da compra de ações de empresas estratégicas, criando um efeito valorizador. As reuniões causavam pequenos arrefecimentos nas quedas, mas logo a incerteza e o pânico dos investidores geravam novas desvalorizações acionárias.

A semana seguinte manteve a propensão de quedas, e pela primeira vez os empréstimos dos corretores tiveram uma brusca redução. As companhias de investimento, outrora o ponto culminante das valorizações acionárias, agora se mostravam fragilizadas, de maneira que seus títulos, quando muito, podiam ser vendidos por somas irrisórias. Na terça-feira, dia 29 de outubro, mais de 16 milhões de ações haviam sido vendidas, um novo recorde. No dia 30 de outubro, na quarta-feira seguinte, o *Federal Reserve* declarou feriado em Wall Street e voltou a reduzir as taxas de redesconto na esperança de ampliar a liquidez no mercado norte-americano. Pouco aconteceu, as quedas foram contínuas, e mesmo considerando que "em janeiro, fevereiro e março de 1930 o mercado de ações apresentou uma recuperação substancial", depois, "em abril, a recuperação perdeu impulso e, em julho, houve outra grande queda. A seguir, com poucas exceções, o mercado passou a cair de semana para semana, de mês para mês, e de ano para ano, até o término de julho de 1932" (GALBRAITH, 1972, p.182). Os preços das ações em Nova Iorque, cujo pico foi atingido em setembro de 1929 (índice = 216), caíram a seu menor nível em junho de 1932 (índice = 34). Sua recuperação foi lenta e irregular: o maior nível desde então até 1938 foi alcançado em fevereiro e março de 1937 (índice = 154), recuperando valores de 1928 (KINDLEBERGER, 1986, p.98-99). Em suma, o impacto dos eventos de 1929 sobre o desempenho da bolsa foi profundo e prolongado.

14.2 DA QUEBRA DA BOLSA DE NOVA IORQUE À GRANDE DEPRESSÃO NOS ESTADOS UNIDOS

Se a quebra da bolsa de Nova Iorque tem um forte significado simbólico como expressão da crise do capitalismo, muito mais graves e dramáticos foram os eventos identificados com a Grande Depressão. Falências de bancos e empresas, desemprego elevadíssimo, crise da agricultura são componentes típicos do desempenho da economia norte-americana na década de 1930, com profundo impacto social e político. A Grande Depressão induziu substanciais mudanças na economia tendo em vista a necessidade de enfrentar seus efeitos deletérios (mudanças que serão tratadas no próximo capítulo).

Embora os sinais da Grande Depressão apareçam na sequência da quebra da bolsa de Nova Iorque, não se pode atribuir apenas à crise da bolsa o início da depressão. Alguns antecedentes já foram referidos anteriormente: a expansão da indústria manufatureira e da construção civil sofria sensível redução nos anos finais da década de 1920: isso refletia tanto o elevado nível de investimento em capital fixo durante a década como certo arrefecimento da demanda de bens duráveis (em especial, automóveis) e de habitações (KINDLEBERGER, 1986, p.104). Como resultado, ampliava-se a capacidade ociosa e acumulavam-se estoques. Paralelamente, a agricultura também enfrentava redução de sua renda, pois o aumento da produção mundial de certas mercadorias (como o trigo) havia reduzido seu preço internacional. Desse modo, diferentes componentes da demanda se mostravam enfraquecidos antes mesmo da quebra da bolsa, embora, no agregado, não impedissem a continuidade da expansão da economia norte-americana. Também devemos lembrar que, a partir de 1928, o *Federal Reserve* iniciou a elevação dos juros, o que tendia a enfraquecer ainda mais a demanda. No entanto, depois de 1929, o declínio dos principais indicadores do desempenho da economia foi abrupto, como vemos na Tabela 14.3.

TABELA 14.3

Estados Unidos: Indicadores econômicos selecionados (1928-1933)

ANO	PIB	PRODUÇÃO INDUSTRIAL	TAXA DE DESEMPREGO	PREÇOS AO CONSUMIDOR	EXPORTAÇÕES ($ BILHÕES)
1928	100,0	100,0	4,3%	100,0	5,2
1929	106,1	111,7	3,1%	100,0	5,3
1930	96,0	95,5	8,7%	97,6	3,9
1931	88,0	80,2	15,8%	89,1	2,5
1932	76,2	60,4	23,5%	79,4	1,6
1933	74,7	70,3	24,7%	75,2	1,7

Fonte: MAZZUCCHELLI (2009), p.210.

A profundidade da Grande Depressão é suficientemente esclarecida por alguns indicadores: entre 1929 e 1933, o declínio do PIB foi de cerca de 30%, o da produção industrial, de quase 40%, o desemprego ascendeu a 25% da força de trabalho, a deflação foi da ordem de 25% e as exportações se reduziram a pouco mais de 30% do que eram em 1929. Quais os fatores que conduziram a tais resultados?

Nos meses seguintes à quebra da bolsa, alguns indicadores sofreram queda abrupta. A produção industrial caiu do nível 110, em outubro, para 105, em novembro, e 100, em dezembro de 1929 (a queda mais rápida desde 1920); os preços de *commodities* despencaram no mercado internacional entre setembro e dezembro de 1929: borracha – menos 25,7%; cacau – menos 15,4%; café – menos 13,1%; zinco – menos 16,7%; cobre – menos 9,3%; milho – menos 14,1%; trigo – menos 3,6% (KINDLEBERGER, 1986, p.112-113). Esse rápido declínio imediatamente após a quebra da bolsa sugere alguma conexão entre os eventos, embora haja diferentes hipóteses sobre essa conexão. As perdas decorrentes da queda do preço das ações, ao reduzirem a "riqueza" das famílias, podem ter provocado a súbita redução das compras, em especial de bens duráveis. O ambiente de incerteza decorrente da quebra da bolsa também deve ter gerado algum impacto na disposição de consumo das famílias. Expectativas pessimistas provavelmente adiaram investimentos. Em suma, haveria fortes motivos para a redução da demanda como reação aos efeitos da crise da bolsa de Nova Iorque. No entanto, o prolongado declínio do PIB, da produção industrial, do nível de emprego e dos preços sugere a existência de outros mecanismos econômicos que conduziram à Grande Depressão.

Kindleberger entende que a crise de liquidez que seguiu a quebra da bolsa teve forte impacto sobre os gastos das famílias e das empresas: para compensar as perdas financeiras sofridas na bolsa, as famílias tentavam vender ativos (por exemplo, imóveis para pagar os encargos das hipotecas), as empresas reduziam estoques (com o objetivo de gerar liquidez) e os bancos reduziam o crédito. O resultado da busca pela liquidez, com o corte de gastos, foi o declínio dos preços:

> A deflação se moveu do declínio no mercado de ações para os cortes de produção e as reduções de estoques em uma sequência, e dos preços das ações para os preços das mercadorias e para o reduzido valor das importações em outra. Ambas foram rápidas. A conexão entre o mercado de ações e os mercados de bens foi, em parte, psicológica e, em parte, no início, por meio dos mecanismos de crédito, pois bancos e empresas lutavam para se tornar líquidos. (KINDLEBERGER, 1986, p.114)

O *Federal Reserve* procurou, por meio da redução dos juros, se contrapor às forças deflacionistas e recessivas: depois de outubro de 1929, as taxas caíram até 1,5% ao ano, sem qualquer resultado efetivo sobre o desempenho da economia. Na verdade, os bancos não se dispunham a emprestar recursos diante da onda de falências que grassava naqueles anos e o ambiente recessivo também não estimulava empresas a tomarem empréstimos.

A política do governo também foi incapaz de impedir a falência de milhares de bancos. O sistema bancário norte-americano era extremamente pulverizado: no final dos anos 1920, havia cerca de 26.000 bancos. Em outubro de 1930 iniciou-se uma primeira onda de quebra de bancos, aprofundada no mês de dezembro com a falência do Bank of United States.[5] Em março do ano seguinte, uma nova onda que levou de roldão cerca de 5.000 bancos. Tentando conter esse movimento – um verdadeiro pânico bancário –, o presidente Hoover criou, em dezembro de 1931, um órgão – Reconstruction Finance Corporation – que deveria salvar bancos e outras instituições financeiras em risco de

---

5. A primeira onda de falências bancárias esteve associada à crise da agricultura norte-americana. A queda dos preços recebidos pelos agricultores, não compensada por queda proporcional dos preços pagos pelos insumos, reduziu sua renda em mais de 30%, de 1929 a 1930; e em cerca de 60%, de 1929 a 1933. Evidentemente, muitos agricultores foram incapazes de saldar seus empréstimos levando à quebra de pequenos bancos de regiões agrícolas como o Meio-Oeste e o Sul (MAZZUCCHELLI, 2009, p.214-215).

quebra. No entanto, o movimento de falências não foi contido: entre o final de 1932 (época da eleição de Roosevelt) e março de 1933 (mês da posse do novo presidente), mais 4.000 bancos deixaram de operar. No total, admite-se que cerca de 11.000 bancos encerraram suas atividades entre 1929 e 1933 (MAZZUCCHELLI, 2009, p.215).

Às falências bancárias – pelas perdas que impunham aos seus depositantes e pela contração adicional do crédito – somavam-se aos outros fatores que aprofundavam a depressão da economia norte-americana.

Na tentativa de defender a economia nacional, o governo norte-americano retrocedeu a uma política extremamente protecionista. Ilustra essa política a lei "Smoot-Hawley" de 1930, que ampliava as barreiras alfandegárias e estimulava ampla redução das importações. Apesar de seu objetivo de auxiliar a recuperação da produção nacional, a lei "Smoot--Hawley" pode ter gerado consequências adversas para o crescimento econômico, pois provocou, como reação, a implementação de políticas protecionistas por outros países levando à queda dos fluxos de comércio internacional. Além disso, "durante a Depressão, até mesmo o fluxo internacional de capital pareceu secar. Entre 1927 e 1933, os empréstimos internacionais caíram mais de 90%" (HOBSBAWM, 1995, p.93).

Se todas as informações acima apresentadas sugerem o que foi a dimensão da Grande Depressão, o dado mais eloquente e expressivo do drama vivido por amplas parcelas da população norte-americana é o do número de desempregados: em 1929, somavam 1.550.000; em 1930, 4.340.000; em 1931, 8.020.000; em 1932, 12.060.000 e em 1933, 12.830.000 (MAZZUCCHELLI, 2009, p.226).

Diante dos números da Grande Depressão, as tentativas do presidente Herbert Hoover e do *Federal Reserve* de recolocar a economia numa direção ascendente se mostraram pífias. Só em 1933, após a posse de Roosevelt, as ações do governo deram algum alívio à população mais afetada pela depressão. Por outro lado, a política externa norte-americana, enrijecida pelas ações protecionistas e pelo mau ajustamento do "novo" padrão-ouro, ajudava a difundir ainda mais os efeitos da depressão para a economia mundial, fazendo do *crash* de Nova Iorque um evento internacional.

14.3 A DISSEMINAÇÃO DA GRANDE DEPRESSÃO PELO MUNDO

A posição de destaque dentro da economia mundial tornou os Estados Unidos, com suas políticas econômicas, país-chave para os planos de desenvolvimento econômico de outros países. Os elos entre os Estados Unidos e a Europa, o Japão e a América Latina haviam se estreitado durante a década de 1920. Mais do que produtos industrializados, o mundo recorria aos capitais norte-americanos para saldar dívidas, equilibrar a balança comercial ou mesmo promover investimentos nas economias nacionais. Enquanto a Europa tentava recuperar a posição econômica de antes da Primeira Guerra Mundial, utilizando para

QUARTA PARTE – O ENTRE GUERRAS (1918-1939) E A SEGUNDA GUERRA MUNDIAL (1940-1945): "A ERA DA CATÁSTROFE"

tanto empréstimos norte-americanos, países periféricos dependiam do crescimento do comércio internacional para ampliar as exportações e garantir acesso aos produtos e serviços dos países centrais.

Assim, se o *boom* econômico dos Estados Unidos durante a segunda metade da década de 1920 havia em muito auxiliado o crescimento econômico mundial, arrefecendo os danos causados pela Primeira Guerra Mundial, o *crash* da Bolsa de Nova Iorque, por outro lado, seria sentido de maneira ainda mais intensa por todo o mundo.[6]

Na América Latina as mudanças foram abruptas e praticamente imediatas. Doze países mudaram de governo ou de regime entre 1930-1931, e entre eles, dez por meio de golpes militares. Tal radicalismo latino-americano pode-se explicar, em parte, pela vulnerabilidade clássica frente à dependência das exportações, num momento delicado de redução das relações comerciais internacionais. Com rápida queda nas exportações e, portanto, na principal receita nacional, a reação dos países no plano econômico foi a suspensão da conversibilidade, permitindo a desvalorização de suas moedas entre fins de 1929 e o início de 1930. Entre 1880 e 1913 nunca ocorrera uma evasão em massa do padrão-ouro como em 1929, afinal, anteriormente a suspensão estava ligada às condições específicas internas dos países, como: má colheita, conflitos militares, políticas econômicas nacionais que levaram à crise; enfim, eventos que provocavam queda nas exportações ou interrupções da entrada de capitais em dados países. Entretanto, desta vez a crise era provocada pelo centro do sistema, portanto, sua radiação para os países periféricos era imediata e violenta (EICHEENGREEN, 2000, p.107).

Com a ruptura do elo entre produções primárias exportadoras dos países periféricos e mercado consumidor dos países centrais (leia-se Estados Unidos e Europa), grande parte dos países latino-americanos partiu para vias alternativas de crescimento econômico. Assumindo grande autonomia, no período logo após 1930 e, por meio de Estados intervencionistas, houve uma importante diversificação na agricultura além da expansão do processo de industrialização. A substituição de importações foi, desta maneira, um processo significativo na construção de caminhos independentes (ROTHERMUND, 1996, p.98-99). Esses foram os casos do Brasil e da Colômbia, países que dependiam da exportação de café e que, desvalorizando a moeda e saindo do padrão-ouro, puderam incentivar a expansão da emergente indústria nacional. O Chile, exportador de minérios como o cobre, e o Peru, exportador de petróleo, tiveram suas receitas reduzidas, e seguindo a tendência abandonaram o padrão-ouro e declararam moratórias, voltando-se para o desenvolvimento interno até 1937, quando as exportações voltariam a crescer. O México sofreu demasiadamente no início da depressão, pois sua economia estava estreitamente atrelada aos investimentos norte-americanos. De qualquer maneira, durante a depressão, por meio de medidas protecionistas e o intervencionismo estatal, conseguiu saldos

---

6. Para um estudo detalhado sobre o impacto da Grande Depressão no mundo ver: ROTHERMUND (1996).

360

positivos no crescimento econômico. Finalmente, a Argentina, que mantinha uma intensa atividade comercial com a Grã-Bretanha por meio da exportação de carne e trigo, produtos que garantiram grandes saldos em ouro para o país latino, evitou declarar moratória às dívidas com os credores ingleses; contudo, para se defender, desvalorizou a moeda e promoveu políticas protecionistas.

Ainda na periferia, nos dois principais países da Ásia, as reações à Grande Depressão seguiram caminhos opostos. A China era ainda na década de 1930 um país essencialmente agrário, com os principais portos e a própria política monetária controlados pelos britânicos. O padrão monetário era baseado na prata, e não no ouro como grande parte do mundo, o que possibilitou livrar a China da crise mundial por alguns anos. Por outro lado, o Japão era um país soberano, controlando seu comércio e políticas econômicas. O tardio retorno do Japão ao padrão-ouro foi feito em 1930, já no momento de intensa turbulência econômica, que causaria seu desligamento no ano seguinte. A maior fraqueza japonesa naquele momento de depressão era a herança de estreitos laços econômicos com os Estados Unidos. Para fugir da crise, promoveu-se a desvalorização cambial; com a ascensão de um governo militar, o Japão passou a investir num impressionante crescimento industrial e pôde assumir o papel de país hegemônico na região. O Japão se aproveitou dos efeitos tardios da crise que se abatera sobre a China (a desvalorização da prata no mercado mundial e a suspensão norte-americana de saídas de prata levou a China a crise) para invadir a Manchúria em 1931 (ROTHERMUND, 1996, p.110).

A disseminação da Grande Depressão na Europa não foi tão imediata quanto na América Latina e no Japão, contudo, a desintegração do padrão-ouro nos países periféricos ajudava a comprometer a estabilidade nos países centrais. Mas, foram causas internas à Europa que impulsionaram a expansão da crise, iniciada na Áustria. O país arcava com um grande endividamento externo e o principal banco de depósito austríaco – o Credit Anstalt – sofria com a crescente inadimplência. A solução do governo foi intervir na economia, auxiliando o banco, com o aumento da circulação da moeda nacional em 25% em menos de três semanas: a inflação e a desvalorização cambial eram inevitáveis. As recentes experiências de hiperinflação incentivaram o início de uma nova onda de fuga de capitais do país. Estava em jogo o *trade-off*: ou defender o sistema bancário austríaco ou sustentar o padrão-ouro. A Áustria enfim decidiu amparar o sistema bancário, por meio de imposições de controle ao câmbio em vez de promover uma desvalorização de sua moeda.

A crise austríaca não demorou muito para atingir a Hungria e a Alemanha. Os capitais estrangeiros depositados nos bancos húngaros, nos primeiros sinais de pânico em Viena, fugiram de Budapeste também. O governo húngaro, que ainda precisava quitar as dívidas de guerra, e tinha receitas reduzidas devido à queda dos preços agrícolas, impôs controles de câmbio e determinou que a conversibilidade da moeda doméstica em ouro fosse suspensa. "Assim, como na Áustria, o padrão-ouro transformou-se numa concha oca" (EICHENGREEN, 2000, p.116).

QUARTA PARTE – O ENTRE GUERRAS (1918-1939) E A SEGUNDA GUERRA MUNDIAL (1940-1945): "A ERA DA CATÁSTROFE"

O cenário alemão era muito semelhante ao austríaco, já que os dois sistemas bancários estavam comprometidos com investimentos no setor industrial, o qual, diante da depressão, sofreu grandes prejuízos e transferiu a crise para o setor bancário. Depois da crise austríaca, investidores nacionais e estrangeiros passaram a sacar dinheiro dos bancos alemães. O Reichsbank amparou os bancos injetando liquidez no sistema bancário, mas a dívida alemã de curto prazo continuava a pressionar as reservas do banco central. O estoque de ouro reduzia-se diante da fuga de capitais, e para defender o padrão-ouro, o Reichsbank recuou a uma política de restrição de créditos. O arrocho de crédito aprofundou a falência de empresas e intensificou a crise bancária, fazendo da Alemanha o país com uma das maiores taxas de desemprego na Europa: 44%.[7] Em 13 de junho de 1931, o governo adotou controles sobre o câmbio, deixando assim, o padrão-ouro.

A economia inglesa, por outro lado, estava resistindo na medida do possível à Grande Depressão até o início de 1931. A indústria do país já estava bem reduzida antes do *crash* de Nova Iorque, afinal as políticas de valorização da libra e aumento das taxas de juros haviam desestimulado o crescimento industrial e as exportações de manufaturas desde a volta da Grã-Bretanha ao padrão-ouro. Deste modo, o desempenho do balanço de transações correntes dependia essencialmente das "receitas invisíveis", provenientes do fornecimento de serviços e empréstimos. Entretanto, à medida que a depressão transbordava dos Estados Unidos para a América Latina e países da Europa Central, uma nova fase de crescimento das barreiras alfandegárias e políticas protecionistas foi colocada em prática. A queda no comércio internacional prejudicava a Grã-Bretanha, cujas receitas provenientes do transporte marítimo e de seguros deterioram-se amplamente. Em 1931, para piorar a situação, enquanto países latino-americanos deixavam de pagar as dívidas externas, Áustria, Hungria e Alemanha proibiam as transferências de juros para a Grã-Bretanha.

Com queda nas receitas e aumento na saída de ouro do país, a política implementada pelo Banco da Inglaterra foi aumentar a taxa de redesconto em 2 pontos em julho de 1931. A fuga de capitais continuou intensa, e o aumento na taxa de juros agravava ainda mais as condições de emprego e aumentava o custo do serviço da dívida pública. Em 19 de setembro de 1931, enfim, a Grã-Bretanha suspendeu a conversibilidade, simbolizando o fim do padrão-ouro mundial. A libra, que havia se tornado junto com o dólar a âncora cambial do "novo" padrão-ouro, em menos de três meses perdeu um terço de seu valor. "Essa desvalorização comprometeu a confiança em outras moedas. As reservas em dólares dos bancos centrais estrangeiros foram convertidas em ouro, em razão dos temores de que eles poderiam sofrer perdas de capital em seus saldos na moeda" (EICHENGREEN, 2000, p.122). O temor de que o dólar pudesse ser desvalorizado fez com que no mercado se passasse a vender dólares, o que foi contra-atacado pelo aumento nas taxas de juros

---

7. Entre 1932-1933, no pior período da depressão, as taxas de desemprego chegaram a: 22% na Grã-Bretanha, 24% na Suécia, 27% nos Estados Unidos, 29% na Áustria e 31% na Dinamarca (HOBSBAWM, 1995, p.97).

norte-americanas. De qualquer maneira, a saída da Grã-Bretanha do padrão-ouro tirava a legitimidade do antigo sistema monetário, e já no início de 1932, outros 25 países abandonaram a conversibilidade e desvalorizaram suas moedas.

A França (junto com outros países da Europa como Bélgica, Suíça, Holanda, Tchecoslováquia, Polônia e Romênia, e ainda os Estados Unidos) se manteve no padrão-ouro depois de 1932. O país se beneficiava da desvalorização do franco, em 1928, no momento do retorno ao padrão-ouro. Durante quase uma década essa desvalorização da moeda havia permitido que a balança comercial francesa fosse extremamente favorável e que as reservas de ouro crescessem. Contudo, à medida que o fim da conversibilidade era declarado por mais países, com a consecutiva desvalorização das moedas, a vantagem cambial francesa foi se extinguindo e se transformando em desvantagem. O limite se deu com a saída dos Estados Unidos do padrão-ouro em 1933, por meio da nova política econômica apresentada pelo presidente Roosevelt (tema do próximo capítulo). O saldo no balanço de pagamentos francês estava sendo reduzido abruptamente, e, cada vez mais, colocava-se em risco a manutenção da conversibilidade, principalmente quando a depressão atingiu o país em 1934. Junto com a França, os outros países que permaneceram no padrão-ouro perderam qualquer estímulo em perpetuar o sistema sem a presença dos Estados Unidos. Logo, todos os países que ainda mantinham o padrão-ouro foram obrigados a abandoná-lo: a França, a Suíça e os Países Baixos o fizeram em 1936. Chegava-se ao fim de uma era – a do padrão-ouro.

14.4 O DEBATE SOBRE A GRANDE DEPRESSÃO

O impacto da Grande Depressão foi sentido por todo o globo no decorrer da década de 1930, inclusive com revoluções sociais, instauração de novas formas de governos e, também, criação de novas políticas econômicas. Tal peculiaridade transformou o *crash* da Bolsa de Nova Iorque e a depressão dele decorrente num dos grandes temas dentre estudos e debates econômicos. Para economistas e historiadores investigar as causas determinantes da maior crise da economia capitalista tinha um interesse que ia além do estritamente acadêmico; tratava-se de buscar, na análise da crise, argumentos de apoio para opções teóricas que, por sua vez, sustentavam diferentes orientações políticas e de política econômica. Em especial, estava em questão o papel do estado na economia: um estado mais intervencionista ou mais liberal.

Várias polêmicas se travaram em torno da crise da bolsa e da Grande Depressão. Por exemplo: a crise da bolsa em 1929 foi a causa da Grande Depressão ou trata-se de eventos independentes? A Grande Depressão tem causas monetárias ou se explica pelo declínio dos gastos ou insuficiência da demanda? A Grande Depressão foi um fenômeno norte-americano cujos efeitos se disseminaram pelo mundo ou expressa desequilíbrios

QUARTA PARTE - O ENTRE GUERRAS (1918-1939) E A SEGUNDA GUERRA MUNDIAL (1940-1945): "A ERA DA CATÁSTROFE"

presentes na economia mundial já na década de 1920? A Grande Depressão resultou da fragilidade da economia ou de políticas econômicas equivocadas? A seguir, procuramos explorar algumas destas questões a fim de situar importantes contribuições de economistas para a discussão do tema, identificando os argumentos teóricos e as evidências empíricas relevantes em cada caso.

Christina Romer propôs a primeira questão – a crise da bolsa e a Grande Depressão foram eventos independentes?

> As pessoas que não são economistas frequentemente veem a quebra da bolsa e a Grande Depressão como o mesmo evento. A queda do preço das ações em outubro de 1929 e a tremenda redução do produto real entre 1929 e 1933 são vistos simplesmente como parte do mesmo declínio cataclísmico da economia americana. Em contraste, muitos economistas acreditam que os dois eventos são quando muito tangencialmente relacionados. (ROMER, 1990, p.597)

Dornbusch e Fischer, por exemplo, afirmam que desde agosto de 1929 a economia norte-americana já se encontrava em trajetória descendente. Desse modo, a recessão teria se iniciado antes mesmo que se manifestasse o declínio dos preços das ações na bolsa de Nova Iorque (DORNBUSCH & FISCHER, 1982, p.304). No entanto, Romer lembra que o declínio do produto real, efetivamente iniciado em agosto de 1929, acelerou-se dramaticamente após o colapso do preço das ações em outubro desse ano. Desse modo, admite haver uma ligação entre a quebra da bolsa e a aceleração do declínio do produto real no fim de 1929 e durante o ano de 1930 (ROMER, 1990, p.598).

Como explicar esse vínculo entre quebra da bolsa e Grande Depressão? Um argumento frequente afirma que a redução da riqueza das famílias decorrente da queda do preço das ações teria induzido a suspensão de gastos, principalmente em bens de consumo duráveis. Romer descarta essa hipótese, pois entende que, no agregado, o efeito da queda dos preços das ações sobre a riqueza não seria suficientemente elevada para justificar o brutal declínio do produto real. Para Romer, a redução dos gastos foi induzida pelo aumento da incerteza sobre a renda futura das famílias decorrente da crise na bolsa. Diante da incerteza, as compras, principalmente de bens duráveis, seriam postergadas. Romer sugere que o aumento da incerteza também afetaria os gastos dos produtores, em especial seus investimentos. Desse modo, a queda do produto real de fins de 1929 aos fins de 1930 teria como ponto de partida a queda do preço das ações pela incerteza que teria gerado sobre o futuro da economia (ROMER, 1990, p.602-603).

Ao afirmar que a depressão ganhou corpo pela redução dos gastos, Romer nos permite introduzir uma polêmica central sobre a Grande Depressão: a que opõe keynesianos a monetaristas. De forma bastante sintética, Temin define o núcleo da divergência explicativa:

O que eu chamei de "a hipótese monetária" afirma que o colapso do sistema bancário foi a causa primária da Depressão, enquanto "a hipótese do dispêndio" afirma que uma queda no gasto autônomo agregado se situa na raiz do declínio. (TEMIN, 1976, p.7)

A primeira formulação da "hipótese do dispêndio" provavelmente foi apresentada por J. M. Keynes em sua obra *Treatise on Money*, publicada ainda em 1930:

O *boom* de 1928-1929 e a recessão de 1929-1930 nos Estados Unidos correspondem respectivamente a um excesso e a uma deficiência de investimento. [...]. Eu atribuo a recessão de 1930 primariamente aos efeitos desestimulantes sobre o investimento do longo período de dinheiro caro que precedeu o colapso do mercado de ações e só secundariamente ao próprio colapso. Mas, tendo ocorrido o colapso, ele agravou substancialmente a situação, especialmente nos Estados Unidos, ao provocar desinvestimento no capital produtivo. (apud TEMIN, 1976, p.31)

À hipótese de declínio do investimento foram agregados outros componentes do gasto cuja redução teria levado à recessão: menor consumo, menor demanda por imóveis e esgotamento das oportunidades de investimento.[8] Assim, a "hipótese do dispêndio" se fixa na análise dos gastos e, em sua forma extrema, recusa o impacto deflacionário e recessivo de fatores monetários (inclusive a quebra dos bancos) sobre a economia norte-americana entre outubro de 1929 e setembro de 1931 (GORDON & WILCOX, 1981, p.54). Temin, defensor dessa forma extrema, discute o movimento dessas formas de dispêndio, comparando a Grande Depressão com outras recessões (a de 1921-1922 e a de 1937-1938): admite que essas variáveis só seriam responsáveis pela profundidade e duração da Grande Depressão se o seu comportamento fosse diferente do observado nas outras recessões. Entende que o investimento e a demanda por imóveis não apresentaram, entre 1929 e 1931, um comportamento substancialmente diferente daquele encontrado nas outras recessões. É claro, seu declínio contribuiu para a recessão, porém não o suficiente para explicar a dimensão que o fenômeno adquiriu no início dos anos 1930. Na análise de Temin, a redução do consumo foi o fator decisivo para a brutal redução do PIB e do emprego na Grande Depressão; porém reconhece ser difícil explicar com rigor as razões dessa redução do consumo. Como Romer, entende que as perdas de riqueza decorrentes da quebra da bolsa não parecem ser suficientes para explicar a redução do consumo, pois representavam pequena parcela da riqueza global da sociedade norte-americana. A queda da renda agrícola, decorrente de uma colheita pobre em 1929, também pode ter afetado o consumo, porém é insuficiente para explicar a Grande Depressão. Uma alternativa seria atribuir às expectativas de tempos piores a atitude de reduzir o consumo: Temin pondera que, em 1929, a maior parte das pessoas acreditava que os bons tempos continuariam e que, em 1933, a expectativa era

---

8. Temin faz minuciosa resenha das contribuições à "hipótese do dispêndio": TEMIN, 1976, p.31-53

QUARTA PARTE – O ENTRE GUERRAS (1918-1939) E A SEGUNDA GUERRA MUNDIAL (1940-1945): "A ERA DA CATÁSTROFE"

de tempos piores. No entanto, não pôde afirmar quando as expectativas otimistas de 1929 sofreram essa reversão. Assim, Temin conclui que

> No atual estágio de nosso conhecimento, a parte não explicada da queda no consumo é maior do que a parte que podemos explicar, porém a magnitude da queda total não está sujeita a controvérsia. O forte declínio dos gastos de consumo para bens duráveis e não duráveis em 1930 teve um efeito profundamente depressivo sobre a economia. (TEMIN, 1976, p.172)

Desse modo, Temin defende a "hipótese do dispêndio" para explicar a Grande Depressão, pelo menos em relação à queda do PIB entre 1929 e 1931.[9] Nessa defesa há implícita uma polêmica com a "hipótese monetária", hipótese associada principalmente aos economistas Milton Friedman e Anna Schwartz.

Em meados dos anos 1960, Friedman e Schwartz publicaram o livro *A Monetary History of the United States, 1867-1960*, que incluía uma resposta monetarista à interpretação fundada no dispêndio para explicar a profundidade da Grande Depressão. Em sua versão extrema, o monetarismo afirmaria que "a contração de 1929-1933 foi iniciada e agravada por fatores monetários e que os fatores não monetários não tiveram qualquer papel" (GORDON & WILCOX, 1981, p.53). Dado o caráter decisivo do elemento monetário nesta interpretação, o *Federal Reserve* – a autoridade monetária nos Estados Unidos – assume papel central para explicar a Grande Depressão.[10] Schwartz apresenta uma síntese das relações entre oferta monetária e expansão/retração da economia de 1929 a 1933, definindo seis fases distintas:

- No período anterior ao primeiro pânico bancário – entre agosto de 1929 e outubro de 1930 – ocorreu a quebra do mercado de ações ao qual o *Federal Reserve* respondeu com breve aumento na quantidade de moeda. Em seguida, houve declínio na quantidade de moeda, mas não houve tentativa dos bancos para liquidar seus empréstimos e dos depositantes para retirar seus recursos. Nesse período, a contração da economia mostrou-se tão severa quanto à observada em recessões anteriores, não se justificando a noção de Grande Depressão até esse momento.

---

9. Temin entende que depois de 1931, com a suspensão do padrão-ouro na Inglaterra e a mudança na política monetária norte-americana, o aprofundamento da recessão responde a um conjunto mais amplo de fatores que não pode ser reduzido à "hipótese do dispêndio".

10. O fundamento teórico da interpretação monetarista da Grande Depressão é a teoria quantitativa da moeda reformulada por Milton Friedman. De forma bastante esquemática, podemos dizer que, nesta versão, a autoridade monetária, por meio de sua política, não tem capacidade para afetar variáveis reais (como produto e emprego) de forma duradoura, embora possa ter alguma influência por períodos limitados. Assim, a autoridade monetária deveria se concentrar no controle do nível de preços. Para tanto, deveria controlar a oferta de moeda de modo que sua expansão acompanhasse o crescimento do produto real: se a oferta de moeda crescesse menos do que o produto real, haveria deflação; se crescesse mais, haveria inflação.

- No último trimestre de 1930, verificou-se o primeiro pânico bancário – a quebra de bancos levando à redução da oferta monetária – e a economia real piorou sensivelmente.
- No primeiro trimestre de 1931, sinais de recuperação da economia foram sufocados pelo início da segunda crise bancária em março de 1931.
- A parte final de 1931 foi marcada pela resposta do *Federal Reserve* à suspensão do padrão-ouro pela Grã-Bretanha: para fazer frente à desvalorização da libra, o *Federal Reserve* aumentou as taxas de juros e restringiu a oferta monetária, o que levou à eclosão de um novo pânico bancário e ao aprofundamento do declínio da economia que persistiu durante o primeiro trimestre de 1932.
- No segundo trimestre de 1932, o *Federal Reserve* realizou compras de títulos no open-market, aumentando a oferta monetária e induzindo a recuperação da economia real até o terceiro trimestre.
- A partir do final de 1932, os problemas com bancos se alastraram, a economia real novamente entrou em recessão e a contração culminou, em março de 1933, com a quebra do Banco Holiday e o colapso dos mercados financeiros (SCHWARTZ, 1982, p.6-7).

A descrição dessas seis fases por Schwartz evidencia a lógica subjacente à explicação da Grande Depressão na perspectiva monetarista. As variações da oferta monetária, seja pela ação direta do *Federal Reserve*, seja pelo impacto indireto sobre as falências bancárias, foi o fator determinante do declínio da economia real. E conclui, ao se referir à obra escrita junto com Friedman:

> Nosso principal tema era de que o efeito das forças econômicas que produziam a contração, quaisquer que elas fossem, era magnificado por um declínio sem precedentes da oferta monetária resultante das crises bancárias. Nosso julgamento adicional era de que o *Federal Reserve System* poderia ter prevenido as consequências monetárias das crises bancárias, mas fracassou em fazê-lo. (SCHWARTZ, 1982, p.7)

Em suma, se o *Federal Reserve* tivesse praticado a política monetária adequada – ou seja, a que aumentasse a oferta monetária na proporção do aumento do produto real – a falência dos bancos seria evitada e a Grande Depressão não teria a dimensão que adquiriu; seria uma recessão semelhante a tantas outras verificadas na economia norte-americana.

Nem Temin nem Friedman/Schwartz levam ao extremo as hipóteses "do dispêndio" e "monetarista": Temin admite que, depois de 1931, os fatores monetários importam para entender o aprofundamento da depressão; igualmente, Friedman/Schwartz consideram que os fatores monetários magnificaram a contração produzida por forças econômicas, quaisquer que elas fossem. No entanto, a polêmica entre as duas correntes ia além da discussão das causas da Grande Depressão: a "hipótese do dispêndio", ao afirmar que a contração resultara da redução dos gastos, implicitamente sugeria que as recessões deveriam

QUARTA PARTE – O ENTRE GUERRAS (1918-1939) E A SEGUNDA GUERRA MUNDIAL (1940-1945): "A ERA DA CATÁSTROFE"

ser combatidas por meio da realização de gastos do governo, ou seja, as políticas sugeridas por Keynes, em especial na sua obra *Teoria Geral do Emprego, do Juro e da Moeda*. A "hipótese monetarista" afirmava que a Grande Depressão resultara de uma política monetária equivocada; e, mais, que o mercado, com a política monetária correta e sem a necessidade de gastos do governo, seria incumbido da tarefa de evitar a deflação (e a recessão) e também a inflação. Tratava-se, portanto, de um desdobramento da polêmica sobre a eficácia da política fiscal ou da política monetária para enfrentar recessões, polêmica que polarizou as correntes keynesianas e monetaristas durante décadas e um debate que se reproduz até os dias atuais quando se discute como enfrentar mais uma crise da economia capitalista ao nível mundial.

As causas da Grande Depressão também foram discutidas numa perspectiva mais ampla: neste caso, se estabelecia outra dicotomia – a depressão foi um fenômeno norte-americano que se disseminou pelo mundo ou a economia internacional da década de 1920 comportava grandes inconsistências que tiveram, na Grande Depressão, um de seus resultados?

De um lado autores como Sir Arthur Lewis, H.W. Arndt, Robert Triffin e Charles Kindleberger[11] apresentam suas hipóteses tendo em vista a evolução e transformação da economia internacional ao longo da década de 1920. Para esses autores, mais que os fatores internos à economia dos Estados Unidos, foram elementos presentes nas estruturas da economia internacional que, em mau funcionamento, tornaram-se geradores e propagadores da depressão. Assim, a Grande Depressão, ao assumir o caráter da maior crise do capitalismo, representaria uma profunda disfunção das relações econômicas dos Estados Unidos com a economia internacional. Trata-se de situar os Estados Unidos dentro de uma visão global, em que o contexto histórico internacional e as estruturas econômicas mundiais passaram a ser fatores essenciais dentre as causas do colapso da Bolsa de Nova Iorque como da difusão para o além-mar da crise numa longa e dura depressão econômica. Entre os primeiros autores que sintetizaram análises sobre a Grande Depressão nessa perspectiva estavam H. Arndt com o livro de 1944, *Economic lessons of the 1930's*, e Sir Arthur Lewis, com o livro de 1949, *Economic Survey, 1919-1949*. As duas interpretações recuperam a evolução do mercado internacional durante os anos 1920, e por isso, acabam tendo elementos que se entrecortam e aproximam. Arndt enfatizava o aumento das políticas protecionistas após a Primeira Guerra Mundial, enquanto Lewis se voltava aos problemas da explosão da produção agrícola mundial e a consecutiva queda nos preços dos produtos primários (KENWOOD & LOUGHEED, 1992, p.223).

Ambos os autores partem da crise mundial deixada pela Primeira Guerra. O protecionismo era consequência tanto da redução da produção industrial como da crise nas

---

11. ARNDT, H.W. *The Economic Lessons of the Nineteen-Thirties*. Oxford: Oxford University Press, 1944; LEWIS, W.A. *Economic Survey, 1919-1939*. London: George Allen & Unwin,1949; TRIFFIN, R. *Gold and the Dollar Crisis*. New Haven: Yale University Press, 1960; KINDLEBERGER, C. *The World in Depression, 1929-1939*. London: Penguin, 1973.

balanças comerciais europeias. Em média, entre 1913 e 1927, a tarifa europeia para produtos manufaturados subiu cerca de 50%. Por outro lado, matérias-primas e produtos agrícolas tornavam-se abundantes. No entender de Sir Arthur Lewis, a abundância de produtos era resultado, primeiro, da taxa de crescimento populacional que havia perdido o fôlego, e no caso europeu, da população que havia se reduzido abruptamente, com a consequente redução da taxa de natalidade. Em segundo lugar, da produção mundial que havia aumentado substancialmente com absorção de novas regiões produtoras. Com o retorno da produção europeia, ao fim da Primeira Guerra Mundial, essas novas regiões perdiam mercado e o preço dos produtos despencava. Portanto, para o autor, o cerne do problema era:

> O declínio do comércio de produtos manufaturados não se deveu nem às tarifas nem à industrialização de novos países. O comércio de produtos manufaturados só foi reduzido porque os países industrializados estavam comprando quantidades pequenas demais de produtos primários e pagando um preço muito baixo por aquilo que compravam. (apud LANDES, 2005, p.389-391)

Ainda seguindo a perspectiva de considerar as causas da Grande Depressão como fenômeno global, duas importantes sínteses seriam elaboradas durante as décadas de 1960 e 1970. Todavia, para esses autores, mais importante do que elementos conjunturais presentes nas leituras de Sir Lewis e H. Arndt, era preciso considerar o *crash* como representação do final de uma era. Seria, assim, a manifestação da crise do sistema monetário internacional dominante durante a segunda metade do século XIX mas que precisava se remodelar a partir de então.

Escrevendo o livro *Gold and the Dollar Crisis*, o economista belga Robert Triffin, imputou a grande crise de 1929 ao mau funcionamento do padrão-ouro durante a década de 1920. Triffin acreditava que a nova estrutura que assegurava as trocas internacionais era incompatível com o padrão-ouro, e desta maneira, o sistema tendia a entrar em colapso mais cedo ou mais tarde. Paralelamente, Charles Kindleberger com o livro, *The World in Depression 1929-1939* de 1973, realizou uma das mais amplas sínteses sobre a Grande Depressão, encarando-a como uma crise no sistema econômico mundial herdado do século XIX. Para o autor, o sistema econômico mundial na década de 1920 sofria de uma instabilidade latente: superprodução de produtos primários e forte redução de seus preços; insistência da França em cobrar reparações de guerra da Alemanha; demandas americanas pelo pagamento das dívidas de guerra; sobrevalorização da libra e subvalorização do franco; suspensão dos empréstimos externos por Nova Iorque; e a quebra do mercado de ações são indicadores dessa instabilidade. Mas, apesar dessa instabilidade latente, a Grande Depressão não seria inevitável:

> A explicação deste livro é que a depressão de 1929 foi tão ampla, tão profunda e tão prolongada porque o sistema econômico internacional se tornou instável pela incapacidade britânica e pela

QUARTA PARTE - O ENTRE GUERRAS (1918-1939) E A SEGUNDA GUERRA MUNDIAL (1940-1945): "A ERA DA CATÁSTROFE"

falta de vontade americana de assumirem a responsabilidade de estabilizá-lo desempenhando cinco funções:

- Manter um mercado relativamente aberto para bens com dificuldades no mercado;
- Prover empréstimos de longo prazo contracíclicos ou pelo menos estáveis;
- Supervisionar um sistema de taxas de câmbio relativamente estável;
- Assegurar a coordenação de políticas macroeconômicas;
- Agir como emprestador de última instância, provendo liquidez nas crises financeiras. (KINDLEBERGER, 1986, p.289)

Entretanto, essa forma de "análise sistêmica" presente nas obras de Triffin e Kindleberger somente ganhou força depois da década de 1960, com a perspectiva mais distante do fenômeno. Os anos posteriores ao *crash* foram anos de intenso debate político sobre qual seria o caminho a percorrer para recuperar a economia. Por isso mesmo, durante muito tempo os fatores estritamente ligados à economia norte-americana foram enfatizados. A divergência entre keynesianos e monetaristas se insere neste quadro, mas visões mais amplas das raízes da Grande Depressão nos Estados Unidos também foram elaboradas. Um exemplo dessa abordagem nos é dada por um economista keynesiano – John Kenneth Galbraith – mas cuja análise da Grande Depressão vai bem além da "hipótese do dispêndio": Galbraith situa as raízes estruturais do fenômeno, sem ignorar seus aspectos mais notórios. Em seu livro *O Colapso da Bolsa, 1929*, de 1954, é enfático logo no primeiro capítulo:

O craque do mercado de ações, no outubro de 1929, há muito tempo vem sendo considerado como um acontecimento secundário [...]. [Porém] o craque do mercado de ações e a especulação que o tornou inevitável tiveram um efeito importante no comportamento, ou melhor, no mau comportamento, da economia nos meses e anos subsequentes. (GALBRAITH, 1972, p.32)

Nesse sentido, o *crash* de Wall Street era resultado de um intenso processo especulativo que foi para Galbraith a causa primordial da depressão – diferentemente, por exemplo, das análises de Arndt e Lewis. Assim, o autor acaba se vinculando às teorias keynesianas, não só ao discutir a evolução do *crash* da bolsa, mas ao defender as políticas econômicas identificadas com as propostas keynesianas para enfrentar a depressão durante a década de 1930.

Recuperando todo o histórico anterior ao *crash* da Bolsa de Nova Iorque, Galbraith demonstrou que existiam forças deflacionárias dos Estados Unidos que avançavam inversamente ao crescimento dos investimentos na bolsa de valores de Nova Iorque. A queda na demanda por projetos imobiliários, a redução do crescimento da população e dos créditos hipotecários, a crise no setor agrícola, e, finalmente, o crescimento limitado do consumo de bens duráveis, eram alguns dos principais elementos deflacionários na economia dos Estados Unidos. Assim, no entender do autor: "o mercado de ações é apenas um espelho que, talvez como nesse caso, um tanto tardiamente, proporciona uma imagem da situação econômica implícita ou fundamental. Causa e efeito originam-se da economia para o mercado de ações, nunca o contrário. Em 1929, a economia estava a caminho da crise. Finalmente, essa crise se refletiu de modo violento em Wall Street" (GALBRAITH, 1972, p.127). E como entender que acionistas e investidores continuavam a transacionar na bolsa com esse ambiente de crise? Na verdade, segundo Galbraith: "muito mais importante do que a taxa de juro e o fornecimento de crédito é a disposição de ânimo. A especulação em grande escala requer uma sensação penetrante de confiança, otimismo e convicção de que as pessoas comuns estavam destinadas a ser ricas" (GALBRAITH, 1972, p.212). E foi essa confiança de contínuos ganhos reafirmados a todo o momento por banqueiros e especuladores, a facilidade de créditos no mercado, e o incentivo à compra de ações ordinárias que asseguraram por longos meses o crescimento do mercado acionário.

E por trás desse cenário de expansão especulativa, a economia norte-americana se alicerçava em bases não muito sólidas. Para Galbraith eram cinco as fraquezas da economia dos Estados Unidos: 1. má distribuição de renda, provocando um estreitamento do mercado consumidor; 2. má estrutura das empresas, que aceitavam a compra de seus ativos por especuladores, e geravam a redução nos investimentos e o aumento das pressões deflacionárias; 3. má estrutura bancária, com a grande quantidade de bancos, que podiam provocar uma reação em cadeia com as falências; 4. estado duvidoso das transações com o exterior, ilustrado pelo desequilíbrio do comércio internacional com os Estados Unidos; 5. o empenho da política econômica conservadora que, presa numa camisa de força, não permitia que o padrão-ouro fosse suspenso e o déficit público fosse utilizado como instrumento de política econômica.

Estudos mais recentes sobre a Grande Depressão têm sugerido abordagens mais ecléticas: de certo modo, os vários fatores acima levantados nas várias interpretações da quebra da bolsa e da Grande Depressão são articulados numa explicação mais abrangente. É o caso, por exemplo, de Eichengreen: em artigo de 1992, inclui em sua discussão vários elementos: mudanças na composição da produção, funcionamento dos mercados de trabalho, operação do sistema monetário internacional, padrão das relações internacionais, política monetária dos Estados Unidos, papel do padrão-ouro na transmissão da recessão norte-americana para outros países, protecionismo são fatores estudados em sua relação com a Grande Depressão (EICHENGREEN, 1992). A tensa polarização entre keynesianos e monetaristas certamente perdeu sua força na discussão dos eventos de 1929 e da década de 1930. No entanto, a crise financeira que se propagou pelo mundo a partir dos Estados Unidos desde 2008 trouxe à tona novamente as propostas keynesianas, recolocando, de certo modo, a polêmica sobre a política econômica adequada para enfrentar uma recessão. Esta foi, aliás, questão presente no restante da década de 1930, quando mudanças políticas e de política econômica alteraram radicalmente o panorama da economia mundial.

REFERÊNCIAS

ARNDT, H. (1963). *The Economic Lessons of 1930s*. London: Crass.

DORNBUSCH, R. & FISCHER, S. (1982). *Macroeconomia*. São Paulo: McGraw-Hill do Brasil.

EICHENGREEN, B. (1992). "The Origins and Nature of the Great Slump Revisited". *Economic History Review*, XLV, 2, maio.

EICHENGREEN, B. (2000). *A Globalização do Capital: Uma História do Sistema Monetário Internacional*. São Paulo: Editora 34.

FRIEDMAN, M. & SCHWARTZ, A. (1963). *A Monetary History of the United States, 1867-1960*. Princeton: Princeton University Press.

GALBRAITH, J. K. (1972). *O Colapso da Bolsa, 1929*. São Paulo: Expressão e Cultura. Primeira Edição de 1954.

GORDON, R. J. & WILCOX, J. A. (1982). "Monetarist Interpretations of the Great Depression: An Evaluation and Critique". BRUNNER, K. (Ed). *The Great Depression Revisited*. New York: Rochester.

HOBSBAWM, E. (1995). *A Era dos Extremos: O Breve Século XX: 1914-1991*. São Paulo: Cia. das Letras.

KENWOOD, A. G. & LOUGHEED, A. L. (1992). *The Growth of the International Economy, 1820--1990*. London: Routledge.

KINDLEBERGER, C. (1986). *The World in Depression, 1929-1939*. Berkeley: University of California Press.

LANDES, D. (2005). *Prometeu Desacorrentado*. Rio de Janeiro: Elsevier.

LEWIS, W. A. (1949). *Economic Survey, 1919-1939*. London: George Allen & Unwin.

MAZZUCCHELLI, F. (2009). *Os Anos de Chumbo: Economia e Política Internacional no Entreguerras*. São Paulo; Campinas: Editora Unesp; Facamp.

ROMER, Christina. (1990). "The Great Crash and the Onset of the Great Depression". *Quarterly Journal of Economics*, Vol. 105.

ROTHERMUND, D. (1996). *The Global Impact of the Great Depression (1929-1939)*. London: Routledge.

SCHWARTZ, A. (1982). "Understanding 1929-1933". BRUNNER, Karl. *The Great Depression Revisited*. New York: Rochester.

TEMIN, P. (1976). *Did Monetary Forces Cause the Great Depression?* New York: Norton & Company.

TRIFFIN, R. (1960). *Gold and the Dollar Crisis*. New Haven.

Capítulo 15

AS TRANSFORMAÇÕES POLÍTICAS E ECONÔMICAS NA DÉCADA DE 1930 (*NEW DEAL*, FASCISMO, NAZISMO) E A SEGUNDA GUERRA MUNDIAL

Se a Primeira Grande Guerra Mundial havia deixado feridas abertas na organização político-econômica internacional durante a década de 1920, a Grande Depressão seria mais um elemento desestabilizador neste cenário de reorganização da economia. As antigas estruturas como o padrão-ouro e o equilíbrio de poder entre as potências sob a liderança da Grã-Bretanha estavam em ruínas. Na Europa, o processo de recuperação havia ampliado os déficits públicos, gerado processos inflacionários e mantido as taxas de desemprego em níveis extremamente elevados. Os Estados Unidos, que haviam se tornado a potência industrial e financeira mundial após a Primeira Guerra Mundial, diante da quebra da Bolsa de Nova Iorque e a disseminação da depressão para praticamente todo o globo, recuavam em sua atuação internacional. De maneira geral, a década de 1930 foi marcada pela permanência das incertezas herdadas da década anterior: questionava-se, de um lado, o liberalismo econômico, considerado como o responsável pela Grande Depressão, e de outro lado, o liberalismo político que, em tempos de crescimento das demandas sociais e trabalhistas, fortalecia ou os movimentos comunistas e socialistas, ou ainda os movimentos totalitários.

Até 1929, o liberalismo disseminado pela Grã-Bretanha orientava a política econômica dominante há mais de um século. Nos principais países do mundo, no que diz respeito ao sistema político, o liberalismo fora novamente instituído depois dos massacres da Primeira Guerra Mundial. Os países saídos da guerra, com a única exceção da Rússia soviética, avançaram rumo a instituições liberais e democráticas, com parlamentos eleitos pelo voto. Contudo, as crescentes insatisfações sociais e as dificuldades dos governos para controlar o déficit, a inflação e a grande crise econômica do início da década de 1930, abriram espaço para novos projetos de política econômica com governos centralizadores e, às vezes, pouco democráticos. Descrevendo o período, Eric Hobsbawm considera que: "os 23 anos entre a chamada 'Marcha sobre Roma' de Mussolini e o auge do sucesso do

Eixo na Segunda Guerra Mundial viram uma retirada acelerada cada vez mais catastrófica das instituições políticas liberais" (HOBSBAWM, 1995, p.115). Vale relembrar, no mundo todo, de um total de 65 países independentes em 1920, 35 eram governos constitucionais eleitos; esse número caiu para 17, em 1938, e para apenas 12, em 1944, movimento que se acelerou depois que Adolf Hitler se tornou chanceler da Alemanha.

Por outro lado, no campo econômico o liberalismo passou a ser questionado como único modelo político-econômico possível. Como vimos no capítulo anterior, o fim do padrão-ouro no início da década de 1930 e a desvalorização das moedas em grande parte dos países marcavam a ruptura com a década anterior de intensa troca comercial entre países. Até mesmo a Grã-Bretanha, defensora e líder da economia liberal por mais de um século, a partir de 1933 passou a desenvolver políticas intervencionistas como a regulação da produção e de seu comércio internacional, para auxiliar a recuperação industrial do país. Em 1935, Léon Blum, líder francês, procurou realizar reformas trabalhistas, elevando o salário dos trabalhadores e nacionalizando o Banco da França e algumas indústrias estratégicas. Ainda na Europa, profundas transformações marcariam as intervenções políticas no campo econômico dos países fascistas, como a Alemanha e a Itália. Entretanto, foi do outro lado do Atlântico, nos Estados Unidos, que a determinação política de Franklin Roosevelt construiu um modelo alternativo ao modelo liberal de desenvolvimento econômico: o "New Deal". Igualmente importante para a construção desse modelo alternativo foi a obra de John Maynard Keynes que, diversamente do pensamento liberal, atribuiu ao Estado um papel efetivo no combate às recessões e na manutenção do nível de renda e de emprego.

15.1 O *NEW DEAL* NOS ESTADOS UNIDOS

Na campanha presidencial para as eleições de 1932, Franklin Roosevelt não apresentava claramente um programa econômico para combater a crise. De qualquer maneira, a Grande Depressão havia sido suficientemente forte para restringir as intenções de reeleição do desacreditado presidente Herbert Hoover ou mesmo de qualquer outro membro do Partido Republicano. Esse cenário tornara-se mais complexo para os republicanos com a profunda crise bancária de 1931, cuja repercussão se prolongou pelo ano eleitoral de 1932. Em termos muito gerais, Roosevelt prometia trabalho e segurança para os Estados Unidos, além de uma melhor distribuição de renda, isto é, Roosevelt garantia um "novo acordo" (New Deal) com o povo norte-americano. Isso era o suficiente para que o candidato democrata recebesse apoio de lavradores endividados, operários sem emprego e comerciantes falidos, que exigiam ações mais audaciosas do governo. Contudo, Franklin Roosevelt, como candidato à presidência, ainda mantinha um movimento pendular entre a implementação de novos projetos de políticas públicas e econômicas e a manutenção de medidas ortodoxas (EINAUDI, 1959, p.78).

As eleições de novembro de 1932 deram a vitória a Roosevelt que, ao assumir o governo em 4 de março de 1933, recolocavam os democratas no poder dos Estados Unidos. A situação econômica do país, que já era grave, deteriorou-se nos meses entre a eleição e a posse de Roosevelt: nova onda de falência de bancos, aumento do desemprego, deflação, crise da agricultura exigiam medidas urgentes do novo governo. Tratava-se, e esse era o lema de Roosevelt, de "agir e agir agora". No entanto, não havia um projeto global bem definido para enfrentar esses problemas. Desse modo, em sua origem, o *New Deal*, em vez de um programa articulado, consistiu em uma série de ações que procuravam dar conta de questões específicas.

Sabendo da gravidade da situação financeira – expressa principalmente pela falência de milhares de pequenos bancos – Roosevelt assumiu com a prioridade de adotar medidas para salvar a economia do desastre financeiro. Decretou feriado bancário de 6 a 15 de março e convocou o Congresso para aprovar a Lei de Emergência Bancária em 9 de março. Essa lei determinava que, na reabertura dos bancos, estaria proibida a remessa de ouro para o exterior assim como o seu entesouramento. A lei também autorizava os bancos da Reserva Federal a emitirem moeda e, ainda, que a Corporação de Reconstrução Financeira (RFC – Reconstruction Finance Corporation), criada por Hoover em 1931, deveria fornecer fundos líquidos aos bancos que se mostrassem solventes (os demais seriam fechados). Paralelamente, ofereciam-se garantias aos depositantes de modo a evitar corridas bancárias. As ações mostraram-se extremamente eficazes ao restabelecer a confiança do mercado: já no final de março daquele ano, a grande maioria dos bancos norte-americanos reabriu. Nos dois meses seguintes, o valor dos depósitos foram maiores em relação à retirada de dinheiro do sistema bancário, de forma que em maio, quase 90% dos depósitos bancários estavam disponíveis no mercado. Em 1934, foram registradas apenas 61 falências de bancos, número reduzido diante dos milhares que quebraram nos anos anteriores (BILES, 1991, p.35).

Além de ações emergenciais, Roosevelt promoveu verdadeira reestruturação do sistema financeiro norte-americano por meio da Lei Glass-Steagall, aprovada em junho de 1933 e cujas disposições vigoraram, em grande parte, até a década de 1980. Essa lei estabeleceu uma rígida regulamentação sobre os bancos que incluía:

- Separação entre bancos comerciais e bancos de investimento: evitava que recursos de depósitos à vista nos bancos comerciais fossem aplicados em títulos ou operações de longo prazo;
- Criação de um fundo de seguro para depósitos em caso de falência de bancos;
- Proibição de pagamentos de juros para depósitos à vista e fixação de tetos para os juros pagos sobre depósitos a prazo (chamado Regulamento Q).

Em julho de 1933, tendo em vista a elevada inadimplência em dívidas imobiliárias, o governo criou a Corporação de Empréstimo aos Proprietários de Casas por meio da qual se faziam empréstimos para o refinanciamento de hipotecas aos proprietários devedores.

Em 1935, foi aprovada a Lei Bancária que deu maior poder ao *Federal Reserve* no controle da política monetária. Paralelamente, outras medidas procuravam evitar movimentos especulativos exacerbados e garantir a estabilidade do sistema financeiro, por exemplo: critérios mais rígidos para a emissão de ações, limites à alavancagem e seguros para depósitos de poupança. Portanto, o governo Roosevelt alterou a estrutura do sistema financeiro norte-americano e introduziu regulamentação mais rigorosa, estrutura e regulamentação que permaneceram por várias décadas e só foram totalmente superadas na década de 1990.

A situação da agricultura também exigia atenção urgente de Roosevelt. Desde 1929, os preços e a produção estavam em queda, levando à drástica redução da renda dos produtores rurais. A população rural era em torno de 30 milhões de habitantes, cerca de 25% da população norte-americana, o que dá a dimensão do problema econômico e social representado pela crise da agricultura. De acordo com a proposta de "agir e agir agora",

A administração Roosevelt agiu com rapidez sobre a crise, para salvar os agricultores e impedir a eventualidade de uma revolta mais violenta. O presidente fez convergir todas as agências federais de crédito agrícola para um só organismo, a Administração do Reajustamento Agrícola (*Agricultural Adjustment Administration – AAA*), em 27 de março de 1933; o Congresso, pouco tempo depois, providenciou novos e abundantes créditos. (LINK & CATTON, 1965, p.671)

A primeira linha de ação da AAA foi no sentido de promover o aumento do preço dos produtos agrícolas a fim de elevar a renda dos produtores rurais. Admitindo que os preços agrícolas são altamente sujeitos a flutuações da oferta e da demanda, procurou-se reduzir a oferta a fim de elevar os preços. Para tanto, a AAA oferecia compensação financeira para os produtores que reduzissem a área cultivada com os produtos mais afetados pela crise. Desse modo, foi possível restringir a produção, evitando a continuidade da queda dos preços e promovendo o aumento da renda líquida da agricultura em mais de 50% entre 1933 e 1936 (MAZZUCCHELLI, 2009, p.250).

A dívida dos agricultores era outro sério problema a ser enfrentado. Em 1933, duas leis (*Emergence Farm Mortgage* e *Farm Credit*) permitiram o refinanciamento das dívidas agrícolas por meio de créditos oficiais em condições favoráveis. Em especial, eliminava-se o temor da execução de dívidas hipotecárias que levariam à perda das propriedades. Ainda em 1933 foi criada a *Commodity Credit Corporation* – CCC (com recursos da *Reconstruction Finance Corporation*) que realizava empréstimos com base na safra futura; caso o preço fosse desfavorável, o produtor poderia "pagar" o empréstimo com a safra, sem o risco de ver sua dívida executada. Na prática, era uma política de preços mínimos com a formação de estoques reguladores nas mãos da CCC; ou seja, o risco de queda do preço passou a ser assumido pelo Estado.

CAPÍTULO 15 – AS TRANSFORMAÇÕES POLÍTICAS E ECONÔMICAS NA DÉCADA DE 1930

Em janeiro de 1936, a AAA foi declarada inconstitucional pela Suprema Corte norte-americana; em fevereiro, Roosevelt obteve a aprovação da SCDAA (*Soil Conservation and Domestic Allotment Act*): agora as compensações financeiras eram oferecidas a quem substituísse culturas que provocavam o desgaste e a erosão do solo por outras que o preservassem. O resultado final foi semelhante ao da AAA, pois as culturas que mais afetavam o solo eram aquelas cuja produção se julgava necessário reduzir. De qualquer modo, a decisão da Suprema Corte expressava a forte oposição de grupos conservadores a muitas medidas do governo Roosevelt, não só em relação à agricultura, mas também em relação a outras atividades.

Além da queda dos preços agrícolas, a deflação, como parte do ambiente recessivo, era outro problema a ser enfrentado pelo governo Roosevelt. Os preços de varejo haviam caído mais de 30% entre 1929 e 1932 e admitia-se que sua elevação colaboraria para superar a recessão que se aprofundava no início de 1933. Ainda no governo Hoover, o *Federal Reserve* reduziu as taxas de juros a fim de estimular a economia, sem resultados expressivos. Após a suspensão do padrão-ouro pela Inglaterra, em setembro de 1931, e da consequente desvalorização da libra, as taxas de juros foram elevadas nos Estados Unidos diante do temor de que o dólar também sofresse pressão para se desvalorizar. Portanto, ao assumir, Roosevelt se defrontava com o problema do combate à deflação. Em abril de 1933, autorizou a flutuação do valor do dólar em relação ao ouro e a outras moedas, ou seja, decretou o fim do padrão-ouro para o dólar. Esperava-se que o dólar se desvalorizasse e, como resultado, levasse a alguma elevação dos preços. Mas como o volume de reservas de ouro dos Estados Unidos era elevado, o efeito sobre o valor do dólar foi pequeno. A redução das taxas de juros também não teve grande impacto, pois, de um lado, havia poucos tomadores dispostos a assumir novas dívidas e, de outro, os bancos eram muito cautelosos na concessão de novos empréstimos. Com o objetivo específico de elevar os preços, o governo Roosevelt adotou, nas palavras de Galbraith, outra alternativa:

Seguiu-se ainda outro curso de ação, mais exótico e heterodoxo: o programa de compras de ouro de Roosevelt em 1933, um dos mais espetaculares exercícios na história cheia de altos e baixos da política monetária. (GALBRAITH, 1994, p.67)

Dois economistas, George Warren e Frank Pearson, haviam observado, numa série secular, uma relação positiva entre o preço do ouro e o nível de preços. Assim, o governo, por meio da RFC, fixava diariamente um preço (em dólares) mais alto do ouro que saía das minas, na expectativa de que os preços em geral se elevassem e que o dólar se desvalorizasse em relação às outras moedas. Os resultados dessa política foram pequenos e não justificaram sua continuidade além do final de 1933.

No entanto, a combinação dessas políticas – isoladamente pouco eficazes – com o início de recuperação da economia permitiu alguma elevação dos preços ao consumidor:

377

QUARTA PARTE – O ENTRE GUERRAS (1918-1939) E A SEGUNDA GUERRA MUNDIAL (1940-1945): "A ERA DA CATÁSTROFE"

em 1928, o índice estava em 62,9; em 1932, havia caído para 42,1; em 1937, atingiu 56,1. Embora não retornasse aos níveis da década de 1920, essa "inflação" servia de estímulo a algumas atividades.

Além do setor financeiro e da agricultura, a crise afetara profundamente o setor industrial. Desse modo, para promover a recuperação da economia era preciso algum programa de ação para a indústria. Para elaborar esse programa, Roosevelt foi assessorado por seu *"Brain Trust"*: os conselheiros Rexford Guy Tugwell, Hugh Johnson, Adolf A. Berle e Raymond Moley (BILES, 1991, p.29). Assim, depois de estudos do *"Brain Trust"*, em 16 de junho de 1933 foi aprovada a Lei de Recuperação da Indústria Nacional *(National Industrial Recovery Act* – NIRA) e colocada em funcionamento a Administração da Recuperação Nacional *(National Recovery Administration)*, sob a direção de Hugh Johnson. A concepção subjacente à NIRA era de que os padrões de mercados de concorrência perfeita não eram adequados para entender a dinâmica da indústria organizada sob a forma de grandes corporações.[1] Desse modo, o Estado deveria interferir no mercado industrial a fim de garantir o interesse público.

A aplicação da NIRA ficaria sob a responsabilidade da Administração da Recuperação Nacional – NRA – e buscaria estabelecer o controle da indústria por meio da colaboração entre Estado e grandes corporações. O principal instrumento eram os "Códigos de competição justa", elaborados por comissões (com representantes de empresários, trabalhadores, consumidores e da NRA) que estabeleciam metas de produção e de emprego, salários mínimos e duração da jornada de trabalho. Os empresários que cumpriam com as determinações do órgão podiam exibir a insígnia da "Águia Azul", "reminiscência dos desfiles de prontidão, mobilização e empréstimos de guerra da era wilsoniana" (LINK & CATTON, 1965, p.660). Em 1935, depois de dois anos de intenso funcionamento, o órgão já havia aprovado 557 códigos básicos e 208 códigos suplementares. Apesar dessa intensa atividade, a NRA enfrentou forte resistência: de pequenas e médias empresas, em especial de regiões em que o trabalho era mais barato, por terem de pagar o mesmo salário mínimo vigente para as grandes empresas; de trabalhadores, por entenderem que os empresários predominavam nas comissões; e das grandes corporações, contrárias a qualquer forma de interferência em seus negócios. Para abrandar as reclamações, Roosevelt nomeou uma comissão de revisão dos atos do órgão, enquanto Hugh Johnson era demitido. Em maio de 1935, a Suprema Corte determinou a inconstitucionalidade da NIRA, encerrando essa experiência de regulação da indústria que Roosevelt não tentou reeditar sob outra forma. Para Galbraith, "a decisão da Suprema Corte [...] não foi muito lamentada, nem mesmo pela comunidade econômica do *New Deal*" (GALBRAITH, 1994, p.65).

---

1. Adolf Berle é coautor da obra *A Moderna Sociedade Anônima e a Propriedade Privada*, publicada em 1932, que estuda como as características das grandes corporações interferem no funcionamento do mercado. As concepções de Berle certamente influíram na elaboração da NIRA.

378

CAPÍTULO 15 – AS TRANSFORMAÇÕES POLÍTICAS E ECONÔMICAS NA DÉCADA DE 1930

É inegável, no entanto, que o componente mais dramático da Grande Depressão foi o elevado nível de desemprego que atingiu quase 13 milhões de pessoas (cerca de 25% da força de trabalho norte-americana). Evidentemente, Roosevelt não poderia deixar de adotar medidas que, direta ou indiretamente, promovessem o combate ao desemprego e à situação de risco em que essa parcela da população se encontrava.

Por um lado, houve estímulo a atividades com utilização intensiva de mão de obra: é o caso do setor imobiliário para o qual o governo fundou, em 1934, a Administração Federal da Habitação (*Federal Housing Administration* – FHA) com o objetivo de estimular a paralisada economia da construção civil. Em seis anos de funcionamento, o FHA realizou mais de dois milhões de empréstimos para reparações, e mais de quinhentos mil para a construção de imóveis, arcando com cerca de US$ 3,2 bilhões (LINK & CATTON, 1965, p.654).

Por outro lado, medidas de assistência à população vítima do desemprego e medidas para criação direta de empregos assumiram papel central na política do *New Deal* e garantiram substancial alívio para a dramática situação social dos Estados Unidos no início da década de 1930. A urgência dessas medidas levou Roosevelt a criar em 1933, logo nos primeiros meses de governo, vários programas com o objetivo de prover auxílio e criar emprego para as famílias de desempregados. O Corpo de Conservação Civil (CCC – *Civilian Conservation Corps*) criava formas de assistência aos milhões de cidadãos em dificuldades. Em seus programas, jovens de famílias carentes eram alistados e distribuídos por acampamentos, coordenados pelo Departamento da Guerra, para agir no reflorestamento, no controle de enchentes e na conservação do solo, de represas, de rodovias. O número de beneficiados pelo CCC era da ordem de 500 mil por mês, um número pequeno diante dos milhões de desempregados. Em paralelo ao CCC, o congresso aprovou a Lei Federal de Auxílio de Emergência (FERA – *Federal Emergency Relief Act*), direcionando US$ 500 milhões para o auxílio direto por estados e municípios no atendimento da população necessitada. Ainda em 1933 foram criados a Administração de Obras Públicas (*Public Works Administration* – PWA), a Administração de Obras Civis (*Civil Works Administration* – CWA) e a Autoridade do Vale do Tennessee (*Tennessee Valley Authority* – TVA). A PWA cuidava da construção de aeroportos, rodovias, hospitais e escolas; em poucos meses de atividade chegou a empregar 4 milhões de pessoas, indicando sua eficácia no combate ao desemprego; a CWA realizava reforma de prédios públicos, conservação de parques, manutenção de rodovias e também empregava diretamente razoável número de pessoas. A TVA foi uma experiência inovadora, pois se tratava de um organismo do governo que, numa região pobre e afetada pela crise, propôs amplo planejamento de atividades como a construção de grandes represas, controle de inundações, navegação fluvial, produção de fertilizantes, produção de energia elétrica, além de treinamento para a população. A inovação estava tanto no fato de se propor um plano de desenvolvimento regional como no fato de ser o governo o responsável pelo projeto, em claro contraste com a visão dominante

379

do papel do Estado à época, ou seja, a visão liberal de um estado não interventor nas atividades econômicas.

O longo relato acima atesta o amplo conjunto de ações empreendidas pelo governo Roosevelt nos seus primeiros anos tendo em vista a gravidade da situação econômica e social norte-americana. No entender de Link & Catton (1965), entre os anos de 1933 e 1935, Roosevelt pôde completar a primeira fase de seu acordo, preparando as condições para ampliar o *New Deal* numa segunda fase que ocuparia os anos de 1935 a 1939.

Foi neste cenário que, em meados de 1934, Roosevelt teve mais um desafio a suplantar: era necessário eleger um congresso aliado para dar continuidade às suas reformas. Como vimos, muitas medidas do *New Deal* enfrentavam resistência da parte de vários segmentos da população, mas em especial do grande empresariado e dos elementos mais conservadores da sociedade. Apesar dessa oposição, Roosevelt recebeu esmagador apoio das massas. Com a vitória no Congresso e a formação do Conselho da Recuperação Nacional, nascia, em 4 de janeiro de 1935, a segunda fase do *New Deal*, em que se buscava ampliar a base de apoio junto aos trabalhadores.

No discurso de inauguração do segundo New Deal, Roosevelt afirmava que: "chegava o momento de cumprir uma corajosa e nova missão social, subordinando os lucros e a riqueza ao bem geral" (LINK & CATTON, 1965, p.682). O governo tinha como objetivos: 1. Acabar com a assistência beneficente; 2. Incorporar os "excluídos", mais de 3.500.000 pessoas, para trabalhar em projetos de habitação, eletrificação e obras públicas; 3. Criar um vasto programa de seguridade social, incluindo formas iniciais de seguro-desemprego e de aposentadoria.

Link e Catton entendem que, desde então, estabeleceu-se nos Estados Unidos um sentimento de consciência social nos diferentes setores da sociedade, enquanto no Congresso prevalecia a ideia de defesa da justiça social com a aprovação das propostas do Executivo. "O resultado dessa convergência de impulsos reformadores foi a promulgação de leis que marcaram o pleno florescimento do movimento progressista-humanitarista e a construção pelo menos da estrutura do Estado do bem-estar social" (LINK & CATTON, 1965, p.683). Em 6 de maio de 1935, o presidente criou a Agência para Melhoria do Trabalho (*Work Progress Administration* – WPA) em substituição à FERA, com o intuito de absorver desempregados em projetos públicos e de transferir pessoas indigentes e não empregáveis para listas de assistência social.

Entre 1935 e 1941, a Agência para Melhoria do Trabalho registrou uma média de 2 milhões de pessoas empregadas por ano nos mais diversos projetos do governo. No total foram realizadas cerca de 250.000 obras, despendendo mais de US$ 11 bilhões. Entre tantos outros projetos, houve a construção de 240 mil milhas de rodovias, cinco mil prédios públicos, milhares de milhas de tubulação de água e esgoto, centenas de pontes, aeroportos, além de distribuição de vacinação, ampliação do número de professores, escritores, músicos, médicos e artistas (BILES, 1991, p.99).

CAPÍTULO 15 - AS TRANSFORMAÇÕES POLÍTICAS E ECONÔMICAS NA DÉCADA DE 1930

Entre as agências aliadas à Agência para Melhoria do Trabalho, destacavam-se a Administração de Recolonização Interna, a Administração de Eletrificação Rural e Administração Nacional para a Juventude. A Administração de Recolonização Interna era uma segunda tentativa de solucionar os desafios impostos pela concentração de terras nos Estados Unidos. Os funcionários do governo pretendiam reinstalar cerca de 1,5 milhão de famílias em pequenas propriedades ou comunidades cooperativas. Ainda no que toca às transformações no mundo rural, Roosevelt iniciou a expansão da iluminação elétrica por meio da Administração da Eletrificação Rural, estendendo linhas de transmissão de energia por meio dos trabalhadores vinculados à Agência para Melhoria do Trabalho, e assumindo regiões em que as empresas particulares de iluminação não tinham interesse de abastecer. Finalmente, preocupado com a educação, o governo criou a Administração Nacional para a Juventude, estabelecendo salários para que estudantes secundários e universitários continuassem nas instituições de ensino, em troca de trabalhos como datilógrafos, estenógrafos, assistentes de laboratórios e bibliotecas, tutores entre tantas outras funções. Perto de 750 mil estudantes foram beneficiados por esse programa entre 1939-1941, por exemplo, recebendo entre cinco e trinta dólares por mês (LINK & CATTON, 1965, p.684-685). Tais políticas possibilitaram certa consolidação do programa do New Deal entre 1935-1937, já que ampliavam a infraestrutura norte-americana e ajudavam a construir uma reserva de mão de obra educada e treinada. Os programas de beneficência e a formação de programas de trabalho incluíram parte considerável da população no desenvolvimento nacional, cujo reflexo era o apoio incondicional dessas famílias à administração que lhes acolhera.

A primeira parte do programa do segundo *New Deal* foi a expansão dos projetos de desenvolvimento e construção de infraestrutura, absorvendo parte importante da mão de obra excluída do mercado de trabalho. A segunda parte do programa de Roosevelt era estabelecer e ampliar leis de seguridade social, desde leis trabalhistas até garantias de seguro social e aposentadoria. Em 14 de agosto de 1935, Roosevelt conseguiu aprovar no Congresso e no Senado a Lei de Seguridade Social. A lei seria um pacto entre diferentes esferas da sociedade para gerar fundos para pagar aposentadorias para maiores de 65 anos. Inicialmente o governo federal dividiria os gastos com os governos estaduais até 1942, momento em que parte considerável dos trabalhadores e das empresas já estaria contribuindo para formar o fundo previdenciário. Quanto ao seguro-desemprego, este seria de responsabilidade dos estados, que eram obrigados a criar mecanismos de captação e distribuição de benefícios para a proteção do trabalho. Caso os estados desrespeitassem tal determinação, ficavam sem os recursos pagos pelos empregadores; em menos de dois anos, todos os estados estavam colaborando com o governo, com aproximadamente 28 milhões de trabalhadores recebendo tal proteção social.

Também em 1935 foi promulgada a Lei Wagner ou Lei Nacional de Relações Trabalhistas (elaborada pelo Senador Robert F. Wagner). A lei se colocava ao lado dos trabalhadores,

QUARTA PARTE – O ENTRE GUERRAS (1918-1939) E A SEGUNDA GUERRA MUNDIAL (1940-1945): "A ERA DA CATÁSTROFE"

impedindo que empregadores pudessem organizar sindicatos, enquanto os trabalhadores fortaleciam seus próprios sindicatos. A lei também introduziu a negociação coletiva, outro fator para o fortalecimento dos sindicatos. Como resultado, o número de trabalhadores sindicalizados cresceu de 3,4 milhões, em 1930, para 8 milhões, em 1938, e para 10,2 milhões em 1941. Para Link e Catton, "O Congresso parece ter partido do pressuposto de que um movimento trabalhista forte era a melhor salvaguarda da democracia numa sociedade industrial e o melhor contrapeso para a influência das altas esferas patronais" (LINK & CATTON, 1965, p.691).

Outra medida do governo Roosevelt no plano de desenvolvimento social foi a aprovação da Lei do Trabalho Justo em 1938. Os democratas conseguiram com essa lei criar uma legislação que determinava o salário mínimo, o máximo de horas de trabalho por dia, o pagamento de horas extras e a proibição de trabalho infantil.

A legislação social de Roosevelt expressava concepção completamente distinta daquela até então predominante: trata-se de um novo estatuto para as relações entre capital e trabalho com a criação, paralelamente, de um sistema de proteção social. Implicava reconhecer, por exemplo, que o desemprego não resulta de uma patologia individual (o desempregado não é um preguiçoso ou vagabundo) e sim de uma contingência social decorrente de falhas no funcionamento do sistema econômico que exigem a correção por meio da intervenção do Estado, em clara oposição às concepções liberais.

Outras formas de interferência nas empresas privadas fizeram parte do *New Deal*: Roosevelt buscou regulamentar e controlar diferentes atividades de interesse público, como bancos, holdings, empresas de energia elétrica, de transportes. E por fim, numa das mais ousadas ações do governo, foi promulgada a Lei do Imposto sobre Fortunas, ou Lei de Rendas de 1935. Essa lei determinava a cobrança de maiores impostos de grandes empresas e das classes superiores, na tentativa de promover a melhor distribuição da renda.

Tais medidas desagradavam diretamente a classe empresarial e a parcela mais rica da sociedade norte-americana. Nas eleições presidenciais de 1936, o Partido Republicano de Herbert Hoover se aproveitou desse crescente descontentamento das classes patronais e lançou Alfred Landon como candidato com a bandeira de revisão da Lei de Rendas. Contudo, não havia meio de reverter o restante do programa do *New Deal*, afinal o governo havia retirado os Estados Unidos da profunda crise do início da década de 1930. Os democratas lançaram Franklin Roosevelt mais uma vez, com a proposta de manter o programa em ação. Com apoio das massas Roosevelt se reelegeu com uma substancial margem.

Em seu segundo mandato, ele desejava ampliar as ações empreendidas durante o segundo *New Deal*. Entretanto, as medidas tributárias e o desejo de aumentar os impostos agrícolas para grandes proprietários, além do projeto de colocar a Corte Suprema sob controle federal, fizeram o presidente perder parte importante do apoio dentro do Congresso. De qualquer maneira, ainda no final de 1936, o governo conseguiu colocar em prática a Lei de Arrendamento de Terras, pela qual assentava os pequenos agricultores dos

Estados Unidos, na maioria rendeiros, em propriedades particulares ou acampamentos com assistência estatal. De 1937 ao final da Segunda Guerra Mundial, atendeu quase um milhão de famílias. Outra importante medida foi o crescimento da construção habitacional, ampliando a campanha de destruição de favelas e promoção de lares adequados para a população urbana pobre.

A recuperação da economia levou à elevação dos preços em 1936 e 1937; além disso, em 1937 houve novo surto especulativo nas bolsas. O peso da ortodoxia econômica se fez sentir no governo Roosevelt: de um lado, houve substancial redução do déficit público (que de US$ 4,4 bilhões, em 1936, caiu para US$ 2,7 bilhões, em 1937, e para US$ 1,2 bilhões, em 1938); de outro lado, o *Federal Reserve* praticamente dobrou a exigência de reservas compulsórias dos bancos, provocando substancial redução do crédito. Desse modo, as restrições do crédito e a compressão das despesas federais tiveram efeito recessivo com queda de cerca de 5% do PIB e de 28% da produção industrial, e o aumento do desemprego que alcançou 6,8 milhões de pessoas.

O dilema entre ortodoxia econômica e políticas fiscais expansivas foi finalmente superado com a ameaça e o efetivo início da Segunda Guerra: em 1942, o déficit público foi de US$ 20,8 bilhões, cifra que expressa o volume de gastos necessários para o esforço de guerra. A contrapartida desses gastos foi a eliminação do desemprego durante a Segunda Guerra quando, pelo contrário, a escassez de trabalhadores induziu a inclusão de mulheres na força de trabalho.

Portanto, o *New Deal* elaborado por Franklin Roosevelt que, na origem, buscava formas de combater a recessão e o desemprego, abriu novas perspectivas para a atuação dos governos. Sem renunciar às instituições do capitalismo, o New Deal apresentou caminhos possíveis de crescimento econômico com intervenção estatal, cujo duplo objetivo era garantir o pleno emprego (e, portanto, condições adequadas para a acumulação de capital) e ampliar os direitos dos trabalhadores (em especial, dando-lhes maior segurança quanto às suas condições de vida, no presente e no futuro). Assim, o governo de Roosevelt, ao criar instituições e políticas públicas para as diferentes classes sociais e, finalmente, ao assumir a posição de indutor da economia, coordenando agentes, empresas e trabalhadores, esboçou um novo padrão de política econômica cuja influência em amplas partes do mundo perdurou por várias décadas.[2]

---

2. O *New Deal* foi objeto de fortes polêmicas e até hoje ainda divide as opiniões a seu respeito. Transcrevemos a seguir duas avaliações recentes do *New Deal*, uma altamente favorável e outra absolutamente negativa. Frederico Mazzucchelli, professor de economia da Unicamp, faz um balanço positivo do New Deal e indica sua importância histórica: "O *New Deal* representou uma experiência extraordinária na trajetória do capitalismo no século XX. *Reform, Relief and Recovery* não configuraram um singelo jogo de palavras de um político astuto. Foram metas que efetivamente nortearam as ações de Roosevelt. A defesa dos direitos dos cidadãos ao emprego e a condições dignas de vida; o estímulo à sindicalização; a implantação de um sistema abrangente de proteção social; o apoio diferenciado à agricultura; a regulamentação do sistema financeiro; a introdução de mecanismos públicos de financiamento; a efetivação de programas de desenvolvimento

QUARTA PARTE – O ENTRE GUERRAS (1918-1939) E A SEGUNDA GUERRA MUNDIAL (1940-1945): "A ERA DA CATÁSTROFE"

15.1.1 *Uma nota:* New Deal, *Roosevelt e Keynes*

Frequentemente associa-se o *New Deal* à influência do pensamento de J. M. Keynes sobre Roosevelt e seus assessores. Embora haja fortes semelhanças entre as medidas do *New Deal* e as propostas de Keynes para combater a recessão, o *New Deal* não foi uma aplicação direta do pensamento keynesiano. O relato de John K. Galbraith, um economista keynesiano que participou do governo na década de 1930, situa de modo plausível essa questão.

A obra em que Keynes formaliza sua teoria – *Teoria Geral do Juro, do Emprego e da Moeda* – foi publicada em 1936, ou seja, quando a primeira fase do *New Deal* já estava bem adiantada. É certo que, antes disso, Keynes já se manifestara sobre a Grande Depressão. Como referido anteriormente, em 1930, ele atribuíra a recessão daquele ano à insuficiência do investimento. Keynes foi mais incisivo em dezembro de 1933 quando mandou publicar, no *New York Times*, uma carta aberta ao presidente Roosevelt em que afirmava sua crença de que o governo, para combater a recessão, deveria dar ênfase ao aumento do poder de compra nacional com base em gastos governamentais financiados por meio de empréstimos (GALBRAITH, 1994, p.74). Roosevelt também recebeu Keynes em mais de uma ocasião: para Galbraith, pouco ouvido no governo britânico, Keynes teria procurado maior receptividade às suas ideias nos Estados Unidos. No entanto, as primeiras ações do New Deal, desde março de 1933, antecipavam as propostas de Keynes para enfrentar a recessão, pois definiam diversas formas de gastos do governo para a criação de empregos e reativação da economia. Esta noção, embora de forma pouco rigorosa, já era exposta à época: Galbraith cita em particular Lauchlin Currie, do *Federal Reserve Board*, como um

---

regional; as tentativas em estabelecer formas de cooperação com a indústria; a promoção de políticas de assistência aos necessitados – foram iniciativas que resultaram da percepção de que nem a sociedade, nem a economia, poderiam continuar escravas da lógica implacável da concorrência. A voracidade da depressão tornara imperiosa a introdução de modalidades de intervenção até então inimagináveis. Roosevelt teve a coragem e o talento para impor formas de controle sobre a ação cega das forças de mercado. [...] O *New Deal* radicalizou e deu substância à prática democrática: quando azares do mercado ameaçaram a vida da sociedade, coube ao Estado zelar pelo interesse público e restaurar a dignidade dos cidadãos. O *New Deal* foi um repto contundente aos preceitos do *laissez-faire*: seus valores se projetaram no desenho institucional, social e econômico do pós-guerra" (MAZZUCCHELLI, 2009, p.274-275). No lado oposto – o da avaliação negativa do *New Deal* – encontramos Lew Rockwell, presidente do Mises Institute (Alabama – USA), instituição que defende de forma radical o liberalismo econômico; por isso tem o economista da escola austríaca, L. von Mises (1881-1973), como seu patrono. Rockwell assim se refere ao *New Deal* em artigo recente intitulado "À espera de um novo *New Deal*": "[...] quando chegou ao poder, F. D. Roosevelt enlouqueceu e instituiu um programa de planejamento central que combinava elementos dos modelos soviético e fascista. Foi um programa idiota atrás do outro. Eles tentaram aumentar salários quando o certo seria deixá-los cair. Tentaram salvar bancos que deveriam ter quebrado. Destruíram recursos no momento em que mais se precisava deles (no ápice da idiotice, o governo federal começou a pagar agricultores para destruir suas plantações – no intuito de manter os preços agrícolas elevados – enquanto pessoas desempregadas e famintas se amontoavam em estabelecimentos públicos em busca de um prato de sopa). Estimularam a gastança quando o correto seria estimular a poupança. Destruíram o dólar em um momento em que ele deveria ter se valorizado. Cartelizaram a economia quando a concorrência mais se fazia necessária" (ROCKWELL, 2009).

dos que recomendava estímulo fiscal direto para incrementar o poder de compra numa situação recessiva. No entanto, a influência de Keynes seria decisiva por sua obra *Teoria Geral*: "Nunca, desde Adam Smith e Karl Marx, as ideias tiveram um efeito tão grande sobre as atitudes e ações públicas" (GALBRAITH, 1994, p.74). Para Galbraith, duas ideias de Keynes eram fundamentais para entender e combater a Grande Depressão.

A primeira ideia é a de que a *Teoria Geral* refutava a noção presente à época na economia de que as recessões eram fenômenos temporários que seriam autocorrigidos pelos mecanismos de mercado. Em particular, questionava a aplicação, para o plano macroeconômico, de uma lógica tipicamente microeconômica que afirmava que, havendo desemprego, os salários se reduziriam o que levaria à contratação de mais trabalhadores, ao aumento da produção e ao fim da recessão. Ao contrário, a redução dos salários reduziria a renda e os gastos dos trabalhadores e, em decorrência, haveria menos vendas e mais desemprego.

Keynes procurou provar que a depressão não é temporária por natureza, que pode se tornar duradoura levando a um equilíbrio com desemprego e com capacidade produtiva ociosa; isso porque uma parte da renda (gerada pela venda dos produtos e dividida entre salários, juros, lucros e aluguéis) pode não ser gasta. Na depressão, pode haver uma preferência pela liquidez: no ambiente recessivo, as expectativas induzem a redução dos gastos de consumo e de investimento, o que faz também com que os recursos disponíveis nos bancos não encontrem tomadores. Ou seja, a demanda agregada é insuficiente para garantir o pleno emprego dos trabalhadores e da capacidade produtiva, reproduzindo (ou aprofundando) a depressão. Esta era a primeira ideia fundamental para entender as raízes da Grande Depressão.

A segunda ideia decorria imediatamente da primeira: para romper o equilíbrio do desemprego é preciso que se suplemente a demanda agregada por meio de outros gastos (além dos insuficientes gastos de consumidores e investidores). Esses gastos deveriam ser efetivados pelo governo, obtendo os recursos por meio de empréstimos dos recursos não gastos (ou de seu equivalente) de modo a aumentar a demanda agregada e elevar o nível de emprego da força de trabalho e dos bens de produção. Essa proposta entrava em choque com o pensamento econômico dominante à época, pois exigia o aumento da dívida e dos déficits fiscais.

Até que ponto a influência de Keynes sobre Roosevelt se fez sentir? É inegável que o *New Deal* foi, em grande medida, composto por ações que podem ser identificadas com as propostas de Keynes: gastos do governo, criação direta de empregos, déficits fiscais. Mas Roosevelt não estava totalmente livre do peso do pensamento econômico clássico: a ameaça de inflação crescente e de especulação na bolsa em 1937 levou-o a adotar política monetária e fiscal restritiva que provocou severa recessão em 1938.

Para Galbraith, a influência do pensamento keynesiano sobre o governo se fez a partir da difusão de suas ideias na universidade: especialmente em Harvard, a discussão de Keynes se tornara intensa, tendo Alvin Hansen como um dos seus principais participantes.

QUARTA PARTE – O ENTRE GUERRAS (1918-1939) E A SEGUNDA GUERRA MUNDIAL (1940-1945): "A ERA DA CATÁSTROFE"

E muitos professores universitários, que já haviam aderido às propostas de Keynes, ingressaram no governo nos anos do *New Deal*, reforçando esse caráter da política econômica nos Estados Unidos na década de 1930. É claro, com a Segunda Guerra, os déficits fiscais se tornaram imperativos e levaram a economia norte-americana ao pleno emprego.

A influência do pensamento keynesiano sobre as políticas econômicas dos principais países capitalistas se prolongou após a Segunda Guerra Mundial e passou a ser questionada a partir dos anos 1970, diante de sua dificuldade em lidar com novos problemas (em particular a chamada estagflação, a ser discutida numa das próximas partes deste livro).

15.2 NAZISMO E FASCISMO (ITÁLIA, ALEMANHA E JAPÃO)

Os movimentos autoritários e conservadores que surgiram no período entre guerras assumiram sua forma mais bem definida com o nazismo alemão de Adolf Hitler e o fascismo italiano de Benito Mussolini. Contudo é preciso lembrar que outros governos europeus direitistas flertaram com o fascismo e o nazismo no período, tais como aqueles da Hungria, Romênia, Finlândia, Espanha e Portugal.[3] A ascensão de tais governos significava uma espécie de contrarrevolução, que, de um lado, se aproveitava das brechas abertas pela crise dos velhos regimes, apresentando um projeto político centralizador, modernizador e, portanto, de ruptura com a tradição, mas, de outro lado, se apresentava como oposição aos movimentos revolucionários de esquerda.[4] Assim criava uma nova tradição, baseada em um mito fundador nacionalista e que, no limite, como na Alemanha e no Japão, se alimentava da ideia de raça superior.

15.2.1 *Itália*

A primeira manifestação desse fenômeno ocorreu na Itália, quando o Partido Fascista italiano, sob a liderança do professor e jornalista Benito Mussolini, por meio da "Marcha sobre Roma", assumiu o poder do país em 1922. Na verdade o Partido Fascista havia sido formado no período final da Primeira Guerra Mundial, em parte, como resultado das

---

3. Os governos implantados na Espanha e em Portugal possuem características próprias. Ambos os países foram governados por ditaduras, mas sem uma clara conexão com o nazismo alemão ou o fascismo italiano. No caso da Guerra Civil Espanhola (1936-1939) houve uma clivagem entre grupos políticos de extrema esquerda e de extrema direita. Em combate, os comunistas espanhóis tiveram apoio de jovens voluntários de toda Europa e o suporte financeiro e armamentista da URSS, enquanto o general e futuro ditador Francisco Franco foi munido com tropas e armas tanto de Mussolini como de Hitler. Independente desse apoio dos governos fascistas, a Espanha não entraria na Segunda Guerra Mundial (HOBSBAWM, 1995, p.157-162).

4. Em 1937, Alemanha, Itália e Japão realizam o pacto Anticomintern, como forma de barrar o comunismo.

386

insatisfações deixadas pelos prejuízos italianos no plano internacional, como a perda da Tunísia para a França em 1881, a humilhante derrota para os nativos da Abissínia na tentativa de expansão imperialista em 1890, e o não recebimento de regiões, como o Fiume ou parte das antigas colônias alemãs, como retribuição do apoio dado aos Aliados na Primeira Guerra. O regime liberal do país passou a ser questionado, e foi definitivamente abalado, pela conjuntura econômica deixada pelo pós-guerra com inflação e desemprego crescentes. A crise social gerou a mobilização dos trabalhadores, de maneira que, em 1919 o Partido Socialista conseguia um terço dos lugares na Câmara, a Confederação Geral do Trabalho contava com 2 milhões de associados, e em 1921, o Partido Comunista Italiano era fundado. Operários organizavam greves e manifestações políticas enquanto no campo as Ligas Vermelhas questionavam a renda dos latifúndios. A instabilidade política aproximou a burguesia e os latifundiários ao Partido Fascista que defendia o controle das classes trabalhadoras e o desenvolvimento das "possibilidades" italianas. E o fazia não no espaço do Parlamento, mas por meio da violência de seus grupos armados: a Marcha sobre Roma, com 30 mil "camisas negras", levou o rei a convidar Mussolini para formar o novo governo.

A Itália que *Il Duce*, Mussolini, passava a comandar como Primeiro Ministro era uma nação em luta para alcançar postos mais elevados na política internacional; porém, do ponto de vista econômico no quadro europeu, ainda se mantinha como um país atrasado. A indústria pesada tinha se desenvolvido rapidamente durante o período de guerra, mas sem superar a desigualdade regional de renda entre norte e sul e o caráter agrário da economia italiana. Em 1920, cerca de 40% do PIB era proveniente da agricultura, que absorvendo 50% da população não conseguia atingir níveis mais elevados de consumo (KENNEDY, 1989, p.283-285). Nesse sentido, Mussolini e seu ministro da fazenda, De Stefani, já em 1922 buscaram apoiar o grande capital, com medidas como o fim dos impostos sobre capital e sobre produtos de luxo, além do incentivo à fusão de empresas. De outro lado, iniciaram a "batalha pelo grão", para atingir a autossuficiência de trigo.

Em meados da década de 1920 o fascismo italiano começou a cristalizar sua feição autoritária: em 1925, um ano após o assassinato do líder socialista Matteoti, Mussolini determinou o fim da autonomia das vilas e cidades italianas, e, por fim, em 1926, levou à ilegalidade todos os partidos italianos, menos o fascista, garantindo as bases para a ditadura. No plano econômico, o governo estabeleceu o recolhimento do capital das empresas que excedessem cinco milhões de liras e interveio na salvação estatal dos bancos de Roma, de Nápoles e de Sicília. O governo também estimulou a formação de corporações, por meio das quais controlaria setores da economia (GUERIN, 1945, p.309).

As verdadeiras reformas, entretanto, viriam na década de 1930. Após a Grande Depressão atingir parte considerável das economias mundiais, Mussolini, em novembro de 1933, declarou que "enterraria o liberalismo na Itália". Um conjunto de medidas foi colocado em prática: de um lado, seguindo a maioria dos países atingidos pelos efeitos do *crash* de Nova Iorque, a Itália iniciou o controle do câmbio provocando desvalorização da moeda em 1934, e no ano seguinte se despediu do padrão-ouro (MAURO, 1973, p.382). O intervencionismo fascista aumentou ainda mais nessa segunda fase, com a criação do IRI (Instituto da Reconstrução Industrial) que absorvia empresas debilitadas e promovia a expansão das obras públicas como autoestradas, ferrovias e habitações. A falta de matérias-primas exigiu o rígido controle das importações e a política de autarquia, com os consórcios obrigatórios para o controle da produção (lei de 16 de julho de 1932) e os avanços na indústria química para superar restrições de insumos com produtos substitutos.

Para sustentar os investimentos estatais recorria-se às emissões e ao endividamento do governo. Mesmo com as limitações econômicas e de recursos naturais, em meados da década de 1930, Mussolini levou a Itália à fase de economia de guerra. Com a conquista da Abissínia (Etiópia), entre 1935-1937, que causaria a ruptura com a Liga das Nações – o que levou os países atrelados à Liga a promoverem o embargo econômico da Itália –, e o auxílio ao general Franco na guerra civil espanhola, *Il Duce* enfraquecia ainda mais a débil economia italiana. A aliança com o nazismo alemão era caminho obrigatório para Mussolini, não só pelo alinhamento ideológico, mas, sobretudo, pela dependência de insumos básicos do exterior. Em 1939, iniciada a Segunda Guerra Mundial, a Itália estava financeiramente desgastada, com recorrentes ampliações de impostos extraordinários e um corpo militar obsoleto.

Apesar de comandar o governo italiano por mais de vinte anos, o fascismo de Mussolini não foi capaz de fazer com que a Itália deixasse de ser um país atrasado no contexto europeu. Apesar de promover o desenvolvimento de algumas atividades (hidroeletricidade, ferrovias, indústria eletroquímica, automobilística, aeronáutica, de fibras artificiais), em 1938 a Itália produzia apenas 2,1% do aço que consumia, 1,0% do ferro gusa, 0,7% do minério de ferro e 0,1% do carvão e dependia de importações de fertilizantes, petróleo, borracha, cobre e outras matérias primas (KENNEDY, 1989, p.283-284), a expressar a fragilidade da economia italiana, especialmente diante dos esforços necessários para enfrentar a Segunda Guerra. Essa fragilidade ajuda a entender a precária situação do país ao fim da guerra.

15.2.2 *Alemanha*

A Alemanha, igualmente antiliberal do ponto de vista político e intervencionista no plano econômico, chegou à Segunda Guerra com uma base produtiva relativamente sólida, porém insuficiente para sustentar o enorme esforço de anos de conflito.

Assim como na Itália, a ascensão do Partido Nacional Socialista de Hitler foi resultado do aprofundamento da crise econômica do país. A jovem república de Weimar, formada logo após a derrota alemã na Primeira Guerra Mundial, teve de enfrentar três grandes crises econômicas em pouco mais de uma década: 1918, 1923 e 1930. As duas primeiras como resultado do pós-guerra que havia gerado alta inflação e pesados encargos ao país pelo

CAPÍTULO 15 - AS TRANSFORMAÇÕES POLÍTICAS E ECONÔMICAS NA DÉCADA DE 1930

pagamento das reparações da guerra. A terceira, que deflagrou a crise final da república de Weimar, ocorreu logo depois do *crash* da bolsa de Nova Iorque: a suspensão do fluxo de recursos norte-americanos foi fatal para a Alemanha, pois esta dependia deles para manter os pagamentos de seus encargos externos. As crises agrárias e bancárias e a queda das exportações (de 13,6 para 4,9 bilhões de marcos entre 1929-1933) que resultaram desse contexto traziam o risco inflacionário novamente à economia, e para combatê-lo o primeiro ministro Heinrich Brüning adotou pesadas medidas deflacionárias, aumentando o desemprego, o que estimulou a formação de movimentos antidemocráticos.

A substituição de Brüning pelo chanceler Franz Von Papen em 1932, se deu num cenário em que a produção industrial havia caído 53%, a população desempregada alcançava 7 milhões de pessoas e a renda nacional havia declinado de 73,4 para 45,2 bilhões de marcos. Alguns sinais positivos eram vistos no plano internacional: a moratória autorizada pelo presidente norte-americano Herbert Hoover, em 1931, e a conferência de Lausanne, em 1932, em que Von Papen, representando a Alemanha, suspendeu os pagamentos das dívidas de guerra, possibilitavam a reversão da política deflacionista. A rápida ampliação dos gastos em obras públicas e o incentivo ao investimento privado por meio de subsídios parecia iniciar a reversão da crise alemã já em meados de 1932. (STOLPER; HÄUSER & BORCHARDT, 1967, p.120-122). No entanto, a crise econômica já trouxera à tona um novo ator político: o Partido Nazista, pouco expressivo na década de 1920, nas eleições de setembro de 1930 passou de 12 cadeiras no Parlamento para 107. Em janeiro de 1932, Hitler foi derrotado nas eleições presidenciais pelo marechal Hinderburg. No entanto, nas eleições de 31 de julho desse ano o Partido Nazista registrou substancial ascensão: 230 nacionais socialistas eleitos, contra 133 sociais democratas e 89 comunistas entre os 608 membros do parlamento.[5] No fim desse ano, amplo movimento grevista foi deflagrado e passou a atemorizar setores conservadores da sociedade. As tentativas do presidente de controlar a situação fracassaram e, em janeiro de 1933, pressionado pelos conservadores monarquistas e pela grande burguesia, chamou Hitler para assumir o cargo de Primeiro Ministro e formar o novo governo. Acreditavam que os nazistas, com seus grupos paramilitares, seriam capazes de conter a agitação social. Mas também acreditavam que Hitler seria mantido sob seu controle. Em menos de dois anos, Hitler, por meio de sucessivos golpes, assumiu o pleno controle do poder. O incêndio do Parlamento (Reichstag) em fevereiro de 1933, atribuído aos comunistas, serviu de pretexto para repressão aos grupos de esquerda. Nas eleições de março de 1933, realizadas nesse clima repressivo, o Partido Nacional Socialista, com apoio de outros grupos, obteve maioria no Reichstag que, sob a pressão dos nazistas,

---

5. Para Hobsbawm (1995, p.133) foi a grande depressão que transformou o Nacional Socialismo e especialmente Adolf Hitler em opção. O Partido foi pouco representativo durante a década de 1920: nas eleições de 1924, teve apenas 3% dos votos, já em 1930, esse resultado subiu para 18% e, em julho, de 1932, na decisiva eleição para Hitler, o partido obteve 37% dos votos. Em novas eleições, em novembro de 1932, o desempenho dos nazistas foi inferior ao das eleições de julho, o que não impediu que Hinderburg chamasse Hitler para compor o novo governo em janeiro de 1933.

decretou a suspensão dos partidos políticos (exceto o nazista), a extinção dos sindicatos e medidas que levaram à perseguição dos judeus e das organizações de trabalhadores. Pouco depois, em 23 de março, o Reichstag aprovou a centralização do poder: por lei, o legislativo passava a se submeter ao primeiro ministro, Hitler, que, a partir de então, podia modificar e criar leis, além de assinar tratados internacionais (SALINAS, 1996, p.39)

O programa do Nacional Socialismo previa em parte realizar ações para as massas, mas, principalmente, dava apoio ao desenvolvimento capitalista no país para superar os efeitos da grande depressão. Esse desenvolvimento, mesmo sem estatizações, seria controlado pelo Estado, que definitivamente acabava com os princípios do liberalismo econômico e construía um programa de planejamento estatal. Na verdade, esse programa econômico se inseria na perspectiva ideológica do nazismo a respeito da sociedade. O nazismo se propunha portador de uma "nova ordem", alternativa à polarização entre liberalismo e comunismo. Nessa nova ordem, os interesses da sociedade e da nação deveriam ser "conscientemente" conduzidos pelo Estado, de modo que uma lógica estatal se sobrepunha à lógica dos interesses privados. Consequentemente, a economia devia se subordinar à política, ou seja, à lógica do Estado; em outras palavras, a economia deve ser um instrumento de poder acima de qualquer outro objetivo (como promover o bem-estar do povo). Todavia, para tanto não era necessário socializar os meios de produção; bastava que o Estado tivesse o controle sobre as principais atividades (bancos, agricultura, indústria). Essa perspectiva ideológica levou, afinal, ao caráter ditatorial do regime, pois, na condução da política, deveriam prevalecer as "razões de Estado" que rapidamente se transformaram na vontade do líder (führer) que acabava por ser a personificação do Estado. Desse modo, o caráter ditatorial do regime era justificado perante a população e também se fazia presente, de modo crescente, na ação econômica do governo.

O governo nacional socialista pode ser dividido em três períodos distintos: do primeiro plano quadrienal (1933-1936), cujo foco era a criação de empregos; do segundo plano quadrienal (1936-1939), cujo foco era a expansão da produção na tentativa de tornar a Alemanha um país autossuficiente; e, finalmente, o período de guerra (1939-1945).

O primeiro plano quadrienal implementado pelo Nacional Socialismo foi o "Plano de Criação de Empregos" entre anos de 1933 e 1936. A lei de 1º de julho de 1933 definia a "batalha pelo emprego" como objetivo primordial a ser atingido, e para tanto, foram promulgadas as leis de 15 de julho, que incentivavam os investimentos capitalistas por meio de isenção de impostos, financiamento e garantias governamentais para aplicação de recursos em setores não rentáveis. Contudo, mesmo que tais leis apontassem para um movimento de "reprivatização", como defendido pelo ministro da economia Carl Schmitt, o governo ao mesmo tempo construía mecanismos de controle da economia, como o direito estatal de vigilância e gerência sob a produção e circulação de bens (GUERIN, 1945, p.309).

No que diz respeito à regulamentação do mercado de trabalho, o novo governo alemão criou, em janeiro de 1934, a "Frente de Trabalho" (*Arbeitsdienst*) que deveria funcionar como um regulador dos salários e condições de trabalho, abolindo desta maneira, os sindicatos (que haviam sido fechados definitivamente pelos grupos militares nazistas meses antes). A ditadura nazista, que estava se consolidando com a cooptação de parte das classes trabalhadoras pelo importante instrumento de propaganda de Josef Goebbels, dependia também do sucesso das ações no plano econômico para concretizar o controle do poder sobre a população. Consequentemente, logo nos primeiros meses do plano de criação de empregos foram gastos mais de 5 bilhões de marcos na construção de rodovias, de casas, de obras urbanas e ferrovias, repercutindo favoravelmente na queda do desemprego.

TABELA 15.1
Emprego e desemprego na Alemanha, 1933-1938 (em milhões)

30 DE SETEMBRO	EMPREGADOS	DESEMPREGADOS
1933	14,5	3,7
1934	16,1	2,3
1935	17,0	1,8
1936	18,3	1,1
1937	19,7	0,5
1938	20,8	0,2

Fonte: STOLPER; HÄUSER & BORCHARDT (1967), p.133.

A redução do desemprego ocorreu em paralelo ao rápido crescimento do PIB, de cerca de 9% ao ano em média de 1932 a 1936. O aumento do gasto público (de 9,5 bilhões de RM, em 1932, passou a 21,9 bilhões de RM, em 1926) estimulou o investimento industrial, porém direcionando-o para a produção de bens de produção. Exceções foram dois ramos que geravam grande número de empregos: a construção residencial e a indústria automobilística (envolvendo as montadoras que geravam demanda por aço, vidro, borracha, petróleo etc.), a qual se associava a investimentos na construção rodoviária. A agricultura também foi beneficiada por medidas do primeiro plano quadrienal: preços mínimos, redução da carga tributária e da dívida permitiram o aumento da produção – em 1935 a produção foi 50% maior do que em 1928-1929 – e definiram tendência à autossuficiência na produção de alimentos (MAZZUCCHELLI, 2009, p.195-302).

Para sustentar esse crescimento, a Alemanha ainda dependia de importações, e isso num contexto de crise de crédito internacional e redução substancial das trocas comerciais com outros países. Para enfrentar esse problema, o presidente do Reichsbank (entre 1933--1939) e o primeiro ministro (entre 1934-1937), Hjalmar Schacht, teve papel determinante. Considerando que as reservas cambiais alemãs eram muito reduzidas e que a Alemanha era dependente de recursos naturais estratégicos, Schacht implementou o monopólio do Estado para o comércio exterior. Todas as moedas internacionais e ouro em circulação no

QUARTA PARTE – O ENTRE GUERRAS (1918-1939) E A SEGUNDA GUERRA MUNDIAL (1940-1945): "A ERA DA CATÁSTROFE"

país deveriam ser depositados no Reichsbank que centralizaria as relações comerciais com o estrangeiro, por meio de licenças de importação para produtos prioritários e subsídios para inserção das exportações alemãs no mercado exterior – o que levaria a Alemanha ao terceiro lugar em produção industrial. Tornando-se essencialmente um órgão político, o Reichsbank passou a incentivar o governo alemão a realizar transações comerciais bilaterais, principalmente com países do sudeste europeu, da América Latina e do Oriente Médio, regiões ricas em matérias-primas e carentes em produtos industrializados. Isso ampliou ainda mais a tendência alemã de exportar produtos manufaturados, como materiais químicos, elétricos e maquinaria, enquanto dependia de insumos básicos como petróleo, minerais e alimentos.

TABELA 15.2
Importação e exportação da Alemanha por categorias de produtos: 1929-1938 (% do total)

ANOS	ALIMENTARES		MATÉRIAS-PRIMAS		SEMIELABORADOS		ACABADOS	
	Imp.	Exp.	Imp.	Exp.	Imp.	Exp.	Imp.	Exp.
1929	40,0	6,5	29,2	11,7	17,7	11,8	13,1	70,0
1932	45,7	4,5	27,3	10,1	15,1	9,7	11,9	75,7
1933	39,8	4,6	32,5	10,6	16,7	9,7	12,0	75,1
1937	37,4	1,5	36,5	9,8	17,9	9,2	7,3	79,5
1938	38,7	1,0	34,0	9,5	19,2	7,3	7,3	82,2

Fonte: BETTELHEIM (1972), Vol. II, p.140-142. Obs.: Em alguns anos, a soma das porcentagens não corresponde a 100,0; trata-se de erro da própria fonte.

Se o primeiro plano quadrienal tinha como foco a "batalha pelo emprego", o segundo (1936-1939) buscou a "Produção Autossuficiente".

No lançamento do segundo plano, em Nuremberg, Hitler afirmava:

Em quatro anos, a Alemanha deve ser completamente independente do estrangeiro no que diz respeito a matérias-primas que podem ser fabricadas, de uma forma ou de outra pelo povo alemão, por nossa indústria química e por nossa indústria mecânica, assim como por nossas minas. A construção dessa grande indústria alemã de matérias-primas ocupará de forma economicamente útil as massas e suprirá o final de nosso rearmamento. (BETTELHEIM, 1972, p.94)

No entanto, a autossuficiência – ou a autarquia (*Autarkiepolitik*) – pressupõe o controle sobre um território que contenha os recursos naturais necessários para permitir essa autarquia. Contudo, para conseguir tal objetivo, como descrito por Hitler em *Mein Kampf*, a Alemanha precisaria avançar na conquista do "espaço vital" (*Lebensraum*), que no entender do chefe nazista, deveria ser um vasto território rico em recursos, propiciando autonomia

CAPÍTULO 15 – AS TRANSFORMAÇÕES POLÍTICAS E ECONÔMICAS NA DÉCADA DE 1930

política e econômica. Para tanto, a Alemanha precisaria promover o seu rearmamento, condição para a conquista dos territórios necessários à autossuficiência produtiva.

Desse modo, no segundo plano quadrienal, grandes investimentos foram direcionados para as indústrias alemãs: passou-se a produzir materiais *ersatz* (ou seja, substitutos às matérias-primas de que o país dependia) e somas consideráveis de capitais foram gastas no rearmamento. Os *Arbeitsdienst*, as Frentes para o Trabalho, a partir de 1935, passaram a recrutar compulsoriamente jovens e adultos escalados para construção da infraestrutura de "guerra" ou mesmo alistados no exército. Embora em ritmo menor do que no período anterior, o PIB manteve-se em crescimento numa época em que a Grande Depressão ainda provocava efeitos em muitos países. Houve significativo aumento da produção de materiais como ferro, alumínio, gasolina, borracha sintética, fibras sintéticas (como o *rayon*); o segundo plano manteve a prioridade para a produção de bens de produção em detrimento de bens de consumo, embora alguns destes tenham merecido a atenção dos planejadores, como o carro popular (o famoso Volkswagen, carro do povo), rádio e geladeira popular. No entanto, a manutenção desse esforço produtivo ao longo de dois planos quadrienais encontrava limites. Em 1937-1938, a economia atingiu o pleno emprego implicando o surgimento de gargalos crescentes na oferta de matérias primas e insumos básicos, a dificuldade para arregimentar mão de obra qualificada e pressões inflacionárias.[6] A opção por promover o rearmamento, expresso, por exemplo, pela substituição de Schacht por H.Göring como ministro da economia, tornou mais agudas essas limitações. Por outro lado, o aumento do gasto público necessário para atingir as metas dos planos quadrienais se fez por vários instrumentos de financiamento: crescente controle sobre os bancos de modo a transferir a liquidez do sistema para o governo com taxas de juros reduzidas; aumento do imposto de renda (que de 22% da receita fiscal, em 1933, passou a responder por 44%, em 1938); criação das "MEFO bills", um título de uma empresa fictícia (ligada a quatro grandes empresas metalúrgicas) que podia ser descontada no Reichsbank, gerando recursos para a compra de armamentos e superando os limites de desconto de títulos do governo pelo banco central alemão. Estes mecanismos indicam que o financiamento dos gastos públicos era outra limitação que a economia alemã enfrentava durante o segundo plano quadrienal (MAZZUCCHELLI, 2009, p.289-295).

Esse segundo plano do governo nazista evidenciou o princípio de que a economia devia se subordinar à política e ser um instrumento de poder: assim, o expansionismo se tornou uma necessidade para que o plano, em especial em sua proposta de autarquia, pudesse ser executado.

O processo de expansão, que implicava o desafio às restrições impostas pelo Tratado de Versalhes, foi iniciado em 1936, quando as tropas alemãs voltaram a ocupar a região

---

6. Em 1936 o governo alemão recorreu ao congelamento dos preços para evitar uma explosão inflacionária. O congelamento de salários, por sua vez, permaneceu até 1945.

393

da Renânia, sem que a França, o principal país envolvido na questão, esboçasse qualquer sinal de retaliação. Paralelamente, Hitler enviou tropas e equipamentos para a vitória do general Franco na Guerra Civil Espanhola. Em 1938, aproveitando o crescimento do Partido Nazista Austríaco, promoveu a anexação da Áustria pela Alemanha (chamada de *Anschluss*) sem qualquer oposição dentro do país. Assim, o segundo plano quadrienal e as mobilizações para o processo de expansão alemão multiplicaram por quatro os gastos do governo nazista. Mesmo com a ampliação da arrecadação diante da expropriação dos credores internacionais, da elevação dos impostos às empresas com rendimentos superiores a 100 mil marcos (de 20% para 40 % entre 1936 e 1940), da apropriação das reservas de ouro da Áustria e das propriedades dos judeus, o endividamento foi inevitável.

TABELA 15.3
Contas alemãs 1933-1942 (milhões de marcos)

ANOS	CIRCULAÇÃO FIDUCIÁRIA	DÍVIDA DE CURTO PRAZO	RECEITA FISCAL
1933	3.645	10.120	10.200
1934	3.901	9.860	10.600
1935	4.285	10.050	11.800
1936	4.980	11.470	13.300
1937	5.275	13.670	15.500
1938	7.744	16.750	18.900
1939	11.000	25.110	23.000
1940	12.807	29.900	-
1941	14.046	62.240	-
1942	20.047	87.620	-
1943	33.683	110.750	-

Fonte: BETTELHEIM (1972), Vol. II, p.162-170.

A Alemanha precisava cada vez mais de novos territórios, gerando a preocupação dos países líderes da Liga das Nações, que, para frear tal movimento, realizaram a Conferência de Munique em 1938, o primeiro sinal de alerta para a iminência da Segunda Guerra Mundial.

Desse modo, a Alemanha criava as condições políticas para a deflagração da Segunda Guerra. Ela se preparara para a guerra por meio do rearmamento promovido pelo segundo Plano Quadrienal. Como sua economia fora levada à plena utilização dos recursos materiais e humanos disponíveis, a Alemanha iria enfrentar sérias dificuldades para sustentar o esforço de cinco anos de guerra.

15.2.3 Japão

Na Segunda Guerra Mundial, o Japão integrou, com a Alemanha e a Itália, o chamado Eixo, o que sugere alguma identidade entre seus regimes políticos. É certo que no Japão não encontramos algumas características do fascismo como se manifestou na Alemanha e na Itália; depois de observar as diferenças entre o exército na Alemanha e no Japão (aquele como um instrumento às ordens de Hitler; o do Japão mais sensível às pressões da zona rural e dos pequenos comerciantes), Barrington Moore acrescenta:

O fascismo japonês diferia do alemão, e mesmo do da Itália de Mussolini, sob diversos outros aspectos. Não houve uma súbita tomada de poder, nenhuma quebra direta com a anterior democracia constitucional, nada equivalente a uma marcha sobre Roma, em parte porque não houve uma época democrática comparável à República de Weimar. O fascismo emergiu muito mais "naturalmente" no Japão; isto é, encontrou elementos apropriados nas instituições japonesas, mesmo mais do que nas alemãs. O Japão não teve qualquer *Führer* ou *Duce* plebeu. Em vez disso, o próprio Imperador serviu de símbolo nacional, de modo muito semelhante. Além disso, o Japão não teve um partido único de massas realmente efetivo [...]. Finalmente, o governo japonês não se empenhou numa política maciça de terror e de extermínio contra um determinado segmento da população, como Hitler fez com os judeus. (MOORE, 1975, p.355)

No entanto, essas diferenças não impedem que se caracterize o regime político japonês como fascista:

Depois de reconhecidas todas essas diferenças, as semelhanças entre o fascismo alemão e o japonês subsistem como características básicas. Tanto a Alemanha como o Japão penetraram bastante tarde no campo industrial. Em ambos os países emergiram regimes cujas políticas principais eram a repressão no país e a expansão no estrangeiro. Em ambos os casos, a principal base social para este programa foi uma coligação entre as elites comerciais-industriais (que partiram de uma posição fraca) e as classes governantes tradicionais da zona rural, dirigida contra os camponeses e os trabalhadores industriais. Finalmente, em ambos os casos, emergiu uma forma de radicalismo das direitas, saída dos problemas da pequena burguesia e dos camponeses, perante o avanço do capitalismo. Este radicalismo da ala direita forneceu alguns dos slogans dos regimes repressivos de ambos os países, mas foi sacrificado, na prática, às necessidades do lucro e da eficiência. (MOORE, 1975, p.356)

Vejamos, então, como se constituiu o fascismo japonês e as mudanças econômicas associadas a esse processo.[7] Embora sua industrialização tenha sido tardia, o Japão já

---

7. Nossa exposição tem por base a obra de Nakamura(1994), especialmente *Lectures* 1, 2 e 3. O leitor encontra nessa obra um relato minucioso das mudanças econômicas, sociais e políticas ocorridas no Japão de 1920 a 1945.

ostentava, na década de 1920, um amplo conjunto de ramos industriais. A indústria têxtil (seda e algodão) se destacava, em especial nas exportações; mas outros ramos integravam os conglomerados empresariais – os chamados *zaibatsus* – que incluíam atividades industriais, comerciais e financeiras: bancos, seguradoras, *tradings*, mineração, indústria naval, química, produção de papel eram, entre outras, as atividades desses *zaibatsus*. Aos maiores deles – Mitsui, Mitsubishi, Sumitomo e Yasuda – se somavam *zaibatsus* menores, quase sempre pertencentes a uma família; empresas individuais completavam o quadro empresarial japonês. Em contrapartida, os trabalhadores urbanos, mal remunerados, manifestavam sua insatisfação; no campo na década de 1920, os senhores de terra se tornaram absenteístas, apenas extraindo uma renda de sua propriedade, renda essa paga pelos agricultores. Uma distribuição de renda bastante desigual era um dos componentes que condicionava a crescente tensão social no Japão: se no plano político predominavam as ideias liberais, o movimento dos trabalhadores se inspirava nas ideias socialistas. Ao mesmo tempo, forças de direita e do militarismo resistiam a essas tendências liberais e socialistas. Esse é o clima social que predominou na década de 1920 e que se acentuou ao seu final.

Em 1927, o Japão passou por um pânico bancário que tornou insolventes numerosos estabelecimentos. Uma lei bancária procurou reduzir o impacto da crise, mas promoveu o fechamento de centenas de pequenos bancos: em 1924, seu número era superior a 1700; em 1934, havia se reduzido a 651. O saneamento do sistema bancário e um governo expansionista (investimentos públicos, gastos fiscais crescentes, adiamento do retorno ao padrão-ouro) geraram expectativas otimistas para a camada empresarial.

Em 1928 ocorreu o agravamento das relações com a China: um coronel do exército japonês de Guandong (Kwan-tung) explodiu um trem em que estava o chefe militar da Manchúria e da Mongólia interior. Pretendia gerar a reação chinesa que seria o pretexto para o exército de Guandong controlar aquela região. Embora não tenha sido bem-sucedido nesse intento, o coronel contou com a pressão do exército para evitar punição mais severa. Este evento, que registra a tendência de militares intervirem crescentemente na política japonesa, provocou a queda do governo que tentara submeter o coronel à corte marcial.

O novo governo alterou substancialmente o rumo da política econômica: começou a preparar o retorno ao padrão-ouro. O ministro das finanças, J. Inoue, também cortou gastos do governo, elevou a taxa de juros e reduziu salários de funcionários públicos. Em janeiro de 1930 o Japão retornou ao padrão-ouro na antiga paridade (como Churchill havia feito na Grã-Bretanha). Evidentemente, nesse momento o mundo começava a sentir o impacto da crise da bolsa de Nova Iorque, de modo que o efeito recessivo das medidas de Inoue foi agravado pela redução dos fluxos de comércio e de capitais no mercado mundial. A agricultura foi especialmente afetada: os preços agrícolas, que haviam caído 15% entre 1926 e 1929, se retraíram mais 30% até 1931. As exportações – de arroz para os países asiáticos e de seda principalmente para os Estados Unidos – sofreram bruscas reduções de preços. Em suma, a renda dos agricultores caiu brutalmente: em 1928, a renda

CAPÍTULO 15 – AS TRANSFORMAÇÕES POLÍTICAS E ECONÔMICAS NA DÉCADA DE 1930

média anual das famílias de agricultores era de 1.500 ienes; em 1931, reduziu-se a 650 iens. A pobreza rural generalizada afetou também as municipalidades que ficaram sem receita para manter os serviços públicos (como o pagamento de professores). Nakamura cita o caso extremo de pobreza: muitos agricultores venderam suas filhas (1994, p.42). Nas áreas urbanas, a crise também se fez presente ao atingir as empresas industriais. As fábricas têxteis, mais sólidas e produtivas, puderam manter seu nível de produção graças a reduções de preços que garantiram acesso ao mercado internacional. Em contrapartida, tiveram de reduzir salários (gerando reações dos trabalhadores) e, mesmo assim, grande parte delas incorreu em perdas. Ramos menos competitivos – como a indústria pesada e a química – sofreram perdas severas e promoveram demissões sucessivas para reduzir seus custos. Em suma, recessão, redução da renda agrícola, desemprego industrial provocavam forte agitação social, polarizando forças de direita e de esquerda. Nesse quadro de instabilidade econômica e social, a agitação política contribuiu para aprofundar o ambiente de crise. Em novembro de 1930, o primeiro ministro Hamaguchi foi assassinado por membros da direita japonesa após assinar o Tratado de Londres que reduzia o número de navios de guerra do país. Em fevereiro de 1931, uma conspiração de elementos do exército tentou, sem sucesso, realizar um golpe de Estado para colocar no poder o ministro da guerra. O objetivo era uma intervenção mais incisiva do governo japonês nos conflitos com a China.

Em setembro de 1931, o exército de Guandong explodiu a estrada de ferro do Sul da Manchúria, ocupou progressivamente áreas dessa região, desafiando as ordens do próprio governo japonês. Conhecido como Incidente da Manchúria, deu início a um conflito que se espalhou por toda a região. Nesse mesmo mês, a Grã-Bretanha suspendeu o padrão-ouro, o que levou à especulação anti-iene: ou seja, esperava-se que o Japão também renunciasse ao padrão-ouro e desvalorizasse sua moeda. Essa expectativa induziu uma corrida para a troca de ienes por outras moedas (em especial o dólar). No mês seguinte, outro incidente político desestabilizou o governo: militares conspiraram para a derrubada do primeiro ministro que não permitia a expansão das atividades militares na Manchúria. Embora esses militares não tenham sido bem-sucedidos, o incidente provocou a desestabilização do governo que cedeu seu lugar ao partido de oposição. O novo ministro das finanças, K. Takahashi, de imediato, suspendeu a conversibilidade do papel moeda em ouro, encerrando a era do padrão-ouro no Japão. A partir de então deu início a uma nova orientação em política econômica para enfrentar a recessão. A mudança de governo e de orientação de política econômica não impediu o acirramento da agitação política: grupos de direita iniciaram ações terroristas: em janeiro de 1932, o antigo ministro das finanças, J. Inoue, foi assassinado; em março, foi a vez do barão Dan Takuma, diretor geral do *zaibatsu* Mitsui. Em maio, oficiais da marinha, oficiais em treinamento do exército e estudantes de uma academia privada assassinaram o primeiro ministro T. Inukai. Novos atentados terroristas, um ataque à central elétrica de

QUARTA PARTE – O ENTRE GUERRAS (1918-1939) E A SEGUNDA GUERRA MUNDIAL (1940-1945): "A ERA DA CATÁSTROFE"

Tóquio e nova conspiração para derrubar o governo se seguiram em 1932 e 1933. Para Barrington Moore, "Este episódio inaugurou mais um período de ditadura semimilitar do que fascismo propriamente dito" (1975, p.350).

Desse modo, a partir de 1932, por um lado a política econômica buscou recuperar o nível de atividade econômica, mas, por outro, o peso dos militares, em especial pela ocupação da Manchúria, se tornou crescente.

Nakamura sugere que o ministro Takahashi era um keynesiano antes da *Teoria Geral* do próprio Keynes com base em três elementos de sua política econômica. Crítico do padrão-ouro, restabeleceu o embargo das exportações de ouro e permitiu a flutuação da taxa de câmbio, o que levou à desvalorização do iene, com efeitos favoráveis sobre o comércio exterior japonês, além de permitir alguma substituição de importações.

O segundo pilar da política econômica de Takahashi foi a redução da taxa de juros, num movimento contrário ao de seu antecessor no ministério. Menores taxas de juros estimularam o investimento das empresas e reduziram os gastos do governo com os encargos da dívida pública.

O terceiro pilar do programa de Takahashi – talvez o mais keynesiano deles – foi o aumento do gasto público. Em parte, esse aumento resultou da pressão do exército; mas o governo também criou programas similares aos do *New Deal*. O Programa de Auxílio de Emergência promoveu obras de engenharia civil em comunidades rurais com o objetivo de criar empregos e gerar liquidez. O governo também concedeu empréstimos com taxas de juros reduzidas para as comunidades rurais a fim de aliviar a dívida dos agricultores.

A política de Takahashi permitiu a recuperação da economia japonesa, em especial da atividade industrial. A produção da indústria têxtil de algodão cresceu 50% entre 1931 e 1936, em grande parte graças às exportações. O mesmo não ocorreu com a de seda, afetada pela recessão norte-americana e também pelo surgimento de tecidos sintéticos, como *nylon* e *rayon*. Mas a expansão mais intensa foi da indústria pesada e da indústria química a partir das bases já instaladas na década de 1920: aço, construção de navios, máquinas industriais, motores, automóveis, cobre, carvão, soda cáustica e outros produtos químicos, cimento, vidro plano são alguns exemplos de produções que cresceram mais de 50% entre 1931 e 1936 (NAKAMURA, 1994, p.68). Frequentemente atribui-se esse crescimento à demanda militar; no entanto, muitos produtos também se destinavam ao consumo civil. Alguns exemplos ajudam a situar essa questão. No período, instalaram-se novas indústrias tipicamente voltadas ao consumo civil, por exemplo: válvulas para rádios, fonógrafos elétricos (fabricados pela Toshiba), discos, celuloide (usada à época na produção de brinquedos), automóveis (produzidos por Nissan e Toyota). A expansão da produção de energia elétrica viabilizou a instalação da indústria de alumínio cujo produto em parte era voltado à produção de aviões (pela Nakajima e pela Mitsubishi), mas que foi utilizado mais tarde para produtos domésticos. Nakamura estima, por exemplo, que 80% da produção de aço se destinavam a finalidades civis (como obras de engenharia e produção de máquinas),

398

CAPÍTULO 15 – AS TRANSFORMAÇÕES POLÍTICAS E ECONÔMICAS NA DÉCADA DE 1930

indicando que não foi apenas a demanda militar que possibilitou a rápida recuperação da economia japonesa a partir de 1932.

A influência dos militares foi especialmente forte na Manchúria: em março de 1932, foi criado um Estado formalmente independente – Manchukuo – mas subserviente ao Japão. Na realidade, o exército de Guandong controlava o governo e definiu a política desse "estado fantoche". Do ponto de vista econômico, o Japão desejava controlar recursos estratégicos da região – minério de ferro, carvão, xisto, produtos agrícolas como soja – e também instalar indústrias pesadas. Para cada produção (como carvão, aço, automóveis, alumínio, petróleo, telefone, telégrafo) haveria apenas uma empresa que atuaria de acordo com os planos estabelecidos pelo governo. Tratava-se, portanto, de uma economia planejada, comandada pelos militares, mas cuja expansão atraiu o crescente interesse japonês em impor uma condição propriamente colonial à região.

A recuperação rápida da economia japonesa a conduziu a uma situação praticamente de pleno emprego em torno de 1936. Takahashi concluiu que era o momento de limitar os gastos do governo. Consequentemente entrou em choque com os militares que demandavam mais recursos para o orçamento militar. Essa foi uma das razões que levou ao assassinato de Takahashi em fevereiro de 1936. Na verdade, no chamado Incidente de 1936, jovens oficiais do exército atacaram e assassinaram outras figuras públicas além de Takahashi, como o ex-primeiro ministro, M. Saito. O Imperador controlou a revolta, os líderes foram executados, mas o Incidente de 1936 marcou a crescente influência dos militares sobre a política japonesa.

Essa nova composição do poder se refletiu, de imediato, no orçamento: os gastos do governo cresceram 40%, aumento direcionado principalmente para despesas militares. Embora parte dos gastos fosse financiado por aumento de impostos, o ministro das finanças, E. Baba, reduziu as taxas de juros: a perspectiva de gastos militares elevados e de baixas taxas de juros atraiu o apoio dos empresários à nova política expansionista.

Além da reversão na política fiscal, a presença dos militares no poder propôs um projeto mais ambicioso. Liderado por K. Ishihara, um militar envolvido na conquista da Manchúria, foi criado o Grupo de Pesquisa Econômica e Financeira Japão-Manchúria que definia planos de expansão em grande escala para a indústria pesada que recebeu a aprovação do exército. Na Manchúria, a proposta se concretizou por meio do Plano Quinquenal para o Desenvolvimento Industrial implementado a partir de 1937. No Japão, as propostas do Grupo de Pesquisa foram levadas a políticos, oficiais superiores do exército e a líderes da comunidade empresarial (inclusive Mitsui e Mitsubishi) para serem implementados como políticas nacionais. Diante do poder dos militares, políticos e empresários deram seu aval aos planos. Esses planos se baseavam no chamado "Conceito Ishihara" que previa fortes investimentos na indústria pesada durante cinco anos a fim de superar a inferioridade das forças japonesas diante das soviéticas na fronteira entre a Manchúria e a União Soviética. O exército formulou mesmo um Plano de Cinco Anos para as indústrias chave

399

que previa a redução das importações para o consumo civil a fim de garantir a disponibilidade de bens para a indústria pesada e para a produção bélica.

No entanto, um choque entre tropas japonesas e chinesas – o incidente da ponte Marco Polo – deu início à guerra entre os dois países em julho de 1937, quando o plano de cinco anos para a indústria pesada mal começava a ser implementado. Fortes pressões do exército japonês para deflagrar a guerra eram reforçadas pelo interesse por recursos naturais do norte da China. Assim, o Japão iniciou um período de oito anos de guerra, o que exigiu grande esforço de sua população para atender às necessidades das operações militares.

O governo estabeleceu progressivamente o controle sobre as atividades produtivas que, embora privadas, deviam atender às necessidades de produtos para a guerra. Quando a mão de obra tornou-se escassa, foi determinado o recrutamento compulsório para a indústria de trabalhadores oriundos da área rural. A prioridade dada aos suprimentos para a guerra provocou a deterioração do padrão de vida com escassez quase absoluta de alguns bens. A expectativa japonesa de uma guerra curta com a China não se concretizou tornando as medidas típicas de uma "economia de guerra" cada vez mais penosas para a população japonesa. Em 1940, o Japão assinou, com a Alemanha e a Itália, o Acordo Tripartite que preparava seu ingresso na Segunda Guerra Mundial. E, em dezembro de 1941, iniciou a guerra no Pacífico, conquistando em seis meses a maior parte do sudeste asiático. Mas no ano seguinte o rumo da guerra se voltou contra o Japão, especialmente diante da força militar dos Estados Unidos. Em 1944, o bombardeio aéreo reduziu grandes cidades japonesas a cinzas, destruição ampliada em agosto de 1945, com as bombas atômicas jogadas sobre Hiroshima e Nagasaki. Com o fim da guerra encerrava-se também um período de oito anos em que o Japão envolveu-se em conflitos pela pressão dos militares que, sem destruir formalmente o regime constitucional, controlaram o poder.

Embora o militarismo seja uma característica do fascismo japonês, suas bases sociais eram mais amplas e merecem uma referência ao final desta discussão. Para tanto, podemos retomar os argumentos de Barrington Moore que situa a afirmação do fascismo no Japão em torno dos eventos conhecidos como o Incidente de 1936 (em que, entre outros, foi assassinado o ministro das finanças Takahashi):

[...] esta tentativa de golpe [o Incidente de 1936] marcou uma derrota para o "fascismo vindo de baixo", essencialmente da direita anticapitalista e popular, que foi sacrificada ao "fascismo vindo de cima", a que talvez devamos chamar o fascismo respeitável, a tomada do poder por parte de altos funcionários do governo, que se apossaram dos elementos que podiam utilizar e se livraram dos elementos populares. Foi decretada a mobilização nacional, os radicais foram detidos, os partidos políticos, dissolvidos e substituídos pela Associação de Assistência às Leis Imperiais, cópia com pouco êxito de um partido totalitário ocidental. Pouco depois, o Japão entrou na Tripla Aliança Anticomintern e dissolveu todos os sindicatos, substituindo-os por uma associação

CAPÍTULO 15 – AS TRANSFORMAÇÕES POLÍTICAS E ECONÔMICAS NA DÉCADA DE 1930

para "servir a nação através da indústria". Assim, em fins de 1940, o Japão apresentava os principais sinais exteriores do fascismo europeu. (MOORE, 1975, p.351-352)

O fascismo vindo de baixo agregava os que hostilizavam o capitalismo japonês que, por ter beneficiado a muito poucos, não conseguiu criar um interesse popular geral pela manutenção da democracia capitalista. Os radicais agrários inserem-se nesse fascismo vindo de baixo, assim como elementos da pequena burguesia urbana. Mesmo dentro do exército, esse radicalismo vindo de baixo se manifestou, mas foi vencido pela necessidade de contar com um capitalismo sólido para sustentar a base material do esforço bélico.[8] Moore entende que o fascismo vindo de cima não se originou nos *zaibatsu*: na verdade, o grande negócio procurou evitar que os lucros de seus negócios fossem subordinados ao patriotismo. No entanto, no geral, os *zaibatsu* se beneficiaram da política do governo japonês pelos estímulos dos gastos militares. Daí o acordo possível entre empresários e militares:

> Para os *zaibatsu*, o anticapitalismo não passava de um pequeno incômodo, que conseguiram muito bem controlar desde cerca de 1936, um preço mínimo a pagar pela política de repressão doméstica e expansão no estrangeiro que enchia seus cofres. O grande negócio necessitava do fascismo, do patriotismo, do culto do Imperador e do militarismo, tal como o exército e os patriotas necessitavam que a grande indústria levasse a cabo o seu programa político. (MOORE, 1975, p.353)

Desse modo, foi possível alijar do poder os grupos agrários que eram a fonte original de uma postura patriótica, anticapitalista e antidemocrática, fundamento do fascismo:

> Dado que as noções radicais agrárias entravam em forte conflito com as necessidades de uma política expansionista executada por uma sociedade industrial moderna, as elites mais ortodoxas tinham pouca dificuldade em empurrá-las para o lado, apoderando-se de algumas de suas ideias para conseguirem o apoio popular. (MOORE, 1975, p.353)

Em suma, o fascismo japonês, longe de ser apenas uma ditadura militar, foi um regime que, apesar de sua duração efêmera, se fundava em uma complexa combinação de ideias e interesses de distintos grupos sociais.

---

8. Para Barrington Moore, no caso da Manchúria foi clara a inflexão dos militares em relação aos grandes grupos industriais: "O exército chegou mesmo ao ponto de tentar estabelecer uma base autossuficiente de operações na Manchúria, onde podia ficar livre, ao que esperava, da influência dos grupos industriais japoneses. A Manchúria manteve-se predominantemente agrária até o exército de Kwan-tung ser forçado a admitir que não podia industrializar a área sozinho e que teria de utilizar um auxílio industrial, ainda que relutantemente. A ocupação da China do Norte não ocorreu antes de o exército ter aprendido a sua lição e de a necessidade de assistência industrial na Manchúria ter levado a uma mais estreita cooperação entre os interesses militares e do mundo dos negócios" (MOORE, 1975, p.354).

QUARTA PARTE – O ENTRE GUERRAS (1918-1939) E A SEGUNDA GUERRA MUNDIAL (1940-1945): "A ERA DA CATÁSTROFE"

15.3 A SEGUNDA GUERRA MUNDIAL (1939-1945)

Em fins da década de 1930 a previsão de uma nova guerra mundial podia ser sentida em quase todo o mundo. Excluindo o continente americano, todos os outros assistiram ao acirramento de interesses entre países e a irrupção de alguns conflitos regionais: fosse pelo controle das colônias africanas, fosse pela disputa de influência regional no Pacífico, ou ainda, pela delimitação de territórios ou determinação de governos na Europa. Para A. J. P. Taylor (2005), o ano de 1936 pode ser considerado como o momento em que os principais países que entrariam em disputa durante a Segunda Guerra Mundial, com o medo do eminente conflito, passaram a se rearmar, como atestam os dados de Kennedy (Tabela 15.4). Contudo, como lembram Kennedy (1989) e Hobsbawm (1995), os países que comporiam os Aliados durante a guerra e, em especial a França e o Reino Unido, enfrentavam profundas dificuldades de ação governamental para justificar investimentos militares. Como democracias capitalistas-liberais, que haviam sofrido severamente durante a Primeira Grande Guerra e tendo em vista a ascensão de grupos trabalhistas e de esquerda na política, não tinham legitimidade frente à população para defender políticas armamentistas. Por isso mesmo, a despesa desses países com a defesa foi mais tímida e gradual no período, enquanto a ênfase da atuação era dirigida para diplomacia, por meio da Liga das Nações na tentativa reiterada da manutenção do *status quo*.

TABELA 15.4
Despesa com a defesa pelas grandes potências, 1930-1938 (milhões de dólares)

	JAPÃO	ITÁLIA	ALEMANHA	URSS	REINO UNIDO	FRANÇA	EUA
1930	218	266	162	722	512	498	699
1933	183	351	452	707	333	524	570
1934	292	455	709	3.479	540	707	803
1935	300	966	1.607	5.517	646	867	806
1936	313	1.149	2.332	2.933	892	995	932
1937	940	1.235	3.298	3.446	1.245	890	1.032
1938	1.740	746	7.415	5.429	1.863	919	1.131

Fonte: KENNEDY (1989), p.287.

O expansionismo alemão na Europa, com a retomada da Renânia e a absorção da Áustria havia deixado França e Grã-Bretanha em alerta.[9] Em agosto de 1938, o governo nazista, alegando que a Tchecoslováquia vinha oprimindo cidadãos alemães que habitavam a região dos sudetos, iniciou a mobilização para a invasão da república vizinha.

---

9. O memorando alemão Hossbach, de fins de 1937, já reafirmava os preceitos de conquista do "espaço vital".

CAPÍTULO 15 - AS TRANSFORMAÇÕES POLÍTICAS E ECONÔMICAS NA DÉCADA DE 1930

Numa política conhecida como "apaziguamento", o primeiro ministro inglês Neville Chamberlain, exigiu uma urgente conferência para discutir o futuro da Tchecoslováquia. Édouard Daladier e Chamberlain, representando respectivamente a França e a Grã--Bretanha e Hitler e Mussolini, pela Alemanha e pela Itália definiram, durante o mês de setembro de 1938, os termos do Tratado de Munique. Franceses e ingleses, pressionados para sustentar uma política de paz na região, passaram a defender concessões para o Nacional-Socialismo como forma de arrefecer as exigências e ações nazistas e fascistas. Com isso, a Tchecoslováquia perdia seus principais aliados – os membros da Liga das Nações – e ficava obrigada a ceder os sudetos para a Alemanha. Saudado por parte da imprensa europeia, Chamberlain acreditava que sua política de apaziguamento garantiria nova tranquilidade à Europa (SALINAS, 1996, p.80-88).

Foram necessários apenas alguns meses para que Chamberlain e sua política de apaziguamento levassem um duro golpe da política expansionista alemã. Em março de 1939, desrespeitando o Tratado de Munique, Adolf Hitler invadiu e passou a controlar o restante da Tchecoslováquia, cuja resistência foi praticamente inexistente.[10] Garantido o controle sobre o território tcheco, o ministério da Propaganda nazista iniciou uma grande campanha contra a Polônia, no intuito de recuperar o "corredor polonês", área de ligação entre a região nordeste alemã e a Prússia Oriental, a então saída para o mar do território polonês por meio do porto de Dantzig. Contudo, Hitler sabia que a invasão da Polônia, país aliado da França e da Inglaterra, poderia gerar retaliações pelos países líderes da Liga das Nações, e que a Alemanha não tinha condições de enfrentar uma guerra em duas frentes ao mesmo tempo. Para tanto, em agosto de 1939 foram iniciadas as negociações com a URSS para garantir a estabilidade da frente oriental. Em 23 de agosto, foi assinado o Tratado de não agressão entre a Alemanha e a URSS, conhecido pelo nome de seus representantes, Ribbentrop-Molotov. A URSS, que durante os meses anteriores havia tentado em vão firmar acordo militar com a França e com a Inglaterra, viu-se sozinha na frente oriental, e por isso mesmo, para os soviéticos, realizar o tratado de não agressão era uma forma de superar seu próprio isolacionismo.

Logo após o acordo soviético-alemão, as tropas alemãs, com a neutralidade soviética a leste, avançaram sobre o território polonês, liquidando e dividindo o país num curto espaço de tempo. Em resposta à nova ação alemã, França e Inglaterra declararam guerra ao III Reich, iniciando prontamente embargos comerciais e financeiros. Entretanto, diferentemente do contexto da Primeira Guerra Mundial, os embargos realizados contra a Alemanha em 1939 não geraram profundas restrições à economia, porque o país passava a ter acesso a algumas regiões importantes para o fornecimento de insumos (como as minas suecas), mas também, porque o acordo com a URSS garantia o abastecimento de produtos provenientes do leste europeu (KENNEDY, 1989, p.327).

---

10. No mês seguinte, a Itália de Mussolini aproveitando-se do expansionismo alemão, invadiu a Albânia.

Apesar da declaração de guerra de França e Inglaterra à Alemanha, as ações destes não passaram dos embargos econômicos, e durante alguns longos meses o ambiente era mais de uma "falsa guerra" ou "guerra de mentira", como ficou conhecido o episódio. Enquanto franceses e ingleses se viam frente a velhos fantasmas e relutavam em partir efetivamente para a ação, o exército nazista ganhava confiança com a rápida e eficiente política de rearmamento e as vitórias na Polônia. Durante esse longo tempo, chegou-se a considerar na França e na Inglaterra que mesmo com a ocupação nazista na Polônia podia-se pensar em uma nova proposta de paz para a Alemanha. Na primavera de 1940 as tropas nazistas, sedimentadas as conquistas na fronteira oriental, voltaram-se para a fronteira ocidental. Com a estratégia de realizar a guerra relâmpago – *Blitzkrieg* – por meio de ataques coordenados da força aérea e rápido deslocamento de tanques e tropas, o exército alemão ocupou a Dinamarca e a Noruega em abril, e logo em seguida alcançou a Holanda e a Bélgica com o objetivo de investir contra a França.

A resistência francesa e aliada não conseguiu deter o avanço das eficientes tropas alemãs, que em junho de 1940 já conquistavam parte considerável do território francês. Neste cenário, a economia alemã se beneficiava com a ampliação dos recursos disponíveis nas mais distantes regiões da Europa. Em compensação, o exército alemão não tinha condições para atravessar o Canal da Mancha e derrubar a Grã-Bretanha. A superioridade inglesa da marinha e dos aviões da Royal Navy, sob o comando do primeiro ministro Winston Churchill, bloqueou o avanço nazista em direção à ilha, mas por outro lado, o exército inglês pouco afetava as conquistas alemãs no ocidente europeu. A Itália fascista, alinhada com Hitler durante todo o período, somente entrou na guerra em 1940, com a invasão da Grécia e apoio a Alemanha nas operações do Mediterrâneo. Desta maneira, após a conquista de territórios com a capitulação de seus principais inimigos no continente e, ainda, sem ter perspectivas de novos avanços na frente ocidental, Hitler resolveu voltar-se novamente para a frente oriental, quebrando o pacto de não agressão de 1939 por meio da operação barba-ruiva, para a invasão da URSS em 1941. Essa decisão de Hitler seria determinante da inflexão no andamento da Segunda Guerra Mundial, porque não só deixaria o exército alemão com duas frentes de combate concomitantes, mas também colocaria a URSS ao lado dos Aliados.

As vitórias alemãs nas fronteiras da URSS, por meio da *Blitzkrieg*, não foram suficientes para decretar a derrota soviética. O país, além de um vasto território e uma imensa população, tinha reservas de matérias-primas e equipamentos bélicos que permitiriam prolongar a guerra por longo tempo, justamente o tipo de guerra para a qual a Alemanha não estava preparada. Em dezembro de 1941, com a chegada do intenso inverno russo, as tropas soviéticas passaram a garantir as primeiras vitórias contra os avanços nazistas, fazendo Hitler recuar. Favorecia-se a URSS do recém acordo de trégua realizado com o Japão, permitindo que as tropas russas pudessem se deslocar da Sibéria para a região de Moscou, onde enfrentavam as tropas nazistas.

CAPÍTULO 15 – AS TRANSFORMAÇÕES POLÍTICAS E ECONÔMICAS NA DÉCADA DE 1930

A guerra soviético-japonesa era um desdobramento do expansionismo japonês na Ásia, iniciado com a invasão da Manchúria na China em 1937. Assim como seu principal aliado, a Alemanha, o Japão sofria com escassez de insumos básicos, e isso forçou o país a deixar de lado as conquistas no norte asiático, para investir nos territórios ao sul. A invasão da Indochina francesa havia causado ao Japão o embargo econômico pelos países aliados. Temendo as restrições econômicas, incentivaram-se ainda mais as conquistas japonesas na região: Bornéu, Malásia, Índias Orientais holandesas e, finalmente, Pearl Harbor (base naval norte-americana no Pacífico) foram atacados. Tais ações japonesas consolidaram a declaração de guerra dos países do eixo, Alemanha, Japão e Itália, contra os Estados Unidos. A principal economia do mundo assistia à guerra até então sem grandes intervenções. O presidente Roosevelt demonstrava simpatia pela Grã-Bretanha, e com reuniões com o primeiro-ministro inglês Churchill havia, até então, autorizado parcos empréstimos e o abastecimento de alguns produtos aos aliados. Desta forma, somente em 1941 os Estados Unidos entrariam definitivamente na guerra, dando a ela seu caráter global.

Desta maneira, a partir de 1942 houve uma crescente diferença entre o poder militar dos países do Eixo e o dos Aliados. Se em 1939, as forças armadas do eixo eram superiores em quase um milhão de homens (6,2 milhões de homens para o eixo e 5,4 milhões para os Aliados), com a entrada da URSS e dos Estados Unidos na guerra, além da mobilização de guerra ter sido ampliada enormemente em todo o mundo, os Aliados passavam a responder por quase o dobro das tropas do eixo (28,6 milhões de homens para os Aliados frente a 14,8 milhões para o Eixo) no ano de 1944. Tal diferença se expressava da mesma forma na produção de equipamentos militares e nas fontes de insumos. Assim, a "globalização" da Segunda Guerra Mundial no início de 1942 significou grande golpe às esperanças de vitória do eixo (HARRISON, 1998, p.14).

Após o avanço soviético iniciado em fins de 1941, as forças militares alemãs viram reduzidas suas possibilidades de vitória com o prolongamento da guerra para os anos seguintes. Com a invasão das tropas aliadas na frente ocidental em meados de 1944, o exército de Hitler precisava novamente se dividir em duas regiões para conter o avanço norte-americano e britânico na Normandia, e dos soviéticos no oriente, enfraquecendo o poder militar nazista. A Itália, por sua vez, estava subordinada ao sucesso alemão, de maneira que as invasões aliadas pelo Mediterrâneo sofreriam resistência enquanto eram suportadas pelo exército nazista. No Pacífico, com a entrada dos Estados Unidos, a guerra também se tornou desigual e, gradualmente, o Japão perdeu territórios e poderio militar, sendo completamente derrotado em 1945.

É inegável que o erro da estratégia militar alemã foi decisivo para determinar a vitória dos Aliados na Segunda Guerra. No entanto, igualmente importante foi a economia dos países em guerra porque ela forneceu a base material para o esforço de guerra; a disparidade de forças econômicas entre os beligerantes certamente exerceu influência no resultado final do conflito.

QUARTA PARTE – O ENTRE GUERRAS (1918-1939) E A SEGUNDA GUERRA MUNDIAL (1940-1945): "A ERA DA CATÁSTROFE"

A Alemanha, com o segundo plano quadrienal, havia se preparado para um eventual conflito com o reforço de sua produção de armamentos. No entanto, em 1939, a economia alemã não apresentava desemprego nem capacidade ociosa, de modo que não havia recursos livres para um esforço produtivo adicional. Em contrapartida, cada conquista territorial somava novos recursos aos existentes no território alemão. Assim, até 1941 a produção bélica foi mantida nos níveis anteriores, não havendo também maior compressão sobre o consumo da população. Os militares alemães admitiam que a *blitzkrieg* – guerra relâmpago – dispensaria a mobilização intensa da economia: a conquista dos territórios se faria por um ataque rápido e vigoroso, com reduzido dispêndio de recursos materiais. De fato, isso ocorreu em vários casos: Tchecoslováquia, Polônia, Dinamarca, Noruega, Bélgica e Holanda não ofereceram maior resistência. Mas, a partir de 1942, a Alemanha encontrou maior dificuldade na frente ocidental – França – e na frente oriental – União Soviética. Em consequência, foi preciso ampliar a mobilização da economia que se voltava crescentemente ao esforço bélico. As despesas militares, como proporção da renda nacional, cresceram de 32% em 1939 para 56%, em 1941, e para 71%, em 1943. Evidentemente, isso se fez, em parte, pela compressão do consumo da população: o índice de consumo *per capita*, considerando 100 no ano base de 1938, caiu para 88, em 1940, para 75, em 1942 e para 70, em 1944. Como pela lógica dos planos quadrienais não houvera um grande estímulo ao consumo da população, sua redução certamente implicou grandes privações para a população em geral.

Essa mobilização de recursos para a guerra na Alemanha se fez por vários meios: aumento das jornadas de trabalho, racionalização da produção, racionamento de produtos para a população, aumento dos preços de bens como o vestuário, redução do conteúdo calórico dos alimentos disponíveis, utilização de trabalhadores estrangeiros (das áreas ocupadas) e de prisioneiros de guerra em condições degradantes, cobrança aos países conquistados dos "custos de ocupação" em nome da administração alemã desses territórios.

Os trabalhadores estrangeiros e prisioneiros de guerra obrigados ao trabalho chegaram a mais de 7 milhões em 1944; os "custos de ocupação" pagos à Alemanha em 1943-1944 representaram 17,5% do PIB alemão (cabendo a maior parte a França, Itália, Holanda e Bélgica).

No entanto, apesar da mobilização de recursos materiais e humanos a partir de 1942, a "economia de guerra" alemã não foi capaz de sustentar os longos anos de conflito de modo que foi derrotada pelos países Aliados em 1945.

Embora a Grã-Bretanha não tivesse se preparado para a guerra como a Alemanha, teve menor dificuldade para mobilizar recursos para o esforço bélico. Em 1939, como herança da Grande Depressão, ainda havia recursos ociosos (por exemplo, cerca de 1,5 milhão de desempregados); além disso, a Grã-Bretanha dispunha de um vasto império colonial que podia ser fonte importante de recursos humanos e materiais. Ademais, no início do conflito (quando os Estados Unidos ainda não haviam entrado na guerra) a Grã-Bretanha era a maior economia entre os países beligerantes. Em suma, a mobilização para a guerra não exigiu grandes sacrifícios da população, embora tenha havido alguma conversão da produção de bens de consumo para a produção de material bélico e suprimentos para as tropas.

Para a Grã-Bretanha, o financiamento da guerra apresentou maiores dificuldades. As despesas militares, entre 1940 e 1945, representaram de 40% a 50% do PIB em cada ano. Em parte, esses gastos foram cobertos pelo aumento dos impostos (que também tinha o objetivo de limitar o consumo); mas a maior parte correspondeu ao aumento da dívida pública por meio de empréstimos de curto e longo prazo. Como grande parte dos gastos militares se fazia por meio de importações de materiais, o déficit nas contas externas britânicas elevou-se substancialmente. Esse déficit foi coberto por vários meios: utilização de reservas internacionais, venda de ativos ingleses no exterior, atrasados comerciais por meio do "congelamento" de libras pagas por mercadorias importadas (uma forma de endividamento externo). De particular importância foram os empréstimos americanos no esquema *Lend and Lease* (Empréstimo e Arrendamento): o tesouro americano comprava materiais e suprimentos para as tropas britânicas e arrendava esses bens para a Grã-Bretanha para pagamento futuro (que, na verdade, nunca foi feito).

Desse modo, a economia britânica pôde enfrentar a guerra em condições razoáveis: sua economia cresceu e a destruição física pela guerra foi relativamente pequena, pois os combates não se deram em seu território (exceto por ataques aéreos alemães). No entanto, o impacto financeiro foi mais severo: o endividamento interno e externo e a perda de ativos no exterior afetaram uma esfera fundamental da economia britânica: se seu declínio já vinha do pós Primeira Guerra, ao fim da Segunda, a Grã-Bretanha perdia definitivamente sua posição na economia mundial, ficando em crescente dependência dos Estados Unidos.

Para este país – os Estados Unidos – os problemas de mobilização para a guerra que atormentaram Alemanha e Grã-Bretanha praticamente não existiram. Como a Grã-Bretanha, os Estados Unidos não estavam plenamente recuperados da Grande Depressão de modo que havia capacidade ociosa e trabalhadores desempregados disponíveis para ampliar a produção; além disso, ao longo da guerra as mulheres foram incorporadas ao mercado de trabalho, ampliando a disponibilidade de mão de obra. Entre 1939 e 1944, o Produto Nacional Bruto quase dobrou (de US$ 320 bilhões para 569 bilhões em valores constantes) e praticamente não houve transferência de recursos do uso civil para o uso militar. Apenas alguns produtos, de uso intenso para as operações de guerra, tiveram sua disponibilidade limitada como carros, gasolina, pneus, produtos de metal, alguns tipos de tecidos, calçados, carnes, açúcar. O desemprego, de 17,2%, em 1939, declinou para 1,2%, em 1944. Ao tratar da Segunda Guerra, Galbraith afirma que "Nunca antes na história americana falou-se tanto em sacrifício pelo bem nacional e, ao mesmo tempo, houve tamanha melhoria do bem-estar econômico" (GALBRAITH, 1994, p.86).

Portanto, para os Estados Unidos a "economia de guerra" não exigiu um forte esforço de mobilização dos recursos materiais e humanos; os problemas diziam respeito mais à administração dessa economia: controle da inflação, organização da produção para atender às necessidades da guerra, mecanismos de aquisição dos materiais para a guerra etc. Tudo isso exigiu ampla intervenção do governo (que já vinha do *New Deal*), sem que houvesse qualquer forma de estatização da produção.

Se houve um país beneficiado pela guerra, esse foi os Estados Unidos: é certo que houve perdas humanas de soldados americanos mortos em combate, porém em número incomparavelmente menor do que de países europeus beligerantes; a demanda de guerra estimulou de tal modo a produção que permitiu a superação dos últimos efeitos recessivos da Grande Depressão; seu território não foi palco de combates, ou seja, não sofreu qualquer tipo de destruição física. Assim, já no ano de 1943, a produção industrial norte-americana excedia a produção do restante do mundo (MILWARD, 1979, p.55-74). A ascensão dos EUA como nação basilar da vitória aliada e da reconstrução dos países na esfera de influência do desenvolvimento capitalista transformou o equilíbrio de poder mundial. Diante de uma Europa fragilizada pelos efeitos da guerra, a liderança norte-americana no mundo capitalista ocidental se impôs sem qualquer contestação. A hegemonia norte-americana passava, então, a ser questionada apenas pela URSS, que mesmo economicamente débil em comparação aos EUA, era uma potência militar e dividiria o mundo, ideológica e politicamente, num sistema bipolar. O pós-1945 traria a emergência da Guerra-Fria e das disputas entre os projetos comunista e capitalista.

REFERÊNCIAS

BERLE, A. A. & MEANS, G. C. (1987). *A Moderna Sociedade Anônima e a Propriedade Privada.* São Paulo: Nova Cultual.

BETTELHEIM, C. (1972). *La Economía Alemana Bajo el Nazismo.* Madrid: Editorial Fundamentos.

BILES, R. (1991). *A New Deal for the American People.* Illinois: Northern Illinois University Press.

EINAUDI, M. (1959). *The Roosevelt Revolution.* London: Constable.

GALBRAITH, J. K. (1994). *Uma Viagem pelo Tempo Econômico.* São Paulo: Pioneira.

GUERIN, D. (1945). *Fascismo y Gran Capital.* Madrid: Editorial Fundamentos.

HARRISON, M. (1998). *The Economics of World War II. Six Great Powers in International Comparison.* Cambridge: Cambridge University Press.

HOBSBAWM, E. (1995). *A Era dos Extremos: O Breve Século XX: 1914-1991.* São Paulo: Cia. das Letras.

KENNEDY, P. (1989). *Ascensão e Queda das Grandes Potências.* Rio de Janeiro: Campus.

LINK, A. & CATTON, W. (1965). *História Moderna dos Estados Unidos.* Volume 2. Rio de Janeiro: Zahar.

MAURO, F. (1973). *História Econômica Mundial: 1790-1970.* Rio de Janeiro: Zahar.

MAZZUCCHELLI, F. (2009). *Os Anos de Chumbo: Economia e Política Internacional no Entreguerras*. São Paulo; Campinas: Editora da Unesp; Facamp.

MILWARD, A. (1979). *War, Economy and Society, 1939-1945*. Los Angeles: University of California Press.

MOORE, B. Jr., (1975). *As Origens Sociais da Ditadura e da Democracia*. Lisboa: Edições Cosmos; Santos: Livraria Martins Fontes.

NAKAMURA, T. (1994). *Lectures on Modern Japanese Economic History: 1926-1994*. Tokyo: LTCB International Library Foundation.

ROCKWELL, L. (2009). "À Espera de um Novo New Deal". Publicado em 20/1/2009 em http://www.mises.org.br/Article.aspx?id=218; acesso em 12/10/2012.

SALINAS, S. (1996). *Antes da Tormenta. Origens da Segunda Guerra Mundial, 1918-1939*. Campinas: Editora da Unicamp.

STOLPER, G.; HÄUSER, K. & BORCHARDT, K. (1967). *The German Economy: 1870 to the Present*. New York: Harcourt, Brace & World.

TAYLOR, A. J. P. (2005). "Second Thoughts". *The Origins of the Second World War*. New York: Simon & Schuster Paperbacks.

Capítulo 16

A REVOLUÇÃO RUSSA E A CONSTITUIÇÃO DA ECONOMIA SOVIÉTICA (1917-1945)

$\mathcal{E}$m sua obra *A Era dos Extremos* Eric Hobsbawm estabelece como marcos cronológicos do "breve século XX" os anos de 1914 e 1991, identificados, o primeiro, pelo início da Primeira Guerra Mundial, e, o segundo, pelo colapso da União Soviética. Mais importante, diz Hobsbawm: "O mundo que se esfacelou no fim da década de 1980 foi o mundo formado pelo impacto da Revolução Russa de 1917" (HOBSBAWM, 1995, p.14), no sentido de que a oposição entre "capitalismo" e "socialismo" foi referência permanente para aqueles que viveram uma parte maior ou menor do breve século XX.

É provável que o leitor que nasceu nas últimas décadas do século XX tenha dificuldade para assimilar a proposição de Hobsbawm; afinal, para esse leitor que tomou contato com a realidade mundial após a derrocada da União Soviética, talvez o socialismo não seja mais do que uma rápida referência em textos didáticos ou o objeto de caracterizações superficiais (e às vezes caricatas) em livros de ficção ou em obras cinematográficas.

No entanto, a expansão do "socialismo real"[1], especialmente entre 1945 e os anos 1970, inspirou medo ou esperança na maior parte daqueles que a viveram ou a observaram. Ou seja, era algo real a ponto de regimes socialistas terem abarcado, nos anos 1970, cerca de um terço da população mundial (é claro, a China teve um peso decisivo nessa proporção). Um exemplo do significado que era atribuído ao socialismo (e poderíamos multiplicá-lo indefinidamente) nos é dado pelo historiador francês Maurice Niveau num livro publicado na segunda metade da década de 1960, época em que as previsões apontavam mais no sentido da expansão do que do declínio do sistema no plano mundial: "A Revolução de outubro

---

1. Há ampla divergência quanto ao termo utilizado para caracterizar as sociedades (e as economias) dos países que adotaram regimes "socialistas". Discute-se se os regimes implantados na União Soviética, nos países do Leste Europeu, na China etc. poderiam ser identificados com uma concepção "teórica" de socialismo ou de comunismo. O termo "socialismo real" (ou socialismo realmente existente), por vezes empregado, procura distinguir aquelas concepções "teóricas" dos regimes efetivamente implantados nesses países. Como não trataremos desta questão de caráter conceitual, no texto utilizaremos, em geral, "socialismo" para designar a forma de organização econômica e social e "comunismo" quando tratarmos do aspecto político (pois os partidos se denominavam quase sempre partidos comunistas).

QUARTA PARTE – O ENTRE GUERRAS (1918-1939) E A SEGUNDA GUERRA MUNDIAL (1940-1945): "A ERA DA CATÁSTROFE"

de 1917, que leva os Sovietes ao poder na Rússia é o ponto de partida de um grande cisma destinado a marcar profundamente a história do gênero humano" (NIVEAU, 1969, p.447).

Se a herança política, econômica e social do "socialismo real" é hoje pouco visível, não se pode entender a história do século XX sem fazer referência a ele. É o que procuramos mostrar neste capítulo e nos capítulos correspondentes da Quinta e da Sexta Parte.

16.1 RÚSSIA: A REVOLUÇÃO DE OUTUBRO DE 1917

No quadro geral das transformações por que passaram as sociedades europeias do século XIX, a Rússia se manteve em grande atraso. A servidão só foi abolida em 1861, por um ato do Czar Alexandre II. A derrota na Guerra da Crimeia (1854-1856), diante de uma aliança que incluía a Grã-Bretanha, a França, a Itália e o Império Turco, alertou o governo russo sobre seu enfraquecimento militar (já que, por seu passado, os russos se consideravam uma potência de primeira linha). A abolição da servidão seria um primeiro passo no sentido da modernização da economia russa a fim de permitir a recuperação de seu poderio militar. Além disso, havia o temor de uma rebelião dos camponeses: se até então esse risco fora enfrentado por meio da repressão, agora, talvez seguindo o exemplo de outros países europeus, optara-se pela libertação dos servos. Os servos livraram-se das obrigações em relação aos senhores e obtiveram a liberdade pessoal; porém ficaram ligados às comunidades em que viviam (*mir*) e tiveram de pagar ao governo, num prazo de 49 anos, pelas terras que receberam (uma espécie de contrapartida pela indenização que o governo russo concedeu aos antigos senhores dessas terras). A agricultura russa avançou substancialmente desde então[2], com a criação de um setor capitalista e uma camada de camponeses ricos (*kulak*); mas uma grande parcela dos camponeses libertos da servidão praticamente se proletarizou nesse processo.

Por outro lado, a industrialização moderna na Rússia também se mostrava atrasada diante dos demais países europeus; porém, a partir da década de 1890, com forte apoio do governo, vários ramos industriais cresceram e se modernizaram. Estradas de ferro, indústria metalúrgica e mecânica (em parte para fornecer material ferroviário), indústria têxtil, mineração de carvão e de ferro foram alguns dos ramos privilegiados; e São Petersburgo[3], então capital da Rússia e principal cidade industrial, concentrava o maior número de operários.

---

2. Em *O Desenvolvimento do Capitalismo na Rússia* (publicada originalmente em 1899), Lênin defende a tese de que o capitalismo já avançara significativamente na Rússia, inclusive no campo, após a abolição da servidão. Tratava-se de uma questão importante à época, pois envolvia uma polêmica política entre os marxistas e os chamados populistas russos, questão tratada mais adiante neste capítulo (LÊNIN, 1985).

3. São Petersburgo foi capital da Rússia até 1918 (quando a capital foi transferida para Moscou); em 1914, seu nome foi alterado para Petrogrado e, em 1924, para Leningrado. Voltou a chamar-se São Petersburgo em 1991.

CAPÍTULO 16 – A REVOLUÇÃO RUSSA E A CONSTITUIÇÃO DA ECONOMIA SOVIÉTICA (1917-1945)

Apesar dessa "modernização" da economia, o regime político ainda se pautava pelo absolutismo monárquico: o Czar detinha de forma plena o poder e, ao contrário de vários países europeus, não havia qualquer mecanismo de representação política regular em assembleias ou em um parlamento. Apesar da insatisfação com o regime político, era pouco efetiva a oposição a ele, tendo em vista a ampla diversidade social e étnica da grande massa de trabalhadores das cidades e do campo:

A ausência de laços comuns, entretanto, os mantinha divididos, como divididos estavam operários, camponeses e burgueses. Marcada na carne pelo longo martirológio do campo russo, a classe operária tinha chegado tarde à cidade, onde permanecia como numa terra estrangeira, concentrada nos arrabaldes, vivendo ao ritmo exclusivo das manifestações, das greves, dos longos silêncios de recolhimento. (FERRO, 1974, p.16)

Embora a oposição ao regime não conseguisse se organizar como um movimento de massa, na segunda metade do século XIX houve a difusão das ideias socialistas e a formação de alguns grupos em torno de propostas de transformação da sociedade. No interior do movimento *Narodnaja Volja* (A vontade do povo) militavam os marxistas e os populistas. Os primeiros entendiam que a revolução socialista (cujo esteio seria a classe operária) devia ser precedida por uma longa fase de desenvolvimento capitalista; já os populistas acreditavam na possibilidade de uma passagem direta ao socialismo com base no campesinato e em sua experiência com instituições de caráter coletivo (como o *mir*). A estratégia revolucionária populista se fundava em ações terroristas e na aproximação com o povo (camponeses): o fracasso dessas ações aprofundou as divergências entre marxistas e populistas, levando os primeiros ao abandono do movimento *Narodnaja Volja* em 1883. Somente no fim do século, houve a reorganização da oposição socialista ao regime do Czar: em 1898, foi criado o partido social-democrata e, pouco depois, o partido socialista-revolucionário. Um outro partido, este não socialista, de tendência política liberal, foi formado entre 1903 e 1905: o Partido Constitucional Democrata, conhecido como Cadet e que evidenciava outro foco de insatisfação com o regime czarista.

A expansão russa em direção à Ásia, facilitada pela construção da estrada de ferro Transiberiana, gerou um conflito com o Japão: os japoneses, não chegando aos resultados desejados por meio de negociações, atacaram navios russos na região, o que deu início ao conflito. A guerra encerrou-se em janeiro de 1905, com a derrota russa. Mais uma vez, evidenciava-se a fragilidade militar russa, agora diante do Japão, um país de industrialização recente e que não era incluído até então no grupo de potências militares da época. Essa derrota criou a oportunidade para a oposição ao Czar mobilizar a insatisfação com o regime. A oposição liberal demandava a reforma política para garantir a liberdade (civil, de consciência, de imprensa, de palavra e inviolabilidade de pessoa e de domicílio). Em janeiro de 1905, uma grande manifestação popular junto ao Palácio de Inverno (em São

QUARTA PARTE – O ENTRE GUERRAS (1918-1939) E A SEGUNDA GUERRA MUNDIAL (1940-1945): "A ERA DA CATÁSTROFE"

Petersburgo) pressionava o Czar pelas reformas. Mas a guarda do palácio disparou contra a multidão, matando cerca de mil pessoas. Esse "domingo sangrento" desencadeou a chamada "revolução de 1905". A reação se manifestou por meio de greves de operários e pelo início de motins em várias cidades. Também houve sublevações de camponeses na Geórgia e na bacia do Volga. Em São Petersburgo e em Moscou houve a criação dos Sovietes[4].

Na tentativa de obter apoio para conter a revolta popular, o Czar Nicolau II, sob a influência do ministro Witte, convocou a Duma (assembleia) com a promessa de uma constituição que incluiria o sufrágio universal. Em 1907, agora com a orientação do ministro Stolypin, promoveu algumas concessões aos camponeses (eliminando o *mir* e fortalecendo a categoria de *kulaks*, ou seja, pequenos proprietários relativamente prósperos), buscando algum apoio no campo russo. As cisões entre os grupos de oposição ao regime facilitaram a reação czarista que promoveu sucessivas dissoluções da Duma e a repressão aos partidos socialistas, evidenciando a derrota da revolução de 1905, mesmo que, nesse momento, não se pretendesse muito mais do que a implantação de uma democracia liberal.

Para os partidos socialistas, os eventos de 1905 propunham o problema da estratégia revolucionária, pois: "O malogro da revolução de 1905 mostrou tanto a uns como a outros que, entregue a si mesma, a classe operária não podia ser bem-sucedida, e que o campesinato não estava ainda maduro para uma ação política de envergadura" (FERRO, 1974, p.18).

E em torno da estratégia revolucionária se deu a definição das duas principais correntes no interior do partido social-democrata: os *bolcheviques*, majoritários, e os *mencheviques*, a minoria (SCHAPIRO, 1978, p.53). Estes advogavam o aumento da militância do partido até obter número expressivo que permitisse tomar o poder. Já os bolcheviques, de acordo com o que preconizava Lênin, pretendiam construir um partido de "revolucionários profissionais" (uma vanguarda), com pequeno número de militantes, mas com efetiva atuação e sob um comando centralizado capaz de conduzir a revolução quando houvesse condições de ser bem-sucedida. As divergências entre bolcheviques e mencheviques, já presentes durante a revolução de 1905, aprofundaram-se depois dela e nos eventos que envolveram a revolução de 1917.

Além dos social-democratas, os social-revolucionários também sofreram cisões depois de 1905: alguns apoiavam o terrorismo como meio de tomar o poder; outros deixaram o partido e se apresentaram às eleições parlamentares (para a Duma). Também entre os anarquistas havia divisões, exceto em sua condenação aos partidos políticos.

O início da Primeira Guerra Mundial trouxe mais um motivo de cisão entre os socialistas russos: eles deveriam apoiar o governo do Czar Nicolau II em seu conflito contra as "Potências Centrais" (Alemanha e Áustria-Hungria)? Alguns julgavam ser necessário

---

4. Os sovietes, criados em São Petersburgo em 1905, eram conselhos de representantes eleitos pelos trabalhadores da cidade. Essa forma de organização se estendeu para outras cidades e mais tarde incorporou outros grupos (como camponeses e soldados).

CAPÍTULO 16 – A REVOLUÇÃO RUSSA E A CONSTITUIÇÃO DA ECONOMIA SOVIÉTICA (1917-1945)

defender a Rússia (mesmo às custas de alguma aproximação com o governo czarista) a fim de derrotar o "imperialismo alemão" que, vitorioso, destruiria o movimento socialista internacional; outros, admitiam o apoio à participação russa na guerra, embora devesse continuar a luta contra o Czar. Finalmente, os internacionalistas eram contra a participação dos socialistas de todos os países em qualquer tipo de guerra de defesa nacional; pelo contrário, a guerra talvez fosse o momento oportuno para a ação revolucionária.

Apesar dessas profundas cisões no interior da oposição socialista ao governo russo (tanto em relação à estratégia política como em relação ao apoio dos socialistas à participação da guerra), o progressivo enfraquecimento do regime czarista criou as condições para que, em 1917, o Czar fosse derrubado e tivesse início a experiência socialista.

É certo que a queda do czarismo russo parecia inevitável desde fins do século XIX:

> Que a Rússia czarista estava madura para a revolução, merecia muitíssimo uma revolução, e na verdade essa revolução certamente derrubaria o czarismo, já fora aceito por todo observador sensato do panorama mundial desde a década de 1870. Após 1905-6, quando o czarismo foi de fato posto de joelhos pela revolução, ninguém duvidava seriamente disso [...]. E, no entanto, com exceção dos românticos que viam uma estrada reta levando das práticas coletivas da comunidade aldeã russa a um futuro socialista, todos tinham como igualmente certo que uma revolução da Rússia não podia e não seria socialista. (HOBSBAWM, 1995, p.63-64)

O impacto da guerra sobre a economia e a sociedade russa permite entender porque o desfecho político da revolução russa se deu pela afirmação de um regime socialista. É certo que a "memória" da revolução de 1917 reservou um lugar proeminente aos bolcheviques, a Lênin, a Trotsky, a Stalin e a alguns outros militantes socialistas. No entanto, o caminho que levou da queda do Czar Nicolau II, em fevereiro de 1917, até a revolução de outubro foi bastante tortuoso. Convém reter alguns de seus momentos mais importantes.

Como os outros países beligerantes, a Rússia não estava preparada para uma guerra longa. Porém suas condições eram particularmente precárias. Seu quadro de oficiais, dizimado após os primeiros combates em 1914, não pôde ser recomposto pela falta de um quadro de reserva. Tão ou mais grave era a questão dos suprimentos para a guerra. A indústria (em especial a de armamentos) podia atender apenas a uma parte das necessidades, aumentando a fragilidade militar russa. Além disso, o desvio da produção em geral para o esforço de guerra provocou profundo desequilíbrio na economia: a redução da disponibilidade de bens industriais para a população civil desestimulou a produção de alimentos pelos camponeses (pois não teriam manufaturados para comprar com os rublos que obtivessem da venda de seus produtos). Como resultado, tanto os preços dos produtos industriais como o dos alimentos elevaram-se acentuadamente, provocando greves nas cidades, já que os salários não acompanhavam a inflação. Estima-se que em 1916 o número de grevistas ultrapassou um milhão (FERRO, 1974, p.24).

QUARTA PARTE – O ENTRE GUERRAS (1918-1939) E A SEGUNDA GUERRA MUNDIAL (1940-1945): "A ERA DA CATÁSTROFE"

Algumas vitórias do exército russo na guerra não foram suficientes para angariar o apoio da população em geral ao governo czarista. A oposição legal se manifestava por meio da Duma, sem grande sucesso em sua pressão sobre o Czar Nicolau II.[5] A oposição ilegal retomou suas manifestações típicas, como as greves; porém a continuidade de amplas divergências entre as diversas tendências impedia uma ação mais efetiva. A reação do governo foi, mais uma vez, no sentido de reprimir as manifestações por meio da prisão de seus líderes. Porém, não esperava que a insatisfação, já evidente entre os operários e os camponeses, também contaminasse os soldados do exército (ativos ou da reserva) e mesmo as forças da repressão.

Em fevereiro de 1917, em Petrogrado, foi instituído o cartão de racionamento, dada a escassez de alimentos. Como os alimentos se esgotavam antes de atender a todos que estavam na fila (sob o frio do inverno russo), incidentes se repetiam (como a quebra de vitrines das lojas). O agravamento da escassez levou à criação de um comitê para organizar manifestações no dia 23 de fevereiro. As manifestações prosseguiram e no quarto dia oficiais obrigaram os soldados a atirar contra os manifestantes, causando 40 mortes. Nessa noite, os soldados se amotinaram e prenderam seus oficiais, repudiando a ordem de atirar contra a população. No dia 27 de fevereiro, o encontro de operários e soldados deu início a um cortejo que terminou no Palácio de Inverno do Czar: os sentinelas, em vez de repelirem os manifestantes, os saudaram e em seguida a bandeira imperial foi retirada do mastro. Na prática, essa "revolução" de fevereiro havia deposto o Czar Nicolau II.[6]

A formação de um novo governo colocou em jogo dois poderes: o da Duma e o do Soviete de Petrogrado. Os membros do Soviete, eleitos pelos operários da cidade, temerosos de uma reação do Czar com o apoio de partes do exército, deixaram à Duma a responsabilidade de formar o novo governo. A Duma, por sua vez, reconhecendo o poder do Soviete para conter o movimento revolucionário, aceitou afastar os monarquistas. A formação de sovietes (conselhos formados por delegados de operários, de camponeses, de soldados) por todo o país reforçou a posição do Soviete de Petrogrado que, sem participar diretamente do governo, podia exercer forte pressão sobre ele.

Os dirigentes do governo provisório desejavam a instauração na Rússia de um regime de tipo parlamentar; embora aceitassem algumas reformas, em sua maioria eram contrários ao socialismo. Por seu turno, os sovietes eleitos tinham em sua direção socialistas moderados (principalmente mencheviques) que entendiam ser esse o momento das reformas democráticas para, mais tarde, se promover a instauração de um regime socialista.

---

5. Após o assassinato de Stolypin, em 1911, reforçou-se o caráter autocrático do regime, pois Nicolau II ficou sujeito à influência de sua esposa, Alexandra, e de Rasputin, uma figura peculiar que teve grande poder sobre os governantes. Rasputin acabou assassinado por membros da própria corte do Czar, insatisfeitos com sua influência sobre o governo.

6. O Czar Nicolau II abdicou do trono para que seu irmão Miguel fosse o novo Czar. Mas este, avaliando a situação, optou também por abdicar, encerrando a época da dinastia Romanov.

CAPÍTULO 16 – A REVOLUÇÃO RUSSA E A CONSTITUIÇÃO DA ECONOMIA SOVIÉTICA (1917-1945)

Os bolcheviques adotaram uma postura pouco popular naquele momento – contra o regime estabelecido em fevereiro de 1917 – e não assumiram posições políticas importantes.

O governo provisório tinha de enfrentar os problemas herdados do velho regime: de um lado, a insatisfação de camponeses e operários com a situação econômica, além das demandas mais gerais (como pela propriedade da terra, por redução da jornada de trabalho etc.) e a própria desorganização da economia; de outro, a questão da guerra em que a Rússia continuava envolvida e, em especial, o cansaço dos soldados e seu desejo de abandonar o campo de batalha. Diante de fortes pressões e inúmeros conflitos, o Governo Provisório foi perdendo sua capacidade de governar o país:

> [...] o Governo Provisório e seus seguidores não souberam reconhecer sua incapacidade de fazer a Rússia obedecer suas leis e decretos. Quando homens de negócios e administradores tentaram restabelecer a disciplina de trabalho, não fizeram mais que radicalizar os trabalhadores. Quando o Governo Provisório insistiu em lançar o exército na ofensiva militar em junho de 1917, o exército estava farto, e os soldados camponeses voltaram para suas aldeias a fim de tomar parte na divisão de terra com os parentes. A revolução espalhou-se pelas estradas de ferro que os levavam de volta para casa. Ainda não era o momento para uma queda imediata do Governo Provisório, mas do verão em diante a radicalização se acelerou tanto no exército quanto nas principais cidades, cada vez mais em favor dos bolcheviques. [...] Quando os bolcheviques – até então um partido de operários – se viram em maioria nas principais cidades russas, e sobretudo na capital, Petrogrado, e Moscou, e depressa ganharam terreno no exército, a existência do Governo Provisório tornou-se cada vez mais irreal; em especial quando teve de apelar às forças revolucionárias na capital para derrotar uma tentativa de golpe contrarrevolucionário de um general monarquista em agosto. A onda radicalizada de seus seguidores inevitavelmente empurrou os bolcheviques para a tomada do poder. Na verdade, quando chegou a hora, mais que tomado, o poder foi colhido. (HOBSBAWM, 1995, p.68)

O crescente apoio aos bolcheviques e à proposição de "todo poder aos sovietes" (como formulada por Lênin) não era suficiente, por si, para levar à decisão de tomar o poder, pois isso envolvia tanto a esfera dos sovietes como a dos próprios bolcheviques. Lênin, cuja prisão fora decretada pelo governo em julho de 1917, escrevia da Finlândia (onde se refugiara) ao Comitê Central do Partido Bolchevique[7], incitando a ação para a tomada do poder. Argumentava que o governo provisório, sob a direção de Kerenski, preparava a rendição de Petrogrado diante das tropas alemãs. E afirmava: "Se nós não tomarmos o poder agora a história não nos perdoará" (FERRO, 1974, p.85). Mas, mesmo entre os bolcheviques, essa posição não era aceita pacificamente. Voltando clandestinamente a

---

7. Os bolcheviques eram uma facção dentro do Partido Social Democrata Russo; com a vitória da revolução em outubro de 1917, assumiram posição dominante no partido que, em 1918, passou a se denominar Partido Comunista.

417

QUARTA PARTE – O ENTRE GUERRAS (1918-1939) E A SEGUNDA GUERRA MUNDIAL (1940-1945): "A ERA DA CATÁSTROFE"

Petrogrado, Lênin conseguiu aprovar sua tese em reunião do Comitê Central do Partido em 10 de outubro; e em 20 de outubro, no Congresso dos Sovietes, a proposta bolchevique de tomar o poder obteve maioria e foi aprovada.

As ações transcorreram a partir do dia 22 de outubro[8], com o progressivo controle dos órgãos públicos de Petrogrado pelo Soviete e pelos bolcheviques. A ação do governo não tinha qualquer eficácia; no dia 25, pela manhã, o Comitê Militar Revolucionário de Petrogrado anunciou a vitória. A resistência se limitava ao Palácio de Inverno que foi tomado ainda nesse dia.

Nessa mesma data, o Congresso dos Sovietes procedeu à eleição de seu comitê executivo que passou a ter maioria de bolcheviques. O congresso elegeu o novo governo – operário e camponês – que contava, entre outros, com Lênin, Trotsky e Stalin.

Esse governo teve de se defrontar, de imediato, com duas questões cruciais. Primeiro, a da guerra. A Rússia continuava envolvida e cada vez mais frágil; e a posição dominante entre os bolcheviques era a favor da paz. Assim, logo após a tomada do poder, Lênin e Trotsky propuseram a paz a todos os beligerantes. A paz era essencial para a Rússia, pois era exigida por soldados, operários e camponeses, exauridos por anos de guerra. Mas era previsível que os países em guerra – principalmente França, Grã-Bretanha e Alemanha – não aceitassem uma paz sem conquistas. Desse modo, restava ao governo bolchevique negociar uma paz com as Potências Centrais (Alemanha e Áustria-Hungria), mesmo sabendo que isso poderia fortalecer o imperialismo alemão. As negociações se alongaram até que em 3 de março de 1918, concluiu-se o Tratado de Brest-Litovsk: uma paz punitiva à Rússia que perdeu vastos territórios.

A segunda questão a ser enfrentada pelo governo bolchevique foi a guerra civil. Em meados de 1918, no sul do país, teve início um levante contra a revolução de outubro. Os "brancos", como eram chamados os contrarrevolucionários, constituíram um forte exército e contaram com o apoio dos Aliados: estes esperavam que os brancos combatessem os alemães, mas também esperavam a derrota dos bolcheviques. Os Aliados temiam que a vitória dos bolcheviques disseminasse o ímpeto revolucionário por outras partes da Europa e do mundo. O Japão também se envolveu no conflito em apoio aos "brancos". O Exército Vermelho, organizado por Trotsky, só conseguiu derrotar os "brancos" em 1920, depois de dois anos de guerra civil, período em que a já debilitada economia soviética teve de desviar recursos para essa campanha militar. Ou seja, o governo que assumiu em outubro de 1917 se defrontava com os imperativos militares e econômicos decorrentes da guerra civil e que colocavam em questão a própria sobrevivência da revolução e a subsistência da população.

---

8. A Revolução Russa ficou conhecida como a Revolução de Outubro porque a tomada do poder ocorreu no dia 25 de outubro, de acordo com o calendário juliano que era adotado na Rússia à época. No calendário gregoriano, adotado em outros países, essa data corresponde ao dia 7 de novembro.

418

CAPÍTULO 16 – A REVOLUÇÃO RUSSA E A CONSTITUIÇÃO DA ECONOMIA SOVIÉTICA (1917-1945)

16.2 O COMUNISMO DE GUERRA: A ECONOMIA RUSSA DURANTE A GUERRA CIVIL (1918-1920)

A organização da economia após a revolução não havia sido objeto de reflexões específicas por parte dos partidos socialistas.[9] Em geral, admitia-se que a socialização dos meios de produção (com o fim de sua propriedade privada) era essencial para tanto, porém não havia um "modelo" para promover a transição para a nova economia.

As primeiras medidas do governo – que envolveram a socialização dos meios de produção – na verdade foram induzidas por pressões imediatas. No dia seguinte à tomada do poder, um decreto aboliu a propriedade privada da terra e a declarou propriedade nacional. A medida atingia os grandes proprietários, porém pouco afetava os camponeses: estes mantinham a posse da terra, embora não pudessem vendê-la ou arrendá-la. Desse modo, evitava-se uma reação do campesinato, o que certamente ocorreria se ele julgasse haver o risco de perda da posse da terra.

Em dezembro de 1917 foi decretada a nacionalização dos bancos privados e em janeiro de 1918 o governo repudiou a dívida externa (ou seja, os empréstimos externos da Rússia não seriam pagos dali em diante). E em abril de 1918, o comércio exterior foi nacionalizado, tornando-se um monopólio estatal. Essas medidas, embora tenham um lado "estatizante", respondiam também a necessidades urgentes de uma economia em precárias condições: nacionalizar os bancos permitia o controle do crédito; o monopólio do comércio exterior e a negação da dívida procuravam equacionar as dificuldades do setor externo da economia russa. Aliás, nesses primeiros meses do novo governo, não foi decretada a nacionalização das empresas industriais e, embora fosse admitido o princípio do controle operário, não houve estímulo ao confisco violento das fábricas pelos trabalhadores.

Em meados de 1918, com o início da contrarrevolução dos "brancos" no sul do país, o governo adotou medidas identificadas com o "comunismo de guerra". Toda guerra exige o aumento da presença do Estado na economia: como responsável pela organização do esforço bélico, o governo deve concentrar recursos materiais e financeiros para sustentar as operações militares. Para tanto, precisa extrair recursos da sociedade (sob a forma de impostos, empréstimos, requisições) e reorganizar a produção de modo a atender às necessidades militares (de armamentos, meios de transporte, roupas e alimentos para os soldados etc.). No caso da Rússia, enfrentar a guerra civil exigia um grande esforço tendo em vista o precário estado da economia que já atravessara os quatro anos da Primeira Guerra Mundial.

---

9. O foco das discussões entre os socialistas se situava na esfera política: a estratégia revolucionária e a questão do estado pós-revolução – a ditadura do proletariado – geraram inúmeras propostas e polêmicas entre os socialistas russos e os de outros países europeus.

Em junho de 1918, as grandes empresas industriais foram nacionalizadas, em parte para suprir as necessidades militares. O abastecimento de alimentos para o exército e para as cidades passou a ser feito com base em requisições compulsórias impostas sobre os camponeses e o comércio de trigo tornou-se um monopólio do governo. Para garantir o suprimento de produtos manufaturados, o governo colocou sob seu controle crescente número de empresas. Em novembro de 1920, foi decretada a nacionalização de toda a indústria. Mesmo assim, a disponibilidade de produtos era limitada de modo que o comércio varejista foi substituído pelo sistema de racionamento. A moeda praticamente desapareceu de circulação e a maior parte das transações passou a ser feita em espécie.

Em suma, pode-se dizer que a economia russa foi administrada de modo militar durante os anos da guerra civil. Embora o "comunismo de guerra" tenha permitido manter o Exército Vermelho e garantir sua vitória na guerra civil, agravou ainda mais as condições de funcionamento da economia. Ao fim da guerra, levantes camponeses se repetiam pelo país; em 1921 estouraram greves operárias em Petrogrado e Moscou e ainda no mesmo ano houve uma rebelião de marinheiros que exigiam sovietes sem bolcheviques (RODRI-GUES, 1979, p.19).

Para enfrentar a situação da economia russa, Lênin propôs, em 1921, uma substancial mudança que ficou conhecida pela sigla NEP (ou Nova Política Econômica). Os que viam o comunismo de guerra como um grande passo rumo à plena socialização dos meios de produção opuseram-se à NEP, pois esta implicava certo retorno à propriedade privada e ao mercado. Mas a proposta de Lênin foi vitoriosa, impondo profundas mudanças em relação ao comunismo de guerra.

16.3 A NOVA POLÍTICA ECONÔMICA – NEP (1921-1927)

As medidas econômicas definidas a partir de março de 1921, e que deram forma à NEP, foram tomadas sob a pressão da crise econômica – com substancial redução da produção em geral – que já provocava manifestações de insatisfação da parte de camponeses e operários. Promover o aumento da produção se tornou urgente e, para tanto, julgou-se conveniente o parcial retorno da propriedade privada e do funcionamento de alguns mecanismos de mercado.

Em relação à produção agrícola, foi suspensa a política de requisições compulsórias (principal razão da insatisfação dos camponeses) e o monopólio estatal do comércio de cereais. A requisição forçada do excedente foi substituída por um imposto sobre os cereais, pago em espécie (e, mais tarde, em dinheiro). Os camponeses podiam vender seus excedentes livremente; se o Estado necessitasse de cereais deveria comprá-los em concorrência com os demais compradores particulares. Desse modo, a NEP favorecia a camada mais rica dos camponeses (*kulak*) que agora podia empregar outros trabalhadores e obter

CAPÍTULO 16 – A REVOLUÇÃO RUSSA E A CONSTITUIÇÃO DA ECONOMIA SOVIÉTICA (1917-1945)

um excedente maior para venda no mercado. O impacto dessas medidas se fez sentir de imediato e a safra de 1922 já apresentou substancial aumento.

Paralelamente, a pequena indústria, cuja nacionalização fora decretada em 1920, começou a ser desnacionalizada (ou seja, privatizada). Pequenas empresas industriais puderam ser adquiridas por particulares que não tinham mais qualquer restrição ao comércio de seus produtos no mercado interno. As grandes empresas industriais continuaram sendo de propriedade estatal, porém ganharam maior autonomia em sua gestão: podiam comprar suas matérias-primas e vender seus produtos manufaturados, devendo manter uma contabilidade típica da empresa capitalista (com o objetivo de definir o lucro obtido). Dirigidas por juntas populares, estavam sob a supervisão do Conselho Econômico Supremo (constituído por representantes do governo e dos sindicatos). Foi restabelecido o sistema salarial (diversamente da época do comunismo de guerra em que o trabalho era considerado um serviço obrigatório) e a mobilidade dos trabalhadores, criando um mercado de trabalho. Muitas empresas estatais foram arrendadas, pois não havia interesse imediato em sua operação pelo Estado.

Portanto, a NEP abriu espaço para a propriedade privada de empresas industriais: num censo realizado em 1923 com 165.000 empresas consideradas industriais, 88,5% delas pertenciam a proprietários individuais ou eram estatais arrendadas para particulares. No entanto, o peso do setor estatal ainda era muito maior do que o privado: estimava-se que 84,5% dos trabalhadores industriais vinculavam-se a empresas estatais, as quais eram responsáveis por 92,4% do total da produção industrial (RODRIGUES, 1979, p.20-21).

A NEP fora bem-sucedida em termos da recuperação da produção agrícola e industrial que, em 1927, retornava aos níveis anteriores à Primeira Guerra. No entanto, sua estratégia era bastante polêmica, em especial pela ampliação do espaço dado à propriedade privada no conjunto da economia, o que, em princípio, ia contra a proposta de construção de uma sociedade socialista. Lênin, doente desde 1922, não pôde mais participar ativamente da política russa; sua morte ocorreu em janeiro de 1924. Sem a presença do principal líder da revolução de outubro, a discussão sobre os destinos do socialismo na Rússia envolveu algumas correntes com propostas distintas. O debate sobre como promover a industrialização foi o foco das divergências no plano da economia. Essas divergências definiram três correntes dentro do Partido: uma ala esquerda, liderada por L. Trotsky (e que tinha E. Preobrajensky como seu principal teórico); uma ala direita, cuja posição era defendida por N. Bukharin; e ainda um grupo liderado por J. Stalin.

Numa economia predominantemente rural, o financiamento do investimento industrial exige, de algum modo, a transferência de um excedente produzido na agricultura. Qual seria a forma de realizar essa transferência?

Para Bukarin, a industrialização deveria ter como ponto de partida uma aliança política entre os trabalhadores urbanos e os camponeses. Entendia que a dinâmica do setor industrial estatal dependia do desempenho do setor agrícola: a expansão da economia

421

camponesa geraria demanda de bens de consumo e de bens de produção para a indústria. Além disso, a agricultura camponesa poderia gerar excedentes exportáveis que permitiriam a importação de equipamentos para a indústria. Portanto, uma economia camponesa próspera geraria condições para o desenvolvimento industrial, pois um excedente crescente, gerado pelo aumento de produtividade, poderia, em parte, financiar o investimento industrial sem impor sacrifícios excessivos aos camponeses. Mas isso pressupunha incentivos aos camponeses mais ricos para que aumentassem a produtividade em suas propriedades. No plano da política, essa posição implicava dar maior liberdade para essa camada mais rica dos camponeses, fortalecendo os *kulaks* e, consequentemente, estabelecendo, no meio rural, um forte elemento de defesa da propriedade privada da terra.

A ala esquerda também admitia que a agricultura era a única fonte de excedente para o financiamento da industrialização. Porém entendia que a agricultura, fundada em pequenas propriedades, tendia a se voltar apenas para a subsistência das famílias camponesas: assim, não haveria um excedente passível de ser transferido para o meio urbano a fim de sustentar a industrialização. Para tanto, dizia Preobrajensky, seria preciso promover a "acumulação primitiva socialista": assim como a constituição do capitalismo exigira uma "acumulação primitiva", a do socialismo deveria passar por essa fase para permitir a formação da indústria estatal no socialismo (PREOBRAJENSKY, 1979, Capítulo Segundo). Os meios para garantir a transferência do excedente agrícola para o financiamento da industrialização seriam a coleta forçada do excedente por meio de um imposto em espécie, a alteração da relação entre preços industriais e agrícolas (impondo preços elevados para os manufaturados consumidos pelos camponeses e preços reduzidos para os produtos da agricultura) e ainda o corte na disponibilidade de bens de consumo para os camponeses. Assim, forçava-se a redução do consumo da população rural e aumentava-se a "poupança" que poderia ser extraída para promover a industrialização (LAVIGNE, 1999, p.20-21).

É certo que as divergências entre a ala esquerda e a ala direita envolviam, além do aspecto estritamente econômico de como promover a industrialização, a questão de como construir o socialismo. E a crítica da ala esquerda em relação à proposta de Bukharin se dirigia principalmente ao fortalecimento dos *kulaks*: essa parcela do campesinato, ancorada na propriedade (ou na posse) privada da terra, estimulada pela política do Estado em relação à agricultura, seria o embrião do desenvolvimento de uma burguesia agrária e do capitalismo no campo. E, consequentemente, um forte obstáculo à socialização dos meios de produção. Em suma, a polêmica a respeito da industrialização expressava também a discussão dos caminhos para a construção do socialismo.

Paralelamente às discussões sobre a industrialização (mais intensas entre 1925 e 1928), ocorria também a luta pelo controle da máquina partidária e do aparelho estatal. Stalin, que participava pouco do debate econômico, conquistava posições importantes na esfera política. Secretário-geral do Partido Comunista desde 1922, ampliou seu poder no interior

CAPÍTULO 16 – A REVOLUÇÃO RUSSA E A CONSTITUIÇÃO DA ECONOMIA SOVIÉTICA (1917-1945)

do partido e do governo a partir da morte de Lênin. Com o controle de ambos, agiu no sentido de deslocar seus rivais: embora se tratasse principalmente de disputa pelo poder, Stalin articulou-a ao debate sobre a industrialização. Defensor, de início, das teses de Bukharin, proibiu a difusão das propostas da ala esquerda: como isto continuou a ser feito, ainda que clandestinamente, em novembro de 1927 os líderes da ala esquerda foram expulsos do partido. Trotsky foi exilado na Ásia Central[10] e dois outros importantes militantes (Zinoviev e Kamenev) confessaram-se culpados e solicitaram, pouco depois, readmissão no partido. Assim, parecia que a tese de Bukharin, apoiada por Stalin, seria vitoriosa na definição da política de industrialização.

No entanto, em 1929, Bukharin foi acusado de "desvio de direita" pela natureza de sua tese (que fora defendida pelo próprio Stalin para justificar a expulsão da ala esquerda) e afastado de suas funções no partido. Como tantos outros, Bukharin admitiu seu erro, foi reabilitado e assumiu novas funções no governo. No entanto, ao longo da década de 1930, Stalin livrou-se de seus principais rivais: principalmente depois do 17º Congresso do Partido, em 1934, em que se insinuou a emergência de alguma oposição a ele, instalou-se um longo período de "terror":

> [...] entre 1934 e 1939, 4 ou 5 milhões de membros e funcionários do partido foram presos por motivos políticos; quatrocentos ou quinhentos [mil][11], executados sem julgamento; e o próximo (18º) Congresso do Partido que se reuniu na primavera de 1939, continha uns míseros 37 sobreviventes dos 1827 delegados que tinham estado presentes no 17º em 1934. (HOBSBAWM, 1995, p.381)

Desse modo, Stalin exerceu, por um longo período, o domínio praticamente pessoal do Partido Comunista e do governo da União Soviética até sua morte em 1954.

16.4 STALIN E OS PLANOS QUINQUENAIS

Em dezembro de 1927, foi decretado o fim da NEP que fora instaurada em 1921: a relativa liberdade comercial que vigorou nesses anos foi progressivamente eliminada pela redução

---

10. Depois do exílio na Ásia Central, Trotsky foi expulso da Rússia em 1929. No exterior, tornou-se um pólo de agregação do anti-stalinismo. E na União Soviética, a adesão (real ou fictícia) ao trotskismo foi utilizada, por Stalin, como pretexto para se livrar de oponentes políticos (SCHAPIRO, 1978, p.383).

11. Na edição brasileira de *A Era dos Extremos* (São Paulo: Companhia das Letras, 1995, p.381), o número de "executados sem julgamento" é de quatrocentos ou quinhentos. Trata-se de um problema da edição, pois no original *The Age of Extremes* (London: Michael Joseph, 1994, p.391) aparece o número quatrocentos ou quinhentos mil. Por isso, inserimos [mil] na citação a fim de corrigir o erro da edição brasileira. Agradecemos a Gustavo Barros que nos chamou a atenção para este problema da edição brasileira.

423

QUARTA PARTE - O ENTRE GUERRAS (1918-1939) E A SEGUNDA GUERRA MUNDIAL (1940-1945): "A ERA DA CATÁSTROFE"

do espaço para a propriedade privada. Paralelamente, era instituído o planejamento central da economia da União Soviética.[12]

Hobsbawm nota que "nenhuma discussão de 'planejamento', que iria ser o critério central do socialismo, nem de rápida industrialização, com prioridade para as indústrias pesadas, se encontrava nos textos de Marx e Engels, embora o planejamento esteja implícito numa economia socializada" (HOBSBAWM, 1995, p.368). Desse modo, os esquemas de planejamento foram sendo construídos na União Soviética no próprio processo de sua implantação.[13]

As primeiras experiências de planejamento ocorreram à época da guerra civil: em 1920, a importância atribuída por Lênin à eletrificação deu origem à Comissão do Estado para a Eletrificação da Rússia (Goelro). No ano seguinte, foi criado a Gosplan (Comissão do Plano do Estado), órgão central de planejamento econômico e que subsistiu até a derrocada da União Soviética na década de 1990. Foi a Gosplan responsável pela elaboração do Primeiro Plano Quinquenal (1928-1932) e dos subsequentes. No período em foco, o segundo plano abrangeu o período de 1933-1937 e o terceiro, de 1938-1942. Em 1941, com a entrada da União Soviética na Segunda Guerra Mundial, a execução do terceiro plano foi suspensa, tendo em vista as necessidades imediatas da guerra. No pós-guerra, os planos quinquenais foram retomados e continuaram a ser instrumento fundamental para a orientação da economia soviética.

O longo controle do poder por Stalin permite que se defina um "modelo stalinista" de política econômica que se basearia em três princípios:

1) A construção da indústria pesada deve ser prioritária para assegurar o crescimento;

2) Só é possível promover a industrialização com base na indústria pesada extraindo o excedente criado na agricultura;

3) Os planos quinquenais devem ser encarados como uma força mobilizadora e também como um instrumento de controle da economia (LAVIGNE, 1999, p.20).

Esses princípios implicavam profundas mudanças na orientação da economia em relação ao que havia vigorado no período da NEP. O objetivo central era promover a industrialização, com prioridade absoluta à indústria pesada. Este seria o vetor que garantiria a expansão da economia, mas também o instrumento para garantir a soberania do país: como única sociedade socialista após o fim da Primeira Guerra, a União Soviética se via

---

12. A URSS – União das Repúblicas Socialistas Soviéticas – foi constituída em 1922. Em 1925 era formada por 6 repúblicas federais, 15 repúblicas autônomas e 16 regiões autônomas.

13. Hobsbawm entende que o "comunismo de guerra" já exigira algum tipo de planejamento, inspirado, de certo modo, na experiência alemã da Primeira Guerra. É curioso notar, no entanto, que o planejamento, como questão teórica, já tinha sido objeto de estudo de um economista italiano não socialista, Enrico Barone, que demonstrara a viabilidade de alocação racional dos recursos por uma comissão central de planejamento. Seu artigo "Il Ministro della produzione nello Stato Collettivista" foi publicado em 1908 no *Giornale degli Economisti* e incluído, em 1935, na coletânea organizada por F. A. Hayek, *Collectvist Economic Planning*, em que há textos favoráveis e contrários à tese de Barone.

CAPÍTULO 16 – A REVOLUÇÃO RUSSA E A CONSTITUIÇÃO DA ECONOMIA SOVIÉTICA (1917-1945)

ameaçada pelas potências ocidentais (que, afinal, haviam apoiado o exército branco na guerra civil – 1918-1920). Assim, a indústria pesada, como suporte à indústria bélica, parecia essencial para a defesa do país.

Outra mudança em relação à NEP é o retorno da tendência à estatização e à coletivização, num processo em que o planejamento, em princípio, pretendia estabelecer a completa planificação da economia e também ser um instrumento de mobilização da sociedade para alcançar as metas estabelecidas, em geral bastante ambiciosas. Como mobilizar os recursos para realizar o investimento industrial necessário para atingir aquelas metas?

Admitindo que, numa sociedade em que a maior parte da população é rural e a mair parte da produção, agrícola, o excedente necessário para o investimento deveria provir da agricultura; o problema era como realizar a extração desse excedente.

Como vimos, essa questão era central na polêmica sobre a industrialização entre a ala direita e a ala esquerda do partido. Stalin, de certo modo, recuperou as propostas da ala esquerda liderada por Trotsky (sem reabilitar seus líderes) e aplicou-as com mais rigor do que era previsto pela ala esquerda.[14] Assim, Stalin aproximou-se da noção de "acumulação primitiva socialista": trata-se da extração forçada (e violenta, se necessário) do excedente produzido pelos camponeses.

O instrumento principal foi a coletivização da agricultura, não só como meio de forçar a produção de um excedente, mas também para eliminar a propriedade privada no campo (e, em especial, a classe dos *kulaks*, um embrião do capitalismo rural, vista como uma ameaça ao socialismo). No lugar da propriedade individual, camponeses foram reunidos em cooperativas – os chamados *kolkhoses* – que se tornaram uma das formas típicas da produção agrícola soviética. Ao seu lado, foram estabelecidos os *sovkhoses* – fazendas estatais com trabalhadores assalariados – e as Estações de Máquinas e Tratores, também estatais, que forneciam os equipamentos para as cooperativas.

A coletivização da agricultura, por meio das cooperativas e das fazendas estatais – implicava profunda transformação nas condições do campo russo: a NEP havia dado alguma liberdade econômica aos camponeses. Embora a terra fosse propriedade nacional (do Estado), os camponeses tinham a posse da terra e muitos prosperaram por meio da venda de seu produto no mercado. A coletivização eliminaria a liberdade de ação dos camponeses e

---

14. Schapiro lembra que a política adotada por Stalin com o fim da NEP, embora mais extrema e violenta, tinha muitos aspectos em comum com o que Trotsky havia advogado enquanto ele ainda estava no partido. Assim, por esse lado não era fácil para Trotsky encontrar justificação teórica para manter a oposição a Stalin. Desse modo, o foco da crítica de Trotsky passou a se dirigir à natureza do Estado proletário sob Stalin que se transformou num despotismo burocrático, em que os mais ativos trabalhadores se tornaram burocratas, obtendo consideráveis vantagens econômicas em retribuição por seus serviços para a liderança do partido (SCHAPIRO, 1978, p.386). Talvez mais importante fosse outra divergência de Trotsky em relação a Stalin: este defendia a estratégia do "socialismo em um só país", ou seja, cabia consolidar o socialismo na União Soviética (em especial diante das ameaças das potências capitalistas), para só depois apoiar revoluções em outros países. Já Trotsky, ao defender a "revolução permanente" criticava a natureza do Estado soviético e defendia o apoio à revolução no plano internacional.

425

QUARTA PARTE – O ENTRE GUERRAS (1918-1939) E A SEGUNDA GUERRA MUNDIAL (1940-1945): "A ERA DA CATÁSTROFE"

permitiria a extração do excedente agrícola por meio de requisições diretas às cooperativas. Além disso, como entre os objetivos do governo estava também liquidar os *kulaks* como classe, aqueles que relutassem em se unir às fazendas coletivas eram deportados. Assim, entre 1928 e 1932 promoveu-se a coletivização em massa na agricultura.

O processo de coletivização foi pontuado por conflitos. A resistência dos camponeses se fez, por exemplo, matando o gado de suas propriedades: o plantel em 1940 ainda era menor do que o existente em 1928; no ano de 1933, as requisições forçadas de alimentos, num momento em que a produção se reduzia pela desorganização das propriedades, geraram um período de fome no campo; e os camponeses que resistiam à coletivização e eram considerados *kulaks* foram eliminados fisicamente. Tudo isso resultou na morte de milhões de camponeses.[15]

Em 1935 a coletivização em massa da agricultura foi considerada oficialmente concluída: o modelo agrícola soviético fundou-se, portanto, nas fazendas coletivas de caráter cooperativo (*kolkhoz*), nas fazendas estatais (*sovkhoz*) e nas Estações de Máquinas e Tratores. Embora tenha prevalecido longamente, esse modelo sempre apresentou problemas pela reduzida eficiência do *kholkoz* e pelo alto custo do *sovkhoz*. Este, que seria o modelo superior do socialismo na agricultura, não se desenvolveu, pois apresentou custos muito elevados (LAVIGNE, 1999, p.21).

Apesar dos problemas enfrentados na coletivização da agricultura, a extração forçada do excedente permitiu o avanço da industrialização soviética com base no planejamento centralizado.

Embora os dados quantitativos sejam pouco precisos, é inegável o rápido crescimento da economia soviética no período. Estimativas oficiais sugerem que o Produto Material Líquido cresceu à taxa de 15,3% ao ano entre 1922 e 1940; estimativas alternativas indicam a taxa de 8,5% (LAVIGNE, 1999, p.45).[16] Em qualquer caso, são taxas expressivas de crescimento que atestam o fato de a União Soviética não ter sofrido os efeitos da Grande Depressão dos anos 1930. Num momento em que a crise das economias capitalistas (em especial dos Estados Unidos) era profunda, o crescimento da União Soviética era visto por seus defensores como índice da superioridade de sua forma de organização econômica.

Esse crescimento da economia soviética reflete principalmente a consolidação da indústria pesada como núcleo da estratégia de planejamento, como podemos observar na Tabela 16.1.

---

15. Para Hobsbawm, na falta de dados precisos, uma estimativa conservadora do número de vítimas diretas e indiretas do período de Stalin estaria em torno de 10 milhões; porém admite que esse número poderia mesmo se aproximar de 20 milhões (HOBSBAWM, 1995, p.383).

16. A contabilidade social soviética inclui apenas os bens materiais e, em alguns casos, os serviços cujos custos estão ligados à oferta dos bens (por exemplo, o custo de transporte). Serviços em geral, como educação, saúde, administração, serviços financeiros etc. não são incluídos no cálculo do Produto).

TABELA 16.1

URSS: Produção da grande indústria (bilhões de rublos aos preços de 1926-1927)

	1913	1920	1928	1932	1936
Bens de equipamento	4,7	0,9	7,8	21,6	49,1
Bens de consumo	6,3	0,8	9,0	17,2	31,8

Fonte: BETTELHEIM (1945), p.273 apud NIVEAU (1969), p.469.

Este quadro sintetiza o movimento da indústria russa/soviética desde o início da Primeira Guerra. O declínio da produção na época da economia de guerra é nítido nos dados referentes a 1920; o impacto positivo da NEP sobre a produção industrial em geral aparece nos dados de 1928 que superam os de 1913 e praticamente multiplicam por dez os de 1920; finalmente, a nova estratégia identificada com Stalin e com os Planos Quinquenais pode ser percebida no substancial avanço da indústria de bens de equipamento em relação à indústria de bens de consumo registrado nos dados de 1932 e 1936.[17]

Dentro dessa estratégia cabia importante parcela à produção de armamentos, com gastos militares crescentes (de 1,6 bilhão de rublos em 1934 para 27 bilhões em 1938 – BETTELHEIM [1945], p.273 apud NIVEAU [1969], p.470). Essa prioridade dada à produção de armamentos expressava o temor de que as potências capitalistas tentassem, por meios militares, destruir o Estado soviético. Desse modo, ao entrar na Segunda Guerra Mundial, ao lado dos Aliados (Inglaterra, França, Estados Unidos), a União Soviética já dispunha de apreciável poder bélico que foi suficiente para enfrentar a Alemanha em seu avanço rumo à Europa Oriental. Ao iniciar a campanha da Rússia, provavelmente os generais de Hitler esperavam reduzida resistência das tropas soviéticas e um rápido desfecho das operações militares. Pelo contrário, essa campanha foi decisiva: à resistência das tropas soviéticas pode-se atribuir, em grande parte, o fracasso nazista em seu intento de dominar toda a Europa e até mesmo sua derrota na Segunda Guerra Mundial. Como nota Hobsbawm, ao comentar o avanço do fascismo (e de outros regimes autoritários nos anos 1920 e 1930):

A democracia só se salvou porque, para enfrentá-lo, houve uma aliança temporária e bizarra entre capitalismo liberal e comunismo: basicamente a vitória sobre a Alemanha de Hitler foi, como só poderia ter sido, uma vitória do Exército Vermelho. [...] Uma das ironias deste estranho século é que o resultado mais duradouro da Revolução de Outubro, cujo objetivo era a derrubada global do capitalismo, foi salvar seu antagonista, tanto na guerra quanto na paz [...]. (HOBSBAWM, 1995, p.17)

---

17. Um estudo recente reafirma o rápido crescimento da economia soviética tanto na época da NEP quanto na década de 1930, com base em novas estimativas da produção industrial (ALLEN, 2003).

A vitória das tropas soviéticas sobre as alemãs na Segunda Guerra e sua adesão ao bloco dos Aliados deu à União Soviética um papel de destaque na política mundial no pós-guerra. Além disso, seu desempenho ao longo da década de crise – crescimento industrial enquanto as economias capitalistas passavam pela Grande Depressão – chamou atenção de muitos para a nova forma de organização da sociedade que ali se havia implantado. Um modelo soviético de socialismo, em grande medida identificado com o stalinismo, tinha três características principais (e que, depois, estiveram presentes em várias experiências socialistas):

1) Economia sob o controle de um partido único (no caso da União Soviética, o Partido Comunista da União Soviética);

2) Instituições econômicas fundadas na propriedade estatal ou coletiva dos meios de produção (só sendo admitida, em princípio, a propriedade privada dos bens de consumo);

3) Planejamento central compulsório como principal mecanismo de coordenação econômica (instituições de mercado tem papel subsidiário) (LAVIGNE, 1999, p.3).

Na Quinta Parte deste livro, discutiremos com se dava o funcionamento desse sistema, quais seus problemas e as transformações por que passou entre 1950 e 1970.

REFERÊNCIAS

ALLEN, R. C. (2003). *Farm to Factory: A Reinterpretation of the Soviet Industrial Revolution*. Princeton (N. J.): Princeton University Press.

BARONE, E. (1935). "The Ministry of Production in the Collectivist State (1908)".

BETTELHEIM, C. (1945). *La Planification Soviétique*. Paris: M. Rivière.

FERRO, M. (1974). *A Revolução Russa*. São Paulo: Editora Perspectiva.

HAYEK, F. A. (1935). *Collectivist Economic Planning*. London: Routledge.

HOBSBAWM, E. (1995). *A Era dos Extremos. O Breve Século XX: 1914-1991*. São Paulo: Companhia das Letras.

LAVIGNE. M. (1999). *The Economics of Transition: From Socialist Economy to Market Economy*. 2ª ed., New York: St. Martin's Press.

LENIN, V. I. (1985). *O Desenvolvimento do Capitalismo na Rússia. O Processo de Formação do Mercado Interno para a Grande Indústria*. São Paulo: Nova Cultural.

NIVEAU, M. (1969). *História dos Fatos Econômicos Contemporâneos*. São Paulo: Difusão Europeia do Livro.

PREOBRAJENSKY, E. (1979). *A Nova Econômica*. Rio de Janeiro: Paz e Terra.

RODRIGUES. L. M. (1979). "Preobrajensky e a Nova Econômica" in PREOBRAJENSKY, E. *A Nova Econômica*. Rio de Janeiro: Paz e Terra.

SCHAPIRO, L. (1978). *The Communist Party of the Soviet Union*. 2ª ed., London: Methuen & Co. Ltd.

Quinta Parte

A Era de Ouro do Capitalismo e a Expansão
das Economias Socialistas (1946-1973)

*D*urante a Segunda Guerra Mundial, houve uma clara dicotomia entre as economias dos países nela envolvidos. A economia norte-americana, fortemente estimulada pela demanda de produtos bélicos, recuperou os níveis de produção anteriores à crise de 1929. Já na Europa, os países cujos territórios foram palco das operações de guerra, encontravam-se numa situação completamente distinta. Além das perdas humanas em grande número, muitas instalações industriais e de serviços foram destruídas e a população em geral passava por enormes privações. Ao fim da guerra, o contraste entre a economia americana e as europeias propunha problemas bastante distintos aos seus governos. É claro, na Europa a prioridade era a reconstrução das economias e a atenção às populações mais atingidas pelos efeitos da guerra. Nos Estados Unidos, a preocupação central era manter a prosperidade dos anos de guerra, pois havia o temor de um retorno aos anos de recessão e desemprego da década de 1930 quando os estímulos da produção bélica cessassem de gerar uma forte demanda. Porém, não foi isso que ocorreu: o pós-guerra deu início a um período de cerca de um quarto de século de elevado ritmo de crescimento tanto da economia americana como da economia mundial, em clima de razoável estabilidade (quer dizer, sem grandes flutuações e com baixa taxa de inflação). Em razão desse ambiente de prosperidade, o período foi chamado de Era de Ouro (ou dos anos dourados) do capitalismo. Mas tal crescimento não ficou circunscrito apenas às economias centrais do capitalismo, foi também uma época de expansão das economias socialistas, em particular da União Soviética. E mesmo no então chamado Terceiro Mundo (os países subdesenvolvidos não pertencentes ao mundo socialista), várias economias passaram por grandes transformações: esse foi o caso do Brasil que, nos anos 1950 e 1960 do século XX, teve substancial avanço em sua industrialização e apreciável ritmo de expansão da economia.

As taxas de crescimento do Produto Interno Bruto de alguns países indicam o contraste entre o período pós Segunda Guerra Mundial e os anteriores (Tabela V.1).

QUINTA PARTE – A ERA DE OURO DO CAPITALISMO E A EXPANSÃO DAS ECONOMIAS SOCIALISTAS (1946-1973)

TABELA V.1
Produto Interno Bruto (1870-1973) (Taxas anuais médias de crescimento)

	1870-1913	1913-1950	1950-1973
Estados Unidos	3,94	2,84	3,92
França	1,63	1,15	5,02
Alemanha	2,81	1,06	5,99
Holanda	2,20	2,43	4,74
Reino Unido	1,90	1,19	2,96
Japão	2,34	2,24	9,25

Fonte: MADDISON (1995), p.41.

Nesta pequena amostra, é perceptível a retomada do crescimento no pós-guerra, depois de um período – o entre guerras – em que o Produto Interno Bruto avançou a taxas relativamente modestas. É particularmente expressivo o desempenho da economia francesa, da alemã e da japonesa com taxas de crescimento de cerca de 5%, 6% e 9% ao ano entre 1950 e 1973. Por seu turno, os Estados Unidos recuperaram o ritmo de expansão anterior à Primeira Guerra Mundial, superando o impacto negativo da Grande Depressão da década de 1930.

O mesmo resultado pode ser observado em relação às grandes regiões econômicas do mundo (inclusive as áreas do socialismo, como o Leste Europeu, e regiões subdesenvolvidas, como América Latina, África e partes da Ásia), de acordo com a classificação proposta por Maddison, como indicamos na Tabela V.2.

TABELA V.2
Fases do crescimento pelas principais regiões, 1870-1973
(Taxa média anual de crescimento do Produto Interno Bruto)

	1870-1913	1913-1950	1950-1973
Europa Ocidental	2,1	1,4	4,7
EUA, Canadá, Austrália, Nova Zelândia	3,9	2,8	4,0
Europa Meridional	1,5	1,3	6,3
Leste Europeu	2,4	1,6	4,7
América Latina	3,3	3,4	5,3
Ásia (inclui Oceania)	1,1	1,0	6,0
África	1,1	3,0	4,4
Mundo	2,1	1,9	4,9

Fonte: MADDISON (1995), p.60.

QUINTA PARTE – A ERA DE OURO DO CAPITALISMO E A EXPANSÃO DAS ECONOMIAS SOCIALISTAS (1946-1973)

Embora nem todas as nações tenham sido consideradas em cada região, a amostra construída por Maddison é bastante representativa. E todas as regiões tiveram, entre 1950 e 1973, acentuado crescimento, bem superior ao observado nos 80 anos anteriores. O dado consolidado para a economia mundial é muito expressivo: entre 1950 e 1973, a taxa média de crescimento do produto foi de 4,9% ao ano, muito superior à dos dois períodos anteriores (de 2,1%, para 1870-1913, e de 1,9%, de 1913 a 1950).

Teria ocorrido, após a Segunda Grande Guerra, um retorno às condições vigentes na década anterior à Primeira Grande Guerra (outro período de crescimento acelerado para algumas regiões do mundo)? A resposta claramente é negativa: nos mais diversos planos, o pós Segunda Guerra apresentou condições absolutamente distintas das que vigoraram antes da Primeira Guerra. Em particular, há uma nítida tendência à supressão ou a alguma restrição das instituições liberais que regiam a economia até 1913.

Fato expressivo dessa tendência foi a criação de vários organismos internacionais no pós-guerra, como: o FMI (Fundo Monetário Internacional) para a organização do sistema monetário internacional; o BIRD (Banco Internacional de Reconstrução e Desenvolvimento) para financiar a reconstrução europeia, mais conhecido como Banco Mundial e que, mais tarde, se voltou para atender aos países atrasados; para a regulação do comércio mundial, foi criado o GATT (Acordo Geral de Comércio e Tarifas), embrião da futura Organização Mundial do Comércio – OMC; num plano mais geral, constituiu-se a ONU (Organização das Nações Unidas) que, ao lado de suas funções propriamente políticas, instalou vários órgãos de caráter econômico e social, como: UNESCO (Organização Educacional, Científica e Cultural), FAO (Organização para a Agricultura e Alimentação), OMS (Organização Mundial de Saúde), OIT (Organização Internacional do Trabalho) e a CEPAL (Comissão Econômica para a América Latina). Todas essas instituições sugerem a crença na necessidade de crescente intervenção na ordem econômica e social a fim de atingir determinados objetivos que a livre ação dos "mercados" não permitiria alcançar. Nos países europeus, por exemplo, a instituição do chamado Estado do Bem-Estar seria um indicador dessa postura. Além disso, é visível a preocupação com as questões do desenvolvimento econômico e social. Esta preocupação, aliás, pode ser situada em relação às condições históricas da época.

De um lado, tivemos o processo de descolonização do que ainda restava dos velhos impérios. As antigas colônias caracterizavam-se pela extrema pobreza de sua população e havia, entre parcelas da população das antigas metrópoles, a noção de que elas eram, em parte, responsáveis pela promoção do desenvolvimento nesses países. Mas havia também outra questão: ao fim da Segunda Guerra houve substancial ampliação da área abrangida por economias socialistas, sob influência da União Soviética. A preocupação com o alastrar do comunismo, principalmente pelo apelo que podia representar para populações miseráveis, também induziu ações dos países capitalistas mais adiantados no sentido de propor medidas promotoras do desenvolvimento nos países pobres.

433

Como nota Hobsbawm, em *A Era dos Extremos*, a polarização entre capitalismo e socialismo é um dos dados mais importantes para a compreensão do que foi o século XX. E não só por sua implicação política mais imediata – a chamada Guerra Fria – mas porque a existência de um sistema "concorrente" obrigou o capitalismo a se transformar no sentido de demonstrar sua "superioridade" enquanto promotor do bem-estar da população, já que este também era o argumento apresentado pelos governos dos países socialistas.

Em suma, a longa prosperidade da Era de Ouro não pode ser entendida apenas por razões de ordem econômica; elementos políticos e institucionais também tiveram considerável impacto sobre as condições econômicas da época, em especial a polarização capitalismo-comunismo como importante condicionante das ações dos governos. Esse é o escopo desta Quinta Parte do livro, cujo marco cronológico final é o início da década de 1970 quando a longa prosperidade da Era de Ouro foi sucedida por um período marcado por crises e mudanças na economia mundial.

REFERÊNCIA

MADDISON, A. (1995). *Monitoring the World Economy, 1820-1992*. Paris: OCDE.

Capítulo 17

A HEGEMONIA AMERICANA E A RECONSTRUÇÃO DA PROSPERIDADE DA EUROPA OCIDENTAL E DO JAPÃO (1945-1973)

17.1 O PÓS-GUERRA (1945-1950)

Ao fim da Segunda Guerra Mundial havia um enorme contraste entre as condições econômicas dos Estados Unidos e as dos países mais diretamente envolvidos na guerra, seja do lado vencedor dos Aliados (principalmente França e Reino Unido) ou do perdedor, o Eixo (Alemanha, Itália e Japão).

Embora os Estados Unidos tenham sofrido perdas humanas relativamente elevadas, pois 12 milhões de soldados americanos ingressaram nas forças armadas e cerca de 300 mil morreram em combate, do ponto de vista material não houve destruição significativa. Ao contrário, sua economia recuperou-se da depressão dos anos 1930: o esforço produtivo para a guerra absorveu de 9 a 10 milhões de desempregados e ainda incorporou novos contingentes à força de trabalho (em especial, cerca de 6 milhões de mulheres). Ao fim da guerra, o temor de um retorno à recessão não se confirmou: apesar da redução dos gastos bélicos do governo, outros componentes da demanda permitiram sustentar o crescimento da economia. Houve aumento das exportações para os países europeus em reconstrução; aumento do consumo pessoal, em parte com a poupança acumulada durante os anos do conflito, com pagamentos do governo aos veteranos de guerra e ainda com o resgate dos bônus emitidos para financiar os gastos do governo; os investimentos das empresas foram retomados com os lucros retidos durante a guerra. Tudo isso contribuiu para que a economia se mantivesse aquecida. Os índices do Produto Nacional Bruto americano registram esse crescimento (VAN DER WEE, 1987, p.30):

1938=100	1948=165	1950=179

QUINTA PARTE – A ERA DE OURO DO CAPITALISMO E A EXPANSÃO DAS ECONOMIAS SOCIALISTAS (1946-1973)

Com o fim do controle de preços exercido durante a guerra, houve um impacto inflacionário inicial que não se tornou permanente. Em suma, a economia americana manteve, depois de 1945, o ritmo de expansão que a havia caracterizado no período bélico.

No caso dos países europeus que participaram da guerra (assim como do Japão), a situação no imediato pós-guerra era completamente distinta. As perdas humanas haviam sido enormes: estima-se em 40 milhões o número de mortos na Europa (entre civis e militares), incluindo-se aqui a União Soviética (que sozinha sofreu a perda de 20 milhões de pessoas). Além disso, havia feridos, doentes e incapacitados em número também elevado: no caso do Japão, 2 milhões de mortos, e também 4 milhões que apresentavam alguma sequela da guerra. Além do drama inerente ao fato em si, mortos e inválidos representavam uma substancial redução da força de trabalho desses países. A isso se somava a destruição material: infraestrutura seriamente danificada (pontes destruídas impedindo o tráfego em ferrovias e rodovias; material rodante das ferrovias sem condições de uso, frota mercante europeia afetada pela guerra submarina alemã, portos inutilizados ou só parcialmente em condições de uso, quase desaparecimento de veículos motorizados particulares); destruição de casas e outros edifícios (na Alemanha, 40% das habitações destruídas ou inabitáveis; na Grã-Bretanha, 30%; no Japão, 25% e 2 milhões de pessoas sem teto); redução dos plantéis de gado, escassez de fertilizantes, devastação de terras agrícolas. Em suma, ao fim da guerra, a Europa e o Japão enfrentavam escassez de meios de produção e de força de trabalho para iniciar o processo de recuperação.[1] Por isso, esta se fez lentamente e impôs severos ônus à população: escassez de produtos, inclusive alimentos, fome e até mortes por falta de meios de subsistência; a escassez de carvão, além do impacto sobre a produção, também dificultava o aquecimento doméstico, essencial na época do inverno. Estas dificuldades se refletem nos índices do Produto Interno Bruto (Tabela 17.1).

Em 1948, três anos após o final da guerra, Alemanha, Japão e, em menor grau, Itália ainda registravam substanciais reduções do PIB em relação ao nível de 1938; e França, Reino Unido e União Soviética apenas tinham retornado ao nível de 1938 (ou um pouco mais). Só em 1950, a recuperação se mostra mais nítida na França, no Reino Unido e na União Soviética e apenas modesta na Itália; Japão e Alemanha ainda sentiam o impacto da destruição provocada pela derrota no conflito mundial.

---

1. Embora não neguem os efeitos deletérios da guerra, estudos recentes têm relativizado o impacto do conflito sobre a capacidade produtiva dos países europeus. Admite-se que, "[...] apesar de mortos e feridos, nenhum dos países capitalistas avançados acabou a guerra com uma força de trabalho significativamente menor do que em seu início" e ainda que "[...] a capacidade produtiva da maior parte dos países capitalistas era igual ou maior no fim da guerra do que no seu início" (ARMSTRONG; GLYN & HARRISON, 1991, p.7). Reconhecem, no entanto, a existência de sérios gargalos para a produção pela escassez de alimentos para os trabalhadores, de combustível para as fábricas, para o transporte e para o aquecimento doméstico e ainda pela destruição parcial do sistema de transportes (linhas férreas, pontes, locomotivas, veículos automotores etc.). Também admitem que os danos provocados pela guerra distribuíram-se desigualmente pelos diferentes países; de qualquer modo, esses estudos sugerem que as perdas foram menos sérias do que a imagem de destruição, em especial pela guerra aérea, poderia sugerir (ALDCROFT, 2001, p.105-108).

TABELA 17.1

Produto Interno Bruto (1938-1950)

(1938 = 100)

	1938	1948	1950
França	100	100	121
Itália	100	92	104
Reino Unido	100	106	114
Alemanha Ocidental	100	45	64
Japão	100	63	72
União Soviética	100	105	128

Fonte: VAN DER WEE (1987), p.30.

Essa recuperação no imediato pós-guerra não foi fruto da simples ação do mercado; apesar de modesta, ela envolveu ações deliberadas no sentido de promover a reconstrução das economias mais seriamente atingidas pela guerra. Os eventos posteriores ao fim da Primeira Guerra Mundial ainda eram lembrados e era preciso evitar a repetição das ações que haviam conduzido àqueles eventos: hiperinflações, desemprego, ascensão de movimentos autoritários e nacionalistas.

Diversamente do que se decidira no Tratado de Versalhes em 1919, ao fim da Segunda Guerra não foram impostas aos países derrotados reparações sob a forma de pagamentos em dinheiro ou espécie. O território alemão foi partilhado entre os vencedores, mas deu origem, algum tempo depois, à República Federal Alemã (que englobou os territórios atribuídos aos Estados Unidos, à Grã-Bretanha e à França) e a República Democrática Alemã (vinculada ao bloco soviético). A não exigência de reparações era insuficiente para garantir a recuperação dos países derrotados, porém evitava o peso de encargos que economias profundamente afetadas pela guerra não teriam condições de arcar.

Por outro lado, o esforço de guerra dos Aliados europeus exigira o apoio material e financeiro norte-americano. Em março de 1941, o Congresso americano aprovara a Lei de Empréstimos e Arrendamentos (*Lend and lease*) pela qual o presidente dos Estados Unidos poderia ceder recursos e materiais para os países cuja defesa fosse vital para a América do Norte. Os recursos correspondentes a esses materiais deveriam ser reembolsados aos Estados Unidos. A Grã-Bretanha foi o principal beneficiário do *Lend and lease*; no entanto, ao fim da guerra sua capacidade de pagamento era limitada, de modo que a efetiva restituição dos recursos foi mínima. Como nota Galbraith, nunca se estabeleceu uma distinção entre empréstimo e arrendamento; e quando se tratou da devolução dos recursos ou dos materiais emprestados ou arrendados, "esta transação perdeu-se nos recessos fugidios da memória pública" (GALBRAITH, 1994, p.94).

QUINTA PARTE – A ERA DE OURO DO CAPITALISMO E A EXPANSÃO DAS ECONOMIAS SOCIALISTAS (1946-1973)

Ainda durante a guerra, os países Aliados contaram com outro tipo de ajuda: em novembro de 1943 foi criada a Administração das Nações Unidas para a Ajuda e Reabilitação (conhecida pela sigla UNRRA, iniciais do nome da instituição em inglês), cujo objetivo era fornecer ajuda aos povos libertados do domínio nazista, inclusive da Europa Oriental, especialmente para a importação de alimentos, roupas, medicamentos para uma população muitas vezes faminta e também materiais para a reconstrução industrial e agrícola. Cada país associado à UNRRA devia contribuir para esse fundo de assistência; porém a maior parte dos recursos também proveio do governo norte-americano.

Ao fim da guerra, tornava-se cada vez mais evidente que nem os países conseguiriam restituir os recursos referentes ao *Lend and lease*, nem a UNRRA seria suficiente para promover a efetiva recuperação europeia. Diante desse quadro, ao qual se somava uma nova configuração política internacional, foi proposto um esquema de ajuda conhecido como Plano Marshall. Em junho de 1947, em discurso pronunciado na Universidade de Harvard, o general George C. Marshall, então secretário de Estado dos Estados Unidos, apresentou um programa para a recuperação das economias europeias que, nesse momento, passavam por grandes dificuldades econômicas: dependentes de importações para recompor as perdas sofridas durante a guerra, enfrentavam ainda a escassez de alimentos decorrentes de uma má colheita. Como resultado, incorriam em grandes déficits comerciais cobertos por empréstimos norte-americanos de curto prazo. O crescimento dessa dívida indicava a impossibilidade de saldá-la em qualquer prazo razoável. Como nota Van der Wee:

O Plano Marshall propôs que, em relação à recuperação europeia, deveria se promover uma suspensão temporária dos princípios da economia mundial liberal e do sistema existente de empréstimos de curto prazo. Em seu lugar, um programa maciço de emergência deveria tornar a economia europeia autossustentável num período de quatro anos. (VAN DER WEE, 1987, p.353)

Embora o plano fosse justificado por razões humanitárias – grande parte da população dos países afetados pela guerra tinha precárias condições de sobrevivência – havia outros motivos para tal iniciativa. De um lado, esperava-se que esses recursos retornassem à economia americana sob a forma de exportações para os países europeus de modo a estimular a atividade econômica nos Estados Unidos. De outro, e talvez mais importante, havia uma razão de ordem política: esta fica clara quando se lembra que em março de 1947, o presidente norte-americano Harry Truman enviou ao Congresso uma mensagem em que se formulava aquilo que ficou conhecido como Doutrina Truman. O presidente americano afirmava que era chegada a hora de bloquear a expansão soviética por meio de uma estratégia de contenção. O Plano Marshall se inseria nessa estratégia antissoviética, pois os recursos concedidos aos países europeus deviam permitir sua recuperação e consolidar naqueles países uma economia capitalista, de modo a evitar a possível adesão ao comunismo. É particularmente importante a inversão da postura dos vencedores em relação à Alemanha: no imediato

CAPÍTULO 17 – A HEGEMONIA AMERICANA E A RECONSTRUÇÃO DA PROSPERIDADE DA EUROPA OCIDENTAL E DO JAPÃO

pós-guerra, havia a proposta de *pastorização* da Alemanha, ou seja, a limitação das atividades industriais a fim de impedir que a sua indústria sustentasse uma eventual tentativa de recuperação do poder bélico perdido durante a guerra.[2] Mas a *pastorização* também seria responsável pela redução do bem-estar de parcelas da população alemã, as quais poderiam se sentir atraídas pelas propostas soviéticas. Além disso, uma Alemanha forte econômica e militarmente seria uma barreira à expansão soviética para o Ocidente. Assim, na implementação do Plano Marshall, a proposta de *pastorização* da economia alemã foi abandonada. Pelo contrário, a noção de recuperação da indústria europeia era central no plano: modernização da infraestrutura, aumento acelerado da produção (em especial de aço e de energia), distribuição mais equilibrada da indústria pesada (com menor concentração na região do Ruhr), racionalização da produção agrícola e manufatureira e mecanismos para assegurar a estabilidade monetária e financeira estavam entre os principais objetivos do plano.[3] Embora cada país devesse formular seu programa de investimentos, aos Estados Unidos cabia não só o fornecimento dos recursos financeiros – a maior parte sob a forma de doações – mas também de apoio sob a forma de assessores para a execução do programa. Mais do que isso, como sugere o historiador francês Maurice Crouzet:

> [...] a vigilância [dos EUA] na utilização de fundos que lhes confere a lei de ajuda ao estrangeiro permite às autoridades americanas controlar os planos industriais, julgar de sua oportunidade e de sua amplitude (o Plano Monnet teve que sofrer seu exame); eles intervêm em todo investimento efetuado com fundos públicos e podem se opor à criação de empresas que prejudiquem as de seus compatriotas. Seu controle estende-se não só à política econômica, mas também aos orçamentos do Estado, isto é, à política financeira; ele lhes possibilita, portanto, uma intervenção permanente na política geral dos Estados auxiliados. Sendo as liberalidades revogáveis no caso em que a assistência não seja mais compatível com o interesse nacional dos Estados Unidos, estas dependem da docilidade dos governos. (CROUZET, 1958, p.113)

Os recursos do Plano Marshall foram também oferecidos à União Soviética e aos países que vinham caindo sob sua influência. Stalin recusou os recursos oferecidos à União Soviética e impediu que os demais países do bloco os aceitassem. Assim, ao fim de 1947, a Europa estava claramente cindida em dois blocos.

Na Europa Ocidental, dezesseis países haviam aderido ao Plano Marshall e aceitavam coordenar suas políticas por meio da Comissão Econômica para a Europa, estabelecida

---

2. O principal defensor da pastorização da Alemanha era Henry Morgenthau, secretário do Tesouro norte-americano; mas a proposta enfrentava a oposição de outros setores dentro do governo, como do Departamento de Estado (BLOCK, 1977, p.41-42).

3. Nas palavras de Van der Wee, "Quando os poderes aliados ocidentais decidiram unilateralmente restaurar a economia da Alemanha ocidental usando o Plano Marshall para esse propósito, a Guerra Fria começou" (VAN DER WEE, 1987, p.355). O Plano Marshall é o complemento lógico da Doutrina Truman como instrumento para a contenção da expansão soviética e, portanto, para o início da Guerra Fria.

439

QUINTA PARTE – A ERA DE OURO DO CAPITALISMO E A EXPANSÃO DAS ECONOMIAS SOCIALISTAS (1946-1973)

em 1947. Em 1948, foi constituída a Organização para a Cooperação Econômica Europeia (que, mais tarde, se transformou na Organização para Cooperação e Desenvolvimento Econômico – OCDE – com o ingresso dos Estados Unidos e do Canadá). A recuperação das economias deste bloco da Europa Ocidental, aliado dos Estados Unidos, era vista como o elemento central para a contenção do avanço soviético na Europa. Com esta mesma preocupação, formou-se, em 1949, a Organização do Tratado do Atlântico Norte – OTAN –, que reunia Estados Unidos, Canadá, Grã-Bretanha, França, Bélgica, Holanda, Luxemburgo, Dinamarca, Noruega, Portugal, Islândia e Itália: tratava-se de um acordo de natureza militar cujo objetivo básico era também a contenção do avanço soviético. Do outro lado, sob a liderança da União Soviética, constituiu-se o Cominform que agrupava os países da Europa Oriental aliados da União Soviética. A definição destes dois blocos marcava, de certo modo, o início da chamada Guerra Fria entre o Leste e o Oeste (mais especificamente entre Estados Unidos e União Soviética), noção central à política mundial até a década de 1980.

O Plano Marshall doou recursos para os países da Europa Ocidental num montante de US$ 13 bilhões entre 1948 e 1952 (que corresponderiam a cerca de US$ 130 bilhões do começo do século XXI, realizado o ajuste pela inflação desse longo período). Os principais beneficiários foram o Reino Unido, a França e a Alemanha Ocidental (a República Federal Alemã), Holanda e Itália (KENWOOD & LOUGHEED, 1992, p.242). Mais de metade desses recursos foram gastos com produtos primários (alimentos e matérias-primas industriais), 17%, combustíveis, 17%, máquinas e 7%, com custos de transporte (GALBRAITH, 1994, p.110), dado que indica a penúria de elementos básicos em que se encontrava a economia europeia. Há um razoável consenso sobre os resultados econômicos do Plano Marshall; nas palavras de Galbraith:

> O efeito foi tudo o que mais se poderia esperar: nos três anos e meio de operações do Plano Marshall, o Produto Nacional Bruto dos países assistidos cresceu 25%; a produção industrial subiu 64% e a produção agrícola 24%. É claro que uma parte desse crescimento teria ocorrido no curso normal dos eventos, não obstante as dificuldades, mas como a recuperação coincidiu com o trabalho da *Economic Cooperation Administration* e a sua impressionante distribuição de talentos, o Plano Marshall inevitavelmente recebeu a maior parte do crédito. (GALBRAITH, 1994, p.110)[4]

---

4. Aldcroft também atribui a recuperação europeia, em parte, à ajuda externa e indica outros fatores importantes: "Em síntese, a Europa ocidental produziu uma recuperação notável no período de 1945-1950, embora sua posição externa permanecesse frágil. Esse desempenho contrasta de forma aguda com a triste experiência posterior à Primeira Guerra Mundial. O progresso econômico fundou-se no alcance e manutenção de altos níveis de emprego e investimento, no grande influxo de ajuda externa e em fortes pressões da demanda que nunca ficaram fora de controle" (ALDCROFT, 2001, p.122). A questão da fragilidade externa – grandes déficits na balança comercial e em contas correntes – será tratada no próximo capítulo.

Embora os gastos do Plano Marshall tenham ocorrido apenas durante cerca de quatro anos, os estímulos da economia americana sobre a economia europeia não se esgotaram nesse período. A presença americana no território europeu, por exemplo, por meio da OTAN, continuou a exercer algum efeito sobre a atividade econômica. Mais importante foi a ação americana na Ásia: com o início da Guerra da Coreia, a economia japonesa, não incluída no Plano Marshall, também recebeu recursos norte-americanos por meio de gastos realizados no território japonês. Mais do que isso, o avanço do comunismo na Ásia – na China, a revolução liderada por Mao Tsé-tung assumiu o poder em 1949 – parecia uma ameaça tão séria quanto a da União Soviética. O envolvimento norte-americano na Guerra da Coreia e, mais tarde, na Guerra do Vietnã se inserem no mesmo quadro geral de contenção da expansão comunista no mundo. E indiretamente tiveram efeitos econômicos sobre aquelas economias que foram objeto da atenção norte-americana.

Em suma, nos anos do pós-guerra foi definida a conformação que a economia mundial teria nas décadas seguintes: de um lado, a hegemonia norte-americana, secundada pelas economias da Europa Ocidental e do Japão, em expansão a partir de 1950; de outro, a União Soviética e o bloco de países do Leste Europeu a ela vinculados; finalmente, o Terceiro Mundo, um amplo conjunto de países na América, na Ásia e na África sobre os quais Estados Unidos e União Soviética procuravam estabelecer sua influência. Desse modo, a polarização Estados Unidos-União Soviética, ou capitalismo-comunismo, aparece não só por meio da oposição de dois sistemas políticos e econômicos distintos, mas também nas relações econômicas entre os países inseridos nos dois blocos (já que as relações entre os blocos eram bastante limitadas).

17.2 ESTADOS UNIDOS, EUROPA E JAPÃO NA ERA DE OURO (1950-1973)

A supremacia americana ao fim da Segunda Guerra Mundial era incontestável, tanto do ponto de vista econômico como do militar. Essa supremacia garantiu a posição hegemônica dos Estados Unidos na esfera mundial durante a Era de Ouro. No entanto, ao longo do período, a distância entre os Estados Unidos e os principais países europeus se reduziu. Nas palavras de Hobsbawm:

Para os EUA, que dominaram a economia do mundo após a Segunda Guerra Mundial, ela [a Era de Ouro] não foi tão revolucionária assim. Simplesmente continuou a expansão dos anos de guerra que [...] foram singularmente bondosos com aquele país. [...] Na verdade, para os EUA essa foi, econômica e tecnologicamente, uma época mais de relativo retardo do que de avanço. A distância entre eles e outros países, medida em produtividade por homem-hora, diminuiu. (HOBSBAWM, 1995, p.254)

QUINTA PARTE – A ERA DE OURO DO CAPITALISMO E A EXPANSÃO DAS ECONOMIAS SOCIALISTAS (1946-1973)

Alguns dados permitem identificar essa redução da distância entre os Estados Unidos e alguns países da Europa Ocidental (Tabela 17.2).

TABELA 17.2

Produto Interno Bruto e Produto Interno Bruto *per capita*: 1950-1973 (taxas de crescimento anuais médias %)

	PIB	PIB *PER CAPITA*
Estados Unidos	3,9	2,4
Reino Unido	3,0	2,5
Alemanha Ocidental	6,0	5,0
França	5,0	4,0
Itália	5,6	5,0
Europa Ocidental (Média)	4,6	3,8

Fonte: MADDISON (1995), p.83.

O crescimento do produto norte-americano foi inferior ao da média da Europa Ocidental e ao dos principais países da região, exceto o Reino Unido. Daí a redução das diferenças entre os produtos desses países. Por exemplo: em 1950, o PIB da França correspondia a 13,2% do norte-americano e o PIB *per capita*, a 45%; em 1970, o PIB francês já equivalia a 18,6% do americano e o PIB *per capita*, a 74%; no caso da Alemanha, em 1950 essas relações eram de 12% e de 36%; em 1970 passaram para 21,2% e 74%; e o Japão, cujo PIB, em 1950, correspondia a 8,5% do norte-americano, em 1970 tinha um produto equivalente a 30,8% do americano (e um PIB *per capita* igual a 61%) (VAN DER WEE, 1987, p.51).

Apesar do crescimento mais lento da economia norte-americana em relação à europeia, não se trata de um período de estagnação: trata-se efetivamente de "anos dourados" também para a economia norte-americana. Quais os fundamentos dessa era de prosperidade? A resposta exige a exploração de algumas características da economia da época.

É usual associar-se fases de expansão das economias às inovações tecnológicas. É certo que não houve, na Era de Ouro, uma revolução técnica semelhante à da Primeira ou à da Segunda Revolução Industrial (que introduzisse, por exemplo, uma nova fonte de energia). O computador, cuja utilização se expandiu nesses anos, ainda tinha impacto restrito seja na esfera produtiva, seja como bem durável de consumo. No entanto, não é difícil arrolar um amplo conjunto de bens cujo uso se generalizou durante a Era de Ouro: motor a jato, helicóptero, locomotiva diesel, microscópio eletrônico, radar, gravador de fita, televisão, lâmpada fluorescente, discos de vinil (*long-playing*), transistor, nylon, celofane, plásticos em geral (derivados do petróleo), penicilina, estreptomicina, caneta esferográfica, "xerografia". Estes são alguns exemplos de inovações que apareceram, em geral, nos anos 1930 e durante a Segunda Guerra e cuja aplicação comercial se difundiu nos anos 1950. Por um lado, a introdução de novos produtos estimulava o crescimento da economia pelo

442

CAPÍTULO 17 - A HEGEMONIA AMERICANA E A RECONSTRUÇÃO DA PROSPERIDADE DA EUROPA OCIDENTAL E DO JAPÃO

surgimento de novas linhas de produção; por outro, esses novos produtos, e alguns mais antigos, promoviam uma verdadeira transformação da vida quotidiana dos países desenvolvidos (e de parcelas da população de países atrasados). O automóvel, que já fazia parte do padrão de vida norte-americano (pelo menos de uma parcela da população), ganhou espaço na Europa (HOBSBAWM, 1995, p.259)[5], como se observa na Tabela 17.3.

TABELA 17.3
Número de automóveis em circulação (em milhões)

	ESTADOS UNIDOS	GRÃ-BRETANHA	FRANÇA	ALEMANHA	JAPÃO
1947	30,7	1,9	1,5	0,2	0,03
1957	55,7	4,2	4,0	2,4	0,2
1975	106,8	14,2	15,3	17,9	17,2

Fonte: BEAUD (2004), p.319.

Em 1975, nos Estados Unidos havia 500 automóveis por 1.000 habitantes; na Europa, esse número era de 255 na Grã-Bretanha, 290 na França e 289 na Alemanha Ocidental; no Japão havia 154 automóveis por 1.000 habitantes. Ainda assim, o crescimento do número de automóveis indicava a enorme ampliação do mercado para esse bem de consumo durável num período de tempo relativamente curto. O mesmo se verificou em relação a outros bens duráveis. Aparelhos eletrodomésticos (como geladeira e lavadoras de roupa) e telefones, antes de acesso restrito a pequena parcela da população, também se tornaram produtos de "consumo em massa". Herman Van der Wee assim caracteriza esse novo padrão de consumo que se generalizou nos países capitalistas desenvolvidos nos anos 1950 (e que penetra nos círculos mais ricos dos países capitalistas atrasados):

> A moderna economia de consumo era fundada na introdução em massa de todo tipo de bens duráveis de consumo, na rápida expansão das indústrias do lazer e da moda, na expansão e no melhoramento das habitações, no desenvolvimento da infraestrutura existente, na criação de novos serviços públicos, e na demanda fortemente crescente para serviços financeiros, transporte pessoal e turismo. (VAN DER WEE, 1987, p.243)

Se o aumento da renda das famílias – nos Estados Unidos desde o imediato pós-guerra, na Europa a partir dos anos 1950 – criava a demanda para essa infinidade de bens e serviços, por outro lado as próprias empresas estimulavam essa demanda por meio da

---

5. É interessante notar também o diferente padrão dos veículos produzidos nos Estados Unidos e na Europa: os americanos caracterizavam-se por grandes e crescentes dimensões, numa clara ostentação de riqueza; na Europa, mesmo as fábricas americanas (como a Ford e a GM) produziam carros de pequeno porte, acessíveis a uma população cujo nível médio de renda era inferior ao norte-americano.

QUINTA PARTE - A ERA DE OURO DO CAPITALISMO E A EXPANSÃO DAS ECONOMIAS SOCIALISTAS (1946-1973)

introdução de novos produtos e pela intensa propaganda (facilitada pela ampliação dos meios de comunicação, em especial a televisão). O modelo dessa economia de consumo era o mercado americano (o chamado *american way of life*), pois ali estavam as matrizes das grandes empresas que forneciam o objeto (os produtos) e o estímulo (a propaganda) para a intensificação e diversificação do consumo.

Nessas grandes empresas se realizava crescentemente a pesquisa da qual derivavam os novos produtos. É certo que elas se beneficiavam da pesquisa realizada por conta do governo norte-americano: a guerra, a corrida armamentista e a espacial exigiam vultosos investimentos em pesquisa científica cujos frutos podiam ser, depois, apropriados pelas empresas por meio do desenvolvimento de novos produtos. Evidentemente, apenas empresas de grandes dimensões poderiam manter setores de pesquisa adequados para a geração de novos produtos, o que era inviável em empresas familiares ou de pequeno porte.

Essas grandes empresas, que se consolidaram nos anos 1950, também passaram por outras mudanças importantes, em especial quanto à relação entre propriedade e gestão. Nas grandes corporações ou sociedades anônimas se verifica a crescente separação entre propriedade (acionistas) e gestão (diretores, gerentes): esse fenômeno já era observado antes da década de 1950.[6] John Kenneth Galbraith, em *O Novo Estado Industrial*, obra publicada em 1967, procurou mostrar as implicações da separação entre propriedade e gestão, esta agora realizada por meio de dirigentes profissionais que constituem a chamada *tecnoestrutura*. Diversamente do modelo concorrencial típico da teoria econômica, essas grandes empresas adquirem razoável controle do mercado, seja em termos de preços, seja em relação ao volume das vendas. Não se trata apenas de poder de monopólio, e sim da capacidade de gerar constantemente novos produtos, de produzir sua diferenciação e de usar a propaganda como instrumento de indução ao consumo (GALBRAITH, 1985).

Portanto, a expansão da economia americana (e de certo modo também a europeia) conjugava o crescimento da renda das famílias com a oferta de novos bens derivados da inovação e uma estrutura empresarial que oferecia esses novos bens e induzia seu consumo por meio de intensa propaganda.

Porém, o longo período de expansão também contou com outro fundamento: as diferentes formas de presença do Estado na economia após a Segunda Guerra Mundial. As origens dessa presença se situam nos anos 1930, como bem caracteriza Van der Wee:

Após a Primeira Guerra Mundial, a Europa tentou restabelecer com fé o capitalismo liberal do século XIX. Mas o velho paradigma logo se mostrou totalmente inadequado para as novas circunstâncias econômicas do período entre as guerras. As receitas ortodoxas da economia clássica

---

6. Adolf A. Berle e Gardiner C. Means já haviam registrado e analisado essa mudança em livro publicado originalmente em 1932: *The Modern Corporation and Private Property* (traduzido para o português: *A Moderna Sociedade Anônima e a Propriedade Privada*. São Paulo: Nova Cultural, 1987).

CAPÍTULO 17 – A HEGEMONIA AMERICANA E A RECONSTRUÇÃO DA PROSPERIDADE DA EUROPA OCIDENTAL E DO JAPÃO

não conseguiam definir qualquer mecanismo econômico de autocorreção, seja nacional seja internacionalmente. Taxas de câmbio fixas e o padrão ouro não mais garantiam preços mundiais estáveis porque os países não seguiam políticas idênticas a fim de assegurar o equilíbrio no balanço de pagamentos. Os países achavam que o trágico problema do desemprego não podia mais ser resolvido por orçamentos equilibrados e por deflação porque o movimento sindical era capaz de restringir a flexibilidade dos salários para baixo. Durante os desastrosos anos da crise da década de 1930, a crença na economia liberal evaporou e seus instrumentos eram crescentemente vistos como irrelevantes e mesmo irracionais. Em contraste, o sucesso da Alemanha Nazista, com sua extensa intervenção do estado, e o progresso da União Soviética, devido aos seus planos quinquenais, produziram uma grande impressão. *"Laissez faire, laissez passer"* como uma doutrina guia estava morta. (VAN DER WEE, 1987, p.32)

Se a intervenção do Estado era vista como uma alternativa à economia liberal, no mundo ocidental pós Segunda Guerra a experiência nazista e a soviética não eram admitidas como exemplos para legitimar a intervenção estatal. No entanto, nos anos 1930 era possível encontrar tanto uma experiência concreta como o aparato intelectual para justificar uma nova postura do Estado em relação à economia: o *New Deal*, do Presidente F. D. Roosevelt e a *Teoria Geral* de J. M. Keynes. Embora o final da guerra, ao reduzir a necessidade imperiosa de ação dos governos para garantir o esforço bélico, pudesse estimular propostas liberais de retração do Estado, o medo do retorno da recessão fez prevalecer o compromisso dos governos com a busca do pleno emprego. Se esse era o compromisso fundamental, a ele se agregaram outras formas de intervenção do Estado que, em cada país, respondiam a fortes demandas sociais.

O caso dos Estados Unidos é típico dessas pressões opostas: "O setor empresarial dos Estados Unidos opôs-se fortemente ao empenho explícito do governo a favor do pleno emprego, argumentando que isso poderia destruir a empresa privada. Uma proposta de Lei do Pleno Emprego (*Full Employment Bill*) foi diluída para se tornar a Lei do Emprego (*Employment Act*) de 1946. O direito ao "emprego útil, remunerador, regular e de tempo integral" se tornou a "responsabilidade do governo federal de [...] promover a livre empresa [...] sob a qual serão fornecidos empregos úteis para aqueles que desejam e procuram trabalho" (ARMSTRONG; GLYN & HARRISON, 1991, p.13-14). Ou seja, a lei aprovada indicava uma espécie de compromisso entre o setor empresarial, preocupado com a dimensão do governo (e seu custo em termos de tributos) e amplos segmentos da população cujas demandas eram pela garantia do emprego. Além da Lei do Emprego, foi criado o Conselho de Assessores Econômicos do Presidente que atribuía a economistas a função de orientar a política econômica. Apesar da oposição empresarial, o Conselho tendia a seguir as políticas de cunho keynesiano, pois a política fiscal assumia papel central: diante de uma demanda insuficiente para manter o pleno emprego, o governo devia aumentar seus gastos (incorrendo em déficits, se necessário); no caso contrário – de uma demanda

445

QUINTA PARTE - A ERA DE OURO DO CAPITALISMO E A EXPANSÃO DAS ECONOMIAS SOCIALISTAS (1946-1973)

acima do nível de pleno emprego – o Estado reduziria seus gastos a fim de evitar o efeito inflacionário do excesso de demanda. Se o lado conservador não pôde impedir totalmente a adoção de medidas favoráveis ao pleno emprego, conseguiu aprovar, em 1947, a Lei Taft-Hartley (*Labor-Management Relations Act*), que impunha medidas restritivas à ação dos sindicatos de trabalhadores de modo a evitar pressões para a elevação dos salários.

Mas, além do objetivo de manter o pleno emprego, o governo americano foi levado, ao longo dos anos 1950 e 1960, a realizar gastos elevados que contribuíram para manter altos níveis de emprego: a Guerra Fria, ao induzir despesas com armamentos, e a corrida espacial absorveram enormes recursos do governo; mas gastos de caráter social também se impuseram aos governos americanos dessas décadas, como nota Van der Wee:

> O setor governamental dos Estados Unidos cresceu muito e é claro que este crescimento não se deveu exclusivamente ao rearmamento e ao programa espacial. Nos Estados Unidos assim como em outros países ocidentais, havia um acordo de que o governo tinha certas responsabilidades em relação ao bem-estar social. (VAN DER WEE, 1987, p.304)

Apesar disso, há um claro contraste entre o papel do governo nos Estados Unidos e na Europa na Era de Ouro, pois a presença do Estado nos países europeus era qualitativa e quantitativamente bem mais intensa.

Na França, o avanço do Estado já ocorrera antes da Segunda Guerra: alguns setores, como as ferrovias, já haviam sido "nacionalizados" (este era o termo utilizado para definir a estatização de empresas privadas). Também havia empresas mistas (com capital estatal e privado). Ao fim da Segunda Guerra, iniciou-se nova onda de estatizações: o governo do General De Gaulle (um dos líderes da resistência contra a ocupação nazista)[7] tinha a participação do Partido Socialista e do Comunista, os quais defendiam a nacionalização de empresas privadas. Isso efetivamente ocorreu nos ramos de energia (eletricidade, gás, carvão), seguros (32 companhias estatizadas), bancários (os 4 maiores bancos comerciais), diversas empresas industriais (como Renault, Berliet, Air France). Cerca de 20% da produção industrial total passou a ser controlada pelo Estado. Com a saída do Partido Comunista do governo em 1947 e do Partido Socialista em 1949, não houve continuidade no processo de nacionalização de empresas privadas. No entanto, não houve um retorno ao livre mercado: a presença do estado ganhou outra forma por meio do planejamento. O primeiro plano, com início em 1946, se estendeu até 1952 e teve sequência com a instituição de um Comissariado de Planejamento que agia em articulação com outros órgãos do governo e com o setor privado. O objetivo principal do planejamento era o de estimular

---

7. Charles de Gaulle foi eleito presidente da Quarta República francesa em novembro de 1945, porém renunciou alguns meses mais tarde diante de divergências no interior do governo. Em 1959, após séria crise política, teve início a Quinta República e novamente de Gaulle foi eleito presidente, cargo em que permaneceu até 1969.

446

CAPÍTULO 17 – A HEGEMONIA AMERICANA E A RECONSTRUÇÃO DA PROSPERIDADE DA EUROPA OCIDENTAL E DO JAPÃO

o crescimento da economia, em adição às políticas anticíclicas tipicamente keynesianas. O planejamento francês se fundava na definição de setores-chave em que o investimento seria concentrado ou estimulado, admitindo que a expansão da capacidade produtiva nesses setores induziria o crescimento do conjunto da economia. Carvão, aço, cimento, eletricidade, transporte, insumos agrícolas e petróleo foram os principais setores objeto do planejamento francês. Este pressupunha a utilização das matrizes de insumo-produto, uma técnica desenvolvida pelo economista Wassily Leontief e já utilizada nos planos quinquenais soviéticos. No entanto, não se tratava de um plano impositivo, mas apenas indicativo.

Na Grã-Bretanha, também houve substancial avanço na intervenção do Estado, sem adesão à proposta de planejamento econômico. Ali, a aplicação dos princípios keynesianos também se fez de forma sistemática, agregando-se a essa política substancial nacionalização de empresas privadas durante o governo trabalhista do pós-guerra (1945-1951): energia, transporte, carvão, aço, infraestrutura, companhias de aviação, aeroportos, transporte rodoviário e mais de 20% da indústria passaram ao controle do Estado. O Estado também adquiriu participação acionária em empresas como Rolls-Royce e British Petroleum. No governo dos conservadores (1951-1964), houve alguma redução da presença do Estado (por exemplo, desnacionalizando parte da produção de aço e o transporte rodoviário), porém sem pretender um retorno ao livre mercado.

A Itália é outro exemplo de forte presença estatal na economia. As origens dessa intervenção datam do governo fascista de Benito Mussolini: em 1933 foi criado o IRI (*Istituto per la Ricostruzione Industriale*), cujo objetivo foi o de "salvar" bancos que haviam comprado ações de empresas industriais por imposição do governo e estavam em situação falimentar. O IRI nasceu, assim, como uma *holding* estatal de empresas industriais e adquiriu o controle sobre cerca de 120 empresas, empregando em torno de 280.000 trabalhadores. No pós-guerra, o IRI participou do esforço de reconstrução da economia italiana, ampliando sua presença de modo a se tornar o maior empregador do país. Reinvestimento dos lucros, emissão de títulos e subsídios governamentais garantiram a expansão das atividades do IRI que, embora fosse uma *holding* com participação em muitas empresas, influía na gestão das empresas, induzindo certos padrões de desenvolvimento para a economia italiana. Em adição ao IRI, foi criada em 1953 a ENI (*Ente Nazionali Idrocarburi*), outra empresa estatal, esta ligada ao fornecimento de gás e petróleo para a industrialização italiana. Também uma *holding*, a ENI controlava, em 1960, cerca de 200 empresas desses ramos.

Esse não foi, fora da Europa, o caso do Japão: aí o setor produtivo estatal não teve maior expressão, porém por meio de intervenção e planejamento, a influência do governo sobre o desenvolvimento da economia foi fundamental. Ao fim da guerra, o Japão, derrotado e ocupado pelos vencedores, teve sua política definida pelo Comando Supremo dos Poderes Aliados. Sua ação, no sentido de enfraquecer o poder militar japonês, dirigiu-se à desorganização dos *zaibatsu* (os grandes conglomerados industriais) e à promoção de uma reforma agrária que reduziu a área controlada pelos grandes proprietários.

QUINTA PARTE – A ERA DE OURO DO CAPITALISMO E A EXPANSÃO DAS ECONOMIAS SOCIALISTAS (1946-1973)

Quando readquiriu sua autonomia, o governo japonês encontrou menor resistência da parte de grupos anteriormente fortes. A recuperação da economia japonesa – difícil nos primeiros anos do pós-guerra pela destruição que sofrera e pela escassez de recursos – pôde ser acelerada com a Guerra da Coreia: os Estados Unidos, preocupados com a ameaça comunista da Coreia do Norte (e também da China), passaram a considerar a recuperação japonesa, nos moldes capitalistas, fundamental para evitar o avanço comunista na região. Além disso, o Japão serviu como ponto de apoio para as operações da guerra da Coreia, o que lhe trouxe recursos externos. Em 1955, o governo japonês estabeleceu a Agência de Desenvolvimento Econômico que, desse ano até 1977, elaborou sete planos. Sem contar com empresas estatais, o governo japonês incentivou a produção privada em alguns ramos estratégicos: de início, aço, química, metais não ferrosos, petróleo e construção naval, e mais adiante, petroquímica. Estimulou as exportações e, para obter economias de escala, incentivou fusões e cartéis. Por meio do MITI (Ministério da Indústria e do Comércio Internacional), definiu uma política de pesquisa e inovação industrial, fundamental para o sucesso das exportações em setores dinâmicos. Nesse processo, acabou por promover a reconstituição dos *zaibatsu*: alguns grupos preexistentes recobraram sua dimensão de grandes conglomerados (como Mitsubishi, Mitsui e Sumitomo), outros nasceram nessa nova fase de expansão da economia japonesa (como Honda e Sony). Trata-se, portanto, de outro modelo de intervenção estatal, em grande parte responsável pelo rápido desenvolvimento da economia japonesa nos anos 1950 e 1960.

O caso da Alemanha é exemplar da importância da intervenção do Estado nos anos 1950 e 1960. Ao fim da Segunda Guerra, os Aliados promoveram a ocupação do território alemão. Uma parte foi incorporada à Polônia e outra à União Soviética. O restante foi dividido entre os quatro aliados que ocupariam militarmente e administrariam esses territórios durante alguns anos; e a cidade de Berlim foi dividida entre os quatro vencedores. No território ocupado pela União Soviética constituiu-se, mais tarde, a República Democrática Alemã (ou Alemanha Oriental); a administração dos territórios ocupados por Estados Unidos, Reino Unido e França foi unificada e, em 1949, com uma nova constituição, formou-se a República Federal Alemã (ou Alemanha Ocidental). Já durante a ocupação da Alemanha Ocidental por Estados Unidos, Reino Unido e França, foram tomadas medidas no sentido de reduzir a participação do Estado na economia. Essa tendência foi reafirmada após a constituição da República Federal Alemã: ao ministro da Economia, Ludwig Erhard, foi atribuída a proposta de uma "economia social de mercado": na prática, esta política consistiu na quebra dos cartéis e na desnacionalização (ou desestatização) de setores da economia. Por exemplo, os grandes bancos foram divididos em bancos regionais de menor porte; os principais grupos industriais foram desmembrados, como o maior produtor de aço (que respondia por 40% da produção total) que foi fragmentado em treze empresas produtoras de aço e nove mineradoras. Outro aspecto da política de Erhard diz respeito à participação dos trabalhadores na gestão das empresas por meio de representantes que

448

CAPÍTULO 17 - A HEGEMONIA AMERICANA E A RECONSTRUÇÃO DA PROSPERIDADE DA EUROPA OCIDENTAL E DO JAPÃO

tinham assento no conselho de administração e na diretoria. Empresas desnacionaliza-das ofereceram ações para os trabalhadores (caso da Volkswagen, em 1961). Apesar dessas medidas desestatizantes, o peso do Estado na economia alemã continuou muito elevado: nos anos 1960, o governo federal ainda tinha 40% do setor de carvão e minério de ferro, 62% da produção de energia elétrica, 72% da indústria de alumínio e 62% das instituições bancárias, além do banco central. Mais importante, a necessidade de consolidar a nova economia alemã, em especial no contexto da formação do Mercado Comum Europeu, le-vou ao abandono da política contrária à concentração tanto na esfera industrial como na bancária. Em suma, a Alemanha Ocidental abandonou, pelo menos nos anos 1960, a pro-posta de constituição de uma economia mais próxima do livre mercado. Paralelamente, também no plano conjuntural houve um claro deslocamento: desde a reforma monetá-ria de 1948, a política econômica fundou-se na ortodoxia monetarista; em 1958, em meio à recessão, o ministro Erhard adotou medidas anticíclicas tipicamente keynesianas; em 1967, com o ministro Karl Schiller, foi aprovada a Lei para a Promoção da Estabilidade e do Crescimento da Economia e instituído o Conselho para a Política Anticíclica. Desse modo, pode-se afirmar que a Alemanha Ocidental aproximou-se dos principais países eu-ropeus que associavam políticas keynesianas à intensa presença do Estado na economia.

Nos demais países europeus fora da órbita soviética também estiveram presentes essas tendências gerais, embora marcadas por particularidades. Para Van der Wee, uma caracte-rística comum a alguns países europeus menores – por exemplo, Suécia, Holanda, Áustria e Bélgica – foi a existência de um sistema de consulta central que estabelecia mecanismos de negociação entre governo, empresas e trabalhadores. A participação do Estado na eco-nomia não era muito elevada, porém políticas anticíclicas formavam parte dos instrumen-tos da política econômica desses governos. Admite-se que a Suécia já praticava políticas anticíclicas antes mesmo da *Teoria Geral* de Keynes.[8] Em suma, pode-se afirmar que, com pequenas variações, os países da Europa não comunista caracterizaram-se por elevada participação do Estado na economia e pela adoção de políticas econômicas de caráter keynesiano com objetivo de evitar tanto a recessão como a inflação. Ou seja, a economia europeia na Era de Ouro afastou-se radicalmente do modelo liberal de livre mercado que ainda era defendido por influentes segmentos das sociedades.[9] Tão ou mais expressivo desse afastamento do modelo liberal foi a constituição do chamado Estado do Bem-Estar.

---

8. "Um ataque menor à depressão, política e socialmente muito mais benigno, foi aquele ocorrido na Suécia. Tive também a oportunidade de acompanhá-lo em primeira mão, pois conheci um grupo notável de economistas suecos – Gunnar Myrdal, Bertil G. Ohlin, Erik R. Lindhal, Erik Lundberg e Dag Hammarskjöld – que haviam rompido com a tradição conser-vadora e concluído que a miséria e o desemprego da depressão só poderiam ser reduzidos através de ações positivas do governo. [...] Este programa foi posto em prática no início da década de 30, muito antes das propostas de Keynes. [...] Em um mundo justo, haveríamos de nos referir não à revolução keynesiana, mas sim à sueca" (GALBRAITH, 1994, p.84).

9. Análises minuciosas da economia dos Estados Unidos e da Europa Ocidental na Era de Ouro são apresentadas por ALDCROFT (2001, Cap. 5); ARMSTRONG; GLYN & HARRISON (1991, Parte II) e VAN DER WEE (1987, Cap. II e VII).

QUINTA PARTE - A ERA DE OURO DO CAPITALISMO E A EXPANSÃO DAS ECONOMIAS SOCIALISTAS (1946-1973)

17.3 O ESTADO DO BEM-ESTAR

Até aqui ressaltamos o caráter *keynesiano* do Estado na Era de Ouro: trata-se da ação dos governos para manter o nível da atividade econômica próximo do pleno emprego por meio da política fiscal. No entanto, o Estado, principalmente na Europa Ocidental, foi mais além: o Estado do Bem-Estar (*Welfare State*) também procura garantir, para toda a população, adequadas condições de existência e de segurança no futuro. Asa Briggs assim caracteriza o Estado do Bem-Estar:

> Um "estado do bem-estar" é um estado no qual o poder organizado é deliberadamente usado (por meio da política e da administração) em um esforço para modificar o jogo das forças de mercado em pelo menos três direções: primeira, garantindo às famílias e aos indivíduos uma renda mínima independente do valor de mercado de seu trabalho ou de sua propriedade; segundo, reduzindo a amplitude da insegurança capacitando indivíduos e famílias para enfrentar certas "contingências sociais" (por exemplo, doença, velhice e desemprego) que levariam, outrossim, indivíduos ou famílias a situações de crise; e terceiro, assegurando que a todos os cidadãos sem distinção de status ou classe sejam oferecidos os melhores padrões disponíveis com relação a certo conjunto acordado de serviços sociais. (BRIGGS, 1961, p.228)

Em cada país, a proteção social oferecida pelo Estado envolve uma gama específica de garantias e serviços: aposentadoria por idade, seguro-desemprego, serviços de saúde e de educação gratuitos, subsídios para habitações ou construção de moradia para locação a preços reduzidos são algumas das formas dessa proteção social.

Certamente, nem tudo surge após a Segunda Guerra Mundial: admite-se que foi na Alemanha em 1880, sob a inspiração do ministro Otto von Bismarck, que se introduziu a noção de seguro social em grande escala, cobrindo doença, acidentes e pensões por velhice. Ao lado da intenção de prover o bem-estar dos trabalhadores, essas medidas eram também uma reação ao avanço dos social-democratas, um partido socialista com intensa atividade na Alemanha.

No Reino Unido, uma pequena pensão (independente de contribuição) foi instituída em 1908 e o seguro-saúde e o seguro-desemprego, em 1911; na França, medidas semelhantes se verificaram nos anos 1930. (ARMSTRONG; GLYN & HARRISON, 1991, p.137).

Ou seja, a noção de seguro social não era desconhecida em 1945: o que ocorre de novo é a enorme expansão desses direitos, o que permite a muitos autores situar o Estado do Bem-Estar como algo característico da Era de Ouro. A parcela da população coberta pelo seguro social, de início apenas os trabalhadores industriais, se ampliou de modo a incluir os trabalhadores por conta própria, os agrícolas e os domésticos; paralelamente, houve também substancial aumento dos gastos sociais. Alguns autores sugerem que esses gastos alcançavam cerca de 20% do PIB dos países europeus continentais, 17% a 18% nos Estados

450

CAPÍTULO 17 – A HEGEMONIA AMERICANA E A RECONSTRUÇÃO DA PROSPERIDADE DA EUROPA OCIDENTAL E DO JAPÃO

Unidos e no Reino Unido e 10% no Japão no início dos anos 1970. Apesar disso, a pobreza não foi eliminada: de acordo com os padrões usuais, à mesma época, 3% dos alemães, 7,5% dos britânicos, 13% dos norte-americanos e 16% dos franceses viviam em situação de pobreza (ARMSTRONG; GLYN & HARRISON, 1991, p.1381-139).

Ao analisar o Estado do Bem-Estar do século XX, Asa Briggs encontra cinco fatores em sua determinação: 1) uma transformação fundamental na atitude em relação à pobreza, que tornou impraticáveis nas sociedades democráticas do século XX as leis dos pobres típicas dos séculos anteriores; 2) as investigações mais minuciosas sobre as "contingências sociais" que dirigiram sua atenção para a necessidade de políticas sociais particulares; 3) a forte associação entre desemprego e política de bem-estar; 4) o desenvolvimento dentro do próprio capitalismo de mercado da filosofia e das práticas de bem-estar; 5) a influência das pressões da classe trabalhadora sobre o conteúdo e o tom da legislação sobre o bem-estar (BRIGGS, 1961, p.252).

Os eventos da primeira metade do século XX foram decisivos para a mudança de atitude em relação à pobreza e ao desemprego. O impacto da Primeira Guerra sobre a população europeia, os efeitos da Grande Depressão e a repetição, ampliada, das misérias da guerra entre 1940 e 1945 foram suficientemente fortes para que a pobreza, a miséria, a fome, o desemprego fossem vistos não como fruto de patologias individuais, mas como "contingências sociais". Nesse sentido, o combate à pobreza deixava de ser um ato de caridade (individual, de determinados grupos ou instituições ou mesmo do Estado) e passava a ser encarado como inerente à solidariedade nacional, ou seja, a comunidade nacional deveria assegurar o bem-estar de todos. Mais importante: à medida que as economias se recuperavam e se mostravam prósperas e a noção de democracia se consolidava, o conteúdo desejável do bem-estar foi se movendo "do 'mínimo' para o 'ótimo', ao menos em relação a certos serviços específicos, e isso fez com que o paternalismo residual parecesse completamente inadequado e crescentemente arcaico" (BRIGGS, 1961, p.257).

A questão do bem-estar também se colocava ao nível das empresas, aparecendo, por exemplo, nos estudos de "relações humanas" e de "psicologia industrial e do trabalho". Nas grandes empresas, características da Era de Ouro, procurou-se criar incentivos aos trabalhadores, evitar disputas, assegurar a produção contínua e obter ganhos de produtividade pela inovação técnica. Por outro lado, os trabalhadores também viam a questão do bem-estar sob a sua perspectiva, a qual apresentou características peculiares em cada país. Nos Estados Unidos, um forte sindicalismo mostrou pouco interesse no socialismo, dedicando-se a barganhar benefícios ao nível da empresa. Na Grã-Bretanha, os trabalhadores, em parte vinculados ao Partido Trabalhista, exerceram pressões no sentido de maior intervenção do Estado nas relações de trabalho e na garantia de direitos típicos do Estado do Bem-Estar. Na França, os trabalhadores, liderados por confederações sindicais, vincularam-se aos partidos de esquerda (Comunista e Socialista), buscando conquistas por meio da pressão sobre o Estado. No caso da Alemanha, a presença de representantes dos

451

QUINTA PARTE – A ERA DE OURO DO CAPITALISMO E A EXPANSÃO DAS ECONOMIAS SOCIALISTAS (1946-1973)

trabalhadores nos conselhos e diretorias das empresas, muitas vezes com pouca eficácia, amenizou as tensões inerentes à relação capital-trabalho, ao mesmo tempo que fazia dos sindicatos entidades economicamente fortes, mas politicamente pouco ativas. Porém, é inegável que essas diferentes formas de pressão foram cruciais para, nas palavras de Briggs, definir "o conteúdo e o tom" da legislação sobre o bem-estar em cada país.

No entanto, não podemos ignorar outro fator importante para a construção do Estado do Bem-Estar após a segunda Guerra: voltamos novamente à polarização do mundo entre Estados Unidos e União Soviética. Assim como o Plano Marshall foi uma estratégia de recuperação das economias europeias com o objetivo de "conter" o avanço soviético na Europa, o Estado do Bem-Estar pode ser entendido com o mesmo sentido: o consenso em torno dos benefícios concedidos pelo *"Welfare State"* espelhavam a preocupação de que trabalhadores mantidos em condições de vida precárias poderiam ser atraídos pelas promessas do comunismo e, em consequência, aderir a propostas revolucionárias.

Ao fim deste capítulo em que vários aspectos da Era de Ouro foram levantados, cabe buscar uma síntese explicativa para esse quarto de século de prosperidade da economia mundial (ou, mais propriamente, das economias capitalistas desenvolvidas). Como nota Hobsbawm, não se trata de tarefa simples pois: "Na verdade não há explicações satisfatórias para a enorme escala desse *Grande Salto Adiante* da economia mundial capitalista, e portanto para suas consequências sociais sem precedentes" (HOBSBAWM, 1995, p.263-264). Apesar disso, o autor procura articular alguns argumentos para a explicação da prosperidade da Era de Ouro.

Hobsbawm entende que as inovações tecnológicas do período, apesar de numerosas, não são suficientes para explicar a longa fase de expansão. A inovação criou novos produtos cuja demanda estimulou o crescimento, porém era preciso que houvesse renda para consumi-los; a mecanização e a automação de processos produtivos aumentaram a produtividade do trabalho (com técnicas intensivas em capital), porém era preciso que a produção crescesse muito rapidamente para não gerar desemprego (tecnológico) e, assim, evitasse a queda da renda dos trabalhadores e da demanda dessa classe. Portanto, o impacto positivo da inovação tecnológica dependia de condições que não lhe eram inerentes. Para Hobsbawm, essas condições decorreram de duas transformações da economia na Era de Ouro.

"A primeira produziu uma economia "mista", que ao mesmo tempo tornou mais fácil aos Estados planejar e administrar a modernização econômica e aumentou enormemente a demanda" (HOBSBAWM, 1995, p.264). Ou seja, o compromisso dos governos com uma política keynesiana de pleno emprego e com o Estado do Bem-Estar, ao criar uma expectativa de manutenção do emprego e alguma distribuição de renda, ampliou o mercado para bens de consumo, principalmente os duráveis, que até então eram vistos como bens de luxo (caso dos automóveis, eletroeletrônicos etc.). Esse mercado absorveu as constantes inovações tecnológicas sob a forma de novos produtos.

452

CAPÍTULO 17 - A HEGEMONIA AMERICANA E A RECONSTRUÇÃO DA PROSPERIDADE DA EUROPA OCIDENTAL E DO JAPÃO

A segunda transformação se deu na esfera da economia internacional: depois de vinte anos de depressão, guerra e reconstrução da economia europeia, houve um movimento no sentido da internacionalização da economia, embora esta ocorresse apenas entre os países que compunham o capitalismo ocidental.[10] Ainda assim, seu impacto sobre o crescimento, por meio da ampliação da divisão internacional do trabalho, foi expressivo; por exemplo, o comércio de manufaturas entre os países industrializados cresceu mais de dez vezes de 1953 a 1973 (HOBSBAWM, 1995, p.264).

Desse modo, para Hobsbawm, a reestruturação do capitalismo (rumo a uma economia mista) e a internacionalização da economia foram fundamentais para a prosperidade da Era de Ouro. Seu resultado foi "[...] a incomum combinação keynesiana de crescimento econômico numa economia capitalista baseada no consumo de massa de uma força de trabalho plenamente empregada e cada vez mais bem paga e protegida" (HOBSBAWM, 1995, p.276).

Essa combinação não foi o resultado da livre ação do mercado; foi uma construção política que envolveu, primeiro, um consenso entre a direita e a esquerda dos países ocidentais. Adicionalmente, exigiu um consenso entre patrões e organizações trabalhistas para atender as reivindicações dos trabalhadores. Estas deveriam ser mantidas dentro de limites que não afetassem os lucros correntes, nem as expectativas futuras de lucro de modo a garantir os investimentos que geravam o aumento da produtividade do trabalho.

Além de patrões e empregados, esse pacto também envolvia os governos que, formal ou informalmente, mediavam as negociações entre capital e trabalho. Assim, salários elevados e altos lucros permitiam conciliar interesses, em princípio, opostos – de capital e trabalho: salários elevados garantiam a demanda para os bens de consumo que geravam os lucros para as empresas. E uma economia em crescimento permitia a crescente arrecadação de impostos que permitia aos governos cumprir com seus compromissos nesse pacto triangular.

No início da década de 1970, manifestaram-se sinais de que as bases desse pacto passaram a ser colocadas em questão. Uma expressão da crise que levaria ao fim a Era de Ouro apareceu no sistema monetário internacional com o fim da conversibilidade do dólar em ouro, a qual fora estabelecida ao fim da Segunda Guerra. A evolução do sistema monetário internacional nessa época é o objeto do próximo capítulo.

REFERÊNCIAS

ALDCROFT, D. (2001). *The European Economy: 1914-1990*. London: Routledge.

ARMSTRONG, P.; GLYN, A. & HARRISON, J. (1991). *Capitalism since 1945*. Oxford (UK); Cambridge (USA): Blackwell.

---

10. Os países do Terceiro Mundo tenderam a fechar suas economias, buscando, por meio da industrialização nacional, substituir as importações; e o bloco socialista manteve relações comerciais quase exclusivamente no interior do próprio bloco.

BEAUD, M. (2004). *História do Capitalismo (De 1500 aos Nossos Dias)*. São Paulo: Brasiliense.

BERLE, A. A. & MEANS, G. C. (1987). *A Moderna Sociedade Anônima e a Propriedade Privada*. São Paulo: Nova Cultural.

BLOCK, F. L. (1977). *The Origins of International Disorder*. Berkeley: University of California Press.

BRIGGS, A. (1961). "The Welfare State in Historical Perspective". *Archives Européenes de Sociologie*. Tome II, n. 2.

CROUZET, M. (1958). *História Geral das Civilizações. Tomo VII. A Época Contemporânea. 2º Volume. O Mundo Dividido*. São Paulo: Difusão Europeia do Livro.

GALBRAITH, J. K. (1985). *O Novo Estado Industrial*. 2ª ed., São Paulo: Nova Cultural.

GALBRAITH, J. K. (1994). *Uma Viagem pelo Tempo Econômico*. São Paulo: Pioneira.

HOBSBAWM, E. J. (1995). *A Era dos Extremos. O Breve Século XX: 1914-1991*. São Paulo: Companhia das Letras.

KENWOOD, A. G. & LOUGHEED, A. L. (1992). *The Growth of the Internacional Economy, 1820-1990. An Introductory Text*. London; New York: Routledge.

MADDISON, A. (1995). *Monitoring the World Economy: 1820-1992*. Paris: Development Centre/OCDE.

VAN DER WEE, H. (1987). *Prosperity and Upheaval. The World Economy: 1945-1980*. Harmondsworth (Eng.): Penguin Books.

Capítulo 18

O SISTEMA MONETÁRIO INTERNACIONAL (1946-1973)

A hegemonia norte-americana no pós-guerra, a recuperação das economias da Europa Ocidental e a crise da Era de Ouro são evidenciadas de forma nítida na evolução do sistema monetário internacional no período. O padrão-ouro, que havia regido as moedas das principais economias capitalistas, se desintegrou durante a Primeira Guerra Mundial: o princípio básico do sistema – a conversibilidade das moedas em ouro – não pôde ser mantido diante das condições financeiras dos países em guerra. Na década de 1920, procurou-se recompor o sistema por meio do padrão câmbio-ouro: a Grã-Bretanha garantia a conversão das libras em ouro e os demais países mantinham suas moedas conversíveis em libras. Mas a crise de 1929 e a Grande Depressão inviabilizaram o sistema: em 1931, a Grã-Bretanha suspendeu a conversão da libra em ouro e deu início a uma sequência de desvalorizações das moedas. A soma do impacto da Grande Depressão com a desorganização do sistema monetário internacional resultou na enorme redução do comércio internacional: um sistema multilateral, em que a libra esterlina era o meio de pagamento de uso geral, cedeu lugar a um sistema de trocas bilaterais. Desse modo, antes mesmo do fim da guerra, tratou-se de pensar em reconstruir um sistema monetário internacional que pudesse reativar o comércio internacional multilateral.

Além disso, era necessário não repetir os erros presentes nas negociações de paz posteriores à Primeira Grande Guerra, como aquelas promulgadas pelo Tratado de Versalhes e conduzidas pela Liga das Nações, que impunham pesadas dívidas aos perdedores, em especial à Alemanha. Entre os personagens participantes desses debates estavam inúmeros políticos e intelectuais que haviam não só vivido os árduos resultados econômicos do período anterior, como inflações recordes, altas taxas de desemprego e a crise econômica do capitalismo no início da década de 1930, mas também observado a ascensão de movimentos autoritários e nacionalistas diante da abrupta redução do comércio e das relações econômicas no mundo.

No intuito de recuperar as relações econômicas no plano internacional dois atores tiveram papel central nos debates: como representante da Grã-Bretanha, e velho crítico

QUINTA PARTE – A ERA DE OURO DO CAPITALISMO E A EXPANSÃO DAS ECONOMIAS SOCIALISTAS (1946-1973)

das decisões tomadas ao final da Primeira Grande Guerra, John Maynard Keynes; e pelos Estados Unidos, Harry Dexter White, subsecretário do Tesouro norte-americano. Ambos estudavam planos para a reconstrução do sistema financeiro internacional desde 1941. Em setembro e outubro de 1943, equipes dos Tesouros britânico e norte-americano reuniram-se, sob a liderança de Keynes e White, para o início de negociações. O plano de Keynes previa a criação da União Internacional de Compensações: um grande fundo, da ordem de US$ 26 bilhões, constituído com recursos dos países membros, e que emitiria uma moeda (chamada de *bancor*). O objetivo do fundo era financiar os países deficitários em suas contas internacionais. Com o acesso a esses recursos, os países deficitários evitariam a adoção de políticas recessivas (como a elevação da taxa de juros para atrair recursos externos) e poderiam promover o reajuste de suas economias sem comprometer o pleno emprego que, como sabemos, era uma preocupação central para Keynes. Esse reajuste poderia incluir a desvalorização de suas moedas a fim de reduzir importações e aumentar exportações. Já os países superavitários seriam, de certo modo, punidos: seus saldos internacionais ficariam à disposição da União a fim de financiar os deficitários, de modo a induzir a redução dos superávits (por exemplo, por meio da valorização das moedas que levaria ao aumento de suas importações). A proposta de Keynes refletia a provável situação britânica ao fim da guerra: com pequena capacidade para exportar mercadorias e redução das rendas derivadas de seus investimentos externos, a Grã-Bretanha certamente enfrentaria vários anos de déficits nas contas internacionais (KEYNES, 1984, Cap. 14).

Keynes representava, assim, o coro de líderes mundiais que defendiam a necessidade de os Estados Unidos assumirem maior responsabilidade na estruturação do novo sistema monetário internacional em função de sua hegemonia econômica e industrial. O plano de Keynes, todavia, sofreu sérias restrições nos Estados Unidos que, pelas condições da época, eram o único país capaz de manter elevados superávits externos. Embora White fosse o principal negociador norte-americano, sua proposta deveria ser aprovada pelo Congresso. Desse modo, as sucessivas versões do plano de White afastaram-se de seu projeto original tendo em vista as alterações exigidas por influentes grupos políticos sobre o Congresso norte-americano.[1]

A proposta levada por White expressava, de certo modo, o ponto de vista dominante nos Estados Unidos: tratava-se de recompor o sistema monetário internacional a fim de restabelecer o comércio multilateral e suspender todas as restrições ao livre comércio, o que favoreceria os exportadores norte-americanos, dada a superioridade de sua economia à época. Para tanto, as moedas dos países deviam ser plenamente conversíveis entre si. A proposta de White também previa a formação de um fundo (porém com volume bem

---

1. Block expõe as versões dos planos de White e de Keynes e mostra o desenrolar das negociações até a forma final aprovada em Bretton Woods (BLOCK, 1977, Cap. 3).

456

CAPÍTULO 18 – O SISTEMA MONETÁRIO INTERNACIONAL (1946-1973)

menor de recursos: US$ 5 bilhões) para atender aos países deficitários, os quais teriam menor autonomia para gerir sua política econômica (em especial por limites às desvalorizações de suas moedas). Já os países superavitários não sofreriam qualquer tipo de restrição.

A Conferência Monetária e Financeira Internacional das Nações Unidas e Associadas aprovou as bases do novo sistema financeiro internacional. Esse acordo, que ficou conhecido pelo nome de Bretton Woods (cidade do estado norte-americano de New Hampshire em que se realizou a conferência) foi firmado em julho de 1944 com a presença de representantes de 44 países.[2] A principal instituição aí estabelecida foi o Fundo Monetário Internacional[3] em torno do qual se organizaria o sistema monetário internacional. Vejamos suas principais características:

1) O sistema era de taxas de câmbio fixas (ou quase fixas): cada país membro do Fundo devia estabelecer uma paridade para sua moeda e comprometer-se a mantê-la num intervalo máximo de 1% (para cima ou para baixo) dessa paridade;

2) Os países deveriam declarar a paridade de suas moedas em relação ao ouro; porém apenas as moedas que fossem conversíveis em ouro assumiriam o caráter de moeda internacional. Na prática, apenas os Estados Unidos, pelo volume de ouro em suas reservas e pela sucessão de superávits externos, podiam garantir a conversão do dólar em ouro. Essa conversão se daria apenas entre Bancos Centrais: um banco central (por exemplo, da França) que julgasse ter um volume excessivo de dólares em suas reservas poderia solicitar a sua troca por ouro, na paridade estabelecida, para as autoridades monetárias norte-americanas. Os Estados Unidos estabeleceram a seguinte paridade: 1 onça de ouro = US$ 35; e os demais países membros do Fundo definiram as paridades de suas moedas em relação ao dólar (e indiretamente em relação ao ouro). Por exemplo, o Brasil estabeleceu o valor oficial de um dólar em 18,50 cruzeiros (a moeda brasileira da época).

3) Em casos excepcionais – considerados de "desequilíbrio fundamental" – o Fundo poderia autorizar desvalorizações de até 10% na paridade oficial das moedas. Desequilíbrios temporários deviam ser financiados por meio de reservas e corrigidos por outras medidas (que não o ajuste cambial); ou seja, por medidas recessivas que reduzissem os preços internos e a demanda por importações ou atraíssem recursos externos (pelo aumento da taxa de juros).

---

2. Keynes e White, os principais arquitetos do sistema de Bretton Woods, não sobreviveram para vê-lo em ação. Na viagem de retorno dos Estados Unidos, após o encontro inaugural do FMI, Keynes sofreu um ataque cardíaco e faleceu seis semanas depois, em abril de 1946. Já White foi, de certo modo, vítima do "macartismo": acusado de participar de uma rede de espionagem soviética, foi convocado para depor no Comitê de Atividades Antiamericanas do Congresso em agosto de 1948. Três dias após o depoimento, White faleceu vítima de um ataque cardíaco, atribuído em grande medida à pressão sofrida diante da Comissão, visto que sofria de doença crônica do coração (MOFFIT, 1984, p.14).

3. Nessa reunião também foi aprovada a criação do Banco Internacional de Reconstrução e Desenvolvimento que ficou conhecido como Banco Mundial.

QUINTA PARTE – A ERA DE OURO DO CAPITALISMO E A EXPANSÃO DAS ECONOMIAS SOCIALISTAS (1946-1973)

4) Os países deficitários poderiam recorrer ao Fundo que, com seus recursos em ouro ou nas moedas dos países membros, poderia emprestar a esses países, impondo certas condições.

5) A moeda de um país poderia se tornar escassa no Fundo caso esse país fosse persistentemente superavitário (e os demais países recorressem ao Fundo para obter sua moeda). Nesse caso, o Fundo poderia autorizar a adoção de restrições sobre as importações que os países deficitários faziam do país superavitário.

6) As moedas deveriam ser plenamente conversíveis entre si de modo a restaurar o comércio multilateral e superar os anos em que prevaleceram acordos bilaterais no comércio internacional. Reconhecendo a dificuldade de restaurar de imediato a conversibilidade das moedas, foi definido um período de transição de cinco anos a partir do início do funcionamento do fundo.

O Acordo de criação do Fundo definiu o montante dos recursos em US$ 8,8 bilhões, muito menos do que desejava Keynes (26 bilhões) e um pouco mais do que proposto por White (5 bilhões). De qualquer modo, esse volume de recursos mostrava-se claramente insuficiente diante dos desequilíbrios externos das economias no pós-guerra (EICHENGREEN, 2000, p.135-136). Assim, à instalação do Fundo em 1946 não correspondeu seu efetivo funcionamento como núcleo do sistema monetário internacional.

18.1 A ESCASSEZ DE DÓLARES NO SISTEMA MONETÁRIO INTERNACIONAL (1946-1949)

O funcionamento do sistema monetário internacional estruturado em Bretton Woods tinha o dólar como sua moeda-chave: ou seja, a liquidez do sistema dependia da disponibilidade de dólares circulando no mercado internacional. No entanto, as condições da economia internacional no pós-guerra provocavam escassez de dólares dificultando a realização das trocas no comércio internacional. Quais eram essas condições?

Fundamentalmente essas condições eram resultado da situação econômica dos países em fins da Segunda Guerra. De um lado, os Estados Unidos, por sua capacidade produtiva praticamente intacta durante a guerra, mantinham amplas vantagens sobre seus eventuais competidores internacionais e acumulavam sucessivos superávits no comércio internacional. De outro lado, na Europa a produção industrial e agrícola estava em frangalhos; campos agrícolas haviam sido destruídos, o sistema de infraestrutura (como ferrovias, estradas e empresas de energia), havia sofrido grandes avarias; a produção industrial declinara pela metade em países como Grã-Bretanha, Suíça, Bulgária e países escandinavos, para menos de um terço na Bélgica, Holanda, Grécia, França e Iugoslávia, e para cerca de um quarto na Itália, Alemanha e Áustria. Desse modo, em função das relações comerciais entre os dois lados do Atlântico, os Estados Unidos, em vez de irrigarem o mercado

CAPÍTULO 18 – O SISTEMA MONETÁRIO INTERNACIONAL (1946-1973)

internacional com dólares, acabavam absorvendo as reservas de ouro e de dólares porventura existentes nos outros países.

Neste cenário de escassez e destruição, o continente europeu e o Japão necessitavam com urgência da ampliação do consumo de produtos importados tanto para atender às demandas alimentares da população, como para suprir a reconstrução da economia por meio de equipamentos e matérias-primas. Entretanto, o baixo potencial da economia europeia para realizar exportações impedia que esta formasse receitas suficientes para pagar o volume de importações necessárias, principalmente porque os Estados Unidos, como principal economia industrial com capacidade para abastecer a Europa, somente aceitavam dólares para a realização das trocas comerciais.[4] Outros fatores dificultavam ainda mais a situação europeia, como o alto endividamento público dos Estados, a tendência à expansão inflacionária, a perda dos antigos mercados e da competitividade na economia internacional e, finalmente, as pressões da população para que medidas emergenciais fossem tomadas (ALDCROFT, 2001, p.111).

Os desafios para a recuperação europeia mostravam-se financeiramente maiores do que as próprias condições econômicas do continente para impulsionar um novo ciclo de crescimento. As dívidas de guerra contraídas pelos países, especialmente com os Estados Unidos, alcançavam valores bastante elevados. Desse modo, além de necessitarem de grandes volumes de importações para a reconstrução de suas economias e não terem capacidade produtiva para gerar exportações (portanto, com um elevado déficit potencial na balança comercial), os países europeus também necessitavam de dólares para cumprir com seus compromissos financeiros.

O acordo de Bretton Woods havia estabelecido um montante de US$ 8,8 bilhões para o Fundo Monetário Internacional; a título de comparação, o déficit comercial europeu consolidado em 1946 foi de US$ 5,8 bilhões e de US$ 7,5 bilhões em 1947, indicando claramente a insuficiência dos recursos do FMI para dar conta dos desequilíbrios externos da economia mundial no pós-guerra (EICHENGREEN, 2000, p.136). Do outro lado, os Estados Unidos acumularam, entre 1946 e 1949, um superávit comercial de US$ 32 bilhões (ROLFE & BURTLE, 1975, p.81).

Tornou-se evidente que o simples funcionamento do esquema proposto em Bretton Woods seria incapaz de recompor o funcionamento do comércio internacional em bases

---

4. As condições econômicas da década de 1930 e do período da Segunda Guerra tornaram as moedas dos principais países europeus inconversíveis: além de abandonarem o padrão-ouro, os bancos centrais não aceitavam a troca de uma moeda estrangeira pela de seu país. Assim, se os Estados Unidos recebessem libras por seu saldo comercial com a Grã-Bretanha, nada poderiam fazer com essas libras pois os britânicos não tinham o que exportar e outros países não aceitariam a libra. O caso do Brasil é exemplar: durante a guerra, acumulou grande volume de libras em suas reservas pelas exportações que realizou. Porém, essas libras estavam "congeladas": o Brasil não podia usá-las para realizar importações pelos motivos acima arrolados. Elas foram utilizadas, em parte, na compra, pelo governo federal, de ferrovias inglesas no Brasil cujos contratos de concessão venceriam poucos anos depois.

QUINTA PARTE - A ERA DE OURO DO CAPITALISMO E A EXPANSÃO DAS ECONOMIAS SOCIALISTAS (1946-1973)

multilaterais, como se desejava. Era preciso introduzir algumas mudanças para adequá-lo às reais condições da economia mundial no pós-guerra.

Um primeiro passo seria dado em relação às dívidas de guerra.

Diferentemente das negociações pós-1918, o novo contexto caminhava para o relaxamento na cobrança de tais dívidas. A Grã-Bretanha, por exemplo, que havia recebido durante o período de guerra cerca de US$ 25 bilhões dos Estados Unidos, agora, por meio do acordo firmado em 6 de dezembro de 1945, ficava obrigada a pagar apenas US$ 650 milhões. À Alemanha, por sua vez, foi atribuída uma elevada dívida de guerra, mas este valor era apenas cerca de metade daquele imputado no Tratado de Versalhes. Neste mesmo período, além de suspender parte das cobranças das dívidas de guerra, os Estados Unidos iniciaram já em julho de 1945, por meio da *United Nations Relief and Rehabilitation Administration* (UNRRA), a distribuição de recursos emergenciais para a Europa. A criação do Banco Mundial, como parte dos acordos de Bretton Woods, também previa a injeção de recursos nos países afetados pela guerra. Mas, mesmo com essas medidas, estava-se longe de resolver o problema dos desequilíbrios externos e da escassez de dólares.

A situação britânica era particularmente grave, o que levou seu governo a negociar um novo empréstimo junto aos Estados Unidos. Este foi concedido em 1946, no valor de US$ 3,75 bilhões, com a cláusula de que a conversibilidade da libra seria restabelecida um ano depois ao câmbio de US$ 4. O governo norte-americano acreditava que, restabelecida a conversibilidade da libra, a transição para o multilateralismo se tornaria mais rápida. O resultado não foi o esperado:

> As seis semanas de conversibilidade foram um desastre. As quedas nas reservas foram enormes. O governo, vendo suas reservas aproximando-se do esgotamento, suspendeu a conversibilidade em 20 de agosto com o consentimento norte-americano. Um empréstimo que tinha sido concebido para durar até o fim da década foi consumido em questão de semanas. (EICHENGREEN, 2000, p.144)

A Grã-Bretanha, desta forma, permanecia com uma fraca receita de exportação, sem conseguir concorrer com os produtos norte-americanos em seus antigos mercados coloniais e sem atingir os países europeus que se resguardavam com políticas protecionistas. Outro inconveniente para o país era a extensa dívida de guerra com a Commonwealth e o Império que reduzia ainda mais as reservas do governo. Essa corrida para a troca de libras por dólares evidenciou e existência de desequilíbrios que não podiam ser resolvidos no esquema de Bretton Woods.

Os avanços no plano diplomático e mesmo na construção de órgãos internacionais para a constituição de um sistema multilateral no pós-guerra ainda não superavam a fragilidade econômica europeia, impossibilitando que o continente abrisse suas fronteiras para a entrada incondicional de produtos norte-americanos. A escassez de dólares entre os países da Europa

460

se mantinha e a frágil indústria, que buscava se reerguer da destruição da guerra, não podia competir com a alta produtividade norte-americana para gerar excedentes exportáveis.

Embora tivesse motivações bem mais amplas, o Plano Marshall contribuiu para reduzir a escassez de dólares. Lançado em 1947, era um fundo emergencial que financiaria, por meio de recursos norte-americanos, a reconstrução europeia. Uma das poucas condições exigidas pelos Estados Unidos para a realização dos investimentos nos países era de que seus governos não fossem governos socialistas ou comunistas. Na mente do presidente Harry Truman a expansão do comunismo na Europa seria um risco para os Estados Unidos e para o futuro do capitalismo.

Entre 1947 e 1952, os anos de funcionamento do Plano Marshall, os Estados Unidos disponibilizaram para a Europa e o Japão US$ 13 bilhões para a aquisição de alimentos, matérias-primas e equipamentos para a reconstrução. Duas eram as inovações com o Plano Marshall: em primeiro lugar, parte considerável do valor disponibilizado para a reconstrução europeia foi doado e não transferido em empréstimos, o que garantia uma expansão econômica "sem custos" posteriores; e, em segundo lugar, países inimigos como a Alemanha, também passaram a receber um substancial auxílio. Tal fluxo de capitais permitiu a ampliação extraordinária de importações europeias, beneficiando, por conseguinte, a própria economia dos Estados Unidos. Ademais, esses recursos amenizaram a escassez de dólares na economia mundial, dando alguma liquidez ao sistema monetário internacional.

De qualquer maneira, depois da tentativa britânica de promover a conversibilidade, tornou-se evidente que as moedas europeias estavam sobrevalorizadas com relação ao dólar. As paridades estabelecidas junto ao Fundo Monetário Internacional não correspondiam às condições de produtividade dos diferentes países e tenderiam a manter os desequilíbrios externos. Os governos ficavam pressionados, de um lado, pela escassez de dólares e, de outro, pelas exigências das classes trabalhadoras para manter o pleno emprego, altos investimentos e contínua importação de produtos para a expansão industrial. Nesse sentido, em 1949 o FMI sinalizou para um processo de desvalorização das moedas europeias.

A Grã-Bretanha deu início ao processo: em 18 de setembro de 1949 anunciou a desvalorização da libra esterlina em relação ao dólar na ordem de 30%. Em uma semana, seguindo o exemplo da Grã-Bretanha, mais 23 países também desvalorizaram suas moedas em cerca de 30%; a Alemanha chegou a desvalorizar em 90%, e a França e a Itália, em 70%. Enfim, consolidava-se um cenário um pouco mais propício para a retomada do crescimento europeu, mesmo que a escassez de dólares ainda não tivesse sido totalmente eliminada. A Grã-Bretanha, a partir de então, interrompeu a tendência de queda em suas reservas, para, num prazo de três anos, triplicá-las. A França pôde relaxar as fortes restrições cambiais, que chegavam a controlar a saída de turistas do país. No geral, a desvalorização permitia que os países europeus ampliassem suas exportações e reduzissem suas importações, estimulando a produção nacional. Assim, num período curto de tempo a Europa conseguiu reverter os déficits na balança comercial, reduzindo, por outro lado, o superávit na conta corrente norte-americana.

QUINTA PARTE – A ERA DE OURO DO CAPITALISMO E A EXPANSÃO DAS ECONOMIAS SOCIALISTAS (1946-1973)

Desse modo, o período crítico da escassez de dólares chegou ao fim, dando início a uma fase de grande expansão do comércio internacional em que a posição da economia norte-americana ainda era fundamental.

18.2 O DESEQUILÍBRIO BENÉFICO (1949-1958)

As desvalorizações das moedas europeias em 1949, associadas aos efeitos do Plano Marshall, permitiram superar a aguda escassez de dólares que havia marcado o imediato pós--guerra. Desde então, as contas externas norte-americanas passaram a apresentar déficits: os dólares que agora saíam dos Estados Unidos deram crescente liquidez ao sistema monetário internacional. Por isso, Rolfe e Burtle caracterizam esse período como de "desequilíbrio benéfico": os déficits externos norte-americanos irrigavam o mercado com dólares, beneficiando a expansão do comércio internacional. Por outro lado, a progressiva recuperação das economias europeias as tornava menos dependentes das importações, reduzindo os elevados déficits comerciais típicos dos anos do imediato pós-guerra.

Porém, além das desvalorizações e do Plano Marshall, outros fatores contribuíram para a continuidade do "desequilíbrio benéfico". Em 1950 foi deflagrada a Guerra da Coreia, que contou com a participação dos Estados Unidos ao lado da Coreia do Sul. Os elevados gastos norte-americanos com a guerra foram realizados, em grande parte, fora dos Estados Unidos, de modo a reforçar a tendência à saída de dólares do país. Além disso, a ameaça comunista inerente à Guerra da Coreia tornou mais aceitável, nos Estados Unidos, a promoção de ajuda aos países em risco de cair sob o controle de regimes comunistas. No caso, a própria Coreia do Sul e também o Japão foram mais diretamente beneficiados.

Com a ascensão da Guerra Fria, gastos militares no exterior (principalmente pela participação norte-americana na Organização do Tratado do Atlântico Norte – OTAN) e outras formas de ajuda também ampliaram a saída de dólares dos Estados Unidos. Além disso, nos anos 1950 houve grande volume de investimentos norte-americanos no exterior, principalmente pela expansão das chamadas empresas multinacionais norte-americanas. Embora a balança comercial norte-americana (importação e exportação de mercadorias) tenha se mantido superavitária ao longo dos anos 1950, o conjunto desses outros dispêndios de dólares no exterior levou a uma situação externa deficitária (Tabela 18.1).

As contas positivas – comércio de mercadorias e juros/dividendos recebidos do exterior – foram, de 1950 a 1959, superadas por gastos militares, doações do governo e saídas de capital de longo prazo. Esse saldo negativo foi financiado pela redução das reservas internacionais norte-americanas (a maior parte, pela redução do estoque de ouro) e pelo aumento do volume de dólares mantidos no exterior pelos bancos centrais e pelo setor privado. Desse modo, o desequilíbrio das contas externas norte-americanas mostrava-se

CAPÍTULO 18 – O SISTEMA MONETÁRIO INTERNACIONAL (1946-1973)

benéfico ao injetar dólares no sistema monetário internacional, reduzindo a escassez de dólares e dando a liquidez necessária para as operações comerciais e financeiras.

TABELA 18.1

Estados Unidos: Balanço de pagamentos (1950-1959) (bilhões de dólares)

Comércio de mercadorias	29,3
Serviços e remessas	−5,3
Gastos militares	−23,0
Doações do governo	−20,5
Juros e dividendos recebidos	25,5
BALANÇO DE CONTAS CORRENTES	6,0
Investimentos diretos	−17,2
Investimentos em ações e títulos	−3,7
Empréstimos governamentais	−4,1
CAPITAL DE LONGO PRAZO	−25,0
SALDO EM CAPITAL DE LONGO PRAZO E TRANSAÇÕES CORRENTES	−19,0
Dólares mantidos no exterior pelo setor privado	1,5
Déficit (17,5) financiado por: Redução das reservas dos Estados Unidos	4,5
Dólares mantidos no exterior em reservas oficiais	13,0

Fonte: ARMSTRONG; GLYN & HARRISON (1991), p.164.

Paralelamente, na Europa, o receio de escassez de dólares levou à constituição, em 1950, da União Europeia de Pagamentos (UEP), formada pela Organização para Cooperação Econômica Europeia (OCEE). A UEP, que funcionou até 1958, previa a redução de barreiras tarifárias entre 60% e 70% para todos os países membros, mas mantinha restrições com o comércio norte-americano como forma de sustentar as reservas cambiais locais. Em 1955, a UEP já havia retirado 84% das restrições tarifárias comerciais entre nações europeias. Essa medida, de certa forma, enfraquecia os acordos de Bretton Woods e do GATT,[5] por passar para a esfera regional os acordos comerciais e manter algum protecionismo como instrumento da política econômica. Assim como o FMI, a UEP garantia créditos para países que tivessem déficits em suas balanças comerciais, e com isso a Europa procurava desenvolver uma política na medida do possível mais autônoma dos interesses norte-americanos.

---

5. O GATT, *General Agreement on Tariffs and Trade*, foi um acordo efetivado em 1947 entre 23 nações para redução tarifária no comércio mundial. O GATT tornava-se um fórum respeitável e constante na resolução de disputas comerciais, contudo, nesta primeira edição de 1947 as concessões tarifárias foram realizadas, sobretudo pelos Estados Unidos, com a conservação das barreiras tarifárias europeias. Sua importância foi reduzida nas reuniões subsequentes, já que acordos e blocos regionais sobrepujavam o papel do órgão internacional.

463

QUINTA PARTE – A ERA DE OURO DO CAPITALISMO E A EXPANSÃO DAS ECONOMIAS SOCIALISTAS (1946-1973)

O impacto das medidas tomadas – Plano Marshall, desvalorização das moedas europeias, UEP – se fez sentir rapidamente. Já no início dos anos 1950 havia importantes sinais de recuperação econômica pelo aumento da produção agrícola e industrial.

TABELA 18.2

Europa Ocidental: produção industrial (1937-1938 = 100) e agricultura (1934-1938 = 100)

	PRODUÇÃO INDUSTRIAL 1947	PRODUÇÃO INDUSTRIAL 1949	PRODUÇÃO INDUSTRIAL 1951	AGRICULTURA 1946-1947	AGRICULTURA 1948-1949	AGRICULTURA 1950-1951
Áustria	56	123	166	70	74	98
Bélgica	106	122	143	84	93	111
Dinamarca	123	142	162	97	97	126
Finlândia	117	142	177	75	106	115
França	92	118	134	82	95	108
Irlanda	122	151	176	100	96	106
Itália	86	101	138	85	97	109
Luxemburgo	109	138	175	-	-	-
Holanda	95	126	145	87	104	123
Noruega	115	140	158	98	101	118
Portugal	112	112	125	99	95	102
Espanha	127	130	147	88	80	86
Suécia	141	157	171	104	109	113
Suíça	-	-	-	107	112	120
Grã-Bretanha	115	137	155	117	122	130

Fonte: ALDCROFT (2001), p.118.

Adicionalmente, tendo em vista a recuperação econômica da Europa, a década de 1950 acabou sendo marcada pela formação de acordos que progressivamente agrupavam os países numa grande economia: além da União Europeia de Pagamentos (1950), Comunidade Europeia do Carvão e do Aço (1952), Comunidade Econômica Europeia – Mercado Comum – (1958) e a Associação Europeia do Livre-Comércio (1959). E em dezembro de 1958, foi restabelecida a conversibilidade entre as moedas europeias; ou seja, as transações entre os países europeus poderiam agora ser realizadas com suas próprias moedas, não dependendo mais da disponibilidade de dólares. Essas ações reduziram, em termos relativos, a necessidade de dólares para as transações entre os países europeus.

No entanto, a liquidez de uma economia internacional em expansão continuava dependendo da redistribuição dos dólares norte-americanos para o resto do mundo. E nos anos finais da década de 1950 tornou-se cada vez mais evidente que o desequilíbrio, que se mostrara "benéfico" por vários anos, envolvia uma séria inconsistência que ameaçava a manutenção do sistema monetário internacional como estruturado em Bretton Woods.

18.3 RECUPERAÇÃO EUROPEIA E SUPERABUNDÂNCIA DE DÓLARES (1958-1967)

O ano de 1958 tornou-se emblemático como momento de abalo no funcionamento do sistema monetário internacional que estava sendo colocado em prática desde Bretton Woods. Rolfe e Burtle sugerem que nesse ano se deu a "revelação", isto é, "se tornou visível que a escassez de dólares se transformara, na realidade, numa superabundância de dólares" (ROLFE & BURTLE, 1981, p.17). Os déficits no balanço de pagamentos norte-americano ao longo da década de 1950 ampliaram o volume de dólares existentes nos países europeus. Com a restauração da conversibilidade entre as moedas europeias, a necessidade de dólares para as transações comerciais e financeiras entre os países europeus se reduziu, evidenciando que eles tinham mais dólares do que o necessário. Em consequência, se iniciou a conversão de dólares em ouro, o que levou à brusca redução das reservas de ouro dos Estados Unidos: se, de 1950 a 1957, essa redução fora equivalente a US$ 1,7 bilhão, de 1958 a 1960, US$ 5,1 bilhões foram extraídos das reservas norte-americanas (ROLFE & BURTLE, 1981, p.98). Evidentemente, esse fato questionava a capacidade de os Estados Unidos manterem a conversibilidade dos dólares em ouro, nos termos dos acordos de Bretton Woods.

É certo que não fora apenas a restauração da conversibilidade entre as moedas europeias que causara a sangria do ouro dos cofres do tesouro norte-americano. A recuperação das economias europeias a partir do início da década de 1950 também atuou nesse sentido. A expansão industrial europeia entre 1950 e 1970 estabeleceu-se no alto patamar de 7% ao ano, enquanto suas exportações durante a década de 1950 haviam crescido quase 9% ao ano, de modo a reduzir os desequilíbrios externos dos países europeus. Se entre 1946 e 1949 os déficits europeus com os Estados Unidos eram de 28 bilhões de dólares, durante toda a década de 1950 este valor alcançou apenas 30 bilhões (ALDCROFT, 2001, p.128).

Quais seriam as causas para tão rápida recuperação? Para Charles Kindleberger a abundância de mão de obra na Europa do pós-guerra comprimia os salários, incentivando que empresas pudessem disponibilizar maiores quantidades de capital para novos investimentos. Os fluxos migratórios durante a guerra haviam se invertido e a Europa, em crescimento, tornou-se um centro receptor de imigração. Tais fluxos eram em grande parte resultado dos movimentos de descolonização africana. A Alemanha, por exemplo, nas décadas de 1950 e 1960, somava mais 12 milhões de habitantes incorporados pela imigração. Adicionado à imigração, outro fator que assegurou a ampliação da mão de obra disponível foi o deslocamento da população rural para a vida urbana.

QUINTA PARTE − A ERA DE OURO DO CAPITALISMO E A EXPANSÃO DAS ECONOMIAS SOCIALISTAS (1946-1973)

Evidentemente, mão de obra relativamente barata ampliava a capacidade de competir com a produção norte-americana.

Angus Maddison, por sua vez, defendia que mais importante que a ampliação da força trabalhadora era o aumento dos investimentos no período. Para Maddison, os capitais norte-americanos personificados no Plano Marshall, nos recursos do BIRD e nos investimentos militares sustentaram parte respeitável do desenvolvimento europeu. Outro fator era a ascensão da multinacional como novo personagem no jogo econômico. Por fim, Edward Denison atribuía o acelerado crescimento às transformações tecnológicas que, ao melhorarem as técnicas de produção, aceleravam a difusão e a escala da produção e também introduziram novos produtos para a sociedade, como aqueles oriundos do avanço das indústrias química e eletrônica (ALDCROFT, 2001, p.134-140).

É certo que a expansão europeia favorecia o crescimento do comércio internacional, como era desejado pelos norte-americanos; porém, ela era mais um fator a colocar em questão o funcionamento do sistema monetário internacional. O aumento da produção interna reduzia as importações que a Europa fazia dos Estados Unidos:

> Mas esse é exatamente o paradoxo de Bretton Woods. O bem-sucedido financiamento da reconstrução da Europa pelos Estados Unidos tornava os produtores europeus competitivos com os norte-americanos e contribuía para diminuir a repatriação de dólares através de exportações americanas (WACHTEL, 1988, p.66).

Disso decorria a menor necessidade de dólares para os países europeus que procuravam converter o excedente em ouro junto ao tesouro norte-americano. Esse mecanismo expressava, no plano mais concreto, uma inconsistência lógica do esquema elaborado em Bretton Woods, inconsistência que ficou conhecida como *dilema de Triffin*. No sistema de Bretton Woods, o dólar se tornou a moeda-chave (aquela que dá liquidez ao sistema monetário internacional) porque era a única cuja conversibilidade em ouro era garantida por um governo. Mas para que houvesse liquidez para o comércio internacional em expansão era preciso um volume crescente de dólares em circulação fora dos Estados Unidos, o que só era possível por meio de déficits externos daquele país. Como vimos, os gastos militares, as doações do governo americano e os investimentos externos foram responsáveis pela geração desses déficits na década de 1950, os quais eram financiados por meio da redução de reservas (principalmente em ouro) e pelo aumento do passivo norte-americano no exterior (principalmente pelo volume de dólares mantidos pelos bancos centrais de países europeus). Somente as multinacionais norte-americanas, por exemplo, tinham, em 1958, um investimento direto no exterior de US$ 25 bilhões. Desse modo, simultaneamente havia um aumento de dólares no exterior, cuja conversão em ouro poderia ser solicitada pelos bancos centrais que os detivessem, e uma redução das reservas de ouro monetário dos Estados Unidos. Esse movimento colocaria em questão, em algum momento, a capacidade dos Estados Unidos de realizar a conversão dos dólares em ouro.[6]

As implicações do *dilema de Triffin* são facilmente perceptíveis pela comparação entre o estoque de ouro em reserva dos Estados Unidos e os passivos norte-americanos junto aos bancos centrais estrangeiros. O estoque de ouro que correspondia a US$ 23 bilhões em 1949 (sob a paridade de 35 dólares para uma onça de ouro), declinou para US$ 22 bilhões, em 1957, e para 18 bilhões, no final de 1960; os passivos norte-americanos junto aos bancos centrais no exterior cresceram de 12 US$ bilhões em 1955 para 19 bilhões em 1960 (BEAUD, 2004, p.332). O declínio do estoque de ouro e o aumento do passivo junto aos bancos centrais fizeram com que, em 1960, o volume de dólares mantidos pelos bancos centrais estrangeiros fosse maior que o montante de ouro em reserva nos Estados Unidos. Ou seja, se houvesse uma "corrida" dos bancos centrais contra o ouro, os Estados Unidos não teriam capacidade de efetivar a conversão dos dólares em ouro, provocando a quebra do sistema de Bretton Woods.

Assim, durante a década de 1960 passou-se a colocar em dúvida o caráter do dólar como reserva de valor. As principais ameaças vieram do presidente francês, General Charles de Gaulle: de um lado, criticava o "exorbitante privilégio" norte-americano de usar sua moeda para liquidar compras de bens e ativos no exterior (ou de terem "déficits sem lágrimas"). Por outro, temia que o "dilema de Triffin" levasse à desvalorização do dólar, provocando perdas aos países que detinham grandes volumes da moeda americana em suas reservas e ameaçava exigir a conversão de grande parte das reservas de dólares do Banco da França em ouro. Em suma, no início da década de 1960, o sistema de Bretton Woods evidenciava sua fragilidade e exigia algum tipo de intervenção para que pudesse subsistir. Claro indício de uma crise iminente foi a elevação do preço do ouro no mercado livre para 40 dólares por onça em outubro de 1960 (descolando-se, assim, da paridade oficial de US$ 35).

Uma tentativa de fortalecer o sistema se deu em 1960: com o objetivo de reduzir as pressões sobre o dólar, a Grã-Bretanha, a Suíça e os membros da Comunidade Econômica Europeia, junto com os Estados Unidos, formaram o Fundo Comum do Ouro (*Gold Pool*). Neste acordo firmado entre governos e bancos centrais ficava indicado o compromisso de os governos não converterem seus dólares em ouro. O grupo deveria se empenhar também na venda de ouro no mercado livre para impedir que seu preço se afastasse da cotação oficial de 35 dólares por onça. O objetivo dessa ação era evitar a redução das reservas de ouro dos Estados Unidos e conter a tendência de desvalorização do dólar.

---

6. Robert Triffin, economista belga, foi um dos arquitetos da União Europeia de Pagamentos. Mais tarde, tornou-se professor da Universidade de Yale. Triffin já havia alertado, em 1947, sobre essa inconsistência lógica do regime de Bretton Woods (EICHENGREEN, 2000, p.159-160). Triffin continuou a participar ativamente das discussões sobre os problemas monetários internacionais nos anos 1950 e 1960 (TRIFFIN, 1968).

QUINTA PARTE - A ERA DE OURO DO CAPITALISMO E A EXPANSÃO DAS ECONOMIAS SOCIALISTAS (1946-1973)

Por seu turno, o governo norte-americano tomou algumas medidas visando reduzir as pressões sobre o dólar. A redução das reservas de ouro a partir de 1958 (a expressar o desequilíbrio crescente no balanço de pagamentos) e a ameaça da desvalorização do dólar acabaram por repercutir nas eleições dos Estados Unidos de 1961. O candidato John Kennedy montou sua campanha enfatizando os erros cometidos pela administração de Dwight Eisenhower e considerando necessário realizar não só o controle aos fluxos de capitais como a reforma do sistema monetário internacional. O governo norte-americano a partir de então assumiria uma postura de dividir os encargos da economia mundial com a Europa, exigindo que o mercado europeu tivesse maior abertura às exportações norte-americanas e que o continente ampliasse as contribuições para a manutenção da OTAN. A Europa, negando sua participação em tais empreendimentos, alegava a necessidade de formar uma moeda internacional, para superar as instabilidades geradas pela demanda de dólares. Pouco antes de deixar o cargo em 1961, o presidente Eisenhower proibiu a aquisição e retenção de ouro no exterior por cidadãos norte-americanos. Já Kennedy, logo ao assumir a presidência dos Estados Unidos, reforçou mais ainda a lei, proibindo que os cidadãos norte-americanos guardassem moedas de ouro no próprio país. No intuito de ampliar as reservas de ouro, Kennedy também alargou as linhas de crédito de exportação por meio do *Export-Import Bank*. Em 1962, o governo Kennedy, com o objetivo de estimular a manutenção de saldos oficiais em dólar, eliminou os impostos sobre os depósitos a prazo mantidos por autoridades monetárias estrangeiras. Em 1964, foram implementados os Impostos de Equalização de Juros, que variavam entre 15% e 30%, para que residentes fossem desestimulados a investir fora do país. Somaram-se a essa medida, no ano seguinte, restrições aos bancos comerciais, companhias de seguro e fundos de pensão norte-americanos para concessões de empréstimos ao exterior. Tais medidas conseguiram reduzir a saída de dólares dos Estados Unidos, porém não evitaram totalmente as pressões para a desvalorização da moeda norte-americana (EICHENGREEN, 2000, p.175).[7]

Para Fred Block, entretanto, foram os acordos internacionais que deram uma sobrevida para o sistema de Bretton Woods. Já na transição para a década de 1960, os dez países mais industrializados do mundo, que formariam mais tarde o Grupo dos 10 (G-10), reconheceram que a expansão da economia mundial havia sido relativamente maior do que a expansão das reservas do Fundo Monetário Internacional. Ao final de 1958, o fundo havia adicionado somente mais 400 milhões aos iniciais US$ 8,8 bilhões de reserva determinados durante o acordo de Bretton Woods, enquanto o comércio mundial havia mais que dobrado neste período. Assim, em 1961, os membros do G-10 concordaram emprestar mais US$ 6 bilhões ao FMI, por meio do Acordo Geral sobre Empréstimos, principalmente

---

7. Como os juros na Europa eram mais elevados do que nos Estados Unidos era vantajoso realizar empréstimos para europeus ou comprar títulos emitidos na Europa. Evidentemente, isso reforçava a saída de dólares do país. O imposto eliminava esse diferencial das taxas de juros a fim de reter aqueles dólares dentro dos Estados Unidos.

considerando que o fundo vinha assumindo uma maior presença na estabilização da economia internacional (BLOCK, 1977, p.178-180).

No entanto, as medidas restritivas efetivadas pelo governo norte-americano e os acordos internacionais que buscavam remendar o sistema monetário internacional, reduzindo as pressões para a desvalorização do dólar, se mostraram apenas paliativos. Na segunda metade da década de 1960, as condições do sistema agravaram-se anulando os esforços empreendidos para evitar sua desestruturação.

18.4 DESINTEGRAÇÃO DO SISTEMA MONETÁRIO INTERNACIONAL DE BRETTON WOODS (1967-1973)

O desequilíbrio externo na economia norte-americana agravou-se substancialmente na segunda metade dos anos 1960. Durante o governo de Lyndon Johnson (vice-presidente que assumiu em 1963, após o assassinato de John Kennedy, e foi reeleito em 1964 para um novo mandato), os Estados Unidos aprofundaram sua participação na Guerra do Vietnã, elevando substancialmente os gastos militares no exterior. Johnson também promoveu um programa amplo de combate à pobreza, cujas despesas se somaram às militares, gerando forte pressão inflacionária. Desse modo, o desequilíbrio externo passou a ser alimentado pela redução, ano a ano, do saldo da balança comercial que se tornou negativo em 1971.

TABELA 18.3
Estados Unidos: Balanço de pagamentos (1965-1973) (bilhões de dólares)

ANO	BALANÇA COMERCIAL	SERVIÇOS, TRANSFERÊNCIAS, DOAÇÕES	CONTA CORRENTE	CONTA DE CAPITAL	CONTA CORRENTE + CONTA DE CAPITAL
1965	5,0	−0,6	4,4	−5,2	−1,1
1966	3,8	−1,9	1,9	−2,1	-0,2
1967	3,8	−2,3	1,5	−4,5	−3,0
1968	0,6	−1,5	−0,9	2,4	1,5
1969	0,6	−2,2	−1,6	4,5	2,9
1970	2,2	−2,5	−0,3	−10,6	−10,3
1971	−2,7	−1,1	−3,8	−26,9	−30,7
1972	−7,0	−2,8	−9,8	−1,4	−11,2

Fonte: VAN DER WEE (1987), p.452-453.

A deterioração da situação externa dos Estados Unidos era percebida e gerava algumas reações. Entre 1965 e 1966, a França liderada pelo presidente Charles de Gaulle, cumprindo sua antiga ameaça, iniciou uma grande ofensiva contra a estabilidade do sistema

QUINTA PARTE – A ERA DE OURO DO CAPITALISMO E A EXPANSÃO DAS ECONOMIAS SOCIALISTAS (1946-1973)

monetário regido pelo dólar. Observando os crescentes gastos do governo dos Estados Unidos, tanto com a guerra no Vietnã como com medidas para sustentar o pleno emprego no país, de Gaulle decidiu converter as reservas francesas de dólar por ouro, acreditando que em pouco tempo a pressão sobre a moeda norte-americana levaria a inevitável desvalorização. O presidente francês também liderava o coro para a reformulação do sistema monetário internacional, exigindo a volta ao padrão-ouro, e por isso, a França deixou o *Gold Pool* em 1967. A pressão francesa era acentuada pelo fato de os dólares gastos pelos norte-americanos no Vietnã retornarem em grande parte à França, pois, em função do antigo vínculo colonial, ainda havia fortes laços comerciais entre os dois países. A saída da França do *Gold Pool* desestabilizou o acordo realizado entre as nações europeias, sufocando a possibilidade de ação do grupo. Efetivamente, em 1968 o próprio *Gold Pool* foi extinto: no dia 15 de março de 1968, houve uma corrida para o ouro no mercado livre e o *pool* entrou oferecendo um grande volume para evitar que o preço disparasse. No entanto, no dia seguinte, diante de nova corrida, o *pool* julgou-se incapaz de intervir no mercado e encerrou suas operações. Assim, abandonou-se a defesa da paridade do dólar com o ouro (na taxa de 35 dólares por onça de ouro) e no mercado livre a cotação passou a subir constantemente: em meados de 1973 superou 120 dólares por onça (ROLFE & BURTLE, 1975, p.116).

Outras negociações também foram encetadas para criar mecanismos de arrefecimento da previsível crise. Assim, em 1967, na cidade do Rio de Janeiro, foi firmado o acordo para que o FMI emitisse os Direitos Especiais de Saque. Formado pelas reservas dos países mais industrializados, o mecanismo deveria permitir a concessão de créditos para as trocas comerciais, funcionando quase como uma nova moeda (algo semelhante ao *bancor* sugerido por Keynes nos anos 1940). Os Estados Unidos, inicialmente receosos de perder poder no sistema monetário, acabaram por aceitar tal acordo pelo rumo pouco favorável que a sua economia tomava. A condição para o funcionamento dos Direitos Especiais de Saque era que a economia norte-americana voltasse a ter saldos positivos no balanço de pagamentos, para que o país pudesse financiar o fundo. Isso só ocorreu em 1969, de modo que a primeira alocação dos Direitos Especiais de Saque só se deu em 1970. Mas nesse momento, o destino do sistema de Bretton Woods já parecia selado.

O insucesso das medidas do governo norte-americano para enfrentar o desequilíbrio externo havia convencido muitos economistas de que o dólar se encontrava supervalorizado. Desse modo, a menos que os países superavitários – em especial, Alemanha e Japão – valorizassem suas moedas, seria preciso promover a desvalorização do dólar. Ao ser eleito como sucessor de Lyndon Johnson, Richard Nixon e seus assessores econômicos propuseram uma estratégia para a desvalorização que ficou conhecida como *negligência benigna*. Essa estratégia consistia em permitir que os dólares continuassem a sair dos Estados Unidos sem intervenção, de maneira que a moeda norte-americana mantida em quantidades crescentes pelos bancos centrais dos países estrangeiros exerceria forte

CAPÍTULO 18 – O SISTEMA MONETÁRIO INTERNACIONAL (1946-1973)

pressão no sentido de sua desvalorização. Países como a Alemanha e o Japão, que estavam em pleno crescimento econômico, passaram a acumular consideráveis quantidades de dólares; o banco central alemão, por exemplo, iniciou grandes compras da moeda norte-americana, aumentando suas próprias reservas para tentar evitar a valorização do marco. Porém, "Ao absorver dólares, em vez de obrigar os Estados Unidos a desvalorizar sua moeda, os bancos centrais estrangeiros permitiram que suas taxas de inflação aumentassem ainda mais" (EICHENGREEN, 2000, p.178).

Essa política do banco central alemão não podia ser mantida por muito tempo. A enxurrada de dólares que procurava o banco, à espera de uma próxima desvalorização do dólar (e valorização do marco), obrigou a Alemanha, em maio de 1971, a interromper a intervenção e deixar que o marco flutuasse. Na esteira do marco, outras moedas europeias foram apreciadas. Nos Estados Unidos, em 15 de agosto de 1971, Richard Nixon assessorado por Paul Volcker, iniciou uma profunda reforma monetária: a partir de então haveria controle dos preços e dos salários, como medida para conter a inflação, enquanto o governo reduzia os impostos e sua participação na economia. Da perspectiva do sistema monetário internacional, mais importante foi a suspensão da conversibilidade do dólar frente ao ouro. Ao mesmo tempo, foi determinada uma sobretaxa de 10% aos produtos importados. Com isso, o presidente conseguiria não só assegurar as reservas de ouro como também melhorar a balança comercial dos Estados Unidos.

Em dezembro de 1971, depois de longos debates entre os países industrializados, acordou-se na Conferência Smithsoniana, em Washington, a desvalorização do dólar em 8%. As moedas bem-sucedidas na economia mundial, casos do marco e do iene, deveriam ser valorizadas. As taxas cambiais fixas foram substituídas pelo modelo de flutuação, com a possibilidade de variação cambial dentro de uma banda de 4,5%. Era uma tentativa de recompor o sistema de taxas de câmbio fixas (ou quase fixas) que havia inspirado o acordo de Bretton Woods. Porém, sem a conversibilidade do dólar em ouro, não havia nada que impedisse flutuações de seu valor fora da faixa de 4,5%. E, efetivamente, no início de 1973, uma nova corrida contra o dólar levou à negociação de uma segunda desvalorização da moeda – agora de 10%. Mas uma nova pressão sobre o dólar fez com que os bancos centrais europeus abandonassem a defesa da paridade negociada, deixando que suas moedas flutuassem livremente e se valorizassem diante do dólar. Em suma, "O sistema de taxa de câmbio fixa e as paridades pré-1971, que os controladores tencionavam salvar, foram destruídos, finalmente, por cascatas de dinheiro fluindo através dos mercados" (ROLFE & BURTLE, 1975, p.176).

Abria-se um novo cenário no sistema monetário internacional: taxas de câmbio flutuantes favoreceram o surgimento de operações especulativas, estimuladas por expectativas de valorização ou desvalorização das moedas no mercado mundial. Assim sendo, o sistema de Bretton Woods chegava ao seu fim, encerrando, simbolicamente, a era de ouro do capitalismo.

O quarto de século posterior ao final da Segunda Guerra Mundial, louvado por sua característica de crescimento com razoável estabilidade dos valores, deu lugar a uma economia mundial cada vez mais integrada, porém marcada por crescentes flutuações e pela instabilidade dos valores. Sem dúvida, a transição de um sistema de taxas de câmbio fixas para um sistema de taxas flutuantes é um marco fundamental para a conformação da economia mundial posterior a 1973, objeto da Sexta Parte deste livro.

REFERÊNCIAS

ALDCROFT, D. (2001). *The European Economy: 1914-1990*. London: Routledge.

ARMSTRONG, P.; GLYN, A. & HARRISON, J. (1991). *Capitalism since 1945*. Oxford/Cambridge (Mass.): Basil Blackwell.

BEAUD, M. (2004). *História do Capitalismo (De 1500 aos Nossos Dias)*. São Paulo: Brasiliense.

BLOCK, F. (1977). *The Origins of International Economic Disorder*. Berkeley, University of California Press.

EICHENGREEN, B. (2000). *A Globalização do Capital: Uma História do Sistema Monetário Internacional*. São Paulo: Editora 34.

KEYNES, J. M. (1984). "A União Internacional de Compensação". SZMERCSÁNYI, T. (Org.). *Keynes*. São Paulo: Ática.

MOFFIT, M. (1984). *O Dinheiro do Mundo (De Bretton Woods à Beira da Insolvência)*. Rio de Janeiro: Paz e Terra.

ROLFE, S. & BURTLE, J. (1981). *O Sistema Monetário Mundial: Uma Reinterpretação*. Rio de Janeiro: Zahar.

TRIFFIN, R. (1968). *Our International Monetary System*. New York: Random House.

VAN DER WEE, H. (1987). *Prosperity and Upheaval: The World Economy (1945-1980)*. Harmondsworth (Engl.): Penguin Books.

WACHTEL, H. (1988). *Os Mandarins do Dinheiro*. Rio de Janeiro: Nova Fronteira.

Capítulo 19

A ECONOMIA MUNDIAL NA ERA DO OURO

E mbora a Era de Ouro se refira principalmente às economias capitalistas desenvolvidas, é inegável que várias nações também desfrutaram de alguma prosperidade nesse quarto de século. As características dessa prosperidade não são tipicamente as mesmas dos países capitalistas desenvolvidos: em muitos casos, o "bem-estar" esteve ao alcance de pequena parcela da população; em outros, não se teve acesso aos mesmos tipos de bens de consumo presentes nas economias capitalistas. E para muitas nações, a Era de Ouro foi algo que passou muito longe. Mas, além dos padrões de vida, há outros elementos a diferenciar os países na Era de Ouro. Nesses anos convencionou-se agrupá-los em três conjuntos: o Primeiro Mundo, constituído pelas economias capitalistas desenvolvidas lideradas pelos Estados Unidos; o Segundo Mundo, o dos países socialistas, situados nas zonas de influência da União Soviética e da China; e o Terceiro Mundo, identificado principalmente pelos países da África e da Ásia que obtiveram sua independência após a Segunda Guerra Mundial, mas que, em geral, abarcava os países subdesenvolvidos (inclusive da América Latina). A essa classificação dos países em três mundos corresponde uma distinção real em seus padrões de desenvolvimento durante a Era de Ouro: nos dois capítulos anteriores, tratamos do Primeiro Mundo; no próximo, o objeto é o Segundo Mundo, o das economias socialistas. Neste capítulo, procuramos situar o Terceiro Mundo, em sua grande diversidade, na expansão da economia mundial durante a Era de Ouro.

19.1 O COMÉRCIO MUNDIAL E AS FINANÇAS INTERNACIONAIS

A década de 1930 foi marcada por grandes restrições ao comércio internacional: como reação à depressão, os governos procuravam limitar as importações a fim de manter o nível de produção e de emprego dentro de seus países (ou ao menos evitar sua queda mais acentuada). Desse modo, o comércio internacional tendeu a se organizar com base em acordos bilaterais. Nas negociações de Bretton Woods, prevaleceu a noção de que era essencial

QUINTA PARTE – A ERA DE OURO DO CAPITALISMO E A EXPANSÃO DAS ECONOMIAS SOCIALISTAS (1946-1973)

recuperar-se o livre comércio a fim de promover a expansão das trocas internacionais e o crescimento da economia mundial. Os princípios do sistema monetário internacional ali estabelecido também previam a livre troca no mercado internacional: a insistência norte--americana pelo retorno ao comércio multilateral acabou incorporada aos objetivos dos acordos de Bretton Woods. A criação do GATT (Acordo Geral sobre Comércio e Tarifas) respondeu a esses objetivos. É certo que, em relação ao que prevaleceu na década de 1930, houve expressiva redução das restrições ao comércio internacional. No entanto, o comércio internacional na Era de Ouro não se conformou plenamente ao ideal do livre-comércio.

As condições do imediato pós-guerra eram pouco favoráveis à plena liberdade nas trocas internacionais. As economias europeias, iniciando sua recuperação, eram incapazes de produzir excedentes que pudessem ser trocados no mercado internacional. Com moedas inconversíveis entre si, tiveram de impor restrições ao comércio de mercadorias. No começo dos anos 1950, estas restrições foram reduzidas; no entanto, não se caminhou em direção ao livre-comércio em sua plenitude.

Na verdade, resistências à ampla abertura das economias surgiram das mais diversas partes, a começar pelos próprios Estados Unidos. Embora o livre-comércio fizesse parte da doutrina oficial do governo americano, a sua política relativa ao comércio internacional esteve longe de corresponder a esse paradigma. A política era objeto da interferência do Congresso que, sob pressões de grupos agrícolas e industriais, adotava postura protecionista. Por um lado, a competência do Presidente para reduzir as tarifas alfandegárias (estabelecida por lei em 1934) foi progressivamente restringida no pós-guerra: aumentos de tarifas poderiam ser determinados se um setor visse sua competitividade ameaçada. Por outro lado, uma Comissão de Tarifas passou a determinar tarifas mínimas: abaixo desse limite admitia-se que haveria danos para a indústria americana. Nos anos 1950, novas restrições foram impostas: a cláusula de defesa, de 1955, proibia o governo de reduzir tarifas sobre produtos de indústrias que contribuíam para a defesa; em 1958, essa restrição foi estendida para além da indústria de armamentos, sendo o critério qualquer ameaça à segurança nacional. Também em relação aos produtos agrícolas foram estabelecidas restrições: em 1951, quotas de importação passaram a proteger o agricultor americano.

Nos anos 1950, com a presidência nas mãos do Partido Republicano, as pressões protecionistas ganharam abrigo também no Executivo. A Guerra Fria era usada como um argumento (por exemplo, para a proteção da indústria de armamentos); mas também a formação do Mercado Comum Europeu aparecia como uma ameaça ao predomínio norte-americano na economia mundial. O rápido crescimento das economias europeias, os investimentos de empresas industriais norte-americanas na Europa (reduzindo o atraso relativo de suas indústrias), o elevado protecionismo europeu à sua agricultura (com políticas preferenciais para África e Oriente Médio) também estimularam a manutenção de medidas protecionistas pelo governo norte-americano. Nesse clima, as rodadas do GATT para redução das tarifas tiveram resultados pouco expressivos.

474

Nos anos 1960, o governo Kennedy, do Partido Democrata, iniciou uma mudança na política comercial em relação à Comunidade Econômica Europeia: buscou maior cooperação e alguma redução tarifária, mas encontrou resistência da parte dos europeus, em especial quanto aos produtos agrícolas. No conjunto, essas iniciativas tiveram pouco resultado. É também expressiva a relação dos Estados Unidos com o Japão: para acelerar sua recuperação (importante do ponto de vista político por sua proximidade com a China), os Estados Unidos favoreceram amplamente as exportações japonesas, esperando que o Japão, mais adiante, reduzisse suas tarifas. Na verdade, isso não ocorreu: o Japão avançou substancialmente na industrialização, passou a competir com produtos americanos dentro dos Estados Unidos, porém manteve restrições às importações, subsídios às exportações, controles sobre o câmbio e sobre o investimento externo na economia japonesa. Em suma, o Japão caminhou na direção contrária do livre comércio (VAN DER WEE, 1987, p.380-385).

Dentro desse quadro, é possível entender, por exemplo, porque as políticas de desenvolvimento na América Latina tiveram caráter protecionista. Sem dúvida, o argumento de que a indústria nascente dependia de algum grau de proteção para sobreviver à concorrência dos países industrializados era importante. Porém é preciso considerar também que as industrializações latino-americanas (chamadas de substitutivas de importações) se deram num ambiente internacional marcado por restrições ao livre-comércio. Por outro lado, parte expressiva dessa indústria foi estabelecida por empresas estrangeiras (mais tarde chamadas de multinacionais) que procuravam o acesso ao mercado interno desses países, a reforçar o interesse por algum grau de proteção à indústria.

Ou seja, a Era de Ouro não foi uma época de ampla liberdade no comércio internacional. No entanto, o elevado crescimento das economias nacionais acabou por produzir uma razoável expansão do comércio internacional.

Alguns dados permitem situar a magnitude e as características desse crescimento. Estima-se que o valor total das mercadorias exportadas (excetuando os países comunistas) era de US$ 53,3 bilhões, em 1948, e atingiu US$ 112,3 bilhões, em 1960. Em termos nominais, uma expansão superior a 6% ao ano (que indica aproximadamente o crescimento real do comércio internacional, pois não houve grandes variações de preços no período). Entre 1960 e 1973, as exportações cresceram a um ritmo mais rápido, da ordem de 8% ao ano, declinando a partir de então para níveis em torno de 4% (KENWOOD & LOUGHEED, 1992, p.286-287).

A esse crescimento das exportações correspondeu substancial mudança na parcela dos diversos tipos de mercadorias, como vemos na Tabela 19.1. Na divisão do valor total das exportações mundiais por grupos de mercadorias houve um claro deslocamento dos alimentos e produtos primários em geral para os manufaturados: se em 1937 os manufaturados absorviam 37% do valor total das exportações, em 1973 essa parcela ascendeu a 62%, em detrimento dos produtos primários em geral, das matérias-primas e também dos alimentos.

TABELA 19.1

Participação dos grupos de mercadorias nas exportações mundiais: 1937-1973 (% do valor)

ANO	ALIMENTOS	PRODUTOS PRIMÁRIOS E MATÉRIAS-PRIMAS	SOMA	MANUFATURAS
1937	23	40	63	37
1950	23	34	57	43
1960	20	25	45	55
1973	15	23	38	62

Fonte: KENWOOD & LOUGHEED (1992), p.290.

O comércio em geral, e o de manufaturados em particular, tendeu a se concentrar nos países capitalistas desenvolvidos, como notamos a seguir:

TABELA 19.2

Composição regional do comércio mundial: 1963 e 1973

(Parcela percentual de cada área nas exportações e importações)

		1963	1973
Países industriais	Exportações	64,0	68,0
	Importações	64,5	69,5
Países exportadores de petróleo	Exportações	6,0	7,5
	Importações	3,0	3,5
Países em desenvolvimento	Exportações	14,5	12,0
	Importações	18,0	14,5
Países socialistas	Exportações	12,0	10,0
	Importações	11,5	10,0
Resíduo	Exportações	3,5	2,5
	Importações	3,5	5,5

Fonte: VAN DER WEE (1987), p.394.

Portanto, na Era de Ouro, do ponto de vista do comércio mundial, as áreas industrializadas (Estados Unidos, Canadá, Europa Ocidental e Japão) mantiveram ou mesmo ampliaram sua participação nas exportações e importações de mercadorias. Os países exportadores de petróleo começavam a se beneficiar da posição de seu produto no mercado mundial, ao passo que as demais áreas (países em desenvolvimento e economias socialistas) perderam participação no comércio mundial.

Do mesmo modo que o comércio internacional, o sistema financeiro internacional havia sofrido o impacto da Grande Depressão dos anos 1930. Falência de bancos, moratória de dívida externa de muitos países e perdas nas bolsas de valores desorganizaram o sistema financeiro internacional privado. Ao fim da Segunda Guerra, houve a preocupação de reconstituir mecanismos de financiamento internacional de acordo com as condições peculiares da época:

CAPÍTULO 19 - A ECONOMIA MUNDIAL NA ERA DO OURO

O desaparecimento do mercado de capitais internacional privado foi considerado permanente pelos planejadores do pós-guerra que, por isso, criaram o Banco Mundial como um substituto do setor público para canalizar capitais para os países destruídos pela guerra e para os países em desenvolvimento. (WILLIAMSON, 1987, p.895)

O Banco Mundial (cujo nome oficial era BIRD – Banco Internacional para Reconstrução e Desenvolvimento) foi criado com a função de financiar a reconstrução dos países envolvidos na Segunda Guerra, objetivo que era ampliado para atender às necessidades financeiras dos países subdesenvolvidos. Constituído com fundos públicos, o Banco Mundial se caracterizava por ser uma instituição oficial supranacional, embora os Estados Unidos tivessem desde cedo presença decisiva em sua gestão. O FMI (Fundo Monetário Internacional), também concebido em Bretton Woods, era outro instrumento de financiamento, embora seus objetivos fossem mais delimitados: o de suprir recursos para auxiliar os países deficitários em suas transações internacionais. Durante a década de 1950, especialmente na segunda metade, o Banco Mundial e outros organismos financeiros oficiais (como o BID – Banco Interamericano de Desenvolvimento e o EXIMBANK) tiveram importante papel no financiamento internacional. Assim, instituições públicas supriam uma parte do financiamento internacional, substituindo o sistema financeiro internacional privado que ainda não se recuperara dos anos da Grande Depressão e da Segunda Guerra Mundial. Mas este financiamento se destinava, em geral, a obras de infraestrutura ou a finalidades sociais (como alimentação, saúde, educação).

Outro fluxo internacional de capitais se deu por meio do investimento direto das empresas industriais. Até 1930, o investimento externo tinha privilegiado os setores de infraestrutura, como ferrovias, portos e empresas de energia elétrica, além de mineradoras e produtoras de petróleo. Depois de 1950, o grande fluxo de investimentos externos diretos se deu por meio da indústria manufatureira com a proliferação de empresas multinacionais. Em levantamento, realizado com dados de 1970 (Europa e Japão) e de 1975 (Estados Unidos), com amostra de 391 empresas multinacionais (sendo 180 dos EUA, 135 da Europa Continental e Reino Unido, 61 do Japão e 15 baseadas em outros países) registrou-se o total de 9.601 subsidiárias, sendo 6.060 em países industrializados e 3.541 em países em desenvolvimento. Desse total de subsidiárias, 60% (ou seja, 5.727) tinham suas matrizes nos Estados Unidos (VERNON, 1980, p.41). A maior parte dos investimentos externos diretos nos anos 1950 foi efetivada por empresas dos Estados Unidos, já que os demais países capitalistas desenvolvidos, saídos da guerra, investiam preferencialmente em sua recuperação. Exemplo importante é o do Reino Unido que, no pós-guerra, desinvestiu no exterior a fim de reduzir as dívidas incorridas durante a guerra. Um exemplo desse desinvestimento foi o resgate (ou a compra) de empresas ferroviárias inglesas no Brasil (caso da São Paulo Railway, a empresa que operava a estrada de ferro de Santos a Jundiaí) pelo governo brasileiro. Essa compra foi realizada com libras das reservas brasileiras, acumuladas durante a Segunda Guerra, mas que estavam

477

QUINTA PARTE – A ERA DE OURO DO CAPITALISMO E A EXPANSÃO DAS ECONOMIAS SOCIALISTAS (1946-1973)

"congeladas" (ou seja, como a Grã-Bretanha não tinha capacidade para exportar mercadorias, essas libras das reservas brasileiras não podiam ser usadas no comércio internacional). Foi só a partir do final dos anos 1950 em diante que países europeus (Reino Unido, França e Alemanha principalmente) e o Japão passaram a investir no exterior.

Os investimentos externos diretos dos Estados Unidos eram de US$ 11,7 bilhões, em 1938; ascenderam a US$ 32,8 bilhões, em 1960, e a US$ 107,0 bilhões, em 1973. Os setores preferenciais eram a indústria manufatureira e a exploração de petróleo; e esses investimentos diretos se dirigiram principalmente para economias desenvolvidas da Europa e também para Canadá, Japão e Austrália (cerca de 75% do total); a América Latina, a que mais recebeu entre as regiões subdesenvolvidas, respondeu por 14% do total. O declínio relativo da Grã-Bretanha é perceptível por dados comparativos aos dos Estados Unidos: em 1938 seus investimentos externos eram da ordem de US$ 23 bilhões (o dobro dos Estados Unidos); em 1980, atingiram US$ 75 bilhões. O Japão, que começou a investir no exterior no fim dos anos 1960, contava com investimentos externos de apenas US$ 4,5 bilhões, em 1971 (KENWOOD & LOUGHEED, 1992, p.250-251). Estes dados gerais apenas confirmam o absoluto predomínio das empresas norte-americanas na instalação de subsidiárias no exterior no período em foco, conquistando os mercados internos dos países em que se instalavam. E confirmam também a importância do investimento direto como instrumento do fluxo internacional de capitais nos anos da Era de Ouro.

Mas, nos anos finais da década de 1960, o sistema financeiro internacional privado foi reativado. Não se tratou, porém, da recuperação dos antigos métodos de financiamento internacional, e sim de um esquema absolutamente novo. O principal mecanismo de financiamento internacional antes da Grande Depressão dos anos 1930 era o lançamento de títulos (ações, debêntures) nos mercados dos Estados Unidos e de algumas capitais europeias (Londres, Paris, Berlim): esses títulos, emitidos na moeda do país, eram adquiridos, em sua maior parte, pelos residentes desse país. Os recursos assim levantados eram, em seguida, transferidos para o devedor (governo ou empresa). Assim, títulos em libras eram emitidos em Londres e o devedor recebia as libras (ou um crédito em depósito bancário) para utilizá-lo em seu investimento. Na década de 1960 surgiu um novo esquema de financiamento internacional: por meio dos déficits externos norte-americanos, volumosos recursos em dólares foram transferidos para fora dos Estados Unidos (em especial, para a Europa). Uma parte desses dólares foi depositada em bancos europeus criando uma situação nova: a moeda de um país "circulando" no exterior, em particular dólares "circulando" na Europa (por isso chamados de Eurodólares).[1]

---

1. Alguns autores identificam a surgimento do eurodólar em depósitos dos países do bloco soviético em bancos europeus (e também em um banco russo instalado em Paris): a razão para essa atitude seria o temor de que recursos dos países do bloco depositados em bancos nos Estados Unidos pudessem ser objeto de confisco do governo norte-americano em meio aos conflitos da Guerra Fria. Na verdade, embora possam ser a origem dos eurodólares, quantitativamente esses recursos não foram parte expressiva do mercado de eurodólares (VERSLUYSEN, 1981, p.22-23).

Os bancos em que os recursos eram depositados realizavam empréstimos com esses dólares, empréstimos que podiam se destinar a governos ou a empresas das mais diversas regiões do mundo.

Embora esse mercado fosse identificado com o nome de eurodólar, seria mais adequado chamá-lo de "euromoeda", pois esses depósitos de moeda de um país em bancos de outro país podiam ser feitos com outras moedas que não o dólar: por exemplo, em 1968, mais de 20% desses depósitos eram realizados em marcos alemães. Uma característica peculiar do "euromercado" era de não estar sujeito a regulamentações de bancos centrais, pois a autoridade monetária de um país não interferia na gestão da moeda de outro país. Por exemplo: o Banco da Inglaterra não determinava, na gestão de sua política monetária, o recolhimento compulsório de parte dos dólares depositados em bancos estabelecidos em Londres. Desse modo, a gestão dos recursos do euromercado ficava ao arbítrio dos próprios bancos, escapando a qualquer controle das autoridades monetárias.

As estimativas da dimensão do euromercado indicam a rapidez com que se expandiu a partir dos anos 1960, expansão que se acentuou na década seguinte: depois do primeiro choque do petróleo, em 1973, os países da OPEP (Organização dos Países Exportadores de Petróleo), beneficiados pela súbita e substancial elevação dos preços do produto, acumularam grandes saldos em dólares que passaram a depositar em bancos europeus. Os dados a seguir (do BIS – Bank of International Settlements – e de Morgan Guaranty Trust) tem abrangências diferentes (daí seus valores distintos), mas mostram o acelerado crescimento do mercado (Tabela 19.3).

TABELA 19.3
Dimensão bruta e líquida do Euromercado: 1964-1979 (US$ Bilhões)

Ano	BIS		MORGAN	
	Bruto	Líquido	Bruto	Líquido
1964	12,0	9,0	-	14,0
1969	57,0	44,0	-	50,0
1974	221,0	177,0	375,0	215,0
1979	640,0	464,0	1.155,0	600,0

Fontes: BIS, *Annual Report* (vários anos); Morgan Guaranty Trust of New York, *World Financial Markets* (vários números) citados por LIMA (1985), p.119-120. Obs.: Na dimensão líquida do euromercado excluem-se os empréstimos interbancários.

Algumas inovações financeiras facilitaram essa rápida expansão do euromercado: os bancos captavam recursos principalmente por meio da emissão de títulos (como certificados negociáveis de depósitos e "eurobonds") e faziam empréstimos por meio de créditos "sindicalizados" (nos quais vários bancos apareciam como credores).

QUINTA PARTE - A ERA DE OURO DO CAPITALISMO E A EXPANSÃO DAS ECONOMIAS SOCIALISTAS (1946-1973)

Desse modo, a partir dos anos 1960 se teve o ressurgimento de um sistema financeiro internacional privado. Como notamos, o sistema foi particularmente ativo nos anos 1970 em que o saldo de "petrodólares" (os dólares acumulados pelos países produtores de petróleo) foi, em boa parte, destinado a financiar os déficits comerciais dos países importadores de petróleo. Foi nesses anos, por exemplo, que a dívida externa brasileira cresceu de US$ 5,3 bilhões (em 1970) para US$ 49,9 bilhões (em 1979). O mesmo ocorreu com outros países que dependiam das importações de petróleo e que enfrentaram sérios problemas com suas dívidas externas na década seguinte.

Essa reativação do sistema financeiro internacional privado prenunciava a enorme expansão da esfera financeira no plano mundial que ocorreria nas décadas finais do século XX, tema que é objeto da Sexta Parte deste livro.

19.2 A DESCOLONIZAÇÃO

Durante a Era de Ouro ocorreu um amplo processo de libertação das colônias, em especial aquelas que tinham sido absorvidas pelas potências na época do Imperialismo (final do século XIX e início do século XX). Pode-se afirmar que, do fim da Segunda Guerra Mundial a meados dos anos 1970, houve a liquidação dos impérios coloniais da Grã-Bretanha, França, Holanda, Bélgica, Itália e Portugal.[2] Antes disso, a Alemanha já havia perdido suas colônias (ao fim da Primeira Guerra por decisão dos vencedores), assim como o Japão em consequência de sua derrota na Segunda Guerra. O mapa político do mundo foi redesenhado a partir de então: as cores dos velhos impérios foram substituídas pelas de inúmeras nações independentes cujos nomes procuravam, quase sempre, apagar a lembrança de seu passado colonial.

Como se processou a descolonização ou, mais propriamente, a independência das colônias?

A proposta de libertação das colônias surgiu quando do estabelecimento da ONU (Organização das Nações Unidas), em especial com a Carta de São Francisco, de 1945. É interessante notar que essa carta teve 50 países signatários; 25 anos depois, a ONU contava com 120 Estados membros, muitos dos quais se constituíram como nações independentes pelo processo de descolonização. Um marco dessa transformação foi a Conferência de Bandung (Indonésia), em 1955, quando 29 países africanos e asiáticos, a maioria ex--colônias, se definiram como parte de um Terceiro Mundo, negando seu alinhamento ao Primeiro Mundo (capitalista, liderado pelos Estados Unidos) ou ao Segundo Mundo

---

2. As Filipinas, antiga colônia espanhola, passaram ao domínio dos Estados Unidos no final do século XIX (após vitória em guerra contra a Espanha); em 1946 obtiveram sua independência. À Espanha, ao fim da Segunda Guerra Mundial, restavam pequenas áreas coloniais no norte da África que se libertaram pouco depois.

480

CAPÍTULO 19 – A ECONOMIA MUNDIAL NA ERA DO OURO

(comunista, liderado pela União Soviética). A noção de Terceiro Mundo consolidou-se para designar esse grupo de nações, contudo não se concretizou numa efetiva unidade política de nações neutras em relação ao Primeiro e ao Segundo Mundo.

Embora, quando da organização das Nações Unidas, houvesse a proposta de libertação das colônias, a descolonização esteve longe de ser um processo simples e rápido. Em muitos casos, as metrópoles resistiram em conceder independência às colônias, em outros, a negociação sobre o estatuto das nações recém-libertadas (em relação às suas antigas metrópoles) também gerou dificuldades. Além disso, a própria constituição das novas nações levou à disputa de grupos dentro dos territórios coloniais gerando profunda instabilidade nessas áreas.

A Grã-Bretanha dispunha, ao iniciar a Segunda Guerra Mundial, do maior território colonial entre as potências imperiais.

> Às vésperas da Segunda Guerra Mundial, o Império Britânico era extremamente rico e poderoso. Ele se estendia sobre um quarto da população do planeta e dominava a produção mundial de arroz, cacau, chá, lã, borracha, estanho, manganês, ouro, níquel, juta, açúcar, carvão, cobre e, ainda, o petróleo do Oriente Médio. Controlava 15% da produção mundial de trigo, carne, manteiga, algodão, ferro e aço. Parecia imbatível e imperecível, embora pesasse sobre ele uma nuvem de preocupação: 85% dos seus 500 milhões de habitantes eram constituídos de populações "indígenas" (negros, indianos, amarelos). (LINHARES, 1981, p.41)

A descolonização desse vasto império, que teve início em 1910, só foi concluída nos anos 1970.[3] O Império Colonial Francês seguia, em dimensão e importância, o britânico: 110 milhões de habitantes que respondiam por 25% do comércio externo francês de importação e de exportação.[4]

Holanda, Bélgica, Itália e Portugal mantinham impérios coloniais menores. O Império Holandês, constituído no século XVII, estava centrado nas Índias Orientais Holandesas (conjunto de ilhas – Java, Sumatra, Célebes, Bornéu) que deram origem à Indonésia. Somavam 70 milhões de habitantes, contra os 8 milhões da metrópole. A Bélgica tinha uma colônia – o Congo – conquistada em 1886 pelo Rei Leopoldo II e mantida como um estado

---

3. Arrolamos algumas datas das libertações de colônias britânicas: África do Sul (1910, como domínio do Império Britânico, e 1931, total independência política); Afeganistão (1919); Egito (1922); Paquistão (1947); Índia (1947); Mianmar (Birmânia – 1948); Líbia (1951); Sudão (1956); Malásia (1957); Gana (1957); Singapura (1959); Nigéria (1960); Serra Leoa (1961); Somália (parte britânica – 1961); Tanganica (Tanzânia – 1961); Uganda (1962); Zanzibar (Tanzânia – 1963); Malawu (1964); Zâmbia (1964); Gâmbia (1965); Rodésia (1965); Zimbábue (1980); Botswana (1966); Lesoto (1966); Maurícia (1968); Suazilândia (1968); Seicheles (1976); Tuvalu (1978); Kiribati (1979); Brunei (1984).

4. Algumas datas de independência das colônias francesas: Vietnã (declaração – 1945; reconhecimento pela França: 1954); Laos (1949); Camboja (1953); Marrocos (1956); Tunísia (1956); Guiné (1958); Camarões (1960); Togo (1960); Senegal (1960); Madagáscar (1960); Benin (1960); Níger (1960); Burkina Fasso (1960); Costa do Marfim (1960); Chade (1960); Congo (1060); Gabão (1960); Mali (1960); Mauritânia (1960); Argélia (1962); Comores (1975); Djibouti (1977).

QUINTA PARTE – A ERA DE OURO DO CAPITALISMO E A EXPANSÃO DAS ECONOMIAS SOCIALISTAS (1946-1973)

independente pertencente em caráter privado ao rei. Em 1909, com a morte de Leopoldo, o Congo passou, como herança, a pertencer à Bélgica. A Itália mantinha algumas colônias na África, como Etiópia (invadida em 1935), Eritreia (conquistada em 1890), Líbia (colonizada em 1911) e Somália (ocupada em 1904). Durante a Segunda Guerra, a Itália perdeu essas colônias que foram ocupadas pelas tropas dos Aliados. O Império Português no século XX era o que restou do velho império mercantilista. Angola e Moçambique, na África, eram seus domínios mais importantes; Guiné e Cabo Verde, na África, Diu e Goa (no Índico), uma parte do Timor e Macau (na China) completavam o declinante Império Português à época da Segunda Guerra Mundial. Sua independência só ocorreu após o fim do regime "salazarista" em 1974.[5]

Essa vasta abrangência do regime colonial em meados do século XX colocava problemas para a comunidade internacional ao fim da Segunda Guerra: por um lado, crescia o consenso quanto à inadequação de manter-se colônias em pleno século XX, em nome do princípio da autodeterminação dos povos; por outro, a libertação colonial envolvia dificuldades tanto do lado das metrópoles como das colônias.

De modo geral, a proposta de descolonização (sob a ótica dos colonizadores) era a de conceder a independência, porém manter a administração das colônias pelas metrópoles até que estas conquistassem sua "maturidade". Pensava-se mesmo em inseri-las em unidades maiores (como uma federação ou "commonwealth") sob o comando das antigas metrópoles. De modo geral, essa proposta não agradava aos povos das colônias que, além disso, enfrentavam frequentemente grandes divisões internas.

Alguns processos de libertação podem ser considerados "pacíficos": embora sempre houvesse a ação de um movimento nacionalista, a independência foi obtida a partir de negociações com a metrópole, sem a ocorrência de guerras prolongadas ou violentas. Em outros casos, a independência só foi obtida por meio de guerras de libertação. Alguns desses casos merecem atenção especial.

No Império Britânico, considera-se que o exemplo de libertação pacífica é o da Índia. Na verdade, o processo não foi tão pacífico assim. Havia uma longa história de dominação violenta e de resistência das populações nativas. Mesmo nos anos da Segunda Guerra, houve ações locais contra a administração britânica. No entanto, prevaleceu um movimento nacionalista de não cooperação não violenta, liderado por Ghandi e Nehru, movimento que foi reprimido com a prisão de seus líderes e com bombardeio de aldeias. Finda a Segunda Guerra, o governo britânico (sob a direção do ministro trabalhista Clement Attlee) decidiu conceder a independência no ano de 1948. Se por este

---

5. Antonio de Oliveira Salazar (1889-1970) foi o principal dirigente do regime ditatorial instalado em Portugal em 1926, por um golpe militar, e derrubado em 1974 pela chamada Revolução dos Cravos. Salazar assumiu o ministério das Finanças em 1928 e foi, presidente do conselho de ministros de 1933 a 1968 (ano em que deixou o governo após sofrer um derrame cerebral).

482

lado a questão estava resolvida, permanecia a cisão interna e os conflitos entre os hindus e os muçulmanos. Isso levou à formação de dois Estados independentes – a Índia e o Paquistão – o que não impediu a ocorrência de violência entre os dois grupos.

Em outras partes do Império Britânico prevaleceu uma solução pacífica, embora em alguns casos a resistência britânica fosse maior: foi o caso da Malásia onde havia fortes interesses britânicos e, nesse caso, tentativas de manter o controle sobre o território (por meio de um protetorado) atrasaram a independência até o ano de 1957. Assim, entre 1948 e 1960 (este o ano em que a Nigéria obteve sua independência) grande parte das colônias britânicas conseguiu sua libertação, embora o processo ainda demorasse alguns anos para ser concluído.

No caso do Império Francês, há maior diversidade de situações. Por lei de 1956, a França propôs a descentralização e a africanização da administração colonial, sufrágio universal e ampliação das atribuições das assembleias locais. Nos anos seguintes foi concedida a independência às colônias francesas da África negra. No norte da África, a Tunísia obteve sua independência em 1956 e o Marrocos, em 1959. É claro que, em todos os casos, havia um movimento pela libertação que, nem sempre precisou se manifestar por formas violentas.

No entanto, a luta pela libertação foi, em outros casos, bastante violenta e, por vezes, prolongada. Um exemplo é o da Indonésia: parte do Império Holandês, as ilhas das Índias Orientais foram invadidas pelos japoneses em 1942. Estes libertaram Sukarno (o líder da luta pela libertação), porém acabaram impondo seu domínio sobre o território. Com a derrota do Japão na guerra, Sukarno proclamou a independência da Indonésia em 1945. Apesar de reconhecer, em princípio, a República Indonésia (numa união com a metrópole), a Holanda tentou recuperar o controle do território por meio de violentas intervenções. A guerrilha indonésia enfrentou 140.000 soldados holandeses e acabou impondo a libertação da nação, reconhecida pela Holanda em 1949, ainda sob uma união. Somente em 1954 a Indonésia denunciou esse acordo e afastou os holandeses do país. Em suma, foi a luta de guerrilha dos indonésios, liderada por Sukarno, que venceu a resistência holandesa em conceder a independência.

Na Indochina também se observou um longo período de guerra cujos reflexos se projetaram até o fim da Era de Ouro. A França havia colonizado uma vasta região no sudeste asiático na segunda metade do século XIX: a Indochina englobava Laos, Cambodja, Anan, Conchinchina e Tonkin. Antes da segunda guerra já havia um movimento pela libertação, o Vietminh, liderado por Ho Chi Minh. Em setembro de 1945, esse movimento declarou a independência em Hanói, criando a República Democrática do Vietnã. No ano seguinte, a França reconheceu o Vietnã como membro da Federação Indochinesa e da União Francesa, comprometendo-se a liberar a região de Tonquim em cinco anos. Mas a França também proclamou a República da Conchinchina e iniciou operações militares contra a República Democrática, a qual recebeu o reconhecimento da União Soviética e da China. Iniciou-se, assim, a Guerra da Indochina opondo a França ao Vietminh. A guerrilha vietnamita derrotou as tropas francesas em 1954, levando aos acordos de Genebra que estabeleciam o fim da guerra e a divisão em dois países: Vietnã do Norte (liderado por Ho Chi Minh e ligado aos países comunistas) e o Vietnã do Sul (também independente, primeiro sob a forma de monarquia e depois como uma república). Esse acordo não evitou o conflito entre norte e sul: em 1959 iniciou-se a Guerra do Vietnã, com a qual os Estados Unidos se envolveram em 1961 e cuja derrota, em 1975, levou à unificação do Vietnã sob o controle do norte. Assim, a independência do Vietnã, resultado da guerra travada contra a França, foi seguida por um longo período de conflitos entre o norte e o sul.

Outras áreas da Indochina francesa também obtiveram sua independência: o Laos e o Camboja sob a forma de Estados associados à França, assim como Anan (com o retorno do antigo imperador, colaboracionista dos japoneses durante a guerra). Camboja e Laos obtiveram, nos anos 1950, sua plena independência, porém isso não levou à estabilidade política, pois seguiram-se décadas de conflitos entre diferentes grupos: uns alinhados aos Estados Unidos (em função da Guerra do Vietnã), outros, à China ou à União Soviética, já que estes dois países indiretamente se vincularam aos conflitos no Vietnã. De qualquer modo, ao fim da Era de Ouro (ou mais precisamente em 1975) a Indochina francesa abrigava três nações independentes: o Vietnã (não mais dividido entre norte e sul após o fim da guerra), Camboja e Laos.

Outro processo de libertação que envolveu longos e violentos conflitos foi o da Argélia. Conquistada pela França em 1830, passou a abrigar, ao longo de mais de um século, grande parcela de população de origem francesa (os chamados *pieds noirs*): cerca de um milhão de habitantes (1/6 do total) que constituíam a parcela mais rica da população, proprietária das terras, com o controle da economia, da administração pública e dos serviços e que viviam em bairros europeus na capital Argel; do outro lado, a massa da população árabe e bérbere, muçulmana, na sua maior parte pobre e trabalhando para os europeus. Ao final da Segunda Guerra, a revolta popular contra as suas condições de vida e a ascensão do nacionalismo árabe (como em outras nações), estimulou o movimento pela independência. Neste caso, a resistência francesa se mostrou muito forte, o que se explica em parte pela presença dos *pieds noirs* e de seus interesses estabelecidos em território argelino. A recusa do governo francês em conceder a autonomia política provocou o início da guerra de libertação argelina em 1954. Foram anos de violência de parte a parte em que a Frente de Libertação Nacional se defrontou com a resistência dos *pieds noirs* que tinham o apoio oficial do governo francês. A questão argelina tornou-se crítica para a esfera política francesa (já que dentro da França havia grupos favoráveis à independência) e foi a principal causa de derrubada da chamada IV República em 1958. Os conflitos continuaram acirrados na V República, porém, sob a liderança do General de Gaulle, buscou-se uma forma de resolver o conflito franco-argelino. Em março de 1962, por meio dos acordos de Evian, foi concluída a independência da Argélia, com a partida dos *pieds-noirs* que, assim, perderam suas propriedades em território argelino.

Estes são alguns exemplos de processos de libertação de colônias que envolveram longos e violentos conflitos entre as forças metropolitanas e o movimento local pela independência. Em grau maior ou menor, esses conflitos se repetiram na maior parte das colônias e se superpõem ou são seguidos por outra ordem de conflito entre grupos da própria população colonial. O caso dos Estados africanos (embora não só ele) é exemplar: as colônias foram formadas por critérios "metropolitanos", sem atentar para as diferenças étnicas, religiosas, culturais dos povos englobados numa certa unidade colonial. Quando da luta pela independência (ou mesmo após a independência) essas diferenças se evidenciaram sob a forma de disputa pelo poder. Além disso, tais diferenças são por vezes ampliadas por disparidades sociais entre os grupos locais (no caso de um deles ter sido capaz de prosperar no interior da economia colonial) e também pela adesão de grupos a um projeto capitalista (em geral, com o apoio norte-americano) ou socialista (com grupos vinculados à União Soviética e à China). Assim, a instabilidade política é uma marca dos Estados nacionais que surgem do processo de independência das colônias nas décadas de 1950 e 1960. Um exemplo tardio, mas igualmente relevante, é o das colônias portuguesas. Portugal, no regime de Salazar, insistiu em manter suas colônias africanas (em especial, Angola e Moçambique), reprimindo os movimentos de libertação crescentes a partir de 1960. Com o afastamento de Salazar, em 1968, e a queda, em 1974, do regime por ele instaurado, a independência das colônias tornou-se inevitável. À independência de Angola e Moçambique seguiram-se décadas de conflitos em que grupos alinhados aos Estados Unidos ou à África do Sul, de um lado, e à União Soviética ou à China, de outro, mantiveram-se quase permanentemente em estado de guerra civil na disputa pelo poder.

É inegável a importância política da descolonização, pois ela se deu em plena Guerra Fria e acabou sendo o palco da disputa entre Leste e Oeste pela ampliação de suas zonas de influência no âmbito mundial. Do ponto de vista econômico, seu impacto parece ter sido pequeno (exceto para a população de origem europeia que teve de deixar os territórios coloniais, como na Argélia e em Angola). Galbraith sugere que aquilo que as metrópoles obtinham de suas colônias podia ser conseguido, na segunda metade do século XX, por meio do comércio ou de investimentos diretos (GALBRAITH, 1994, p.119-120). E para grande parte das colônias libertadas se seguiu um longo período de conflitos violentos que impediu a reorganização política e econômica daqueles novos países, dificultando a superação da pobreza da população. Muitas das áreas mais pobres do mundo são exatamente as antigas colônias europeias da África e da Ásia: as imagens que nos são apresentadas quase todos os dias atestam que a independência foi insuficiente para superar a pobreza e a miséria de grande parte da população das colônias europeias estabelecidas no fim do século XIX e começo do século XX.

Aliás, a pobreza não era um problema que afligia apenas as antigas colônias; ela também afetava outras áreas da periferia da economia capitalista que ingressam na Era de Ouro à procura de rumos para seu desenvolvimento.

QUINTA PARTE - A ERA DE OURO DO CAPITALISMO E A EXPANSÃO DAS ECONOMIAS SOCIALISTAS (1946-1973)

19.3 O DESENVOLVIMENTO DAS NAÇÕES DO TERCEIRO MUNDO NA ERA DE OURO

Ao fim da Segunda Guerra Mundial (e especialmente na década de 1950), o problema da pobreza no Terceiro Mundo se tornou foco de grandes preocupações. A descolonização criara inúmeras nações independentes em que a maioria da população nativa vivia em situações de extrema pobreza. Mesmo em regiões em que a libertação colonial ocorrera há longo tempo – caso da América Latina – a pobreza também abarcava grande parcela da população. Num momento em que o comunismo se expandia, a existência de nações extremamente pobres era vista como um campo fértil para a germinação de movimentos revolucionários. Esta foi uma das razões, certamente não a única, que produziu uma série de ações no sentido de "pensar" teoricamente a questão da pobreza e, mais especificamente, do subdesenvolvimento e também de criar instituições e propor políticas para combater esse problema disseminado por amplas partes do mundo. A disciplina Teoria do Desenvolvimento Econômico passou a existir nos anos 1950, expressando a preocupação de economistas e cientistas sociais, tanto dos países capitalistas desenvolvidos (principalmente Estados Unidos, Grã-Bretanha e França) como das nações subdesenvolvidas.[6] Essa mesma preocupação também esteve presente na criação de organismos oficiais destinados a pensar e agir sobre os problemas do subdesenvolvimento, principalmente na esfera da ONU (Organização das Nações Unidas): agricultura, alimentação, saúde, trabalho, educação, cultura etc. foram objeto de instituições formadas para o estudo específico desses problemas nos países subdesenvolvidos. No caso da América Latina, houve a criação de um organismo dedicado aos problemas da região: a CEPAL (Comissão Econômica para a América Latina). Em suma, havia a percepção de que os problemas do subdesenvolvimento exigiam uma reflexão própria e também ações diretamente dirigidas ao seu enfrentamento.

Mas pode-se perguntar: a Era de Ouro, cuja conotação é de grande prosperidade, não teria beneficiado a todas as nações de modo a suprimir ou pelo menos reduzir a pobreza extrema de ampla parte da população mundial?

Na verdade, os benefícios da prosperidade da Era de Ouro se distribuíram de modo bastante desigual: o rótulo se aplica às principais nações capitalistas desenvolvidas; o bloco soviético – especialmente a União Soviética – também registrou crescimento elevado durante boa parte do período; e no Terceiro Mundo, as disparidades nos ritmos de crescimento

---

6. Há inúmeras obras publicadas nos anos 1950 e 1960 que têm como objeto a questão do desenvolvimento econômico. Um bom exemplo da afirmação dessa disciplina é a coletânea organizada por dois economistas indianos – A. N. Agarwala e S. P. Singh – *The Economics of Underdevelopment* (Oxford University Press, 1958) que reúne mais de vinte artigos sobre o tema, inclusive um do economista brasileiro Celso Furtado. Aliás, obras de Furtado sobre os problemas do subdesenvolvimento – como *Desenvolvimento e Subdesenvolvimento* e *Teoria e Política do Desenvolvimento Econômico* – tiveram inúmeras edições no Brasil e foram traduzidas para vários idiomas.

foram muito acentuadas. É inegável que muitas destas nações tiveram expressivos surtos de crescimento, mas outras permaneceram pobres ou mesmo aprofundaram sua pobreza.

Uma primeira aproximação a estas divergências pode ser observada na Tabela 19.4.

TABELA 19.4

Produto Interno Bruto *per capita* de uma amostra de países (valores em dólares de 1990)

	1950	1973	VARIAÇÃO 1973/1950 (%)
A) Estados Unidos	9.573	16.607	73,5
B) Países que participaram diretamente da Segunda Guerra Mundial			
França	5.221	12.940	147,9
Alemanha	4.281	13.152	207,2
Itália	3.425	10.409	203,9
Reino Unido	6.847	11.992	75,1
Japão	1.873	11.017	488,2
Média do grupo B	4.329	11.902	174,9
C) Países que cresceram mais do que a média do grupo B			
Coreia do Sul	876	2.840	224,2
Taiwan	922	3.669	297,9
D) Países que cresceram mais do que os EUA e menos do que a média do grupo B			
Brasil	1.673	3.913	133,9
México	2.085	4.189	100,9
Peru	2.263	3.953	74,7
Indonésia	874	1.538	75,9
Tailândia	848	1.750	106,4
Costa do Marfim	859	1.727	101,1
Egito	517	947	83,2
Nigéria	547	1.120	104,8
E) Países que cresceram menos do que os Estados Unidos			
Argentina	4.987	7.970	59,8
Chile	3.827	5.028	31,4
Colômbia	2.089	3.539	69,4
Venezuela	7.424	10.717	44,4
Bangladesh	551	478	(13,3)
Índia	597	853	42,9
Paquistão	650	981	50,9
Filipinas	1.293	1.956	51,3
Etiópia	277	412	48,7
Gana	1.193	1.260	5,6

487

Quênia	609	947	55,5
Marrocos	1.611	1.651	2,5
África do Sul	2.251	3.844	70,8
Tanzânia	427	655	53,4
Zaire	636	757	19,0

Fonte: MADDISON (1995), p.23-24

Embora o crescimento da economia americana tenha sido relativamente lento na Era de Ouro, sua renda *per capita* ainda é a maior da amostra ao fim do período. No entanto, a diferença em relação aos países que participaram diretamente da guerra (países da Europa e o Japão) diminuiu substancialmente, pois todos eles (exceto o Reino Unido) cresceram rapidamente (em especial o Japão). Por outro lado, alguns países fora desses blocos avançaram significativamente na Era de Ouro: por exemplo, Coreia do Sul e Taiwan registraram taxas de crescimento superiores à média dos países europeus da amostra (inferiores apenas ao elevadíssimo crescimento do Japão). Outros cresceram mais do que os Estados Unidos, porém menos do que Europa e Japão: na América Latina, Brasil, México e Peru; na Ásia, Indonésia e Tailândia; na África, Costa do Marfim, Egito e Nigéria. Finalmente, um grande número cresceu menos do que os Estados Unidos (em certos casos, ficaram praticamente estagnados): na América Latina, foi o caso da Argentina, do Chile, da Colômbia e da Venezuela; na Ásia, entre outros, Índia e Paquistão; na África, vários países, por exemplo, Etiópia, Quênia, Zaire, Tanzânia.

A partir de dados deste tipo, por vezes se sugere haver uma tendência à convergência dos níveis de renda *per capita* entre os diferentes países durante a Era de Ouro. Essa tendência talvez fosse plausível para uma amostra de países desenvolvidos. Porém, a observação dos dados das economias do Terceiro Mundo mostra que, para a grande maioria deles, não havia qualquer perspectiva de que suas rendas *per capita* se aproximassem das alcançadas pelos países desenvolvidos, como se pode observar na Tabela 19.5.

TABELA 19.5
Renda *per capita* mundial e de algumas regiões e países selecionados – 1973 (dólares de 1990)

	RENDA *PER CAPITA*
Europa Ocidental (média)	11.416
Estados Unidos	16.689
América Latina (média)	4.504
Japão	11.434
Ásia (média excl. Japão)	1.226
África	1.410
Mundo	4.091

Fonte: MADDISON (1995), p.262.

Em suma, ao fim da Era de Ouro, as disparidades entre os níveis de renda *per capita* das economias desenvolvidas e das economias do Terceiro Mundo ainda era substancial. Os dados das Tabelas 19.4 e 19.5 foram extraídos de amostra organizada por Angus Maddison e não cobrem o universo dos Estados Nacionais existentes à época. Porém são suficientes para mostrar que a prosperidade da Era de Ouro não se espalhou por todo o mundo: concentrou-se na América do Norte, na Europa Ocidental e no Japão e refletiu-se no crescimento de algumas economias periféricas. É igualmente importante chamar atenção para a profunda disparidade dos níveis absolutos de renda *per capita*: por exemplo, Bangladesh e Etiópia tinham, em 1973, rendas *per capita* na faixa de US$ 400 (aos preços de 1990) enquanto Estados Unidos, Europa Ocidental e Japão já haviam superado os US$ 10.000. Se considerarmos que nos países do Terceiro Mundo a distribuição de renda quase sempre é muito desigual, é possível avaliar o grau de pobreza que grassava entre as populações desses países (inclusive aqueles que já desfrutavam de níveis mais elevados de renda).

Desse modo, parece plausível a afirmação de Hobsbawm: "Hoje é evidente que a Era de Ouro pertenceu essencialmente aos países capitalistas desenvolvidos, que por todas essas décadas, representaram cerca de três quartos da produção do mundo, e mais de 80% de suas exportações manufaturadas" (HOBSBAWM, 1995, p.255).

Mas resta ainda uma questão: por que, mesmo na periferia, encontramos desempenhos tão díspares? Ou melhor, o que permitiu a alguns países substanciais aumentos da renda *per capita* nesses anos da Era de Ouro em claro contraste com a maior parte das economias periféricas?

Um fenômeno central no processo de desenvolvimento é o aumento da produtividade, pois somente assim é possível elevar a renda *per capita*. Em meados do século XX, o aumento da produtividade nos países subdesenvolvidos pressupunha transformações estruturais. Em maior ou menor grau, eram economias predominantemente agrícolas, com frequência fundadas em relações sociais tradicionais. Baixa produtividade e pobreza do trabalhador rural eram a regra nas áreas rurais dos países subdesenvolvidos. Portanto, o aumento da produtividade, como ponto de partida para o aumento da renda e a redução da pobreza, exigia uma transformação estrutural dessas economias.

Essa transformação foi objeto de análises por economistas dedicados ao estudo da Teoria do Desenvolvimento Econômico. Um dos esquemas mais discutidos era conhecido como o "modelo de dois setores": o desenvolvimento consistiria na progressiva absorção do um setor tradicional (identificado quase sempre com a agricultura) por um setor moderno (em geral associado ao urbano-industrial). Mais propriamente, tratava-se da progressiva transferência de parcelas da população de um setor de baixa produtividade (o tradicional) para um de alta produtividade (o moderno), o que já resultava no aumento médio da produtividade e da renda per capita da economia. Adicionalmente, como o setor tradicional se caracterizava, em geral, por uma população superabundante, a transferência de uma parcela dessa população para o setor moderno permitiria também o aumento da

QUINTA PARTE – A ERA DE OURO DO CAPITALISMO E A EXPANSÃO DAS ECONOMIAS SOCIALISTAS (1946-1973)

produtividade média no setor tradicional.[7] Assim, o crescimento do setor moderno era visto como o vetor fundamental do desenvolvimento ao induzir o aumento da produtividade e da renda *per capita* da economia.

É claro, havia exemplos de setores agrícolas modernos e de alta produtividade (como no caso da Austrália e da Nova Zelândia). No entanto, para a maior parte dos países subdesenvolvidos, a industrialização era vista, nos anos 1950 e 1960, como o fenômeno fundamental dos processos de desenvolvimento. A história evidencia que esse foi o caminho trilhado por países atrasados que apresentaram algum avanço na Era de Ouro. Alice Amsden analisou esses casos que definiu com o curioso termo "ascensão do resto". Para Amsden, o "resto" é constituído por um conjunto de países atrasados que, depois da Segunda Guerra Mundial, "se alçou à condição de concorrentes de classe mundial em uma vasta gama de indústrias de média tecnologia" (AMSDEN, 2009, p.27). Quais eram esses países e por que eles se destacaram dos demais países atrasados (que Amsden chama de "resquício")?

> Entre os países de desenvolvimento atrasado já havia surgido uma grande divisão ao fim da Segunda Guerra Mundial, na forma da experiência manufatureira. O "resto" – compreendendo China, Índia, Indonésia, Coreia do Sul, Malásia, Taiwan e Tailândia na Ásia; Argentina, Brasil, Chile e México na América Latina; e Turquia no Oriente Médio – havia adquirido suficiente experiência manufatureira na produção de seda, tecidos de algodão, gêneros alimentícios e bens de consumo leves para avançar para setores de média e posteriormente de alta tecnologia. O "resquício", que compreendia países menos expostos à moderna vida fabril no período pré-guerra, não teve posteriormente nada que se aproximasse à diversificação industrial do "resto". A linha divisória entre os dois conjuntos de países não era absoluta, como mais tarde se observou, mas países sem uma robusta experiência manufatureira tenderam a ficar ainda mais para trás, e o mundo em desenvolvimento acabou dividido entre aqueles que foram excluídos da indústria do mundo e aqueles que vinham redefinindo seus termos. (AMSDEN, 2009, p.28)

Além da experiência manufatureira prévia, os países do "resto" também tiveram em comum algumas características centrais de sua industrialização. Para que a indústria de "média tecnologia" pudesse ser implantada nesses países, era preciso não só ter os recursos materiais e financeiros para tanto, mas também adquirir as habilidades que não constavam

---

7. Nos modelos de dois setores, admitia-se que, por haver um excesso de população no setor tradicional, a produtividade marginal do trabalho era nula; ou seja, era possível retirar trabalhadores do setor sem reduzir sua produção total. Com a mesma produção e um número menor de trabalhadores, haveria o aumento da produtividade e da renda média no setor tradicional. O texto clássico sobre este tema é o de W. Arthur Lewis, "O Desenvolvimento Econômico com Oferta Ilimitada de Mão-de-Obra", publicado em 1954 na revista *The Manchester School* e reproduzido no livro de Agarwala, A. N. e Singh, S. P., *A Economia do Subdesenvolvimento* (publicado no Brasil em 1969).

no conhecimento da indústria manufatureira preexistente. O fato de o governo ter exercido papel central na industrialização dos países do "resto" sugere que não se tratou de uma preferência induzida por motivações ideológicas, e sim de uma imposição das condições em que se processava a industrialização. Alguns mecanismos estiveram presentes nessas industrializações: bancos de desenvolvimento, "exclusão seletiva" (abertura de alguns mercados para transações seletivas enquanto outros se mantinham fechados), formação de empresas nacionais e controle do conteúdo local na produção das empresas (grau de nacionalização da produção). Além disso, o "modelo" de industrialização do "resto" na Era de Ouro pautou-se pela "substituição de importações" e, segundo Amsden, incorporou um "mecanismo de controle" fundado no princípio da reciprocidade:

> O mecanismo de controle do "resto" girava em torno do princípio da reciprocidade. Subsídios ("ativos intermediários") eram alocados para tornar as manufaturas lucrativas – de modo a promover o fluxo de recursos dos ativos baseados em produtos primários para os ativos baseados no conhecimento –, mas nem por isso eram brindes. Os recipientes de ativos intermediários tinham de seguir padrões de desempenho monitoráveis, por natureza redistributivos e concentrados nos resultados. O mecanismo de controle recíproco do "resto" transformou assim a ineficiência e venalidade associadas à intervenção governamental em um bem coletivo, assim como a "mão invisível" do mecanismo de controle guiado pelo mercado do Atlântico Norte transformara o caos e o egoísmo das formas do mercado em um bem-estar geral. (AMSDEN, 2009, p.38-39)

Industrialização substitutiva de importações, decisiva intervenção do governo, mecanismo de controle recíproco, bancos de desenvolvimento, proteção seletiva estiveram presentes desde a década de 1950 no desenvolvimento das economias do "resto", o que permitiu a essas economias se destacarem do conjunto dos países atrasados. A experiência da América Latina em geral, do Brasil e da Coreia do Sul, expostos brevemente a seguir, ilustram o que Amsden denominou a "ascensão do resto".

19.4 ALGUMAS CARACTERÍSTICAS DAS INDUSTRIALIZAÇÕES PERIFÉRICAS: AMÉRICA LATINA, BRASIL, COREIA DO SUL

A preocupação com o desenvolvimento latino-americano foi o objeto das pesquisas realizadas na CEPAL (Comissão Econômica para a América Latina), organismo da ONU criado em 1948 e que teve como seu primeiro secretário-geral o economista argentino Raúl Prebisch. As análises da CEPAL indicavam a industrialização como o rumo necessário para o desenvolvimento latino-americano, pois admitiam que as economias primário-exportadoras eram incapazes de promover o aumento da produtividade e da renda *per capita*

QUINTA PARTE - A ERA DE OURO DO CAPITALISMO E A EXPANSÃO DAS ECONOMIAS SOCIALISTAS (1946-1973)

na região.[8] Essa proposta foi seguida em vários países latino-americanos e responde por algum avanço nas economias da região.

Uma avaliação recente do desempenho das economias latino-americanas (FFRENCH--DAVIS; MUÑOZ & PALMA, 2005) estabelece essa relação entre industrialização e desenvolvimento:

Após a Segunda Guerra Mundial, os esforços desenvolvimentistas da região [América Latina] se concentraram na transformação da estrutura de produção e na redução da dependência externa. A industrialização para substituição de importações (ISI) produziu alguns resultados positivos. A economia regional expandiu-se enormemente: de 1950 a 1981, o Produto Interno Bruto (PIB) aumentou a uma taxa média de 5,3 por cento ao ano.

Porém, a mesma avaliação indica pontos críticos do desenvolvimento latino-americano. Primeiro, as desigualdades sociais, setoriais e regionais:

Contudo, apesar de a renda média per capita ter crescido 2,6 por cento ao ano, persistiram, em toda a região, grandes desigualdades na distribuição dos benefícios do crescimento econômico – entre os grupos sociais, entre a área urbana e a rural, entre as regiões dentro de cada país e entre os diversos países.

Em seguida, ressalta a permanência da dependência externa:

Ao mesmo tempo, apareceram novas formas de dependência no tocante à economia internacional. A ISI e a diversificação dos padrões de consumo nas décadas de 50 e 60 deram lugar à adoção de tecnologias importadas, cada vez mais complexas, necessitadas de muito capital e enormemente dependentes de insumos importados. Além disso, os anos 60 foram testemunhas de um fluxo expressivo de investimentos externos diretos, que, tirando proveito dos altos níveis de proteção efetiva, se concentraram na produção de sucedâneos dos produtos manufaturados

---

8. O principal argumento da CEPAL era de que as economias primário-exportadoras estavam sujeitas à tendência ao declínio de suas relações de troca com os países industrializados. Ou seja, os preços dos produtos primários, no mercado internacional, tenderiam a declinar em relação aos preços dos produtos manufaturados. Como as empresas produtoras de manufaturados eram, em geral, monopolistas ou oligopolistas, elas podiam reter, por seus preços, os ganhos de produtividade; já os produtores primários (em especial, os agrícolas) eram em grande número e, por meio da concorrência entre eles, acabavam transferindo os ganhos de produtividade aos compradores (dos países industrializados) por meio de menores preços. Desse modo, os preços dos produtos primários, no mercado internacional, tendiam a se reduzir em relação aos dos produtos manufaturados. E os países primário-exportadores teriam de exportar um volume crescente de produtos primários para obter o mesmo volume de produtos manufaturados. Isso os tornaria mais pobres em relação aos países industrializados e incapazes de superar, por essa via, o subdesenvolvimento. Ver, por exemplo, o texto de Raúl Prebisch, "O Desenvolvimento Econômico da América Latina e alguns de seus problemas principais", texto escrito em 1949 e reproduzido em BIELSCHOWSKY, R. (Org.). *Cinquenta Anos de Pensamento na CEPAL*. Volume 1. Rio de Janeiro: Record, 2000.

importados. Considerando o enorme conteúdo de material importado nessas indústrias e as altas taxas de lucro, as poupanças líquidas de divisas foram algumas vezes mínimas ou mesmo negativas. (FFRENCH-DAVIS; MUÑOZ & PALMA, 2005, p.129-130)[9]

Portanto, se, por um lado, a industrialização latino-americana foi bem-sucedida em promover o rápido crescimento do PIB e da renda *per capita*, por outro, preservou ou aprofundou as desigualdades e a dependência externa, as quais tiveram consequências graves nos anos 1970 e 1980. A crescente necessidade de divisas, agravada pelos choques do petróleo de 1973 e 1979, levaram ao endividamento externo, aprofundando os vínculos com o sistema financeiro internacional e a vulnerabilidade às políticas monetárias dos países desenvolvidos, como se observou nos anos 1980:

Em consequência da enorme dívida externa acumulada de 1973 a 1982 e às necessidades de pagamento do seu serviço, a região tornou-se muito mais vulnerável à disponibilidade de novos empréstimos e às variações nas taxas de juro. A subsequente escassez generalizada de divisas esteve no centro da crise enfrentada pela região durante toda a década de 1980, época em que o índice anual de crescimento caiu a um quarto do nível alcançado no período anterior e a renda média per capita *diminuiu* 0,8 por cento ao ano. A desigualdade de renda piorou e a pobreza aumentou significativamente. (FFRENCH-DAVIS, MUÑOZ & PALMA, 2005, p.130)

O caso do Brasil é exemplar: se nos anos 1930, o crescimento industrial foi uma resposta ao desequilíbrio externo, a partir de 1950 foram implementadas políticas deliberadas de industrialização. Se isso já se verifica no segundo governo de Getúlio Vargas, foi com o Plano de Metas do governo Juscelino Kubitschek que se propôs um salto com a instalação de novos ramos industriais. Após alguns anos de redução do ritmo de expansão no

---

9. A dependência, numa perspectiva mais geral, foi objeto de inúmeros estudos de cientistas sociais latino-americanos. Alguns entendiam que o desenvolvimento do capitalismo na América Latina era inviável, pois a exploração inerente à situação de dependência bloquearia a própria acumulação de capital. Para outros, o desenvolvimento do capitalismo (enquanto um processo de acumulação de capital) era possível, porém as distorções decorrentes da dependência impediriam que se superasse a pobreza. Enzo Faletto e Fernando Henrique Cardoso assim definiram sua posição: "Ao apontar a existência de um processo de expansão capitalista na periferia, fazemos uma dupla crítica. Criticamos os que esperam uma estagnação permanente nos países dependentes subdesenvolvidos [...]. Mas criticamos também aqueles que esperam um desenvolvimento capitalista das economias periféricas, para solucionar problemas tais como a distribuição de propriedades, pleno emprego, melhor distribuição de renda e melhores condições de vida para a população. [...] Seria irrealista (senão apologético) acreditar que a existência de um processo efetivo de desenvolvimento capitalista nas economias periféricas eliminaria problemas e conflitos sociais aí existentes. [...] Não é realista imaginar que o desenvolvimento capitalista resolverá problemas básicos para a maioria da população. Ao fim, o que deve ser discutido como alternativa não é a consolidação do Estado e a realização plena do "capitalismo autônomo", mas sim a sua superação. A questão relevante, então, é como construir caminhos para o socialismo" (FALETTO & CARDOSO, 1985, p.29-30). Este trecho foi publicado originalmente em 1979, no prefácio à edição norte-americana de *Dependência e Desenvolvimento na América Latina*, uma das obras mais conhecidas sobre a dependência latino-americana. Esse livro foi publicado originalmente em espanhol no ano de 1969.

QUINTA PARTE – A ERA DE OURO DO CAPITALISMO E A EXPANSÃO DAS ECONOMIAS SOCIALISTAS (1946-1973)

início dos anos 1960, os governos militares (especialmente depois de 1967) retomaram a ênfase na industrialização como núcleo da política de desenvolvimento. A industrialização brasileira pautou-se pelo chamado processo de substituição de importações: tratava-se de produzir internamente o que antes era importado (ou novos produtos que poderiam vir a ser importados). Portanto, a industrialização voltou-se principalmente ao mercado interno que recebia razoável proteção da política do governo.

Os dados sobre o crescimento do PIB e da Produção industrial atestam a relação entre essas variáveis (Tabela 19.6).

TABELA 19.6
Brasil: PIB e produção industrial: taxas médias de crescimento (% ao ano)

	PIB	PRODUÇÃO INDUSTRIAL
1950-1954	6,3	8,4
1955-1959	8,0	10,3
1960-1964	5,7	6,9
1965-1969	6,9	6,9
1970-1974	11,4	12,4

Fonte: ABREU (1989).

Esse crescimento do PIB e da indústria, marcado por forte dependência externa, manifestou-se no aumento da dívida externa, acelerado nos anos 1970 pelos efeitos dos choques do petróleo (Tabela 19.7).

TABELA 19.7
Brasil: Dívida externa registrada – 1950-1975 (milhões de dólares correntes)

ANO	DÍVIDA	ANO	DÍVIDA
1950	559	1965	3.927
1955	1.445	1970	5.295
1960	2.372	1975	21.171

Fonte: ABREU (1989).

Paralelamente, observou-se algum aprofundamento da concentração de renda, evidenciando que o crescimento não havia beneficiado todos os segmentos da população (Tabela 19.8).

Portanto, a industrialização, embora tenha promovido o rápido crescimento da economia brasileira e sua transformação estrutural (do mesmo modo que em outras economias latino-americanas), frustrou a expectativa de muitos que julgavam que ela poderia realizar efetivamente o desenvolvimento: ou seja, simultaneamente conduzir ao desenvolvimento nacional, eliminando a dependência em relação aos países capitalistas desenvolvidos, e ao desenvolvimento social, reduzindo as enormes disparidades que já caracterizavam as economias latino-americanas. No entanto, o fracasso em reduzir as disparidades não parecia ser inerente ao processo de industrialização nos países subdesenvolvidos, e sim fruto de peculiaridades de como se promoveu a industrialização latino-americana.

TABELA 19.8

Brasil: Distribuição de renda – 1960-1980 (% da renda total por estratos de renda)

	1960	1970	1980
20% mais pobres	3,5	3,2	3,2
20% mais ricos	54,4	62,2	63,2
10% mais ricos	39,7	47,8	47,8
1% mais ricos	12,1	14,8	18,2

Fonte: GREMAUD; SAES & TONETO JR. (1997), p.189.

Ao lado da experiência latino-americana – bem-sucedida em termos de crescimento, porém frustrada quanto ao desenvolvimento social – outra experiência que mereceu a atenção dos analistas foi a dos chamados Tigres Asiáticos (que, na Era de Ouro, eram a Coreia do Sul, Taiwan, Singapura e Hong Kong). Vejamos brevemente como se processaram as transformações na Coreia do Sul.

O território da Coreia (englobando as atuais do Norte e do Sul) foi objeto de disputa entre chineses, japoneses, mongóis e russos durante vários séculos. Em 1910, foi anexado pelo Japão e permaneceu sob seu domínio até o fim da Segunda Guerra Mundial, quando se deu a divisão entre Coreia do Norte (onde se implantou um regime comunista) e Coreia do Sul (ocupada por tropas norte-americanas). Em 1948, a Coreia do Sul se tornou um país independente; logo depois, teve início o conflito entre as duas Coreias (com a participação direta dos Estados Unidos) que se estendeu até 1953. Este breve histórico sugere o quanto era precária a condição do país ao iniciar sua vida independente: a colonização japonesa não resultara em avanço econômico expressivo. A economia se manteve predominantemente agrícola (sendo a propriedade da terra em grande parte controlada por japoneses): o governo impunha impostos aos proprietários que, por sua vez, exigiam renda dos camponeses, os quais eram mantidos em níveis extremos de pobreza. Algumas pequenas empresas industriais de ramos de bens de consumo pertenciam a uma reduzida elite coreana; mas alguma indústria pesada, estimulada pelo Japão nos anos 1930, ao preparar-se para a guerra, era controlada por seis *zaibatsu* japoneses.

O resultado final do colonialismo japonês na Coreia foi uma sociedade que era incapaz de suportar a si mesma e totalmente desigual. Camponeses opunham-se a senhores de terra e os que resistiam ao colonialismo japonês opunham-se aos que colaboravam. (AMSDEN, 1989, p.35)

QUINTA PARTE – A ERA DE OURO DO CAPITALISMO E A EXPANSÃO DAS ECONOMIAS SOCIALISTAS (1946-1973)

Em 1945, o Japão perdeu o controle da Coreia. Os proprietários japoneses foram expulsos do país e seus bens, expropriados, passaram ao controle, primeiro da administração militar norte-americana, e, em 1948, ao governo coreano recém-instalado.

O novo governo – de Syngman Rhee, líder nacionalista que lutou pela independência e aliado dos Estados Unidos – deu início a uma política voltada à industrialização do país. Embora houvesse algum desenvolvimento prévio da indústria na Coreia, não havia grupos nacionais com sólida experiência empresarial. Contando com forte apoio norte-americano, o governo coreano atuou em algumas direções:

1) suporte à industrialização de bens de consumo não duráveis, de baixa intensidade de capital, através da combinação clássica de créditos favorecidos e de licenças de importação; 2) criação de grupos capitalistas nacionais, através de operações subsidiadas de privatização de várias empresas que haviam sido encampadas pelo governo como herança da colonização japonesa; 3) sob pressão americana iniciou-se a implantação de um ampla reforma agrária, visando diminuir as tensões sociais no campo e criar uma nova base social de apoio ao regime, sob a forma de uma pequena burguesia rural; 4) ainda sob a inspiração dos Estados Unidos, o governo coreano empreendeu nos anos 50 um grande esforço de alfabetização e de desenvolvimento do ensino básico. (COUTINHO, 1999, p.352)

Durante a Guerra da Coreia, o apoio norte-americano transformou o pequeno exército coreano numa força com mais de 600.000 homens. Finda a guerra, os Estados Unidos mantiveram sua ajuda à Coreia, agora em termos financeiros: para acelerar a reconstrução do país, essa ajuda somou, entre 1953 e 1958, a média anual de US$ 270 milhões, que correspondia a cerca de 15% do PNB da Coreia nesses anos (AMSDEN, 1989, p.38-39).

Rhee governou ditatorialmente até 1960, quando foi obrigado a renunciar pela pressão popular, em especial de estudantes. Seu governo foi marcado pela corrupção: grupos com ligações políticas com Rhee foram beneficiados pela venda das propriedades japonesas a preços muito inferiores aos do mercado. Esses grupos foram ainda favorecidos por empréstimos subsidiados, isenção de impostos, obtenção de divisas para importação de materiais escassos etc. E para grande parte dos empréstimos não houve o pagamento dos juros nem a restituição do principal. Houve algum avanço industrial: o produto da indústria leve e pesada cresceu em média, entre 1953 e 1958, mais de 18% ao ano. Mas, em 1959, a economia entrou em profunda depressão, precipitada pelo fim da ajuda americana e por uma política macroeconômica conservadora no combate à inflação e ao desequilíbrio externo (AMSDEN, 1989, p.39-40).

Em 1961 subiu ao poder o general Park Chung Hee, outro ditador que permaneceu no poder até seu assassinato em 1979. Em relação à economia, o governo do general Park adotou a formulação de planos quinquenais de desenvolvimento em que se definiam as indústrias prioritárias, as metas para o crescimento das exportações, dos investimentos e da produção (setorial e agregada) e ainda os instrumentos para a efetivação do plano.

CAPÍTULO 19 – A ECONOMIA MUNDIAL NA ERA DO OURO

O primeiro plano, relativo aos anos 1962-1966, estabeleceu como prioritários a produção de energia, a construção de infraestrutura, a produção de grãos e a expansão de indústrias substitutivas de importações (como cimento, fertilizantes e fibras sintéticas). O segundo plano (1967-1971) concentrou sua atenção no aumento da produção e da produtividade das atividades de exportação e promoveu investimentos em novos setores como produtos químicos, máquinas, ferro e aço. Assim, já se esboçava o caráter exportador do modelo de desenvolvimento coreano, nesse período identificado com a exportação dos produtos de indústrias de bens de consumo (principalmente tecidos e confecções, mas também calçados, móveis etc.). Por outro lado, lançavam-se as bases para a implantação da indústria pesada, fundamental para o avanço posterior da industrialização coreana.

Além do planejamento, outra peculiaridade da política de desenvolvimento coreana foi a utilização do crédito bancário como instrumento para o direcionamento setorial da industrialização. Os bancos haviam sido estatizados no início do governo Park, permitindo amplo controle do crédito e rígido monitoramento das metas estabelecidas para as empresas às quais os recursos eram concedidos. Além disso, subsídios às exportações eram concedidos sob diversas formas e a taxa de câmbio foi mantida em níveis favoráveis às empresas exportadoras.

Essa estratégia de desenvolvimento garantiu elevadas taxas de crescimento do PNB: entre 1962 e 1966, de 7,9% ao ano; e, entre 1967 e 1971, de 9,6% ao ano (AMSDEN, 1989, p.56). A Coreia se situou entre as economias que mais cresceram entre 1950 e 1973. Nesse ano, sua renda *per capita* (2.840 dólares) ainda era inferior à do Brasil (3.913 dólares). No entanto, sua distribuição de renda já se mostrava mais igualitária, como se pode depreender dos índices de Gini para os dois países (Tabela 19.9).[10]

Para Amsden (1989, p.37), a reforma agrária levada adiante pelas forças de ocupação americanas foi, em grande parte, responsável pela distribuição mais igualitária da renda na Coreia. Outros efeitos da reforma agrária foram o redirecionamento de capitais ociosos da especulação com a terra para o investimento em manufaturas e o alívio dos gargalos na oferta de alimentos, reduzindo as pressões inflacionárias. Ou seja, a reforma agrária não só promoveu a distribuição mais equitativa da renda, mas também colaborou para o processo de industrialização ao desestimular a especulação com a terra e ao evitar a elevação dos preços dos alimentos.

---

10. O Índice de Gini é uma medida de concentração que, no caso, registra a concentração da renda nos dois países: Brasil e Coreia. Quanto mais próximo de 1, mais elevada é a concentração da renda. O índice para o Brasil, entre 1960 e 1980, variou entre 0,5 e 0,6 e para a Coreia, entre 0,3 e 0,4, o que evidencia que a renda era muito mais concentrada no Brasil do que na Coreia.

497

QUINTA PARTE – A ERA DE OURO DO CAPITALISMO E A EXPANSÃO DAS ECONOMIAS SOCIALISTAS (1946-1973)

TABELA 19.9
Índices de Gini, Brasil e Coreia, 1960-1982.

	BRASIL	COREIA
1960	0,5	–
1965	–	0,344
1970	0,568	0,322
1976	–	0,391
1980	0,59	–
1982	–	0,357

Fontes: GREMAUD; SAES & TONETO JR. (1997), p.189; CHOWDHURY & ISLAM (1993), p.217.

Desse modo, ao fim da Era de Ouro, a Coreia já estabelecera as bases de sua industrialização que, sem ignorar o mercado interno, era em grande medida voltada às exportações. Nessa fase da industrialização coreana, suas exportações ainda não incluíam bens duráveis de consumo (como eletroeletrônicos ou veículos), nem produtos da indústria pesada. Esse seria o foco dos planos quinquenais posteriores a 1971.

A Coreia também sofreu o impacto dos choques do petróleo de 1973 e 1979: o ritmo de crescimento da economia declinou substancialmente (para 4,3% ao ano, entre 1972 e 1981); porém, nos anos 1980 recuperou-se voltando a crescer rapidamente (em torno de 10% ao ano entre 1982 e 1986).

Chowdhury e Islam (1993, p.42) ressaltam que, na interpretação do desenvolvimento coreano (e de outros "tigres asiáticos"), há dois paradigmas opostos. De um lado, aqueles que afirmam que o "motor" do crescimento dessas economias foi "a vigorosa competição no mercado e o livre comércio"; de outro, os que defendem que o "motor" do crescimento foi o Estado. No entanto, esses autores entendem que a linha divisória entre essas duas interpretações não é muito clara e que há amplas superposições entre elas.

Mais esclarecedora é a comparação entre a industrialização brasileira e a coreana nos anos da Era de Ouro, pois foi um período de acelerado crescimento para as economias dos dois países.

A diferença apontada com mais frequência na literatura econômica é a orientação geral da industrialização: no Brasil, um processo de substituição de importações voltado a atender ao mercado interno; na Coreia, a industrialização foi voltada principalmente às exportações (embora também tenha havido substituição de importações). Nos dois países o papel do Estado foi importante, porém, na Coreia ele foi mais impositivo. Ao controlar o sistema bancário (e, portanto os meios de financiamento), o Estado pôde impor aos grandes grupos empresariais (os *chaebols*) a definição do que produzir e ainda quais metas de produção e de exportações deviam ser alcançadas. Cabe lembrar que esses grupos eram nacionais, ou seja, dirigidos por empresários coreanos que foram, de certa forma, "criados"

498

pelo Estado. No caso do Brasil, o Estado também teve papel importante no planejamento e no financiamento da industrialização (principalmente por meio do Banco Nacional de Desenvolvimento Econômico – BNDE), porém seu controle sobre as empresas não foi tão rígido como na Coreia. Além disso, a forte presença de empresas multinacionais nos ramos modernos da indústria impedia que se estabelecesse no Brasil o tipo de relação Estado-empresas que prevaleceu na Coreia.

Como notamos, a distribuição de renda na Coreia foi muito mais equitativa do que no Brasil (que era um dos países com distribuição de renda mais desigual no mundo). Sem dúvida, a reforma agrária e os investimentos em educação realizados pelo governo coreano (com apoio do governo norte-americano) tiveram grande influência nesse resultado, assim como a forte ajuda financeira dos Estados Unidos à Coreia nos anos 1950.

As comparações são frequentemente utilizadas como argumento para afirmar que uma estratégia de desenvolvimento era correta e a outra, equivocada, afirmação feita sempre ao se observar, *a posteriori*, os resultados das diferentes estratégias. Na perspectiva da história cabe apenas entender por que, em cada país, foram feitas determinadas opções.

Nesse sentido, as experiências do Brasil e da Coreia nos anos da Era de Ouro apresentam grandes similaridades, mas também algumas diferenças importantes que ajudam a entender o rumo distinto de suas economias a partir dos anos 1980, o que será objeto de nossa atenção na Sexta Parte deste livro.

REFERÊNCIAS

ABREU, M. P. (1989). *A Ordem do Progresso*. Rio de Janeiro: Campus.

AGARWALA, A. N. & SINGH, S. P. (1958). *The Economics of Underdevelopment*. New York: Oxford University Press. Edição Brasileira: *A Economia do Subdesenvolvimento*. Rio de Janeiro: Forense, 1969.

AMSDEN, A. H. (1989). *Asia's next Giant (South Korea and Late Industrialization)*. New York: Oxford University Press.

AMSDEN, A. H. (2009). *A Ascensão do "Resto": Os Desafios ao Ocidente de Economias com Industrialização Tardia*. São Paulo: Editora Unesp.

CHOWDHURY, A. & ISLAM, I. (1993). *The Newly Industrialising Economies of East Asia*. London: Routledge.

COUTINHO, L. (1999). "Coreia do Sul e Brasil: Paralelos, Sucessos e Desastres" in FIORI, J. L. (Org.). *Estados e Moedas no Desenvolvimento das Nações*. Petrópolis (RJ): Vozes.

FALETTO, E. & CARDOSO, F. H. (1985). "Repensando Dependência e Desenvolvimento na América Latina" in CARDOSO, F. H.; SORJ, B. & FONT, M. (Orgs.). *Economia e Movimentos Sociais na América Latina*. São Paulo: Brasiliense.

FFRENCH-DAVIS, R.; MUÑOZ, O. & PALMA, J. G. (2005). "As Economias Latino-Americanas, 1950-1990" in BETHELL, L. (org.). *História da América Latina: A América Latina após 1930: Economia e Sociedade*. São Paulo; Brasília: Edusp; Funag.

FURTADO, C. (1961). *Desenvolvimento e Subdesenvolvimento*. Rio de Janeiro: Fundo de Cultura.

FURTADO, C. (1969). "Formação de Capital e Desenvolvimento Econômico" in AGARWALA, A. N. & SINGH, S. P. (Org.). *A Economia do Subdesenvolvimento*. Rio de Janeiro: Forense.

FURTADO, C. (1969). *Teoria e Política do Desenvolvimento Econômico*. São Paulo: Cia. Editora Nacional.

GALBRAITH, J. K. (1994). *Uma Viagem pelo Tempo Econômico*. São Paulo: Pioneira.

GREMAUD, A. P.; SAES, F. A. M. & TONETO JR., R. (1997). *Formação Econômica do Brasil*. São Paulo: Atlas.

HOBSBAWM, E. J. (1995). *A Era dos Extremos*. São Paulo: Companhia das Letras.

KENWOOD, A. G. & LOUGHEED, A. L. (1992). *The Growth of the International Economy, 1820--1990*. London: Routledge.

LEWIS, W. A. (1969). "O Desenvolvimento Econômico com Oferta Ilimitada de Mão-de-Obra" in AGARWALA, A. N. & SINGH, S. P. (Org.). *A Economia do Subdesenvolvimento*. Rio de Janeiro: Forense.

LIMA, M. L. L. M. P. (1985). *O Euromercado e a Expansão do Capital Financeiro Internacional*. Dissertação de Mestrado. Campinas: Unicamp.

LINHARES, M. Y. (1981). *A Luta contra a Metrópole (Ásia e África)*. São Paulo: Brasiliense.

MADDISON, A. (1995). *Monitoring the World Economy, 1820-1992*. Paris: OCDE.

PREBISCH, R. (2000). "O Desenvolvimento da América Latina e Alguns de seus Problemas Principais" in BIELSCHOWSKY, R. (Org.). *Cinquenta Anos de Pensamento na CEPAL*. Vol. 1. Rio de Janeiro: Record.

VAN DER WEE, H. (1987). *Prosperity and Upheaval: The World Economy, 1945-1980*. Harmondsworth (Engl.), Penguin Books.

VERNON, R. (1980). *Tempestade sobre as Multinacionais*. Rio de Janeiro: Zahar.

VERSLUYSEN, E. (1981). *The Political Economy of International Finance*. New York: St. Martin's Press.

WILLIAMSON, J. (1987). "International Capital Flows" in EATWELL, J. (Ed.). *The New Palgrave: A Dictionary of Economics*. Vol. 2. London: MacMillan.

Capítulo 20

EXPANSÃO, CRISES E REFORMAS DAS ECONOMIAS
SOCIALISTAS NA ERA DE OURO DO CAPITALISMO:
A GUERRA FRIA (1945-1973)

E m 1945, a União Soviética era o único país que havia estabelecido o socialismo como forma de organização de sua economia.[1] Desde então, houve uma rápida ampliação do número de nações que adotaram regimes políticos comunistas e iniciaram as transformações da economia na direção do "modelo" soviético.

Entre 1945 e 1948, grande parte do Leste Europeu passou por essa mudança: em alguns casos pela vitória dos Partidos Comunistas em eleições; em outros, com a intervenção do Exército soviético para consolidar a posição do Partido Comunista local no poder. Sob formas distintas, isso ocorreu com Polônia, Hungria, Tchecoslováquia, Bulgária, Romênia e Albânia. O território da derrotada Alemanha foi, ao fim da guerra, dividido e distribuído à administração dos países Aliados (Estados Unidos, Grã-Bretanha, França e União Soviética). A parte que coube à União Soviética transformou-se na República Democrática Alemã (mais frequentemente chamada de Alemanha Oriental) que também adotou o regime comunista.

Em 1949, a vitória do Partido Comunista Chinês, sob a liderança de Mao Tsé-tung, sobre o Kuomintang, que controlava a maior parte do país desde 1927, teve grande impacto pela tradição e pela dimensão da China. Mas outros países asiáticos também se voltaram para o socialismo no pós-guerra. Em 1945, no norte do Vietnã foi estabelecida uma república popular, assim como no norte da Coreia, em 1948. Os dois países ficaram divididos (o norte comunista e o sul capitalista) e enfrentaram guerras mais ou menos longas. A Coreia permanece dividida até hoje, ao passo que o Vietnã foi reunificado em 1976 na república socialista do Vietnã, ao fim da guerra que envolveu os Estados Unidos.

---

1. A rigor, havia também a Mongólia, que se declarou comunista em 1924 com a instituição de uma República Popular. A partir de 1940, promoveu a nacionalização dos meios de produção. Evidentemente, no plano internacional, a expressão da Mongólia era muito reduzida, daí admitir-se a União Soviética como único país comunista até o fim da Segunda Grande Guerra. Na Hungria, houve uma tentativa de implantar uma república soviética em 1919 que durou pouco mais de quatro meses.

QUINTA PARTE – A ERA DE OURO DO CAPITALISMO E A EXPANSÃO DAS ECONOMIAS SOCIALISTAS (1946-1973)

Grande impacto teve a vitória de Fidel Castro sobre o ditador Fulgêncio Batista, no ano de 1959, em Cuba, onde também se instaurou um regime comunista. Pela proximidade com os Estados Unidos, a vitória de Castro em Cuba causou grande preocupação entre os norte-americanos.

Nos anos 1960 e 1970, outros países adotaram regimes comunistas: Cambodja e Laos na Ásia; e vários países africanos, que ganharam sua independência no processo de descolonização, também se aproximaram da União Soviética, instalando regimes similares ao soviético.

Em suma, do final da guerra, em 1945, até 1980 verificou-se o estabelecimento de regimes comunistas num grande número de países do Leste Europeu, da Ásia e da África (na América, apenas Cuba manteve o regime desde 1959). O conjunto dos países comunistas chegou a somar 1/3 da população mundial, o que sugere a dimensão desse fenômeno político e econômico (HOBSBAWM, 1995, p.16).

As potências capitalistas mostraram-se preocupadas com essa expansão do comunismo. Por exemplo, a disciplina Teoria do Desenvolvimento Econômico era uma resposta acadêmica a essa preocupação: uma parte da grande produção nessa área do conhecimento econômico na década de 1950 e na de 1960 pressupunha que a pobreza dos países subdesenvolvidos era um campo fértil para o florescimento do comunismo[2]. Daí a necessidade de refletir sobre o subdesenvolvimento, propor políticas de desenvolvimento e definir programas de ajuda aos países subdesenvolvidos.

Mas a expansão do comunismo também gerou um fenômeno político de grande evidência por mais de trinta anos: a chamada Guerra Fria, que colocava em campos opostos o capitalismo e o comunismo; mais especificamente, Estados Unidos e União Soviética.

20.1 A GUERRA FRIA

Ao fim da Segunda Guerra Mundial, a maior parte das potências mundiais estava debilitada. Inglaterra e França, apesar de vitoriosas na guerra, apresentavam sinais de declínio econômico; Alemanha, Itália e Japão sofriam os efeitos da derrota. Desse modo, a nova

---

2. Um exemplo típico da época é a obra de Walt W. Rostow, *Etapas do Desenvolvimento Econômico* que continha o subtítulo *Um manifesto não comunista.* Como discutido no Capítulo 10, Rostow defendia a tese de que todas as sociedades teriam um processo de desenvolvimento semelhante, embora amplamente defasado no tempo. Partindo da Sociedade Tradicional (em que predomina a atividade agrícola) chegariam algum dia à Era do Consumo em Massa (como no caso dos Estados Unidos). Curiosamente aceitava que essas etapas poderiam ser cumpridas tanto sob as condições sociais do capitalismo como sob as do comunismo. Porém, advogava a superioridade do capitalismo não em termos econômicos (o poderio soviético nos anos 1950 era difícil de ser negado), mas em termos políticos, já que o comunismo implicava restrições à liberdade. Publicado originalmente em 1959, é um bom exemplo da preocupação causada pela expansão do comunismo e sua atração sobre os países pobres.

ordem mundial se estruturou em um sistema bipolar: de um lado, os Estados Unidos, o grande beneficiário da Segunda Guerra; de outro, a União Soviética que, apesar da destruição que sofrera durante o conflito, ostentava o mérito de ter derrotado a Alemanha na campanha do Leste Europeu (fator decisivo da vitória dos Aliados sobre os exércitos de Hitler). Embora Estados Unidos e União Soviética estivessem do mesmo lado durante a Guerra (compondo as forças dos Aliados junto com Grã-Bretanha, França e outros países), depois da vitória seus governos se afastaram, dando início a um conflito potencial que, em uma ocasião, quase se tornou efetivo.

Esse conflito se definia a partir de algumas dimensões relacionadas entre si. Se a superioridade econômica americana era incontestável ao final da guerra, a expansão soviética no pós-guerra e nos anos 1950 colocava em questão aquela superioridade. A concentração dos recursos na indústria pesada e nos transportes (em detrimento dos bens de consumo) permitiu uma rápida recuperação dos níveis de produção. Em 1950, o Produto Nacional Bruto da União Soviética era inferior apenas ao dos Estados Unidos, embora seu produto *per capita* ainda fosse inferior ao do Reino Unido, da França e da Alemanha Ocidental (Tabela 20.1).

TABELA 20.1
Produto Nacional Bruto e *per capita* em 1950 (valores em dólares de 1950)

	PNB TOTAL	PNB *PER CAPITA*
Estados Unidos	381 bilhões	2.536
URSS	126 bilhões	699
Reino Unido	71 bilhões	1.393
França	50 bilhões	1.172
Alemanha Ocidental	48 bilhões	1.001
Japão	32 bilhões	382
Itália	29 bilhões	626

Fonte: KENNEDY (1989), p.353

Depois de 1950, a diferença entre o Produto Bruto norte-americano e o soviético se estreitou: entre 1950 e 1973, a taxa média de crescimento do PIB dos Estados Unidos foi de 3,9% ao ano (2,4% *per capita*); o da União Soviética foi de 4,8% (3,4% *per capita*) (MADDISON, 1995, p.80-83). Esse desempenho da economia soviética passou a preocupar os norte-americanos, temerosos de perderem a liderança na economia e na política mundial.

O temor norte-americano era acentuado pela expansão dos regimes comunistas no pós-guerra, como já indicamos acima. No Leste Europeu, entre 1945 e 1948, constituiu-se o bloco de países solidários à União Soviética que Winston Churchill, o longevo político britânico, denominou de Cortina de Ferro. Em 1949, a China, sob a liderança de Mao

QUINTA PARTE – A ERA DE OURO DO CAPITALISMO E A EXPANSÃO DAS ECONOMIAS SOCIALISTAS (1946-1973)

Tsé-tung instalou um regime comunista, o que também ocorreu em outros países asiáticos (Coreia do Norte e Vietnã do Norte). Ainda no pós-guerra, na Grécia e na Turquia houve o ameaça de estabelecimento de regimes comunistas. Esse era outro motivo de alarme para os norte-americanos.

Igualmente importante foi a explosão da primeira bomba atômica soviética em 1949; até então, apenas os Estados Unidos tinham essa tecnologia nuclear. Desse modo, os norte--americanos perdiam um forte instrumento de dissuasão, mesmo que a intenção de efetiva utilização fosse remota. Por outro lado, o risco de uma guerra nuclear passou a pairar nas relações entre as potências, embora se soubesse que nenhum dos lados pretendia atacar o outro. Paralelamente, teve início uma corrida armamentista que multiplicou os tipos de armas e a potência destrutiva desses instrumentos.[3] Um desdobramento da corrida armamentista foi a corrida espacial, em que a busca de inovações tinha um objetivo militar, mas também procurava demonstrar a superioridade científica e econômica de um sistema sobre o outro: o lançamento pela União Soviética do primeiro satélite artificial da terra – o Sputinik –, em 1957, foi logo seguido pelo Explorer norte-americano, em 1958 (ano em que foi criada a NASA, agência estatal americana para comandar o programa espacial). Em 1959, os soviéticos lançaram o Lunik, que contornou a Lua; e em 1961, o Vostok, primeira nave espacial tripulada por um homem – Yuri Gagarin. No ano seguinte, foi a vez dos Estados Unidos fazerem o mesmo: John Glenn foi o primeiro norte-americano a entrar em órbita da Terra, como parte de um programa cujo objetivo era levar o homem à Lua. Isso ocorreu em 1969: a Apolo 11 pousou na Lua e dois de seus tripulantes – Neil Armstrong e Edwin Aldrin – pisaram no solo lunar. Esses eventos demonstram como foi acirrada a corrida espacial que envolveu dispêndio de vultosos recursos.

Ademais, a rivalidade entre as duas potências adquiria cores fortes porque, além do problema do poder em si, envolvia uma questão política e ideológica: tratava-se do confronto entre dois sistemas econômicos e regimes políticos distintos ou antagônicos. Foi esse o contexto que deu origem à chamada Guerra Fria:

> Liberalismo e comunismo, sendo ideias universais, eram "mutuamente exclusivos"; isso permitia a cada um dos lados compreender, e retratar, todo o mundo como uma arena na qual a luta ideológica não se podia separar da vantagem política e de poder. Ou se estava com o bloco liderado pelos americanos, ou com o bloco soviético. Não havia meio-termo; na era de Stalin e Joe McCarthy, era imprudente pensar que pudesse haver. (KENNEDY, 1989, p.356)

---

3. Uma simples indicação da crescente potência das bombas nucleares é visível pela comparação entre a potência das bombas lançadas por aviões americanos sobre o Japão em 1945 (correspondente a 35 mil toneladas de TNT) com a das ogivas nucleares dos anos 1980 (cuja potência equivalia a 9 bilhões de toneladas de TNT) (BARRACLOUGH, G. & PARKER, G., 1995, p.292).

CAPÍTULO 20 – EXPANSÃO, CRISES E REFORMAS DAS ECONOMIAS SOCIALISTAS

Desse modo, desde o fim da Segunda Guerra até 1962, uma sequência de eventos trazia à tona a bipolaridade política mundial e a oposição capitalismo-comunismo.

Um dos temas críticos era a definição das zonas de influência na Europa após a vitória sobre a Alemanha. Na verdade, isso já havia sido acordado em fevereiro de 1945, na Conferência de Yalta, que reuniu Franklin D. Roosevelt (presidente dos Estados Unidos), Winston Churchill (primeiro ministro da Grã-Bretanha) e Josef Stalin (secretário-geral do Partido Comunista da União Soviética): as áreas que haviam sido ocupadas pelas tropas soviéticas na campanha contra os alemães ficariam sob sua influência. A divisão da Alemanha em quatro partes, atribuídas aos Estados Unidos, à França, à Grã-Bretanha e à União Soviética, levou à criação, em 1949, da República Federal Alemã (na parte atribuída aos Estados Unidos, à França e à Grã-Bretanha) e da República Democrática Alemã (na parte atribuída à União Soviética). Essa divisão da Europa foi alvo de alguns conflitos (como a ameaça comunista na Grécia e a construção do Muro de Berlim em 1961). No entanto, os dois lados parecem ter aceitado a estabilização das respectivas zonas de influência: por exemplo, a intervenção soviética na Polônia e na Hungria (em 1956) ou na Tchecoslováquia (em 1968) não gerou uma reação efetiva dos países ocidentais.

Estabelecida a divisão da Europa, o conflito sobre as zonas de influência situou-se em outras áreas. A Guerra da Coreia, iniciada em junho de 1950, ilustra esse deslocamento do conflito para áreas periféricas. No norte da Coreia fora constituída a República Popular da Coreia, comunista; com o apoio da China (e com recursos materiais soviéticos), a Coreia do Norte tentou incorporar o sul do país à República Popular. Os Estados Unidos enviaram tropas e se envolveram diretamente no conflito, procurando evitar a fusão das duas Coreias sob o domínio comunista. A guerra se encerrou em 1953 com um armistício que sedimentou a divisão da Coreia em dois Estados: a República Popular da Coreia, ao norte e a República da Coreia, ao sul. Embora a Guerra da Coreia não tenha representado uma ameaça de conflito direto entre Estados Unidos e União Soviética, ela mostrava concretamente como se colocava a oposição entre os dois blocos liderados por aqueles países.

Algumas iniciativas políticas e militares, de ambas as partes, foram induzidas pelo ambiente da Guerra Fria. Num discurso proferido em março de 1946, Churchill (que um ano antes havia participado da Conferência de Yalta) afirmou que descia sobre a Europa uma "Cortina de Ferro" como uma ameaça à liberdade dos europeus. Um ano depois (março de 1947), o presidente norte-americano, Harry Truman, definiu o que ficou conhecido com a Doutrina Truman: os Estados Unidos dariam assistência a qualquer país que se considerasse ameaçado pela expansão do comunismo. Assim se estabelecia uma "política de contenção" do avanço soviético em direção a outras partes do mundo (a exemplo do que ocorreu na Coreia). Em 1948, França, Reino Unido, Bélgica, Países Baixos e Luxemburgo criaram a OTAN (Organização do Tratado do Atlântico Norte) constituída por forças militares para se contrapor a toda e qualquer agressão a esses países. Os Estados Unidos ingressaram na OTAN em 1949 (num discurso em que Truman anunciava também a

QUINTA PARTE – A ERA DE OURO DO CAPITALISMO E A EXPANSÃO DAS ECONOMIAS SOCIALISTAS (1946-1973)

explosão da primeira bomba atômica soviética); em 1950 foi a vez da República Federal Alemã se associar à OTAN. A resposta soviética não tardou: em 1950, foi firmado o Pacto de Varsóvia que reunia os países socialistas do Leste Europeu (exceto a Iugoslávia) e que permitia a presença de tropas soviéticas nos países do pacto diante de ameaças aos regimes instituídos.

A mobilização ideológica em torno da Guerra Fria também se fez presente de forma particularmente ostensiva nos Estados Unidos. Identificada como macartismo (por ter sido iniciada pelo Senador Joseph McCarthy), a campanha contra os comunistas e os simpatizantes do comunismo atingiu inúmeros americanos (inclusive artistas, cientistas etc.) que eram processados por "atividades antiamericanas". O Presidente Eisenhower expressava de modo incisivo o significado que o comunismo havia adquirido nos Estados Unidos no início dos anos 1950: "As forças do bem e do mal estão reunidas e armadas em oposição como raramente aconteceu antes na história. A liberdade está em oposição à escravidão, a luz em oposição às trevas" (apud KENNEDY, 1989, p.356).

Ao longo da década de 1950, a oposição Estados Unidos-União Soviética continuou a se manifestar em termos de suas influências em relação aos países do que, nesses anos, veio a ser chamado de Terceiro Mundo. Em 1955, em Bandung (Indonésia), reuniram-se representantes de 29 países asiáticos e africanos que se afirmavam como não alinhados (aos Estados Unidos ou à União Soviética), mas que representavam um amplo campo para o estabelecimento de zonas de influência pelas duas potências. O processo de descolonização que se acelerou na década de 1950 criara novos Estados independentes, outro campo fértil para busca de aliados. Em suma, a Guerra Fria se manifestava não por meio de um conflito aberto entre Estados Unidos e União Soviética, mas por meio das tentativas de ampliação de sua influência nas várias partes do mundo.

Em 1959, a Revolução Cubana, após derrubar Fulgêncio Batista e sofrendo restrições do governo norte-americano, se abrigou sob a influência soviética, estabelecendo o primeiro regime comunista na América. E foi em torno de Cuba que se manifestou o momento mais crítico da Guerra Fria. Em 1962, a União Soviética começou a instalação de uma base de mísseis em Cuba que, por sua proximidade dos Estados Unidos, foi entendida como uma ameaça aos norte-americanos. O governo americano exigiu a retirada, numa negociação que se desenrolou por vários dias e em que o risco de uma guerra nuclear pareceu muito próximo:

> Infelizmente, a própria certeza de que nenhuma das superpotências iria de fato querer apertar o botão nuclear tentava os dois lados a usar gestos nucleares para fins de negociação, ou (nos EUA) para fins de política interna, confiantes de que o outro tampouco queria a guerra. Essa confiança revelou-se justificada, mas ao custo de abalar os nervos de várias gerações. A crise dos mísseis cubanos em 1962, um exercício de força desse tipo inteiramente supérfluo, por alguns dias deixou o mundo à beira de uma guerra desnecessária, e na verdade o

CAPÍTULO 20 – EXPANSÃO, CRISES E REFORMAS DAS ECONOMIAS SOCIALISTAS

susto trouxe à razão por algum tempo até mesmo os mais altos formuladores de decisões. (HOBSBAWM, 1995, p.227)

A retirada dos mísseis soviéticos de Cuba (que teve como contrapartida a retirada de mísseis americanos da Turquia) encerrou o incidente e, para alguns, foi o ponto final da Guerra Fria. A partir de então, foram firmados tratados e acordos sobre ameaças nucleares e, em 1968, um tratado de não proliferação de armas nucleares num processo conhecido como de distensão. A morte de Stalin, em 1953, já havia permitido que os novos dirigentes, em especial, Kruschev, iniciassem essa distensão que adquiriu mais força após a crise dos mísseis em Cuba.

Evidentemente, isso não impediu que a disputa por zonas de influência continuasse a ocorrer. O envolvimento norte-americano na Guerra do Vietnã (1962-1975) e a intervenção da União Soviética no Afeganistão (1979-1989) são dois exemplos extremos dessa disputa que acabou com resultados contrários aos almejados para os dois países. Os elevados recursos gastos nas guerras comprometeram as economias desses países; e a arregimentação de grande número de jovens para o combate se tornou bastante impopular, principalmente nos Estados Unidos. Sem dúvida, seus resultados contribuíram para o enfraquecimento desses países e para o abrandamento da rivalidade entre eles.

Um último ato da Guerra Fria foi ensaiado nos anos 1980. Com Ronald Reagan na presidência dos Estados Unidos, foi levado à frente um vasto programa armamentista, ainda uma vez justificado com base na ameaça comunista (embora talvez respondesse mais a questões internas). De sua parte, a União Soviética, na chamada era Brejnev (1964-1984, em que L. Brejnev foi secretário-geral do PCUS), tentou responder com algo semelhante, mas com consequências desastrosas do ponto de vista econômico: os volumosos gastos militares são considerados um dos fatores do declínio do regime soviético nos anos 1980. Mikhail Gorbachev, que ascendeu ao poder em 1985, rotulou o período de Brejnev como a "era da estagnação": e coube a ele a iniciativa de propor o fim da Guerra Fria ao reconhecer a impossibilidade de a União Soviética competir com os Estados Unidos na corrida armamentista. Mas, acima disso, havia a disposição, de ambas as partes, em encerrar esse capítulo da história do século XX; é assim que Hobsbawm vê o desfecho da Guerra Fria:

A Guerra Fria acabou quando uma ou ambas superpotências nucleares reconheceram o sinistro absurdo da corrida nuclear, e quando uma acreditou na sinceridade do desejo da outra de acabar com a ameaça nuclear. Provavelmente era mais fácil para um líder soviético que para um americano tomar essa iniciativa, porque, ao contrário de Washington, Moscou jamais encarara a Guerra Fria como uma cruzada, talvez porque não precisasse levar em conta uma excitada opinião pública. Por outro lado, exatamente por isso, seria mais difícil para um líder soviético convencer o Ocidente de que falava sério. Desse modo, o mundo tem uma dívida enorme com Mikhail Gorbachev, que não apenas tomou essa iniciativa como conseguiu, sozinho, convencer o

QUINTA PARTE - A ERA DE OURO DO CAPITALISMO E A EXPANSÃO DAS ECONOMIAS SOCIALISTAS (1946-1973)

governo americano e outros no Ocidente de que falava a verdade. Contudo, não vamos subestimar a contribuição do presidente Reagan, cujo idealismo simplista rompeu o extraordinariamente denso anteparo de ideólogos, fanáticos, desesperados e guerreiros profissionais em torno dele para deixar-se convencer. Para fins práticos, a Guerra Fria terminou nas duas conferências de cúpula de Reykjavic (1986) e Washington (1987). (HOBSBAWM, 1995, p.246)

20.2 EXPANSÃO, CRISES E REFORMAS NA ECONOMIA SOVIÉTICA E NOS SEUS SATÉLITES

20.2.1 O planejamento econômico na União Soviética

Em dezembro de 1927 foi definido o primeiro Plano Quinquenal (1927/1928-1931/1932) para a economia soviética. Encerrava-se a experiência da NEP (Nova Política Econômica), que havia dado algum espaço para o mercado e para a propriedade privada, e caminhava-se na direção do que ficou identificado como modelo stalinista. Como exposto no Capítulo 16, o foco desse modelo era a construção da indústria pesada, cujo investimento financiava-se por meio da extração do excedente do setor agrícola. O Estado assumia um papel decisivo, pois executava o planejamento centralizado da economia.

Os órgãos de planejamento, de início pouco desenvolvidos, cresceram em número e dimensão à medida que a própria economia soviética se tornou maior e mais complexa. Como os meios de produção (e, portanto, as empresas) eram de propriedade do Estado[4], havia, além dos órgãos responsáveis pelo planejamento, outros que respondiam pela implementação dos planos e pelo controle das empresas. E acima dos órgãos do governo estava o Partido Comunista da União Soviética (PCUS) que definia as metas mais gerais do planejamento econômico.

O órgão central de planejamento era o Gosplan, ao qual se somavam vários outros comitês: Gostroi (construção); Goskomtsen (preços); Gostandart (padronização dos produtos e processos); Gossnab (suprimentos de materiais); Goskomtrud (trabalho, salários, questões sociais) etc. Havia também ministérios setoriais (no início dos anos 1980, seu número era em torno de sessenta) que estabeleciam a direção e o controle das empresas estatais.

A seguir, descrevemos o processo de planejamento de modo bastante simplificado.[5]

No planejamento soviético havia planos de longo prazo (10 a 15 anos); planos quinquenais (a forma utilizada desde 1927) e planos anuais de caráter mais operacional. Os planos

---

4. Havia ainda um setor cooperativo representado principalmente pelos *kolkhoses* (cooperativas agrícolas), mas que também estava sujeito aos planos governamentais. Com presença pouco expressiva havia cooperativas habitacionais e de consumo. Ou seja, a propriedade estatal e o planejamento centralizado tinham um predomínio absoluto na economia soviética.

5. Há inúmeras obras que tratam especificamente do planejamento na União Soviética. Por exemplo: NOVE (1963) e LAVIGNE (1974)

508

de longo prazo e os quinquenais eram definidos pelo PCUS e aprovados pelo Soviete Supremo. Nos planos de longo prazo se definiam as prioridades e metas mais gerais a serem alcançadas, detalhadas nos planos quinquenais. Sua operacionalização caberia aos órgãos do governo (comitês de planejamento e ministérios) e às empresas. Os planos anuais deveriam compatibilizar as metas mais gerais com os planos de produção de cada empresa. O plano de produção estabelecia o que e quanto seria produzido e vendido e, portanto, o quanto se necessitaria de insumos em geral, além de mão de obra.

Esses planos das empresas eram remetidos às esferas superiores que deveriam indicar as empresas fornecedoras de insumos e também o destino dos produtos de cada empresa (para outra empresa que o utiliza como insumo ou o comércio para ser vendido ao consumidor final). Por exemplo: uma usina siderúrgica saberia de onde viriam seus insumos (como ferro, carvão etc.) e também para quais empresas deveria entregar o aço produzido.

Um dos órgãos responsáveis pela compatibilização dos planos de produção era o Gossnab, que chegou a empregar um milhão de funcionários, o que dá a dimensão das tarefas envolvidas nessa atividade de planejamento. A ele era atribuído o controle de 15 a 18 mil produtos. O Gosplan, que atuava no nível mais geral do planejamento, respondia por bens de maior importância, em número de 2 a 3 mil. Já os ministérios setoriais eram responsáveis por 40 a 50 mil grupos de produtos. Desagregados os grupos, havia ao todo cerca de 12 milhões de produtos[6] (POMERANZ, 1990, Introdução; LAVIGNE, 1999, Cap. I; NOVE, 1989, p.117).

Esses "balanços" da produção eram formulados em termos materiais (ou seja, na quantidade física dos produtos considerados). Os preços de atacado e varejo que regulavam as trocas eram administrados (ou seja, fixados pelo comitê responsável pelos preços). As transações entre as empresas eram escriturais: os valores de compras e vendas das empresas eram contabilizados por bancos estatais que faziam a sua compensação. Os salários dos trabalhadores, também fixados administrativamente, eram pagos em dinheiro com o qual se faziam as compras no comércio (lojas estatais).

Assim, o "mercado" praticamente não tinha espaço na economia soviética. Apenas algumas transações de pequena monta no âmbito local eram toleradas (como a venda, pelos camponeses, de um pequeno excedente agrícola nas cidades).

As tarefas inerentes ao planejamento e à operação de uma economia com a dimensão da soviética apresentaram grandes dificuldades em função de sua rigidez e exigiram mudanças no sentido de dar maior flexibilidade ao sistema. Por vezes, houve alguma relação entre as mudanças econômicas e as que ocorreram na esfera política, como procuramos mostrar a seguir.

---

6. Nove indica esse número de 12 milhões de produtos; Pomeranz se refere a 24 milhões, provavelmente com base em critérios e épocas diferentes. Em qualquer dos casos, a tarefa de compatibilização desses milhões de produtos criava grandes dificuldades.

QUINTA PARTE – A ERA DE OURO DO CAPITALISMO E A EXPANSÃO DAS ECONOMIAS SOCIALISTAS (1946-1973)

20.2.2 Crise e reformas na economia soviética

O desempenho da economia soviética entre 1930 e 1960, em termos de produção, impressionou até mesmo observadores ocidentais que não eram simpatizantes do sistema[7].

A União Soviética, como os demais países beligerantes (exceto os Estados Unidos), havia sofrido os efeitos destrutivos da guerra. Estima-se a perda de 7 milhões de soldados e a morte de 10 milhões de civis; um território povoado por 80 milhões de habitantes foi ocupado pelos inimigos durante a guerra, deixando 25 milhões de desabrigados e resultando na destruição de 65.000 quilômetros de linhas férreas e no abate de grande parte do rebanho (NIVEAU, 1969, p.471). No entanto, em torno de 1960, a União Soviética já era a segunda economia no mundo e rivalizava, em alguns aspectos, com a norte-americana. As taxas de crescimento do produto registram o desempenho da economia soviética no período (Tabela 20.2).

TABELA 20.2

União Soviética: Produto material líquido – 1922-1970 (taxas médias anuais de crescimento %)

PERÍODO	NÚMEROS OFICIAIS	ESTIMATIVAS OCIDENTAIS	ESTIMATIVAS ALTERNATIVAS
1922-1940	15,3	5 a 6	8,5
1941-1950	4,7	N.D.	–0,6
1951-1960	10,3	6,5 a 7,5	9,3
1961-1970	7,0	5 a 6	4,2

Fonte: LAVIGNE (1999), p.45

Apesar das divergências entre os valores propostos por diferentes fontes (em que as estatísticas oficiais soviéticas sempre superam as demais), os números são expressivos. Na década de 1920 (de recuperação diante dos impactos da Primeira Guerra e de construção de uma nova economia) e na década de 1930 (da Grande Depressão Mundial), a economia soviética cresceu a taxas anuais expressivas (no mínimo 5%, no máximo 15%, dependendo da fonte). Na de 1940, o ritmo de expansão diminuiu face à destruição provocada pela Segunda Guerra. Mas nos anos 1950, novamente verificaram-se taxas elevadas (de pelo menos 6,5%, mas provavelmente em torno de 9% a 10%).

O que sustentava esse rápido crescimento da economia soviética? O depoimento do economista John Kenneth Galbraith é bastante esclarecedor:

---

7. J. K. Galbraith identifica a ambiguidade da perspectiva sob a qual o socialismo (em especial a União Soviética) era visto nos países capitalistas ocidentais: "Por um lado, acreditava-se e dizia-se que era um mau sistema econômico, certamente muito inferior ao capitalismo. Por outro, havia o medo de que, devido ao seu poder e ao seu apelo inerentes, ele poderia atrair, tomar conta e dominar o mundo. Foi esta última possibilidade que sustentou esforços militares e clandestinos e também muitos interesses intelectuais" (GALBRAITH, 1994, p.166).

CAPÍTULO 20 – EXPANSÃO, CRISES E REFORMAS DAS ECONOMIAS SOCIALISTAS

Nos anos 50 também houve uma recuperação [...] na Europa Oriental e na União Soviética. Em 1958 visitei a Polônia e a Iugoslávia para observar e fazer palestras, e no ano seguinte a União Soviética [...]. Não pude deixar de me impressionar com a energia que estavam dedicando ao avanço industrial, e também com os resultados evidentes e orgulhosamente apontados aos visitantes. O progresso era particularmente evidente nos transportes, na geração de eletricidade, na siderurgia e, de um modo geral, na indústria de grande porte. Havia bons motivos para essa indústria ser prioritária. Ela permitia que se estimasse rapidamente os materiais, componentes e mão de obra necessários, e a direção de suas operações podia ser efetuada de forma militar. Portanto, a produção planejada era conceitual e praticamente possível. Devido a isso, bem como à tendência de se ver em usinas siderúrgicas e em instalações elétricas, petroquímicas e assemelhadas a substância visível do progresso econômico, houve uma ênfase excessiva na indústria pesada, tanto na União Soviética como em seus satélites do leste europeu. (GALBRAITH, 1994, p.116)

Apesar do bem-sucedido crescimento da economia soviética, havia alguns problemas que eram ocultos pelo domínio quase absoluto de Stalin sobre o Partido e sobre o governo. Com a morte de Stalin, em 1953, abriu-se algum espaço para mudanças tanto na esfera política como na econômica.

Um momento crítico na "desestalinização" da União Soviética ocorreu em 1956, quando Nikita Kruschev, novo secretário-geral do partido, apresentou um "relatório secreto" ao 20° Congresso do PCUS em que denunciava os crimes de Stalin, dando um fim ao terror e ao culto à personalidade stalinista. Embora o Partido Comunista, como partido único, tenha permanecido no controle da economia e do Estado soviético, houve um certo descongelamento cultural e intelectual, permitindo-se também o renascimento do pensamento econômico.

Por outro lado, embora a economia soviética aparentasse grande força (da qual a corrida armamentista e espacial era uma evidência), na segunda metade dos anos 1950 já se identificavam algumas dificuldades em seu funcionamento. Kruschev iniciou algumas reformas até sua destituição do poder em 1964. As reformas se referiam à gestão das empresas, ao processo de planejamento e controle e à agricultura e procuravam enfrentar dificuldades que se tornavam cada vez mais evidentes.

O problema da gestão das empresas foi levantado pelo economista russo E. Libermam (1897-1983) em artigo publicado, em 1962, no jornal oficial do PCUS, *Pravda*.

O artigo, com o título "Plano, Lucro e Prêmio" chamou a atenção da imprensa ocidental porque a palavra "lucro" em seu título sugeria uma aproximação com o capitalismo. Para Lavigne (1976), a proposta de Liberman não negava os princípios fundamentais do socialismo soviético, mas sugeria mudanças na gestão das empresas. De qualquer modo, expressava a preocupação crescente com o desempenho das empresas e da economia como um todo. Na verdade, a noção de lucro, como um excedente da receita sobre os custos, já era aplicada nas empresas soviéticas, embora não se utilizasse esse termo. Lavigne lembra

511

QUINTA PARTE - A ERA DE OURO DO CAPITALISMO E A EXPANSÃO DAS ECONOMIAS SOCIALISTAS (1946-1973)

que o imposto sobre os benefícios industriais (diferença entre receitas de vendas e custos de produção) era uma das principais receitas do orçamento do governo. O que Liberman propunha de novo era a resposta à seguinte questão: "como levar a empresa a fornecer a produção desejada nas melhores condições, isto é, com os mínimos custos em matérias--primas, em mão de obra e em meios financeiros?". Havia duas respostas para essa questão: "Resposta tradicional: pelo sistema de restrições na planificação e na regulamentação econômica. Resposta de Liberman: libertando as empresas de restrições e encorajando-as a realizar o lucro máximo" (LAVIGNE, 1976, p.140).

O sistema então vigente controlava e avaliava as empresas por meio de "índices": os principais eram o de "produção" (determina o volume de produção, em rublos, que a empresa deve realizar) e o de "custo" (que indica a redução percentual de custo por rublo de produto). Isso levava a distorções: para elevar o valor da produção, a empresa escolhia, entre os bens que produzia, aqueles de maior valor (gerando escassez dos de menor valor); para reduzir os custos, sacrificava a qualidade do produto. Índices favoráveis resultavam em prêmios para dirigentes e operários das empresas, o que tendia a ampliar as distorções.

A proposta de Liberman era de alterar esses critérios de desempenho para evitar tais distorções. Não negava o planejamento centralizado na fixação de metas, mas sugeria que o índice de desempenho fosse um índice "sintético", definido pela relação entre os valores do "lucro" e dos "capitais produtivos" utilizados; quanto maior o índice de lucro, maiores seriam as parcelas desse lucro revertidas para o fundo da empresa (com o qual se distribuíam os prêmios a operários e dirigentes, financiavam-se investimentos sociais como creches e se autofinanciavam pequenos investimentos em modernização). Por outro lado, a empresa deveria cumprir o volume de produção indicado pelo plano com base nas especificações de tipo e qualidade do produto (LAVIGNE, 1976, p.141-144). A proposta de Liberman foi experimentada em algumas empresas (principalmente do ramo têxtil), porém não se generalizou.

A ampla discussão levantada, à época, pela proposta de Liberman revela que, apesar do aparente vigor da economia soviética, já eram visíveis dificuldades inerentes ao planejamento centralizado, o que aparecia não só no nível da gestão das empresas, mas também no da compatibilização dos planos de produção. Como vimos, definidas as metas gerais, cada empresa enviava seu plano de produção às esferas superiores (ministérios, comitês) que eram responsáveis por determinar qual empresa deveria produzir determinado produto e para quem (outra empresa, comércio, exportação etc.). Numa economia com milhões de produtos, por maior que fosse o aparelho estatal responsável por essas tarefas, a plena compatibilização dos planos de produção era praticamente impossível, provocando, com frequência, a falta de insumos para as empresas poderem concluir sua produção.

Kruschev tentou reduzir essa dificuldade por meio de alguma descentralização do processo: substituiu os poderosos ministérios industriais por agências econômicas regionais (*sovnarkhozy*), que absorveriam algumas funções de planejamento e controle.

CAPÍTULO 20 – EXPANSÃO, CRISES E REFORMAS DAS ECONOMIAS SOCIALISTAS

Essa reforma teve pouco sucesso e mesmo antes da queda de Kruschev (em 1964) seus efeitos já eram muito reduzidos. Depois disso, se promoveu uma nova centralização do planejamento (LAVIGNE, 1999, Cap. 3).

Uma área crítica da economia soviética era a agricultura: a coletivização realizada por Stalin com a destruição da camada de *kulaks* e a criação dos *kolkhoses* e *sovkhoses* não propiciou resultados favoráveis em termos de produção. Desde Kruschev foram propostas algumas mudanças com o objetivo de ampliar a produção agrícola por meio da redução da pressão sobre os camponeses dos *kolkhozes*: aumentos dos preços agrícolas, menores requisições obrigatórias em relação aos lotes individuais (daí, maior volume passível de venda no mercado), maior flexibilidade do planejamento (não mais se especifica a área a ser cultivada com cada produto, apenas as quantidades a serem produzidas), fim das Estações de Máquinas e Tratores (cujos equipamentos foram vendidos aos *kolkhoses*). E também abertura de terras virgens para ampliar a produção de cereais. Apesar dessas mudanças (parcialmente revogadas em 1958), a produção agrícola flutuou substancialmente nos anos 1950 e 1960, indicando que a agricultura continuava a ser um ponto crítico da economia soviética.

Os sucessores de Kruschev – Leonid Brejnev (secretário-geral) e Alexei Kossigin (primeiro-ministro) – também promoveram reformas que, no entanto, anularam grande parte das mudanças implantadas por Kruschev. E na década de 1960, os problemas inerentes ao planejamento centralizado já se refletiam nas taxas de crescimento do produto (ver Tabela 20.2) que, mesmo nas estatísticas oficiais, indicavam desaceleração da economia. Porém, com o primeiro choque do petróleo, em 1973, a economia soviética foi beneficiada: como importante produtora e exportadora do produto, teve grande aumento de suas receitas, o que permitiu encobrir, por algum tempo, o desempenho insuficiente do setor produtivo, cujas distorções se agravaram com o tempo. Esse é um dos aspectos relacionados à desagregação da União Soviética, tema tratado em capítulo da Sexta Parte deste livro.

20.2.3 As economias socialistas do Leste Europeu: uma breve nota

Nos anos que se seguiram ao fim da Segunda Guerra, vários países adotaram o regime comunista: Polônia, Hungria, Tchecoslováquia, República Democrática Alemã (Alemanha Oriental), Iugoslávia, Bulgária, Romênia e Albânia, por diferentes processos políticos e, em diferentes graus e ritmos, caminharam nessa direção entre 1945 e 1948.

Nesses países foram instaurados os mesmo padrões básicos de estruturação da economia: propriedade estatal, planejamento central, partido único com grande controle sobre o Estado e sobre a economia. O ritmo e a abrangência desses elementos constitutivos do modelo soviético variaram bastante. A Iugoslávia rompeu com a União Soviética ainda nos anos 1940, procurando um modelo próprio de socialismo; a Albânia rompeu politicamente

513

QUINTA PARTE – A ERA DE OURO DO CAPITALISMO E A EXPANSÃO DAS ECONOMIAS SOCIALISTAS (1946-1973)

com a União Soviética em 1961, aproximando-se da China, porém manteve um modelo econômico semelhante ao soviético.

Antes mesmo da adoção de regimes políticos comunistas nos países do Leste Europeu, houvera um avanço da propriedade estatal: nos países que haviam sido ocupados pelos alemães durante a Segunda Guerra, uma onda de nacionalizações ocorreu pelo simples confisco das propriedades dos inimigos e dos colaboracionistas. Em alguns casos, o avanço das tropas russas sobre os territórios invadidos pelos alemães levou ao abandono de fábricas por seus proprietários, fábricas que foram ocupadas pelos trabalhadores. Desse modo, a "socialização" dos meios de produção já ocorria antes mesmo que o comunismo fosse estabelecido.

Já no novo regime, em alguns países os proprietários foram indenizados; no campo, ocorreu o confisco das terras e sua distribuição aos camponeses, instalando-se, em geral, a agricultura cooperativa, principalmente onde já havia alguma tradição dessa forma de associação. No Leste Europeu a coletivização foi menos brutal do que na União Soviética, e a presença de fazendas estatais (como os *sovkhoses* soviéticos) foi rara. No caso da Polônia, a coletivização foi mesmo suspensa em 1956: grande parte (cerca de 80%) ficou sob controle privado com base na propriedade familiar. Nos outros países, predominaram as fazendas cooperativas, embora os camponeses pudessem cultivar um pequeno lote familiar e vender seus produtos por preços livres em mercados das cidades. Em alguns países, também se admitiu a propriedade privada em alguns tipos de comércio e artesanato.

Em suma, nos países da chamada Cortina de Ferro, vigoraram os princípios fundamentais da economia socialista (no modelo soviético): partido único, propriedade estatal dos meios de produção, planejamento centralizado. No entanto, o sistema era menos rígido, admitindo algum espaço para a propriedade privada.

Já a Iugoslávia seguiu um caminho diferente: durante a Segunda Guerra foi ocupada pelos nazistas aos quais se contrapôs a resistência liderada pelos comunistas locais, chefiados por Josip Broz, conhecido como Tito. Estes conseguiram expulsar os alemães e derrotar os colaboracionistas, instalando em 1945 um regime comunista. A Iugoslávia pós-guerra foi formada por seis repúblicas (Sérvia, Croácia, Eslovênia, Bósnia-Herzegovina, Montenegro e Macedônia), sendo o poder exercido pelo partido único – a Liga dos Comunistas da Iugoslávia. Inspirado, de início, no modelo soviético, Tito recusou a transformação da Iugoslávia num satélite da União Soviética e, em 1948, rompeu com Stalin; paralelamente iniciou a construção de um novo modelo econômico, distinto do soviético. Desde 1945, Tito levara à frente a estatização das empresas e a expropriação da grande propriedade rural. A propriedade rural foi distribuída aos camponeses em lotes relativamente pequenos e a coletivização foi induzida por meio da formação de cooperativas. Mas estas foram abolidas em 1953, permitindo a pequena propriedade camponesa. Em relação às empresas industriais, o planejamento central foi substituído progressivamente pelo princípio da autogestão e a propriedade estatal, pela "propriedade social" (algo que não era muito bem

CAPÍTULO 20 – EXPANSÃO, CRISES E REFORMAS DAS ECONOMIAS SOCIALISTAS

definido). A direção das empresas deixou de ser indicada diretamente pelo Estado (e pelo partido) e passou a ser escolhida pela coletividade comunal; na gestão das empresas, os conselhos operários passaram a ter poder de decisão. Nesse sentido, as empresas iugoslavas, ao longo dos anos 1950, ganharam grande autonomia aproximando o funcionamento da economia ao de uma economia de mercado. No entanto, o governo manteve o poder de intervir sobre a economia, regulando preços, salários, impondo tributos, cobrando juros sobre o crédito etc. Embora houvesse maior espaço para o mercado (inclusive com a introdução de instrumentos de uma economia de mercado em 1965), a economia iugoslava não era uma economia capitalista, porém também não seguia o modelo soviético de planejamento centralizado. O modelo iugoslavo, fundado na autogestão, não foi muito bem-sucedido, porém manteve-se até a queda do regime, em 1991.

A outra experiência socialista divergente da soviética que merece atenção especial é a da China, discutida a seguir.

20.3 CHINA: OUTRO "MODELO" DE CONSTRUÇÃO DO SOCIALISMO

O marco da instauração do socialismo na China é o ano de 1949 em que as tropas comunistas lideradas por Mao Tsé-tung controlaram grande parte do país e estabeleceram, em Pequim, a República Popular da China.[8] Assim, o Partido Comunista Chinês, fundado em 1921, concluiu uma longa luta pela conquista do poder. A peculiaridade dessa revolução, em particular a participação de massas de camponeses, está relacionada às próprias características da sociedade chinesa. Além disso, em 1959-1960, a China rompeu politicamente com a União Soviética e afastou-se do "modelo" soviético que adotara até então.

20.3.1 Do Império à Revolução Chinesa

Embora a China tivesse uma economia fundada na agricultura, a organização de sua sociedade apresentava importantes diferenças em relação às da Europa medieval.

O Império Chinês ostentava razoável grau de centralização. A última dinastia imperial – Manchu ou Ch'ing – governou de 1644 a 1911. Antes de seu acentuado declínio, a partir da segunda metade do século XIX, manteve o poder com base numa particular forma de articulação entre grupos no interior da sociedade.[9]

---

8. Nomes de pessoas e locais tem sido grafados atualmente de forma diferente da anterior. Por exemplo: Mao Zedong em vez de Mao Tsé-tung; Zhou Enlai em vez de Chou En-lai ou Beijing em vez de Pequim, entre outros. No texto, utilizaremos as formas antigas.

9. Nossa exposição da economia e da sociedade chinesa anterior à revolução tem por base MOORE (1975), Segunda Parte.

QUINTA PARTE – A ERA DE OURO DO CAPITALISMO E A EXPANSÃO DAS ECONOMIAS SOCIALISTAS (1946-1973)

Havia uma classe de proprietários rurais com grau maior ou menor de riqueza; Moore os define como uma pequena nobreza, pois era rara a presença de latifúndios. Sua renda tinha origem no arrendamento de terras aos camponeses. Estes entregavam uma parte da produção aos senhores (no sul, arroz; no norte, trigo e outros cereais): essa parcela podia variar de acordo com as condições de cada época e lugar. Embora houvesse compra e venda de arroz no mercado em escala relativamente grande, em geral os camponeses pagavam a renda em espécie e os proprietários vendiam o excedente de seu consumo no mercado.

Essa relação entre camponeses e proprietários de terras era garantida pelo Estado imperial. Na China, desde cedo, fora constituída uma ampla burocracia que, a um tempo, garantia a propriedade da terra (e portanto o cumprimento das obrigações dos camponeses arrendatários) e também a submissão dos proprietários rurais ao Imperador.

Essa burocracia era recrutada por meio de exames, que exigiam, em geral, a conquista prévia de um grau acadêmico. Assim, havia ampla superposição entre funcionários e intelectuais (os que tinham passado pelas academias). Mas os ocupantes de cargos públicos também eram, em grande parte, ligados à propriedade da terra. Uma família com propriedade de terra, se quisesse se "aristocratizar", deveria fazer com que um de seus membros adquirisse o grau acadêmico e pudesse se candidatar ao cargo público. Mas o funcionário também obtinha vantagens materiais elevadas – talvez maiores do que as do proprietário de terra – seja por sua remuneração, seja pela prática de corrupção que, tudo indica, foi frequente. E parte dessa renda derivada do cargo público era aplicada na compra de terras. Assim, fechava-se um círculo em que a propriedade da terra é a principal base econômica, mas a articulação dessa propriedade com o aparato imperial implicava ampla solidariedade entre o Estado e os proprietários de terra.

Essa forma de organização social permitiu um apreciável desenvolvimento, em particular nas ciências e nas artes, estimuladas pela existência das academias em que se formava a classe de intelectuais. O artesanato também desenvolveu algumas formas bastante sofisticadas, como na cerâmica e na produção de tecidos (de seda e de algodão). Mesmo na agricultura, observam-se desenvolvimentos importantes, por exemplo, por meio de obras de irrigação (promovidas pelo Estado) e pela utilização de fertilizantes. Um índice do desenvolvimento da agricultura é o fato de ter sido possível alimentar a população chinesa que duplicou ao longo do século XVIII (BERGÈRE, 1980, p.36).

Entretanto, já no final desse século, a solidez do Império chinês começou a ser abalada pela expansão do comércio, principalmente nas cidades costeiras. Por meio de impostos sobre o comércio ou de monopólios (como o do comércio do sal), o Império e a pequena nobreza procuraram absorver parte dos lucros do comércio. No entanto, os grandes lucros gerados no comércio constituíam um elemento estranho à sociedade chinesa, perturbando as relações preexistentes. Por um lado, a pequena nobreza próxima às cidades costeiras passou a se aproximar dos comerciantes; por outro, a burocracia mostrou-se incapaz de controlar os comerciantes.

CAPÍTULO 20 – EXPANSÃO, CRISES E REFORMAS DAS ECONOMIAS SOCIALISTAS

Se isso já indicava certa desintegração do poder da burocracia, a tendência se agravou quando os países ocidentais usaram o poder militar e a pressão diplomática para favorecer seus interesses comerciais. A presença de comerciantes estrangeiros na China data do século XVI, quando os portugueses se instalaram em Macau. Mais tarde, os ingleses se estabeleceram em Cantão. Holandeses e espanhóis também comerciaram nos portos chineses. Mas esse comércio era limitado a alguns portos e aos estrangeiros era impedido o acesso ao território chinês. A pressão para a abertura do território chinês aos comerciantes estrangeiros adquiriu força em meados do século XIX, em especial em torno do que ficou conhecido como a Guerra do Ópio.

O ópio era consumido na China e importado (ou contrabandeado) de Bengala, na Índia. Seu consumo por vezes foi proibido e outras vezes, permitido, embora com restrições. Em 1839, o governo chinês promoveu repressão ao contrabando e à corrupção que envolvia o comércio da droga; confiscou e destruiu os estoques em Cantão e exigiu dos comerciantes ingleses o compromisso de não realizarem novas importações. Sob o pretexto de que o governo chinês agira arbitrariamente, os ingleses bombardearam Cantão e iniciaram ataques a vários pontos do território chinês, iniciando a Primeira Guerra do Ópio. Diante da extensão dos ataques, o governo chinês capitulou nos termos do Tratado de Nanquim, de 1842: cedeu Hong-Kong e abriu cinco portos aos ingleses em que era permitida a importação de ópio sob o pagamento de uma tarifa.[10] Em 1856, após um incidente (os chineses aprisionaram uma embarcação cujo comandante era inglês), a Inglaterra, agora com o apoio da França, ocupou Cantão; as tropas avançaram em direção ao norte, na chamada Segunda Guerra do Ópio. Novamente, os chineses cederam e pelo Tratado de Tientsin, de 1858, legalizaram o consumo da droga, autorizaram o trânsito de estrangeiros pelo interior do país e estenderam a eles o princípio de extraterritorialidade (ou seja, o direito de os estrangeiros serem julgados pelas leis e tribunais de seus países).

Novos conflitos ocorreram em 1860, quando ingleses e franceses invadiram Pequim, incendiaram o palácio de verão do Imperador e impuseram novas condições aos chineses.

Essa abertura praticamente total ao comércio estrangeiro agravou a decadência do aparelho imperial. Sua fragilidade militar diante do Ocidente ficara patente; e a abertura do comércio aos estrangeiros criou o que Moore chama de uma "sociedade híbrida": ao lado da até então sólida relação entre governo imperial/funcionários e intelectuais/pequena nobreza, fortaleceu-se uma camada de comerciantes chineses, chamada de "compradora" que exercia o papel de intermediária entre os mercadores estrangeiros e o funcionalismo chinês decadente (e corrupto). A subordinação do governo imperial aos países ocidentais é também atestada pelo fato de a Inglaterra ter adquirido o direito de indicar o Inspetor Geral da

---

10. Para a Inglaterra, além do interesse de seus comerciantes, as exportações de ópio da Índia (parte do Império Britânico) eram importantes, pois essas receitas auxiliavam na redução do déficit da balança comercial, recorrente nas contas externas do país.

QUINTA PARTE – A ERA DE OURO DO CAPITALISMO E A EXPANSÃO DAS ECONOMIAS SOCIALISTAS (1946-1973)

Alfândega chinesa: um inglês, Robert Hart, ocupou esse cargo por mais de quarenta anos (de 1863 a 1909), numa função que permitia o controle de boa parte da economia do país.

O declínio do poder imperial também permitiu a ampliação da autonomia da pequena nobreza provincial, muitas vezes aliada aos comerciantes da costa. A unidade do Império foi se desfazendo pelo surgimento de senhores poderosos no âmbito regional que passaram a usurpar as atribuições do governo (como a cobrança de impostos) e a ostentar um poder militar privado.

Esse ambiente, com forte presença estrangeira e desagregação do poder central, prevaleceu durante a segunda metade do século XIX, sem que se verificasse uma reação efetiva do governo imperial no sentido de modificá-lo. Algumas experiências com as técnicas da revolução industrial curiosamente apontavam na direção do desmembramento do Império: a pequena nobreza provincial instalou fábricas de armamentos e estaleiros navais a fim de sustentar seus interesses separatistas. De resto, as técnicas modernas tiveram reduzida penetração: alguns dados indicam que, no começo do Século XX, havia 20.000 fábricas na China, mas apenas 363 dispunham de força mecânica, as restantes eram movidas por energia humana ou animal (MOORE, 1975, p.214). A adoção de técnicas modernas também foi muito limitada na agricultura: exceto pelas obras de irrigação e pelo uso de fertilizantes (cujo potencial parece ter se esgotado ao longo do século XIX), a pequena nobreza não se interessou por inovações uma vez que os ganhos materiais mais substanciais derivavam dos cargos públicos. Ou seja, a ausência de uma transformação profunda da economia também impediu uma reação chinesa contra a forte intervenção dos interesses estrangeiros e a tendência ao esfacelamento da unidade do Império. A perda de partes do território para Rússia, Japão, Inglaterra e Alemanha no final do século XIX agravou a fragilidade do governo imperial. Uma reação nacionalista e conservadora (de defesa dos valores tradicionais), a Revolução dos Boxers, em 1900, foi derrotada por tropas estrangeiras e o território chinês se tornou praticamente um território ocupado.

Na primeira década do século cresceu um movimento radical de oposição ao Império: membros da pequena nobreza provincial, dotados de forças militares e transformados em "senhores da guerra", e com apoio de elementos comerciais, sustentaram a rebelião contra o governo central. Em 1911, 14 províncias aderiram ao movimento que impôs, em 1912, a renúncia do Imperador e a proclamação da República Chinesa. No entanto, a república não representou uma ruptura política radical, pois seus dirigentes não expressavam a presença de novas forças sociais no poder.[11] Aliás, o fim do Império não reverteu a tendência à desagregação do país, pois foi mantida a fusão dos grandes "senhores da guerra" provinciais com os comerciantes, e reiterada a dependência em relação aos interesses estrangeiros.

---

11. É curioso que o principal dirigente da República, Yuan Shih-k'ai, tenha restabelecido o Império em 1915 (sendo ele próprio o Imperador); diante das reações contrárias, teve de recuar depois de três meses.

CAPÍTULO 20 – EXPANSÃO, CRISES E REFORMAS DAS ECONOMIAS SOCIALISTAS

Mas no início do século XX fora formado, sob a liderança de Sun Yat-sen, o Kuomintang (Partido da Nação), um movimento nacionalista com orientação politicamente liberal (em oposição ao sistema político imperial). Embora tenha aceitado a composição com os dirigentes da República chinesa, logo passou à oposição, organizando a rebelião armada. Paralelamente, em 1921 foi fundado o Partido Comunista Chinês que, junto com a União Soviética, apoiou o Kuomintang em sua luta pelo controle do poder. Em 1927, o Kuomintang conseguiu controlar parte substancial da China e em 1928 suas tropas tomaram Pequim, praticamente restabelecendo a unidade do país.

No entanto, o Kuomintang, já sob a liderança da Chiang Kai-shek (sucessor de Sun Yat-sen) passou a combater seus antigos aliados comunistas. As observações de Moore nos permitem entender por quê:

> A principal base social do Kuomintang era uma coligação, ou, talvez melhor, uma forma de cooperação antagônica entre os sucessores da pequena nobreza e os interesses urbanos comerciais, financeiros e industriais. O Kuomintang, através do seu controle dos meios de violência, foi o elo que manteve a coligação. (MOORE, 1975, p.235)

Isso porque a China era:

> [...] uma sociedade em que as influências comerciais se alimentavam da propriedade camponesa e concentravam as riquezas nas mãos de uma nova formação social, uma fusão entre partes da antiga classe dominante e novos elementos que surgiam nas cidades. Como esta fusão constituía a principal base social do Kuomintang, a sua política agrária era a de manter ou restaurar o *status quo*. (MOORE, 1975, p.230)

Evidentemente, a permanência da aliança com os comunistas era incompatível com a base social de sustentação do Kuomintang, o que levou Chiang Kai-shek a promover um expurgo nas forças de apoio ao Kuomintang, em 1927. Este expurgo levou os comunistas a organizarem-se militarmente, estabelecendo algumas bases territoriais. Diante dessa ação, Chiang promoveu vários ataques às bases comunistas, desalojando-os sucessivamente: em 1934, os comunistas iniciaram a chamada Longa Marcha (de 10 mil quilômetros) em direção ao norte do país, em busca de sua reorganização.

Após tentativas frustradas de promover levantamentos proletários nas cidades (com derrotas sangrentas), os comunistas, já sob a liderança de Mao Tsé-tung, buscaram a aproximação com os camponeses, estratégia que se mostrou bem-sucedida na arregimentação de grandes massas para as forças comunistas. "Assim, a massa básica da revolução que se iniciou em 1927 e culminou com a vitória comunista em 1949 era constituída pelos camponeses sem-terra" (MOORE, 1975, p.262).

QUINTA PARTE – A ERA DE OURO DO CAPITALISMO E A EXPANSÃO DAS ECONOMIAS SOCIALISTAS (1946-1973)

Mas um fator decisivo para a vitória dos comunistas foi a ocupação japonesa. O Japão já incorporara a Coreia em 1910; em 1931, promoveu a ocupação da Manchúria, avançando em direção ao sul nos anos seguintes. Assim, na China da década de 1930 e da Segunda Guerra foram se definindo três grandes zonas sob domínios distintos: uma sob controle do Kuomintang (nacionalista), outra sob a ocupação japonesa e a terceira dominada pelos comunistas. O governo nacionalista, em que grassava a corrupção nas altas esferas, não conseguia organizar as forças militares a fim de combater os japoneses. Aliás, por algum tempo, optaram por combater os comunistas e colaborar com os japoneses. Por seu turno, os comunistas conseguiam ampliar as áreas sob seu controle no norte e no leste da China. Quando, durante a Segunda Guerra Mundial, o Japão teve de abandonar os territórios ocupados na China, estes foram rapidamente incorporados às zonas sob controle comunista.

Ao fim da Segunda Guerra, iniciou-se a guerra civil entre nacionalistas (Kuomintang) e comunistas. A crescente fragilidade do governo nacionalista de Chiang Kai-shek, seja em relação ao apoio que recebia da população, seja em relação às condições materiais de sua sustentação, contrastava com o vigor das forças comunistas e com seu prestígio junto às massas, em especial as camponesas. Em 1949, os comunistas ocuparam Nanquim e Cantão e Chiang Kai-shek fugiu para Formosa declarando Taipei como capital da China Nacionalista. Em outubro de 1949, foi criada a República Popular da China (China comunista) com capital em Pequim.

20.3.2 A construção do socialismo na China: o "caminho" chinês

Recenseamento realizado em 1953 registrou uma população de 583 milhões de habitantes na República Popular da China. Admite-se que 80% a 90% dessa população se encontravam na área rural, trabalhando, antes da Revolução, em propriedades arrendadas, mas em grande parte produzindo apenas para o próprio consumo. Apesar da grande população, o mercado interno era limitado e não integrado: o país era pobre e marcado por profundas desigualdades.

Além desse vasto setor rural, havia alguns enclaves com comércio e indústria bastante desenvolvidos: indústria pesada e leve, transportes ferroviários, marítimos e fluviais, comércio e serviços urbanos estavam presentes em algumas cidades e nos seus arredores. Exemplo típico é o de Xangai, a mais importante cidade industrial à época: sua atividade comercial e industrial permitiu a integração com uma agricultura comercial nas suas vizinhanças. Nesses enclaves a influência ocidental era dominante, seja nos padrões produtivos, seja nos padrões de consumo e nos valores sociais.

Ao se encerrar a guerra civil que conduziu o Partido Comunista ao poder em 1949, além da pobreza e das desigualdades, a economia chinesa estava marcada pela inflação e pelo desemprego. Para enfrentar essa conjuntura, foi proposta a construção da *Nova Democracia*,

CAPÍTULO 20 – EXPANSÃO, CRISES E REFORMAS DAS ECONOMIAS SOCIALISTAS

um programa de transição ao socialismo. Além do Partido Comunista Chinês, participavam da aliança partidos minoritários com o objetivo de aglutinar quatro classes ligadas à revolução: proletariado industrial, camponeses pobres, classe média e burguesia nacionalista.

Entre 1950 e 1953, o governo dedicou-se, primeiro, a consolidar-se no poder, combatendo os focos contrários à revolução. A seguir, desencadeou campanhas "anti" que procuravam eliminar costumes que vinham do passado: em relação a funcionários do governo (anticorrupção, antidesperdício) e em relação à grande e à média burguesia (antissuborno, antifraude etc.).

Paralelamente, realizou a Reforma Agrária com o objetivo de abolir o sistema de propriedade agrária então vigente. A terra expropriada foi dividida entre 300 milhões de camponeses, criando uma ampla camada de proprietários de minifúndios (cuja dimensão variava conforme a região). Em relação à indústria, houve a expropriação das grandes e médias empresas, preservada a propriedade privada no caso das empresas familiares e artesanais. Os empresários nacionalistas foram mantidos como administradores das empresas expropriadas. Em suma, não se promoveu imediatamente após a revolução a estatização total dos meios de produção, preservando algum espaço para a pequena propriedade privada.[12]

Em 1955 foi divulgado o *Primeiro Plano Quinquenal* (que abrangia o período de 1953-1957), seguindo os rumos propostos pela experiência soviética, experiência que foi questionada posteriormente pelo Partido Comunista Chinês. É importante notar que, no interior do Partido, desde cedo se definiram duas "linhas" de atuação política. Uma, chamada de "linha de massas" (ou proletária), identificada com Mao Tsé-tung como líder de uma ala radical ou de esquerda; e a outra, conservadora ou de direita (chamada de "burguesa" por seus adversários), que tinha em Liu Shao-chi seu principal defensor. Nos anos iniciais do período revolucionário, essa divergência ficou oculta diante dos problemas imediatos, porém, desde meados dos anos 1950 ela veio à tona e marcou fortes alternâncias na política chinesa.

[...] enquanto o problema foi derrubar a velha ordem e estabelecer com firmeza a nova, as discordâncias ficaram em segundo plano. Mas quanto mais atenção teve de ser dedicada à definição da forma que a nova ordem tomaria, mais as divergências se tornaram evidentes com a tendência liuista adotando o modelo soviético e tudo que o acompanhava, e a maoísta lutando para aprofundar a revolução e levá-la à frente, de um estágio a outro, sempre na direção de uma maior igualdade de participação das massas no controle e administração de suas próprias vidas. (SWEEZY, 1981, p.78)[13]

_____

12. A Reforma Agrária e a campanha "anti" levaram à execução de alguns milhões de chineses que se opunham à perda de suas propriedades ou de algum privilégio.

13. Charles Bettelheim expõe, na perspectiva da linha maoísta, os diferentes objetivos que inspiravam as duas linhas: "Se o proletariado e a burguesia continuam a existir sob a ditadura do proletariado, é porque as relações capitalistas (sobre as quais repousa a existência objetiva da burguesia e do proletariado) não desapareceram pura e simplesmente com a

QUINTA PARTE - A ERA DE OURO DO CAPITALISMO E A EXPANSÃO DAS ECONOMIAS SOCIALISTAS (1946-1973)

A imagem de Mao como líder do partido até sua morte, em 1976, e como um ícone da revolução sugere o predomínio de suas propostas. No entanto, o conflito entre as duas linhas esteve presente de forma aguda em algumas oportunidades. Na formulação do primeiro Plano Quinquenal essas divergências ainda não apareciam de forma ostensiva.

Como adiantamos, o primeiro plano quinquenal seguiu, em linhas gerais, a estratégia soviética: prioridade para o crescimento industrial, em especial da indústria pesada (minas e siderurgia); direcionamento dos investimentos industriais para novas regiões em detrimento de zonas industriais mais antigas (caso de Xangai). Como na União Soviética, havia um órgão central de planejamento (Comissão do Estado para a Planificação) e os órgãos de execução das diretrizes do plano (que eram os ministérios, em número de 41 no ano de 1956). A estatização das empresas industriais, iniciada logo após a revolução, continuou de modo que em 1956 já haviam desaparecido as empresas privadas (BERGERE, 1980, p.40).

Paralelamente, promoveu-se a coletivização na agricultura com o objetivo de impedir a formação de um estrato de camponeses ricos, mas também para resolver as dificuldades produtivas inerentes a propriedades muito reduzidas que haviam sido criadas pela redistribuição da propriedade agrária. Mas essa coletivização foi feita de forma progressiva: primeiro, por meio de equipes de ajuda mútua sazonal, depois por cooperativas de forma inferior (agrupando de 20 a 50 famílias) e finalmente em cooperativas socialistas quando a propriedade individual foi eliminada, conservando os camponeses uma pequena área para uso pessoal. Em 1956, a maior parte da área rural já havia sido organizada sob a forma de cooperativas socialistas.

No entanto, seguir a estratégia da União Soviética (com foco na indústria pesada) mostrou-se inviável na China, como observa Sweezy:

> Nos primeiros anos de sua ascensão ao poder, os comunistas chineses começaram a seguir o modelo soviético, mas descobriram logo que ele fazia ao setor agrícola exigências que não poderiam ser satisfeitas. [...] À parte qualquer relutância da liderança chinesa em seguir esse curso,

___

revolução do proletariado, nem mesmo com a predominância das formas socialistas de propriedade. Em consequência da existência dessas relações capitalistas, os trabalhadores continuam a estar parcialmente separados dos meios de produção, e uma minoria tem ainda a possibilidade de determinar a utilização desses últimos. O objetivo fundamental da linha do proletariado é exatamente fazer desaparecerem as relações capitalistas e, com elas, as classes nas quais essas relações se fundamentam. Este objetivo só pode ser alcançado pela transformação revolucionária do conjunto de relações sociais: relações de produção e relações políticas e ideológicas. O objetivo fundamental da linha burguesa é a conservação de diferenças de classe, pela conservação e, se possível, pelo desenvolvimento das relações capitalistas. Este objetivo é o resultado para o qual tende a ação da linha burguesa, mesmo que não corresponda necessariamente ao que "pensam" os seguidores dessa linha, muito especialmente quando entre esses últimos se encontram simples trabalhadores" (BETTELHEIM, 1979, p.139).

a opção não existia como uma possibilidade realista. Ao contrário do caso russo, o excedente a ser extraído do campesinato simplesmente não existia. Um curso diferente tinha de ser seguido. (SWEEZY, 1981, p.74)

Esse novo curso, inspirado na "linha de massas" de Mao Tsé-tung e delineado a partir de 1955, ganhou contornos definidos no chamado *Grande Salto para Frente*, iniciado em 1958. Por um lado, não mais se atribuiu à indústria pesada a prioridade presente no primeiro Plano Quinquenal; a indústria leve e a agricultura deviam receber maior atenção por atenderem às necessidades da população. Por outro lado, em vez de se extrair o excedente da agricultura para financiar a industrialização, a fonte do excedente deveria ser a elevação da produtividade agrícola e industrial. Assim, procurava-se evitar o confronto com os camponeses como ocorrera na União Soviética nas décadas de 1920 e 1930.

Aliás, essa era uma condição para que o apelo à participação das massas, típico do Grande Salto para Frente, pudesse ser bem sucedido:

No plano político, essa estratégia supõe uma mobilização geral da população: conta-se com a campanha de explicação para manter o seu entusiasmo, sem qualquer estímulo material. A tomada de consciência revolucionária torna-se mais importante para o futuro do desenvolvimento do que a simples qualificação técnica: *o Vermelho é superior ao Perito* e a *Política toma o lugar de comando.* (BERGÈRE, 1980, p.44)

A mobilização popular pressupunha não só o "ardor das massas", seu empenho em realizar o trabalho, mas também o emprego intensivo das massas camponesas subempregadas: obras de irrigação, construção de estradas e pontes e mesmo o deslocamento para o trabalho industrial foram objeto da política do Grande Salto para Frente.

A implementação dessa estratégia exigiu também uma inovação institucional: a criação das comunas populares (a primeira estabelecida em 1958). As comunas nasceram pela fusão de cooperativas socialistas de produção ao nível de um "hsiang" ou subdistrito (uma divisão administrativa chinesa). Reuniam de 10 a 50 mil pessoas e em poucos meses, 700 mil cooperativas foram substituídas por 26 mil comunas. As comunas populares tinham características bastante peculiares:

a) Eram uma unidade com organização econômica completa e organização político/administrativa. No plano econômico, ligavam a agricultura com a indústria e o comércio. A comuna fazia a fusão dos órgãos executivos do subdistrito ("administração pública") com os órgãos executivos da cooperativa (administração da produção). Sua competência ia além da produção; englobava o ensino, as finanças, a justiça, a segurança e inclusive a força militar por meio de milícias.

QUINTA PARTE - A ERA DE OURO DO CAPITALISMO E A EXPANSÃO DAS ECONOMIAS SOCIALISTAS (1946-1973)

b) A propriedade dos meios de produção da comuna, inclusive a da terra, era coletiva.

c) Havia o objetivo de coletivização da vida por meio da criação de refeitórios, lavanderias, serviços de limpeza, oficinas de costura etc, a fim de desenvolver uma ideologia coletivista contra a ideologia individualista.

d) Substituição progressiva do sistema de distribuição de renda do critério "a cada um de acordo com seu trabalho" para "a cada um de acordo com suas necessidades", sendo os serviços e os produtos disponíveis na comuna gratuitos (BETTELHEIM; CHARRIÈRE & MARCHISIO, 1977, p.59-60).

Como nota Bergère: "Base de um ensaio do comunismo, a comuna popular é ao mesmo tempo a moldura privilegiada de uma mobilização geral dos trabalhadores, ao serviço do Grande Salto e da produção" (BERGÈRE, 1980, p.45).

Apesar da precariedade das estatísticas, admite-se ter havido um grande aumento da produção agrícola e industrial em 1958 (não tanto quanto as estatísticas oficiais divulgavam). No entanto, a partir de 1959 a produção agrícola sofreu grande redução (para o discurso oficial, fruto de problemas climáticos) e algumas dificuldades com a produção industrial se mostraram evidentes: assim, o aço produzido com técnicas simples nos pequenos altos fornos da área rural mostrou-se excessivo até porque inadequado para muitas aplicações (pelo alto teor de enxofre e de fósforo).

A crise do Grande Salto se manifestou principalmente pela escassez de alimentos: safras reduzidas a partir de 1959, associadas à migração do campo para as cidades (20 milhões entre 1957 e 1959) levaram à fome e ao questionamento da estratégia adotada. O rompimento político com a União Soviética, que teve seu desfecho em 1960, também afetou a economia chinesa pela retirada do apoio econômico e técnico ao país. Assim, a posição de Mao Tsé-tung ficou enfraquecida diante das críticas da ala direita representada por Liu Shao-chi e Deng Xiao-ping.

A partir de 1961, houve o *Reajustamento* que correspondeu em parte ao retorno às condições que prevaleciam anteriormente ao Grande Salto para Frente. As comunas perderam grande parte de suas funções, introduzindo-se as "brigadas", correspondentes às antigas cooperativas. A propriedade comunal da terra foi parcialmente desfeita com a devolução de bens confiscados (utensílios, glebas privadas, às vezes casas) aos seus antigos proprietários e a gestão foi transferida às equipes de trabalho (constituídas às vezes por algumas dezenas de famílias). Houve também o retorno de parte da população das cidades para o campo. Por outro lado, não se propôs o retorno ao planejamento centralizado, porém nas empresas a responsabilidade retornou aos administradores/técnicos, em vez de permanecer nas mãos dos "vermelhos".

É diante desse quadro que Mao Tsé-tung e seus seguidores iniciaram a chamada *Revolução Cultural* (1966-1976). Como nota Bergère: "A Revolução Cultural não visou, com efeito e ao contrário do Grande Salto, acelerar o crescimento nem a abrir os pontos de estrangulamento.

CAPÍTULO 20 – EXPANSÃO, CRISES E REFORMAS DAS ECONOMIAS SOCIALISTAS

Ela se insurge contra as consequências sociopolíticas de uma estratégia econômica, sem colocar realmente em causa essa estratégia em si" (BERGÈRE, 1980, p.49).[14]

O que foi, afinal, a Revolução Cultural? Para Sweezy:

Ela [a Revolução Cultural] teve origem numa revolta de estudantes universitários – comparável a movimentos semelhantes no Ocidente – contra as formas exageradas de elitismo profundamente arraigadas na tradição chinesa, e daí se estendeu às escolas e outros setores da geração mais jovem. Mao, cuja dominância na liderança do país havia sofrido um eclipse parcial com o movimento de direita de princípios da década de 1960, viu nesse levante da juventude sua oportunidade de reconquistar a iniciativa para a esquerda. Usando slogans como "É justificado rebelar-se" e "Bombardear as sedes", levou o país a uma viagem de três anos através de mares tempestuosos e escolhos rochosos, aproximando-se perigosamente do naufrágio em mais de uma ocasião. As escolas e universidades foram fechadas enquanto os estudantes percorriam o país com a mensagem revolucionária; muitos líderes foram afastados e caíram em desgraça; comitês do partido foram dissolvidos e substituídos por novos "comitês revolucionários"; e o Exército de Libertação Popular teve de ser chamado, em numerosas situações, para impedir que lutas entre facções degenerassem em guerra civil. Enquanto isso, o movimento de direita posterior ao Grande Salto estava sendo revertido e a iniciativa, nas questões de política econômica e social, passava às mãos dos que desejavam levar adiante a revolução, na direção da maior igualdade e participação da massa. (SWEEZY, 1981, p.78-79)

Na esfera da produção, a Revolução Cultural induziu a participação de grupos de gestão operária no processo de decisão das empresas, reduzindo as atribuições dos técnicos, em consonância com a concepção geral da "linha de massas" (BETTELHEIM, 1979, Cap. I). O planejamento continuou a ser feito, porém não de forma centralizada. Assim, apesar da radicalidade da Revolução Cultural, ela não alterou de modo fundamental a organização da economia; nem mesmo as comunas foram restauradas em sua forma mais ampla. O impacto da Revolução Cultural na economia se deu mais pela desorganização que, por vezes, ela provocou na economia. Por exemplo, o transporte em massa dos "guardas vermelhos" (os jovens estudantes portadores da mensagem revolucionária) por todo o país sobrecarregou as ferrovias, dificultando o transporte de mercadorias; o comércio exterior também foi afetado pela noção prevalecente de que o país deveria contar com suas próprias forças.

Com o fim da Revolução Cultural (cujo ímpeto se esgotou em 1969-70), teve início o retorno à regularidade das atividades econômicas. Chou En-lai, primeiro ministro (junto com Deng Xiao-ping, reabilitado da "desgraça" a que havia sido relegado durante a

---

14. Bettelheim entende que "A Revolução Cultural deve [...] ser compreendida como um momento da luta entre a linha proletária do P.C.C. e a linha burguesa" (BETTELHEIM, 1979, p.138).

QUINTA PARTE – A ERA DE OURO DO CAPITALISMO E A EXPANSÃO DAS ECONOMIAS SOCIALISTAS (1946-1973)

Revolução Cultural) propôs as *Quatro Modernizações* (1. indústria; 2. agricultura; 3. defesa; 4. ciência e tecnologia) já em 1969, em clara oposição ao que propugnava a Revolução Cultural e o maoísmo: reforço dos organismos centrais de planificação, restabelecimento da disciplina de trabalho, estímulos materiais ao trabalho e reabertura das escolas e universidades para elevar o nível das habilitações. A partir de 1972, há a busca de aproximação com o exterior (em especial com Japão e Estados Unidos, cujo presidente, Richard Nixon, faz a primeira visita oficial de um presidente americano à China desde a Revolução), facilitando o comércio exterior e as importações de equipamentos e fábricas prontas. Trata-se claramente de uma orientação oposta àquela advogada por Mao desde o Grande Salto para Frente em 1956.

A morte de Chou En-lai, em janeiro de 1976, abriu espaço para que os seguidores de Mao procurassem impedir o avanço de sua política. O chamado grupo dos Quatro (liderado pela esposa de Mao) conseguiu mesmo promover a segunda queda de Deng Xiao-ping. Porém, Mao morreu em setembro de 1976 e o grupo dos Quatro foi eliminado; em consequência dissolveu-se a oposição às Quatro Modernizações. Desde então, a China caminhou no sentido de crescente abertura ao mercado externo e de profundas mudanças na organização da economia.

Nova Democracia (1949-1953), Primeiro Plano Quinquenal (1953-1957), Grande Salto para Frente (1958-1960), Reajustamento (1961-1965), Revolução Cultural (1966-1970), Quatro Modernizações (1970-1976): estas diferentes fases da construção do socialismo na China expressam a alternância de políticas identificadas com uma das "duas linhas", uma mais preocupada com os índices econômicos de produção e a outra buscando a construção de uma nova sociedade (em que as divisões entre classes sociais fossem suprimidas).

A experiência chinesa de construção do socialismo na época maoísta é extremamente polêmica e comportou, como vimos, profundas divergências dentro do próprio Partido Comunista Chinês. Ainda assim, algumas avaliações permitem situar os resultados desses anos. Maddison, por exemplo, observa os principais dados macroeconômicos do período, marcado por importantes alternâncias de políticas:

Na era maoísta, essas mudanças políticas tiveram custos substanciais que reduziram os retornos dos esforços de desenvolvimento da China. Sua versão do comunismo envolveu experimentos arriscados em grande escala. Resultados perversos desses experimentos levaram o sistema econômico e político fechado ao colapso durante o Grande Salto para Frente (1959-1960) e novamente na Revolução Cultural (1966-1976) quando a educação e o sistema político foram profundamente abalados. Entretanto, o desempenho econômico teve grande melhora em relação ao passado. O PIB triplicou, o produto real *per capita* cresceu mais de 80% e a produtividade do trabalho mais de 60% de 1952 a 1978. A estrutura econômica foi transformada. Em 1952, a parcela da indústria no PIB era um sexto a da agricultura. Em 1978, passou a ser maior do que a da agricultura. A China atingiu este resultado apesar de seu isolamento político e econômico, das relações hostis tanto com os Estados Unidos como com a União Soviética e das guerras com a Coreia e com a Índia. (MADDISON, 1998, p.62)

Hobsbawm agrega outros dados numa perspectiva mais ampla do que a de Maddison:

Por mais que nos possamos chocar com o registro dos vinte anos maoístas, um registro que combina desumanidade e obscurantismo em massa com os absurdos surrealistas das afirmações feitas em nome dos pensamentos do divino líder, não devemos esquecer que, pelos padrões do Terceiro Mundo, assolado pela pobreza, o povo chinês ia indo bem. No fim do período de Mao, o consumo médio de alimento chinês (em calorias) estava pouco acima da média de todos os países, acima do de catorze países nas Américas, 38 na África e mais ou menos metade dos asiáticos – bem acima do sul e sudeste da Ásia, com exceção da Malásia e Cingapura. (HOBSBAWM, 1995, p.455)[15]

As avaliações de Maddison e de Hobsbawm mostram que, apesar da grande instabilidade da economia (em especial com a grande fome de 1959-1961), o período maoísta não foi de estagnação. Após a morte de Mao Tsé-tung, em 1976, a linha de massas (ou proletária) foi abandonada e iniciou-se a crescente abertura da economia para o exterior e a ampliação do espaço para o mercado nas atividades internas. Essas mudanças favoreceram o rápido crescimento da economia chinesa desde então e promoveram radical transformação da sociedade chinesa, tema que será tratado na próxima parte deste livro.

Em suma, no período de 1945-1970 observa-se, de um lado, a enorme expansão das nações vinculadas a alguma forma de socialismo (na Europa Oriental, na Ásia, na África e, no caso da América, em Cuba); a maior parte dessas nações adotou o modelo soviético de socialismo e politicamente vinculou-se à União Soviética. Porém, também são nítidas as dificuldades que as economias desses países enfrentaram a partir dos anos 1960: reformas sucessivas procuravam manter o dinamismo inicial que o planejamento centralizado já não era capaz de garantir. No caso da China, acima da disputa em torno de dois "modelos" econômicos distintos, há um conflito mais profundo sobre o próprio caráter que deveria ter uma sociedade socialista ou comunista.

Essas questões eram centrais no processo político dos países comunistas e também mobilizaram os intelectuais de esquerda do mundo ocidental. No entanto, elas foram ofuscadas nas décadas finais do século XX quando se teve a derrocada da União Soviética e a profunda transformação da economia e da sociedade chinesas após a morte de Mao Tsé-tung. Desses temas tratamos no capítulo sobre o socialismo na Sexta Parte deste livro.

---

15. Hobsbawm adiciona outros dados: a expectativa de vida cresceu de 35 anos, em 1949, para 68, em 1982; a população aumentou de 540 milhões para 950 milhões, de 1949 a 1976, indicando a capacidade de alimentar o crescente número de habitantes; a taxa de matrícula de crianças na escola subiu de 50%, em 1952, para 96%, em 1976.

REFERÊNCIAS

BARRACLOUGH, G. & PARKER, G. (Ed.) (1995). *Atlas da História do Mundo/Times Books*. São Paulo: Folha de São Paulo.

BERGÉRE, M. C. (1980). *A Economia da China Popular*. Rio de Janeiro: Zahar.

BETTELHEIM, C. (1979). *Revolução Cultural e Organização Industrial na China*. Rio de Janeiro, Graal.

BETTELHEIM, C.; CHARRIÈRE, J. & MARCHISIO, H. (1965). *La Construcción del Socialismo en China*. México: Ediciones Era.

GALBRAITH, J. K. (1994). *Uma Viagem pelo Tempo Econômico (Um Relato em Primeira Mão)*. São Paulo: Pioneira.

HOBSBAWM, E. (1995). *Era dos Extremos. O Breve Século XX: 1914-1991*. São Paulo: Companhia das Letras.

KENNEDY, P. (1989). *Ascensão e Queda das Grandes Potências (Transformação Econômica e Conflito Militar de 1500 a 2000)*. Rio de Janeiro: Campus.

LAVIGNE, M. (1974). *The Socialist Economies of the Soviet Union and Europe*. London: M.Robertson.

LAVIGNE, M. (1976). "A Reforma dos Métodos de Gestão na União Soviética – A Discussão Liberman" in RIBEIRO, S. *A Empresa – Célula Base da Gestão Econômica*. Lisboa: Prelo Editora.

LAVIGNE, M. (1999). *The Economics of Transition: From Socialist Economy to Market Economy*. 2ª ed., New York: St. Martin's Press.

MADDISON, A. (1995). *Monitoring the World Economy, 1820-1992*. Paris: OECD Development Centre.

MADDISON, A. (1998). *Chinese Economic Performance in the Long Run*. Paris: OECD Development Centre.

MOORE, B., Jr. (1975). *As Origens Sociais da Ditadura e da Democracia (Senhores e Camponeses na Construção do Mundo Moderno)*. Lisboa; Santos: Cosmos; Martins Fontes.

NIVEAU, M. (1969). *História dos Fatos Econômicos Contemporâneos*. São Paulo: Difusão Europeia do Livro.

NOVE, A. (1963). *Economia Soviética*. Rio de Janeiro: Zahar.

NOVE, A. (1989). *A Economia do Socialismo Possível (Lançado o Desafio: Socialismo com Mercado)*. São Paulo: Ática.

POMERANZ, L. (1990). *Perestroika: Desafios da Transformação Social na URSS*. São Paulo: Edusp.

ROSTOW, W. W. (1961). *Etapas do Desenvolvimento Econômico (Um Manifesto Não Comunista)*. Rio de Janeiro: Zahar.

SWEEZY, P. (1981). *A Sociedade Pós-Revolucionária*. Rio de Janeiro: Zahar.

SEXTA PARTE

O Capitalismo no Final do Século xx
e a Crise do Socialismo (1973-2000)

$\mathcal{E}$ m *A Era dos Extremos,* Hobsbawm contrapõe a Era de Ouro do Capitalismo aos anos 70 e 80 do século XX identificados como "As Décadas de Crise". Crise da economia capitalista, mas crise mais geral, pois testemunha a desagregação das economias do bloco soviético e o fim do chamado socialismo real, evento que, para o autor, encerra o chamado *breve século XX* (cujo início coincidiria com a Primeira Guerra Mundial e a Revolução Russa de 1917).

A crise do socialismo real, com o fim da União Soviética e as transformações radicais das economias socialistas, é um fato por demais evidente para exigir qualquer tipo de comprovação empírica (embora sua compreensão esteja longe de ser simples). Mas o que caracterizaria a crise das economias capitalistas a partir dos anos 1970?

Uma evidência inicial pode ser exposta pela comparação de taxas de crescimento do produto e do produto *per capita* da economia mundial e de algumas regiões, por meio de estimativas de Angus Maddison (Tabela VI.1).

TABELA VI.1

Produto Interno Bruto e PIB *per capita* por regiões (taxa média de crescimento anual composta)

	1950-1973		1973-1992	
	PIB	PIB/N	PIB	PIB/N
Mundo	4,9	2,9	3,0	1,2
Europa Ocidental	4,7	3,9	2,2	1,8
EUA, Canadá, Austrália, Nova Zelândia	4,0	2,4	2,4	1,4
Europa Meridional	6,3	4,9	3,1	1,7
Europa Oriental	4,7	3,5	-0,4	-1,1
América Latina	5,3	2,5	2,8	0,5
Ásia e Oceania	6,0	3,8	5,1	3,2
África	4,4	2,0	2,8	-0,1

Fonte: MADDISON (1995), p.60.

SEXTA PARTE – O CAPITALISMO NO FINAL DO SÉCULO XX E A CRISE DO SOCIALISMO (1973-2000)

Os dados indicam a redução das taxas de crescimento da economia mundial e de todas as regiões aí definidas. Os casos extremos são os da Europa Oriental (o bloco soviético) e os da África, em que a crise se manifestou pelo declínio da renda *per capita* entre 1973 e 1992; e, no lado oposto, Ásia e Oceania, onde o declínio foi menos acentuado graças ao desempenho da economia de alguns países (como a China e alguns dos "tigres asiáticos").

Assim, não parece exagerado afirmar que os anos posteriores a 1973 caracterizaram-se como anos de crise, enquanto crise de crescimento, em nítida oposição à chamada Era de Ouro do capitalismo (1945-1973). Mas foram também anos de crise no sentido da transformação de instituições que eram típicas do capitalismo na Era de Ouro.

Por outro lado, a partir de meados da última década do século houve a retomada do crescimento da economia mundial, especialmente pela expansão da economia americana e da chinesa. O que explica essa expansão? Há uma "Nova Economia" cuja expansão tem por base inovações tecnológicas e institucionais? Como ficam os países periféricos nessas décadas finais do século? E quais as explicações para a crise do socialismo?

Os eventos da primeira década do século XXI também exigem nossa reflexão: quais os fundamentos da expansão da economia mundial e o papel da China nessa expansão? Qual seu efeito sobre as economias periféricas? E qual o significado e o impacto das duas crises financeiras internacionais da década, cujo início se deu nos Estados Unidos?

A essas e a outras tantas perguntas há várias respostas, e muita polêmica gira em torno delas. Evidentemente, à medida que nos aproximamos do tempo presente, a compreensão da realidade se torna mais difícil diante do volume e da velocidade das transformações com que nos defrontamos. Nem sempre somos capazes de distinguir as mudanças fundamentais e permanentes daquelas que têm existência efêmera. Ainda assim, não podemos nos eximir de registrar os eventos mais importantes das décadas finais do século XX e de apontar as transformações que parecem moldar a economia e a sociedade de nossa época. É o que procuramos indicar nesta Sexta Parte do livro.

REFERÊNCIAS

HOBSBAWM, E. (1995). *A Era dos Extremos*. São Paulo: Companhia das Letras.

MADDISON, A. (1995). *Monitoring the World Economy (1820-1992)*. Paris: OECD.

Capítulo 21

DA CRISE DO CAPITALISMO NOS ANOS 1970 À "NOVA ECONOMIA" DA DÉCADA DE 1990

Uma breve indicação de alguns eventos econômicos dos anos 1970 sugere claramente o fim de uma era de estabilidade e prosperidade para as economias capitalistas. A crise do dólar, que levou ao fim de sua conversibilidade em ouro, os choques do petróleo (de 1973 e 1979), o surgimento de inflações relativamente elevadas nos países capitalistas avançados em conjugação com desemprego eram indícios da crise que as atingia. Um dado mais detalhado de crescimento do Produto Interno Bruto *per capita* de alguns países registra o ritmo dessa crise (Tabela 21.1).

TABELA 21.1

Produto Interno Bruto real *per capita* (taxa média anual de crescimento composta %)

	1950-1973	1973-1992
Estados Unidos	2,4	1,4
França	4,0	1,7
Alemanha	5,0	2,1
Itália	5,0	2,4
Reino Unido	2,5	1,4
Espanha	5,8	1,9
Portugal	5,7	2,1
URSS	3,4	−1,4
Brasil	3,8	0,9
Argentina	2,1	−0,2
México	3,1	1,1
Japão	8,0	3,0
China	2,9	5,2
India	1,6	2,4
Coreia Do Sul	5,2	6,9
África Do Sul	2,4	−0,6

Fonte: MADDISON (1995), p.62-63.

SEXTA PARTE – O CAPITALISMO NO FINAL DO SÉCULO XX E A CRISE DO SOCIALISMO (1973-2000)

O ano de 1973 é considerado o marco divisor de duas épocas: eventos como a ruptura do regime de Bretton Woods (com o fim das taxas de câmbio fixas) e o primeiro choque do petróleo justificam essa escolha. E os dados do quadro acima indicam a diferença entre a Era de Ouro, de crescimento rápido para a economia de grande parte das nações, e as décadas de 1970 e 1980, marcadas por crises de diversas ordens que reduziram o ritmo de expansão. Na amostra de nações acima, entre 1973 e 1992, apenas Coreia do Sul, China e Índia registraram crescimento da renda *per capita* superior ao verificado durante a Era de Ouro. O menor ritmo de crescimento se manifestou na maior parte da economia mundial, mas sua explicação está longe de ser consensual. E além do menor ritmo de crescimento, as economias capitalistas mais ricas passaram por profundas mudanças nas décadas finais do século XX, indicando a ruptura do equilíbrio estabelecido durante a Era de Ouro. Estas são as questões que nos ocupam neste capítulo, com especial atenção para a economia dos Estados Unidos que, por seu peso na economia mundial, teve papel decisivo nas transformações do final do século XX.

21.1 A CRISE DOS ANOS 1970 NO NÚCLEO DO CAPITALISMO MUNDIAL

Se o declínio do ritmo de crescimento já representava um problema para os economistas e para os gestores da política econômica, mais grave foi o fato de ter sido acompanhado por aumento das taxas de inflação e de desemprego. Essa combinação era inusitada e levou mesmo à criação do neologismo "estagflação" = estagnação + inflação. Na perspectiva teórica dominante à época – o keynesianismo – a inflação resultaria de pressão da demanda sobre uma economia cujos fatores de produção já estavam próximos da plena utilização, ou seja, uma economia em que não havia desemprego nem capacidade ociosa dos bens de produção. Ao contrário, quando o desemprego fosse elevado ou crescente, não deveria ocorrer aumento da taxa de inflação.[1] Não era isso que se verificava na maior parte dos países capitalistas desenvolvidos: a amostra de alguns países da OCDE permite verificar o movimento de emprego e preços entre 1950 e 1993 (Tabela 21.2).

---

1. A relação inversamente proporcional entre taxas de inflação e taxas de desemprego ficou conhecida como "Curva de Phillips", em homenagem ao economista neozelandês A. William Phillips, que primeiro a estabeleceu em artigo publicado em 1958 na revista *Economica*. De acordo com esta relação, quanto mais próxima do pleno emprego uma economia, maior o ritmo de atividade econômica, com elevada demanda e altos salários, o que eleva os custos de produção. Dada a limitação da capacidade produtiva instalada, o aumento da demanda agregada tende a elevar os preços, causando inflação. Por outro lado, elevadas taxas de desemprego tendem a provocar desaceleração econômica e menor margem para aumento de preços. Portanto, de acordo com esta relação, elevadas taxas de inflação estariam associadas a reduzidas taxas de desemprego e de crescimento e não a desemprego e estagnação (PHILLIPS, 1958).

CAPÍTULO 21 – DA CRISE DO CAPITALISMO NOS ANOS 1970 À "NOVA ECONOMIA" DA DÉCADA DE 1990

TABELA 21.2
Taxa de desemprego e taxa de inflação em países selecionados (1950-1993)
(variação percentual média ao ano no período)

	TAXA DE DESEMPREGO			TAXA DE INFLAÇÃO		
	1950-1973	1974-1983	1984-1993	1950-1973	1973-1983	1983-1993
França	2,0	5,7	10,0	5,0	11,2	3,6
Alemanha	2,5	4,1	6,2	2,7	4,9	2,3
Itália	5,5	7,2	11,1	3,9	16,7	6,4
Reino Unido	2,8	7,0	9,6	4,6	13,5	5,2
Canadá	4,7	8,1	9,6	2,8	9,4	4,0
Estados Unidos	4,6	7,4	6,4	2,7	8,2	3,8
Japão	1,6	2,1	2,5	5,2	7,6	1,7

Fonte: MADDISON (1995), p.84.

O movimento de emprego e de preços mostra-se muito semelhante entre os diversos países (embora as taxas possam ser diferentes): da Era de Ouro (1950-1973) para os anos 1970 (1973-1983) houve aumento do desemprego e das taxas de inflação; da década de 1970 para a de 1980, o desemprego continuou se elevando (exceto nos Estados Unidos) e a inflação sofreu redução. Quais as explicações para essas flutuações?

A um evento foi atribuída grande importância para a inflexão produzida nos anos 1970: o chamado "primeiro choque do petróleo". Grande parte do petróleo que sustentava o desenvolvimento industrial europeu e, em menor grau, o dos Estados Unidos vinha de países do Oriente. Durante muito tempo, o petróleo foi vendido a preços reduzidos para as grandes multinacionais do setor. Em 1960, foi formada a OPEP (Organização dos Países Exportadores de Petróleo) que procurava reorganizar o mercado de forma mais favorável a seus interesses. Na fundação, a OPEP reunia Arábia Saudita, Irã, Iraque, Kuwait e Venezuela aos quais, depois, se reuniram outros países produtores de petróleo. Em 1973, depois de tentativas de acordo com os países importadores, a OPEP elevou os preços do petróleo e, ao mesmo tempo, reduziu sua produção. O preço do petróleo, que em 1970 girava em torno de US$ 2 por barril, foi fixado pela OPEP em US$ 11,65 no final de 1973. Em 1979, ocorreu um "segundo choque do petróleo": após o preço atingir US$ 40 no mercado livre, a OPEP o fixou em mais de US$ 30 por barril.[2]

---

2. Em janeiro de 1979, o xá Reza Pahlavi, Imperador do Irã, foi derrubado pela Revolução Islâmica. Os novos dirigentes do país, diversamente do xá, não viam os Estados Unidos como um aliado. Além disso, nesse ano, a embaixada americana em Teerã foi invadida, gerando um sério problema diplomático entre os dois países. Como o Irã era um dos principais exportadores de petróleo, essa conjuntura favoreceu a elevação dos preços no mercado, o que foi reafirmado pela política da OPEP. De modo geral, a emergência de problemas políticos e diplomáticos entre os Estados Unidos e países do Oriente Médio (como o Irã e o Iraque) induziram o aumento dos preços do petróleo pela ameaça de redução da oferta mundial do produto. O mesmo tende a ocorrer quando problemas políticos internos nos países do Oriente Médio colocam em risco as exportações de petróleo desses países.

A súbita elevação dos preços em 1973 provocou aumento de custos e desequilíbrios nas balanças comerciais dos países importadores de petróleo. Europa e Japão, que dependiam integralmente da importação do produto, sofreram forte impacto: a elevação das taxas de inflação nos anos 1970 deve responder, ao menos em parte, aos efeitos dos choques do petróleo (que induziram o aumento dos preços de outras matérias-primas); o desemprego crescente também está associado aos choques do petróleo, pois medidas recessivas foram tomadas para enfrentar o desequilíbrio das contas externas.[3]

No entanto, não se pode atribuir a "estagflação" exclusivamente aos efeitos dos dois "choques do petróleo". Outros argumentos têm sido levantados nessa direção.

J. K. Galbraith (1994, p.143-144) trata da "estagflação" na perspectiva da economia americana. Reconhece o impacto dos preços do petróleo, porém entende que, à época, seus efeitos foram exagerados, pois "era muito mais agradável atribuir a culpa aos árabes" do que admitir a própria responsabilidade pelo mau desempenho da economia americana. E atribui à "espiral preços-salários" – "a pressão permanente dos salários sobre os preços e destes sobre os salários" – maior importância para o surgimento da "estagflação".

De certo modo, a "espiral salários-preços" também é situada por Alain Lipietz na origem da estagflação, porém relacionada à redução do ritmo de aumento da produtividade a partir de meados dos anos 1960:

> Desde a segunda metade dos gloriosos anos 60 – mas só se percebeu mais tarde, quando saíram as estatísticas –, os ganhos de produtividade começaram a definhar na maioria dos ramos industriais dos países capitalistas desenvolvidos. E isso enquanto as altas de salário real continuavam (às vezes aceleradas pela combatividade crescente dos assalariados, tanto no Japão como na França ou na Itália) e enquanto o custo do capital fixo (dos prédios e das máquinas) que as empresas deviam imobilizar começava a crescer em relação ao número de assalariados. Um cálculo econômico bem simples mostra que, nessas condições, deduzindo-se a inflação, a taxa de lucro das firmas (a relação entre lucro anual e capital imobilizado) deve diminuir. (LIPIETZ, 1991, p.41-42)

Para reagir à queda de lucratividade, as empresas aumentavam a margem adicionada aos preços de venda, alimentando a inflação que tendia a se refletir em elevação dos salários. Em suma, a redução do ritmo de aumento da produtividade colocava em questão o equilíbrio estabelecido na Era de Ouro que permitia, a um tempo, a elevação dos salários reais e a manutenção (ou elevação) da taxa de lucro, induzindo o investimento que

---

3. O aumento do preço do petróleo também levou à adoção de medidas para economizar energia: os países da Europa Ocidental, entre 1973 e 1985, reduziram o consumo de petróleo em 40% (HOBSBAWM, 1995, p.459). Os países não exportadores de petróleo do Terceiro Mundo, como o Brasil, não escaparam aos efeitos dos choques do petróleo. Tratamos dessa questão no próximo capítulo.

CAPÍTULO 21 – DA CRISE DO CAPITALISMO NOS ANOS 1970 À "NOVA ECONOMIA" DA DÉCADA DE 1990

sustentava o crescimento da economia. Sem esse aumento da produtividade, surge o conflito entre salários e lucros, "resolvido" pela inflação, mas que tem como possíveis efeitos colaterais a redução da demanda (se há uma redução do salário real), da taxa de lucro, do investimento e do crescimento da economia. Daí a possibilidade de estagnação com inflação, cuja raiz última seria o declínio do ritmo de elevação da produtividade.[4]

Sob perspectiva distinta e bastante peculiar, Robert Brenner (2003, Cap.1) não define a eventual redução do ritmo de aumento da produtividade, os choques do petróleo ou a espiral salários-preços como a causa principal da estagnação dos anos 1970. A queda da taxa de lucro, que induziu a redução dos investimentos e do ritmo de crescimento, seria o resultado da concorrência no mercado internacional; portanto, é nesse nível – do sistema internacional como um todo – que se deveria buscar a explicação para o longo período de estagnação do qual o ano de 1973 é considerado o marco inicial.

A conformação da economia mundial no pós-Segunda Guerra era particularmente favorável aos Estados Unidos. Aumento de produtividade, fruto da inovação tecnológica, e salários relativamente baixos (ainda como reflexo da depressão dos anos 1930) garantiam elevados lucros às empresas que, desde o final da guerra, mantiveram níveis substanciais de investimentos em capital fixo. O aumento de produção, decorrente do crescimento da capacidade produtiva, pôde ser absorvido pelo amplo mercado interno norte-americano, mas também por exportações destinadas ao comércio internacional em rápida expansão.

No entanto, ao longo da década de 1950, as economias europeias e a do Japão se dedicaram à recuperação de suas indústrias, inclusive com o apoio norte-americano (interessado na estabilidade política desses países). Em linhas de produção tradicionais (que usavam pouco capital fixo) ou com o acesso a técnicas mais avançadas, já desenvolvidas nos Estados Unidos e, ainda, podendo dispor de ampla oferta de mão de obra com salários reduzidos (graças à liberação de trabalhadores da agricultura ou da desagregação de pequenos negócios), a produção manufatureira da Europa (em especial da Alemanha) e do Japão passou a concorrer com a dos Estados Unidos: primeiro, no âmbito de seus mercados internos e, depois, na esfera do comércio internacional (inclusive invadindo o próprio mercado interno norte-americano). Com custos menores, pressionaram os preços para baixo, reduzindo a taxa de lucro dos produtores dos Estados Unidos.

Desse modo, à ampla capacidade produtiva da indústria manufatureira norte-americana se somaram instalações industriais na Europa e no Japão, pois novos investimentos eram estimulados pela alta lucratividade que obtinham nas mesmas linhas de produção da indústria norte-americana. Brenner entende que o elevado volume de capital fixo imobilizado por grandes empresas industriais norte-americanas dificultava, ou mesmo impedia, o desvio de capitais para outras atividades, apesar do declínio da taxa de lucro provocada

---

4. Lipietz insere essa discussão no quadro da crise do fordismo enquanto um modo de regulação do capitalismo (LIPIETZ, 1991, Cap.1 e 2). Voltaremos a este tema no Capítulo 24.

537

SEXTA PARTE - O CAPITALISMO NO FINAL DO SÉCULO XX E A CRISE DO SOCIALISMO (1973-2000)

pela crescente concorrência.[5] Assim, mesmo com menor lucratividade, algum investimento continuou a ser feito, definindo uma tendência persistente ao excesso de capacidade produtiva na indústria manufatureira mundial. No entanto, o ritmo dos novos investimentos se reduziu em função dos lucros menores, condicionando o menor crescimento da economia – ou seja, a "estagnação". Esse é o ambiente desenhado por Brenner para a década de 1970 e que seria agravado por eventos como os choques de petróleo.

Mas a década de 1970 registrou outra mudança profunda nas relações internacionais: se o esquema monetário internacional estruturado em Bretton Woods pressupunha ampla cooperação entre as nações ocidentais (quaisquer que fossem as razões para essa cooperação), a partir de 1971 (quando o presidente norte-americano Nixon decidiu suspender a conversibilidade do dólar em ouro), emergiram claramente relações conflituosas no plano internacional:

> Daí em diante, o nível relativamente alto de cooperação econômica internacional alcançado contra o pano de fundo da grande expansão econômica pós-guerra cederia, cada vez mais, a um sempre intensificado conflito político-econômico internacional frente a um mercado mundial de crescimento bem mais lento, em especial quanto às regras do jogo para o investimento, o comércio e o dinheiro internacionais. (BRENNER, 2003, p.69)

Os eventos da década de 1970 já indicam de modo claro esta mudança no plano das relações internacionais. À suspensão da conversibilidade do dólar em ouro se seguiu, em 1973, o fim do regime de taxas de câmbio fixas, por pressão dos Estados Unidos. Na verdade, Europa e Japão procuraram recuperar o regime de Bretton Woods, embora admitissem mudanças importantes nas paridades (ao aceitarem a desvalorização do dólar diante do marco e do iene). Mas a pressão norte-americana, em especial por maior mobilidade internacional dos capitais, impôs um regime de câmbio flutuante. Desse modo, foi possível aos governos americanos dos anos 1970 (Nixon, Ford e Carter) adotar política fiscal de caráter keynesiano (por meio de crescentes déficits públicos) e política monetária não restritiva (com taxas de juros reais negativas). A desvalorização do dólar permitiu o aumento das exportações norte-americanas a fim de enfrentar o crescente déficit externo que levara à crise do dólar (o que seria impossível no regime de câmbio fixo); ao mesmo tempo, a política keynesiana estimulava a demanda para a produção manufatureira doméstica, também protegida por algumas restrições às importações (principalmente de aço e automóveis japoneses).

---

5. Embora o capital fixo se depreciasse no tempo, outros "ativos" tinham valor mais permanente, como a longa relação com clientes e fornecedores, o conhecimento tecnológico e a própria "marca". Uma mudança de ramo para fugir à concorrência provocaria a desvalorização total (ou quase) desses ativos (BRENNER, 2003, p.67).

538

CAPÍTULO 21 – DA CRISE DO CAPITALISMO NOS ANOS 1970 À "NOVA ECONOMIA" DA DÉCADA DE 1990

Evidentemente, a política norte-americana tinha, como contrapartida, o impacto negativo sobre as economias que concorriam com os Estados Unidos no mercado internacional, como a da Alemanha e a do Japão: a substancial desvalorização do dólar diante do marco e do iene reduziu a competitividade dos produtos desses países, impondo taxas de lucros mais baixas para seus produtos.

Apesar do lento crescimento do mercado mundial nesses anos, a capacidade produtiva mundial cresceu na década de 1970: os produtores americanos mantiveram investimentos por meio da redução dos dividendos e pelo aumento do endividamento; na Alemanha e no Japão, apesar da redução da lucratividade, também se fizeram novos investimentos; e outros produtores ingressaram no mercado mundial (como os países do Leste Asiático, o México e o Brasil). Assim, mantinham-se, ao longo da década de 1970, as condições que haviam levado à queda da lucratividade manufatureira mundial, aguçando, em particular, o conflito entre os Estados Unidos, de um lado, e Alemanha e Japão de outro. Porém, ao fim dos anos 1970, esta situação, em princípio favorável à economia e aos produtores norte-americanos, encontrou um limite: a política keynesiana de déficits orçamentários provocava o aumento da taxa de inflação, o crescimento da dívida pública dos Estados Unidos e déficits em conta corrente cada vez maiores. Tudo isso gerava desconfiança em relação ao dólar (temendo-se súbita e substancial desvalorização da moeda), colocando em risco seu papel como moeda internacional:

> Os Estados Unidos haviam batido de frente com o limite de sua capacidade de tirar vantagem do papel do dólar como moeda-chave ao incorrerem em sempre maiores déficits federais e de conta corrente e desvalorização a fim de conquistarem uma crescente expansão econômica e competitividade no setor manufatureiro. (BRENNER, 2003, p.78)

Portanto, no final dos anos 1970, a continuidade da política norte-americana mostrava-se inviável e exigia alguma mudança para fazer frente à crescente desvalorização do dólar e à inflação que já atingia a casa dos dois dígitos. Efetivamente, nos anos 1980, houve radical reorientação da política norte-americana, que foi bem além de recuperar o valor do dólar diante das outras moedas, para garantir seu papel de moeda-chave do sistema monetário internacional.

No entanto, convém lembrar que, para Brenner, na raiz dos eventos da década de 1970 estava a tendência persistente de excesso de capacidade produtiva na indústria manufatureira mundial que impôs a estagnação – ou seja, taxas reduzidas de crescimento econômico – e um conflito permanente entre as principais economias industriais pela divisão do mercado mundial. As taxas de câmbio flutuantes se tornaram uma arma nessa disputa pelos mercados dada a dificuldade de uma ação coordenadora no plano mundial.

Apesar das divergências entre as explicações para a estagnação e a inflação na década de 1970, elas reafirmam a radical mudança no ambiente econômico em relação àquele que

SEXTA PARTE – O CAPITALISMO NO FINAL DO SÉCULO XX E A CRISE DO SOCIALISMO (1973-2000)

vigorou na Era de Ouro, de crescimento com estabilidade; e indicam também algumas questões que suscitaram importantes transformações no capitalismo no final do século XX, as quais ganharam contornos mais definidos nos anos 1980.

21.2 TRANSFORMAÇÕES DO CAPITALISMO NA DÉCADA DE 1980: POLÍTICA ECONÔMICA, INSTITUIÇÕES, RELAÇÕES INTERNACIONAIS E RELAÇÕES DE TRABALHO

Alguns pilares da Era de Ouro foram colocados em xeque durante a década de 1970: o sistema monetário internacional com taxas de câmbio fixas estruturado em Bretton Woods; a política keynesiana de manutenção do pleno emprego; o chamado fordismo, ou seja, a capacidade de, por meio de ganhos de produtividade, gerar simultaneamente, elevação dos salários reais e taxas de lucro satisfatórias; a relação salarial e o Estado do Bem-Estar. Em alguma medida, todas estas características da Era de Ouro foram afetadas pelas mudanças ocorridas (ou concluídas) nos anos 1980 e induzidas pela "crise" da década de 1970.

O sistema de taxas de câmbio fixas já fora destruído nos anos 1970: em 1971, o presidente norte-americano Richard Nixon suspendeu a conversão do dólar em ouro. A tentativa de um acordo para estabelecer novas paridades (fixas) entre as moedas foi frustrada em 1973 quando as taxas se tornaram flutuantes, podendo ser utilizadas como instrumento de política econômica. A desvalorização do dólar foi um dos elementos que permitiu à economia norte-americana sair da recessão de 1974/1975; no entanto, a continuidade dessa desvalorização tornou-se uma ameaça à posição do dólar como moeda internacional. Em 1979, quando essa ameaça se mostrava iminente por meio de uma corrida contra o dólar, definiu-se uma forte reação norte-americana: ainda no governo do democrata Jimmy Carter, o *Federal Reserve* (o Banco Central norte-americano) elevou as taxas de juros a fim de atrair recursos externos que invertessem a tendência à desvalorização do dólar. Essa política de juros elevados foi mantida no governo seguinte – o do republicano Ronald Reagan: se, em 1979, a taxa de juros real (ou seja, a taxa nominal descontada a inflação) era negativa (menos 2%), em 1985, ela atingiu 7,5% ao ano (um valor bastante elevado para os padrões da época). O afluxo de recursos atraídos por altas taxas de juros levou à valorização do dólar: entre 1978 e 1985, em 46,5% diante do marco alemão e em 15% diante do iene. Como resultado, surgiu déficit em conta corrente: esta que era superavitária em US$ 5 bilhões em 1981, tornou-se deficitária em US$ 119 bilhões em 1985, refletindo o aumento das importações (principalmente do Japão e dos países do Leste Asiático).[6]

---

6. A forte valorização do dólar, além de tornar as importações mais baratas, criou dificuldades para as exportações de

CAPÍTULO 21 – DA CRISE DO CAPITALISMO NOS ANOS 1970 À "NOVA ECONOMIA" DA DÉCADA DE 1990

Embora o objetivo de valorizar o dólar tenha sido alcançado, essa política, conjugada aos efeitos do segundo choque do petróleo, teve forte impacto recessivo (especialmente nos anos de 1980 e 1982). Medidas adotadas pelo governo Reagan permitiram superar a recessão a partir de 1983 e dar algum impulso à economia mundial até o final da década. Tais medidas geraram alguma surpresa: de um lado, houve a redução de impostos com o objetivo de estimular a demanda. Porém essa redução de impostos premiou a parcela mais rica da população (que era também a maior eleitora de Reagan). Por outro lado, Reagan promoveu substancial elevação de gastos, porém por meio de uma redistribuição muito peculiar: redução dos gastos sociais e elevação dos gastos militares. Se a redução dos gastos sociais era justificada pela necessidade de evitar (ou pelo menos reduzir) o déficit público, o aumento dos gastos militares (que contribuiu fortemente para a elevação do déficit público) respondia ainda ao temor, mais imaginário do que real, da ameaça comunista. Valorização do dólar e déficit público resultaram em elevado déficit no balanço de pagamentos americano e aumento da dívida pública que tornou os Estados Unidos o maior devedor internacional.[7]

Essas medidas, mais do que meros expedientes para enfrentar a recessão, expressavam uma mudança profunda em relação às concepções vigentes na Era de Ouro. A redução de impostos (dos ricos) e dos gastos sociais (para os pobres) era racionalizada sob uma mesma ótica. Afirmava-se que as altas alíquotas dos impostos inibiam os esforços dos mais ricos e que a sua redução conduziria ao aumento dos investimentos e da atividade econômica, a maiores receitas públicas e à redução do déficit público.[8] Quanto à ajuda aos pobres, admitia-se que ela era prejudicial ao caráter, à iniciativa e ao esforço e, portanto, ao bem-estar dos desfavorecidos. Um dos defensores desta ideologia social afirmava que "Para terem sucesso, os pobres necessitam, acima de tudo, do incentivo de sua pobreza"

---

manufaturados dos Estados Unidos e também nas relações com os países da Europa e com o Japão. Em 1985, foi concluído o Acordo do Plaza que promoveu a desvalorização do dólar e, em 1987, o Acordo do Louvre que procurou impedir uma corrida contra o dólar. Desse modo, tentava-se estabelecer alguma coordenação internacional a fim de evitar os efeitos de grandes flutuações das taxas de câmbio, nem sempre com muito sucesso.

7. A avaliação da política de Reagan é bastante polêmica: ela permitiu superar a recessão cujo ponto crítico ocorreu em 1982, porém às custas de graves desequilíbrios. Galbraith, vinculado ao Partido Democrata e adversário dos republicanos, sintetiza a crítica ao programa econômico do governo Reagan: "Redução de impostos voltada para os ricos, aumentos injustificados dos gastos de defesa e um grande déficit do orçamento federal foram as principais manifestações de erro. Relacionado a isso houve também um grande e persistente déficit na balança de pagamentos americana, levando o país de maior credor do mundo ao de maior devedor. Houve a erosão da posição competitiva da nação, tensão social nas grandes cidades, especulação e manipulação financeiras chegando à apropriação indébita generalizada e explícita e, no final, a dolorosa recessão com depressão do início dos anos 90". Mas reconhece Galbraith que, apesar do que ele considera "erros", em relação aos objetivos do governo Reagan, a política foi bem-sucedida, pois pretendia servir ao seu próprio eleitorado, constituído "por pessoas de vida confortável e estendendo-se até as reconhecidamente ricas" (GALBRAITH, 1994, p.159-160).

8. Este argumento recebeu uma formalização com a chamada "curva de Laffer" atribuída ao economista Arthur Laffer.

541

SEXTA PARTE – O CAPITALISMO NO FINAL DO SÉCULO XX E A CRISE DO SOCIALISMO (1973-2000)

(GILDER, G. apud GALBRAITH, 1994, p.162).[9] O próprio Reagan sintetizava essa ótica oposta à do Estado do Bem-Estar ao dizer que o governo não era a solução para o problema social; ele era o problema. Em suma, o Estado deveria reduzir ao mínimo seus gastos sociais e a ajuda aos pobres.

Ao lado desta "visão social" que emergiu com força nos anos 1980, houve também importante ruptura em termos de política econômica. Como indicamos acima, o keynesianismo não permitia entender o fenômeno da estagflação e, em consequência, propor políticas para seu combate. A crítica à doutrina keynesiana afirmava que esta se concentrava em instrumentos relacionados ao controle da demanda e não dava importância suficiente ao lado da oferta. Por isso, essa corrente crítica ficou conhecida como *Economia do lado da oferta* (*Supply side economics*). Ela afirmava que no longo prazo a oferta está sempre em equilíbrio de pleno emprego e o produto em seu nível potencial. Assim, estímulos à demanda (como preconizava a doutrina keynesiana) gerariam apenas inflação, pois as empresas se antecipariam ao governo e aumentariam seus preços, sem elevar a produção e o volume de emprego. Da mesma forma, déficits fiscais eram considerados desnecessários e danosos, pois o financiamento dos gastos públicos, quando efetuado com emissão de moeda, gera inflação ou, quando realizado por meio da dívida pública, reduz o montante de recursos disponível para o investimento privado.

Ao declínio do keynesianismo correspondeu também a ascensão do monetarismo (doutrina identificada com seu principal defensor, o economista da Universidade de Chicago, Milton Friedman). O monetarismo define uma regra para o crescimento da oferta de moeda (a quantidade ótima de moeda): esse crescimento deve ser proporcional ao crescimento da atividade econômica, de modo a evitar deflação ou inflação. Esse seria o papel da política monetária. Como a Economia do lado da oferta, o monetarismo afirma que, no longo prazo, a economia se situa sempre em pleno emprego (considerada a taxa natural de desemprego); desse modo, medidas de política monetária ou de política fiscal seriam incapazes de surtir efeitos permanentes sobre o nível da atividade econômica.[10]

Os assessores econômicos de Reagan identificavam-se com a crítica ao keynesianismo; a própria política econômica de seu governo ficou conhecida como "Reaganomics". Efetivamente, a redução dos impostos e dos gastos sociais enquadrava-se nos preceitos da Economia do lado da oferta: por um lado, era um estímulo às empresas e aos mais ricos

---

9. Cabe lembrar que, na perspectiva do Estado do Bem-Estar, pobreza, miséria, fome, desemprego não eram vistos como "patologias individuais" e sim como "contingências sociais" que deviam ser amenizadas pela ação do Estado. A justificativa "social" de redução dos gastos sociais nos Estados Unidos caminha na direção oposta: o pobre só permanece pobre se não se esforça para sair dessa situação; ou seja, a pobreza é vista como "patologia individual" e não como uma "contingência social" que deva ser corrigida pela ação do Estado.

10. Outra vertente crítica ao keynesianismo que ganhou força nessa época foi a chamada Teoria das Expectativas Racionais, atribuída, entre outros, aos economistas Robert Lucas e Thomas Sargent. Como no monetarismo, esta teoria afirma que a política monetária e a fiscal não teriam efeitos permanentes sobre o nível de atividade econômica.

542

CAPÍTULO 21 – DA CRISE DO CAPITALISMO NOS ANOS 1970 À "NOVA ECONOMIA" DA DÉCADA DE 1990

para realizarem novos investimentos (e, assim, ampliar a oferta); por outro, a redução dos gastos sociais era uma forma de combater o déficit público. No entanto, como lembra Galbraith, "O presidente Reagan [...] foi o keynesiano mais convicto desde o tempo de Kennedy, talvez desde o próprio John Maynard Keynes. Se Keynes ainda estivesse vivo, teria ficado muitíssimo surpreso com esses seus discípulos tardios" (GALBRAITH, 1994, p.164).

Na verdade, apesar da crítica ao keynesianismo, os gastos militares do governo Reagan e o enorme déficit fiscal aberto nesses anos foram responsáveis pela recuperação do ritmo do crescimento econômico a partir de 1983 e pela redução da taxa de desemprego nos anos 1980 (uma exceção entre os países da OCDE).

Outras mudanças verificadas nos anos 1980 enquadram-se no mesmo sentido das até aqui observadas: uma redução do papel do Estado na economia que, no plano geral, foi identificada pelo rótulo de neoliberalismo.

Se, no caso da Europa e de outras regiões, uma das principais faces do neoliberalismo foi a privatização de empresas públicas, no caso dos Estados Unidos (em que a importância das empresas estatais era reduzida), o neoliberalismo se manifestou pela desregulamentação da economia.[11] Havia, nos Estados Unidos, uma longa tradição de regulamentação de atividades econômicas, em especial aquelas que tivessem caráter monopolista. Era o caso dos chamados "serviços de utilidade pública" como transportes, energia e comunicações em que, quase sempre, um único concessionário oferecia o serviço para determinada comunidade. Para impedir a ação monopolista, em especial pela fixação de preços elevados, o Estado criava normas que regulamentavam essas atividades. Nos anos 1980, houve forte oposição ao regime de concessões, admitindo que seria possível estabelecer, em vários casos, o fim do monopólio com a introdução de mais de uma empresa prestadora do serviço.[12] A concorrência, assim estabelecida, deveria reduzir os preços. Vários serviços foram desregulamentados como telefonia fixa (mais de uma concessionária atendendo uma cidade), transportes aéreos (fim das concessões de certas rotas para uma companhia, permitindo a qualquer empresa ingressar em qualquer rota) etc. Outra atividade era objeto de regulamentação, embora por razões diferentes: o sistema financeiro devia se submeter a certas regras das autoridades monetárias pela sua importância como criadora de meios de pagamentos e pelo impacto que a quebra de uma instituição teria sobre a riqueza de seus clientes. Também aqui houve maior liberdade para a ação das instituições financeiras, embora a natureza da atividade impedisse sua total desregulamentação.

---

11. Outras manifestações do neoliberalismo, em especial na esfera internacional, serão discutidas no Capítulo 22.

12. A hipótese dos "mercados contestáveis", atribuída ao economista William Baumol, questionava a existência de muitos "monopólios naturais" (que exigiam a sua regulamentação). Afirmava que, sem a regulamentação, a manutenção de preços de monopólio, atrairia novas empresas que contestariam o monopólio estabelecido. Desse modo, a hipótese dos mercados contestáveis defendia a desregulamentação pois ela levaria à redução dos preços dos serviços oferecidos aos usuários.

543

SEXTA PARTE – O CAPITALISMO NO FINAL DO SÉCULO XX E A CRISE DO SOCIALISMO (1973-2000)

As relações de trabalho também foram profundamente alteradas nas décadas finais do século XX . Durante a Era de Ouro, nos Estados Unidos e na Europa, o trabalho industrial era fundamental para a estruturação das relações de trabalho: empregos estáveis, profissões bem definidas com base na especialização do trabalhador, um relativo acordo entre capital e trabalho que proporcionava ganhos reais de renda aos trabalhadores, acordo esse mediado por sindicatos bastante ativos. Esse padrão foi completamente alterado a partir da estagnação dos anos 1970. A elevação da taxa de desemprego foi um primeiro indício de que as condições do mercado de trabalho se alteravam. Porém, as transformações foram muito além do aumento do desemprego. Para fazer frente à redução da taxa de lucros, as empresas procuraram meios para reduzir seus custos, em especial os salariais. Inovações tecnológicas e desregulamentação induziram mudanças nas relações de trabalho com o objetivo de reduzir custos.

As inovações técnicas poupadoras de mão de obra reduziram a dimensão do proletariado industrial nos países industrializados e enfraqueceram a resistência dos sindicatos diante de mudanças introduzidas nas relações de trabalho. Além disso, a tendência à mundialização da produção, facilitada pelo uso da informática e das telecomunicações, deslocou partes do processo produtivo para regiões em que vigoravam salários mais baixos, fragilizando ainda mais o poder de barganha dos trabalhadores dos países industriais mais antigos. Na verdade, em alguns países, antigas regiões industriais praticamente desapareceram já que as produções lá estabelecidas foram deslocadas para outras áreas.

Nas novas condições, a relação de trabalho típica da época fordista – trabalho especializado e emprego estável – foi, em grande medida, substituída por formas identificadas pela noção de trabalho precarizado que permitiam a redução dos custos legais: terceirização, subcontratação, trabalho em tempo parcial, trabalho temporário ou por tempo determinado, trabalho informal.

A expansão do emprego no setor de serviços absorveu uma parte daqueles que foram deslocados da indústria: mas também aqui prevalecem relações de trabalho precárias. Além disso, as inovações tecnológicas que se difundem nesse setor (como a tecnologia bancária via internet e o comércio eletrônico) devem mudar o perfil do emprego nesse setor, provavelmente reduzindo seu potencial de geração de novos postos de trabalho.

Nos países industriais mais antigos, as mudanças no mercado de trabalho se refletiram de forma aguda no elevado nível de desemprego entre os jovens (que ingressam no mercado) e nos idosos (que, após os 40 anos, têm dificuldade de se recolocar).

Nesse ambiente, a capacidade de mobilização dos trabalhadores foi afetada levando a um forte declínio dos sindicatos na negociação por ganhos econômicos diante das empresas. Embora a "precarização" do trabalho tenha assumido formas peculiares nos diferentes países ricos (Estados Unidos, Europa, Japão), a tendência geral é semelhante, ou seja, de deterioração da condição dos trabalhadores[13].

Neoliberalismo, taxas de câmbio flutuantes, economia do lado da oferta, precarização do trabalho continuam presentes nos anos 1990. No entanto, na segunda metade da década, alardeou-se o surgimento de uma "Nova Economia" como fundamento para nova e longa fase de expansão. Por isso, cabe examinar mais detidamente a última década do século XX.

21.3 CRESCIMENTO E CRISES NA DÉCADA DE 1990: UMA "NOVA ECONOMIA"?

A última década do século XX começou, nos Estados Unidos, com uma forte recessão nos anos de 1990 e 1991. No entanto, a partir de 1993 e, principalmente, na segunda metade da década houve vigoroso crescimento da economia norte-americana. Mesmo um texto acadêmico (menos afeito a impressões eufóricas do que a imprensa de negócios) registra o novo ambiente econômico que se instalara nos Estados Unidos:

> No início dos anos noventa o clima nos Estados Unidos estava impregnado de pessimismo com relação ao declínio industrial, à competição asiática, ao crescente desemprego e à desigualdade econômica.[...] O "Século Americano" parecia destinado a um fim próximo. Poucos anos mais tarde, os que retornavam aos Estados Unidos depois de passar algum tempo fora ficavam surpresos com a reversão do clima prevalecente no país. Um franco otimismo sobre o futuro da economia havia substituído o pessimismo latente. (RHODE & TONIOLO, 2006, p.3)

Esse clima refletia a recuperação da atividade econômica: embora os primeiros indícios de retomada do crescimento tenham aparecido no final de 1992, foi na segunda metade da década que a economia norte-americana parecia ter superado a longa fase de estagnação (ou de reduzido crescimento) que se iniciara nos anos 1970 (Tabela 21.3).

No período de 1995-2000, a economia norte-americana mostrou um desempenho próximo daquele observado na última década de Era de Ouro e bem superior ao do período de 1969-1995. E esse crescimento era saudado na imprensa, por muitos economistas e mesmo por fontes oficiais, como o índice da afirmação de uma "Nova Economia" que viria assegurar longos anos de expansão para a economia norte-americana. Quais os fundamentos para essa expansão e o que seria essa "Nova Economia"?

TABELA 21.3

---

13. Há uma vasta literatura que discute as mudanças nas relações de trabalho no final do século XX. Para análises mais amplas do tema sugerimos, por exemplo: CASTEL (1998, Cap. VIII).

SEXTA PARTE – O CAPITALISMO NO FINAL DO SÉCULO XX E A CRISE DO SOCIALISMO (1973-2000)

Estados Unidos: Produto Interno Bruto (Variação média anual percentual)

PERÍODO	PIB	PIB *PER CAPITA*
1960-1969	4,6	3,3
1969-1979	3,3	2,5
1979-1990	2,9	1,9
1990-1995	2,4	1,3
1995-2000	4,1	3,4
1990-2000	3,2	2,4

Fonte: BRENNER (2003), p.93.

Uma primeira mudança a ser registrada diz respeito à orientação da política econômica norte-americana a partir de 1993 quando Bill Clinton assumiu a presidência. Durante os anos 1980, o governo acumulara sucessivos déficits orçamentários (em 1992, chegou a quase 5% do PIB) e crescente dívida pública. Apesar de a recessão do início da década ainda não ter sido plenamente superada, o governo Clinton decidiu que a redução do déficit deveria ser prioritária. Joseph Stiglitz, então membro do Conselho de Consultores Econômicos, comenta que essa decisão era arriscada, pois, de acordo com a teoria econômica padrão, a redução dos gastos do governo agravaria a situação da economia. No entanto, apesar da redução dos gastos (principalmente dos gastos militares que haviam crescido muito desde Reagan), a economia se recuperou, o que foi interpretado por alguns – que Stiglitz chama dos "conservadores que tentaram assassinar Keynes" – como resultado da redução do déficit.

> Aqueles que estavam comprometidos com a redução do déficit vieram com uma nova teoria. Esperava-se que a redução do déficit levaria a taxas de juros mais baixas a longo prazo, e taxas de juros mais baixas a longo prazo levariam ao aumento do investimento, e o aumento do investimento reaqueceria a economia. (STIGLITZ, 2003, p.69-70)

Stiglitz entende que esta "nova teoria" não dava conta do que efetivamente ocorreu naqueles anos: na verdade, a redução do déficit, que deveria retardar a recuperação da economia, provocou, indiretamente, a recapitalização dos bancos. Estes ampliaram o crédito e induziram o aumento do investimento que sustentou a recuperação da economia. Desse modo, não teria sido a simples redução dos juros, reflexo da redução do déficit (o que efetivamente ocorreu), o fator responsável pela recuperação da economia (STIGLITZ, 2003, p.71-72).

Brenner situa a recuperação da economia americana na década de noventa num quadro mais amplo e que se define a partir de 1985. A combinação de alguns fatores contribuiu para a recuperação da lucratividade da indústria manufatureira americana: o declínio do valor do dólar a partir de 1985, a redução de impostos sobre as empresas (decretada por

CAPÍTULO 21 – DA CRISE DO CAPITALISMO NOS ANOS 1970 À "NOVA ECONOMIA" DA DÉCADA DE 1990

Reagan em 1981) e o crescimento quase nulo dos salários reais por dez anos. Isso permitiu o aumento da competitividade internacional dos Estados Unidos e a orientação da indústria manufatureira para as exportações (BRENNER, 2003, p.96). Brenner ressalta que o aumento da competitividade e da taxa de lucro da indústria manufatureira americana não era, até 1994, resultado do aumento de sua produtividade (em relação à de outros países), e sim das variações dos salários e da taxa de câmbio. De 1986 a 1993, o crescimento médio do salário real por hora na indústria manufatureira americana foi de 0,15% ao ano, enquanto que na Alemanha foi de 2,85% e no Japão de 2,9%. Ao mesmo tempo, o marco e o iene se valorizavam diante do dólar: de 1985 a 1990, o marco se valorizou à média anual de 12,7% e o iene à média anual de 10,5%; e entre 1990 e 1995, essa valorização foi respectivamente de 2,5% e de 9,1%. Esses dois efeitos – crescimento lento dos salários reais nos Estados Unidos e desvalorização do dólar – deram enormes vantagens para a indústria manufatureira norte-americana diante de seus concorrentes tradicionais, Alemanha e Japão. Somente a partir do final de 1993 verificou-se crescimento da produtividade em ritmo mais acelerado: a taxa de lucro crescente incentivou investimentos não só pelo aumento do capital por trabalhador, mas também pela reorganização da produção, pela aplicação da tecnologia da informação à produção e pela terceirização da mão de obra.

Os indicadores da economia americana da segunda metade dos anos noventa pareciam justificar o surgimento de uma "Nova Economia"; no relatório anual para 2001, o Conselho de Consultores Econômicos dos Estados Unidos referia-se a essa "Nova Economia" registrando os "ganhos extraordinários no desempenho – inclusive o rápido crescimento da produtividade, as rendas em crescimento, o baixo desemprego e a inflação moderada" (apud BRENNER, 2003, p.287).

O que justificaria indicadores tão favoráveis e a euforia que acompanhava a definição dessa "Nova Economia"? Stiglitz nos fornece uma imagem mais concreta do que seria a "Nova Economia":

> Entretanto, embora possa ter sido alardeada com exagero, a Nova Economia certamente foi real. A internet era real. As inovações, os avanços nas telecomunicações e as novas maneiras de se fazer negócios que se seguiram eram reais. Assim como os séculos XVIII e XIX marcaram a mudança da economia agrícola para a industrial e os três primeiros quartos do século XX marcaram um movimento da economia manufatureira para a de serviços, o final do século XX significou um movimento para uma economia "intangível", a economia do conhecimento. Revolução na produção de ideias, esse movimento foi tão importante quanto as mudanças anteriores haviam sido na produção de bens. Houve um aumento no ritmo da inovação, refletido na maior taxa de crescimento da produtividade; e, embora problemas de mensuração e de contabilidade possam ter nos conduzido a superestimar a magnitude desse crescimento, ele também foi real. (STIGLITZ, 2003, p.201)

SEXTA PARTE - O CAPITALISMO NO FINAL DO SÉCULO XX E A CRISE DO SOCIALISMO (1973-2000)

Portanto, a noção de Nova Economia estava associada a uma revolução tecnológica que aparecia, de forma mais visível, na microeletrônica, na informática e nas telecomunicações, mas incorporava um elemento "intangível", considerado, pelo Conselho de Consultores Econômicos dos Estados Unidos, fundamental para o sucesso da economia norte-americana naqueles anos:

O sucesso na Nova Economia se apoia no capital intangível [...] Os ativos intangíveis – práticas organizacionais, capacidade e reputação de pesquisa e desenvolvimento – são hoje traços muito mais proeminentes da estratégia competitiva de uma empresa porque formam a base para as inovações que levam ao sucesso. (apud BRENNER, 2003, p.291)

Mas o sucesso da Nova Economia também contava com outro suporte: o capital de risco. A ampla disponibilidade de capital de risco, em especial para o mercado das IPOs (ofertas públicas iniciais de ações), proporcionou recursos para novos empreendimentos que investiam em inovações, por vezes com alto risco, mas com grande potencial de elevação da produtividade. Também em relação a este ponto, o Conselho de Consultores Econômicos dos Estados Unidos era enfático:

O florescente mercado de capital de risco e o dinâmico mercado de ofertas públicas são características singulares da economia americana e podem ajudar a explicar por que a Nova Economia surgiu aqui em vez de na Europa ou na Ásia. (apud BRENNER, 2003, p.291)

Desse modo, aos que admitiam a emergência de uma Nova Economia na segunda metade da década de 1990, não se tratava apenas de um período de rápida expansão da economia norte-americana e era bem mais do que a revolução tecnológica fundada em microeletrônica, informática e telecomunicações. Tratava-se de uma estrutura institucional que articulava o capital de risco com o investimento em ativos tangíveis e a capacidade de acumular ativos intangíveis (conhecimento, informação, qualificação, organização) que constituiriam agora a fonte decisiva para a inovação e, portanto, para aumentar a produtividade. Isso era peculiar dos Estados Unidos: a Nova Economia havia nascido ali e emprestava seu dinamismo à economia mundial.

Mas a euforia com a Nova Economia foi duramente abalada a partir de meados do ano 2000 quando se iniciou o declínio do preço das ações nas bolsas norte-americanas. O índice da bolsa Nasdaq (a bolsa que reúne as empresas de tecnologia típicas da Nova Economia) caiu 60% entre o início de 2000 e o final de 2001. O impacto sobre o PIB foi substancial: seu crescimento diminuiu de 4,9% (de meados de 1999 a meados de 2000) para 0% (de meados de 2000 a meados de 2001) (BRENNER, 2003, p.27 e p.315).[14]

---

14. O atentado contra as Torres Gêmeas em Nova Iorque, em setembro de 2001, teve algum impacto sobre a economia, em especial sobre as empresas aéreas. Mas a queda das bolsas e seu efeito negativo sobre o PIB foram anteriores a esse evento.

CAPÍTULO 21 – DA CRISE DO CAPITALISMO NOS ANOS 1970 À "NOVA ECONOMIA" DA DÉCADA DE 1990

Por que a expectativa de uma longa fase de expansão foi interrompida bruscamente em 2000-2001?

Uma explicação considera que a crise das bolsas e a recessão que se seguiu foram o resultado de "erros" ou de "desvios da boa conduta" nos negócios. Stiglitz relaciona alguns desses erros e desvios: a "exuberância irracional" que impulsionou a bolha nas bolsas e que foi, em certos casos, alimentada pelas autoridades (do *Federal Reserve* – banco central – e do Tesouro americano); práticas contábeis ruins que forneciam informações ruins e alimentavam a exuberância irracional, práticas essas mantidas por fortes pressões de instituições financeiras e empresas de auditoria, aliadas a membros do Tesouro que resistiam a propostas de reforma das práticas contábeis; regulamentação inadequada em vários setores (fruto de um amplo processo de desregulamentação iniciado nos anos 1980 na gestão de Ronald Reagan), em especial naqueles que foram o foco dos problemas que levaram ao estouro da bolha (como energia, telecomunicações e finanças); a redução dos impostos sobre ganhos de capital que estimulou a especulação. Ao estouro da bolha se somou a prática frequente de fraudes contábeis que procuravam inflar o valor das ações de empresas na bolsa e gerar bônus elevados para seus dirigentes. Grandes empresas norte-americanas se envolveram nessas fraudes, algumas levadas à falência pela dimensão dos desvios contábeis em relação à real situação da empresa: Enron, WorldCom, Adelphia, Tyco, Cirio, Adecco, Arthur Andersen são algumas das que se notabilizaram pela prática ou participação nas fraudes evidenciadas nos anos de estouro da bolha do mercado de ações.

O impacto negativo da crise da bolsa sobre a economia norte-americana foi aprofundado pela política econômica do governo de George W. Bush que optou por reduzir a carga de impostos (STIGLITZ, 2003, p.39-40).[15]

Já Brenner, sem negar o impacto de erros e desvios de conduta, situa o *boom* e a bolha na perspectiva mais geral de sua análise do final do século XX. Como indicamos anteriormente, o aumento da taxa de lucro no começo dos anos 1990 havia estimulado novos investimentos que resultaram em elevação da produtividade. Desse modo, o *boom*, cujas primeiras manifestações datam de 1993 e que ganha força em 1995, tinha um fundamento real nos investimentos e no aumento de produtividade. Porém, a partir de 1997, em parte pela elevação do valor do dólar diante de outras moedas, a taxa de lucro da indústria manufatureira norte-americana tendeu a reduzir-se. No entanto, o preço de suas ações nas bolsas continuou a subir, alimentado pelo ingresso de capital externo e pela expansão do

---

15. Stiglitz entende que a bolha e a recessão foram consequência da inadequada ação do governo: como participante do governo Clinton (no Conselho de Consultores Econômicos), admite que não houve um papel equilibrado do governo pois este acabou cedendo às pressões pela desregulamentação, em parte pelo entusiasmo que a expansão da economia a partir de 1995 gerava nos próprios gestores da política econômica. Assim, o problema não estaria na Nova Economia e sim nas distorções que a envolveram (STIGLITZ, 2003, p.327-328).

549

SEXTA PARTE – O CAPITALISMO NO FINAL DO SÉCULO XX E A CRISE DO SOCIALISMO (1973-2000)

crédito interno.[16] Desse modo, os preços das ações que, para Brenner, mantinham uma correspondência com a taxa de lucro até 1995, dispararam depois desse ano, descolando-se da lucratividade efetiva das empresas. A elevação dos preços das ações baseava-se em expectativas irreais sobre os lucros futuros das empresas, muitas delas que nem chegaram a ser efetivamente instaladas. Na verdade, a euforia com as empresas da "Nova Economia", em especial com as ligadas à internet, inflou a bolha que foi, em certa medida, realimentada pelo *Fed* (*Federal Reserve*, o banco central). No primeiro trimestre de 2000, a relação entre preços e lucros de ações da bolsa Nasdaq (empresas de alta tecnologia e internet) alcançou 400:1, com base nos lucros do ano anterior (BRENNER, 2003, p.316). O efeito riqueza positivo do aumento do preço das ações (as pessoas vêem o valor de seu patrimônio crescer) manteve elevada a demanda e estendeu o *boom* quando o setor produtivo já reduzia seu investimento.

Uma parte dos recursos carreados para as bolsas na década de 1990 se transformou em investimentos; grande parte desses investimentos superestimou a demanda potencial e gerou uma capacidade produtiva excedente de grandes dimensões. Em abril de 2001, a taxa de utilização das redes de telecomunicações era da ordem de 2,5%, com efeitos negativos sobre a taxa de lucro das empresas que realizaram esses investimentos e, consequentemente, sobre o preço de suas ações (BRENNER, 2003, p.325).

Em suma, a percepção de que os preços das ações haviam "descolado" da lucratividade efetiva e potencial das empresas levou ao estouro da bolha (estouro reforçado pelas declarações do presidente do *Fed*, Alan Greenspan, no primeiro semestre de 2000, de que não alimentaria a bolha no mercado de ações). Desse modo, o efeito riqueza negativo (ou seja, os portadores de ações se tornaram mais pobres) teve impacto imediato na demanda; o qual, somado ao excesso de capacidade de vários setores que suspenderam seus investimentos, levou à recessão no ano de 2000. Portanto, para Brenner, a Nova Economia (cuja existência ele de certo modo descarta) não havia conseguido superar o dilema da economia mundial desde os anos 1970: a existência – e a reiteração – de uma capacidade produtiva excedente da indústria manufatureira que deprime a taxa de lucro. Estímulos do governo podem manter a expansão da economia por algum tempo, mas o peso da capacidade excedente mundial acaba por se impor, estabelecendo um conflito entre os diferentes países pela divisão do mercado.

Gordon, ao analisar a sequência da crise das bolsas em 2000-2001, afirma que a recessão foi superada por meio das políticas adotadas:

---

16. Brenner, em entrevista ao jornal coreano *Hankyoreh*, sugere que o estímulo à demanda por meio de gastos do governo (suspensos no período Clinton pelo combate ao déficit público) foi substituído por um "keynesianismo de preços de ativos" (*asset price Keynesianism*): "a continuidade da acumulação de capital tornou-se literalmente dependente de ondas históricas de especulação, cuidadosamente alimentadas e racionalizadas pelos "policy makers" – e pelos reguladores! – primeiro a bolha histórica do mercado de ações do fim da década de 1990, em seguida as bolhas dos mercados imobiliário e de crédito do início da década de 2000". (BRENNER, 2009).

CAPÍTULO 21 – DA CRISE DO CAPITALISMO NOS ANOS 1970 À "NOVA ECONOMIA" DA DÉCADA DE 1990

A estabilidade da economia americana depois do colapso do investimento e do mercado de ações de 2000-2001 prova que boas políticas públicas importam. E estas políticas vão além das operações de política monetária e fiscal estritamente definidas. Uma ampla variedade de políticas como regulação bancária, seguros de depósitos, regras sobre margens, redução de impostos e menores restrições sobre imigração, todas se combinam para fazer a economia dos Estados Unidos mais estável e menos frágil hoje do que na década de 1920. Os sucessos de 2000-2005 ajudam a iluminar os fracassos de 1929-1933 [...]. (GORDON, 2006, p.189)

Os eventos recentes – a crise dos empréstimos hipotecários nos Estados Unidos e sua repercussão na economia norte-americana e mundial – sugerem que a estabilidade está longe de ser obtida: a crise de 2008 evidenciou que os "sucessos de 2000-2005" não puderam ser comemorados por muito tempo. O impacto da crise iniciada em 2008 sobre o ritmo da atividade econômica norte-americana tem sido mais acentuado do que aquele verificado em 2000-2001, como atestam os dados sobre o PIB.

TABELA 21.4

Estados Unidos: Taxa de crescimento do Produto Interno Bruto (% ao ano)

ANO	%	ANO	%
1995	2,5	2003	2,5
1996	3,7	2004	3,6
1997	4,5	2005	3,1
1998	4,4	2006	2,7
1999	4,8	2007	1,9
2000	4,1	2008	-0,3
2001	1,1	2009	- 3,5
2002	1,8	2010	3,0

FONTE: USA. Bureau of Economic Analysis. National Economic Accounts: http://www.bea.gov/national/index.htm#gdp (acesso em 14/10/2011).

Mais uma vez, crédito abundante, em combinação com práticas de negócios pouco convencionais, como a proliferação de empréstimos de elevado risco (os chamados *sub--prime*), estimulou uma bolha – neste caso, do preço de imóveis – que estourou no ano de 2008. A inadimplência dos devedores hipotecários atingiu o sistema financeiro e se disseminou pela economia norte-americana, exigindo grande aporte de recursos (mais de um trilhão de dólares) por parte do governo para evitar o aprofundamento da crise. Em alguns países europeus, a crise também produziu forte impacto sobre o sistema de crédito, obrigando os governos a socorrer o "mercado" com volumosa injeção de recursos que fragilizou a situação financeira desses governos. Assim, uma crise aparentemente localizada

551

– inadimplência dos devedores hipotecários nos Estado Unidos – se disseminou, em grau maior ou menor, por quase todo o mundo, evidenciando o entrelaçamento internacional dos mercados financeiros nacionais. As previsões sobre os desdobramentos da crise vão das mais otimistas (prevendo a recuperação da economia norte-americana e da mundial) até as mais pessimistas (de que o aprofundamento da crise na zona do euro possa contaminar o sistema financeiro internacional e se espalhar por todo o mundo). Independente do balanço final da crise, ela demonstrou a insuficiência dos elementos regulatórios para evitar abalos no sistema financeiro com fortes reflexos sobre a economia "real". E também colocou em dúvida as expectativas extremamente otimistas sobre a "Nova Economia", pois sua expansão parecia estar fundada não só nas inovações tecnológicas, mas também nos mecanismos financeiros que se situam na raiz das duas crises da primeira década do século XXI. Além disso, a disseminação da crise pelo mundo atesta a crescente integração das economias nacionais na economia mundial (por vezes denominada *globalização*) que se intensificou nas décadas recentes tanto na esfera financeira como na produtiva e induziu uma nova conformação da economia internacional, tema de nosso próximo capítulo.

REFERÊNCIAS

BRENNER, R.(2003). *O Boom e a Bolha: Os Estados Unidos na Economia Mundial*. Rio de Janeiro: Record.

BRENNER, R. (2009). "The Economy in a World of Trouble". Disponível em: The Hankyoreh/ http://English.hani.co.kr/arti/English.edition/e_international/336766.html. Acesso em: 30/10/2010.

CASTEL, R. (1998). *As Metamorfoses da Questão Social: Uma Crônica do Salário*. Petrópolis: Vozes.

GALBRAITH, J. K. (1994). *Uma Viagem pelo Tempo Econômico*. São Paulo: Pioneira.

GORDON, R. J. (2006). "The 1920s and the 1990s in Mutual Reflection" in RHODE, P. W. & TONIOLO, G. (Ed.). *The Global Economy in the 1990s*. Cambridge (UK): Cambridge University Press.

HOBSBAWM, E. (1995). *A Era dos Extremos. O Breve Século XX: 1914-1991*. São Paulo: Companhia das Letras.

LIPIETZ, A. (1991). *Audácia: Uma Alternativa para o Século XXI*. São Paulo: Nobel.

MADDISON, A. (1995). *Monitoring the World Economy (1820-1992)*. Paris: OECD.

PHILLIPS, A. W. "The Relationship between Unemployment and the Rate of Change of Money Wages in the United Kingdom, 1861-1957". *Economica*, 25(100), p.283-299.

RHODE, P. W. & TONIOLO, G. (2006). "Understanding the 1990s: A Long Run Perspective" in RHODE, P. W. & TONIOLO, G. (Ed.). *The Global Economy in the 1990s*. Cambridge (UK): Cambridge University Press.

STIGLITZ, J. E. (2003). *Os Exuberantes Anos 90: Uma Nova Interpretação da Década mais Próspera da História*. São Paulo: Companhia das Letras.

Capítulo 22

A ECONOMIA MUNDIAL NO FINAL DO SÉCULO XX

O ano de 1973 é considerado, também no plano da economia internacional, um marco de profundas rupturas em relação aos padrões da Era de Ouro. Um evento emblemático dessa ruptura foi a crise do sistema monetário internacional estruturado em Bretton Woods: em 1971, os Estados Unidos suspenderam a conversibilidade do dólar em ouro e, em 1973, foi abandonado o sistema de taxas de câmbio fixas. Esse evento expressava, por um lado, a perda da absoluta supremacia econômica que os Estados Unidos desfrutaram após o fim da Segunda Guerra Mundial. Nos anos 1970, outros países, em especial Alemanha e Japão, tinham sistemas produtivos capazes de rivalizar com o norte--americano no comércio internacional. Por outro lado, com taxas de câmbio flutuantes, introduziu-se um elemento de grande instabilidade nos valores da esfera internacional, em contraste com a relativa estabilidade que havia vigorado durante a Era de Ouro.

Apesar de 1973 ser também o marco da "estagnação" das principais economias desenvolvidas (expressa pela redução das taxas de crescimento do produto), o comércio internacional apresentou expressivo incremento, em especial na última década do século XX, como mostram os dados da Tabela 22.1: a proporção entre as exportações mundiais de mercadorias e o produto mundial passou de 5,5%, em 1950, para 18,8%, em 2000.

TABELA 22.1

Exportações mundiais de mercadorias como proporção do produto mundial

1950	5,5%
1973	10,5%
1990	12,7%
2000	18,8%

Fonte: CRAFTS (2006), p.22

Mais expressiva foi a intensificação das transações financeiras internacionais. No pós--guerra, e ainda como reflexo da Grande Depressão da década de 1930, o sistema financeiro

553

privado tivera sua atividade substancialmente reduzida. A partir dos anos 1960, houve o renascimento dos fluxos financeiros internacionais privados, acompanhado por profundas mudanças institucionais (inclusive crescente abertura financeira das economias nacionais). A relação entre os ativos externos (ou seja, ativos de propriedade de residentes no exterior) e o produto mundial elevou-se de 6,4%, em 1960, para 92%, em 2000 (Tabela 22.2).

TABELA 22.2
Relação entre ativos externos e produto mundial (%)

1960	6,4%
1980	25,2%
1990	48,6%
1995	62,0%
2000	92,0%

Fonte: CRAFTS (2006), p.22

Os países periféricos também se integraram à expansão comercial e financeira da economia mundial: alguns em posição muito favorável, como os exportadores de petróleo; outros conseguiram ingressar no comércio internacional como exportadores de manufaturados, a exemplo dos chamados Tigres Asiáticos; grande parte permaneceu como exportadora de seus produtos tradicionais (agropecuários ou minerais). Os mais pobres (principalmente da África) ficaram à margem dessa expansão da economia mundial. Na esfera financeira internacional, a presença dos países periféricos foi peculiar: os exportadores de petróleo, com grandes superávits comerciais, alimentaram o sistema financeiro internacional com volumosos recursos; já os importadores de petróleo, vítimas dos dois "choques" nos preços do produto (de 1973 e 1979), acumularam enormes dívidas para financiar seus déficits comerciais, dívidas que foram fator fundamental para a crise que se abateu sobre esses países nos anos 1980.

A década de 1990 aprofundou tendências já observadas desde os anos 1970: integração mais ampla das economias nacionais e papel crescente das finanças na esfera internacional. O termo "globalização" tornou-se de uso corrente para designar essa crescente integração no plano internacional. Para alguns, a globalização (produtiva e financeira) resultaria principalmente da difusão de novas tecnologias (informática, telecomunicações). Porém, tão ou mais importantes, foram as mudanças na esfera da política econômica, iniciadas nos Estados Unidos e na Grã-Bretanha e que se disseminaram por boa parte do mundo. O chamado neoliberalismo, ao induzir a abertura comercial e financeira das economias nacionais, facilitou a sua integração. O impacto da globalização sobre as diferentes economias nacionais é objeto de amplas polêmicas, em especial quanto à

CAPÍTULO 22 – A ECONOMIA MUNDIAL NO FINAL DO SÉCULO XX

crescente participação das transações financeiras na dinâmica da economia mundial. Estes temas, que ganharam relevo a partir de 1980, mantêm sua atualidade e seu caráter polêmico no início do século XXI.

21.1 O SISTEMA MONETÁRIO INTERNACIONAL: O FIM DE BRETTON WOODS E A "ADMINISTRAÇÃO" DE UM SISTEMA COM TAXAS DE CÂMBIO FLUTUANTES

O sistema monetário internacional estruturado na conferência de Bretton Woods e implementado progressivamente após o fim da Segunda Guerra tinha, em seu núcleo, taxas de câmbio fixas entre as moedas dos países signatários do acordo. Nos anos 1930, em meio à depressão, muitos países desvalorizaram suas moedas a fim de incrementar a produção e o emprego nacional (por meio do aumento das exportações e redução das importações). Era a chamada política de "desvalorizações competitivas" ou de "arruinar meu vizinho". A soma dos efeitos da depressão e das desvalorizações foi a redução dos fluxos do comércio internacional de mercadorias. Desse modo, em Bretton Woods havia a preocupação de evitar a repetição da política de desvalorizações competitivas, o que poderia ser obtido com um regime de taxas de câmbio fixas.[1] Além disso, o regime previa que apenas as moedas de países que se comprometessem à sua conversão em ouro seriam admitidas como moedas-chave do sistema monetário internacional. Na prática, apenas os Estados Unidos tinham, ao fim da guerra, capacidade para garantir a conversibilidade de sua moeda em ouro: assim, o dólar assumiu o papel de moeda internacional.

O sistema arquitetado em Bretton Woods tornou-se efetivo a partir de 1950, após um ajuste das paridades entre as moedas: as moedas europeias foram desvalorizadas, pois a paridade definida originalmente as supervalorizava e inviabilizava uma participação ativa desses países no comércio internacional. E, efetivamente, teve início um período de razoável expansão do comércio internacional com relativa estabilidade dos valores (como era desejado na conferência de Bretton Woods). Mas o sistema envolvia uma inconsistência que ficou conhecida como "dilema de Triffin": para gerar a liquidez necessária para a expansão das transações internacionais era preciso que houvesse um volume de dólares crescente em circulação no sistema internacional. Isso só seria possível por meio de déficits externos norte-americanos (seja por um excesso de importações sobre as exportações, seja por outros fluxos como doações, investimentos externos etc.). Os dólares correspondentes aos déficits permaneciam no exterior (principalmente na Europa) e os bancos centrais poderiam solicitar sua conversão em ouro, de acordo com a regra de conversibilidade definida

---

1. Os países deficitários poderiam promover pequenas desvalorizações de suas moedas (até 3%) e contar com recursos do Fundo Monetário Internacional (o FMI, também criado em Bretton Woods) para enfrentar seus desequilíbrios externos.

SEXTA PARTE – O CAPITALISMO NO FINAL DO SÉCULO XX E A CRISE DO SOCIALISMO (1973-2000)

em Bretton Woods. O dilema apontado pelo economista Robert Triffin era o seguinte: sem os déficits norte-americanos o sistema não funcionaria, pois não haveria liquidez para crescentes transações comerciais e financeiras; com déficits norte-americanos haveria liquidez, porém com o crescente volume de dólares no exterior surgiria a desconfiança quanto à capacidade de conversão do dólar em ouro, caso os bancos centrais a solicitassem. Em 1960, o volume de dólares no exterior superou as reservas de ouro monetário dos Estados Unidos, ou seja, se todos os bancos centrais portadores de dólares solicitassem a conversão em ouro, não haveria reservas para garantir essa conversão. Ao longo da década de 1960 a situação se agravou e em agosto de 1971, diante da crescente pressão sobre a moeda norte-americana, o presidente Richard Nixon suspendeu a conversão dos dólares em ouro. Um dos pilares do sistema de Bretton Woods fora destruído; as tentativas de manter o outro pilar – taxas de câmbio fixas – mostraram-se ilusórias. Em dezembro de 1971, realizou-se, em Washington, a Conferência Smithsoniana (em referência ao nome do instituto em que ela teve lugar): o objetivo era recompor o sistema de taxas de câmbio fixas, permitindo a desvalorização do dólar em 8% e promovendo a valorização das moedas europeias e da japonesa. Isso deveria favorecer as exportações norte-americanas e reduzir a pressão sobre o dólar; porém não se restabeleceu a conversão do dólar em ouro. A manutenção das taxas fixas de câmbio dependeria agora da intervenção dos governos e dos bancos centrais por meio de suas políticas fiscais e monetárias e pela compra de moedas no mercado de câmbio. Como as pressões para a desvalorização do dólar (uma fuga de posições em dólar) continuaram, em 1973 os países europeus abandonaram a defesa das taxas de câmbio fixas (ou seja, deixaram de comprar dólares para sustentar a taxa do Acordo Smithsoniano) e permitiram que suas moedas se valorizassem. Desde então, o sistema de Bretton Woods, de taxas de câmbio fixas, deixou de existir, transformando radicalmente as questões monetárias internacionais.

No regime de taxas de câmbio fixas, a política monetária de cada país tinha como objetivo (ou pelo menos como restrição) a manutenção da taxa de câmbio. Com taxas de câmbio flutuantes, outros objetivos podiam ser atribuídos à política monetária, com reflexos sobre a taxa de câmbio: uma política monetária altamente restritiva, com taxas de juros elevadas (por exemplo, para combater a inflação), levaria à valorização da moeda do país diante das demais; já uma política monetária expansiva, com taxas de juros reduzidas (para estimular o investimento e/ou o consumo), tenderia a desvalorizar a moeda. Evidentemente, variações substanciais das taxas de câmbio afetavam exportações e importações dos países cujas moedas tinham seus valores relativos alterados.

Para Eichengreen, o regime de taxas de câmbio fixas se tornou inviável por causa da crescente mobilidade do capital na esfera internacional. Durante algum tempo após o fim da Segunda Guerra, a relativa estagnação do sistema financeiro privado internacional permitiu a imposição de controles sobre o fluxo internacional de capitais, evitando que exercesse pressões fortes sobre as taxas de câmbio. A partir de meados dos anos 1960,

556

CAPÍTULO 22 – A ECONOMIA MUNDIAL NO FINAL DO SÉCULO XX

a recuperação da atividade financeira internacional colocou em xeque a eficácia desses controles, pois "Os participantes no mercado encontraram novas e espertas maneiras de contornar as barreiras aos fluxos de capital internacional" (EICHENGREEN, 2000, p.183).

Portanto, o sistema monetário internacional, de um regime de taxas de câmbio fixas com controle dos fluxos internacionais de capital, caminhou para um regime de taxas flutuantes e crescente liberalização dos fluxos de capital. Evidentemente, este regime envolve elevado risco de instabilidade: diante da expectativa de valorização ou desvalorização de uma moeda, os capitais, sem enfrentar barreiras, deslocam-se rapidamente em busca de ganhos especulativos (ou seja, ganhos decorrentes da variação dos preços das moedas). As inovações tecnológicas em comunicações e informática, ao permitirem a comunicação instantânea entre vários mercados, ampliaram o potencial de ganhos (e o risco de perdas) por meio de operações cambiais.

A tendência à instabilidade inerente ao regime de câmbio flutuante levou à busca de alternativas que evitassem oscilações bruscas dos valores com seus efeitos desestabilizantes sobre as economias.

Para as economias da Europa Ocidental, crescentemente integradas desde a formação do Mercado Comum Europeu, limitar as flutuações das taxas de câmbio de suas moedas era essencial. Nos anos 1970, um acordo estabeleceu bandas de flutuação das taxas da ordem de 2,25%. Nos anos 1980 foi criado o Sistema Monetário Europeu que reforçava a limitação das flutuações cambiais. No entanto, a eliminação dos controles de capital no final da década, tornou mais difícil manter aqueles limites; após uma série de crises, a banda de flutuação foi alargada em 1993 para 15%, dando maior flexibilidade para os países se reajustarem diante dos desequilíbrios externos. Com a formalização da União Europeia veio também a proposta de moeda única para os países membros. Em 1º de janeiro de 1999 foi criado o euro (nesse momento apenas como moeda escritural), ao qual aderiram 12 países da União Europeia; e em 2002 passaram a circular notas e moedas denominadas euros, deixando de existir as moedas dos países aderentes (como o marco alemão, o franco francês, a lira italiana etc.). Desse modo, o Banco Central Europeu passou a determinar a política monetária da zona do euro; assim, os países aderentes ao euro perderam a autonomia na gestão de oferta monetária, taxa de juros ou outras medidas de política monetária. Evidentemente, com a moeda única há apenas a taxa de câmbio do euro com as moedas do resto do mundo; para cada país da zona do euro, não há mais a possibilidade de atuar sobre a sua taxa de câmbio como instrumento de política econômica. A experiência europeia tem mostrado que a gestão da moeda única de uma união de economias nacionais com características bastante distintas oferece grandes dificuldades de coordenação.[2]

---

2. A coordenação das políticas econômicas da zona do euro exigia limites ao déficit público (da ordem de 3% do PIB) a fim de evitar que o impacto inflacionário de um país contaminasse a moeda. Durante a crise financeira iniciada em 2008, nos

SEXTA PARTE - O CAPITALISMO NO FINAL DO SÉCULO XX E A CRISE DO SOCIALISMO (1973-2000)

Outro esquema para tentar manter, ao menos em parte, taxas de câmbio fixas foi a chamada "dolarização". Alguns países decidiram atrelar suas moedas à de um país com o qual mantivessem intensas relações comerciais, estabelecendo uma taxa de câmbio fixa com essa moeda. Foi o caso da Argentina: em 1991, o valor de sua moeda em dólares foi fixado em lei e as emissões de moeda deveriam acompanhar a variação das reservas em dólar do país. Além disso, era permitido converter (ou seja, trocar) a moeda argentina em dólares na taxa definida pela lei. O esquema funcionou enquanto houve forte ingresso de recursos externos; quando esse fluxo se inverteu, instalou-se uma crise que impôs o fim da experiência no ano de 2001. Outros países, em geral com economias de pequena dimensão, também optaram por essa alternativa, como Hong Kong, Bermudas, Ilhas Caimã e Estônia.

Mas foi nas relações entre as principais economias capitalistas que a questão cambial ganhou maior expressão. Flutuações cambiais podiam afetar o desempenho das principais economias capitalistas (em especial Estados Unidos, Alemanha e Japão). Por isso, o fim do regime de taxas fixas de câmbio levou a propostas de coordenação das políticas econômicas a fim de evitar flutuações acentuadas. Na Conferência de Cúpula de Rambouillet, em 1975, foi aprovada uma emenda aos artigos de criação do FMI, emenda que legalizou as taxas de câmbio flutuantes e suprimiu o papel do ouro. Além disso, "ela obrigou os países a defenderem taxas de câmbio estáveis ao incentivá-los a promover condições econômicas equilibradas e autorizando o Fundo a supervisionar as políticas de seus membros" (EICHENGREEN, 2000, p.189).

Na década de 1970, efetivamente houve razoável coordenação das políticas econômicas de Estados Unidos, Alemanha e Japão. Intervenções dos bancos centrais no mercado cambial procuraram sustentar moedas que tendiam a se desvalorizar e a limitar a valorização das moedas fortes. Estas intervenções deviam ser complementadas por medidas de política econômica doméstica: medidas restritivas para economias inflacionárias e deficitárias em seu setor externo e medidas expansionistas para aquelas superavitárias (a fim de estimular o comércio mundial e as exportações dos deficitários).

Estados Unidos, e que afetou de modo desigual os países da zona do euro, vários deles tiverem de ir além daquele limite a fim de amenizar os efeitos da crise. Para financiar seus gastos, alguns países ampliaram a dívida pública e tiveram dificuldade para se equilibrar entre o desemprego e a crise financeira: Irlanda, Espanha, Portugal e Grécia estão entre os mais afetados. Medidas coordenadas entre os governos dos países da União Europeia e o Banco Central Europeu procuraram evitar o aprofundamento da crise que poderia colocar em xeque a própria sobrevivência do euro como moeda única. No entanto, a mobilização de volumosos recursos para enfrentar a crise envolve importantes dificuldades políticas: apesar da moeda única, subsistem as economias nacionais com seus problemas específicos (dívida pública e privada interna e externa; déficits em conta corrente; déficit público, taxa de desemprego etc.). O socorro aos países em crise exige, em última instância, a transferência de recursos das economias mais sólidas para as mais frágeis, gerando forte resistência da população dos países mais ricos e a consequente pressão sobre seus governantes. No final de 2011, o agravamento da situação na Grécia espalhava o temor de contágio em outros países e uma solução para a crise ainda estava longe de ser delineada; e no final de 2012, a situação estava longe de ser plenamente equacionada.

558

CAPÍTULO 22 – A ECONOMIA MUNDIAL NO FINAL DO SÉCULO XX

Nos anos 1980, no entanto, a cooperação deixou de ser exercida com tanta eficácia. O *Federal Reserve* (banco central norte-americano), para combater uma inflação de dois dígitos e pressões internacionais sobre o dólar, iniciou, em 1979, uma política de elevação da taxa de juros. Paralelamente, Alemanha e Japão abandonaram suas políticas que tinham o objetivo de manter taxas de câmbio relativamente estáveis. Como resultado, entre 1980 e 1982, o dólar teve uma valorização real de 28%. A política do presidente Ronald Reagan nos anos 1980, ao elevar os gastos militares e o déficit público, pressionou a taxa de juros para cima, atraiu mais recursos externos e manteve a tendência à valorização do dólar. Pressões internas (dos exportadores) e externas levaram o governo americano a aceitar um acordo para conter a valorização do dólar: em 1985, em reunião no hotel Plaza em Nova Iorque, representantes do G-5 (Estados Unidos, Alemanha, Japão, França e Reino Unido) propuseram a cooperação entre eles para promover alguma desvalorização do dólar, ou seja, para promover um realinhamento das taxas de câmbio. Em 1987, em outra reunião, esta realizada em Paris (no Louvre), foram avaliados os efeitos do acordo do Plaza e propostos novos ajustes.

Na verdade, estas tentativas de coordenação tiveram efeitos efêmeros, pois a tendência nos diferentes países foi de privilegiar suas políticas domésticas e não a estabilidade das taxas de câmbio (EICHENGREEN, 2000, p.198-202). Apenas em situações extremas, as tentativas de coordenação foram retomadas com algum sucesso: em 1995, diante de profunda desvalorização do dólar, foi realizado novo acordo que ficou conhecido como Plaza-Louvre invertido. Como o anterior, seu efeito foi temporário e a questão cambial retorna periodicamente, pois ela é crucial nas relações econômicas internacionais.

Em suma, o fim do sistema monetário internacional construído em Bretton Woods deu origem a um regime de taxas flutuantes em que o câmbio pode ficar – e frequentemente fica – subordinado à definição das políticas domésticas cujos objetivos prioritários são outros que não a estabilidade das taxas de câmbio. Em conjunturas mais agudas, termos como "desvalorizações competitivas", "arruinar meu vizinho" ou mesmo "guerra cambial" retornam ao vocabulário econômico cotidiano, sugerindo a dificuldade de se ter uma coordenação adequada de um sistema monetário internacional com taxas de câmbio flutuantes.[3]

---

3. No século XXI, a questão cambial ganhou um novo componente com o ingresso da China entre os principais participantes do comércio mundial. Admite-se que a moeda chinesa está bastante desvalorizada, o que favorece suas exportações. Como a política chinesa mantém estável a relação do valor de sua moeda com o dólar, os Estados Unidos exercem pressão para que a China valorize sua moeda (a fim de reduzir o déficit comercial americano com os chineses). Adicionalmente, numa década de grande desvalorização do dólar, as outras economias que participam do comércio mundial se veem prejudicadas tanto pela subvalorização da moeda chinesa como pela política monetária expansionista do banco central norte-americano. A solução do impasse envolveria uma ampla coordenação internacional, o que não parece ser fácil de ocorrer já que Estados Unidos e China têm se mostrado mais preocupados com suas economias domésticas do que com o impacto internacional de suas políticas.

SEXTA PARTE – O CAPITALISMO NO FINAL DO SÉCULO XX E A CRISE DO SOCIALISMO (1973-2000)

22.2 GLOBALIZAÇÃO: COMÉRCIO E PRODUÇÃO

A noção de globalização foi usada, nas últimas décadas do século XX, para justificar mudanças que ocorriam nas mais diversas esferas da sociedade: na economia, na política, na cultura em geral, nas artes etc.

Uma concepção muito geral ilustra a amplitude que é dada à globalização: "Globalização diz respeito a todos os processos por meio dos quais os povos do mundo são incorporados em uma única sociedade mundial, a sociedade global". (ALBROW apud IANNI, 2008, p.248).

Com foco mais específico, Hirst e Thompson procuram definir o *tipo ideal* de uma economia globalizada:

> Em um sistema global, as diferentes economias nacionais são incluídas e rearticuladas no sistema por processos e transações internacionais. [...] A economia global dá àquelas interações [mercados financeiros e comércio de produtos manufaturados, por exemplo] baseadas no âmbito nacional um novo poder. O sistema econômico internacional torna-se autônomo e socialmente sem raízes, enquanto os mercados e a produção tornam-se realmente globais. As políticas internas, sejam de corporações privadas, sejam de reguladores públicos, agora têm de levar em conta rotineiramente os determinantes predominantemente internacionais de sua esfera de operações. Enquanto a interdependência sistêmica cresce, o nível nacional é permeado e transformado pelo internacional. Em uma economia globalizada como essa, o problema colocado para as autoridades públicas é como construir políticas que coordenem e integrem seus esforços de regulação, com o objetivo de enfrentar a interdependência sistemática entre seus atores econômicos. (HIRST & THOMPSON, 1998, p.26)

O elemento central nessa concepção é de que o poder público e as corporações privadas devem considerar, na definição de suas políticas, os determinantes internacionais. Levada ao extremo, a noção de globalização implicaria, de um lado, a redução do poder dos Estados Nacionais diante de um mercado globalizado: as políticas nacionais seriam ineficazes diante da força daquele mercado. De outro, pressupõe o caráter crescentemente transnacional das empresas, ou seja, empresas cujo capital não apresenta qualquer identificação nacional. Assim, sua estratégia e ação estariam determinadas pelas vantagens e oportunidades oferecidas pelo mercado global e também imunes a qualquer efeito das políticas de Estados Nacionais particulares.

Após delinearem esse *tipo ideal* de uma economia globalizada, Hirst e Thompson afirmam que a economia mundial atual não se enquadra num modelo extremo de globalização. Sem negar a tendência à crescente internacionalização, questionam a perda de autonomia dos Estados Nacionais na definição e execução de suas políticas e discutem se as grandes corporações estariam efetivamente se tornando transnacionais, pois se observa

560

a manutenção de muitas atividades "nobres" das empresas (como a de inovação tecnológica e a de definição de estratégias produtivas ou financeiras) nos países em que originalmente haviam se estabelecido. Em suma, entendem que a visão extrema de globalização, frequentemente apresentada nos meios acadêmicos e na imprensa, é um "mito que exagera o grau de nosso desamparo diante das forças econômicas contemporâneas" (HIRST & THOMPSON, 1998, p.21).

Desse modo, ao nos referirmos à globalização, não nos pautaremos por sua versão extrema; trataremos do tema apenas na perspectiva da crescente internacionalização das economias nacionais por meio do comércio, da produção e das finanças.

No sentido acima, a globalização responde fundamentalmente a duas ordens de fatores. De um lado, inovações técnicas em informática, comunicações e transportes que reduziram os custos de conexão entre regiões, tanto em termos físicos como em relação a informações. Com algum exagero, chegou-se a mencionar a "morte da distância" como um resultado da revolução em tecnologia de informática e de comunicações e dos avanços em transportes. Por outro lado, e talvez mais importante, houve a redução de barreiras ao comércio de mercadorias e aos fluxos de capital que resultou de decisões políticas: de início, nos anos 1980, os governos de Ronald Reagan, nos Estados Unidos, e de Margareth Thatcher, no Reino Unido, propuseram essas medidas identificadas com o chamado "neoliberalismo". Depois, a liberalização do comércio e das finanças internacionais foi adotada por grande número de países, seja por conveniência, seja por pressão externa. Paralelamente, promovia-se a desregulamentação de diversas atividades como transporte aéreo e terrestre, telecomunicações, energia e finanças, assim como a privatização de grande número de empresas estatais onde essa forma de propriedade fora disseminada durante a Era de Ouro.

Essas condições permitiram a crescente participação do comércio internacional no PIB mundial e no PIB de muitas economias nacionais, como mostram os dados da Tabela 22.3.

A tendência ao crescimento das exportações como parcela do PIB mundial já se verificava durante a Era de Ouro (1950-1973) e se manteve, ou mesmo se acentuou, desde 1973: se, em 1950, as exportações representavam 5,5% do PIB mundial, em 1998, essa relação triplica (chegando a 17,2%). A mesma tendência pode ser observada ao nível das economias nacionais, embora em graus diferentes de acordo com as peculiaridades de cada economia.

Ao lado das exportações, o investimento externo direto também atuou, de forma indireta, no crescimento das transações internacionais. Quando uma empresa multinacional instala uma subsidiária no exterior, ela pode estar "substituindo exportações" que sua matriz faria para esse país.

A crescente importância do investimento externo direto – em outras palavras, das empresas multinacionais – justifica a afirmação de que: "No período de 1945-1973, o fato dominante que dirigiu a economia mundial foi o crescimento do comércio internacional; do início da década de 1980 em diante, sustentamos, foi o crescimento do investimento externo direto" (HIRST & THOMPSON, 1998, p.87).

SEXTA PARTE – O CAPITALISMO NO FINAL DO SÉCULO XX E A CRISE DO SOCIALISMO (1973-2000)

TABELA 22.3
Exportações de mercadorias como porcentagem do PIB: 1950-1998

	1950	1973	1990	1998
Mundo	5,5	10,5	12,8	17,2
França	7,6	15,2	20,5	28,7
Alemanha	6,2	23,8	32,4	38,9
Reino Unido	11,3	14,0	19,6	25,0
Espanha	3,0	5,0	11,7	23,5
Estados Unidos	3,0	4,9	6,8	10,1
México	3,0	1,9	5,3	10,7
Brasil	3,9	2,5	4,2	5,4
China	2,6	1,5	2,9	4,9
Índia	2,9	2,0	1,6	2,4
Japão	2,2	7,7	12,4	13,4
Holanda	12,2	40,7	51,1	61,2

Fonte: EICHENGREEN (2006), p.45.

O surgimento de empresas multinacionais data do começo do século XX, porém duas guerras mundiais e a grande depressão dos anos 1930 limitaram sua expansão. Somente nos anos 1950 esse movimento de empresas manufatureiras para fora de seus países de origem ganhou força, fato que pode ser aquilatado pelo seguinte dado: em 1971, o valor da produção das filiais norte-americanas no exterior era o quádruplo do valor das exportações do país; no caso da Grã-Bretanha, era o dobro (MICHALET, 1984, p.19). Um estudo da UNCTAD estimou que, no início da década de 1990, havia 37.000 empresas multinacionais controlando cerca de 170.000 filiais. François Chesnais admite que esse número é exagerado e que os grupos multinacionais industriais relevantes seriam em torno de 300. A amostra dos 30 maiores grupos multinacionais não financeiros em 1990 por país de origem e por atividades principais indica o perfil dominante do investimento externo direto (CHESNAIS, 1996, p.72-74).

POR PAÍS DE ORIGEM		POR ATIVIDADE PRINCIPAL	
Estados Unidos – 8	Japão – 5	Eletrônica – 7	Petróleo – 5
Alemanha – 4	França – 3	Automóveis – 5	Química – 4
Reino Unido/Holanda – 2	Suíça – 2	Agroalimentar – 2	Informática – 1
Reino Unido – 2	Itália – 2	Comércio – 1	Imprensa/Editorial – 1
Austrália – 1		Mecânica Pesada – 1	Tabaco – 1
Holanda – 1		Química/Agroalimentar – 1	Tabaco/Agroalimentar– 1

Vários fatores levaram à decisão das empresas de instalar filiais em outros países. Em certos casos, a localização da matéria-prima é decisiva, como é o caso do petróleo ou de minérios. Mas para as empresas manufatureiras, a "multinacionalização" responde a duas estratégias principais: a comercial e a produtiva (MICHALET, 1984, p.166-172).

A estratégia comercial tem por objetivo conquistar mercados por outro meio que não as exportações. Barreiras protecionistas, custos de transporte elevados, padrões de consumo diferenciados podem limitar a possibilidade de promover exportações para certos mercados: a instalação de filiais para a produção local é a forma de superar essa limitação. Um grande número de empresas multinacionais instaladas no Brasil a partir da década de 1950 buscou conquistar (ou manter) o mercado que era protegido pela política de "substituição de importações".

Já a estratégia produtiva tem por fundamento a possibilidade de obter vantagens pelas diferenças de custo de produção entre regiões. O caso mais frequente diz respeito às diferenças salariais: empresas cuja produção é intensiva em mão de obra deslocam parte de suas instalações para países em que vigoram baixos salários para reduzir seus custos de produção e aumentar seu lucro. É o caso, por exemplo, de certos tipos de produção em países asiáticos, em que vigoram salários reduzidos (como têxteis, confecções, componentes eletrônicos etc.).

As multinacionais instaladas em vários países (a exemplo do Brasil) se integraram a processos de industrialização já em curso, pois algumas nações também definiram políticas próprias de desenvolvimento industrial que admitiam a participação do capital estrangeiro. Desse modo, nas décadas finais do século XX houve importante mudança na distribuição da produção manufatureira no mundo (Tabela 22.4)

TABELA 22.4
Participação na produção manufatureira mundial (%)

	1953	1973	1990	2000
Reino Unido	8,4	4,9	3,8	3,5
Europa Ocidental	17,7	19,6	29,1	26,9
América do Norte	46,9	35,1	23,4	26,4
Japão	2,9	8,8	16,8	13,8
Leste Asiático	0,8	3,1	4,7	6,4
"Índia Britânica"	1,7	2,1	1,7	1,7
China	2,3	3,9	2,7	7,0
Resto do Mundo	19,3	22,5	17,8	14,3

Fonte: CRAFTS (2006), p.23

SEXTA PARTE – O CAPITALISMO NO FINAL DO SÉCULO XX E A CRISE DO SOCIALISMO (1973-2000)

Algumas tendências já observadas na Era de Ouro – declínio da participação do Reino Unido e da América do Norte na produção manufatureira mundial – acentuaram-se desde 1973. A Europa Ocidental (principalmente Alemanha) e o Japão avançaram até 1990, reduzindo sua participação na última década do século XX, década em que o Leste Asiático e a China se consolidaram como importantes regiões manufatureiras.

Essas tendências se acentuam, pois grandes grupos industriais formam redes mundiais de produção: trata-se de distribuir a produção dos componentes por vários países de modo a aproveitar vantagens de cada localização em determinadas fases da produção. Com a redução dos custos de transporte, tornou-se viável a montagem final do produto em uma ou mais plantas distribuídas pelo mundo. Desse modo, regiões pouco industrializadas foram beneficiadas pela formação dessas redes mundiais de produção.

A tendência de redistribuição da produção manufatureira mundial está presente na participação de países/regiões nas exportações mundiais (Tabela 22.5).

TABELA 22.5
Participação nas exportações mundiais (%)

	1955	1973	1990	2000
Reino Unido	17,9	7,1	6,1	5,0
Europa Ocidental	36,3	49,5	48,1	37,3
América do Norte	26,1	16,1	15,2	17,8
Japão	3,9	10,0	11,5	9,7
Leste Asiático	2,8	4,6	12,0	15,6
China	0,6	0,7	1,9	4,7
Resto do Mundo	12,4	12,0	5,2	9,9

Fonte: CRAFTS (2006), p.23.

O declínio da participação do Reino Unido e da América do Norte (comparado ao ano de 1955) é expressivo; ao contrário, os países asiáticos que, em 1955, concentravam apenas 7% das exportações mundiais, no ano 2000 atingiram 30% do total das exportações. Se o Japão avançou principalmente nos anos 1960, e nas décadas de 1970 e 1980 foi a vez dos países do Leste Asiático (Coreia do Sul, Taiwan, Cingapura, Hong-Kong, Tailândia, Malásia, Indonésia, Filipinas, Vietnã) e, a partir de 1990, o grande avanço foi da China.

A década de 1990 frequentemente é considerada como excepcionalmente favorável:[4] a chamada "Nova Economia", cujo modelo seria a economia norte-americana da segunda

---

4. Podemos lembrar que o título do livro de Stiglitz, *Os exuberantes anos 90*, ostenta o subtítulo "Uma nova interpretação da década mais próspera da história" (STIGLITZ, 2003).

CAPÍTULO 22 – A ECONOMIA MUNDIAL NO FINAL DO SÉCULO XX

metade da década, também teria efeitos benéficos no plano internacional. Avaliações recentes são menos enfáticas sobre o crescimento dos anos 1990.

Estimativas da produtividade total dos fatores não indicam desempenho muito superior ao das décadas precedentes e bem inferior ao da Era de Ouro, como afirma Crafts:

Apesar do advento das tecnologias de informática e telecomunicações, para os países industriais como um todo não houve o renascer do crescimento da produtividade total dos fatores (TFP) durante os anos 1990. Ao contrário, esta década manteve o padrão de crescimento modesto do TFP que caracterizou os países da OCDE desde a "era de ouro" de crescimento econômico que terminou no começo dos anos 1970. [...] a despeito da excitação da "nova economia" nos Estados Unidos e da absorção internacional das tecnologias da nova era eletrônica, não houve nenhum retorno ao crescimento da TFP experimentada na era de ouro. (CRAFTS, 2006, p.25)

Sob outra perspectiva, Eichengreen qualifica o impacto das inovações dos anos 1990 no plano internacional:

Em aspectos importantes, a expansão das transações internacionais nos anos 1990 foi a continuação das tendências que já estavam em curso há meio século, e o ritmo de seu crescimento não excedeu significativamente o dos 25 a 50 anos anteriores. As principais exceções foram as transações internacionais sensíveis aos avanços nas tecnologias de informação e de comunicações, as quais aceleraram de forma marcante nos anos 1990. Esses avanços tecnológicos reduziram drasticamente os custos das transações financeiras internacionais. Eles também reduziram os custos de suprimentos externos e da produção multinacional, encorajando a articulação de cadeias de oferta globais. No entanto, a novidade destes desenvolvimentos não deve ser exagerada. Práticas semelhantes foram vistas anteriormente. Mas evidências qualitativas e quantitativas sugerem que seu crescimento acelerou nos anos 1990. (EICHENGREEN, 2006, p.65-66)

As avaliações de Crafts e de Eichengreen indicam que o impacto da chamada globalização, no plano produtivo e comercial, não foi tão profundo quanto sugeria o prestígio que o termo adquiriu. Fruto principalmente de decisões políticas, potencializadas pelas inovações tecnológicas, a globalização reafirmou tendências presentes anteriormente no comércio internacional. Mas há uma esfera em que, como sugere Eichengreen, a globalização teve impacto mais expressivo: a financeira. É o que procuramos mostrar a seguir.

SEXTA PARTE - O CAPITALISMO NO FINAL DO SÉCULO XX E A CRISE DO SOCIALISMO (1973-2000)

22.3 A GLOBALIZAÇÃO (MUNDIALIZAÇÃO) FINANCEIRA

A expressão "mundialização financeira" designa as estreitas interligações entre os sistemas monetários e os mercados financeiros nacionais, resultantes da liberalização e desregulamentação adotadas inicialmente pelos Estados Unidos e pelo Reino Unido, entre 1979 e 1987, e nos anos seguintes pelos demais países industrializados. (CHESNAIS, 1998, p.12)

Esta caracterização sintética da "mundialização financeira" (termo que, em francês, corresponde a "globalização financeira", forma dominante nos textos em inglês) tem seu foco no que é, para F. Chesnais, o elemento central: a interligação entre os sistemas monetários e os mercados financeiros nacionais, resultado da desregulamentação e da liberalização financeira.[5] Chesnais reconhece que inovações tecnológicas (informática, telecomunicações) proporcionaram os meios para a interligação quase instantânea entre os mercados financeiros nacionais e foram condição para a globalização financeira. No entanto, entende que atribuir apenas a essas inovações a integração dos mercados implica ocultar o fundamental.

A liberalização e a desregulamentação financeira resultaram de decisões políticas (de diferentes esferas dos governos: executivo, legislativo, autoridades monetárias) que respondiam, em grande parte, a pressões dos agentes do setor financeiro. Estas pressões já refletiam a ampliação da órbita financeira no conjunto das economias com o surgimento de novas instituições e instrumentos financeiros. Se a globalização financeira decorreu da desregulamentação e da liberalização, seu impacto sobre as economias só pode ser evidenciado quando se observa o funcionamento das novas instituições e dos novos instrumentos financeiros.

O sentido da desregulamentação financeira pode ser entendido por meio da experiência norte-americana. Em 1933, sob os efeitos da Grande Depressão que levara à falência milhares de bancos, o Congresso aprovou a Lei Glass-Steagall que reformava o sistema bancário norte-americano. Essa lei e outras que se seguiram definiram a estrutura do sistema financeiro com base na especialização das instituições: bancos comerciais (recebem depósitos e fazem empréstimos); bancos de investimentos (operam com títulos em geral, subscrevem ações de empresas); sociedades de poupança e empréstimos (fornecem crédito hipotecário, principalmente para residências); companhias de seguros. Além dessa compartimentação do sistema financeiro, a legislação estabeleceu tetos para as taxas de juros (Regulamento Q), seguros para os depósitos até determinado valor e agências responsáveis

---

5. A interligação ou integração dos mercados financeiros nacionais não é absolutamente nova: alguns autores admitem mesmo que, na década anterior à Primeira Guerra Mundial, o grau de integração era maior do que nos anos 1970 ou 1980: "De modo geral, todos os dados disponíveis sobre os mercados financeiros, no final do século XIX e início do século XX, sugerem que eles eram mais plenamente integrados do que antes e do que têm sido desde então" (ZEVIN apud HIRST & THOMPSON, 1998, p.65).

CAPÍTULO 22 – A ECONOMIA MUNDIAL NO FINAL DO SÉCULO XX

pela supervisão das atividades das instituições financeiras. Essa regulamentação vigorou, com algumas adaptações, até a década de 1970 e tinha como objetivo reduzir os riscos inerentes à atividade financeira. Assim, bancos comerciais, cujas obrigações com os depositantes são de curto prazo, não poderiam aplicar em títulos com vencimento em longo prazo ou cujo valor dependeria das flutuações do mercado; os bancos de investimento operavam, em grande medida, com recursos próprios dos banqueiros; o teto para as taxas de juros evitava uma "guerra" para a obtenção de recursos que poderia comprometer a solvência das instituições financeiras.

O aumento das taxas de inflação na década de 1970 colocou em xeque o Regulamento Q, pois o teto para as taxas de juros era inferior à taxa de inflação.[6] No entanto, era possível obter remunerações mais elevadas adquirindo títulos diretamente no mercado de *commercial papers* (notas promissórias emitidas por empresas). Desse modo, algumas instituições (como corretoras) criaram fundos que captavam recursos de pequenos poupadores para aplicar em *commercial papers* oferecendo um rendimento superior aos depósitos a prazo e de poupança. Em 1980, o Presidente Carter promulgou uma lei (Depository Institutions Deregulation and Monetary Control Act) que previa a supressão, em alguns anos, dos tetos de taxas de juros em depósitos. Desse modo, os bancos poderiam concorrer com os fundos lastreados em *commercial papers*. Em 1982, outra lei (Garn-St.German) alterou as normas relativas às sociedades de poupança e empréstimo (S&L), facilitando a captação de recursos a taxas de juros mais elevadas. A disponibilidade de recursos estimulou um surto imobiliário não só de residências (objetivo original dessas instituições), mas também de imóveis comerciais. O estouro da "bolha" imobiliária em 1989 afetou centenas de sociedades de poupança e empréstimo (muitas delas levadas à falência); o socorro ao sistema custou aos contribuintes mais de US$ 100 bilhões. Apesar de se ter evitado impacto mais profundo sobre o conjunto do sistema financeiro, essa crise foi um dos fatores da recessão de 1990-1991 (STIGLITZ, 2003, p.111).

A desregulamentação financeira não se limitou à supressão dos tetos para as taxas de juros; ela atingiu toda a estrutura montada com base na lei Glass-Steagall. Suprimir as restrições impostas pela lei era, desde os anos 1960, uma demanda dos bancos para manterem-se competitivos diante dos fundos e de outros instrumentos financeiros. Mas só na década de 1980 o *Federal Reserve* começou a permitir outras formas de aplicação de recursos (além de empréstimos), e ainda a participação na subscrição de títulos de empresas. Em 1996, autorizou os bancos comerciais a assumirem operações de bancos de investimento. O passo final na eliminação das restrições da lei Glass-Steagall veio em 1999 quando o Congresso aprovou a Lei de Modernização Financeira (Gramm-Leach-Bliley Act), pela qual as instituições financeiras poderiam realizar operações típicas de bancos e também

---

6. Depósitos à vista não podiam oferecer qualquer remuneração; para depósitos de poupança, a taxa máxima era de 5,25% ao ano e, para depósitos a prazo, entre 5,75% e 7,75% ao ano de acordo com o prazo.

SEXTA PARTE – O CAPITALISMO NO FINAL DO SÉCULO XX E A CRISE DO SOCIALISMO (1973-2000)

com títulos e com seguros. Na prática, a total desregulamentação da atividade financeira estimulou a consolidação de bancos norte-americanos de grande porte que operavam em vários mercados, assim como de outras instituições não bancárias. Isso facilitou a mobilidade dos recursos entre as diferentes aplicações de modo a elevar a rentabilidade, mas, ao mesmo tempo, ampliou o risco do sistema. As próprias agências reguladoras reduziram sua capacidade de supervisão das instituições financeiras: prevaleceu crescentemente a noção de autorregulação das empresas para evitarem o risco potencial.

Os defensores da desregulamentação argumentavam que a maior mobilidade dos recursos ampliava a eficiência do sistema financeiro e contribuía para o desempenho da economia; já os críticos apontavam o aumento do risco inerente a esse sistema desregulamentado e com escassa supervisão das autoridades. Apesar da polêmica, a tendência à desregulamentação ("free-banking") foi muito forte não só nos Estados Unidos, mas também em muitos países.

À desregulamentação se somou, no processo de globalização financeira, a tendência à liberalização dos fluxos internacionais de capitais. No regime monetário internacional estabelecido em Bretton Woods, as nações deveriam introduzir algum tipo de controle do fluxo de capitais a fim de evitar processos especulativos que colocassem em risco a estabilidade das taxas de câmbio. Com o fim do regime de taxas de câmbio fixas em 1973, os controles sobre o fluxo de capitais passaram a ser questionados. Os Estados Unidos suprimiram esses controles já em 1974, pois o governo desejava atrair capitais externos. Nos anos 1980, o aumento do déficit orçamentário e em conta corrente do país consolidou o interesse pela ampla liberdade para os fluxos internacionais de capitais. Houve mesmo pressões do governo americano para que outros países suprimissem os controles de capital. O Japão, que, no pós-guerra, havia estabelecido fortes limitações aos fluxos externos de capitais, promoveu, ao longo da década de 1980, a desregulamentação e a liberalização financeira.

A Grã-Bretanha, alguns anos depois dos Estados Unidos, também iniciou a liberalização financeira. Em 1979, no governo de Margareth Thatcher, houve a abolição dos controles de câmbio e, em 1986, a abertura da bolsa de Londres para instituições estrangeiras.

A partir do momento que os dois maiores centros financeiros internacionais – Estados Unidos e Grã-Bretanha – eliminaram os controles sobre os fluxos de capital, tornou-se difícil resistir às pressões – políticas e financeiras – para a abertura. Os países europeus, numa decisão da Comunidade Europeia, programaram essa abertura financeira num ritmo compatível com a situação econômica dos diversos países; e a Austrália e a Nova Zelândia a estabeleceram em 1984-1985. Em maior ou menor grau, as economias do resto do mundo também promoveram a abertura financeira: a América Latina, nos países do antigo bloco soviético e a Ásia, num processo que envolveu a pressão do mercado financeiro internacional cada vez mais aberto; os organismos financeiros internacionais (como o FMI e o Banco Mundial); os Estados Unidos e a Grã-Bretanha.

568

CAPÍTULO 22 – A ECONOMIA MUNDIAL NO FINAL DO SÉCULO XX

Houve também a pressão das grandes corporações internacionais e também a justificativa teórica dos defensores do neoliberalismo.

Desregulamentação e liberalização financeiras associadas às inovações tecnológicas da informática e das telecomunicações explicam, em parte, a grande expansão das transações financeiras internacionais sintetizadas no termo "globalização financeira". Mas este processo envolveu mudanças na própria esfera financeira como inovações em instrumentos financeiros e novos agentes.

Uma primeira mudança importante se deu ao longo da década de 1960 com a criação do chamado "euromercado": bancos sediados na Europa (principalmente em Londres), aproveitando o excesso de dólares (decorrente do déficit externo norte-americano), passaram a realizar operações denominadas dólares fora dos Estados Unidos. Na década de 1970, esse mercado foi alimentado pelos "petrodólares", ou seja, os dólares derivados dos elevados saldos comerciais dos países exportadores de petróleo. Embora algumas inovações tenham sido introduzidas, o euromercado ainda se caracterizava pela intermediação bancária: os bancos captavam recursos dos agentes que tinham saldos monetários e os emprestavam a governos ou empresas que necessitavam desses recursos.[7] No entanto, o euromercado não foi objeto de qualquer tipo de regulamentação: nem o Banco da Inglaterra, nem o *Federal Reserve* interferiam nas operações realizadas em dólares em Londres.

Igualmente importante para a expansão do sistema financeiro internacional foi o fim do regime de taxas de câmbio fixas em 1971-1973: as flutuações das taxas de câmbio podem gerar perdas para aqueles que operam no mercado internacional, mas também criam oportunidades de ganhos especulativos, perdas e ganhos que eram praticamente nulas enquanto vigorou o sistema de taxas de câmbio fixas. Assim, no mercado de câmbio, além de operações relacionadas aos pagamentos das transações do comércio internacional, passaram a se realizar operações justificadas apenas pelo interesse nas próprias moedas. No início dos anos 1990, estimava-se que apenas 3% do montante das transações diárias nos mercados de câmbio estavam vinculadas ao comércio internacional de mercadorias, num mercado que, em 1995, movimentava 1,5 trilhão de dólares por dia (CHESNAIS, 1996, p.244).

As flutuações das taxas de câmbio, além de induzirem a acelerada expansão dos mercados de câmbio, estimularam o surgimento de um novo instrumento financeiro: os derivativos (futuros, opções, *swaps*) ou mecanismos de *hedge* (proteção).[8] O exportador que vende sua mercadoria em dólares para receber, por exemplo, em 90 dias, corre o "risco de câmbio": se o dólar se desvalorizar nesse período, ele receberá um valor em reais inferior ao do dia da venda. Para garantir sua receita em reais, ele pode contratar, no mercado

---

7. Entre as inovações, pode-se citar os certificados de depósitos negociáveis e os empréstimos "sindicalizados" (em que dezenas de bancos se reuniam para realizar um empréstimo a um governo ou empresa). No entanto, os bancos permaneciam responsáveis perante seus depositantes (ou portadores dos certificados de depósitos).

8. Frontana (2000, p.244-252) trata das origens e do funcionamento dos mercados de derivativos.

futuro, a venda dos dólares que receberá daqui a 90 dias. Assim, esse derivativo (o *futuro*) dá ao exportador uma proteção contra o risco de perda com a flutuação da taxa de câmbio. Mas os derivativos também permitem a obtenção de ganhos especulativos (com o risco de realização de perdas), imobilizando valores relativamente pequenos: se espero que o dólar seja cotado a R$ 2,00 daqui a 90 dias, posso comprá-lo (no mercado futuro) por R$1,80 (cotação aceita pelos vendedores no mercado futuro). Para tanto, preciso desembolsar hoje um quantia relativamente pequena como garantia da operação. Se minha expectativa se realizar, ganharei R$ 0,20 por dólar com um gasto reduzido, pois poderei vendê-los por R$ 2,00 no mesmo dia. Operações especulativas são estimuladas pela expectativa de grandes lucros, mas podem resultar em prejuízos elevadíssimos.[9]

Os derivativos se multiplicaram em várias direções além do câmbio: taxas de juros, índices de preços, *commodities* etc. são a base para um mercado em constante expansão, como indicam os dados da Tabela 22.6.

TABELA 22.6
Evolução do mercado internacional de derivativos (1985-1995) (US$ bilhões)

	1985	1990	1995
Mercado de Futuros – total	254	1.541	6.074
Sobre taxas de juros	236	1.455	5.863
Sobre divisas	8	17	38
Sobre índices bursáteis	10	69	172
Mercado de opções – total	138	750	3.112
Sobre taxas de juros	89	600	2.742
Sobre divisas	12	57	43
Sobre índices bursáteis	37	94	327
Swap – total		3.450	17.990
Sobre taxas de juros		2.312	
Sobre divisas		578	
Outros		561	

Fonte: FRONTANA (2000), p.248

---

9. Dois casos são exemplares dos riscos envolvidos nas operações com derivativos. Em 1995, o banco britânico Barings (fundado em 1762) foi à falência por conta dos prejuízos causados por um operador do banco em Cingapura. Operações com derivativos de ações em bolsas asiáticas acumularam um prejuízo de US$ 1,3 bilhão, prejuízo que foi ocultado durante algum tempo por fraude do operador. Quando descoberto, levou o banco à falência. O outro caso envolveu o fundo de *hedge* Long Term Capital Management, fundo criado por Robert Merton e Myron Scholes, que receberam o Prêmio Nobel de Economia em 1997 por seus estudos sobre derivativos. Mas em 1998 o fundo sofreu os efeitos da crise da Rússia e, apesar do socorro do *Federal Reserve*, incorreu em elevados prejuízos que levaram ao seu fechamento no ano 2000.

CAPÍTULO 22 - A ECONOMIA MUNDIAL NO FINAL DO SÉCULO XX

Outra inovação financeira importante foi a tendência à "securitização": trata-se da transformação de uma dívida em títulos negociáveis (*securities*). Do final da Segunda Guerra até os anos 1970, o sistema de crédito (tanto no âmbito nacional como no internacional) privilegiou a posição dos bancos como intermediários entre os que tinham saldos monetários ociosos e os que necessitavam de recursos. Ou seja, o banco recebia depósitos (no balanço, uma conta de seu passivo) e realizava empréstimos (uma conta de seu ativo). Desse modo, o banco tinha uma responsabilidade diante de seus depositantes; por isso, devia se preocupar com a capacidade de pagamento daqueles a quem concedia empréstimos. Se este devedor não saldasse sua dívida, o banco correria o risco de não ter recursos para atender às demandas de seus depositantes; no limite, corria o risco de insolvência e falência.

Com a *securitização*, ou seja, a transformação da dívida em um título, a função do banco mudou radicalmente. Aquele que necessita de recursos – um governo ou uma empresa – emite títulos que são lançados no mercado por um agente financeiro (que pode ser um banco ou outra instituição financeira). Os títulos são adquiridos pelos que possuem saldos monetários disponíveis. Para o banco, trata-se de uma operação "fora do balanço", ou seja, a rigor o banco não tem responsabilidade sobre a eventual insolvência daquele que emitiu o título.[10] Por outro lado, esses títulos podem ser negociados no mercado secundário: assim, a dívida que, antes, ficava "congelada" na relação entre banco e devedor, agora passa a circular. A avaliação diária dos títulos pelos agentes do mercado se faz em função da expectativa de sua valorização ou desvalorização e, portanto, da possibilidade de ganhos especulativos nas transações de compra e venda.

Esses títulos podem ser comprados por poupadores individuais; porém o mais frequente é que o sejam por investidores institucionais, como fundos de pensão, fundos mútuos de investimento e seguradoras. Esses fundos reúnem recursos de poupadores que desejam uma renda futura (como aposentadoria) ou de investidores que transferem aos administradores do fundo a tarefa de valorizar seu capital. Ações de empresas, títulos da dívida de empresas ou governos e até mesmo derivativos podem fazer parte do *portfólio* dos fundos. O processo de securitização facilitou a expansão dos ativos dos investidores institucionais (Tabela 22.7).

---

10. O exemplo da dívida externa brasileira é esclarecedor: nos anos 1970, o endividamento externo brasileiro (governo, empresas públicas e privadas) elevou-se substancialmente, prenunciando a crise da dívida externa brasileira dos anos 1980. Essa dívida fora contraída com bancos (ou grupos de bancos sindicalizados) que, diante da moratória brasileira (e de outros países) tiveram dificuldades em honrar seus compromissos com os depositantes. Nos anos 1990, após sucessivas negociações, grande parte da dívida bancária foi "securitizada", ou seja, transformada em títulos da dívida brasileira que passaram a ser comprados e vendidos no mercado secundário, com cotações que variam diariamente. Desse modo, os bancos deixaram de ser credores do Brasil. Daí em diante, a captação de recursos externos se faz tipicamente por meio da emissão de títulos que são lançados no mercado internacional.

TABELA 22.7

Ativos dos investidores institucionais dos principais países da OCDE
(Alemanha, Canadá, Estados Unidos, Japão, Reino Unido) (US$ bilhões)

	1980	1988	1992
Fundos de Pensão	903,8	2.710,1	4.451,0
Fundos Mútuos	396,8	1.438,3	2.258,0
Companhias de Seguro	293,9	792,5	1.130,7
Companhias de Seguro de Vida	859,7	2.525,2	3.887,2

Fonte: FARNETTI (1998), p.189.

Todas essas mudanças até aqui apontadas indicam uma radical alteração na forma de operação do sistema financeiro. Até os anos 1970, os bancos eram o agente fundamental enquanto intermediários entre os que tinham recursos ociosos e aqueles que desejavam obter empréstimos. Desde então, as mudanças indicadas podem ser resumidas no termo "desintermediação financeira": a função de intermediário dos bancos, embora subsista, passou para segundo plano diante das operações com títulos, derivativos, câmbio, seguros etc. Assim, os próprios bancos ampliaram sua área de atuação para abarcar todos esses tipos de operação. Paralelamente, outras instituições, como seguradoras e sociedades de crédito hipotecário, que anteriormente já eram importantes, se somaram a corretores, fundos de pensões e investimento, empresas de administração de ativos e agências de avaliação de risco, instituições que ganharam relevo no período recente.

À profunda transformação do sistema financeiro (no plano nacional e internacional) correspondeu sua rápida expansão, uma expansão dos ativos financeiros em ritmo mais veloz do que a do produto ou do comércio a sugerir que a esfera financeira ganhou "autonomia" em relação à "economia real". Ou que a acumulação de capital tem agora, como núcleo, a esfera financeira e não mais a produtiva. O que coloca a questão: teria o capitalismo ingressado numa nova fase? A esta questão dedicamos parte do capítulo final do livro. Mas antes devemos indicar brevemente como as economias periféricas se situaram nesse capitalismo do fim do século XX.

22.4 A PERIFERIA DA ECONOMIA MUNDIAL NO FINAL DO SÉCULO XX

Embora não haja uma noção rigorosa do que seja a periferia da economia mundial, é razoável considerá-la em oposição à noção de centro: este seria constituído pelas economias da Europa Ocidental e dos Estados Unidos (mais seus anexos como o Canadá e a Austrália) e ainda o Japão. Assim, a periferia incluiria a América Latina, a Ásia (exceto o Japão) e a África, excluindo as economias socialistas e os países exportadores de petróleo.

CAPÍTULO 22 – A ECONOMIA MUNDIAL NO FINAL DO SÉCULO XX

Embora haja grandes diferenças entre essas regiões e entre os países dessas regiões, sua forma de inserção na economia mundial – enquanto economias atrasadas diante das economias desenvolvidas – justifica sua inclusão no bloco das economias periféricas.

Uma primeira aproximação para situar as economias periféricas na economia mundial nos é dada por estimativas da renda *per capita* dessas áreas comparadas à de países centrais (Tabela 2.8).

TABELA 22.8
Renda *per capita* (dólares de 1990)

	1973	2001
Europa Ocidental	11.416	19.256
Estados Unidos	16.689	27.948
Japão	11.434	20.683
América Latina	4.504	5.811
Ásia (Exceto Japão)	1.226	3.256
África	1.410	1.489
Mundo	4.091	6.049

Fonte: MADDISON (2003), p.262.

As disparidades entre os níveis de desenvolvimento das várias regiões do mundo, expressos pela renda *per capita*, são absolutamente evidentes. Essas disparidades justificam a segmentação da economia mundial em centro e periferia: ainda em 2001, a renda *per capita* média na África equivalia a cerca de 5% da norte-americana (a maior disparidade entre centro e periferia); e a renda *per capita* média da América Latina correspondia a 30% da renda da Europa Ocidental (a menor disparidade entre centro e periferia nos dados acima reproduzidos). É claro, a essas disparidades correspondem padrões de vida substancialmente diferentes e, em muitas regiões da periferia, a existência de amplos bolsões de extrema pobreza.

Além disso, o período de 1973-2001 não foi muito favorável aos países da periferia: se a renda *per capita* média no mundo, entre 1973 e 2001, cresceu cerca de 50%, na América Latina o crescimento foi de apenas 29% e na África, de 5,5%. Na Ásia, excluindo Japão, o aumento foi de 66%, a expressar o comportamento especialmente dinâmico de algumas economias. Ainda assim, a *renda per* capita na Ásia era bem inferior à da América Latina, o que indicava o atraso de muitas de suas economias nacionais.

O atraso da periferia reflete, em grande medida, sua história: como países independentes ou colônias, caracterizaram-se predominantemente como produtores primários (agricultura, pecuária, atividades extrativas, mineração) numa época em que os países centrais se industrializavam. Ao longo do século XX, alguns países da periferia se

573

SEXTA PARTE – O CAPITALISMO NO FINAL DO SÉCULO XX E A CRISE DO SOCIALISMO (1973-2000)

destacaram do conjunto: depois da Segunda Guerra Mundial e com base em alguma experiência manufatureira prévia, esses países promoveram um processo de industrialização em direção a tecnologias "médias" (ou seja, nem as manufaturas tradicionais, como têxteis e alimentos, nem as indústrias com tecnologias de ponta dos países desenvolvidos). Alice Amsden rotulou esses países de "resto" (para distingui-los do "resquício" constituído pelo conjunto de países atrasados que não registrou qualquer avanço industrial), um grupo formado por China, Índia, Indonésia, Coreia do Sul, Malásia, Taiwan e Tailândia, na Ásia; Argentina, Brasil, Chile e México, na América Latina; e Turquia, no Oriente Médio (AMSDEN, 2009, p.28).

O desenvolvimento industrial dos países do "resto" foi bastante rápido nas décadas de 1950 e 1960 e contou com várias características comuns: decisiva participação dos governos na direção do processo de industrialização por meio do seu financiamento (por bancos de desenvolvimento), pela proteção seletiva a certas atividades, pelo controle sobre metas a serem atingidas. Nesses anos, a produção industrial, voltada principalmente ao mercado interno, dirigiu-se à substituição de importações. O sucesso dessa fase de industrialização induziu vários dos países do "resto" a encetarem um novo salto.

A partir dos anos 1970, a política industrial do "resto" voltou-se, em grau maior ou menor conforme o país, ao incentivo às exportações; e também ao que Amsden considera uma "superexpansão" ("um excesso de oferta sobre a demanda, causada por projeções errôneas de oferta e demanda") estimulada pelo sucesso da industrialização e pelo acesso relativamente fácil ao crédito no mercado financeiro internacional.

Por outro lado, na década de 1980, as características comuns dos processos de industrialização cederam lugar a dois padrões distintos que, de certo modo, já vinham sendo esboçados anteriormente: o dos "independentes" e o dos "integracionistas":

> Em um conjunto, abrangendo China, Índia, Coreia e Taiwan, a que chamaremos "independentes" (tendo em mente que todos os retardatários tinham ficado mais globais desde a Segunda Guerra Mundial), o crescimento a longo prazo se predicava na decisão de "fazer" tecnologia, que era sinônimo do fortalecimento das capacidades de firmas nacionais. Em outro conjunto, abrangendo Argentina, Brasil, Chile, México e Turquia, a que chamaremos "integracionistas" (tendo em mente que nenhum país do "resto" se havia despojado totalmente de sua autonomia), o crescimento em longo prazo se predicava na decisão de "comprar" tecnologia e na dependência tanto de regras de conduta estrangeiras para disciplinar os negócios (proporcionada pela filiação ao Nafta e à União Europeia) como de transbordamentos de investimentos estrangeiros e transferências tecnológicas para gerar riqueza. (AMSDEN, 2009, p.484)

Os países da América Latina – em especial México, Argentina e Brasil – sofreram por cerca de duas décadas os efeitos da crise da dívida externa (iniciada em 1982 com a inadimplência do México), fato evidente no reduzido crescimento de suas economias nas décadas de 1980 e 1990. Já os "independentes" – e o caso mais notório é o da Coreia – se recuperaram rapidamente de duas crises da dívida externa – em 1980 e em 1997 – que afetaram diretamente suas economias. O paralelo entre a economia brasileira e a coreana entre 1980 e 2000 ilustra os diferentes desempenhos (COUTINHO, 1999, p.374) (Tabela 22.9).

TABELA 22.9
Brasil e Coreia: Taxas de crescimento do PIB – 1980-2000 (Taxas médias anuais %)

BRASIL		COREIA	
1981-1983	−1,0%	1980-1982	1,1%
1984-1989	4,5%	1983-1987	10,2%
1990-1993	−1,3%	1988-1993	7,8%
1994-1998	3,6%	1994-1997	7,5%
1999-2000	1,3%	1998-2000	2,0%
Taxa média	1,6%		5,4%

Fonte: COUTINHO (1999), p.374.

Brasil e Coreia sofreram o impacto da elevação dos juros norte-americanos em 1979-1980, juntamente com o segundo choque do petróleo: as medidas para enfrentar o desequilíbrio externo tiveram efeito recessivo identificado nas taxas de crescimento do PIB (negativa para o Brasil, entre 1981 e 1983, e de apenas 1,1% em média ao ano, entre 1980 e 1982, para a Coreia). A partir de então, a Coreia apresentou ritmo acelerado de crescimento até 1997, ao passo que o Brasil alternou períodos de relativa expansão com outros de baixo crescimento ou mesmo de recessão. A sequência de crises da dívida de países periféricos na década de 1990 também cobrou algum custo a esses países: México (1994), países asiáticos (1997), Rússia (1998), Brasil e outros países da América Latina (1999). A crise asiática foi particularmente forte na Coreia, porém sua recuperação foi rápida: se em 1998 o PIB declinou 6,9%, já em 1999 crescia 9,5% e em 2000, 8,5%, retomando o elevado ritmo de crescimento que a caracterizava desde as décadas anteriores. Já o Brasil, além do lento crescimento nas décadas de 1980 e 1990, sofreu forte impacto das crises de 1997 a 1999: o crescimento do PIB entre 1998 e 2003 oscilou entre 0 e 2,7% (exceto em 2000 quando cresceu 4,3%), taxas substancialmente inferiores às da Coreia.

Amsden atribui à política levada à frente pelos governos dos "independentes" a rápida recuperação de suas economias após as crises dos anos 1980 e 1990, pois entende que os "ativos baseados no conhecimento" foram decisivos para determinar o avanço ou o atraso das economias do "resto". O domínio do conhecimento seria crítico nas décadas finais do século quando a tecnologia necessária para garantir a expansão subsequente se tornou mais complexa:

SEXTA PARTE – O CAPITALISMO NO FINAL DO SÉCULO XX E A CRISE DO SOCIALISMO (1973-2000)

Nos estágios iniciais da industrialização tardia no pós-guerra, aproximadamente da década de 1950 até meados dos anos 1980, todos os países do "resto" compartilhavam, em um grau extraordinário, o mesmo conjunto de instituições desenvolvimentistas, definidas por um mecanismo de controle recíproco [...].

Apenas em um estágio posterior de desenvolvimento econômico, começando em meados da década de 1980, a semente responsável pela ascensão do "resto" se dividiu em duas espécies distintas, uma delas retendo um número menor de características da planta original do que a outra. A causa da divisão girou em torno das habilidades competitivas, das capacidades e dos ativos baseados no conhecimento que, segundo arguimos, estão na raiz do retardo ou da retomada. Antes da década de 1980, quando as capacidades requeridas para a industrialização se limitavam simplesmente a tomar emprestado tecnologia estrangeira e dominar a engenharia de produção e habilidades de execução de projetos, as instituições que sustentavam um mecanismo de controle recíproco eram robustas o bastante para se desincumbirem da tarefa, sem embargo das diferenças entre países. Quando, entretanto, as capacidades necessárias para uma expansão ainda maior passaram a exigir tecnologia mais implícita e exclusiva, uma escolha profunda teve de ser feita – ou aprofundar as relações com firmas estrangeiras ou investir mais na formação de firmas nacionais e P&D. Então as diferenças entre os países predominaram. (AMSDEN, 2009, p.484-485)

Para Amsden, essas diferenças justificam as distintas reações dos dois grupos de países diante de crises externas: os "independentes", graças aos investimentos em conhecimento e ao predomínio de firmas nacionais, mantiveram forte inserção no mercado internacional. Elevadas receitas de exportações permitiram superar rapidamente o impacto da crise financeira. Já os "integracionistas", cujas manufaturas tinham reduzido acesso ao mercado internacional, sofreram longamente os efeitos da crise. Uma breve revisão da evolução da economia latino-americana desde os anos 1970 permite situar suas dificuldades diante das crises das décadas de 1980 e 1990.

22.5 A ECONOMIA DA AMÉRICA LATINA NO FINAL DO SÉCULO XX

Nas décadas de 1950 e 1960, as economias latino-americanas tiveram desempenho bastante favorável: as taxas anuais de crescimento do PIB foram, em média, de 5,3% na década de 1950 e de 5,4% nos anos 1960 (BULMER-THOMAS, 1998, p.359). Esse crescimento foi sustentado pela produção industrial voltada ao mercado interno, favorecida pela política industrializante de "substituição de importações". No período de 1960-1973, a produção industrial da América Latina cresceu à taxa anual de 6,8%, ao passo que a exportação de produtos primários alcançou apenas 3,3% ao ano, assim como a produção agrícola para o mercado interno (FFRENCH-DAVIS; MUÑOZ & PALMA, 2005, p.154). O descompasso entre o crescimento industrial e o das exportações se traduziu no desequilíbrio externo das economias latino-americanas, sempre envolvidas com o problema de financiar as importações necessárias à industrialização e os demais componentes do balanço de pagamentos. Paralelamente, a elevação das taxas de inflação também constituía um problema para economias que cresciam rapidamente, mas acumulando desequilíbrios importantes.

Esses problemas induziram mudanças na orientação da política econômica. Embora sob formas e em graus distintos, a tendência foi a de favorecer as exportações. Bulmer--Thomas identifica três estratégias: promoção de exportações, substituição de exportações e desenvolvimento das exportações de produtos primários.

A promoção de exportações foi seguida por México, Brasil, Colômbia e, durante alguns anos, pela Argentina. Consistia essencialmente em estimular a exportação de manufaturados: o diferencial de salários entre os países desenvolvidos e os latino-americanos abriria espaço para algumas exportações (especialmente as intensivas em mão de obra) e o exemplo asiático estimulava a adoção dessa estratégia. O México aproveitou a proximidade dos Estados Unidos para favorecer operações de montagem na fronteira norte, mas também promoveu a exportação de outros tipos de manufaturados. O Brasil, embora também estimulasse as exportações, não abandonou a "substituição de importações": especialmente na década de 1970, com a implementação do segundo Plano Nacional de Desenvolvimento (II PND), houve o aprofundamento da estrutura industrial em direção à indústria pesada e de insumos intermediários. Já a Colômbia optou pelo estímulo às exportações de manufaturados com elevada participação de mão de obra.

Um resultado dessa política de promoção de exportações foi o aumento da participação de manufaturados no valor total das exportações de cada país: no Brasil, de 2,2%, em 1960, para 37,2%, em 1980; na Colômbia, de 1,5%, em 1960, para 19,7%, em 1980: no México, de 16,0%, em 1960, para 31,1%, em 1975, e na Argentina, de 4,1%, em 1960, para 24,4%, em 1975 (BULMER-THOMAS, 1998, p.384).

Outra estratégia é a chamada "substituição de exportações". Na verdade, o foco dessa estratégia foi a abertura comercial da economia, com a redução do protecionismo e de outras formas de intervenção do Estado. Admitia-se que a tendência antiexportadora da política de "substituição de importações" seria eliminada pela supressão dos estímulos à produção para o mercado interno. Em consequência, recursos seriam deslocados para a exportação de novos produtos que, de certo modo, "substituiriam" os tradicionais (ou se somariam a eles). A "substituição de exportações" seria o resultado da ampla abertura do mercado. Em contrapartida, a produção nacional de certos bens (especialmente manufaturados) deixaria de ser viável, pois não poderia concorrer com os produtos estrangeiros agora importados livremente (ou com tarifas reduzidas). Essa política foi adotada no Chile depois de 1973 (pelo governo ditatorial de Augusto Pinochet), na mesma época, no Uruguai (após um golpe que suprimiu a democracia no país) e na Argentina, em 1976 (também pelo governo militar que derrubou o regime peronista). O caso do Chile é

SEXTA PARTE – O CAPITALISMO NO FINAL DO SÉCULO XX E A CRISE DO SOCIALISMO (1973-2000)

exemplar: boa parte das manufaturas instaladas nos anos 1950 e 1960 foi desativada diante da concorrência dos importados e novos produtos (em especial, frutas) passaram a ser um item importante da pauta de exportações (em que o cobre, produto tradicional do país, ainda tinha a maior participação).

A terceira estratégia – desenvolvimento de exportações primárias – decorria de peculiaridades dos países que nela se engajaram: de um lado, uma fraca base manufatureira que limitava a possibilidade da "promoção de exportações"; de outro, a disponibilidade de algum recurso natural que favorecesse as exportações. Venezuela (petróleo), Bolívia (gás natural), Equador (petróleo), Paraguai (algodão e soja) são alguns exemplos dessa estratégia, além de Cuba que, após a revolução socialista, em 1959, manteve-se como produtor e exportador de açúcar, agora em direção ao mercado da União Soviética. Essa estratégia obteve resultados apreciáveis na década de 1970 pelo aumento dos preços da maior parte dos produtos primários no mercado internacional. Porém, na década seguinte houve a reversão do movimento dos preços, inclusive do petróleo, mostrando o risco inerente à estratégia.

Apesar do aumento das exportações latino-americanas na década de 1970, a região não dispensou o aporte de recursos externos: na verdade, os investimentos necessários às novas estratégias demandavam esses recursos para a realização de investimentos. E a ampla liquidez do mercado financeiro internacional, alimentada pelos chamados "petrodólares" (dólares dos excedentes dos países produtores de petróleo depositados em bancos americanos e europeus) facilitou a concessão de empréstimos aos países latino-americanos (governos, empresas públicas e privadas). O crescimento da dívida externa latino-americana é indicado na Tabela 22.10.

TABELA 22.10
América Latina: Dívida externa (bilhões de dólares correntes) – 1960-1982

ANO	DÍVIDA EXTERNA
1960	7,2
1970	20,8
1975	75,4
1979	184,2
1980	229,1
1982	314,4

Fonte: BULMER-THOMAS (1998), p.421. Obs.: Para os anos de 1960 e 1970, o dado registra apenas a dívida pública externa; para o demais anos, a dívida externa pública e privada.

O crescimento da dívida externa na década de 1970 não ofereceu maiores dificuldades para os países endividados: as taxas de juros eram reduzidas (dada a elevada liquidez no mercado financeiro internacional), menores mesmo do que os aumentos médios dos preços dos produtos exportados pela América Latina. Além disso, os bancos que operavam no mercado internacional recebiam volumosos recursos sob a forma de depósitos (principalmente os "petrodólares") e viam nos países latino-americanos um destino privilegiado para esses recursos. No entanto, nem todos os empréstimos obtidos se destinaram a investimentos (em especial a investimentos destinados à produção de exportáveis que gerassem as divisas necessárias para fazer frente aos juros e amortizações da dívida externa): em alguns países, parte dos empréstimos se destinou simplesmente à rolagem da dívida externa; em outros, para financiar as crescentes importações de bens de consumo induzidas pela abertura do mercado.

Desse modo, a partir de 1979, quando houve uma reversão nas condições do mercado internacional, os países endividados passaram a enfrentar dificuldades para dar conta dos encargos da dívida externa.

O ano de 1979 foi um marco crítico para as economias latino-americanas: o segundo choque do petróleo elevou os gastos dos países que dependiam da importação do produto; a política monetária restritiva dos Estados Unidos jogou a taxa de juros para níveis superiores a 10% ao ano, causando impacto sobre o serviço da dívida dos países latino-americanos.[11] Ademais, o aumento do preço do petróleo e da taxa de juros teve impacto recessivo sobre a economia norte-americana (e mundial) nos anos iniciais da década de 1980, com reflexos negativos sobre os preços dos produtos exportados pelos países latino-americanos. Apesar da crescente fragilidade financeira, os bancos continuaram a emprestar para a América Latina até que, em 1982, o primeiro sinal da crise da dívida foi acionado. Curiosamente, o país que suspendeu alguns pagamentos de sua dívida externa foi o México, que se tornara exportador de petróleo na segunda metade da década de 1970. Os crescentes encargos com a dívida (decorrentes da elevação da taxa de juros), agravados pelo uso inadequado de partes dos recursos obtidos por empréstimos e também pela fuga de capitais para o exterior, inviabilizaram os pagamentos relativos à dívida externa, mesmo para um país como o México que havia se beneficiado com os preços elevados do petróleo.

À suspensão dos pagamentos mexicanos se seguiu a interrupção dos fluxos de empréstimos para os outros países latino-americanos, pois os bancos temiam a sua inadimplência. Como, em geral, se dependia de novos empréstimos para "rolar" a dívida, os atrasos nos pagamentos foram se generalizando de país a país, de modo a caracterizar a década de 1980 como de "crise da dívida externa latino-americana".

O elevado endividamento da América Latina com alguns grandes bancos americanos (como o Citibank) e o fato de a crise ter se iniciado num país vizinho aos Estados Unidos

---

11. A Libor (taxa de juros de referência do mercado financeiro londrino) subiu, em termos reais, de menos 2,5%, em 1979 (ou seja, a taxa de juros nominal era menor do que a taxa de inflação no mercado internacional), para 22%, em 1981 (FFRENCH-DAVIS; MUÑOZ & PALMA, 2005, p.159).

SEXTA PARTE – O CAPITALISMO NO FINAL DO SÉCULO XX E A CRISE DO SOCIALISMO (1973-2000)

(o México), levou o governo norte-americano de Ronald Reagan a intervir na questão. Formou-se um "cartel" dos credores, com o apoio de Reagan, que passou a negociar as condições de retomada dos pagamentos dos devedores. Como se admitia que a capacidade de pagamento desses devedores dependia da condução de sua política econômica, foram estabelecidas condições para a renegociação da dívida. O Fundo Monetário Internacional (FMI) teve papel importante, pois acompanhava a formulação e execução das políticas econômicas e impunha restrições para a concessão de créditos aos devedores (as chamadas "condicionalidades"). O Banco Mundial também foi chamado a suprir algumas necessidades de recursos dos países endividados, seguindo, no entanto, a mesma orientação do FMI.

Para retomar algum pagamento da dívida externa, os países latino-americanos contavam apenas com os recursos de suas exportações. Desse modo, delinearam políticas para criar um saldo elevado na balança comercial, aumentando as exportações e reduzindo as importações. Como resultado, na década de 1980, a América Latina foi um "exportador" líquido de capitais: ou seja, os recursos enviados ao exterior (em especial para o pagamento de encargos da dívida externa) eram maiores do que os recebidos do exterior (pois o fluxo de "dinheiro novo" era muito reduzido) (Tabela 22.11).

TABELA 22.11
América Latina: movimentos de capital, 1974-1989 (médias anuais em milhões de dólares de 1980)

PERÍODO	MOVIMENTO LÍQUIDO DE CAPITAIS	PAGAMENTOS DE JUROS E LUCROS	TRANSFERÊNCIAS LÍQUIDAS DE FUNDOS
1974-1977	25.048	10.237	14.811
1978-1981	34.920	19.456	15.463
1982-1989	9.982	34.655	(24.674)

Fonte: FFRENCH-DAVIS; MUÑOZ & PALMA (2005), p.202. Obs.: Movimento líquido de capitais =
Investimento externo direto + Empréstimos líquidos + Transferências oficiais unilaterais.

Como indica a Tabela 22.11, entre 1982 e 1989, os países latino-americanos enviaram ao exterior (sob a forma de pagamentos de juros e lucros) um valor maior do que o recebido pelo ingresso de capitais (em média, cerca de 25 bilhões anuais). Esses recursos só podiam ser obtidos por meio do saldo da balança comercial, ou seja, por um esforço para o aumento das exportações e para redução das importações. A essa "saída líquida" de recursos correspondia a redução da "absorção interna", ou seja, a redução dos gastos com consumo e investimento que poderiam ser realizados caso os recursos permanecessem em seus países de origem. Em suma, os países latino-americanos tiveram de realizar um grande esforço produtivo para promover exportações; porém, os frutos dessas exportações se destinaram a saldar partes dos compromissos da dívida externa. Por outro lado, para reduzir as importações foram adotadas políticas recessivas que se refletiram na redução do ritmo de crescimento da economia. Se nas décadas de 1950 e 1960,

580

CAPÍTULO 22 – A ECONOMIA MUNDIAL NO FINAL DO SÉCULO XX

o PIB latino-americano crescera, em média, mais de 5% ao ano, entre 1973 e 1981, seu ritmo se reduziu a 4,5% ao ano e, entre 1981 e 1990, a 1,2% ao ano. Este período também foi marcado por pressões inflacionárias resultantes, em parte, do impacto da dívida externa sobre o serviço da dívida pública e por subsídios aos devedores privados. Inflações anuais de três dígitos foram frequentes (por exemplo, na Argentina, no Brasil, no México, no Peru), mas houve casos de inflações com cinco dígitos: 12.250%, em 1988, na Nicarágua e 11.750%, em 1985, na Bolívia, o que sugere a noção de hiperestagflação (FFRENCH-DAVIS; MUÑOZ & PALMA, 2005, p.161-163).

O agravamento das condições das economias latino-americanas enfraqueceu a expectativa de que a crise da dívida houvesse resultado de condições temporárias, as quais seriam revertidas em poucos anos. Assim, a renegociação da dívida, nos moldes como vinha sendo feita, implicava empurrar para o futuro um problema insolúvel e que tendia a crescer com o tempo. A percepção desse problema levou o governo americano a patrocinar duas iniciativas que buscavam outro tipo de solução para a crise da dívida latino-americana. O Plano Baker, de 1985, não foi bem-sucedido; e em 1989, o Plano Brady, ao propor a redução de uma parte da dívida externa (que já estava desvalorizada pelo mercado) encaminhou uma solução para o impasse entre credores e devedores. Assim, a dívida foi transformada em títulos ("securitizada") com algum desconto em relação ao seu valor original. Em contrapartida, os países deviam aceitar certas condições do Plano Brady, como o pagamento de atrasados comerciais e adoção de política econômica aceita pelo governo americano. Essas condições foram, de certo modo, sintetizadas no chamado "Consenso de Washington", "um consenso entre o FMI, o Banco Mundial e o Departamento do Tesouro dos Estados Unidos em relação às políticas 'certas' para os países em desenvolvimento" e que tinha como recomendações fundamentais a austeridade fiscal, a privatização e a liberalização do mercado (STIGLITZ, 2002, p.43 e 85). Equilíbrio orçamentário, redução de despesas e não aumento de impostos para combater o deficit público, determinação das taxas de juros e das taxas de câmbio pelas forças do mercado (sem intervenção do governo), liberalização comercial e financeira (fim da proteção aos produtos manufaturados e fim dos controles sobre os fluxos de capitais), privatização de empresas públicas, desregulamentação de atividades para promover a concorrência, entre outros itens, faziam parte do conjunto "correto" de medidas sugeridas aos países latino-americanos e que, em grande parte, foram adotadas por vários deles.

A partir de 1990, o fluxo de capitais para a América Latina, que fora praticamente interrompido em 1982, voltou a crescer. Com o aumento da liquidez no mercado financeiro internacional, a América Latina passou a atrair o interesse dos banqueiros internacionais.[12] Paralelamente, vários países da região superaram a instabilidade típica dos anos 1980, expressa

---

12. A retomada do fluxo de recursos internacionais para a América Latina foi bastante desigual: 65% dos capitais foram destinados a apenas seis países (Argentina, Brasil, Chile, Colômbia, Venezuela e México), sendo que Brasil e México absorveram

em especial pelos elevados índices de inflação ou mesmo por processos hiperinflacionários, de modo a restaurar a confiança dos investidores na economia desses países. Elevadas taxas de juros e a privatização de empresas estatais também foram fortes atrativos para a retomada dos fluxos de capitais internacionais para a América Latina. E o ingresso de novos capitais estimulou o crescimento das economias latino-americanas depois de uma década de crise.

À relativa recuperação das economias da América Latina na década de 1990 não correspondeu a superação de sua vulnerabilidade externa. O México foi o primeiro país a acusar o problema: em 1994, a crise externa exigiu forte desvalorização da moeda; e essa crise só não teve impacto mais profundo porque o governo norte-americano, preocupado com sua possível repercussão injetou volumosos recursos (da ordem de 20 bilhões de dólares) na economia mexicana.

A sucessão de crises financeiras na década de 1990 (Ásia – 1997; Rússia – 1998) não poupou os países latino-americanos: seu impacto mais forte foi sobre o Brasil (1999) e a Argentina (2001-2002): como no caso do México, desvalorizações da moeda foram necessárias para buscar a restauração do equilíbrio das contas externas.

A liberalização comercial e financeira da América Latina, seguindo os preceitos do Consenso de Washington, tornou as suas economias extremamente sensíveis às flutuações do mercado internacional. Não é difícil identificar nos dados da Tabela 22.12 o impacto das crises da década de 1990 sobre o PIB e sobre o fluxo de capitais para a América Latina.

A retomada do fluxo de capitais para a América Latina é visível nos dados referentes ao investimento externo direto e às emissões de bônus internacionais. O impacto das crises financeiras internacionais é também fácil de localizar: o efeito sobre o PIB da América Latina é nítido em 1995 (crise do México), em 1999 (crise da Rússia e do Brasil) e 2001 (crise na Argentina e nos Estados Unidos). Os empréstimos externos (sob a forma de bônus internacionais) também são fortemente afetados depois de 1997, ao passo que os investimentos diretos se mostraram sensíveis após 1999.

Numa avaliação geral das políticas inspiradas no Consenso de Washington, Stiglitz faz referência especial à América Latina:

> Os resultados das políticas impostas pelo Consenso de Washington não têm sido encorajadores: para a maioria dos países, o desenvolvimento tem sido lento e, onde ocorreu crescimento, os benefícios não têm sido repartidos igualmente. As crises têm sido mal administradas, e a transição do comunismo para a economia de mercado tem sido uma decepção. Dentro do mundo em desenvolvimento, as dúvidas são ainda maiores. Aqueles que seguiram as recomendações do Fundo [Monetário Internacional] e suportaram a austeridade perguntam: Quando colheremos os frutos? Na maior parte da América Latina, depois de uma curta explosão de crescimento

---

45% do total. O mesmo se verificou na África (7 países somaram 72% dos recursos recebidos) e na Ásia 7 países absorveram 60% dos recursos, cabendo à China 38% do total (CAMARA & SALAMA, 2005, p.210).

no início da década de 1990, estabeleceram-se a estagnação e a recessão. O crescimento não conseguiu se manter – alguns poderiam dizer que ele não era sustentável. Na realidade, nessa conjuntura, o recorde de crescimento da chamada era pós-reforma não parece estar melhor e, em alguns países, está até muito pior que no período de substituição de importações (quando as nações faziam uso de políticas protecionistas para ajudar a indústria doméstica a lutar contra os impostos), entre as décadas de 1950 e 1960. (STIGLITZ, 2002, p.121-122)

TABELA 22.12

América Latina e Caribe: PIB, investimento externo direto e emissões de bônus internacionais
(valores em bilhões de dólares)

ANO	PIB (TAXADE VARIAÇÃO ANUAL)	INVESTIMENTO EXTERNO DIRETO	EMISSÕES DE BÔNUS INTERNACIONAIS
1990	−0,3	6,4	2,8
1991	3,8	11,1	7,2
1992	3,2	12,5	12,6
1993	3,8	10,4	28,8
1994	5,2	24,4	17,9
1995	1,1	25,8	23,1
1996	3,8	40,3	46,9
1997	5,1	57,0	52,0
1998	2,2	60,6	39,5
1999	0,5	79,6	38,7
2000	3,8	67,8	35,6
2001	0,4	68,7	33,6

Fonte: CEPAL. *Estudio Económico de América Latina y el Caribe*. Diversos anos.

Na primeira década do século XXI alguns países da América Latina passaram por um novo surto de crescimento, em grande medida induzido pela expansão do comércio internacional sob o impacto da crescente inserção da economia chinesa no mercado mundial. É como exportadora de produtos primários (como soja, minério de ferro etc.) que a América Latina se insere nessa nova fase de expansão do comércio internacional. Por outro lado, as recorrentes crises financeiras internacionais (de 2002 e especialmente a de 2008) tiveram forte, embora efêmero, impacto sobre a América Latina levando a um crescimento negativo do PIB no ano de 2009.

A história econômica da América Latina, ao longo de mais de quatro séculos, apresenta um curioso percurso: uma economia voltada para fora (colonial e depois primário-exportadora) buscou, após a Segunda Guerra Mundial, um novo caminho em seu oposto. Por meio da industrialização fundada na substituição de importações, procurou no mercado interno (uma economia voltada para dentro) as bases para o seu dinamismo.

A crise da dívida externa na década de 80 colocou em xeque essa estratégia (que já vinha sendo complementada pelo estímulo às exportações); e desde então, os países latino-americanos integraram-se crescentemente à economia mundial por meio da liberalização comercial e financeira. Essa mudança na política econômica favoreceu o aumento das importações e, ao mesmo tempo, os setores exportadores, o que foi, de certo modo, reafirmado pela expansão do comércio internacional no começo do século XXI.

Trata-se de uma nova fase de expansão da economia capitalista mundial ou apenas de um surto passageiro? Em outras palavras, essa forma de inserção das economias latino-americanas na economia mundial fornece as bases para seu efetivo desenvolvimento ou o crescimento observado no início do século XXI se esgotará num prazo não muito longo?

Essa questão diz respeito a um tema crucial para os latino-americanos: esse padrão de desenvolvimento, estimulado em grande medida por exportações de produtos primários, pode encaminhar soluções duradouras para os dilemas do desenvolvimento (ou do subdesenvolvimento) latino-americano? Ou seja, esse padrão será capaz de eliminar as enormes disparidades sociais e regionais que são típicas do continente?

Trata-se de questão polêmica que merece ser examinada à luz das transformações da economia mundial no início do século XXI, o que procuramos fazer no capítulo final deste livro.

REFERÊNCIAS

AMSDEN, A. H. (2009). *A Ascensão do "Resto"*. São Paulo: Editora Unesp.

BULMER-THOMAS, V. (1998). *La Historia Económica de América Latina desde la Independencia.* México: Fondo de Cultura Económica.

CAMARA, M. & SALAMA, P. (2005). "A Inserção Diferenciada – com Efeitos Paradoxais – dos Países em Desenvolvimento na Mundialização Financeira" in CHESNAIS, F. (Org). *A Finança Mundializada: Raízes Sociais e Políticas, Configuração, Consequências*. São Paulo: Boitempo Editorial.

CEPAL. *Estudio Económico de América Latina y el Caribe*. Vários Anos.

CHESNAIS, F. (1996). *A Mundialização do Capital*. São Paulo: Xamã.

CHESNAIS, F. (1998). *A Mundialização Financeira*. São Paulo: Xamã.

COUTINHO, L. (1999). "Coreia do Sul e Brasil: Paralelos, Sucessos e Desastres" in FIORI, J. L. *Estados e Moedas no Desenvolvimento das Nações*. Petrópolis: Vozes.

CRAFTS, N. (2006). "The World Economy in the 1990s: A Long-Run Perspective" in RHODE, P. W. & TONIOLO, G. (2006). *The Global Economy in the 1990s*. Cambridge (UK): Cambridge University Press.

EICHENGREEN, B. (2000). *A Globalização do Capital*. São Paulo: Editora 34.

EICHENGREEN, B. (2006). "Managing the World Economy in the 1990s" in RHODE, P. W. & TONIOLO, G. (2006). *The Global Economy in the 1990s*. Cambridge (UK): Cambridge University Press.

FARNETTI, R. (1998). "O Papel dos Fundos de Pensão e de Investimentos Coletivos Anglo-Saxô-nicos no Desenvolvimento das Finanças Globalizadas" in CHESNAIS, F. (1998). *A Mundialização Financeira*. São Paulo: Xamã.

FFRENCH-DAVIS, R.; MUÑOZ, O. & PALMA, J. G. (2005). "As Economias Latino-Americanas, 1950-1990" in BETHELL, L. *História da América Latina após 1930: Economia e Sociedade*. São Paulo; Brasília: Edusp; Fundação Alexandre de Gusmão.

FRONTANA, A.V. (2000). *O Capitalismo no Fim do Século XX: A Regulação da Moeda e das Finanças em um Regime de Acumulação sob Dominância Financeira*. São Paulo: Faculdade de Economia, Administração e Contabilidade da Universidade de São Paulo (Tese de doutorado).

HIRST, P. & THOMPSON, G. (1998). *Globalização em Questão*. Petrópolis: Vozes.

IANNI, O. (2008). *Teorias da Globalização*. 15ª ed., Rio de Janeiro: Civilização Brasileira.

MADDISON, A. (2003). *The World Economy: Historical Statistics*. OECD: Paris.

MICHALET, C. A. (1984). *O Capitalismo Mundial*. Rio de Janeiro: Paz e Terra.

RHODE, P. W. & TONIOLO, G. (2006). *The Global Economy in the 1990s*. Cambridge (UK): Cambridge University Press.

STIGLITZ, J. (2002). *A Globalização e Seus Malefícios*. São Paulo: Futura.

STIGLITZ, J. (2003). *Os Exuberantes Anos 90: Uma Nova Interpretação da Década mais Próspera da História*. São Paulo: Companhia das Letras.

Capítulo 23

A CRISE DO SOCIALISMO NO FINAL DO SÉCULO XX: A DESAGREGAÇÃO DA UNIÃO SOVIÉTICA E AS TRANSFORMAÇÕES DA ECONOMIA CHINESA

expansão do socialismo no mundo ocorreu até o final da década de 1970. Algumas colônias que obtiveram a independência nessa década promoveram, em grau maior ou menor, a estatização dos meios de produção e, em geral, estabeleceram um regime político com partido único. Lembramos os casos das colônias portuguesas na África que, libertadas em torno de 1975, seguiram esse caminho: Angola, Moçambique, Guiné-Bissau e Cabo Verde. Ao fim dos anos 1970, o socialismo alcançou sua maior abrangência mundial. Uma relação dos países socialistas em torno de 1980 é apresentada abaixo:

EUROPA	ÁSIA	ÁFRICA	AMÉRICA
União Soviética	Mongólia	Somália	Cuba
Bulgária	China	Congo	Nicarágua
Polônia	Coreia do Norte	Etiópia	Granada
Romênia	Vietnã	Guiné-Bissau	
Hungria	Laos	Cabo Verde	
Tchecoslováquia	Cambodja	Angola	
Albânia	Afeganistão	Moçambique	
Iugoslávia	Líbia	Benin	
República Democrática Alemã (Alemanha Oriental)	Iraque	Guiné	
	Iêmen do Sul		

Hobsbawm lembra que os países socialistas chegaram a contar com um terço da população mundial. No entanto, entre 1989 e 1991, a maior parte dos regimes comunistas desapareceu ou sofreu profundas mudanças. Surpreende o fato de um fenômeno de dimensão

SEXTA PARTE - O CAPITALISMO NO FINAL DO SÉCULO XX E A CRISE DO SOCIALISMO (1973-2000)

tão ampla, e que parecia bastante sólido, ter praticamente desaparecido em questão de poucos anos.[1] A queda do Muro que separava Berlim em duas partes (a controlada pela República Federal Alemã da pertencente à República Democrática Alemã), em 9 de novembro de 1989, é um marco simbólico da crise do socialismo e que surpreendeu o mundo pelo inesperado do acontecido.

Evidentemente, a explicação do que se passou não é simples e inúmeras interpretações foram e são ainda elaboradas. Procuraremos apenas recuperar os elementos históricos que conduziram à crise e às mudanças e indicar algumas hipóteses sobre esse processo.

23.1 A DESAGREGAÇÃO DA UNIÃO SOVIÉTICA E O FIM DO SOCIALISMO NOS PAÍSES DO LESTE EUROPEU

A derrocada da União Soviética implicou, num prazo relativamente curto, o desaparecimento de um Estado (a União das Repúblicas Socialistas Soviéticas), de uma forma de organização econômica (em que os meios de produção foram estatizados ou socializados) e de um regime político (estruturado em torno de um partido único, em geral denominado Partido Comunista).[2]

Evidentemente, numa sociedade em que os meios de produção pertencem ao Estado, os fenômenos políticos e econômicos estão quase sempre entrelaçados. Desse modo, a simples apresentação (e ainda mais a interpretação) dos fatos que conduziram ao fim da União Soviética envolve aspectos políticos e econômicos que nem sempre podem ser considerados isoladamente.[3]

Já indicamos anteriormente (Capítulo 20) que a economia soviética enfrentava problemas desde os anos 1960: as propostas de reforma do sistema de gestão das empresas estatais eram um claro indício desses problemas. Do ponto de vista do conjunto da economia, isso ficava evidente pelo declínio das taxas de crescimento do produto, particularmente acentuado a partir de 1970. Os dados apresentados na Tabela 23.1 foram extraídos

---

1. "Qualquer um que afirme ter previsto esse enorme acontecimento será seriamente suspeito. O enorme e sofisticado esforço de inteligência que buscava conhecer as atividades por trás da Cortina de Ferro mostrou-se totalmente irrelevante. Nenhuma palavra do que poderia acontecer se fez ouvir. Os milhões nele investidos não trouxeram retorno. Uma das características mais notáveis desta revolução recente foi o fato de ela ter sido completamente imprevista" (GALBRAITH, 1994, p.166).

2. Para facilitar a exposição, quando usamos o termo "socialismo" estamos, em geral, nos referindo ao sistema econômico em que os meios de produção foram estatizados; e o termo "comunismo" indica a forma de organização política cujo núcleo é o partido único. Este uso não corresponde a qualquer definição rigorosa dos dois termos em torno dos quais, de resto, há vasta polêmica.

3. Uma discussão mais ampla da desagregação da União Soviética deveria considerar também outros aspectos, em especial a diversidade étnica e cultural das repúblicas que foram incluídas na URSS, tema que, por sua amplitude e diversidade, não seria possível de tratar apenas como parte do capítulo.

das estatísticas oficiais que provavelmente exageram o crescimento real da economia, mas atestam o declínio do ritmo de crescimento da economia da União Soviética (Tabela 3.1).

TABELA 23.1
União Soviética: Produto material nacional (Taxas de crescimento anuais – %)

PERÍODO	TAXA DE CRESCIMENTO
1951-1955	11,3
1956-1960	9,2
1961-1965	5,7
1966-1970	7,1
1971-1975	5,1
1976-1980	3,7
1981-1985	3,2
1986-1990	1,3

Fonte: LAVIGNE (1999), p.58

O declínio da taxa de crescimento respondia a um conjunto de efeitos derivados da própria forma de organização da economia soviética.

A prioridade dada à indústria pesada parece ter esgotado seus efeitos nos anos 1970. Desde o estabelecimento dos planos quinquenais, em 1927, o investimento na produção de meios de produção era considerado prioritário em relação ao investimento na produção de bens de consumo. Admitia-se que o investimento na indústria pesada, além de estratégico (por exemplo, por razões militares) era o vetor capaz de induzir o crescimento do conjunto da economia. Os investimentos no setor produtor de meios de produção aumentariam sua capacidade produtiva, mas também criariam renda (por exemplo, os salários dos trabalhadores empregados nessa indústria) e, portanto, demanda por outros produtos, gerando novos campos de investimento. Estas novas indústrias, por sua vez, teriam à disposição os equipamentos necessários para materializar seu investimento (pelo aumento da capacidade produtiva do setor produtor de meios de produção). Além disso, a própria "demanda" do Estado para a produção de armamentos e, a partir dos anos 1950, para a "corrida espacial", garantiria o crescimento a partir do investimento na indústria pesada, a qual não estaria sujeita a restrições para o seu financiamento.[4] Mas o efeito dinâmico

---

4. "A economia soviética pode, portanto, ser caracterizada em seu funcionamento, como uma economia comandada pela oferta e que se norteia pelo objetivo de alcançar rápido crescimento. A este objetivo se subordina o processo de alocação de recursos, sem consideração com os aspectos do seu financiamento ou economicidade. Daí o seu crescimento extensivo. Assumindo que este rápido crescimento se fez a partir do crescimento mais do que proporcional do setor produtor de bens de produção, os recursos são prioritariamente alocados para este setor, segundo o princípio das

SEXTA PARTE - O CAPITALISMO NO FINAL DO SÉCULO XX E A CRISE DO SOCIALISMO (1973-2000)

do investimento na indústria pesada parece ter se reduzido, ou até mesmo se esgotado, em torno de 1970, deixando de alimentar o rápido crescimento da economia soviética.

Os problemas de gestão da empresa estatal, objeto da reflexão dos economistas soviéticos na década de 1960, deram origem a tentativas de reformas cujos resultados não foram expressivos. Os mecanismos de controle sobre as empresas não estimulavam o progresso técnico, impedindo a elevação da produtividade que, ao contrário, tendia a declinar. Além disso, a forma de controle provocava distorções no sentido de que o próprio plano não era atendido pelas empresas.

O planejamento centralizado também acumulava problemas: além da crescente dimensão do aparato por ele responsável, mostrava-se incapaz de realizar adequadamente a compatibilização dos planos de produção de milhares de empresas estatais.[5] Assim, era comum haver deficiência no suprimento de insumos para uma determinada empresa e excesso de produtos para outras.

Além disso, apesar dos controles inerentes ao sistema de planejamento (ou, talvez, por causa deles) floresceu, ao lado da economia formal, uma "economia paralela". De um lado, havia uma "economia subterrânea" que correspondia às trocas que eram realizadas entre as empresas estatais fora dos canais regulares de suprimento: como observamos acima, os órgãos de planejamento não conseguiam atender adequadamente às necessidades de suprimentos das empresas. Desse modo, escapando aos controles dos órgãos de planejamento, dirigentes de empresas entravam em contato diretamente entre si a fim de suprir as deficiências decorrentes da rigidez do sistema de planejamento. Por outro lado, criou-se uma "segunda economia", estranha à economia oficial, mas que se instalou no interior do aparelho partido/Estado. Trata-se da produção e troca de bens e serviços, realizada para a obtenção de ganho privado por meio da utilização de tempo e material extraído das atividades regulares do setor estatal. Estimava-se que, em 1984, de 17 a 20 milhões de pessoas atuavam na "segunda economia", o que correspondia a cerca de 15% da força de trabalho da União Soviética. Essa "segunda economia" contava com a participação da chamada *nomenklatura*[6] que, para obter ganhos materiais, promoveu o desvio de recursos do Estado

---

"cadeias condutoras", setores que expressam as prioridades adotadas em cada etapa do processo de desenvolvimento" (POMERANZ, 1990, p.22-23).

5. Lenina Pomeranz indica a existência de 24 milhões de bens diferentes produzidos na economia soviética em torno de 1980, produtos que eram, de algum modo, objeto do planejamento e controle estatal. Para tanto, houve, ao longo do tempo, enorme expansão da estrutura administrativa estatal; mas afirma: "Ao mesmo tempo, porém, a economia tornou-se bastante complexa para tornar ineficaz, se não impossível, o seu controle centralizado, seja pelo número de informações de que este depende, seja pelo funcionamento verticalizado e autarquizado dos ministérios; seja, enfim, pela ineficácia dos sistemas de incentivo para direcionar a atividade das empresas e de seus coletivos de trabalhadores" (POMERANZ, 1990, p.24).

6. "[...] o termo nomenklatura, praticamente desconhecido antes de 1980, a não ser como parte do jargão administrativo do PCUS, passou a sugerir precisamente a fraqueza da interesseira burocracia do partido na era Brejnev: uma combinação de incompetência e corrupção. E, na verdade, tornou-se cada vez mais evidente que a própria URSS operava basicamente por um sistema de patronato, nepotismo e suborno" (HOBSBAWM, 1995, p.458).

CAPÍTULO 23 – A CRISE DO SOCIALISMO NO FINAL DO SÉCULO XX

para finalidades privadas, num esquema de corrupção bastante generalizado (POMERANZ, 1990, p.25-26; LAVIGNE, 1999, p.41-43).

Em suma, a economia soviética acumulava problemas das mais diversas ordens que se refletiam em seu ritmo de crescimento, nos níveis de produtividade, no desequilíbrio da oferta de bens de produção e bens de consumo etc.

No entanto, essas deficiências da economia soviética foram, em parte, encobertas a partir do primeiro choque do petróleo de 1973. A União Soviética era uma grande produtora e exportadora de petróleo e de gás, e se beneficiou do aumento dos preços do produto no mercado internacional.[7] Com esses recursos foi possível importar mercadorias – bens de produção e de consumo – que o sistema produtivo não era capaz de fornecer em quantidades adequadas. Houve importante mudança na pauta de exportações soviética: se em 1960, o país exportava principalmente máquinas, equipamentos, meios de transporte, metais e artigos de metais, em 1985, suas exportações se concentravam em "energia" (petróleo e gás) e passou a importar máquinas, metais, insumos industriais, trigo e bens de consumo. Desse modo, era possível atender, ao menos em parte, aos anseios da população por bens de consumo, apesar de o sistema produtivo soviético se mostrar incapaz de acompanhar suas necessidades.

A chamada Era Brejnev (1964-1982, período em que Leonid Brejnev foi secretário-geral do PCUS) ficou conhecida como a Era da Estagnação (rótulo aplicado por M. Gorbachev): além da reduzida taxa de crescimento do produto, o período foi marcado por pouco dinamismo tecnológico e reflexos sobre os indicadores sociais (como aumento da taxa de mortalidade e redução da esperança de vida).

Os problemas inerentes à organização da economia soviética foram agravados pelo crescimento dos gastos militares: os gastos incorridos com a intervenção no Afeganistão (1979-1989) se somaram aos da "corrida armamentista", estimulados pela competição com o programa norte-americano do Governo Reagan (que ficou conhecido como "Guerra nas Estrelas"). Ao tentar acompanhar o projeto armamentista de Reagan, o governo de Brejnev acabou comprometendo a economia soviética e as finanças do governo (cujos recursos eram insuficientes para fazer frente ao programa norte-americano).

Os sucessores imediatos de Brejnev (Y. Andropov – 1982-1984; K. Chernenko – 1984-1985) pouco puderam fazer diante da crise da economia soviética que começava a atingir também o consumo da população. Foi nessa conjuntura que Mikhail Gorbachev ascendeu à posição de secretário-geral do PCUS, em 1985, e propôs um ambicioso programa de reformas identificado com dois rótulos: Glasnost e Perestroika.

---

7. O barril de petróleo estava cotado, em média, a 2,5 dólares em 1972; no ano de 1974, o preço médio foi de 11,25 dólares; no último trimestre de 1979 (após o segundo choque do petróleo), atingiu 24 dólares por barril. Em fins da década de 1980, chegou a 41 dólares, todos valores correntes (ou seja, em dólares da época indicada).

Glasnost (transparência ou liberdade de informação) e Perestroika (reconstrução ou reestruturação) propunham mudanças profundas no regime político e a reorganização da economia soviética. O diagnóstico de Gorbachev identificava os sintomas da crise soviética:

Tudo isso, camaradas, fez-se sentir negativamente no desenvolvimento de muitas esferas da vida da sociedade. Tomemos a produção material. Os ritmos de incremento do rendimento nacional nos últimos três quinquênios diminuíram em mais de cinquenta por cento. No tocante à maioria dos índices, os planos não se cumpriam desde o início dos anos 70. A economia tornou-se, em geral, pouco receptiva para inovações e muito pesada, a qualidade de parte considerável da produção deixou de corresponder às atuais exigências e agravaram-se as desproporções na produção. Diminuiu a atenção para com o desenvolvimento do setor de construção de máquinas. As pesquisas científicas, os projetos e as experiências atrasaram-se em relação às necessidades da economia nacional, não correspondiam às tarefas da sua reconstrução tecnológica. As compras de equipamentos e de muitos outros artigos no mercado capitalista eram desmesuradas e nem sempre justificadas. (GORBATCHOV, 1987, p.35)

A raiz dessa "estagnação" estava, em última instância, na forma pela qual o Partido e o Estado promoviam o planejamento e a gestão da economia. Gorbatchev era enfático nas críticas aos órgãos partidários, como fica patente na longa referência que transcrevemos:

A causa principal, o que o Bureau Político considera indispensável revelar com toda a franqueza no Plenário, consistiu em que o CC do PCUS e os dirigentes do país, em primeiro lugar por força de razões subjetivas, não conseguiram perceber a tempo e em plena medida a necessidade de mudanças, o perigo do crescimento das situações de crise na sociedade e elaborar uma linha inequívoca de superação destes fenômenos e de um aproveitamento mais amplo das potencialidades latentes do sistema socialista. Na elaboração da política e da atividade prática prevaleceram as tendências conservadoras, a inércia, a tendência de pôr de lado tudo o que não se enquadrava nos esquemas habituais, assim como a má vontade de resolver os problemas socioeconômicos prementes. Os órgãos dirigentes do Partido e do Estado, camaradas, são responsáveis por tudo isto.

Adiante, Gorbatchev identificava as razões últimas dessa atitude:

As causas desta situação vêm de longe, tendo a sua origem naquela situação histórica concreta em que, por força de circunstâncias conhecidas, desapareceram da teoria e da sociologia a discussão viva e o pensamento criador, enquanto as apreciações e critérios arbitrários se converteram em verdades incontestáveis e susceptíveis de ser apenas comentadas. Ocorreu uma espécie de absolutização das formas de organização da sociedade que se criaram na prática. Mais ainda, semelhantes concepções eram no fundo identificadas com as características essenciais do socialismo, encaradas como invariáveis e apresentadas como dogmas que não dão lugar a pesquisa científica objetiva. (GORBATCHOV, 1987, p.30-31)

Entre as distorções que o regime provocara, uma merecia referência especial:

O princípio da igualdade dos comunistas foi muitas vezes violado. Muitos membros do Partido que ocupavam cargos dirigentes ficaram fora do controle e da crítica, o que provocou malogros no trabalho e graves violações da ética partidária. Não se pode silenciar igualmente a justa indignação dos trabalhadores pelo procedimento dos dirigentes, investidos de confiança e poderes, e incumbidos de defender os interesses do Estado e dos cidadãos, que abusavam do poder, abafavam a crítica e tiravam vantagens individuais. Alguns deles até se tornaram cúmplices ou, às vezes, organizadores de ações delituosas. (GORBATCHOV, 1987, p.40)

Desse modo, Gorbatchev atacava o regime político soviético que preservava a ausência de discussões e impedia qualquer crítica às decisões dos órgãos centrais do partido. Como consequência, indicava não só a ineficiência a que o sistema de planejamento econômico fora levado, mas também as implicações negativas (inclusive em termos de corrupção) de um sistema político restritivo que contaminava o próprio processo de decisão do Estado.

A Glasnost pretendia, portanto, eliminar essas restrições no interior do partido e do Estado e, mais do que isso, iniciar a separação entre Partido e Estado, definindo este como o espaço do governo (já que até então o Partido assumia, por meio do Estado, as funções de governo). Para tanto, em 1988 foram propostas uma emenda constitucional e uma nova lei eleitoral, que previam o fim do regime de partido único (era permitida inclusive a participação de organizações religiosas nas eleições) e a criação de um Congresso de Sovietes, uma espécie de parlamento que, ao lado do Soviete Supremo, ganhava alguma capacidade de controle sobre o governo.

Já a Perestroika previa ampla reestruturação da economia soviética, sem renegar alguns princípios básicos do socialismo: seu anúncio se deu em 1985, mas avançou apenas a partir de 1987. Não se reconheceu formalmente a propriedade privada (embora fosse dado algum espaço para a iniciativa individual), nem se abandonou o socialismo como ideologia e o papel preponderante do partido. Porém, as propostas incluíam amplas mudanças como:

- priorização do atendimento do mercado consumidor, com investimentos na área social (como habitação) e na agricultura (para garantir o abastecimento de alimentos);
- mudança no sistema de gestão com a descentralização do processo de decisão e a substituição, em alguns níveis, do planejamento burocrático por instrumentos econômicos como reguladores da atividade ("mercado", porém regulado por instrumentos de política econômica manejados pelo Estado);

SEXTA PARTE – O CAPITALISMO NO FINAL DO SÉCULO XX E A CRISE DO SOCIALISMO (1973-2000)

- as empresas estatais deveriam adotar princípios como o cálculo econômico (tendo o lucro como parâmetro), o autofinanciamento e a autogestão (elaborando planos quinquenais);
- permissão para cooperativas de trabalho com no mínimo três membros em algumas atividades, com a prática de preços livres a fim de facilitar a iniciativa individual;
- na agricultura, permissão para arrendamento das terras pertencentes ao Estado a fim de criar uma camada de pequenos fazendeiros (POMERANZ, 1990, p.27-33; LAVIGNE, 1999, p.94-95).

A Perestroika avançou lentamente e encontrou forte resistência dos interesses por ela atingidos. Para Hobsbawm, a Glasnost procurou mobilizar o público, dentro e fora do aparelho do Partido e do Estado, contra a resistência que viria de uma parte deles. A Glasnost avançou a ponto de alterar as regras eleitorais e a própria relação entre Partido e Estado; no entanto, a política de Gorbatchev acabou sendo superada por forças contrárias à sua proposta. Por que as reformas de Gorbatchev não foram bem-sucedidas?[8]

No plano econômico, a implementação parcial das medidas da Perestroika acabou por desestabilizar a economia soviética. A manutenção de preços fixos, diante de uma demanda crescente, criou pressões inflacionárias que agravaram a escassez de bens, impondo o racionamento nas grandes cidades. Além disso, o governo enfrentava déficits crescentes, reduzindo sua capacidade de intervenção na economia. Como indicado na Tabela 23.1, a taxa de crescimento do produto entre 1986 e 1990 foi de apenas 1,3% ao ano (taxa registrada nas estatísticas oficiais, provavelmente superior à real). Portanto, no final dos anos 1980, elevada taxa de inflação, escassez de bens de consumo, desequilíbrio fiscal e baixo crescimento econômico compunham um quadro de crise, sugerindo que a capacidade de comando do Estado sobre a economia estava profundamente abalada.

Por outro lado, no plano político, a autoridade se via crescentemente esgarçada. O poder monolítico do Partido/Estado na União Soviética fora rompido pela Glasnost: à crescente separação entre Partido e Estado, se somara a eleição de um Congresso (com representantes de outros partidos, além do comunista) e de presidentes das unidades da federação (as diversas repúblicas soviéticas) com funções executivas. Foi particularmente importante a eleição de Boris Yeltsin como presidente da Rússia (a mais influente das repúblicas da URSS), um forte adversário de Gorbachev e que passou a rivalizar com o

---

8. Convém relembrar outra iniciativa de Gorbachev, esta bem-sucedida: o fim da Guerra Fria, já registrada na Quinta Parte deste livro. Até por razões internas – os gastos militares, em especial depois da intervenção soviética no Afeganistão, que chegaram a 16% do produto nacional, comprometiam os recursos do país – Gorbachev procurou convencer os governos ocidentais de que a intenção soviética era efetivamente promover o fim da Guerra Fria. "Isso conquistou-lhe uma imensa e duradoura popularidade no Ocidente, que contrastava de maneira impressionante com a falta de entusiasmo por ele na URSS, pela qual acabou sendo vitimado em 1991. Se algum homem sozinho pôs fim a uns quarenta anos de guerra fria global, foi ele" (HOBSBAWM, 1995, p.464).

594

seu poder como secretário-geral do partido e como chefe de Estado da União Soviética. Assim, Gorbatchev enfrentava duas fortes correntes de oposição: de um lado, de dentro do partido, os elementos mais conservadores que desejavam bloquear as mudanças por ele propostas; do outro lado, aqueles que, liderados por Yeltsin (ou que fizeram dele seu porta-voz), desejavam reformas mais amplas no sentido da privatização da propriedade estatal e de uma transição rápida para um capitalismo de livre empresa.

Em agosto de 1991, houve um golpe contra Gorbachev: membros conservadores do Partido Comunista pretendiam evitar o desaparecimento da União Soviética, uma ameaça diante da crescente autonomia das repúblicas. O golpe foi neutralizado, em parte, pela liderança de Yeltsin; e em dezembro do mesmo ano, Yeltsin fundou a Comunidade de Estados Independentes; poucos dias depois foi decretado o fim da URSS (União das Repúblicas Socialistas Soviéticas), encerrando também a Era Gorbachev.

Como situar esses fatos num quadro mais amplo?

Hobsbawm entende que Glasnost e Perestroika eram incompatíveis, ou seja, que as reformas econômicas, mas que mantinham elevada presença do Estado no planejamento e no comando da economia, só podiam ser levadas adiante por uma estrutura política rígida, estrutura essa que tinha sido em grande parte destruída pela Glasnost:

> A única coisa que fazia o sistema soviético funcionar, e podia talvez transformá-lo, era a estrutura de comando do partido/Estado herdada dos dias stalinistas. [...] Mas a estrutura do partido/Estado era, ao mesmo tempo, o principal obstáculo para a transformação de um sistema que ele criara, ao qual se adaptara, no qual tinha um grande interesse investido, e para o qual achava difícil conceber uma alternativa. (HOBSBAWM, 1995, p.465)

A tentativa de Gorbachev de reformas mostrou-se então incompatível:

> O que levou a União Soviética com rapidez crescente para o precipício foi a combinação de glasnost, que equivalia à desintegração da autoridade, com uma perestroika que equivalia à destruição dos velhos mecanismos que faziam a economia funcionar, sem oferecer qualquer alternativa; e consequentemente o colapso cada vez mais dramático do padrão de vida dos cidadãos. (HOBSBAWM, 1995, p.468)

A desagregação da União Soviética deu origem a várias repúblicas independentes: Estônia, Letônia, Lituânia, Rússia, Ucrânia, Belarus, Moldova, Armênia, Geórgia, Azerbaijão, Casaquistão, Uzbesquistão, Quirguistão, Turcomenistão e Tajiquistão. A União Soviética era uma federação de repúblicas marcadas pela enorme diversidade étnica entre elas (e mesmo dentro delas). A unidade da federação dependia, portanto, da adesão dessas repúblicas, adesão que implicava inclusive o envio de recursos fiscais para o orçamento federal. Em contrapartida, a União Soviética deveria fornecer elementos para manter essa

SEXTA PARTE – O CAPITALISMO NO FINAL DO SÉCULO XX E A CRISE DO SOCIALISMO (1973-2000)

unidade de entidades tão díspares. O declínio da economia soviética tendeu a enfraquecer o poder federal e permitiu o desaparecimento da União Soviética sem qualquer tipo de resistência. Dada a desorganização da economia, algumas repúblicas passaram a emitir suas próprias moedas e o comércio entre as repúblicas entrou em colapso pela introdução de barreiras alfandegárias e restrições quantitativas.

A transição da União Soviética para a nova situação envolveu inúmeras dificuldades, mas a Rússia herdou o papel desempenhado pela União Soviética no plano internacional ao assumir suas embaixadas e suas posições nos organismos internacionais.

O colapso do comunismo nos países do leste europeu ocorreu antes mesmo que ele se consumasse na União Soviética.

Entre agosto de 1989 e o fim daquele ano [1990], o poder comunista abdicou ou deixou de existir na Polônia, Tchecoslováquia, Hungria, Romênia, Bulgária e República Democrática Alemã – sem que um tiro fosse disparado, a não ser na Romênia. Pouco depois, os dois Estados balcânicos que não eram satélites soviéticos, Iugoslávia e Albânia, também deixaram de ser regimes comunistas. A República Democrática Alemã logo seria anexada à Alemanha Ocidental e a Iugoslávia logo se desfaria em guerra civil. (HOBSBAWM, 1995, p.471)

Desse modo, após 1989-1991, regimes políticos controlados por partidos comunistas subsistiram apenas na China, na Coreia do Norte, no Vietnã e em Cuba.

A súbita queda dos regimes comunistas da Europa propôs, em seguida, o problema da transformação de sua economia. Em grau maior ou menor, essas economias fundavam-se no planejamento centralizado (ou seja, a produção e os preços eram determinados pelo plano) e propriedade estatal dos meios de produção. De modo geral, propôs-se caminhar em direção a uma economia de mercado com a privatização dos meios de produção. Apesar das peculiaridades dessa transição em cada país do Leste Europeu, os processos fundamentais apresentaram alguma semelhança. O caso da Rússia pode ilustrar os problemas da transição e os mecanismos utilizados na transformação de uma economia socialista numa economia de mercado ou capitalista.

A partir de 1992, já dissolvida a União Soviética, a Rússia, sob a presidência de Boris Yeltsin, encaminhou reformas no sentido da constituição de uma economia de mercado. Estas reformas incluíam dois conjuntos de ações: "privatização da propriedade, universalmente estatal no sistema anterior, tendo em vista a formação de uma classe de proprietários privados para atuarem como agentes de mercado; a estruturação de um sistema de gestão macroeconômica, que envolveu uma variante da chamada terapia de choque – liberalização quase total dos preços e do comércio exterior, monetização da economia – e a institucionalização dos instrumentos de funcionamento da economia de mercado" (POMERANZ, 2009, p.301).

A implementação dessas medidas não foi capaz de superar a desorganização por que a economia passava desde a década de 1980; pelo contrário, a agravou provocando acentuado declínio do produto, inflação, crise cambial em agosto de 1998, congelamento parcial da dívida externa (com reflexos no mercado financeiro internacional).

Os resultados imediatos dessas mudanças foram desastrosos, como atestam os dados de variação do produto não só da Rússia, mas também de algumas repúblicas da antiga União Soviética que passaram por processos semelhantes (Tabela 23.2).

TABELA 23.2
Produto Interno Bruto: 1990-1996 (taxa de variação anual - %)

	1990	1991	1992	1993	1994	1995	1996
Rússia	−4,0	−14,3	−14,5	−8,7	−12,7	−4,2	−4,9
Ucrânia	−3,6	−11,2	−13,7	−14,1	−22,9	−11,8	−5,0
Lituânia	−6,9	−13,1	−39,3	−30,4	1,0	3,0	6,4
Estônia	−8,1	−10,0	−14,1	−8,6	−2,7	2,9	4,0

Fonte: LAVIGNE (1999), p.288-291.

O impacto social desses anos de profunda recessão foi expressivo, pois o declínio do produto se associou a uma distribuição mais desigual da renda decorrente da própria transformação do sistema (antes caracterizado por menores disparidades sociais).[9]

Ao abrupto declínio do produto, somaram-se dificuldades no setor externo com o declínio das exportações russas e um baixo volume de reservas internacionais. Em agosto de 1998, o presidente Yeltsin declarou moratória da dívida externa das empresas privadas e adiou o pagamento de títulos da dívida pública, dando início a uma crise financeira internacional. A situação russa foi equacionada com um volumoso empréstimo do FMI e, no ano seguinte, Yeltsin renunciou ao seu mandato, encerrando esse turbulento período presidencial.

Entre as reformas implementadas pelo governo de Yeltsin, o processo de privatização assumiu papel central por sua dimensão e complexidade: como transferir para o capital privado os meios de produção que, em sua quase totalidade, pertenciam ao Estado (ainda que sob diferentes estatutos legais)?

A pequena privatização – privatização de pequenas empresas estatais do comércio de varejo e de alguns tipos de serviços – não ofereceu grande dificuldade: ela se deu pela

---

9. "No plano social, a transformação sistêmica resultou na substituição de uma sociedade relativamente igualitária, ainda que em níveis de renda per capita mais baixos, por uma sociedade estratificada em classes, com a formação de uma elite empresarial e de governo, que comanda parcela significativa da riqueza nacional, o surgimento de uma pequena classe média, e uma ampla parcela da população vivendo com baixos níveis de renda, na qual se insere uma porcentagem ainda significativa de pessoas com renda inferior à do nível de subsistência" (POMERANZ, 2009, p.305).

SEXTA PARTE – O CAPITALISMO NO FINAL DO SÉCULO XX E A CRISE DO SOCIALISMO (1973-2000)

venda desses ativos estatais, absorvendo poupanças previamente acumuladas. Além disso, a simples liberalização do comércio doméstico, ao permitir a formação de empresas privadas, abriu espaço para o estabelecimento de muitos comerciantes; no ramo de serviços, com frequência se legalizou uma atividade que se realizava clandestinamente na União Soviética (como serviços de consultoria, engenharia, aulas particulares etc.).

Mais complexa e demorada foi a privatização das grandes empresas estatais, seja pela dimensão de cada negócio, seja pelo número de empresas que deveriam passar às mãos do capital privado. Como as empresas estatais eram vistas como uma propriedade de toda a população, havia alguma resistência à simples venda das empresas para capitais privados. Assim, o governo russo emitiu "cheques de privatização" (*vouchers*), com um certo valor em rublos, que foram distribuídos à população. Com esses vouchers, seus portadores poderiam participar dos leilões de privatização de empresas estatais que foram transformadas em sociedades anônimas.[10] Desse modo, em princípio, toda a população poderia se tornar sócia/acionista das empresas privatizadas. No entanto, como esses *vouchers* eram negociáveis, muitos dos que os haviam recebido preferiram vendê-los a pessoas ou grupos que tinham interesse em participar dos leilões de privatização. A tendência, nesta fase da privatização, foi a de transferir o controle das empresas para seus antigos diretores, membros da chamada *nomenklatura*.

Uma segunda fase da privatização envolveu grandes empresas de setores-chave da economia russa e apresentou características peculiares:

> A privatização, na segunda etapa, realizou-se num processo de barganha entre o governo e alguns banqueiros, enriquecidos por múltiplas atividades durante a *perestroika* e a primeira fase da privatização. Esta etapa realizou-se por intermédio de um acordo de empréstimo ao governo, com garantia de ações das gigantescas empresas do setor de petróleo, metalurgia de ferrosos e não ferrosos. Ambas as partes estavam interessadas em assegurar a permanência de Yeltsin no poder, contra a possibilidade de vitória dos comunistas nas eleições presidenciais de 1996. A transferência de empresas se fez a preços de barganha, a fim de assegurar a realização do pacto político em torno dos objetivos visados, e serviu de base à estreita vinculação entre este grupo de empresários e o poder político, dando origem aos oligarcas. (POMERANZ, 2009, p.302)

A privatização não eliminou a propriedade estatal, porém a reduziu substancialmente: estima-se que em 2007 a participação estatal nos ativos fixos do país era da ordem de 23% e que o setor estatal empregava 32% do pessoal ocupado na economia. Mas com a privatização formaram-se grandes grupos empresariais que concentram a produção em vários

---

10. Nem todas as empresas estatais foram consideradas privatizáveis: foram excluídas as que tinham funções estratégicas e algumas de grande porte cuja privatização não seria compulsória, pois dependia de autorização específica de uma autoridade.

CAPÍTULO 23 – A CRISE DO SOCIALISMO NO FINAL DO SÉCULO XX

setores da economia russa. Numa amostra de 1700 empresas, foram identificados 22 grupos que controlavam 42% do emprego e 30% das vendas dessas empresas, principalmente nos ramos de petróleo, siderurgia, metalurgia de ferrosos e não ferrosos, papel, produtos alimentícios, telecomunicações e bancos. Em alguns desses ramos (como petróleo, metais ferrosos e não ferrosos, automobilístico e mineração) esses grupos controlavam mais de 70% das vendas (POMERANZ, 2009, p.303).

Assim, em pouco mais de uma década, a economia russa assumiu um perfil característico de uma economia capitalista em que o mercado e o capital privado substituíram o planejamento e a propriedade estatal dos meios de produção. Com o fim do regime político fundado no partido único, foram eliminados os elementos centrais do socialismo/comunismo como se tinha estruturado a partir da Revolução de 1917.

No começo do século XXI, concluídas as principais reformas rumo ao capitalismo e equacionado o impacto da crise financeira de 1998, a economia russa voltou a crescer e com taxas bastante elevadas. O principal fator para esse crescimento foi o aumento das exportações, em especial de petróleo e gás natural, impulsionadas pela expansão do comércio internacional nesses anos (Tabela 23.3).

TABELA 23.3
Rússia – Taxas de crescimento do PIB: 2000-2008 (%)

ANO	2001	2002	2003	2004	2005	2006	2007	2008
PIB(%)	5,1	4,7	7,3	7,2	6,4	7,4	8,1	8,0*

Fonte: POMERANZ (2009), p.315. * Dado referente ao 1º semestre.

Como esse crescimento é atribuído à expansão das exportações de petróleo, gás natural e alguns derivados do petróleo (que somavam, em 1968, 68% do total das exportações), a economia russa se tornou muito susceptível a flutuações do mercado internacional. A crise financeira internacional iniciada em 2008 teve substancial impacto, provocando uma redução do PIB superior a 7% em 2009.

Diante desse quadro, o governo russo delineou, no começo do século XXI, uma nova estratégia econômica que leva em conta os riscos da extrema dependência em relação aos recursos naturais. Criou algumas grandes corporações estatais em setores estratégicos para a política de desenvolvimento do país: produtos primários, bancos, produção de equipamentos, energia atômica e complexo industrial de defesa. Também foram criadas corporações para o desenvolvimento de inovações e de nanotecnologia que são fundamentais na estratégia de desenvolvimento prevista nos planos do governo russo:

A Rússia tem como objetivo deixar de ser um país cujo desenvolvimento econômico-social baseia-se exclusivamente na exploração e exportação de produtos energéticos – petróleo e gás natural – e matérias-primas, para trilhar um caminho de desenvolvimento que tem por base um

SEXTA PARTE – O CAPITALISMO NO FINAL DO SÉCULO XX E A CRISE DO SOCIALISMO (1973-2000)

modelo de sociedade pós-industrial baseada no conhecimento, na inovação e no potencial humano de que dispõe. (POMERANZ, 2009, p.337)

Em suma, a Rússia, que foi o núcleo da mais importante experiência socialista do século XX, em pouco mais de dez anos concluiu uma transição rápida e radical para uma economia de mercado nos padrões típicos das sociedades capitalistas. O mesmo ocorreu, com pequenas variações, nos demais países da "Cortina de Ferro".[11]

Se na Europa houve a transformação simultânea do regime político (com o fim do sistema de partido único) e da economia (com a introdução da economia de mercado e o fim da exclusiva propriedade estatal dos meios de produção), na China o Partido Comunista manteve-se como partido único e ele mesmo promoveu profundas reformas econômicas desde a morte de Mao Tsé-tung em 1976. Trata-se de um caminho completamente distinto que exige atenção especial.

23.2 AS TRANSFORMAÇÕES DA ECONOMIA CHINESA E A PERSISTÊNCIA DO COMANDO DO PARTIDO COMUNISTA

A morte de Mao Tsé-tung, em 9 de setembro de 1976, marca o início de importantes mudanças políticas na China. Menos de um mês após sua morte, os quatro dirigentes do Partido Comunista Chinês mais identificados com Mao e com a Revolução Cultural foram presos. Paralelamente, houve a reabilitação de antigos dirigentes do partido que haviam sido afastados à época da Revolução Cultural, como Liu Shao-chi e Deng Shiao-ping. Estes eventos revelam mais um momento de confronto entre duas linhas políticas no interior do Partido Comunista Chinês: uma, a linha de massas, proletária ou revolucionária (associada a Mao Tsé-tung) e a outra, a linha revisionista ou burguesa (identificada com Deng Shiao-ping).[12] Em fevereiro de 1978, Deng se tornou vice-primeiro ministro da República e o segundo na hierarquia do Partido Comunista Chinês. Desde então, as transformações da economia chinesa (já iniciadas anteriormente com base nas "quatro modernizações") ganharam força e ficaram associadas à influência decisiva de Deng Shiao-ping.

---

11. LAVIGNE (1999, p.122-128) expõe as linhas gerais da transição do socialismo para economias de mercado nos países do Leste Europeu.

12. No Capítulo 20 expusemos as principais diferenças entre as duas "linhas" segundo Bettelheim (1979, p.139): a de massas ou proletária, identificada com o pensamento de Mao Tsé-tung, privilegiava a construção de uma nova sociedade em que não houvesse mais diferentes classes sociais e em que as decisões envolvessem o conjunto dos trabalhadores (as massas); a linha revisionista ou burguesa tinha como objetivo primeiro o aumento da produção tendo como modelo a experiência soviética que atribuía à burocracia do partido (e aos seus representantes na direção das empresas) o poder de decisão. As reformas posteriores a 1978, embora privilegiem o crescimento da produção, já não acompanham o modelo soviético, em crise nessa época.

600

CAPÍTULO 23 – A CRISE DO SOCIALISMO NO FINAL DO SÉCULO XX

Há uma polêmica sobre a natureza das reformas econômicas implantadas na China depois de 1978: trata-se de transição para o capitalismo ou de uma economia socialista de mercado (como definiu o Partido Comunista Chinês em seu 14º Congresso em 1992)? Independentemente da resposta que for dada a essa questão, é inegável que a economia chinesa se afastou crescentemente do modelo de economia socialista construído no século XX (com propriedade estatal dos meios de produção e planejamento centralizado). No entanto, o Partido Comunista Chinês foi mantido como partido único, o qual vem determinando os rumos das reformas econômicas. Essa é uma das diferenças em relação aos países socialistas do Leste Europeu em que os partidos comunistas deixaram de ser os partidos únicos em cada país; por outro lado, na China não houve uma transição radical e abrupta para uma economia de mercado como no Leste Europeu (em que privatização dos meios de produção, fim do planejamento centralizado, liberação dos preços etc. causaram profunda desorganização nessas economias). Diante dessas peculiaridades, o caso da China merece atenção especial, até por seu crescente papel na economia mundial (pois, no começo do século XXI, transformou-se na segunda maior economia nacional do mundo, atrás apenas da norte-americana).

Quais as principais mudanças introduzidas na economia chinesa pelas reformas empreendidas a partir de 1978?

Um dos primeiros focos das reformas foi a agricultura. Embora as comunas populares, criadas em 1958, na época do Grande Salto para Frente, já tivessem passado por algumas mudanças nos anos 1960, as reformas pós-1978 eliminaram progressivamente suas heranças. As comunas reuniam um grande número de famílias (num total de até 50.000 pessoas) que deviam ser praticamente autossuficientes tanto em relação aos alimentos como às manufaturas. Toda a propriedade era estatal (ou, mais propriamente, da comuna) e não havia mercados. Essas famílias eram divididas em unidades menores (brigadas e equipes) cujas tarefas eram determinadas pela comuna (a rigor, de forma coletiva por seus membros). Em 1962, algumas mudanças mantiveram as comunas como órgãos de governo, porém a atividade agrícola passou a ser realizada por grupos menores (equipes de aproximadamente 30 famílias). Grande parte da produção continuou a ser destinada à subsistência das famílias, mas pequenos lotes privados e mercados foram restaurados, permitindo alguma remuneração em dinheiro para as equipes. Nesses anos houve investimentos em fertilizantes, energia elétrica e tratores com o objetivo de modernizar a produção e elevar a produtividade.

As reformas posteriores a 1978 se fizeram gradualmente, em geral a partir de experiências circunscritas a determinadas regiões. A terra foi mantida como propriedade do Estado (embora formalmente continuasse como uma propriedade coletiva das comunidades), mas os camponeses passaram a poder arrendar lotes por longos períodos (de 15 a 50 anos). Em vez de metas fixas de produção, havia uma quota a ser entregue ao governo (com preços determinados pelo governo) e o excedente dessa quota poderia ser vendido

601

SEXTA PARTE – O CAPITALISMO NO FINAL DO SÉCULO XX E A CRISE DO SOCIALISMO (1973-2000)

no mercado a preços livres. A experiência com a transferência das terras comunais para as famílias começou em 1978 na província de Anhwei e em 1984 quase todas as equipes de produção tinham passado ao novo sistema (que foi chamado de responsabilidade familiar) (MADDISON, 1998, p.72).

As comunas, como órgãos administrativos, subsistiram até 1984, quando foram substituídas por municípios e vilas. Embora a terra seja considerada uma propriedade coletiva, na prática ela passou ao controle dos administradores de municípios e vilas: em muitos casos, a fim de ampliarem suas receitas, esses administradores venderam parte das terras para empreendedores imobiliários ou para a implantação de indústrias, oferecendo compensações monetárias irrisórias aos camponeses. Esse fenômeno é mais agudo na periferia das grandes concentrações urbanas e gerou insatisfação nos camponeses que viam parte da terra que, em princípio lhes pertencia (enquanto propriedade coletiva), ser perdida (AGLIETTA & BERREBI, 2007, p.262).

Nas comunas, também havia empresas (em geral pequenas unidades industriais) que eram propriedades coletivas da comuna. Em 1984, essas empresas se tornaram empresas dos municípios e vilas (*township and village enterprises*) e receberam o rótulo de "empresas coletivas" (embora, na prática, sejam empresas estatais cujos proprietários são os municípios e vilas). Sua gestão visa a obtenção de um "excedente" (ou lucro) que, em parte, alimenta as receitas dos governos locais e, em parte, pode gerar benefícios para seus dirigentes. Em 1978, estas empresas empregavam 28 milhões de pessoas; em 1996, 59 milhões.

As reformas também permitiram o surgimento de empresas de propriedade individual: são empresas de pequeno porte que em 1996 empregavam, em média, três pessoas. Nesse mesmo ano, as empresas municipais ocupavam, em média, 73 pessoas e as de vilas, 26 pessoas.

O mercado para as empresas municipais e de vilas e para as empresas individuais é, em grande parte, local, constituído a partir da renda obtida pelos próprios camponeses, seja com a entrega da sua quota ao governo (por preços determinados pelo próprio governo), seja com a venda do excedente da quota a preços livres no mercado.

Ao lado dessas empresas municipais, de vilas e individuais, as reformas preservaram as grandes empresas estatais, não promovendo sua privatização (diferentemente do que ocorreu nos países socialistas do Leste Europeu). Seu número cresceu de 84.000, em 1978, para 114.000, em 1996. Apesar dessa expansão, sua participação no conjunto da economia declinou: em relação ao valor adicionado, de 80%, em 1978, para 31%, em 1996; e em relação ao emprego, de 52%, em 1978, para 39%, em 1996. Essa perda de participação se deveu, em grande parte, à expansão das empresas municipais e de vilas, que, a rigor, também são estatais (embora de outra esfera administrativa); e ela ocorreu principalmente no setor manufatureiro em que os reduzidos salários da área rural favoreceram as empresas municipais, de vilas e individuais. Em outros ramos, como mineração e infraestrutura, a participação das empresas estatais praticamente não sofreu redução (MADDISON, 1998, Cap. 3).

602

CAPÍTULO 23 – A CRISE DO SOCIALISMO NO FINAL DO SÉCULO XX

Outra mudança importante na política chinesa que responde, em parte, pelo declínio da participação das empresas estatais, foi o estabelecimento das "Zonas econômicas especiais". Essas zonas foram implantadas com base na Lei sobre *joint-ventures* de 1980, que facilitava o ingresso de capitais estrangeiros. De início, foram criadas quatro zonas econômicas especiais em regiões costeiras do sul da China: Shenzen (próximo a Hong Kong), Zuhai (próximo a Macau), Shantou e Xiamen (próximas a Taiwan). Nessas zonas econômicas especiais era prevista a instalação de indústrias voltadas à exportação, em geral por meio de empresas chinesas associadas ao capital estrangeiro. Procurava-se, em especial, atrair o capital de Hong Kong e de Taiwan, como parte de uma política geral de industrialização que continha também importantes elementos políticos, como a luta contra o "hegemonismo" dos Estados Unidos e, à época, também da União Soviética e ainda a pressão para a integração de Taiwan à China (MEDEIROS, 1999, p.396-397). Além da facilidade para o ingresso do capital estrangeiro, nessas zonas o Estado exercia menor controle, em especial permitindo maior liberdade para as importações necessárias à produção dos bens destinados à exportação.

A permissão para o ingresso do capital estrangeiro foi gradualmente ampliada: em 1984 foram criadas 14 zonas de desenvolvimento econômico em cidades da costa; posteriormente, praticamente todo o país se abriu aos investimentos externos. A China, no começo do século XXI, era, depois dos Estados Unidos, o país que recebia maior volume de investimentos estrangeiros diretos, fato que se reflete principalmente na distribuição das exportações por grupos de empresas: 40% são realizadas por empresas chinesas, 20%, por *joint ventures* (capitais chineses e estrangeiros) e 40%, por empresas cujo capital é totalmente estrangeiro. Mas os investimentos estrangeiros são, em sua maior parte, asiáticos e com frequência, de capitais chineses expatriados (AGLIETTA & BERREBI, 2007, p.271).

A criação das zonas econômicas especiais se inscreveu numa política de "abrir as portas": desde o rompimento com a União Soviética (concluído em 1960 com a retirada do apoio soviético), a China permaneceu praticamente isolada do resto da economia mundial. As importações que fazia eram financiadas por exportações realizadas por meio de Hong Kong, porém em volume muito reduzido. Esse isolamento não se limitava ao plano econômico: do ponto de vista político, a China adotara uma postura hostil tanto aos Estados Unidos (e ao capitalismo em geral) como à União Soviética (e aos seus satélites). Mantinha relações estreitas com alguns aliados, como a Coreia do Norte e a Albânia.

Na década de 1970, houve uma clara mudança na postura chinesa em suas relações internacionais: o marco dessa mudança foi a visita de um presidente dos Estados Unidos, Richard Nixon, à China, em 1972. O restabelecimento de relações entre esses países expressava o interesse mútuo no enfraquecimento da União Soviética e permitiu a suspensão do embargo norte-americano às exportações chinesas para os Estados Unidos, desde então um dos principais mercados para o país asiático.

603

SEXTA PARTE – O CAPITALISMO NO FINAL DO SÉCULO XX E A CRISE DO SOCIALISMO (1973-2000)

Assim, a China saiu progressivamente de seu isolamento econômico, abrindo-se também a importações (embora de forma limitada) e incentivando a produção para a exportação; e também de seu isolamento político com o ingresso em instituições internacionais como a ONU, o FMI, o Banco Mundial e a OMC.

Esses conjunto de mudanças responde pelo acelerado crescimento econômico da China desde 1978: as taxas médias de crescimento do PIB desde 1980 são superiores a 8% ao ano (Tabela 23.4).

TABELA 23.4
China: Produto Interno Bruto – 1980-2008 (Taxas anuais médias de crescimento – %)

PERÍODO	PIB (%)
1980-1984	9,6
1985-1989	9,9
1990-1994	8,6
1995-1999	9,1
2000-2004	8,6
2005-2008	11,0

Fonte: China Statistical Yearbook 2009. Disponível em: www.stats.gov.cn/english/statistical data.

O rumo surpreendente que a China assumiu depois de 1978 – seja pela natureza das reformas implantadas, seja pelo ritmo de expansão de sua economia – deve ocultar algumas características problemáticas de seu padrão de desenvolvimento. Como notam Aglietta e Berrebi,

Nos meados da década de 2000, o crescimento da China superou todas as expectativas. Mas ele envolveu fortes distorções que podiam ser temidas: excessivamente voltada ao exterior, muito ávida por capital fixo em detrimento do consumo, excessivamente desigual, profundo desequilíbrio entre as regiões costeiras e as do interior, muito desfavorável às regiões rurais que tinham sido as primeiras a tomar o caminho das reformas. [...] É preciso preparar a China para a transição de um crescimento com recursos abundantes e pouco eficaz, para um crescimento que economize recursos e seja eficaz na utilização de todos os fatores: da mão de obra que, de abundante vai se tornar rara em torno de 2020, de capital porque a poupança vai se tornar menos abundante com o impulso do consumo e com os custos de reabilitação de um ambiente degradado. (AGLIETTA et BERREBI, 2007, p.262)

Assim, parece razoável admitir que o modelo de desenvolvimento chinês encontrará dificuldades para manter o ritmo de crescimento até aqui alcançado. Por outro lado, parece difícil prever os rumos que o Partido Comunista Chinês, mantido no poder, imporá ao país. Embora o setor estatal ainda seja muito grande e se mantenha o regime de partido único, a tendência tem sido de ampliação do espaço da economia de mercado, aí incluindo a propriedade privada e o capital estrangeiro. No entanto, o caráter gradual e contínuo das reformas e seu controle praticamente absoluto não permitem prever o rumo futuro das transformações da economia chinesa. De qualquer modo, a posição alcançada pela economia chinesa na economia mundial – hoje a segunda, atrás apenas dos Estados Unidos – não deverá ser alterada. Especula-se apenas se a economia da China poderá ultrapassar a norte-americana num prazo não muito longo. Independente disso ocorrer ou não, a economia e a política mundial adquiriram, neste começo do século XXI, um novo caráter pela presença da China entre as grandes potências econômicas. Alguns aspectos desta questão são tratados no próximo capítulo.

REFERÊNCIAS

AGLIETTA, M. & BERREBI, L.(2007). *Désordres dans le Capitalisme Mondial.* Paris: Odile Jacob.

BETTELHEIM, C. (1979). *Revolução Cultural e Organização Industrial na China.* Rio de Janeiro: Graal.

GALBRAITH, J. K. (1994). *Uma Viagem pelo Tempo Econômico: Um Relato em Primeira Mão.* São Paulo: Pioneira.

GORBATCHOV, M. (1987). *Glasnost: A Política da Transparência.* São Paulo: Brasiliense.

HOBSBAWM, E. (1995). *A Era dos Extremos. O Breve Século XX: 1914-1991.* São Paulo: Companhia das Letras.

LAVIGNE, M. (1999). *The Economics of Transition: From Socialist Economy to Market Economy.* 2ª ed., New York: St. Martin's Press.

MADDISON, A. (1998). *Chinese Economic Performance in the Long Run.* Paris: OECD Development Centre.

MEDEIROS, C. A. (1999). "China: Entre os Séculos XX e XXI" in FIORI, J. L. (Org.). *Estados e Moedas no Desenvolvimento das Nações.* Petrópolis: Vozes.

POMERANZ, L. (1990). *Perestroika: Desafios da Transformação Social na URSS.* São Paulo: Edusp.

POMERANZ, L. (2009). "Rússia: A Estratégia Recente de Desenvolvimento Econômico e Social" in CARDOSO, J. C. (Ed.). *Trajetórias Recentes de Desenvolvimento: Estudos de Experiências Internacionais Selecionadas – Livro 2.* Brasília: IPEA.

Capítulo 24

AONDE VAI O CAPITALISMO?

O título deste capítulo foi inspirado pela tradução brasileira do livro *Has capitalism changed?*, organizado pelo economista japonês Shigeto Tsuru e publicado inicialmente em 1960 (TSURU, 1968). As reflexões sobre as mudanças e o futuro do capitalismo ocuparam e ocupam, de longa data e até hoje, páginas e páginas de livros, de artigos acadêmicos e da imprensa. O livro organizado por Tsuru, que contou com a colaboração de vários economistas (como Paul Sweezy, Paul Baran, John K. Galbraith, Maurice Dobb, John Strachey, Charles Bettelheim e Yakov Kronrod), se mostra de interesse pelos temas que propõe e que refletem preocupações típicas da época (ou seja, da Era de Ouro do capitalismo, objeto da Quinta Parte deste livro), mas que, em parte, se mantêm atuais.

Por um lado, ao se perguntar sobre o futuro do capitalismo, indagava se ele poderia se transformar gradualmente em socialismo. Trata-se de uma questão datada: nos anos 1950, a expansão do socialismo pelo mundo induzia a reflexão sobre as possíveis formas de transição de um sistema a outro, em particular se era possível uma transição gradual, não revolucionária ao socialismo.[1] Evidentemente, a história do final do século XX que registrou, ao contrário, a transição de várias economias socialistas ao capitalismo, não favorece a retomada da discussão do socialismo nos termos em que se fazia nos meados desse século. Sob outras óticas, o tema – socialismo – ainda é objeto de reflexões por acadêmicos e grupos políticos.

No entanto, outras questões propostas por Tsuru mostram-se pertinentes até hoje, a sugerir que os dilemas do capitalismo de então não foram superados em mais de meio século (TSURU, 1968, p.158-174). Perguntava Tsuru:

1. Houve, no pós-Segunda Guerra Mundial uma transformação fundamental do capitalismo?

---

1. Exemplo dessa postura gradual pode ser identificado na obra de Paul Boccara, *Capitalismo Monopolista de Estado* e também no chamado Eurocomunismo, associado principalmente ao Partido Comunista Italiano.

SEXTA PARTE – O CAPITALISMO NO FINAL DO SÉCULO XX E A CRISE DO SOCIALISMO (1973-2000)

2. O capitalismo passou por uma evolução suficiente que o torne imune às graves depressões como a de 1929-1933?

3. Quais são, no capitalismo, as perspectivas de uma eliminação futura dos males das recessões e do desemprego?

De certo modo, estas três questões, que permitem respostas substancialmente distintas, serão objeto de nossa discussão neste capítulo. Para tanto, procuramos levantar algumas contribuições de particular interesse. É claro, inúmeras outras contribuições, igualmente relevantes, não serão aqui tratadas: reconhecemos desde já o caráter altamente subjetivo de nossas escolhas.

Se o futuro do capitalismo é um tema, por si próprio, polêmico, cabe também ampliar a perspectiva e indagar sobre o futuro da economia mundial. Hobsbawm, escrevendo na década de 1990, lembrava que, numa perspectiva de longo prazo e sob a ótica do mercado, seria possível manter o crescimento da economia mundial, pois havia cerca de 6 bilhões de habitantes no mundo que ainda não haviam sido plenamente incorporados ao mercado global (HOBSBAWM, 1995, p.549). No entanto, cabe indagar se não haveria outras limitações (que não a do mercado) para a expansão da economia mundial: limitações não só econômicas à incorporação desses 6 bilhões ao mercado global, mas também de outras ordens (em especial a ambiental), pois essa incorporação implicaria, nas condições atuais, a generalização dos padrões de consumo vigentes nos países mais desenvolvidos. Ainda que de forma muito superficial, esses limites merecem registro como temas que exigirão, no século XXI, a reflexão não só técnica e acadêmica, mas também da sociedade diante de escolhas decisivas.

24.1 DUAS RESPOSTAS OTIMISTAS ÀS QUESTÕES DE TSURU

No final do século XX havia alguns motivos para respostas otimistas às questões de Tsuru, pelo menos nos Estados Unidos. A economia crescia a taxas elevadas com rápido aumento da produtividade, baixo desemprego e inflação moderada. Em capítulo anterior, nos referimos à "Nova Economia", noção que procurou dar conta do desempenho favorável da economia norte-americana. Como o rótulo sugere, havia uma mudança, algo de novo, no capitalismo norte-americano. O novo envolvia algumas dimensões diferentes: inovações tecnológicas (microeletrônica, informática, telecomunicações), um elemento intangível (práticas organizacionais, capacidade de pesquisa e desenvolvimento, em suma, conhecimento) e ainda inovações financeiras (com o desenvolvimento do mercado de capital de risco). Vale repetir a caracterização de Stiglitz para essa Nova Economia, em texto publicado em 2003:

a Nova Economia certamente foi real. A internet era real. As inovações, os avanços nas teleco-municações e as novas maneiras de se fazer negócios que se seguiram eram reais. [...] o final do século XX significou um movimento para uma economia "intangível", a economia do conhecimento. (STIGLITZ, 2003, p.201)

Ao lado da Nova Economia, outra noção foi difundida, a qual procurava dar conta do declínio da volatilidade da economia norte-americana desde meados da década de 1980: a chamada "Grande Moderação". Bernanke identificava as virtudes da "Grande Moderação":

A reduzida volatilidade macroeconômica tem numerosos benefícios. Diminuir a volatilidade da inflação melhora o funcionamento do mercado, torna mais fácil o planejamento econômico e reduz os recursos destinados a proteger dos riscos da inflação. Diminuir a volatilidade do produto implica emprego mais estável e uma redução da dimensão da incerteza econômica com que se defrontam as famílias e as firmas. A redução da volatilidade do produto também está fortemente associada ao fato de que recessões se tornaram menos frequentes e menos severas. (BERNANKE, 2004, p.1)

Três tipos de explicação foram sugeridas para a Grande Moderação: mudanças estruturais, melhoria das políticas econômicas e "boa sorte". As mudanças estruturais teriam ampliado a capacidade da economia para absorver choques: mudanças nas instituições econômicas, na tecnologia e nas práticas de negócios, assim como a sofisticação do mercado financeiro, a desregulamentação e a crescente abertura comercial e financeira para o exterior responderiam por essa capacidade. A "boa sorte" se referiria à menor frequência e intensidade dos choques a que a economia foi submetida.

Sem descartar as duas hipóteses – mudanças estruturais e "boa sorte" – Bernanke entendia que o fundamental foi a melhoria do desempenho das políticas macroeconômicas, em especial da política monetária.

Se associarmos a Nova Economia à Grande Moderação, as questões propostas por Tsuru não são difíceis de responder: houve mudanças no capitalismo (talvez não em sua essência, porém na natureza das inovações, na gestão da política econômica) que permitiriam evitar as recessões e o desemprego. Em suma, havia agora uma economia dotada de elevada estabilidade e que também teria condições para manter ritmo adequado de crescimento. Stiglitz sintetizou argumentos que eram apresentados para justificar o potencial estabilizador da Nova Economia (e implicitamente da Nova Moderação):

A economia moderna, com sua convicção no mercado livre e na globalização, prometera prosperidade para todos. A tão enaltecida Nova Economia – as fantásticas inovações que marcaram a segunda metade do século XX, o que inclui a desregulação e a engenharia financeira – supostamente permitiria um melhor gerenciamento do risco, trazendo com isso o fim das oscilações econômicas. Se por um lado a combinação da Nova Economia com a ciência econômica moderna não chegara a eliminar as flutuações econômicas, pelo menos estas estavam sendo domadas. Ou assim nos diziam. (STIGLITZ, 2010, p.9)

No entanto, logo em seguida, Stiglitz explica por que, depois da crise iniciada em 2008, essa expectativa foi frustrada:

A Grande Recessão – claramente a pior crise desde a Grande Depressão [da década de 1930], 75 anos antes – pulverizou essas ilusões e nos forçou a repensar pontos de vista que acalentamos por muito tempo. Durante 25 anos, prevaleceram certas doutrinas de mercado livre: os mercados livres e desregulados são eficientes; os erros que possam cometer são rapidamente corrigidos por eles próprios. O melhor governo é o menor governo; e a regulação só faz dificultar a inovação. Os Bancos Centrais devem ser independentes e concentrar-se apenas em manter baixa a inflação. Hoje, até Alan Greenspan, presidente do Federal Reserve Board, o Banco Central americano, sumo pontífice dessa ideologia durante o período em que esses pontos de vista predominavam, admite que havia uma falha nesse raciocínio. Mas sua confissão chegou tarde demais para todos os que sofreram suas consequências. (STIGLITZ, 2010, p.10)

Desse modo, a expectativa de que a Nova Economia e a Grande Moderação garantissem crescimento e estabilidade para a economia norte-americana – e a disseminassem pelo mundo – foi abalada pela crise iniciada em 2008 e cujos efeitos recessivos ainda perduram no final de 2012 (sem que se tenha perspectiva clara de sua superação).

Em perspectiva distinta, o otimismo quanto ao futuro do capitalismo se justificaria porque as inovações tecnológicas permitiriam estabelecer novas formas de organização do trabalho e dos sistemas de produção em bases sociais, econômicas e geográficas distintas. A hipótese otimista, neste caso, sugere que formas de organização cooperativa dos trabalhadores, com base nas novas tecnologias (que facilitam a formação de pequenas empresas), podem se integrar às formas dominantes de organização do trabalho (por exemplo, das multinacionais) e até mesmo subvertê-las. Assim, a radical transformação do capitalismo no final do século XX parecia indicar uma nova forma de organização industrial com maior descentralização e controle democrático. Portanto, o "otimismo" presente nesta visão (atribuída por Harvey a Piore e Sabel) se refere à reconstituição das relações de trabalho de modo que os trabalhadores teriam condições de se posicionar com sucesso diante das formas repressivas de organização do trabalho, provavelmente amenizando os "males do desemprego e da recessão". Trata-se de postura polêmica, até porque as mudanças nas relações de trabalho não se limitaram às apontadas acima, como indicaremos ainda neste capítulo.[2]

---

2. HARVEY (2008, Cap. 11) expõe diferentes visões a respeito das mudanças do capitalismo no final do século XX. A visão

Em suma, as visões "otimistas" colocaram o foco nas inovações tecnológicas do final do século XX por sua capacidade de transformar as relações de trabalho (a favor dos trabalhadores) e de sustentar prolongada prosperidade para a economia norte-americana e mundial. Em especial, a hipótese de que a inovação tecnológica atual (comunicações e informática) sustente prolongado crescimento econômico ainda é defendida, apesar das crises recentes.[3] Nos dois casos, na história do início do século XXI há evidências que questionam essas conclusões. Por isso, convém dirigir a atenção para outra esfera – a financeira – em que também se processaram profundas mudanças.

24.2 DO FORDISMO AO REGIME DE ACUMULAÇÃO PREDOMINANTEMENTE FINANCEIRO

De certo modo, a recorrência de crises financeiras desde os anos 1980 já indica outro caminho para se pensar as transformações do capitalismo no final do século XX: sem ignorar a importância das inovações tecnológicas, cabe registrar a expressiva expansão da esfera financeira no período. A simples observação de alguns dados referentes às décadas finais do século XX indica a sua hipertrofia, ou seja, a acelerada expansão dos ativos financeiros, tanto no plano internacional como no das economias nacionais: o valor dos ativos financeiros cresceu a taxas muito superiores às do produto e do investimento. Chesnais estima que, entre 1980 e 1992, o crescimento dos ativos financeiros nos países da OCDE cresceu à taxa média anual de 6% ao passo que a formação bruta de capital fixo (como indicador do investimento produtivo) cresceu à taxa de 2,3% (CHESNAIS, 1998, p.14). Cintra indica que, em 1980, o volume de ativos financeiros mundiais (depósitos bancários, títulos da dívida privada, dívidas governamentais e participações acionárias) era da ordem de US$ 12 trilhões e correspondia a 109% do PIB mundial; e que, em 2003, os ativos financeiros somavam US$ 118 trilhões, mais de três vezes o PIB mundial (CINTRA, 2005). Embora em determinados estágios do desenvolvimento seja razoável esperar o crescimento mais rápido do sistema financeiro em relação à economia "real",

---

acima referida é atribuída a Piore e Sabel que Harvey expõe criticamente, como faz em relação a outros autores que não partilham o otimismo de Piore e Sabel. O próprio Harvey mostra-se cético ao referir-se a "essa visão rósea das formas de organização industrial" (p.177).

3. Dois conhecidos economistas – B. DeLong e L. Summers – expõem essa ideia ao comentarem a quebra de bolsa Nasdaq: "O impacto econômico de longo prazo da contínua revolução tecnológica em processamento e comunicações de dados será na realidade muito grande. A quebra da bolsa Nasdaq não diz quase nada sobre as dimensões da transformação econômica por que estamos passando. [...] a quebra da Nasdaq não ocorreu porque o ritmo do progresso tecnológico da indústria de computadores enfraqueceu ou porque o resto da economia repentinamente reconheceu que estava saciada com seus equipamentos computacionais. A Nasdaq quebrou porque se tornou claro para os investidores previamente superotimistas que a oferta de 'malucos' prontos para comprar ações superavaliadas havia secado [...]" (DeLong & Summers, 2001, p.30-32).

SEXTA PARTE – O CAPITALISMO NO FINAL DO SÉCULO XX E A CRISE DO SOCIALISMO (1973-2000)

diante de dados tão expressivos cabe indagar o que alimenta a acelerada expansão dos ativos financeiros no mundo desde 1980.

À constatação quantitativa da expansão da esfera financeira se tem associado uma mudança qualitativa de grande importância: a acumulação de capital, antes centrada na esfera da produção, teria agora seu foco situado crescentemente na esfera financeira. É o que procuramos discutir a seguir: nossas fontes são autores filiados à chamada Escola da Regulação francesa ou que dela se aproximam.[4] Não se trata, no entanto, de uma exposição ampla e rigorosa da tese dessa escola, e sim apenas da seleção de alguns tópicos de especial interesse para a discussão de nosso problema.

A noção inicial é de que, na história do capitalismo, é possível observar diferentes *modelos de desenvolvimento*. Embora as formas de organização fundamentais do capitalismo permaneçam por séculos (como a propriedade privada dos meios de produção, o mercado e o lucro), a história do capitalismo é marcada por transformações cuja ocorrência se concentra, em geral, em momentos de crises econômicas, guerras, revoluções. Entre esses momentos de turbulência, verificam-se períodos relativamente longos em que prevalece uma relativa estabilidade, definindo diferentes *modelos de desenvolvimento*, como explica Lipietz:

> Apesar dessa história conturbada, o capitalismo parece funcionar de maneira bem estável por longos períodos. Sempre há lutas, muitas vezes recessões, mas durante esses períodos, o quadro geral, os objetivos e as regras do jogo são, *grosso modo*, de bom ou mau grado, aceitos por quase todo mundo. Esse quadro, os objetivos e regras sofreram na história três grandes abalos: no fim do século XIX, nos anos 30-50 e desde o fim dos anos 60. Mas, nos intervalos delimitados por essas crises maiores, um "grande compromisso" é aceito pelos grupos sociais. Na base desses compromissos, um "modelo de desenvolvimento". É a definição, provisoriamente adotada, do que a humanidade pode esperar de melhor de sua atividade econômica: princípios de organização do trabalho, metas da produção, regras do jogo para a solução de tensões. (LIPIETZ, 1991, p.22)

Um modelo de desenvolvimento se definiria a partir da articulação de três aspectos:

- Um modelo de organização do trabalho: diz respeito não só às relações entre capital e trabalho (dentro da empresa ou na sociedade em geral), mas também às formas de divisão do trabalho entre as empresas. Mantém relação com o paradigma tecnológico

---

4. A chamada Escola Francesa da Regulação tem seus fundamentos no livro de Michel Aglietta, *Régulation et crises du capitalisme: l'expérience des États-Unis*. Há uma vasta produção inspirada nos princípios da Escola da Regulação: entre outros autores, podemos citar A. Lipietz, R. Boyer, A. Orlean, B. Coriat, B. Théret. Embora não se filiem propriamente à Escola Francesa da Regulação, David Harvey e François Chesnais, autores a que nos referimos neste capítulo, incorporaram alguns conceitos dessa Escola, em particular as noções de modo de regulação e de regime de acumulação.

dominante que define o nível de produtividade e condiciona, em parte, a organização do trabalho na empresa e na sociedade.

- Um regime de acumulação: estabelece um certo padrão de acumulação de capital a partir das condições da produção (produtividade do trabalho, grau de mecanização, importância relativa dos diferentes ramos) e das condições de uso social da produção (consumo, investimento, gastos do governo, comércio exterior).

- Um modo de regulação: compõe-se dos mecanismos de ajuste dos comportamentos individuais (conflituosos, contraditórios) aos princípios coletivos do regime de acumulação. Isso se dá, por um lado, pelo costume ou pelo reconhecimento da validade dos princípios do regime de acumulação; e, por outro, por formas institucionalizadas (como a legislação, as regras de mercado, a moeda), em grande parte emanadas do Estado (leis, normas etc.) (LIPIETZ, 1991, p.28).

A noção de modelo de desenvolvimento pode ser exposta também a partir de situações históricas específicas. Na perspectiva da Escola da Regulação, no pós-guerra, entre 1950 e 1970, teria vigorado, nos países capitalistas desenvolvidos, um modelo de desenvolvimento "fordista" que se mostrou hegemônico graças à aceitação de suas "regras" pelos principais agrupamentos políticos e sociais. Em que consistiu o fordismo?

O *modelo de organização do trabalho* se funda no chamado "taylorismo": uma clara divisão entre organizadores da produção (engenheiros e técnicos) e executantes. Aos executantes – trabalhadores manuais, operários não qualificados – caberiam tarefas repetitivas: os próprios movimentos dos trabalhadores seriam definidos pelos organizadores da produção de modo a obter o máximo resultado no menor tempo. Em outras palavras: aumentar a produtividade do trabalho, o que era potencializado pela crescente mecanização da produção.

A essa forma de organização do trabalho estava articulado o *regime de acumulação fordista* que envolvia:

- produção em massa com produtividade crescente (resultado da forma de organização do trabalho: taylorismo mais mecanização);
- distribuição dos ganhos de produtividade entre trabalho e capital, ou seja: os ganhos de produtividade permitiam aumentos dos salários reais, de modo a gerar elevação do poder aquisitivo dos trabalhadores, sem reduzir a taxa de lucro. O aumento do poder aquisitivo dos trabalhadores provia a demanda para a crescente produção de bens, de modo que a economia tendesse ao pleno emprego.

A forma de organização do trabalho e o regime de acumulação eram caucionados pelo *modo de regulação*: a legislação social (salário mínimo, convenções coletivas) garantia a transferência de parte dos ganhos de produtividade aos salários; o Estado do Bem-Estar

SEXTA PARTE – O CAPITALISMO NO FINAL DO SÉCULO XX E A CRISE DO SOCIALISMO (1973-2000)

permitia aos trabalhadores manterem-se como consumidores quando não tinham condições de trabalhar (aposentadoria, doença, desemprego) de modo a sustentar a demanda para manter o pleno emprego. Além disso, o Estado keynesiano complementava a demanda por meio de gastos compensatórios quando a demanda se mostrava enfraquecida. Finalmente, o regime monetário e financeiro acoplado ao fordismo (moeda fiduciária sob controle do banco central) mantinha taxas de juros baixas e taxas de inflação reduzidas.

À vigência do modelo de desenvolvimento fordista se associa a chamada Era de Ouro do capitalismo: o período entre 1947 e 1973, caracterizado por rápido crescimento das economias capitalistas desenvolvidas, pleno emprego e estabilidade (ausência de recessões importantes e inflação baixa).

Nos anos 1970, o compromisso fordista entrou em crise. Os eventos dessa década – choques do petróleo, fim da conversibilidade do dólar em ouro e ruptura do regime de Bretton Woods, estagflação – inserem-se na (ou mesmo amplificam a) crise do fordismo. Porém, a razão fundamental da crise se situaria na incapacidade de manter taxas elevadas de crescimento da produtividade do trabalho, condição para a manutenção do compromisso fordista.[5]

O reduzido aumento da produtividade induzia uma disputa entre lucros e salários, implicando ora a redução da taxa de lucro, ora a redução do salário real e comprometendo, de um lado, o nível do investimento e, de outro, a demanda dos trabalhadores. Nessa condição de baixo crescimento, recessão e desemprego ressurgem e exigem do governo gastos crescentes para manter o compromisso; como resultado, colocam em questão a viabilidade fiscal do Estado do Bem-Estar (incapaz de extrair da parte ativa da economia o necessário para manter seus gastos) que vê sua legitimidade questionada. Em suma, todo o compromisso fordista se viu atacado a partir da redução do ritmo de aumento da produtividade do trabalho (LIPIETZ, 1991, p.43).

David Harvey, em obra publicada em 1989, caracteriza a transição do fordismo para um novo regime de acumulação por meio da oposição entre rigidez e flexibilidade. O fordismo envolveria acentuada rigidez nos mercados e nos contratos de trabalho regulamentados; rigidez dos investimentos em capital fixo para produção em massa, em grande escala e com longo prazo de maturação; rigidez dos compromissos do Estado com os programas de seguridade social e de defesa militar. Essa rigidez era inerente ao compromisso fordista e

---

5. Para Lipietz, "a redução do ritmo de aumento da produtividade está relacionada à separação entre 'competentes' e 'executantes' inerente ao taylorismo. Além da revolta suscitada pelo taylorismo (contra a negação da pessoa dos 'executantes'), – esses princípios de separação entre a 'organização científica do trabalho' e a execução desqualificada haviam secado a fonte dos ganhos de produtividade. Uma vez que a grande maioria dos produtores estava formalmente excluída da batalha pela produtividade e pela qualidade do produto, ficava apenas uma minoria cada vez mais restrita, de técnicos e de engenheiros, investida da tarefa de fazer avançar o *know-how* coletivo. E essa fração minoritária não podia mais aumentar a produtividade dos outros, a não ser por meio de máquinas cada vez mais complexas e caras que concebia para eles" (LIPIETZ, 1991, p.42-43).

passou a ser atacada quando o fundamento último desse compromisso – o rápido aumento da produtividade – deixou de se verificar. O ataque à rigidez se deu em várias frentes e indica, para Harvey, a passagem para um novo regime de acumulação que denomina de acumulação flexível.

Um dos focos da acumulação flexível é a organização do trabalho: do trabalho organizado e regular do fordismo (trabalho em tempo integral, permanência na empresa por longos períodos, sindicatos ativos, regulamentação das relações de trabalho) se caminha para novos padrões. Agora, são comuns o trabalho em tempo parcial ou temporário, a relação de trabalho precária, a terceirização ou a subcontratação, a desregulamentação do mercado de trabalho, o enfraquecimento dos sindicatos e a redução dos ganhos salariais (ou, em muitos casos, a redução dos salários reais).

As formas de proteção do Estado ao trabalho também foram afetadas: redução dos direitos sociais, redução do papel do Estado-providência (aposentadoria, seguro-desemprego, auxílio-doença etc.), menor acesso aos serviços de saúde e educação foram frequentes depois de 1980.

A flexibilização também se verificou na esfera da produção: a inovação tecnológica, organizacional e comercial permitiu o surgimento constante de novos produtos, novos setores de produção, novos mercados. Se no fordismo, a economia de escala era um meio para reduzir custos e elevar lucros, na acumulação flexível prevalecem as economias de escopo: produção de uma variedade de bens a preços baixos e em quantidades reduzidas, potencializada pela permanente criação de novos produtos. Igualmente expressiva é a ampliação dos "serviços", em oposição à produção de bens materiais, assim como a transformação dos mercados financeiros (HARVEY, 2008, Cap. 9).

As mudanças na esfera "real" da economia mundial induziram um confronto ideológico no interior do capitalismo com o ataque a alguns fundamentos do fordismo (como o keynesianismo e o Estado do Bem-Estar). O vazio deixado pelo desmoronamento do fordismo passou a ser ocupado por uma nova (ou não tão nova) visão de mundo que Lipietz denomina "liberal-produtivismo", cujo argumento é de que as instituições do fordismo bloqueavam o livre desenvolvimento das novas tecnologias: legislação social, Estado do Bem-Estar, em suma, as diversas formas de intervenção do Estado restringiam as condições para a expansão das empresas. Para o liberal-produtivismo, o livre jogo das forças de mercado seria o fundamento para a construção de um novo modelo de desenvolvimento. A Nova Economia norte-americana talvez seja o exemplo mais acabado desse liberal-produtivismo: de um lado, admite-se que a inovação tecnológica é capaz de promover aumentos de produtividade capazes de induzir o crescimento acelerado da economia; de outro, afirma-se a necessidade do livre mercado (desregulamentação, liberalização comercial e financeira, redução do papel e do tamanho do Estado) para que as novas tecnologias possam desenvolver-se plenamente. Essa visão de mundo, da qual o neoliberalismo é expressão, acabou por se difundir por amplas partes do mundo desde os anos 1980.

SEXTA PARTE – O CAPITALISMO NO FINAL DO SÉCULO XX E A CRISE DO SOCIALISMO (1973-2000)

No entanto, Lipietz admite que, nessa nova configuração, há razões para se prever a emergência de conflitos:

> Antes de mais nada, o liberal-produtivismo induz uma forte polarização social, o que se chama "sociedade com dupla velocidade". Sociedade tipo "ampulheta", com os de cima, os de baixo e uma erosão no "centro". [...] No alto, os vencedores da competição (os ricos, os competentes, os decisores, os agressivos) colherão as vantagens da revolução tecnológica (contanto que haja). No meio, um grupo cada vez mais restrito e progressivamente desestabilizado de trabalhadores semiqualificados receberá sem dúvida uma certa proteção social, sobretudo em matéria de emprego, mas não deverá mais contar com aumento do poder aquisitivo (ao contrário do fordismo). Embaixo, uma multidão de "solicitadores de emprego" ficará dividida entre os empregos precários e o desemprego (LIPIETZ, 1991, p.61).

Questiona-se, sobre essa forma de organização do trabalho e sobre esse novo regime de acumulação, a possibilidade estruturar-se um novo modo de regulação: como ajustar as condições individuais, sujeitas a profunda instabilidade (e, portanto, com grande potencial de conflito) às exigências da acumulação flexível (ou ao liberal-produtivismo)? Embora o neoliberalismo tenha inegável força ideológica, a ausência de um espaço institucional de negociação induz o surgimento de manifestações "patológicas" como a revolta coletiva relativamente espontânea ou mesmo a delinquência individual.[6]

Se a acumulação flexível envolve amplas e profundas transformações em relação ao fordismo (nas relações de trabalho, nas mudanças tecnológicas e organizacionais da produção, no papel do Estado), "mais importante foi a completa reorganização do sistema financeiro global e a emergência de poderes imensamente ampliados de coordenação financeira" (HARVEY, 2008, p.152). Em outras palavras, é o novo regime de acumulação que merece atenção especial, pois se trata de um "regime de acumulação predominantemente financeiro" (CHESNAIS, 1998, Cap. 8). Em que consiste e como se constituiu esse novo regime de acumulação?

> Por acumulação financeira, entende-se a centralização, em instituições especializadas, de lucros industriais não reinvestidos e de rendas não consumidas, que tem por encargo valorizá-las sob

---

6. Chesnais faz uma ampla revisão do "regime de acumulação financeirizado" e analisa a formulação de M. Aglietta – com a qual não concorda – a respeito de um "regime patrimonial" em que o modo de regulação se fundaria num compromisso social entre classes por meio da "administração socialmente positiva dos fundos acumulados pelos regimes de aposentadoria por capitalização", regime definido a partir da experiência dos Estados Unidos (CHESNAIS, 2002, p.16 e ss). Harvey, sob outra ótica, também entende que as mudanças do final do século XX "mostram-se mais como transformações da aparência superficial do que como sinais do surgimento de alguma sociedade pós-capitalista ou mesmo pós-industrial inteiramente nova" (HARVEY, 2008, p.7).

a forma de aplicação em ativos financeiros – divisas, obrigações e ações – mantendo-os fora da produção de bens e serviços. (CHESNAIS, 2005, p.37)

A constituição, a partir de 1970, do "regime de acumulação predominantemente financeiro" permite entender de que modo as "finanças" se tornaram o foco da acumulação de capital, ou seja, as instituições financeiras passaram a atrair os lucros não reinvestidos e as poupanças privadas com a proposta de promover sua valorização num circuito que, aparentemente, se tornava autônomo da esfera produtiva. E ao centralizarem os recursos disponíveis na sociedade, as "finanças" induzem mudanças nos padrões adotados na esfera da produção para que esta atenda às imposições da valorização na esfera financeira.

No modo de regulação fordista, a esfera financeira tinha uma configuração bem delineada. No plano nacional, os bancos tinham a função de promover a intermediação financeira: por meio de depósitos, agregavam os recursos monetários disponíveis e, por empréstimos, cediam esses recursos para os que deles necessitavam (para investimento, capital de giro, consumo). Pelos empréstimos, os bancos recebiam juros que, em parte, eram destinados à remuneração dos depositantes. Os sistemas bancários eram objeto de forte regulamentação, em especial nos Estados Unidos: limitação da taxa de juros, especialização dos bancos (comerciais, de investimento, hipotecários) de modo a impedir a mobilidade dos fundos (por exemplo, depósitos de curto prazo utilizados em empréstimos de longo prazo ou em operações com risco elevado). Os bancos centrais controlavam a oferta de moeda de modo a manter baixas as taxas de juros e de inflação. No plano internacional, o regime de Bretton Woods estabelecera taxas de câmbio fixas, o que reforçava a tendência à estabilidade dos valores. O financiamento internacional se fazia principalmente por instituições oficiais e os investimentos diretos tinham as multinacionais (principalmente as industriais) como agentes. Com a relativa estabilidade dos valores – no plano nacional e no internacional – os ganhos especulativos (ou seja, por variação de preços ou de valores de ativos) eram limitados; além disso, os juros reais eram bastante reduzidos (ou até mesmo negativos quando havia elevação dos níveis inflacionários). Portanto, o papel das finanças na economia era relativamente restrito e, de certo modo, subordinado à esfera produtiva. Tratava-se da intermediação entre os que tinham recursos monetários disponíveis e aqueles que necessitavam deles para a atividade produtiva (seja para investimento, seja para o financiamento da circulação). Desse modo, o ganho da esfera financeira ficava, em condições normais, limitado pelo lucro gerado na esfera produtiva.

As mudanças observadas nos sistemas financeiros nacionais e no internacional a partir dos anos 1970 (e expostas no Capítulo 22) alteraram substancialmente a forma de inserção das finanças na economia. O ganho estritamente financeiro parece alcançar autonomia em relação ao produtivo e seus níveis deixam de estar restritos pelo lucro gerado na produção. Vários eventos e instrumentos conduzem a esse resultado de modo a caracterizar o regime de acumulação sob dominância financeira.

SEXTA PARTE – O CAPITALISMO NO FINAL DO SÉCULO XX E A CRISE DO SOCIALISMO (1973-2000)

O fim do regime de taxas de câmbio fixas (1971-1973) abriu a possibilidade de ganhos no mercado internacional de moedas: as flutuações das taxas de câmbio podem ser fonte de ganhos pela compra de uma moeda que tenda a se valorizar. Desse modo, operações especulativas (com as quais se espera um lucro a partir da variação da taxa de câmbio) passam a responder por parte do movimento dos mercados de moedas. Ganhos elevados podem ser obtidos rapidamente (embora com risco igualmente elevado), sem manter qualquer relação com um processo de valorização real (diversamente do caso do empréstimo bancário para uma empresa que realiza um investimento).[7]

Outro momento crucial se situa na radical mudança da política monetária norte-americana em 1979: diante do acirramento da inflação (internamente) e da pressão para desvalorização do dólar (externamente), o *Federal Reserve* (banco central americano), sob a presidência de Paul Volcker, elevou substancialmente as taxas de juros. Nos anos 1980, os governos norte-americanos reduziram a carga fiscal e os gastos sociais, porém incorreram em substanciais déficits orçamentários por conta dos gastos militares. O aumento da dívida pública manteve a pressão sobre a taxa de juros que permaneceu elevada.

O aumento das taxas de juros nos Estados Unidos contaminou os mercados financeiros de todo o mundo, pois era preciso garantir retornos semelhantes aos títulos norte-americanos para reter recursos nos outros países. Com a adoção de políticas anti-inflacionárias mais rigorosas pelos governos dos países desenvolvidos, a taxa de juros real, que fora negativa em muitos anos da década de 1970, tornou-se positiva (e relativamente elevada) na década de 1980. Isso não resultou de um movimento autônomo do mercado; foi fruto de uma política deliberada dos governos. Como nota Frieden, "altas taxas de juros e política de inflação baixa em geral estavam ligadas a uma orientação política de direita" (FRIEDEN, 2008, p.398), como a de Ronald Reagan (nos Estados Unidos), a de Margareth Thatcher (na Grã-Bretanha) e a do Partido Democrata Cristão na Alemanha.

A elevação dos juros sobre a dívida pública induziu o aumento dos juros sobre outros tipos de títulos, a exemplo do que ocorreu nos Estados Unidos (Tabela 24.1).

Desse modo, impulsionados pela dívida pública norte-americana, os ganhos financeiros tornaram-se importante fonte de rendimentos, muitas vezes superando a rentabilidade dos investimentos produtivos.

A possibilidade de ganhos elevados na esfera financeira foi ampliada por outras mudanças observadas desde os anos 1980. A desregulamentação do sistema financeiro (principalmente nos Estados Unidos) e a liberalização dos fluxos de capital (ou seja, a supressão dos controles sobre os movimentos de capitais entre países) favoreceram o deslocamento praticamente instantâneo de recursos de um país a outro (ou de um ativo para outro),

---

7. Em 1992, George Soros, ao apostar na desvalorização da libra esterlina, teria lucrado cerca de 1 bilhão de dólares em poucos dias. Este é um exemplo típico de como o mercado internacional de moedas passou a comportar operações de caráter especulativo.

de modo a obter maiores retornos em mercados mais favoráveis ou a fugir dos mercados que ofereçam risco de desvalorização.

TABELA 24.1

Taxas de juros reais nos Estados Unidos (% ao ano)

ANO	NOTAS DO TESOURO (3 MESES)	BÔNUS CORPORATIVOS	CRÉDITO HIPOTECÁRIO
1979	+1,4	−1,6	−0,5
1980	2,0	−1,5	−0,8
1981	4,0	+5,0	+4,4
1982	4,5	9,7	8,9
1983	4,5	10,4	9,4
1984	5,2	10,6	8,1
1985	3,8	10,4	8,0

Fonte: GUTTMANN (1998), p.73

Novos instrumentos e novas instituições financeiras também se inserem nesse processo de ampliação dos ganhos nas finanças. Com a "securitização" das dívidas (ou seja, a transformação de dívidas em títulos), títulos passaram a ser negociados no mercado secundário de modo que seu valor passou a variar diariamente; ou seja, além do rendimento dos juros, os títulos tornaram-se um objeto que poderia ter valorização e ganho especulativo. Outro instrumento importante – os derivativos – também se presta a operações especulativas: embora criados com o objetivo de oferecer proteção contra flutuações dos valores, os derivativos (futuros, opções, *swaps*) oferecem a possibilidade de grandes lucros com a imobilização de recursos relativamente pequenos (mas com elevado risco de perdas). Estes dois instrumentos financeiros – títulos e derivativos – se prestam à busca de ganhos financeiros elevados por meio de operações realizadas no interior da esfera financeira.

A elevação dos rendimentos de ativos financeiros permitiu a expansão de instituições financeiras até então secundárias, por exemplo, os fundos de pensão que acumulam as contribuições de seus associados com vistas à aposentadoria, assim como fundos de investimento que buscam atrair recursos antes dirigidos ao sistema bancário tradicional. A participação dos fundos nos ativos das instituições financeiras norte-americanas atesta seu rápido crescimento na década de 1980 (Tabela 24.2).

Esses fundos aplicam os recursos em diversos tipos de ativos financeiros (títulos públicos, ações, debêntures, derivativos); alguns também adquirem o controle acionário de empresas, seja com o objetivo de gerar uma renda para seus cotistas, seja para valorizar a empresa com o objetivo de sua venda com ganho de capital.

Em suma, nas décadas finais do século XX, houve o crescimento da massa de recursos financeiros acumulados ao longo do tempo, recursos esses administrados por grandes bancos, investidores institucionais (como fundos de pensão e fundos mútuos de investimentos), seguradoras e outras instituições que buscam valorização elevada e, quase sempre, rápida (num comportamento chamado de "curto prazista").

TABELA 24.2
Cotas de mercado de algumas instituições financeiras nos Estados Unidos (%)

	1960	1970	1980	1993
Bancos comerciais	38,2	37,9	34,8	25,4
Fundos mútuos	2,9	3,5	3,6	14,9
Fundos de pensão	9,7	13,0	17,4	24,4

Fonte: GUTTMANN (1998), p.80.

Se nos anos 1980, essa valorização foi propiciada pelos juros da dívida pública norte-americana e de outros países (que induziu a elevação geral das taxas de juros de outros títulos), nos anos 1990 e na primeira década do século XXI foram outros os fatores que estimularam a acumulação financeira. Por um lado, superada a fase aguda da crise da dívida externa de economias da periferia mundial dos anos 1980, foram reativados os fluxos de capitais para países que ofereciam remuneração elevada. As recorrentes crises dos anos 1990 (México, países asiáticos, Rússia, Brasil, Argentina) ilustram a dinâmica da acumulação financeira: a busca de rendimentos elevados, num ambiente de liberalização dos fluxos internacionais de capitais, induziu deslocamentos rápidos dos recursos de um mercado a outro; e quando o risco de insolvência de um país se eleva, há uma rápida fuga de capitais para títulos mais seguros, detonando uma crise financeira nesse país. Por outro lado, nos anos 1990, o governo Clinton alterou a política fiscal norte-americana: suprimiu os déficits orçamentários (originados em gastos militares) herdados dos governos republicanos Reagan e Bush, o que reduziu a pressão sobre a taxa de juros. Mas, paralelamente, praticou-se o que Brenner chama de "keynesianismo de preços de ativos": os gestores da política econômica e os agentes da regulamentação teriam alimentado e racionalizado "ondas históricas de especulação" (estimuladas também pelo que ficou conhecido como "exuberância irracional" dos agentes do mercado financeiro). A elevação dos preços das ações (principalmente na bolsa Nasdaq, de empresas de ramos tecnológicos) nos anos 1990 e a expansão do crédito hipotecário que gerou o aumento dos preços dos imóveis na primeira década do século XXI seriam "ondas históricas de especulação". Na ausência de déficits orçamentários que alimentassem a demanda global da economia, os aumentos de preços dos ativos tinham efeito semelhante: a impressão de aumento da riqueza (por preços mais elevados dos ativos das famílias) estimulava a demanda de bens em geral (especialmente se o crédito se mostrasse abundante). Nos dois casos, o movimento dos preços revelou ser uma "bolha" que estourou provocando recessão em 2000-2001 (efeito da quebra da bolsa Nasdaq) e um impacto mundial a partir de 2008 (como resultado do estouro da bolha imobiliária nos Estados Unidos).

A evidência anterior indica que, a partir dos anos 1980, os ganhos obtidos na esfera financeira se tornaram elevados (embora fossem, às vezes, anulados por crises posteriores) e, em grande medida, desvinculados dos rendimentos gerados na esfera produtiva. E é o que justifica tratar-se de um regime de acumulação predominantemente financeiro em que uma lógica estritamente financeira – de que dinheiro é capaz de gerar mais dinheiro – se impôs a amplos estratos da sociedade.

Isso é particularmente importante quando se trata de empresas do setor produtivo, pois a possibilidade de ganhos de natureza financeira agora integra a estratégia da empresa. Assim, os investimentos produtivos passam a ser considerados como parte de uma estratégia global em que o ganho financeiro, quando elevado e rápido, concorre com o investimento produtivo cujo retorno se dá em prazo mais ou menos longo. Desse modo, uma parte dos recursos disponíveis é desviada para aplicações financeiras (cuja participação cresce nos balanços de empresas), restringindo a utilização de lucros em investimentos produtivos. Do ponto de vista macroeconômico, esta característica do regime de acumulação predominantemente financeiro implica a redução da taxa de crescimento da economia em relação ao seu potencial.[8]

Outra característica desse regime é sua instabilidade: de um lado, a hipertrofia financeira (o volume crescente de recursos que circula na esfera financeira mundial) torna extremamente difícil exercer o controle sobre os fluxos internacionais de capitais; e de outro, a busca de ganhos elevados e rápidos, que induz os agentes a incorrerem em riscos elevados e a ingressarem em processos especulativos, levou a economia mundial a sofrer crises recorrentes de amplitude variável, mas todas com algum impacto negativo sobre a esfera produtiva: crise da dívida externa da América Latina (México – 1982 – e outros países na sequência), quebra da bolsa de Wall Street (1987), quebra do mercado de *junk bonds* em Nova Iorque (1989), crise e salvamento das caixas de poupança nos Estados Unidos (1989--1990), especulação cambial e crise do sistema monetário europeu (1992), falência do banco Barings (1995), desabamento do mercado imobiliário e acionário no Japão (1990--1991) com posterior falência de bancos de crédito imobiliário e grandes dificuldades de bancos comerciais e caixas de poupança (1994-1995), raízes da estagnação da economia

---

8. Convém ressaltar que a atividade financeira, em si, não é considerada prejudicial ao crescimento econômico; pelo contrário, ela permite, sob determinadas condições, concentrar recursos dispersos e torná-los disponíveis para investimentos produtivos. Em outras circunstâncias, como as caracterizadas no texto, a atração dos recursos para a esfera financeira pode limitar o investimento produtivo. Assim, encontramos entre economistas dicotomias como finanças "virtuosas" e "viciadas" ou finanças "industrializantes" e "parasitárias". De forma bastante aguda e sintética, o conhecido economista brasileiro, Antonio Delfim Netto, define essa dicotomia: "Há dois sistemas financeiros: 1) o que está a serviço do processo produtivo de bens e serviços e é indispensável para o desenvolvimento econômico e 2) o que é um fim em si mesmo, controla o poder político dos Estados nacionais e, mais dia, menos dia, interrompe o circuito econômico" (DELFIM NETTO, 2011, p.A2).

SEXTA PARTE – O CAPITALISMO NO FINAL DO SÉCULO XX E A CRISE DO SOCIALISMO (1973-2000)

japonesa desde os anos 1990; nova crise no México (1994-1995), na Ásia (1997), na Rússia (1998), no Brasil (1999), na Argentina (2000) (CHESNAIS, 1998, p.250-251).

De particular interesse é ressaltar a crise da bolsa Nasdaq (bolsa de ações de empresas ligadas às novas tecnologias), em 2001, e a crise do crédito imobiliário, a partir de 2007 e 2008: nos dois casos, houve fortes processos especulativos (com ações e com imóveis) estimulados pelo crédito e pela fácil colocação de títulos de qualidade duvidosa em fundos por várias partes do mundo. Assim, um problema localizado (como a inadimplência de devedores hipotecários nos Estados Unidos) se disseminou por praticamente todo o mundo dada a profunda integração dos mercados financeiros: os reflexos mais graves apareceram em vários países europeus.[9]

Para evitar o impacto mais severo das crises, governos nacionais e bancos centrais têm injetado volumosos recursos, seja diretamente nas instituições financeiras (para evitar sua falência), seja na economia (para evitar a recessão). Alguns governos, que aumentam sua dívida para conter os efeitos da crise, mais tarde encontram dificuldades para cumprir com seus compromissos, repondo a crise financeira em outro plano.

Cabe, pois, indagar por que no regime de acumulação predominantemente financeiro as crises são recorrentes. Tentamos responder à questão recuperando algumas das principais características do regime de acumulação:

- *Hipertrofia da esfera financeira*: ou seja, crescimento dos ativos financeiros em ritmo maior do que os indicadores da economia real, gerando uma enorme massa de recursos financeiros circulando no mercado internacional;
- *Elevada mobilidade dos recursos financeiros no plano internacional*: a possibilidade de ganhos elevados na esfera financeira faz com que os recursos, beneficiados pela liberalização dos fluxos internacionais de capitais, mudem rapidamente de posições em busca de maiores retornos (em outros ativos e em outros mercados nacionais);
- *Instabilidade dos valores dos ativos financeiros*: a constante mudança de posições é fator de instabilidade dos valores, uma característica do regime predominantemente financeiro que é, em certa medida, funcional à acumulação (pois a flutuação dos valores permite ganhos especulativos, embora possa gerar perdas para alguns).
- *Condicionantes financeiros da gestão da empresa produtiva*: os rendimentos na esfera financeira condicionam a gestão da empresa produtiva, pois, para atrair recursos, ela deve prometer ganhos elevados em prazos reduzidos. Para tanto, desvia parte de seus recursos de investimentos produtivos para aplicações financeiras. Além disso, para ampliar

---

9. A Islândia foi o primeiro país a sofrer os efeitos da crise; em seguida Irlanda, Grécia, Espanha, Portugal e Itália também sentiram seu impacto. No final de 2012, ainda não havia um encaminhamento claro para os problemas financeiros de alguns desses países e pairava o temor de que a crise se disseminasse por toda a zona do euro.

os lucros no curto prazo, reduz custos, em particular os referentes à mão de obra com reflexos no modo de organização do trabalho;

- *Aumento dos riscos na gestão de recursos*: a busca de ganhos financeiros elevados e rápidos leva muitos gestores de recursos a assumirem riscos excessivos (como créditos de baixa qualidade) ou a ingressarem em processos especulativos, exacerbando-os (a exemplo das "bolhas" de preços de ações).[10] Nos dois casos, a possibilidade de ganhos elevados tem como contrapartida a alta probabilidade de insolvência dos devedores ou de estouro da bolha. As crises recorrentes que abalam o sistema financeiro internacional desde os anos 1980 parecem resultar, em grande parte, dessa característica do regime de acumulação predominantemente financeiro.

- *Limites da autonomia da valorização financeira diante da esfera produtiva*: a ocorrência de crises evidencia a impossibilidade de se efetivar um processo de acumulação no interior da esfera financeira (ou seja, com dinheiro gerando mais dinheiro, caracterizando a autonomia da esfera financeira diante da produtiva). Para um "investidor", individualmente isso pode fazer sentido: quando compra um título da dívida pública e recebe juros ou quando vê suas ações se valorizarem parece que sua habilidade (ou "genialidade") é a fonte dos ganhos que obteve em uma transação que se passou na esfera estritamente financeira. No entanto, para a economia como um todo, há claros limites para essa valorização dos ativos sem que o dinheiro passe pela esfera produtiva. Um título da dívida pública remunera seu portador com os recursos obtidos pelo governo por meio de tributos que incidem (direta ou indiretamente) sobre a produção. Se a dívida pública cresce muito acima da produção, evidentemente o governo não terá capacidade de gerar a receita fiscal suficiente para remunerar os títulos que colocou no mercado. Embora possa haver uma certa elasticidade, no tempo, para que esse limite se torne efetivo, do ponto de vista lógico ele é insuperável. Aliás, muitas crises da dívida pública explicitam esse limite "real" inerente à expansão financeira da dívida pública. O mesmo pode se dizer a respeito dos períodos de acentuada elevação dos preços das ações: uma ação corresponde a uma parcela do patrimônio de uma empresa, patrimônio esse que é a base de sua produção e, portanto, do lucro que pode gerar. Se o preço da ação sobe continuamente (com base numa expectativa de lucro que não se efetive), a partir de certo momento o lucro que lhe corresponde será, proporcionalmente, muito inferior aos juros correntes no mercado. Nesse caso, a euforia dos processos especulativos pode a qualquer momento ser reduzida à realidade e o comportamento dos agentes pode produzir o processo inverso, ou seja, uma rápida e substancial desvalorização das ações.[11]

---

10. A concessão de bônus aos gestores financeiros também estimula aplicações com maiores riscos já que esse componente da remuneração está associado aos ganhos obtidos.

11. A noção de "risco sistêmico" procura dar conta dos "estados econômicos nos quais as respostas racionais dos agentes individuais aos riscos por eles percebidos, em vez de conduzir a uma melhor repartição dos riscos pela diversificação, levam ao aumento da insegurança geral" (AGLIETTA, 1995, p.72). As bruscas quedas dos preços de ações ou a fuga de títulos de

SEXTA PARTE – O CAPITALISMO NO FINAL DO SÉCULO XX E A CRISE DO SOCIALISMO (1973-2000)

Em suma, a noção de autonomia da esfera financeira em relação à produção, se mostra limitada: mais cedo ou mais tarde, esse limite impõe o seu preço ao induzir crises financeiras de dimensões variáveis, mas que relembram periodicamente que a valorização financeira não pode se descolar indefinidamente da valorização real.[12]

- *Crises financeiras, valorização real e valorização financeira*: a possibilidade de algum descolamento entre valorização financeira e valorização real tem feito com que as crises financeiras, que anunciam o limite da autonomia financeira, venham se repetindo periodicamente, seja por atingir instituições financeiras ou governos específicos, seja por se disseminarem por todo um país ou mesmo pelo sistema financeiro internacional e pelas mais diversas partes do mundo.

Assim, o modelo de desenvolvimento denominado por Lipietz de "liberal-produtivista" incorpora um regime de acumulação predominantemente financeiro que privilegia a acumulação financeira (e não a produtiva) e que é marcado por elevada instabilidade (da qual as crises periódicas são uma manifestação). Estas características do regime talvez sejam suficientes para entender por que a economia mundial, depois de 1973, não conseguiu recuperar o ritmo de crescimento da Era de Ouro, apesar das intensas inovações tecnológicas (microeletrônica, informática, telecomunicações etc.) às quais se atribui impacto revolucionário sobre a economia e a sociedade e também da abertura comercial e financeira que ampliou substancialmente os fluxos de mercadorias e de capitais pelo mundo.[13]

Apesar de crises sucessivas, esse modelo de desenvolvimento se difunde pelo mundo desde 1980, o que sugere algumas questões: esse modelo poderá se manter por longo tempo? Poderá ele sobreviver às crises como tem ocorrido até agora? Ou seu eventual questionamento virá "de dentro" dele próprio (em consequência de suas crises)? Ou será ele

---

um determinado país são exemplos de "risco sistêmico": em vez de diferentes expectativas quanto ao valor futuro desses ativos, há convergência das expectativas numa mesma direção, o que provoca a corrida contra esses ativos.

12. Na literatura econômica, há diferentes formas de entender a natureza dos juros. Para Schumpeter, "o juro é um prêmio ao poder de compra presente por conta do poder de compra futuro". Essa noção, diz ele, é suficiente para entender a natureza do juro em certos casos (como o empréstimo para consumo ou para fazer frente a um revés inesperado). Porém, não dá conta do "grande fenômeno social que precisa de explicação [...] juro sobre empréstimos produtivos". Sua explicação é de que "o juro, enquanto um grande fenômeno social, é um produto do desenvolvimento, que provém do lucro, e que não se prende a bens concretos". (SCHUMPETER, 1988, p.107 e 118). Apesar da fundamentação teórica distinta, para Marx o juro também é uma parte do lucro. Ao se referir à quantia paga pelo empréstimo de uma certa quantia para uso produtivo, diz Marx: "A parte do lucro que lhe paga chama-se juro, o que portanto nada mais é que um nome particular, uma rubrica particular para uma parte do lucro, a qual o capital em funcionamento, em vez de por no próprio bolso, tem de pagar ao proprietário do capital" (MARX, 1986, p.256). O empréstimo para uso produtivo evidencia que o juro não pode, em condições normais, ser maior do que o lucro gerado pela quantia emprestada; e também sugere que o ganho financeiro, em suas múltiplas formas, não pode superar persistentemente o ganho real que o sustenta (o lucro da empresa, o PIB que sustenta a receita fiscal do governo etc.).

13. Estimativas de Angus Maddison indicam as seguintes taxas de crescimento do PIB mundial: 1950-1973: 4,90% ao ano; 1973-2001 – 3,05% ao ano (MADDISON, 2003, p.260).

colocado em xeque por algo exógeno (por exemplo, por um sistema não integralmente cooptado pela dominância financeira)? Esta última hipótese é o que sugere a abordagem dos ciclos sistêmicos de acumulação na história do capitalismo que expomos brevemente a seguir. As demais questões serão abordadas, embora de forma não sistemática, no tópico final deste livro.

24.3 CICLOS SISTÊMICOS DE ACUMULAÇÃO NA HISTÓRIA E NO FUTURO DO CAPITALISMO

Há inúmeras propostas de entender a história do capitalismo a partir de algumas categorias gerais como capitalismo mercantil, capitalismo industrial e capitalismo financeiro ou ainda capitalismo concorrencial, capitalismo monopolista/imperialismo. Nessas, e também em outras propostas similares, há a noção de que o capitalismo caminha, ao longo da história, por fases sucessivas em que algumas características prévias são superadas por novas.

Diversamente dessa postura, Giovanni Arrighi entende que na história do capitalismo podem ser identificados sucessivos "ciclos sistêmicos de acumulação", ciclos esses que apresentam importantes regularidades. Reconhece quatro ciclos sistêmicos sucessivos: genovês (do século XV ao início do XVII), holandês (do fim do século XVI até a maior parte do XVIII), britânico (da segunda metade do século XVIII ao início do século XX) e norte-americano (desde o fim do século XIX). E afirma, seguindo Fernand Braudel, que para o capitalismo, mais importante do que sua especialização (comercial, industrial, financeira) é a "sua flexibilidade ilimitada, sua capacidade de mudança e de adaptação" (ARRIGHI, 1996, p.41). Na verdade, a forma que o capital assume em cada momento (comercial, industrial, financeiro) seria apenas o meio para alcançar seu objetivo – o lucro – mas de modo a assegurar sua flexibilidade e liberdade de escolha no futuro.

A principal regularidade presente nos sucessivos ciclos sistêmicos é a alternância de épocas de expansão material e épocas de expansão financeira.

> Nas fases de expansão material, o capital monetário "coloca em movimento" uma massa crescente de produtos (que inclui a força de trabalho e dádivas da natureza, tudo transformado em mercadoria); nas fases de expansão financeira, uma massa crescente de capital monetário "liberta-se" de sua forma mercadoria, e a acumulação prossegue através de acordos financeiros. Juntas, essas duas épocas, ou fases, constituem um completo ciclo sistêmico de acumulação. (ARRIGHI, 1996, p.6)

Em cada ciclo sistêmico há um "centro" que exerce a liderança na expansão e reestruturação da economia capitalista mundial; ou seja, embora o "centro" do ciclo sistêmico se situe numa cidade (Gênova) ou num Estado (Holanda, Grã-Bretanha, Estados Unidos), o ciclo não se limita ao espaço da cidade ou do estado, pois o centro promove a integração econômica de um espaço geográfico mais amplo do que o do próprio centro. E dentro desses centros há blocos de agentes empresariais e governamentais que promovem, organizam e regulam a economia capitalista mundial.

A concepção de capitalismo para Arrighi, inspirada na obra de Fernand Braudel comporta duas características. Braudel entende que a economia se estratifica em três andares: no inferior, o da *vida material*, situam-se as atividades voltadas à autossuficiência que se realizam praticamente fora dos mercados; no intermediário, a *economia de mercado*, o espaço em que se encontram oferta e demanda e em que certa coordenação automática leva à fixação dos preços. E no andar superior, *o verdadeiro lar do capitalismo*, Braudel situa "a zona do antimercado, onde circulam os grandes predadores e vigora a lei da selva". Ou seja, o capitalismo, nessa perspectiva, corresponde à esfera das economias em que circulam os grandes capitais e se realizam os grandes negócios. E acrescenta: "O capitalismo só triunfa quando se identifica com o Estado, quando é o Estado" (BRAUDEL apud ARRIGHI, 1996, p.10-11).

Em suma, a história do capitalismo é vista como uma sucessão de ciclos sistêmicos de acumulação, cada um controlado por um "centro" que se impõe sobre os demais. No entanto, não se trata apenas de competição entre capitais de diferentes Estados e sim de competição entre Estados (articulados com o capital) que se revela aguda quando da passagem de um ciclo sistêmico a outro:

> Como regra geral, as grandes expansões materiais só ocorreram quando um novo bloco dominante acumulou poder mundial suficiente para ficar em condições não apenas de contornar a competição interestatal, ou erguer-se acima dela, mas também de mantê-la sob controle, garantindo um mínimo de cooperação entre os Estados. O que impulsionou a prodigiosa expansão da economia mundial capitalista nos últimos quinhentos anos, em outras palavras, não foi a concorrência entre Estados como tal, mas essa concorrência aliada a uma concentração cada vez maior do poder capitalista no sistema mundial como um todo. (ARRIGHI, 1996, p.12)

Esta concepção da história do capitalismo como sucessão de ciclos sistêmicos de acumulação é de especial interesse para nossa questão – *Aonde vai o capitalismo?* – pois Arrighi sugere que o fim do século XX marca o ocaso do ciclo americano e a possibilidade de afirmação de um novo ciclo: o asiático.

Qual é a dinâmica de cada ciclo sistêmico e qual a evidência de seu declínio?

A afirmação de um novo "centro" do sistema capitalista mundial se dá por sua capacidade de controle do "capital circulante", ou seja, dos recursos disponíveis para serem investidos nas mais diversas atividades. Para tanto, esse novo centro deve superar os demais na competição interestatal e também ser dotado de capacidade organizacional para promover uma nova fase de expansão capitalista em escala maior do que a anterior. A Holanda, ao ampliar, por meio de relações comerciais e financeiras, a área em que atuava no plano mundial, pôde suplantar Veneza, cujo comércio com o Oriente ficava na dependência de intermediários. Desse modo, a Holanda subtraiu de Veneza o controle sobre parte importante do "capital circulante" do sistema capitalista mundial.

A afirmação de um novo centro se dá também pela expansão material: aumento da produção e do comércio. E o anúncio do declínio se faz quando a acumulação de capital não encontra mais campo de investimento para manter a expansão material, ou seja, quando os agentes começam a deslocar seu capital do comércio e da produção para a intermediação e a especulação financeira:

> Essa passagem é a expressão de uma "crise", no sentido que marca um "ponto decisivo", um "momento crucial de decisão". Através dessa mudança, o principal agente dos processos sistêmicos de acumulação de capital revela uma avaliação negativa da possibilidade de continuar a lucrar com o reinvestimento do capital excedente na expansão material da economia mundial, bem como uma avaliação positiva da possibilidade de prolongar sua liderança/dominação, no tempo e no espaço, através de uma especialização maior nas altas finanças. Essa crise é o "sinal" de uma crise sistêmica subjacente mais profunda, que, no entanto, a passagem para as altas finanças previne temporariamente. Na verdade, a passagem pode fazer mais do que isso: pode transformar o fim da expansão material num "momento maravilhoso" de renovação da riqueza e do poder para seus promotores e organizadores, como ocorreu, em diferentes graus e de diferentes maneiras, em todos os quatro ciclos sistêmicos de acumulação. No entanto, por mais maravilhoso que esse momento possa ser para os que mais se beneficiam do fim da expansão material da economia mundial, ele nunca representou uma solução duradoura para a crise sistêmica subjacente. Ao contrário, sempre foi o preâmbulo de um aprofundamento da crise e da eventual superação do regime de acumulação ainda dominante por um novo regime. (ARRIGHI, 1996, p.220)

O ciclo sistêmico norte-americano, após uma fase de intensa expansão material nas décadas de 1950 e 1960, enquadra-se, a partir de 1970, nessa caracterização da crise de um ciclo sistêmico de acumulação. De um lado, a redução do ritmo de crescimento da economia mundial; de outro, a expansão financeira como núcleo da acumulação de capital em escala mundial. Além dessas evidências econômicas, a crise do regime americano aparecia na esfera política pela crescente dificuldade em manter sua liderança e a cooperação entre os Estados do sistema capitalista mundial: a derrota no Vietnã, o fim da conversibilidade do dólar em ouro e as novas condições do regime monetário internacional eram indicadores da crescente fragilidade da liderança norte-americana. Ações do governo americano procuraram recuperar sua força internacional, seja diretamente pela "diplomacia do dólar", seja indiretamente pelo apelo ao fortalecimento de organismos internacionais (como o FMI e o Conselho de Segurança da ONU) em que os Estados Unidos detinham poder decisivo, numa tentativa de formação de um governo mundial.

SEXTA PARTE – O CAPITALISMO NO FINAL DO SÉCULO XX E A CRISE DO SOCIALISMO (1973-2000)

No entanto, Arrighi entende que esse processo típico das fases de superacumulação é limitado e tende a se esgotar.

Caminharíamos então para a definição de um novo ciclo sistêmico de acumulação? Em seu texto, publicado originalmente em 1994, Arrighi apontava razões para acreditar que sim:

> A própria extensão e gravidade da atual crise de superacumulação, bem como a alta velocidade com que ela se vem desdobrando, podem facilmente conduzir a uma situação em que a tarefa de criar estruturas de governo mundial minimamente eficazes ultrapasse a capacidade limitada dos Estados Unidos e de seus aliados. Esse resultado é ainda mais provável em vista de a crise vir sendo acompanhada por um deslocamento do epicentro dos processos de acumulação de capital em escala mundial. Houve deslocamentos desse tipo em todas as crises e expansões financeiras que marcaram as transições de um ciclo sistêmico de acumulação para outro. [...] Ainda não está claro se estamos prestes a assistir a uma troca da guarda no alto comando da economia mundial capitalista e ao início de um novo estágio de desenvolvimento capitalista. Mas a substituição de uma região "antiga" (a América do Norte) por uma "nova" (o leste asiático) como o centro mais dinâmico dos processos de acumulação de capital em escala mundial já é uma realidade. (ARRIGHI, 1996, p.344)

Embora se referisse ao Leste Asiático,[14] Arrighi citava especificamente o Japão como o possível "centro" de um novo ciclo sistêmico: o crescimento do PIB e do PIB *per capita* eram indicadores da possível afirmação desse novo centro. No entanto, mais importante do que o crescimento do PIB era "a rapidez e a extensão com que o Japão abocanhou uma parcela maior da renda e da liquidez mundiais". Além disso, do ponto de vista da expansão material, o capitalismo do Leste Asiático (com o Japão à frente) já ocupava, em 1980, uma posição de liderança, pois o comércio pelo Pacífico superava, em valor, o realizado pelo Atlântico. Apesar disso, o Japão se mostrava frágil em um aspecto para ascender à condição de centro de um novo ciclo sistêmico diante do antigo centro, os Estados Unidos:

> De um lado, os Estados Unidos conservam um quase-monopólio do uso legítimo da violência em escala mundial – um quase monopólio que se acentuou desde 1987, com o colapso da União Soviética. Mas seu endividamento financeiro é de tal ordem que o país só poderá continuar a fazê-lo com o consentimento das organizações que controlam a liquidez mundial. Por outro lado,

---

14. Para a constituição da economia do Leste Asiático, foi importante a realização de investimentos externos em busca de salários reduzidos para as indústrias intensivas em mão de obra. Um primeiro movimento foi do Japão em direção aos Quatro Tigres (Coreia do Sul, Taiwan, Cingapura, Hong Kong); numa segunda rodada, os investimentos desses quatro se dirigiram a outros países (como Tailândia e Malásia); numa terceira, China e Vietnã abrigaram indústrias intensivas em mão de obra. Evidentemente, esse não é o único fator na afirmação das economias asiáticas, mas exerceu papel importante em determinados momentos desse processo (ARRIGHI, 1996, p.359-361).

o Japão e as "ilhas" menores do arquipélago capitalista do leste asiático conquistaram um quase-monopólio da liquidez mundial – um quase-monopólio que também se acentuou desde 1987, com a redução do poder financeiro da Alemanha Ocidental depois da absorção da Alemanha Oriental. Mas tal é a sua incapacidade de defesa militar que eles só poderão continuar a exercer esse quase-monopólio com o consentimento das organizações que controlam o uso legítimo da violência em escala mundial. (ARRIGHI, 1996, p.368)

A fragilidade militar do Japão e do Leste Asiático em geral, colocava em questão a possibilidade de um novo ciclo sistêmico centrado naquela região. Mais do que isso, Arrighi se perguntava mesmo se seria possível um novo ciclo sistêmico com centro em um Estado: nas passagens anteriores de um ciclo a outro, o novo centro era dotado de poder superior ao anterior, o que lhe dava a condição para ampliar ou aprofundar o alcance da economia mundial capitalista. Na situação do fim do século XX, isso parecia chegar a um limite, ou seja, um novo ciclo deveria ser um verdadeiro "império mundial": mas o Japão entrou em fase de profunda estagnação associada à crise de seu sistema bancário; e o Leste Asiático enfrentou séria crise financeira em 1997. No entanto, paralelamente, outra economia da Ásia emergia como nova liderança na expansão material da economia mundial: a China. Isso levou Arrighi a examinar, em obra publicada originalmente em 2007, a nova configuração da economia mundial diante da presença chinesa.

Embora o crescimento acelerado da economia chinesa seja visível a partir da década de 1990, indicadores do período anterior já mostravam expressivas mudanças: de 1960 a 1970, a expectativa de vida aumentou de 45 para 60 anos, apesar de o produto *per capita* ter permanecido na faixa de US$ 100 (aos preços de 1995). Já a partir de 1980, o produto *per capita* cresceu mais rapidamente: de cerca de US$ 120 para US$ 1.000, no ano 2000. Ou seja, Arrighi entende que os fundamentos para a expansão material da economia chinesa do final do século foram estabelecidos a partir das ações promovidas desde a Revolução Chinesa em 1949 (ARRIGHI, 2008, p.375-376).

Fator decisivo para a expansão da economia chinesa foi a mudança da postura norte-americana em relação à China. Após a revolução, a China foi praticamente excluída do comércio mundial pela política anticomunista norte-americana. A deterioração das relações chinesas com a União Soviética durante a década de 1950 também limitava seu comércio com o bloco do Leste Europeu. Desse modo, as relações comerciais internacionais da China foram muito limitadas desde então. Na década de 1970, os Estados Unidos mudaram sua postura quanto à China, mudança expressa pela visita do presidente Richard Nixon à China em 1972. Na verdade, tratava-se de atrair a China para uma aliança contra a União Soviética que era vista ainda nesses anos como uma ameaça militar aos Estados Unidos. Paralelamente, reforçou-se, após a morte de Mao Tsé-tung em 1976, a disputa entre as duas "linhas" dentro do Partido Comunista Chinês, com a vitória de uma linha mais pragmática (menos ideológica) identificada com a liderança de Deng Xiao-ping.

SEXTA PARTE – O CAPITALISMO NO FINAL DO SÉCULO XX E A CRISE DO SOCIALISMO (1973-2000)

A abertura do mercado norte-americano (e do comércio mundial) aos produtos chineses potencializou o efeito das reformas econômicas, conduzindo ao crescimento acelerado da economia chinesa desde os anos 1990. De certo modo, a China reproduz desde então o papel do Japão na economia mundial: crescente participação no comércio e absorção da renda mundial expressa pelo aumento de suas reservas internacionais. Do mesmo modo que o Japão, a China se tornou um parceiro comercial e financeiro dos Estados Unidos: seu saldo comercial com os Estados Unidos permite a compra de títulos do governo norte-americano, de modo que a China passou a financiar grande parte do déficit externo norte-americano.

Desse modo, Arrighi identifica, por um lado, a crise "terminal" do regime de acumulação (ou do ciclo sistêmico de acumulação) norte-americano e, por outro, a China como a economia que lidera a expansão material da economia mundial. Estariam dadas as condições para um novo ciclo sistêmico de acumulação no século XXI, o ciclo asiático (ou chinês)?

Embora Arrighi não retome explicitamente a noção de ciclo sistêmico, indica uma mudança fundamental na economia mundial em termos das relações Norte-Sul. Depois da crise de 1997, tornou-se evidente a oposição entre o déficit do Norte e o superávit do resto do mundo nas transações correntes dos balanços de pagamentos a refletir o fato de o Norte (em especial os Estados Unidos) ser cada vez menos capaz de produzir mercadorias a preços mais baixos do que o resto do mundo. Embora grande parte desse superávit do resto do mundo retorne aos Estados Unidos (para financiar seu déficit ou para ser reinvestido no mundo inteiro), parte crescente desse superávit tem procurado aplicações em outras partes do Sul ou servido para aumentar as reservas internacionais dos países (ARRIGHI, 2008, p.386). O caso da China é, sem dúvida, o mais expressivo tanto pelo volume de suas reservas internacionais como pelos investimentos que faz no resto do mundo (como na África e inclusive no Brasil).

O que está em jogo é, mais uma vez, o controle do "capital circulante" ou do "capital excedente" mundial. Certamente, o Norte tentará reagir à perda desse controle, porém só poderá fazê-lo se contar com a colaboração do Sul, uma hipótese que Arrighi não descarta. No entanto, também admite a possibilidade de outra alternativa: o Sul se "mobilizar e usar o mercado global como instrumento de equalização das relações de poder entre Norte e Sul" (ARRIGHI, 2008, p.388). Nesse caso, o Sul (em particular a China e a Índia que somam cerca de um terço da população mundial) poderá manter o controle do capital excedente mundial e talvez definir novos padrões (inclusive tecnológicos) a vigorar no mundo (como os Estados Unidos fizeram ao longo de quase todo o século XX e mesmo até hoje).

Essa é a possibilidade aventada por Arrighi,

> [...] mas desde que os grupos dominantes do hemisfério Sul em geral, e da China e da Índia em particular, abram um caminho capaz de emancipar não só seus países como o mundo todo da devastação social e ecológica provocada pelo desenvolvimento capitalista ocidental.

CAPÍTULO 24 – AONDE VAI O CAPITALISMO?

Uma inovação de tamanha importância histórica mundial exige certa consciência da impossibilidade de levar os benefícios da modernização à maioria da população mundial, a não ser que [...] o caminho ocidental de desenvolvimento convirja para a Ásia oriental, e não o contrário. (ARRIGHI, 2008, p.389)

Os dilemas do desenvolvimento chinês talvez sintetizem a situação mundial no século XXI. De um lado, a passagem a uma economia de mercado aumentou a desigualdade tanto entre as áreas rurais e urbanas como entre as classes e estratos sociais. O rápido crescimento pode mitigar a insatisfação por algum tempo, mas a frequência de "distúrbios da ordem pública" registrados oficialmente sugere ser resultado da crescente desigualdade: em 1993 houve 10 mil ocorrências; em 2005, 87 mil (ARRIGHI, 2008, p.381).[15]

Além da crescente desigualdade, a expansão da economia chinesa se fez seguindo os padrões da economia ocidental: consumo excessivo de energia poluidora e adoção de seus padrões de consumo. Há um consenso de que é impossível generalizar para a população mundial (ou mesmo apenas para a população chinesa) os padrões de consumo ocidentais pela absoluta falta de recursos. Se a China se inspirou no caminho ocidental,

Essa inspiração não só ameaça dar um fim prematuro ao "milagre econômico", em razão da pressão sobre os recursos já escassos (como ar e água limpos), como também, o que é mais importante, ela é a causa e o resultado da clivagem cada vez maior entre os que têm condições de se apropriar dos benefícios do rápido crescimento econômico e os que têm de pagar o preço por ele. (ARRIGHI, 2008, p.392)

Em suma, Arrighi vê o futuro do século XXI fortemente dependente dos rumos a serem tomados pela China: se conseguir reorientar seu desenvolvimento num sentido mais equilibrado do ponto de vista social e ambiental, poderá contribuir para o "surgimento de uma comunidade de civilizações que de fato respeite as diferenças culturais" (diversamente da tendência de homogeneização dos padrões de consumo, tecnológicos, culturais etc.). Caso contrário, se seguir os padrões atuais,

pode se transformar no novo epicentro de caos social e político, o que facilitará as tentativas do Norte de restabelecer um domínio global esmagador ou, para parafrasearmos Schumpeter mais uma vez, de ajudar a humanidade a queimar nos horrores (ou glórias) da escalada de violência que acompanhou o fim da ordem mundial estabelecida pela Guerra Fria. (ARRIGHI, 2008, p.393)

---

15. O 12º Plano Quinquenal chinês (2011-2015) inclui, entre suas metas, dar prioridade ao consumo interno (em vez de investimento e exportação), promover inclusão e oportunidades iguais para todos, acomodar a crescente população urbana. Em suma, reconhece os problemas sociais que foram criados pelo "modelo" de desenvolvimento adotado.

24.4 AONDE VAI O CAPITALISMO?

As profundas transformações observadas na economia mundial no início do século XXI e a turbulência que afeta boa parte dela no final de sua primeira década tornam temerária qualquer tentativa de prever o futuro da economia mundial capitalista. Ainda assim, a reflexão em torno do tema proposto por Tsuru nos anos 1960 – Aonde vai o capitalismo? – parece hoje tão relevante quanto naquela época. A polarização entre capitalismo e socialismo/comunismo, um dos temas centrais à discussão proposta por Tsuru, não ocupa mais o mesmo lugar nas reflexões econômicas e políticas atuais. Porém, o fim dessa polarização não significa que o futuro esteja claramente traçado: pelo contrário, há profunda incerteza sobre os rumos da economia mundial não só diante da turbulência que a tem afetado neste século, mas também porque novos problemas se colocam num horizonte cada vez mais próximo. Portanto, nossa resposta à pergunta não pode ter um caráter afirmativo; procurará apenas indicar alguns dos problemas que certamente terão forte, ou mesmo decisiva, influência na definição dos rumos da economia mundial no século XXI.

Eric Hobsbawm, ao fazer um balanço da herança deixada pela "Era dos Extremos" para o século XXI, avaliava, de início, a possibilidade de expansão da economia mundial. Numa perspectiva de longo prazo, entendia ser possível manter seu crescimento. Relembramos, de um lado, há um vasto mercado potencial para sustentar esse crescimento: se a expansão da Era de Ouro teve por base cerca de 600 milhões de pessoas em vinte países, a possível incorporação dos 6 bilhões restantes à economia global indica uma perspectiva otimista para os negócios (HOBSBAWM, 1995, p.549). Por outro lado, admitia que o potencial produtivo da economia mundial se vê ampliado pela globalização: a redução dos custos de transporte (em particular pelo transporte aéreo de carga) tornou viável organizar a produção industrial em escala transnacional; com as inovações de informática e de telecomunicações, o controle do processo de produção transnacional pode ser realizado em um núcleo central em tempo real (HOBSBAWM, 2009, p.63). Portanto, ao escrever no final do século XX, Hobsbawm admitia haver condições para a expansão da economia mundial, pois "mesmo entregue a si mesma ela continuaria a crescer" (HOBSBAWM, 1995, p.549).[16]

Diante desse potencial de expansão, cabe retomar as questões de Tsuru: o capitalismo se tornou imune às graves depressões? Quais as perspectivas de eliminação dos males da recessão e do desemprego?

Admitimos, em seções anteriores deste capítulo, que as transformações do capitalismo desde a crise dos anos 1970 conduziram, nos termos da Escola Francesa da Regulação, a um novo "modelo de desenvolvimento" cuja característica econômica principal é o regime

---

16. Hobsbawm reconhece que esse potencial de expansão não significa a ausência de problemas como a disparidade do desenvolvimento entre países e a insuficiência da geração de empregos como foco de tensões sociais e de instabilidade política (HOBSBAWM, 1995, p.549-550).

de acumulação predominantemente financeiro, ou seja, um regime em que a esfera financeira comanda o processo de acumulação. E procuramos ressaltar duas implicações desse regime: de um lado, a crescente tendência a dirigir recursos disponíveis para aplicações estritamente financeiras (quando confrontadas com as alternativas de investimentos produtivos) e, de outro, a instabilidade dos valores e as recorrentes crises financeiras.

A argumentação desenvolvida e a evidência recente nos leva a concluir que no regime de acumulação predominantemente financeiro não será possível suprimir os períodos de recessão e de desemprego e nem mesmo depressões mais profundas. Pelo contrário, a recorrência de crises deverá trazer à tona com frequência, maior ou menor, períodos de recessão. De certo modo, seria a continuação do que se observou desde 1980, com eventuais surtos de expansão acentuada (embora de curta duração) e provavelmente com crises mais ou menos profundas.

Mas haveria formas de impedir ou superar as crises financeiras, evitando seu impacto deletério sobre produção, renda e emprego?

Alguns economistas atribuem as crises (em especial a iniciada em 2008) à inadequada regulamentação das operações do sistema financeiro; ou seja, uma reforma da regulamentação do sistema financeiro poderia suprimir seus componentes nocivos, preservando seu aspecto "virtuoso". É o caso, por exemplo, de Raghuram Rajan que entende que "o objetivo da reforma [do sistema financeiro] deveria preservar o que há de melhor nas finanças para o maior número de pessoas e, ao mesmo tempo, minimizar o risco de instabilidade" (RAJAN, 2010, p.158). Sua análise da crise iniciada em 2008 sugere que a questão central é a subestimação (*underpricing*) do risco: em parte, isso decorre da ação do governo ao subsidiar ou proteger determinadas instituições (que, sob essa proteção, assumem riscos maiores); em parte, pela própria forma de remuneração (com bônus pelo desempenho) que estimula os gestores a assumirem riscos elevados. A reforma deveria eliminar a proteção do governo às empresas (de modo que elas assumissem os custos de seus erros) e impor penalidades aos gestores de risco quando o erro se concretizasse (de modo a evitar que terceiros – ou seja, a sociedade – arcasse com o custo de sua equivocada avaliação do risco).

Stiglitz também sugere a necessidade de "reformas essenciais" para o setor financeiro, abrangendo "incentivos melhores, mais transparência, restrições aos riscos excessivos, redução das ameaças dos bancos grandes demais para falir e algo a ser feito em relação a alguns dos produtos financeiros mais problemáticos, inclusive os derivativos"; em suma, a necessidade de regulamentação mais rígida (STIGLITZ, 2010, p.230). Porém, admite que "As pessoas são espertas e sempre encontrarão as maneiras de contornar quaisquer novas regulações que lhes sejam impostas. É por isso que as regulações devem ser amplas e dinâmicas. O diabo mora nos detalhes. E quando as regulações mais complexas e as próprias autoridades regulatórias são 'capturadas' pelos que devem ser regulados, existe o risco de que os detalhes sejam tais que deem aos bancos a possibilidade de continuar fazendo as mesmas coisas que faziam antes" (STIGLITZ, 2010, p.227).

Esses dois autores – e outros tantos como eles – entendem que a chamada autorregulação do sistema financeiro teve efeitos perversos, estando na raiz das crises. E que uma reforma do sistema financeiro deva ser feita, com novas regulamentações (embora não haja consenso quanto à natureza dessa regulamentação). Mais grave é a dúvida sobre a eficácia da regulamentação, pois frequentemente ela é contornada por inovações ou mesmo por práticas não convencionais.

Pode-se indagar também se políticas mais amplas não seriam capazes de sufocar a ameaça de uma crise financeira. Aglietta, Brender e Coudert, em obra publicada em 1990, observavam que as consequências de choques recentes potencialmente geradores de crise haviam sido até então controladas. E atribuíam esse controle à construção de organizações e práticas eficazes no sentido de prevenir ou impedir a propagação de uma catástrofe financeira. Nesse sentido, a ação coordenada dos bancos centrais assumia papel central como emprestador em última instância. Isso resultara da emergência de uma consciência coletiva de que a regulação pela concorrência poderia provocar danos catastróficos e que a estabilidade monetária e financeira é um bem público que deve ser preservado. No entanto, em nota de rodapé, lembravam

o quanto é preocupante o ressurgimento de uma corrente ultraliberal que procura solapar o fundamento dessa consciência coletiva em nome da eficiência dos mercados e que preconiza o desmantelamento dos meios que colocaram em ação um saber coletivo adquirido de forma tão difícil. (AGLIETTA, BRENDER & COUDERT, 1990, p.225 e 269)

Não é necessário ressaltar que o temor dos autores era fundado: efetivamente, a sequência de crises posteriores a 1990 se deu num ambiente crescentemente desregulamentado e resultou, muitas vezes, de práticas arriscadas (quando não fraudulentas), facilitadas pela quase absoluta ausência de supervisão sobre as instituições financeiras.[17] Em contrapartida, uma vez detonada a crise, o socorro dos governos e dos bancos centrais (injetando recursos na economia ou mesmo diretamente nas instituições financeiras em vias de falência) é solicitado por muitos daqueles que antes defendiam a eficácia da autorregulação e entendiam ser nociva qualquer intervenção do governo.[18] O custo dessas intervenções,

---

17. Um economista brasileiro avalia de forma semelhante e aguda as raízes da crise do final da primeira década do século XXI: "A crise que vivemos não é uma daquelas ínsitas no particular sistema de economia de mercado, cujo codinome de guerra é 'capitalismo'. Foi produzida por uma avalanche do pensamento único, cujo codinome de guerra é 'neoliberalismo', apoiado por Estados corrompidos pelo sistema financeiro internacional" (DELFIM NETTO, 2012, p.A2).

18. O comentário de Stiglitz sobre a ação do governo americano após a crise de 2008 ilustra este ponto: "A crise atual fez o governo americano assumir papéis sem precedentes na economia. Muitos dos que tradicionalmente seriam os maiores críticos do ativismo governamental – e especialmente dos enormes empréstimos tomados pelo governo – ficaram silenciosos. Mas para outros, os gigantescos resgates de bancos feitos por Bush foram uma traição aos princípios do conservadorismo republicano. Para mim, pareceram apenas outra expansão (ainda que grande) de um Estado do Bem-Estar social destinado às corporações,

que quase sempre implica aumento do endividamento público, corresponde em grande medida a "socializações das perdas". Crises financeiras recorrentes colocam em questão o processo de acumulação de capital e o próprio crescimento da economia; mas, como nota Harvey, "as crises financeiras servem para racionalizar as irracionalidades do capitalismo. Geralmente levam a reconfigurações, novos modelos de desenvolvimento, novos campos de investimento e novas formas de poder de classe". Assim, "Da mesma forma que o neoliberalismo surgiu como uma resposta à crise dos anos 1970, o caminho a ser escolhido hoje definirá o caráter da próxima evolução do capitalismo" (HARVEY, 2011, p.16-18).

Mas lembra: "O capital [...] nunca resolve suas tendências a crises, simplesmente as contorna. Faz isso num duplo sentido, de uma parte do mundo para outra e de um tipo de problema para outro" (HARVEY, 2011, p.212).

Assim, na segunda década do século XXI, em meio aos efeitos da crise financeira iniciada em 2008, o capitalismo (especialmente nos Estados Unidos e na Europa) ensaia mudanças cujo rumo não parece claramente definido, mas que não parecem ser capazes de torná-lo imune às depressões nem aos males da recessão e do desemprego (se quisermos atualizar a resposta às questões de Tsuru).[19]

E à periferia, o que estará reservado no século XXI?

Como já indicamos em capítulo anterior, as décadas de 1980 e 1990 não foram favoráveis à maior parte dos países periféricos. Convém relembrar os dados que mostram o desigual crescimento da renda *per capita* entre regiões de 1973 a 2001 (Tabela 24.3).

Os dados são eloquentes: de um lado, em 2001, a disparidade entre os níveis de renda *per capita* permanecia enorme. Estados Unidos (mais Canadá, Austrália e Nova Zelândia), Europa Ocidental e Japão ostentavam rendas *per capita* médias de US$ 19.000 a US$ 27.000 (aos preços de 1990); nas outras regiões definidas por Angus Maddison, a renda *per capita* atingia, no máximo, US$ 6.000 em média (nos países da Europa Oriental), sendo de menos de US$ 1.500 na África. Por outro lado, o ritmo de crescimento da renda *per capita* entre 1973 e 2001 também foi bastante desigual. Os três blocos com níveis elevados de renda *per capita* tiveram aumentos de mais de 60% no período (sendo que o Japão atingiu 81%); os países socialistas, que passaram por transformação sistêmica no período, tiveram crescimento reduzido (aumento de 21% na Europa Oriental e redução de quase 24% na antiga

---

que inclui a extensão e o fortalecimento da rede de proteção social às empresas, ao mesmo tempo que a proteção social para os indivíduos comuns, pelo menos em certas áreas, vai diminuindo" (STIGLITZ, 2010, p.291).

19. Em breve comentário, Harvey indica o rumo que as mudanças devem assumir: "Aqueles que fizeram a licitação do capital financeiro outrora nos anos Clinton já estão de volta ao leme. Isso não significa que eles não vão redesenhar a arquitetura financeira, porque eles devem. Mas para quem vão redesenhá-la? Será que vão nacionalizar os bancos e transformá-los em instrumentos para servir o povo? Será que os bancos vão simplesmente se tornar, como vozes influentes agora propõem até mesmo no Financial Times, serviços públicos regulamentados? Duvido muito. Será que os poderes que atualmente dominam o sistema vão apenas procurar limpar o problema com o sacrifício popular e, em seguida, devolver os bancos aos interesses de classe que nos colocaram nessa confusão? Isso é quase certamente para onde nos dirigimos, a menos que uma onda de oposição política indique outra maneira de solucionar o problema" (HARVEY, 2011, p.18).

SEXTA PARTE – O CAPITALISMO NO FINAL DO SÉCULO XX E A CRISE DO SOCIALISMO (1973-2000)

União Soviética); a América Latina cresceu bem menos do que a média mundial (29% diante de 48% no mundo) e a África permaneceu praticamente estagnada (5,6% num período de quase trinta anos). Desse modo, regiões com menores níveis de renda também cresceram menos no período de 1973-2001. A exceção fica por conta da Ásia: embora em 2001 tivesse, em média, renda *per capita* de US$ 3.250 (excluindo o Japão), seu crescimento foi de 65%, ritmo semelhante ao das regiões mais desenvolvidas. Em grande parte, isso se explica pelo desempenho da China: no período em foco, a renda *per capita* chinesa cresceu 327%. O peso de sua população e a presença de outras economias dinâmicas, embora sujeitas a crises nos anos 1980 e 1990 (como os chamados Tigres Asiáticos), justificam o elevado crescimento da renda *per capita* na Ásia. No entanto, convém registrar que, em 2001, a renda *per capita* média na região é reduzida (menor do que a latino-americana e só superior à africana). É certo que o dado agregado oculta grandes disparidades entre os países asiáticos em que Japão e Coreia do Sul despontam como economias mais desenvolvidas. Ainda assim, o nível médio da renda *per capita* é expressivo de amplas áreas de pobreza existentes na Ásia em 2001.

TABELA 24.3
Produto per capita: mundo e regiões (1973-2001)
(Valores em dólares de 1990 com paridade do poder de compra)

REGIÃO	PRODUTO PER CAPITA 2001	CRESCIMENTO 1973-2001
Europa ocidental – média	19.256	68,7%
Europa oriental – média	6.027	20,8%
Comunidade de Estados Independentes	4.626	(-) 23,7%
EUA, Canadá, Austrália, Nova Zelândia – média	26.943	66,5%
América Latina – média	5.811	29,0%
Japão	20.683	80,9%
Ásia – média (exclusive Japão)	3.256	65,6%
China	3.583	327,1%
África	1.489	5,6%
Mundo	6.049	47,9%

Fonte: MADDISON (2003), p.262.

A explicação do baixo nível de renda de vastas áreas da periferia e de seu lento crescimento entre 1973 e 2001 envolve inúmeros fatores, alguns de ordem geral e outros peculiares a cada país. De nossa parte, cada perguntar de que modo a inserção da periferia numa economia mundial com crescente dominância financeira pode responder, em parte, por seu lento crescimento até 2001.

Se na década de 1970, a elevada liquidez do sistema financeiro internacional (alimentada pelos petrodólares) gerou forte fluxo de recursos para vários países da periferia, sua contrapartida foi a crise da dívida externa nos anos 1980. O caso da América Latina é típico: a crise da dívida mexicana, em 1982, deu início a um período em que o fluxo de recursos externos foi limitado, obrigando os países endividados a gerarem saldos comerciais a fim de cumprir seus compromissos financeiros com os bancos internacionais. Assim, o fluxo líquido de capitais para a América Latina em grande parte dos anos 1980 foi negativo (ou seja, os países enviaram mais recursos sob a forma de amortizações, juros, lucros e dividendos do que receberam como empréstimos ou investimentos diretos), comprometendo o crescimento de suas economias.

Nos anos 1990, houve a retomada dos fluxos de capitais para a periferia, com características peculiares para cada região: na África, predominaram os empréstimos bancários; na Ásia, os investimentos externos diretos e na América Latina, os investimentos de portfólio (ou de carteira). Evidentemente, o ingresso de recursos externos, quando se transforma em investimentos, tem impacto positivo sobre o nível de produto e de renda. No entanto, a década de 1990 foi marcada por uma sequência de crises financeiras: mais uma vez, o México deu início a essa série no fim de 1994, a ela se seguindo outras que atingiram países asiáticos, Rússia, Brasil, Argentina. A cada crise financeira na periferia correspondeu a posterior fuga de capitais desses mercados em busca de ativos considerados mais seguros; consequentemente, se instalou forte restrição externa nessas economias, comprometendo em grande medida o crescimento antes estimulado pelo ingresso de capitais. Assim, o lento crescimento da renda *per capita* das áreas periféricas até 2001 reflete, em parte, a própria dinâmica do sistema financeiro internacional.[20]

Na primeira década do século XXI teria mudado o panorama da inserção dos países periféricos na economia mundial? Seria temerário propor uma resposta absoluta e definitiva a essa questão; no entanto, com amplas reservas, é possível apresentar evidências e sugerir algumas hipóteses.

Mudanças muito gerais podem ser observadas com base nos dados da Tabela 24.4.

Os dados se referem a 184 países, sendo 34 no grupo das Economias avançadas e 150 no de Países emergentes e em desenvolvimento. A comparação desses dois grupos indica uma tendência geral importante da primeira década do século XXI: o ritmo de crescimento da renda *per capita* foi bem mais acentuado nos países emergentes e em desenvolvimento do que nas Economias avançadas. Ainda assim, a disparidade se manteve elevada. Por outro lado, as Economias avançadas perderam participação no PIB mundial – cerca de 10% – que, evidentemente, corresponde ao aumento da participação dos países emergentes e em desenvolvimento. Portanto, a tendência mais geral no período foi de redução

---

20. Entre os economistas, há os que ressaltam a importância da abertura financeira (ou seja, a supressão de restrições ao ingresso de capitais externos) como instrumento para acelerar o crescimento econômico dos países periféricos; e outros que se concentram nos efeitos perversos da dinâmica do "regime de acumulação sob dominância financeira" sobre os países periféricos quando se abrem ao sistema financeiro internacional. Cf. CAMARA & SALAMA (2005), p.206-207.

SEXTA PARTE – O CAPITALISMO NO FINAL DO SÉCULO XX E A CRISE DO SOCIALISMO (1973-2000)

das disparidades entre economias avançadas e países emergentes e em desenvolvimento.[21] É claro, a agregação de grande número de países no mesmo grupo oculta desempenhos diferenciados de países da economia mundial. Uma seleção de regiões ajuda a distinguir alguns padrões do desenvolvimento no início do século XXI.

TABELA 24.4
Produto Interno Bruto *per capita* e participação no Produto Bruto mundial por regiões (2001-2010)
(Valores em dólares correntes com paridade do poder de compra)

REGIÕES	PIB *PER CAPITA*: 2010	CRESCIMENTO DO PIB *PER-CAPITA*: 2010/2001	PARTICIPAÇÃO NO PIB MUNDIAL (%): 2001 E 2010
Economias avançadas	38.078	48,9 %	62,3-52,3 %
Países emergentes e em desenvolvimento	6.104	86,8 %	37,7-47,7 %
Industrializados asiáticos	34.295	73,5 %	3,6-3,9 %
Comunidade de Estados independentes	11.254	94,6 %	3,7-4,3 %
Países asiáticos em desenvolvimento	5.008	130,8 %	15,7-24,0 %
América Latina e Caribe	11.236	47.4 %	8,7-8,6 %
Norte da África e Oriente Médio	8.909	47,3 %	4,3-5,0 %
África sub-sahariana	2.258	55,7 %	2,1-2,4 %

Fonte: Fundo Monetário Internacional. *World Economic Outlook Database*. April & September 2011. Disponível em: http://www.imf.org/external/pubs/ft/weo/2011.

O grupo de países asiáticos em desenvolvimento se destaca tanto pelo crescimento superior da renda *per capita* quanto pelo aumento da participação no PIB mundial: esse grupo, com 27 países no total, inclui China e Índia, e responde pela maior parte (quase 8%) do aumento de 10% na participação dos países emergentes e em desenvolvimento no PIB mundial. O desempenho da China é decisivo para esse resultado, pois sua participação no PIB mundial elevou-se de 7,6%, em 2001, para 13,6%, em 2010, resultado expressivo por se tratar de período relativamente curto.[22]

---

21. O impacto da crise de 2008 foi maior nas economias avançadas do que nas emergentes e em desenvolvimento. Porém, a tendência geral não foi alterada. Assim, em 2007, as Economias avançadas já haviam perdido participação no PIB mundial da ordem de 6% em relação a 2001, menos do que os 10% de 2010, mas mesmo assim indicando a mesma tendência.

22. Embora bem menos expressivo, o desempenho da Índia reforça o da China: sua participação no PIB mundial cresceu de 3,8%, em 2001, para 5,4%, em 2010. Ou seja, do aumento de 10% no PIB mundial dos países emergentes e em desenvolvimento, 7,6% correspondem ao crescimento da China e da Índia. Os 2,4% restantes se devem aos demais 148 países incluídos nesse grupo pela estatística do FMI.

638

CAPÍTULO 24 – AONDE VAI O CAPITALISMO?

O desempenho favorável da Comunidade de Estados Independentes (alguns países da antiga União Soviética, liderados pela Rússia) se explica, em parte, pelo baixo nível de sua renda em 2001: entre 1973 e 2001, a renda *per capita* se reduzira em mais de 23%, em grande medida resultado da desorganização da economia após o fim do regime comunista. Mas o bloco também observou algum aumento em sua participação no PIB mundial (cerca de 0,6% no período em foco).

Os países asiáticos mais industrializados (exclusive o Japão) também registraram algum avanço, seja pelo crescimento da renda *per capita* acima da média dos demais grupos, seja pelo aumento, ainda que modesto, da participação no PIB mundial. Os demais blocos (América Latina, Norte da África/Oriente Médio, África sub-sahariana) mostraram desempenho semelhante ao dos países avançados em termos do aumento da renda *per capita* (com algum aumento da participação no PIB mundial do Norte da África/Oriente Médio, provavelmente favorecido pelo aumento do preço do petróleo e de outros produtos primários).

O quadro acima, bastante geral, permite identificar o sentido da mudança ocorrida na economia mundial na primeira década do século XXI: de um lado, as economias avançadas (tendo à frente a dos Estados Unidos) crescendo relativamente pouco, passando por crises e perdendo espaço na economia mundial; de outro, as economias periféricas (ou emergentes e em desenvolvimento), cuja expansão acelerada ampliou sua participação na economia mundial. Neste caso, o desempenho da China foi decisivo, seja por seu impacto direto (em termos de crescimento do produto e da renda interna), seja por ter induzido o crescimento de outras economias periféricas.

Ao crescimento econômico da China correspondeu a ampliação de sua presença no comércio internacional, como exportador e como importador, como mostra a Tabela 24.5:

TABELA 24.5
Exportações de mercadorias: 2001-2010 (Bilhões de dólares correntes)

REGIÃO/PAÍS	2001	2008	2010
Mundo	6.191	16.121	15.237
Estados Unidos	729	1.288	1.278
China	266	1.431	1.578
Brasil	58	198	202
Japão	404	781	770
Europa	2.655	6.470	5.632

Fonte: Organização Mundial do Comércio. International Trade Statistics.2011.
Disponível em: http://www.wto.org/english/res_e/statis_e/its2011_e.

As exportações de mercadorias da China, que em 2001 correspondiam a 4,3% das exportações mundiais, superaram 10% em 2010. A sua capacidade de exportação tem

SEXTA PARTE – O CAPITALISMO NO FINAL DO SÉCULO XX E A CRISE DO SOCIALISMO (1973-2000)

garantido elevados saldos comerciais que se refletem no aumento da sua reserva de divisas (de mais de US$ 3 trilhões no final de 2011). Grande parte desse saldo resulta do comércio com os Estados Unidos (altamente deficitário para a economia norte-americana); sua contrapartida é o financiamento parcial desse déficit por meio da aquisição pela China de títulos norte-americanos. Como grande importador, a China tem entrado no mercado internacional adquirindo principalmente produtos primários e exercendo pressão para a elevação de seus preços. Os países com recursos naturais propícios para a produção dessas mercadorias foram beneficiados pela rápida expansão do mercado com remuneração crescente para suas exportações. É o caso do Brasil: com base em um grupo de produtos primários (como minério de ferro, soja, açúcar e carnes), as exportações brasileiras cresceram de US$ 58 bilhões, em 2001, para US$ 202 bilhões, em 2010. O impacto da crise do final da primeira década do século XXI reduziu o comércio mundial de mercadorias, porém seu impacto maior foi sobre as exportações das economias avançadas (Estados Unidos, Europa, Japão) do que sobre as periféricas como as da China e do Brasil.

Desse modo, a posição da China na economia mundial parece ser estratégica para definir seu rumo nas próximas décadas, admitindo que as economias avançadas (lideradas pelos Estados Unidos e mantido o regime de acumulação sob dominância financeira) ostentem crescimento lento pontuado por crises periódicas.

Poderá a China manter seu atual padrão e ritmo de crescimento? Algumas dúvidas têm sido levantadas quanto a essa possibilidade.

O rápido crescimento da economia chinesa se funda em taxas de investimento (em relação ao PIB) muito elevadas, assim como em coeficiente de exportações (sobre o PIB) igualmente elevado. Por sua vez, as importações destinam-se principalmente a fornecer insumos para a produção; consequentemente, o consumo interno se vê bastante comprimido (correspondendo a cerca de 35% do PIB). A modernização da economia, que envolve a utilização de bens de consumo "modernos" (como automóveis, eletroeletrônicos, serviços sofisticados etc.) só alcança pequena parcela da população de cerca de 1,3 bilhão de habitantes. Evidentemente, a desigualdade no acesso ao consumo de bens modernos (e a política de rendas que mantém essa desigualdade) é foco potencial de conflitos sociais (que, segundo informação de G. Arrighi registrada em tópico anterior, já se manifestam com razoável frequência). O 12º Plano Quinquenal parece reconhecer esse dilema e indica medidas destinadas ao aumento dos salários e do consumo interno, com provável impacto sobre o ritmo de crescimento da produção.[23] No entanto, por mais rápido que seja o crescimento da economia chinesa, é difícil imaginar que se possa generalizar para

---

23. Alguns fatores de caráter mais conjuntural também indicam a possibilidade de redução do ritmo de crescimento da economia chinesa: a crise europeia (e, em menor medida, a norte-americana) pode ter reflexo sobre as exportações chinesas e consequentemente sobre seu produto e sua renda. Admite-se também a existência de uma bolha imobiliária nas grandes cidades da China: seu eventual estouro poderá ter impacto recessivo, pois a construção representa parcela significativa do investimento chinês.

a sua população (com uma renda *per capita* da ordem de 8.000 dólares) um padrão de consumo de países avançados (cuja renda *per capita* é superior a 30.000 dólares).[24] Desse modo, o "modelo chinês", na forma que tem sustentado o crescimento acelerado nas últimas décadas, deve enfrentar limites em futuro não muito distante.

Ainda assim, se admitirmos que o modelo de G. Arrighi é plausível, não se deve descartar a hipótese de a China constituir o núcleo de um "ciclo sistêmico asiático" que se estabeleceria ao longo do século XXI. Se o século XIX foi britânico e o XX norte-americano, não é menos plausível que o século XXI observe a ascensão de um novo ciclo sistêmico. E a China tem preenchido, segundo os critérios de Arrighi, algumas das condições típicas para se tornar o núcleo desse novo ciclo (liderança da expansão material, controle do capital circulante, possibilidade de se tornar uma potência militar).

Desse modo, é de se esperar, ao longo do século XXI, uma reconfiguração da hierarquia da economia mundial: a crise nos Estados Unidos e na Europa, os dilemas do crescimento da China, as diferentes características dos países emergentes e pobres, torna difícil prever como se definirá a nova hierarquia da economia mundial. De qualquer modo, deverá ser um mundo multipolar e menos centralizado e em que a riqueza relativa e o poder econômico se deslocarão, em alguma medida, do Oeste para o Leste (HARVEY, 2011, p.37).

24.5 TEMAS CRÍTICOS PARA O SÉCULO XXI

No entanto, seja qual for a configuração da economia mundial no século XXI, ela certamente reserva desafios à humanidade. Hobsbawm, ao escrever em 1994, lembrava que "Os dois problemas centrais, e a longo prazo decisivos, eram o demográfico e o ecológico" (HOBSBAWM, 1995, p.546). Os dois temas são extremamente complexos para serem tratados em poucas linhas. Ainda assim sua referência é obrigatória ao tratarmos dos dilemas da economia mundial no século XXI, mesmo que nos limitemos a indicar os aspectos mais gerais dessas questões e suas possíveis implicações sobre o desempenho e a própria organização da economia mundial.

O problema demográfico, tendo em vista a dificuldade de previsões seguras sobre o aumento da população, apresenta duplo aspecto. De um lado, a hipótese de continuidade do crescimento populacional no ritmo do último século colocaria em risco a própria sobrevivência da humanidade: em torno de 1930 a população mundial era de 2 bilhões

---

24. Na obra *O mito do desenvolvimento econômico*, publicada em 1974, Celso Furtado já tratava da inviabilidade de se generalizar, para a população dos países periféricos, os padrões de consumo vigentes nos países com mais alto nível de renda. Dadas as disparidades dos níveis de renda, para que uma pequena parcela da população periférica desfrute desses padrões de consumo, é preciso forte concentração de renda. Mais importante, para o conjunto da economia mundial, há uma restrição absoluta em termos de recursos disponíveis, tema que discutimos mais adiante (FURTADO, 1974, p.68-76).

de habitantes; em 1974 ela já havia dobrado, alcançando 6 bilhões em 1999. Em 2011, a população mundial teria chegado aos 7 bilhões. Mas essa hipótese tem sido substituída por outra que prevê o declínio da taxa de crescimento da população e, inclusive, a estabilização da população mundial em algum momento do século XXI. Hobsbawm, na obra citada, admitia que isso se daria em torno de 2030 com uma população de algo como 10 bilhões de habitantes. Estimativas mais recentes sugerem que a estabilização se dê mais tarde, em algum momento da segunda metade do século XXI, provavelmente em torno dos mesmos 10 bilhões de habitantes (UNFPA, 2011, Cap. 1). A estabilização da população mundial poderá evitar os problemas da continuidade do crescimento demográfico atual, porém propõe outras questões. Admitindo que o crescimento demográfico tenha efeito expansivo sobre a atividade econômica, qual seria o impacto da estabilização populacional sobre a economia mundial: estagnação, crescimento mais lento ou rápida elevação do padrão de vida da população? Permanecemos aqui no plano de hipóteses uma vez que se trata de questão até hoje não proposta para a economia mundial. Porém, outro problema pode ser previsto com maior segurança: a estabilidade populacional, quando ocorrer, deverá conviver com taxas de crescimento natural negativas em certas áreas e positivas em outras. Hoje, em vários países mais ricos já se verificam taxas de fecundidade (número de filhos por mulheres) inferiores a 2, que implicam declínio populacional (excluídos os movimentos migratórios). Por outro lado, em vários países, em geral os mais pobres, ainda há elevado crescimento populacional. Assim, não é difícil prever forte tendência à migração dos países mais pobres para os mais ricos: mesmo que os mais ricos necessitem da mão de obra dos mais pobres, é provável o acirramento de conflitos sociais já observados nos dias de hoje. Até que o padrão de vida entre as várias partes do mundo se torne mais igualitário (se isso ocorrer algum dia) a migração em busca de melhores condições de vida (ou de uma renda um pouco maior) não deixará de existir, carregando com ela os problemas que lhe são inerentes.

Para muitos, até a possibilidade de migração é limitada pela absoluta carência de recursos materiais: estima-se que, em 2010, havia cerca de 925 milhões de pessoas que passavam fome no mundo, quase 14% da população mundial de 6,8 bilhões de habitantes (SACHS, 2011, p.11). Esse dado mostra que o mais elementar problema econômico – garantir a sobrevivência da população – está longe de ser resolvido. Para muitos analistas, trata-se mais de um problema de distribuição de riqueza e de renda do que de escassez de alimentos diante de uma população elevada e crescente. Aliás, a fome é a face mais grave de um problema mais geral: o da pobreza e das desigualdades regionais e sociais visíveis em amplas partes do mundo. Ainda que no início do século XXI tenha havido alguma redução na disparidade dos níveis de desenvolvimento entre algumas regiões do mundo, a pobreza continua presente e as desigualdades são marcantes. Assim, fome, pobreza, desigualdade deverão fazer parte da agenda de problemas mundiais do século XXI, o que já vinha ocorrendo pelo menos desde o fim da Segunda Guerra Mundial.

CAPÍTULO 24 – AONDE VAI O CAPITALISMO?

No entanto, nas últimas décadas do século XX outro problema adquiriu caráter de urgência na esfera política mundial: a questão ambiental.

Os problemas ecológicos têm sido expostos e discutidos com intensidade crescente com base em evidências preocupantes de degradação do meio ambiente.[25] Os padrões de produção e de consumo das economias avançadas (e que se difundem em ritmo mais ou menos rápido por todo o mundo) fazem uso intensivo de recursos naturais (como matérias-primas e insumos não renováveis) e provocam forte degradação ambiental (por meio da poluição atmosférica ou do despejo de resíduos da produção e do consumo). A generalização desses padrões de consumo para o conjunto da população teria efeitos catastróficos. Basta imaginar que isso ocorra na China: 1,3 bilhão de chineses, cada um com seu automóvel, com intenso uso de aparelhos eletroeletrônicos, consumindo alimentos no padrão ocidental etc., levariam rapidamente ao esgotamento de alguns recursos naturais e provocariam o aumento da poluição ambiental a níveis insuportáveis. A complexidade da questão ecológica nos impede de ir além de algumas breves referências. Em texto de 1974, ao comentar a obra *The Limits to Growth*, Celso Furtado advertia:

> [...] a hipótese de generalização, no conjunto do sistema capitalista, das formas de consumo que prevalecem atualmente nos países cêntricos, não tem cabimento dentro das possibilidades evolutivas aparentes desse sistema. [...] O custo, em termos de depredação do mundo físico, desse estilo de vida, é de tal forma elevado que toda tentativa de generalizá-lo levaria inexoravelmente ao colapso de toda uma civilização, pondo em risco as possibilidades de sobrevivência da espécie humana. Temos assim a prova definitiva de que o desenvolvimento econômico – a ideia de que os povos pobres podem algum dia desfrutar das formas de vida dos atuais povos ricos – é simplesmente irrealizável. [...] Cabe, portanto, afirmar que a ideia de desenvolvimento econômico é um simples mito. (FURTADO, 1974, p.75)[26]

---

25. Como em qualquer tema, há vasta polêmica em torno da gravidade da questão ecológica. De um lado, há os "otimistas" que entendem que os mecanismos de mercado, por meio dos preços, induzirão as mudanças tecnológicas necessárias para enfrentar os problemas ambientais. A escassez de certos recursos naturais elevará seus preços e induzirá inovações que tornem seu uso mais eficiente ou que permitam sua substituição por outras matérias não escassas; o custo gerado pela degradação ambiental (por exemplo, a poluição ou a contaminação das águas) gerará inovações capazes de evitar os efeitos nocivos dessa degradação etc. Já os ecologistas entendem que ações de preservação são fundamentais, no mínimo tendo em vista o princípio da precaução: mesmo que a degradação não seja tão grave como alguns preveem, não se pode colocar em risco as condições de vida das gerações futuras ao não estabelecer restrições ao uso intensivo de recursos naturais.

26. *The Limits to Growth* foi o relatório coordenado por Dennis Meadows, do MIT, que sintetizou conclusões dos estudos realizados no chamado Clube de Roma, grupo criado em 1968 para discutir os problemas do futuro da humanidade. *The Limits to Growth*, publicado em 1972, concentrou-se no tratamento dos problemas decorrentes da continuidade do crescimento econômico e populacional e indicava que a escassez de recursos naturais e a degradação ambiental seriam os principais limitadores do crescimento econômico. O esgotamento dos recursos naturais e a poluição levariam, num futuro não muito distante, a um colapso ecológico de grandes dimensões. O livro gerou fortes polêmicas e estimulou estudos e pesquisas relacionadas ao meio ambiente: admitindo que o crescimento econômico é incompatível com a preservação

SEXTA PARTE - O CAPITALISMO NO FINAL DO SÉCULO XX E A CRISE DO SOCIALISMO (1973-2000)

Em obra escrita em 2007, Giovanni Arrighi situa o mesmo problema em termos mais concretos: "[...] o fato é que nem mesmo um quarto da população da China e da Índia pode adotar o modo norte-americano de produzir e consumir sem matar por sufocação a si mesmo e ao resto do mundo".

E vale repetir seu comentário sobre a posição decisiva da China no século XXI:

[...] inspirado demais no caminho ocidental de consumo excessivo de energia, o rápido crescimento econômico da China ainda não criou para si e para o mundo um caminho de desenvolvimento ecologicamente sustentável. Essa inspiração não só ameaça dar um fim prematuro ao "milagre econômico", em razão da pressão sobre os recursos já escassos (como ar e água limpos), como também, o que é mais importante, ela é a causa e o resultado da clivagem cada vez maior entre os que têm condições de se apropriar dos benefícios do rápido crescimento econômico e os que têm de pagar o preço por ele. (ARRIGHI, 2008, p.392)

Esse quadro delineado nas referências acima justifica o temor expresso por Hobsbawm:

Uma taxa de crescimento econômico como a da segunda metade do Breve Século XX, se mantida indefinidamente (supondo-se isso possível), deve ter consequências irreversíveis e catastróficas para o ambiente natural deste planeta, incluindo a raça humana que é parte dele. Não vai destruir o planeta nem torná-lo inabitável, mas certamente mudará o padrão de vida na biosfera, e pode muito bem torná-la inabitável pela espécie humana, como a conhecemos, com uma base parecida a seus números atuais. (HOBSBAWM, 1995, p.547)

O impacto ambiental do crescimento da economia mundial coloca outro problema: poderá o capitalismo sobreviver sem crescimento? Harvey indica haver um consenso entre economistas de que um crescimento da ordem de 3% ao ano seria a condição para uma economia "saudável" do capitalismo, ou seja, aquela em que a maior parte dos capitalistas obtém um lucro razoável. No entanto, entende que a manutenção dessa taxa de crescimento no futuro encontrará sérias restrições principalmente ambientais (HARVEY, 2011, p.31-33). Se efetivadas essas restrições, cabe indagar se (ou como) o capitalismo se adaptará a uma economia de lento crescimento.

Se para Tsuru, na década de 1960, as questões relevantes sobre o futuro do capitalismo diziam respeito essencialmente à capacidade de o capitalismo evitar depressões, recessões e desemprego e ainda a uma eventual transição rumo ao socialismo, meio século depois, outras questões, que praticamente não se colocavam à época, se tornaram urgentes. Como

---

do meio ambiente, surgiram várias propostas (como crescimento zero, decrescimento, *steady state*) com o objetivo de limitar o impacto destrutivo sobre o meio ambiente. Inúmeros estudiosos dedicaram-se ao tema: entre eles vale lembrar N. Georgescu-Roegen e H. Daly, cujas contribuições foram fundamentais para o estabelecimento da economia ecológica.

Hobsbawm, Tsuru não poderia deixar de incluir a questão demográfica e a ambiental entre os temas relevantes sobre o futuro do mundo. Se no "breve século XX" de Hobsbawm a polarização entre capitalismo e comunismo sugeria a possibilidade – talvez mais imaginária do que real – de um conflito nuclear desastroso para a humanidade, no século XXI uma relação aparentemente não conflituosa – do homem com a natureza – pode ter graves consequências para a existência humana. Sem dúvida, isso justifica o tom que Hobsbawm imprime ao parágrafo com que conclui a "Era dos Extremos".

Vivemos num mundo conquistado, desenraizado e transformado pelo titânico processo econômico e tecnocientífico do desenvolvimento do capitalismo, que dominou os dois ou três últimos séculos. Sabemos, ou pelo menos é razoável supor, que ele não pode prosseguir *ad infinitum*. O futuro não pode ser uma continuação do passado, e há sinais, tanto externa quanto internamente, de que chegamos a um ponto de crise histórica. [...] Se a humanidade quer ter um futuro reconhecível, não pode ser pelo prolongamento do passado ou do presente. Se tentarmos construir o terceiro milênio nessa base, vamos fracassar. E o preço do fracasso, ou seja, a alternativa para uma mudança da sociedade, é a escuridão. (HOBSBAWM, 1995, p.562)

REFERÊNCIAS

AGLIETTA, M. (1976). *Régulation et Crises du Capitalisme: L'Expérience des États Unis*. Paris: Calmann-Lévy.

AGLIETTA, M. (1995). *Macroéconomie Financière*. Paris: La Découverte.

AGLIETTA, M; BRENDER, A. & COUDERT, V. (1990). *Globalisation Financière: L'Aventure Obligée*. Paris: Economica.

ARRIGHI, G. (1996). *O Longo Século XX: Dinheiro, Poder e as Origens do Nosso Tempo*. Rio de Janeiro; São Paulo: Contraponto; Editora Unesp.

ARRIGHI, G. (2008). *Adam Smith em Pequim: Origens e Fundamentos do Século XXI*. São Paulo: Boitempo Editorial.

BERNANKE, B. S. (2004). "The Great Moderation". FRB Speech, 20 fev. Disponível em: http://www.federalreserve.gov/BOARDDOCS/SPEECHES/2004/20040220/default.htm.

CAMARA, M. & SALAMA, P. (2005). "A Inserção Diferenciada – com Efeitos Paradoxais – dos Países em Desenvolvimento na Mundialização Financeira" in CHESNAIS, F. (Org.). (2005). *A Finança Mundializada: Raízes Sociais e Políticas, Configuração, Consequências*. São Paulo: Boitempo Editorial.

CHESNAIS, F. (Org.). (1998). *A Mundialização Financeira: Gênese, Custos e Riscos*. São Paulo: Xamã.

CHESNAIS, F. (2002). "A Teoria do Regime de Acumulação Financeirizado: Conteúdo, Alcance e Interrogações". *Economia e Sociedade*. Campinas, vol.11, n.1 (18), jan.-jun.

CHESNAIS, F. (Org.). (2005). *A Finança Mundializada: Raízes Sociais e Políticas, Configuração, Consequências*. São Paulo: Boitempo Editorial.

CINTRA, M. A. M. (2005). "A Exuberante Liquidez Global". *Economia Política Internacional: Análise Estratégica*, n.5, abr.-jun. Disponível em: http://www.eco.unicamp.br/docprod/downarq.php?/id=75&tp=a.

DELFIM NETTO, A. (2011). "Distorções". *Folha de São Paulo*, 3 ago., p.A2.

DELFIM NETTO, A. (2012). "O Mundo como Ele É". *Folha de São Paulo*, 11 de janeiro, p.A2.

DELONG, J. B. & SUMMERS, L. H.(2001). "The 'New Economy': Background, Historical Perspective, Questions, and Speculations". *Federal Reserve Bank of Kansas City Economic Review*, Fourth Quarter. Disponível em: http://www.kansascityfed.org/PUBLICAT/ECONREV/Pdf/4q01/delo.pdf.

FRIEDEN, Jeffry A. (2008). *Capitalismo Global: História Econômica e Política do Século XX*. Rio de Janeiro: Jorge Zahar.

FMI. Fundo Monetário Internacional (2011). *World Economic Outlook Database*. April and September edition. Disponível em: http://www.imf.org/external/pubs/ft/weo/2011/weodata.

FURTADO, C. (1974). *O Mito do Desenvolvimento Econômico*. Rio de Janeiro: Paz e Terra.

GUTTMAN, R. (1998). "As Mutações do Capital Financeiro" in CHESNAIS, F., org. (1998).

HARVEY, D. (2008). *Condição Pós-Moderna: Uma Pesquisa sobre as Origens da Mudança Cultural*. 17ª ed., São Paulo: Edições Loyola.

HARVEY, D. (2011). *O Enigma do Capital e as Crises do Capitalismo*. São Paulo: Boitempo.

HOBSBAWM, E. (1995). *Era dos Extremos. O Breve Século XX: 1914-1991*. 2ª ed., São Paulo: Companhia das Letras.

HOBSBAWM, E. (2009). *O Novo Século*. São Paulo: Companhia das Letras.

LIPIETZ, A. (1991). *Audácia: Uma Alternativa para o Século 21*. São Paulo: Nobel.

MADDISON, A. (2003). *The World Economy: Historical Statistics*. Paris: OCDE.

MARX, K. (1986). *O Capital: Crítica da Economia Política. Volume IV. Livro Terceiro. Tomo 1*. 2ª ed., São Paulo: Nova Cultural.

OMC. (Organização Mundial do Comércio) (2011). International Trade Statistics. 2011. Disponível em: http://www.wto.org/english/res_e/statis_e/its2011_e/its11_toc_e.html.

ONU (Organização das Nações Unidas) (2011). UNFPA/ United Nations Population Fund. *Relatório sobre a Situação da População mundial, 2011: Pessoas e Possibilidades em um Mundo de 7 bilhões*. Disponível em: http://www.unfpa.org.br/swop2011/swop_2011.pdf.

RAJAN, R. G. (2010). *Fault Lines (How Hidden Fractures Still Threaten the World Economy)*. Princeton: Princeton University Press.

SACHS, I. (2011). "O Escândalo da Fome". *Rumos*, ano 35, n.255, jan.-fev.

SCHUMPETER, J. A. (1988). *Teoria do Desenvolvimento Econômico: Uma Investigação sobre Lucros, Capital, Crédito, Juro e o Ciclo Econômico*. 3ª ed., São Paulo: Nova Cultural.

STIGLITZ, J. (2003). *Os Exuberantes Anos 90: Uma Nova Interpretação da Década mais Próspera da História*. São Paulo: Companhia das Letras.

STIGLITZ, J. (2010). *O Mundo em Queda Livre: Os Estados Unidos, o Mercado Livre e o Naufrágio da Economia Mundial*. São Paulo: Companhia das Letras.

TSURU, S. (1968). *Aonde vai o Capitalismo?* Rio de Janeiro: Zahar Editores.